抗日战争期间,全家人在香港的合影,左一为章熊

1952年9月,与伯父章元善(中)、父亲章元美(左一)合影

1997年10月，在首届国际汉语文教育研讨会上发言

1988年，接待澳门教育访问团，前排右二为章熊

1992年12月，在广西北海挥毫泼墨

1994年11月，在长沙参加全国普通高考质量评审会议，前排右七为章熊

2005年5月，与夫人重游位于北京北池子的旧居

2005年8月，与北京大学附属中学的老师们交谈

语文教育学术论丛
第一辑

叶圣陶语文教育论集

吕叔湘语文教育论集

张志公语文教育论集

黎锦熙语文教育论集

刘国正语文教育论集

黄光硕语文教育论集

顾黄初语文教育论集

章　熊语文教育论集

庄文中语文教育论集

顾振彪语文教育论集

编 委 会

主　　任：郭　戈
编　　委：(以姓氏笔画为序)
　　　　　王　涧　王本华　尤　炜　朱于国
　　　　　刘德水　李世中　汪　锋　张彬福
　　　　　陈尔杰　陈恒舒　胡　晓　顾之川
　　　　　韩　涵　覃文珍　谭轶斌

主　　编：王本华
本册编者：张彬福

章熊语文教育论集

章熊 著

语文教育学术论丛

人民教育出版社
·北京·

图书在版编目（CIP）数据

章熊语文教育论集/章熊著. —北京：人民教育出版社，2023.10
（语文教育学术论丛）
ISBN 978-7-107-36526-3

Ⅰ.①章… Ⅱ.①章… Ⅲ.①语文教学—教学研究—文集 Ⅳ.①H19-53

中国国家版本馆 CIP 数据核字（2023）第 209760 号

章熊语文教育论集 ZHANGXIONG YUWEN JIAOYU LUNJI

责任编辑 覃文珍
书籍设计 王 喆

出版发行	人民教育出版社
	（北京市海淀区中关村南大街 17 号院 1 号楼　邮编：100081）
网　址	http://www.pep.com.cn
经　销	全国新华书店
印　刷	北京盛通印刷股份有限公司
版　次	2023 年 10 月第 1 版
印　次	2024 年 1 月第 1 次印刷
开　本	787 毫米×1 092 毫米　1/16
印　张	41.5
字　数	603 千字
定　价	128.00 元

版权所有·未经许可不得采用任何方式擅自复制或使用本产品任何部分·违者必究
如发现内容质量问题、印装质量问题，请与本社联系。电话：400-810-5788

前　言

伴随着改革开放的脚步，教育的春天到来，语文教育的园地中百花渐开，硕果渐成。坚持"三个面向"，解放思想，革除积弊，回应吕叔湘先生"少慢差费"的批评，语文教育在课程建设、教材编写、教学改革、学科研究等方面都迈出了坚实的脚步。

20世纪90年代前后，为撷取语文教育的春光，人民教育出版社中学语文编辑室在繁忙的教材编写工作之余，陆续编辑出版了诸多名家的语文教育论著，如《叶圣陶教育文集》《张志公语文教育论集》《实和活——刘国正语文教育文选》《黎锦熙语文教育论集》《于漪语文教育论集》《构建语文教育的立交桥　庄文中语文教育论集》，以及周有光《中国语文纵横谈》、顾黄初《语文教育论稿》、朱绍禹《中学语文教材概观》等，这些论著广泛触及语文教育的各个方面，奠定了具有本土特色的语文课程、教材、教学理论的基础。此外，还出版了钱梦龙《导读的艺术》、蔡澄清《中学语文点拨教学法》等，主要从课堂教学实践层面探讨语文教学改革及如何提升语文教学效率的问题。出版这些著作，既是为了展示改革开放以来语文教育的最新研究成果，也是为了引导语文教育改革的主流方向，让语文教育能够在守正的基础上追求创新发展。

进入21世纪以来，在工具性与人文性统一的课程思想指导下，语文教育开始从知识、能力中心向素养立意转型，语文教育观念也发生了重大转变。例如，四大核心素养的提出，学习任务群的设计，学科教学内容的更新，大单元、大任务、大情境教学方式的推广，整本书阅读的推进，等等。

观念的变革促使人们去研究，去思考，去改变现状，去焕发新的生机。教材设计的创新、教学课堂的转变，就是观念的转变带来的成果。

但是，改革并不总是体现为除旧布新，割断传统，在适当的时候，回眸凝望，方能真正健步前行。静下心来审视当下的种种新观念、新提法，我们会发现，语言、思维、审美、文化、整合、实践、情境、任务、学生主体、教师引导……诸如此类的观念，在老一辈语文教育家那里都有过深入而朴素的思考，在老一代名师那里都进行过切实而有效的教学探索。语文教育的改革不能只是观念的替代、模式的迭代，更不应该动辄从头开始，反复"重启"，而应该尊重规律，守正出新。知"己"才能知彼，知"史"方能行远。认真学习语文教育的历史，领悟大家、名家的语文教育思想，汲取、借鉴前人智慧与经验，从而继承和发扬语文教育的优良传统，只有这样，我们才能踏着前人开辟的道路稳健前行，我们的改革才能具有中国气象、中国特色。

基于以上考虑，我们将过去出版的语文教育论著重新编选，再行组合，并纳入一些新世纪以来在语文界有影响的大家的论著，整合为"语文教育学术论丛"，分辑出版，力图从新时代的视角，展现我国语文教育的现状，呈现历史，盘清"家底"，以期引发进一步的思考与行动。

这是一套开放性的丛书，第一辑包括十位老一辈语文教育家的论著，基本是在已往著作基础上，根据新时代语文教育发展和个人著述的情况，略作增删而成，尤其是增加一些较新发表的文章。将来我们还会陆续推出第二辑、第三辑……，展示更多的语文名家在语文教育研究和实践上的思考和探索。热诚欢迎国内语文同仁参与到这套论丛的编选中来，为丛书的出版贡献智慧！

本套丛书的出版得到了论著作者或其后人的大力支持，业界很多专家学者也给予了热情的帮助，中学语文编辑室的编辑花费大量时间参与编选，承担编辑、审稿工作，设计人员在版式、封面设计上也几易方案，优中选优。在此一并致谢！

"语文教育学术论丛"编委会

2021 年 4 月

编辑前记

本书收入章熊先生关于语文教育的部分重要文章，比较全面地反映了作者在语文领域的理论思考和实践探索，涵盖语文教学科学化、中学生语言能力培养、阅读与写作教学、练习设计与考试评价、语文学科知识建构等多个方面，所收文章包括论文，研究报告，论著节选，为教材、教师用书撰写的稿件等，按研究方向分为三辑：

第一辑，理论探索，17篇。

第二辑，实践研究，13篇。

第三辑，知识建构，13篇。

选入本书的一些文章，自最初发表之后，在选入多个版本的文集时又经过作者本人及选编者的修改，其主要内容、语言表述与最初发表的版本有所差异。为反映作者语文教育思想的最终面貌，本书选收修改后的文章。部分文章的标题，作者后来亦有调整，为方便读者翻检，本书使用原发表时的标题，并在题注中对标题变化的情况略加说明。

本书中另有一些文章是作者为中学语文教材、教师教学用书所写的知识短文、教学指导文字，其内容、文字与经修改加工后出版的教材、教师教学用书有所不同。为反映作者完整的思考，本书选收作者的原始稿件。

选文题注，有明确出处的，用"作者自注"区分编辑对选篇出处的介绍与作者对文章有关情况的说明；没有明确出处的，直接说明文章情况。文内注释，大多为作者自撰，为避繁琐，不再一一强调，如果是选编者、编辑加的注，则以"编者注"标明，以示区别。

2023年12月

以冀同声，以俟来者（代前言）

西方有句名言："我思维故我存在。"（I think, therefore I am.）我真正开始懂得要独立地思考问题，那是1971年。如果按照那句名言的说法，我今年还不到30岁。

"文化大革命"以前，我只有宗教式的虔诚，却没有我自己。这种宗教式的虔诚，年轻的老师们恐怕难以体会，40岁以上的老师们可能记忆犹存。不过和他们比，我毕竟已经成年，加以"出身"因素，少了几分"单纯"，多的是"惶惑"。于是盲目地认为凡是从"上面"来的，都是正确的，只要产生了些许不同的想法，那么，一定是自己错了；不仅认错，而且不安。"文化大革命"冲击着一切，也冲垮了我头脑中的楼阁，这是又一次虔诚的自我否定，而且是更加彻底的自我否定。我感到茫茫然，一片空白。现在看来，正因为原有的理念粉碎了，荡然无存了，过去没有看到的，或者看到而没有引起注意的现象才留下了深刻的印象。

给我留下深刻印象的，是在"以社会为工厂"口号下学生所表现出来的思想的活跃，以及由此激发出来的写作方面的潜力。那时候，同学们整理了不少"村史""家史"，就文字水平而言，许多不是"文化大革命"前一个初中学生所能达到的。我曾经手刻油印，编成几本小册子，这些资料可惜没能保存下来——即使能够保存下来，内容也没有什么意义，不过当时学生所显示出的活力却是至今难忘的。今天冷静地想一想，北京大学附中之所以能够如此活跃，也还是有其独特条件的，那就是北京大学教工子弟多。文化是一种社会传统，社会传统是不容易毁灭的，"书香门第"也并不那么容易"断书香"。如果没有一定的家庭知识氛围，也不会有当时那么多的"成果"。尽管这些学生能够做的，一般学生未必能做，北京大学附中能够做的，其他学校也未必能做。可是反过来说，给学生提供充足的思想材料，把他们的思维"激活"，就能够唤醒他们的学习潜力，却是从此留给我的确定不移的信念。

印象深刻的另一件事是在北京大学附中农场指导学生写劳动生活。当时正值"右倾回潮"，我旧习难改，想让孩子们在抄大批判稿之余试试写记叙文。孩子们喊"不会写"，无奈之中，想到当时流行的"典型引路"方法。于是找一些学生先写若干片段：有的写劳动过程中的某个场景，有的写开头，有的写收工……当时北京大学附中的农场占据了整个山头，果树成林，平房成排，山墙一抹就是黑板，每块黑板上抄一段，倒也琳琅满目。发表了不少片段之后，又组织几个同学在老师的辅导下写成整篇，仍在黑板墙上与大家见面。没有想到的是，学生们一下子活跃起来了。这个说"我也能写"，那个说"他写了这些，我还能写别的"，虽然仍有不动笔的，但好的作文不少，而且有明显的长进，用学农期间习惯的"庄稼话"说，就是孩子们"像雨后的玉米，唰地一下拔了一节"。这时候我头脑里像闪电一样亮了一下：这种现象过去没有见过！学农结束了，孩子们回家了，问题还萦绕在我的脑子里。从此，传统的教材观念被突破了，语文能力培养中综合与分解关系也引起了我的注意。

印象深刻、影响深远的还有一件事，那就是周总理号召的加强基础理论研究。这个指示之所以对我有那么大的吸引力，一方面在于总理人格的感召（那时候多少有些圣化），另一方面也和我当时的思想状态有关系。我开始不那么相信所宣传的一切，是在"九一三"事件以后。然而是非难辨，依旧茫然不知所措。"大道理"我并没有怀疑，但说假话我看不惯。我抱定一个宗旨：要搞唯物论，不要搞唯心论，总有弄明白的一天。于是每学期写一份总结，认认真真地写，有时候甚至用毛笔写。不料尽管态度认真，却仍然找不到答案，其原因就在我像浮萍一样随风摇摆——真诚地随风摇摆。风向有变，我的视线也随着改变，东一下，西一下，忽而"左"，忽而"右"，总之，当时刮什么风，我的眼睛就顺着风向看。脚下无根，胸中没有主见，不成。

我还有点自知之明，政治理论我啃不动，于是把学校图书馆里所有关于语文知识的书找来读了一遍。也许是因为破除了成见，也许是出于自身的经验，我得出的结论是：它们没有什么实际用处。在这种情况下，我托人弄到一些西方20世纪50年代的著作，却很有启发。印象最深的是一位英国人格里森（Grearson）说的话："修辞学者的任务，不是去研究'这是什么'，以划分概念为满足，而是要研究写作老手的经验，分析它'为什么是这样'。"从此，改造现行语文知识体系的意识在我头脑里萌生了。

还有些事也留下了难忘的印象，比如受到一些毕业同学在插队期间自编油印刊物的触动，利用"三夏"机会组织学生编油印小报，等等，一时倒也轰轰烈烈。这些，对于我后来逐渐树立"语文教学要适应社会需求"的观念来说也是有意义的。不过影响最深远的，还是上面谈的三点。

历史就是这么有趣，在错误的航线上可能发现新的岛屿，现实生活中往往谬误与真理并存。粉碎"四人帮"以后，我在语文教学界的所作所为，是受上述印象驱动的；我对语文教学改革的探索，也是沿着上述思路发展的。

"文化大革命"结束，头脑好像清醒了一点；习惯未改，仍然写总结。我平生发表的第一篇文章《我对语文教学科学化的几点看法》就是这时候写的。这一次刻写油印，发给语文组全体老师，希望能引起讨论。没有结果。意犹未甘，寄给我的老师吕叔湘先生。适逢小平同志批示，教育部委托吕先生召开金鱼胡同会议，于是叫我参加，而且第一个发言，并且把它刊登在《中国语文》上。从此一发而不可收，我也就骑虎难下了。

70年代后期到80年代中期，是我在北京大学附中的最后阶段。就我个人来说，也可以说是我教学生涯的黄金时期。"当代文艺讲座"是那个时候创办的，小论文写作也是那个时候开始的。也许在那个时候，只有北京大学附中能够允许我如此为所欲为。为所欲为的结果，我所期待的局面真的出现了！学生是那样的活跃，在新的历史条件下的真正的活跃！我的《语言与思维的训练》也是在这个时期写成的。在这本书里，我所探求的，是科学训练在写作教学领域的途径，其着眼点和切入口，就是写作能力训练中分解与组合的关系。这些做法，不管成熟与否，毕竟突破了语文教学的习惯模式，展现了一个有希望的前景。1980年香山教材会议上我提供了论文《思索·探索》，读者可以从那里感觉到我的兴奋、幼稚和勇气。

与此同时，在 80 年代初期，我参加了人民教育出版社《阅读》课本的编写工作。在这以前，我曾受人民教育出版社的委托，翻译了美国写作教材《提高写作技能》（*Developing Writing Skills*），至此我又涉足了国内的教材编写。尽管在教材编写领域我还是初窥堂奥，但是张建华、顾德希这些老朋友的才华在练习设计方面给了我很大启发，对我以后有着很大的影响。《光明日报》发表的《语文练习设计杂谈》就是此时此刻体验的总结。另一方面，借这个机会，我把自己从"文革"后期开始的对修辞学的探索拓展到"复述""图表"等实用性领域，使中学语文教学的知识系统从现行的静态逻辑概括进入实用性规则的总结，我自认为是一次有意义的突破。感到遗憾的是，虽然张志公先生多次嘱咐我要加强对"段"的研究，《阅读》课本里也有这方面的文字，甚至曾经以《段的知识与段的教学》为标题撰文在《语文教学论坛》上连载过，但是现在看来质量不高，没有取得实质性进展。本书编选时，只好舍弃。如此重要的方面竟付诸阙如，愧对长者。

许多闪光的片段在我眼前跳跃，要把这些片段拼合成完整的图形并不是件容易的事。首先引起我思索的，是语言、思维和思想三者之间的关系。"文化大革命"期间的"开门办学"，给我触动最大的正是这一点；后来的"当代文艺讲座"也好，"小论文写作"也好，究其指导思想，仍然是设法给学生提供丰富的思想材料，触发他们的思维，使他们处于活跃、兴奋状态。当时，理论界对语言与思维的关系在认识上是混乱的，从 1981 年全国中语会年会论文《从思维和语言的矛盾看中学生语言训练》，到 1985 年在《语文战线》上发表的《语言与思维关系在观念上的混乱》，反映了我这个阶段的思想历程。我至今认为，要深化语文教学改革，这是理论探讨的核心，这个探讨远未结束。可以肯定的有两点：第一，这三者是在不停地运动着而不是静止的，对中学生来说更是如此。要提高语文教学的效率，必须处理好三者之间的关系，加速其运转，而仅靠一些静态的知识描述是不足以使其活跃的；如果横加许多限制，那更是悖误的。第二，三者之间是相互制约的，同时又是有主导方面的。没有丰富的思想材料，便无法形成活跃的思维；没有活跃的思维，语言的学习与运用便无法处于兴奋状态。"智力是发展语言的基础，语言需要科学的训练"是我至今坚信不渝的准则。

科学的训练是我追逐的另一个热点。在《我对语文教学科学化的几点想法》里,我曾提出过"名家名篇+科学训练方法"的设想,但那时候对"训练"的理解还是比较模糊的。"训练"是个特定概念,有其适应的范围。如果语文教学什么都冠以"训练",实际上也就没有"训练"可言;另一方面,"训练"又是今天提高语文教学效率的关键课题,是极为重要的突破口。实践性是语言学习的本质属性之一,人们只能在使用语言的过程中学习语言,教师只有引导学生积极地进行语文实践,才能切实地提高学生的语文能力。然而中学生的语文实践又不同于一般的语文社会实践,它是一种有目标、有计划的教学行为。这种教学行为不能完全等同于语文社会实践的常见样式,它是经过精心设计,按照学生学习的规律仔细编排的。不如此,就不能使学生摆脱自发的混沌状态,就没有效率可言。我想,这就是训练的意义与实质。

训练的灵魂在于其科学性。什么是语文教学中训练的科学性?首先是对母语学习规律的认识。第二次世界大战结束后语言学习理论的发展给我们以启发,"目标语""伙伴语""中介语"等概念为我们提供了思辨的手段。这些,今天已经引起了语文教学界有识之士的注意。在此基础上,我们还要探求有效的途径。正像体育竞技中教练员的计划一样,它也可以是多途径的,因人而异,殊途同归;然而万变不离其宗,它们都必须立足于对形成能力诸因素的科学分析,都必须符合学生的认知过程,目标相对集中,而且便于操作。人们学习语言都从模仿开始,由模仿,而类推,而创造,这是人们的共同经历。在这里,我特地向读者推荐本书中"'模仿·类推·创造'练习设计示例"。我之所以推荐它,不是因为它成熟,恰恰是因为它还不成熟。我感觉这是一个极有前途而又有待开拓的领域,希望读者能够和我共同探索。

训练有着不同的层次,层次越高,越需要知识的指导。我认为语文教学不是由"知识点"组成的,绝不是否定知识的作用,问题在于我们需要什么样的知识,以及如何发挥知识的作用。什么是知识?对规律的逻辑概括就是知识。中学的语文知识应该指导学生明白运用语言的规则,这些规则,可以使学生的认识理性化,提高他们的自觉性。从这一点来看,我们现行的语文知识体系确实需要改造。如果我们同意修辞学的任务是研究语言运用行家里手的经验，分析它"为什么这样"，那么，我认为修辞学应该是中学语文知识框架的理论支柱。不过它不应该像现在这样成为许多"修辞格"的堆砌，而是应该进行动态分析。从《关于"修辞格"与修辞的反思》到《语言的模糊性及其修辞作用》，这个问题一直缠绕我20多年，不过直到今天，我觉得我还只是把幕布掀起了一角；其中汉语的语言艺术是一篇大文章，我期待有人能继续写下去。还有一个没有引起重视而又极其重要的组成部分是实用语文知识。它是操作经验的归纳，有点像武术里的"散打"，虽不系统，但是管用。也许正是因为它缺乏人们心目中的"系统性"，所以迄今没有吸引更多的人来开发。把语文知识转化为教学程序，关键的一环是练习设计。练习设计是一门教学艺术，蜜成花不见，设计者丰富的理性认识往往在衍化为操作程序的过程中隐退了，它更贴近实践，体现着设计者的巧思，注意分寸，所以能诱发学生的兴趣。厚积而薄发是语文教学的准则，也是练习设计的准则，我之所以不厌烦琐地把自己的设计与当时所写的教学参考书里的相关内容同时排印出来，是希望读者明白我在实践中逐渐领悟而又自认为非常重要的这点体会。

事物的发展有连续性，也有阶段性。1985年我因为工作需要离开了北京大学附中，步入了另一个环境。尽管环境变化，我初衷未改，所从事的探讨一沿旧绪。如果说变化，那就是接触理论资料比以前更方便了；值得提出的，是得到了教育测量学的启蒙。虽然我从来都不同意教育测量学开山祖师桑代克所说的"一切存在的都是可以测量的"和"一切可以测量的都是可以量化的"（这一点，我在《语文教学沉思录》里有所表述），但毋庸讳言的是，直到今天，我们对语文教学的探讨还基本上没有摆脱经验型状态。从经验型走向理论型，而且找出适应多数学生、便于多数教师操作的方法，还有很长的道路要走。

认识是没有穷尽的，"山有小口，仿佛若有光"是我心情的写照，从80年代到今天一直如此。某个问题的解决方案似乎在眼前清晰了，但又会引发出新的问题；即使是好像已经完成的探索，过一段时间再看看，又会有新的感受和体会。因此这本《论集》里出现了一种特殊的体例——"写在前面"。"写在前面"是回顾旧稿时没法子不写上去的话。探讨永无止境，我的某些看法相信会引起争议。"献身甘作万矢的"（梁启超诗句，我曾把它刻成一方闲章），这是我的愿望。一个人不过是站在地球上绕着太阳转上几十圈，现在我已经转了快 70 圈了，还能再转多少圈呢？我不知道。给我留下的能够继续思索和探索的时间又有多少呢？我也不知道。路正长，记下我的足迹，以冀同声，以俟来者。

2000 年北京

目 录

理论探索 ……………………………………………………………… 1
  我对语文教学科学化的几点想法………………………………………… 3
  中学语文教学若干问题的探讨…………………………………………… 11
  思索·探索 ………………………………………………………………… 24
  语文教学沉思录…………………………………………………………… 39
  21 世纪语文教学的展望 ………………………………………………… 76
  我的语文教学思想历程…………………………………………………… 90
  谈中学生语言能力的培养………………………………………………… 108
  中学岁月：发展和语病共存……………………………………………… 121
  理科教学中的语言问题…………………………………………………… 147
  语文教学听说训练的初步考察…………………………………………… 157
  语言的连贯性……………………………………………………………… 169
  阅读训练与阅读测试……………………………………………………… 192
  我对中学阅读能力目标的意见…………………………………………… 196
  中学生写作能力的目标定位……………………………………………… 203
  关于中学写作教学的几点思考…………………………………………… 221
  关注写作学的发展——要站在学科发展的最前沿……………………… 230
  中学语文教学内容和教材结构的探讨…………………………………… 235

实践研究 ……………………………………………………………… 245
  增设"当代文艺讲座"课的尝试………………………………………… 247

小论文写作试验……………………………………………… 258
给学生以创造的自由空间——《北大附中小论文精选》序………… 266
高考作文评分研究………………………………………… 272
中学生言语技能与作文水平相关性检测…………………… 304
科学有效的语言训练：模仿、类推、创造………………… 324
命题作文中的思维训练…………………………………… 356
语文练习设计杂谈………………………………………… 361
课堂教学设计示例………………………………………… 367
谈谈语言技能题的拟制…………………………………… 376
练习设计示例……………………………………………… 384
写作教学专题设计示例——描写性训练系列……………… 403
试谈语文教师的业务修养………………………………… 445

知识建构 …………………………………………………… 457

词语诠释练习……………………………………………… 459
谈代词的表达功能………………………………………… 464
空间位置与"参考点"……………………………………… 471
关于复述…………………………………………………… 475
关于比较…………………………………………………… 481
图表的知识………………………………………………… 492
句子的整齐与变化………………………………………… 501
语言的运用与语境………………………………………… 519
《提高写作技能》译者的话………………………………… 545
关于"修辞格"与修辞的反思……………………………… 550
语言的模糊性和它的修辞作用…………………………… 567
"简明·连贯·得体"教学指要…………………………… 591
作文创新与创新作文……………………………………… 634

理论探索

我对语文教学科学化的几点想法[*]
（1978年）

一 语文课的指导思想问题

新中国成立以来，语文教学走过了曲折的道路。1956年以前，我们曾实行"汉语""文学"分家。1958年前后，又提出了恢复我国传统道路的主张：语文课应该是讲"文章"。这种思想，指导着我们今天的教材编写和教学工作。

主张语文教学应该讲"文章"的看法有其合理性，它包含了我国过去的实践经验。其合理性在于：(1)它避免了那种纯文艺的方向，同时也摆脱了过去语法教学中的烦琐倾向；(2)"文章"这一概念包括了字、词、句、篇章结构，由此而强调了语文基本功的训练。

但是，"文章"这一概念比较笼统，很难由此而形成科学的教学体系。写好一篇文章，或者说写成一篇文章的因素是什么？其间究竟包含着哪些循序渐进的规律？说不清楚。"文章"这一概念，很自然地把我们的注意力引到文体方面，于是由记叙，而议论，而夹叙夹议或夹叙夹抒情，就成了不同年级教学规格的不同指标，由此也就形成了今天的语文知识体系。

然而，这样的一套安排是否符合学生的发展规律呢？在多年的教学中，我常常感到这样一个紧箍往往不容易套在这一批欢蹦乱跳的青少年的头上。

---

[*] 原载于《中国语文》1978年第4期。

他们的发展，尤其是他们写作时的思路，是不大容易受这些"规格"的限制的。

此外还有两个问题：

1. 语体问题。各种不同文体在语言上的要求是什么？它们各有什么特色？这是一个迄今只有少数专家谈到而还没有得到深入研究的问题。这个问题不解决，则学生的提高将缺乏科学的指导。

2. 写好一篇文章，除了语言之外还有思维问题，文章的逻辑层次则是这种思维的外在形式，是一个思想得到清晰表达所必不可少的。不同的文体在篇章结构方面有其共性，也各有其个性，而思维的条理化则是各种文体的共同要求。

语言和思维是密不可分的。"语言是思想的直接现实。""语言和意识具有同样长久的历史；语言是一种实践的、既为别人存在并仅仅因此也为我自己存在的、现实的意识。"（《德意志意识形态》，《马克思恩格斯全集》第3卷第34页）语言随着社会的发展而发展，随着人类思维的发展而发展。少年儿童学习语言的过程和他们认识世界的过程是一致的。他对客观世界的认识不断深化，思想材料越来越丰富，他的语言也就越来越丰富，并且相应地严密起来。感觉化为思维，形诸语言。语言和思维的这种辩证关系在青少年成长过程中表现得十分突出。

常常可以看到这样一种现象：有的中学生从低年级进入高年级时，作文会突然出现病句。和他们身体发育的情况一样，这时会出现一些失调的现象。这是因为他们正在向成年过渡，他们开始用成年人的眼光来观察世界，并且试图用成年人的语言来表述自己的思想。然而，他们还不是成年人。这种暂时的失调是正常的，但是也为我们的教学提出了课题：怎样帮助他们度过这一过渡时期？

另一方面，语言与思维又是有区别的。语言赋予思维以具体的外壳，但同样的思维并不是只能有一种外在语言形式。语言对于思维的表达有高下之分，优劣之分，粗细之分，深浅之分，文野之分。这种驾驭语言的能力如果不经过一定的学习和训练，是不会自然而然地发展起来的。

如果一个学生思维清晰而严密，语言丰富而娴熟，他写各种文章，只要内容是他所熟悉的，又有真情实感，一般都能得心应手。因此，我的看法是：语文教学的主要任务应该是开阔学生视野，陶冶学生感情，积累丰富的思想材料和语言材料，在此基础上，进行语言与思维的训练。

二　中学语文教学的培养目标问题

中学语文教学的基本要求应该是使学生能够合乎逻辑地思维，能够比较准确地表述自己的思想。学生只要能做到这一点，他就掌握了参加三大斗争实践所必需的语言手段。这样一个看法，人人都会同意，但在实践上就会有很大差别。主要的差别，是对文学性的要求。

把思维的逻辑性和语言的准确性作为语文教学的培养方向，绝不意味着在教材和教学中排斥文学因素。要使学生的思想丰富和活跃起来，需要让他们阅读大量的古今中外的优秀作品。没有足够的思想材料是不能形成思维活动的，而我们的学生应该是活跃的一代，他们应该想象力丰富，思想活跃，而且有教养。但是不能本末倒置，我们培养和训练的重点，仍然应该是思维的逻辑性和语言的准确性。

学生之间，差别很大，兴趣爱好，各不相同。有一部分学生是倾向文学的，对于他们，应该另有培养计划，给他们吃点儿小锅饭。但必须看到他们只是少数，而且对他们来说，思维的逻辑性和语言的准确性也是他们进一步发展必不可少的基础。

为什么在这个问题上会有不同的认识和实践呢？这是因为语文教师很多是学文的，我们很自然地会用自己的专业兴趣去引导学生，但在目前，这不是大多数学生的方向。

我们的语言教学也严重地脱离实践，学习了一些语法术语不等于学会了读和写，掌握了各种修辞格不见得能写出一个好的比喻句。目前出版的语法、修辞和写作知识的书籍学院气息太浓，抠概念多，讲实用少，尤其缺乏从教学体系角度进行研究的著作，因此语法、修辞和写作知识教学死气沉沉，概念、术语满天飞，学生只觉其难，不觉其有用，更没有兴趣。要进行语言与思维的训练，我们的语言教学也需要来一番彻底的改造。

三 语文教材的编写原则

有一种意见：语文教材应该以指导写作为原则，组成自己的体系。对此，我持不同意见。我感到，指导学生读和指导学生写各有其规律性，因此，我们需要两套教材。指导学生读的教材应该深一些，涉及的范围广一些，学生才有兴趣。指导写的教材应该浅一些、针对性强一些，学生才感到亲切。这是我们每一个同志都有体会的。

讲读教材应该是古今中外的名家名篇，取材面既广，形式又多样化。这样，才能开阔学生的视野，使他们思想丰富，思维活跃。难道这样的文章不能指导学生写作吗？不是的，但它们作用于学生，往往需要一个潜移默化的过程，不能"立竿见影"。例如，高尔基的《海燕之歌》气势磅礴，学生爱读，读了有益，这是谁也不能否认的，但是一定要让它按照"指导写作"的原则办事，恐怕是有点儿难的。这样的教材讲授时也不必面面俱到。解决疑难问题，扫除阅读障碍之外，根据文章的特色，突出一两点就行了。学生不能完全领会其妙处也不要紧，先背下来就是了。青少年记忆力强，理解力差，可以让他们慢慢去消化。一篇《木兰辞》，小学可以讲，中学可以讲，大学中文系还不是一样可以讲吗？不过讲授的深度和讲法不同就是了。

写作指导教材必须有较强的针对性，并且切合学生的实际。一般地说，利用学生本身的实例是最有效的。当然，我们用以启发诱导的材料应该是写得好的，但取材和写法都要与学生相近。一个健壮的孩子是可爱的，但他仍然是个孩子，也正因为如此，其他儿童才来亲近他。写作教材也可以包括反面的例子。人必须从正反两方面的经验教训中走向成熟，写作也是如此。不过，正反两种教材应该保持恰当的比例，以免学生接触反面例子过多而受到消极影响。写作教学不一定都是成篇的文章。根据我们每次的课题，它可以是片段，甚至可以是几个句子。有时候，一个简单的材料由于针对性强而集中，会给学生留下更深刻的印象。写作材料当然需要相对的稳定性。这也不难，只要我们的同志有事业心，当有心人，不断积累资料，精选淘汰，写作材料几年就可以略具雏形。

那种认为语文教材的编选应该以写作指导为中心的主张有什么害处呢？

第一，它会给我们的教材编选工作带来很多限制。很多好的教材如果用"指导写作"的卡尺一量，就有落选的危险。

第二，它会给我们的语文教学带来八股气息。每篇教材都一定要和学生写作实践结合起来，教师往往要为此煞费苦心，有时会变成生搬硬套，学生听起来似乎头头是道，但真要去实行却又难乎其难。此外，它还会造成讲课过程的程式化。课堂上讲风不息，其风源常常来自我们教学上缺乏明确的、恰当的要求。

两套教材的主张蕴藏着这样一个思想：语文教学改革的方向＝名家名篇（传统教学经验）＋科学训练方法。

四 写作教学的改革

现在各校提高学生语文水平的办法大多是增加作文次数，我的想法却是：减少作文次数，增加练习次数。

在中学，语文课总是很难与数学课争夺课外阵地的。学生中固然有偏科倾向，但这种情况在很大程度上是由于我们教学不甚得法造成的。学生觉得语文不好学，抽象而不具体，写作能力提高很慢。这说明我们的语文教学，特别是写作教学还没有形成科学体系。

作文是一种古老的训练方法，它古老，从而证明了自己的合理性与生命力。但这是一种综合性练习，从构思立意直到遣词造句、布局谋篇，写作过程中的各种矛盾同时出现，学生也就眼花缭乱，顾此失彼，感到很难。苦思不得，索性草草成篇，敷衍塞责，这是常有的事。再加上我们的写作教学缺乏科学的系统性（它永远也不可能像数学那样循序渐进），作文讲评又往往是面面俱到而程式化，学生便有"仰之弥高，钻之弥坚，瞻之在前，忽焉在后"的感觉，难免有"作文作文，憋死小人"之叹。那么，是否可以搞一些"分解动作"，采取"搭台阶"的方法，分散矛盾而使学生在写作上有路可循呢？

如果我们采取讲读、写作教材分开，自成体系的办法（当然并不排斥它们之间的相互照应），我们就可能在几年之内，通过实践找出写作训练的科学方法。这种训练，更多的是采取练习的形式。如果说数理化可以编出习题集的话，语文教学可以而且应该有自己的习题集。这种练习应该包括：

1. 语言练习。其中包括语言清晰性的训练，语言变化练习和语感的培养。

2. 形式逻辑思维的基本训练。要注意的是怎样才能深入浅出，易于实践而不致使学生为概念、术语所苦。

3. 合理地想象与联想的练习，正确地综合与概括的练习。

4. 写作技巧的局部练习。例如说明性描写、观点与材料的处理等。

5. 阅读与分析练习。通过这样的练习使学生掌握篇章结构的基本概念，并且逐渐把知识转化为能力。

还可以有其他一些练习。在这些练习中，说明性练习应占有突出的位置，因为它是思维条理化和语言清晰的基本训练，是各种文体写作的基本训练，是各种文体写作的基础。

编撰这些练习，有赖于广大语文教师的教学实践，也有赖于教育心理学研究的恢复和发展。

五　教学方法的改革

教学内容的变革必将引起教学方法的改革。到了这个时候，我们就可以实现深课文浅教，浅课文深教——处理好教学中的深和浅的关系。这是教学中的辩证法。

深课文浅教——"任凭他弱水三千，我只取一瓢饮"。一部作品，尤其是好作品，它对社会现实的概括必然有一定的深度和广度；就写作技巧来说，也必然大有观摩学习的余地。但是，是否都应该让一个中学生理解并掌握呢？当然不必，也不可能。学习是人类思维的一种复杂的认识运动，认识的不断深化有一定条件，而理解的深度又是和知识的广度相联系的。如果我们不尊重这种规律，其结果必将适得其反。但是因为过去目标的不明确，任务的复杂化，一篇教材，又要指导阅读，又要指导写作，既有文学常识，又有语言知识，从时代背景、主题、段意一直讲到写作特点，包罗万象；好作品可以讲得味同嚼蜡，一般作品学生更是感到没有兴趣。目标单纯了，任务减轻了，包袱卸下了，教师就可以轻装上阵，用以前一半的时间讲授比过去教材更深的作品，而且把学生的积极性大大调动起来。

"好读书不求甚解"，在一个人学习的某个阶段，特别是青少年时期，是有道理的。但是有一点我们要紧紧抓住不放，那就是语言。青少年时期是语言迅速发展的时期，这个时期语言学得好坏，对他们今后将有很大影响。语言材料只有积累得多了，才谈得上比较鉴别，因此语言分析也不要像过去那样烦琐。教师指点是必要的，指点以后，让学生背下来就是。

浅课文深教——"锲而不舍"。由于加强了针对性，即使是学生习作中的典型例子也可以进行比较深入的剖析。一篇小小的表扬稿有什么了不起？但是为什么这一篇比那一篇好呢？分析得越细致，越具体，学生也越会感到亲切，不知不觉之中，一节课就过去了。怎样复述一个画面？怎样说明一件事物？怎样把长而夹缠不清的句子分解成清晰的短句？又怎样把内容并列而结构不对称的句子改成排比？……讲授辅之以练习，理论应用于实践，学生所学的知识才是具体而有用的。受压的面积越小，压强才越大；另一方面，也只有以大量阅读为基础，才能加深学生对某些语言现象的理解。

深课文浅讲也好，浅课文深讲也好，关键在于教学的针对性。

研究教法改革的时候，我们需要处理好以下三个关系：

1. "多"与"少"的关系。现在的问题是，就一篇课文来说，我们讲得太多，就学生学习的总量来说，他们学得太少。即使就一篇文章来说，讲得多是否学得就多呢？也未必。面面俱到，没有针对性，没有重点，往往收效甚微。好比一个母亲疼爱她的孩子，拼命喂他，结果呢，消化力反而减弱了。究其原因，除了我们对学生了解、分析得不够之外，还由于习惯势力，即教学程式化的影响。此外，统考的压力也是一个因素。俗话说"好心不得好报"，我们做一些蠢事，往往类此。

2. 科学与不科学的关系。学科体系不等于教学体系，教学的科学性在于它符合学生的认识规律。对低年级来说，过早地强调概念的科学性，其实倒是反科学的。我感到我们有时过早地强调知识的科学性、系统性和严密性。例如文言虚字，学生刚读几篇古文就要求他们对其中的文言虚字进行辨析，这岂不是让他们为难？我们现在讲授的这一套语文知识大都是从一些专业书籍里搬来的，书店里这类专业书籍真不少，翻翻目录，按概念分类，头头是道,但绝不能直接套来指导教学。现在还缺乏研究教学体系的著作,更缺乏从教学角度对专业知识进行学术研究的风气,这是一个问题。

3. 教师的主导作用和学生主动性的关系。文科和理科不同,语文更和其他各科不同。学生认了一定数量的字以后,他就可以独立阅读,而且事实上他们读得并不少。读一篇课文,他们也不像数学课那样定要老师讲解才能明白。问题是我们常常死抱住几篇课文不放,不太注意语文课的特点,没有把学生大量的课外语文实践(主要是阅读,也包括一些非作业性的写作活动)纳入我们教学计划的轨道。学生语文学得好,是教师"引"出来的,不是靠老师"讲"出来的。明确了这一点,从"引"字出发,可以在我们的教学中开辟出新的天地来。

中学语文教学若干问题的探讨*
（1979 年）

教学无定法，但是有基本规律。和其他学科相比，语文教学具有更大的灵活性，它往往因教材而异，因教师而异，因学生而异。那种力图把语文教学束缚在一个固定的模式中的做法，是不能奏效的，因为它脱离了语文教学的实际；那种认为语文教学变化莫测不可捉摸的看法也是不恰当的，因为这会导致忽视对语文教学规律的研究。要探讨语文教学的规律，必须从语文这门课的特点入手。

一 对语文教学几个特点的认识

语文是交流思想的工具。这种工具所反映的，是人类的思维、思想和社会意识。语文教学的目的并不仅在于让学生掌握知识，更重要的还在于使学生获得能力，即理解、吸收别人的思想，表达自己思想的能力。这样，语文教学便有着许多自己的特点。

一是思想性。语文这个工具不同于斧锉锛凿，它是交流思想的，是思想的物质外壳。要让学生掌握好语文工具，不能离开它的思想内涵。例如读，不只是会念准字音，读清句读，还有对内容的领会、理解。例如写，就有观察、分析、立意、构思等问题，而遣词造句也是受思路支配的。所以，读写

---

* 作者自注：这是我和王世堪讨论后所写，由我执笔（有的话是世堪的），两人署名。叶老看了，充分肯定，写信给我，并叫我去面谈。伊人宛在而音容渺茫，往日情景历历在目。

训练包含着很细致的思想教育。我们这里所说的思想教育，不仅指明白文章的思想内容，还包括学生认识能力、思考能力的训练与培养。有经验的老师都善于在读写训练过程中渗透思想与思想能力的培养。这种培养是和读写训练密切联系在一起的，不是外加的补丁，也不是脱离语言的无端发挥。这种教育与培养，在教师是自觉进行的，在学生是结合着学习语言自然而然地接受的。通过辞章，理解思想；站在一定的思想高度上回过头来领会辞章之所以然。这是阅读。观察、分析、立意、构思，发而为文；在遣词、造句、谋篇、布局的过程中，又使自己的思想臻于准确、细密。这是写作。对于语文教学中的思想性这一特点，我们必须有充分的估计和正确的认识。

二是实践性。语文教学的任务，归根结蒂，是要培养学生的语言能力，而能力只有在实践中才能形成。这一点，在目前语文教学中是被忽视的。一是误把知识当作最终目的，语法、修辞、文体……概念术语满天飞，使学生只觉其难而不觉其有用。二是用教师的分析代替了学生的实践。一篇课文，分析来分析去，花了好几堂课，条分缕析嚼得烂烂的喂给学生。学生的功夫不是花在读文章上，不是花在自己的语言实践上，而是花在记老师的这套分析上。所谓教学不得法，莫过于此。

语言是约定俗成的东西，是一个民族在长期的历史过程中形成的一套表达体系。作为第二信号系统，需要反复多次的刺激，才能形成这种神经联系。这就是说，要在运用语言的过程中来掌握语言。我们并不一味地反对语文知识的讲授，但缺乏读写实践，语文知识的讲授就只能是空中楼阁。学别的课，如数理化，如历史地理，是在理解知识的基础上运用，学习语言却常常从模仿开始。（因为词与概念并无必然联系，学习语言，开始只能模仿。掌握句型也是如此。）模仿、积累、领会、吸收、理解、运用，交互作用。年龄稍长，理解的因素多一些，模仿的成分也不少，年龄愈小，模仿愈多。因此，我们在语文教学中必须着意帮助学生积累大量的语言材料，培养学生良好的语言习惯和敏锐的语感。

所谓积累语言材料，是指要学生积累丰富的词汇，熟练地掌握各种句式。有了这个底子，读才能理解，写才能达意，思维能力也才能得到相应的发展。反之，词汇贫乏，句式单调，读、写、想都会感到力不从心，穷于应付。

所谓良好的语言习惯和敏锐的语感，是指学生在听、读、说、写的实践中，善于领悟和辨别，对好的语言（也可能是华美的辞藻，也可能是浅白朴素的口语）善于吸收、积累、运用，对不好的语言（错误的，或是粗劣的）善于扬弃。

通过观察，我们注意到，语言材料是否丰富，有无敏锐的语感和良好的语言习惯是决定一个人语言能力强弱的关键。而这些，光靠老师分析是不能获得的，必须通过学生自己大量的、反复的听、读、说、写实践。

语文课本也和其他各科教科书不同。数、理、化、史、地等教科书，都是引述材料，论证原理。教师讲清原理，学生弄懂原理，叫作学生学会了。语文教学则不同，教师讲述知识、概念、原理，无论讲得多么透彻、明白，并不等于学生已经学会了。学语文是凭借一篇篇典范文章来陶冶学生，使他们的语言越来越丰富，越来越纯洁，越来越精练。学生只有通过亲身的读写实践，才能获得这种陶冶。要让学生把"范文""吃"进去，逐步消化、吸收，据为己有。现在的问题是在这些典范性文章之间，还缺乏符合学生认知规律的、由浅入深循序渐进的内在联系。如果说我国过去的语文教材编排体例有的可以说是"文章体系"，有的可以称之为"知识体系"，我们感到，在探讨语文教材改革的时候，可以考虑进一步探讨一下符合学生学习规律的、富于实践性的"训练体系"。

三是社会性。语言是社会现象，一个人牙牙学语就开始在社会的语言环境中学习语言。由学前到学龄，由小学到中学，随着年龄的增长，参加社会活动的日益广泛，一个人的语言能力也就不断发展。他参加各种谈话、听广播、看电影、观剧、读书报……都是在运用语言中学习语言。这种学习是大量的、经常的、异常生动而丰富的。但另一方面，这种学习又常常是自发的，带有极大的盲目性。一个人，只要不是离群索居，他就必然在一定的社会语言环境中生活，并且学习着语言，但由于各种因素，学习的结果却很不相同，在语言的运用上也有着文野、高下、优劣之分。这样，语言的社会性就为我们的语文教学提供了雄厚的基础，也提出了研究课题。

常常有一种误解，就是以为学生的全部语文知识和能力，都是由教科书提供的，都是教师"教"给学生的。于是编教科书，就要面面俱到，讲起课来，也就滔滔不绝。不少同志不管学生已经理解到什么程度，一切"从零开始"，全部从头讲起，在课堂上大量重复着学生已经理解了的内容。事实上，任何一套语文教科书，无论编得多么完善，也不可能包罗万象；任何一个学生，无论多么用功，他的语言能力也不可能全靠教师"教"给他；任何一篇课文，只要学生认识其中大部分的字和词，总不会毫不理解。在极其广阔而丰富的社会语言环境中，语文教师的任务是"引"——指点学生举一反三，自觉地吸收。语文的课堂教学应该成为学生在社会生活中学习语言的典型示范，使他们获得启示，从而提高学习语文的自觉性，而不是仅仅为了理解这篇课文本身。对于语文教学，教材只不过是一批例子，一批经过优选的范例，教师如何使用它们，必须有自己的训练规划。

四是综合性。与其他课程相比，语文课涉及面多得惊人。从教材内容看，上下几千年，纵横数万里，大至宇宙，小至核舟，反映了复杂多样的生活。从文章的表达看，字、词、句、篇、语法、修辞、逻辑、文体、文学知识……内容丰富，条目繁多。从基本训练看，听、读、说、写各有一套。这几方面互相交织，构成语文教学的综合性这一特点。语文教学这样一个特点，就使得它和其他学科相比，显得无比丰富和极其灵活。所谓丰富，指的是语文课有着十分广阔的天地。语文教师应该引导学生正确地认识世界，形成正确的世界观，培育他们的思想、观点、理想、情操，并且培养他们的语言与思维能力。只要教材编选得当，教学又破除目前的程式化和八股气，语文课完全可以上得有声有色，生动活泼，教师完全可以在这个舞台上导演出许多引人入胜的活剧。所谓灵活性，指的是教师在处理教材时有极大的选择余地。他可以突出这一点，也可以突出那一点。一个有经验的教师永远是使用教材而不是为教材所用，他根据自己的训练计划，制订方案，以教材为舟楫，从容地驶向目的地。这样，语文教材的综合性反而使他感到游弋自如，得心应手。反之，一个缺乏经验的教师就会被教材牵着鼻子跑，这也涉及，那也谈到，在各种选择面前目不暇接、面面俱到而迷失方向。他会感到穷于应付，捉襟见肘。语文教学的综合性这一特点不仅关系到教学方法，也涉及语文的教学体系问题。这个问题，我们将在后面进一步讨论。

二 语文教材的综合性与基本训练单一化的矛盾——语文教学中的"分"与"合"

没有抽象便没有科学。科学的抽象意味着在研究对象中排除一切与本质无关的、偶然的因素。例如物理课上讲炮弹射程的抛物线运动，必须把空气阻力、风向、风速等因素排除，才能弄清其原理。这种抽象是人类认识世界的重要方法。科学体系需要抽象，安排教学体系也需要抽象。如果没有这样的"提纯"，各种因素错综复杂，学生势必眼花缭乱，不知所措。这种情况，在各学科的基本训练方面尤为突出。

理科教学是这样进行的，语文则不然。这是许多学生感到理科好学而语文不易捉摸的重要原因。

如上所述，语文是综合性极强的学科。每一篇课文，无论多么短，也是麻雀虽小，五脏俱全，是一个完整的综合体。这种综合性是语文教材的特色，也是我们无法回避的问题。许多教材有文学性，我们不能把它分割得支离破碎而违背形象思维的特征。拿议论文来说，我们不能把一个观点、一个论证体系任意阉割，管窥蠡测而破坏其完整性。但是另一方面，语文教学必须进行许多专门训练，每次训练都要循序渐进而有自己的系统，这是语文教学科学化的一个重要内容。这样，语文教材的综合性与基本训练单一化、系统化的要求就产生了矛盾。这是教师在处理教材时一个很大的难题。

语文教学中这样一个矛盾，就给我们提出了两个需要进一步研究的课题。

第一，怎样使用教材。在这种情况下，应该允许教师有权在教材处理上只突出一点而不及其余，甚至应该允许教师绕开一些枝节的、非主要的难点而不顾。（这种例子在教学中是很多的。）可是这样做，教师就容易遭到非难：这一点很重要，为什么不讲？那一点学生可能不懂，应该讲清楚。总之，是教材分析缺乏"完整性"。出现这种指责的原因在于：我们的评课，往往是评教师"讲"课，而不是观察学生如何学习；是看教师表演，而不是研究教学。

所谓"完整性"，应该以学生的理解为准则：1. 学生所接受的知识、概念应该是科学的、全面的，而不是片面的、不完整的。而知识概念的完整与否又不能以一堂课或一篇课文为衡量标准，它应该从教师训练计划的整体方案来考察。2. 学生对课文的理解应该是完整的，而不是支离破碎的。这一点非常重要，否则学生得到的就可能是一个片面的，甚至是歪曲了的印象。但是要做到这一点，也不等于需要教师把每一点都讲到。上面讲过，语言是社会现象，语文教学的社会性这一特点决定了学生学习语文时决不是"从零开始"。教师应该善于判断学生对教材的理解程度，加以引导。只有这样，才能做到教学中的"少而精"。

第二，也是更重要的，是语文教材的编排体系问题。

综合性是语文教学的特点，训练目的单一化是学生认识规律的要求。要解决这个矛盾，就涉及语文教学的"分"与"合"。

综合是"合"。语言与思想是不可分割的，就语言来说，词与句，句与句群，句群和篇章也是不可分割的，离开了整体，就不可能对局部形成准确的判断。语文教材应该使学生广泛地接触和正确地理解各种社会现象，从而形成科学的、辩证唯物主义和历史唯物主义的世界观以及活跃的思维能力；语文教材应该使学生广泛地接触各种语言现象，为丰富和发展学生的语言打下坚实的基础。学生应该大量地、广泛地阅读，这种阅读材料从内容到形式都带有综合性。

"分"基于对客观规律更深入的认识。科学的分类是"分"。没有局部也就没有整体，不对各个局部进行详细的考察，对整体的认识也只能是浮光掠影，一知半解。在语文教学中，它指的是对学生读、写实践过程加以分析、解剖，给予有针对性的训练。读和写能力的提高各有自己循序渐进的规律，因此这种指导也应该由浅入深，由低级而高级，形成自己的科学的教学体系。这种体系与前面大量阅读的编排体例是不一致的，应该单独作出安排。

我们可以从我国戏曲演员的培养中获得启示。孩子们不是一坐科就去排戏，唱、念、做、打，要搞多少基础训练？也要教唱段，但一开始是为了练嗓、咬字，做到字正腔圆。老艺术家盖叫天经过多少艰苦的基本训练，练就瓷实的腰腿功和娴熟的武打技艺，登台演戏，或武松打虎，或石秀探庄，才能把人物刻画得惟妙惟肖，栩栩如生。

我们还可以从运动员的训练中获得启示。篮球运动员要做多少分解动作的基础练习？传球、运球、投篮、突破、防守……每一项都包括许多单项专门训练。有了这些功夫，才谈得到战术配套，才谈得到配合。

那么，语文教材是不是可以编成两套呢？一套以名家名篇的大量阅读为主，一套以读写的科学训练为体系，使之各得其所。这就是"两套教材"的设想。

其次，语文的基本训练应当有"分"有"合"。既要有整篇的综合性的读写练习，又要有单项的"分解动作"的练习。这种专项练习，1955年的汉语课本，1963年的语文课本，都作过一些有益的尝试。这些试验中断，是很可惜的。搞这类训练，应该对学生的读和写、语言和思维等方面分别进行考察和分析，找出专题，结合学生实际，编出训练程序，设计出练习形式。这种训练大都带有片段、局部性质，小型多样，目标集中，由浅入深，循序渐进。到一定的时候，又可作程度不同的综合练习。大型、中型、小型相结合，综合与专项相辅相成，这就好像给读写训练搭了许多级"台阶"。

在研究、编排这种分解性专项练习时，必然出现语言各分支学科间互相渗透、互相融合的现象。语法学、修辞学、逻辑学、辞章学，作为学科，各有其不同的研究对象，各有其自己的体系，但在实际运用中，在指导学生提高读写能力的过程中，它们又是彼此为用，互相结合的。编制专项练习，必然要打破它们之间的界限。这就为语言研究提出了一系列新的课题。编制各种专项性练习是"分"，在练习中出现的各学科之间的渗透是"合"。这是另一种意义上的"分"中有"合"。

多年来，我们的语文课本和教法研究多是只注意综合而不注意分解的。我们的传统方法是讲文章，多读多写，一篇一篇地讲，一篇一篇地读，一篇一篇地写，积以时日，功效自见。这是一种行之有效而效率不高的方法。这种方法依靠耳濡目染，潜移默化，也能积累大量语言材料，培养良好的语言习惯和敏锐的语感，这是符合学习语文的规律的。然而笼统地提出多读多写，只谈了一个"多"而不去研究数量和质量的辩证关系，不研究读什么，如何读，不研究写包括哪些因素，如何编排和组织训练体系，缺乏科学的、细密的安排，这正反映了我国教育科学的落后状态。而且，古人不学数理化，在科学技术迅速发展的今天，各门学科的内容不断增多、加深，学生已经感到应接不暇，语文教学若不解决科学训练问题，若不能提高效率，则将无以自立。要解决科学训练问题，就要进一步探讨语文教学的"分"与"合"。

三 知识的无限性与课堂教学时间有限性的矛盾——让学生学会读书与思考

对每门学科来说，知识都是无限的，但语文课又自有其特点。一个学生，只要识了一定数量的字，就能自己读书。事实上，每一个学生课外阅读的数量都远远超过语文课本的容量。课外学习的内容和范围都是无限的，课堂教学的时数却是有限的，如何以这有限来指导无限，就为语文教学法的研究提出了问题。

不能指望语文的课堂教学能够解答学生在课外遇到的一切问题，也没有哪一种语文教材能够包罗学生所需要的一切语文知识。因此，语文课本的编选，各种练习的设计都必须有一个明确的指导思想，那就是让学生举一反三，学会独立地读和写。从这个意义上说，语文教学不是"教"而是"引"，语文课也不能仅仅是"讲"和"听"，而应该是学生在教师指导下的读写实践，在读写实践中学会读书和思考。

培养读书能力和思考能力，要从指导学生自己认真阅读教科书开始。要指导学生读书，又要从最简单、最基础的能力培养起，首先要养成良好的读书习惯。

要让学生自己查字典，指导学生学会读注释。教师要启发指导，又要创造条件，就是说，要造成一种环境，使学生非得自己去翻字典、看注释不可，否则就混不下去。现在，我们常常忽视这些"细小"的，然而却十分重要的方面。老师宁可把注音解义都写在黑板上，也不去要求学生翻字典；宁可按注释内容自己来"讲"课文，也不去指导学生看注释。似乎不讲就不足以说明是在上课。学生中小学读了十年书，许多却连这些最起码的本领也没有。这种情况实在应该改变。

还要教会学生一定的读书方法。圈点批注是我国传统的、有效的读书方式，徐特立同志就提倡"不动笔墨不读书"。指导学生读书时圈点批注，能训练学生读书时注意力集中，边读边思索。此外，把读书时的感想、认识、意见用简约的文字记下来，也是一种写作上的训练。我国传统的读书方式还有写读书札记，反复诵读、吟哦，等等，这些方式都值得我们进一步探讨。

然而最重要的，也是最困难的，还是培养学生发现问题和运用已有的知识去解决新问题的能力。读书能力带有综合性，其中有一些是语文教师应该着意培养的技能，如怎样根据上下文和词素来推断一个生词的含义，如何在文章的例证和分析中掌握要点，怎样学会纵览全文读出文章的脉络层次，并且善于由注释提供的材料领会文章何由而发，领会作者意图，等等。这些，对于学生正确地理解和思索都是必不可少的。在此基础上，教师还要善于引导学生注意发现问题，而且敢于质疑问难。

让学生学会读书与思考，教师少讲点儿，学生多想点儿，这对语文教师提出了更高的要求，是为了更好地发挥教师的主导作用。为此，我们就需要进一步研究学生学习一篇课文的认识运动和基本程序。

学生学习一篇课文是一次复杂的认识运动。尽管不同的课文，不同的学生，认识过程会有所差异，但大体上会有着一些基本的、共同的程序，这就是：

粗读一遍，得其大概→逐步深入，掌握重点→联系背景，理解实质→经过总结，鸟瞰全局（有时还要结合实际，进行推理、联想）→进一步在辞章上有所得。

这样的归纳未必精当，但它大体上反映了学生在学习课文时认识不断深化的思维运动。这一认识运动的过程体现着语文课的特色，反映了思维和语言的密切联系；语言训练以思维训练为指导，思维训练要落实到语言训练上。

如果我们对这一程序进一步仔细地剖析，就会发现两点：

1. 这样一个过程可以分为两个不同的阶段。从粗知大意到掌握实质、鸟瞰全局是一个在理解上由浅入深的连贯性很强的完整过程；由内容而辞章，是属于不同范畴的另一次飞跃。

这后一次飞跃恰恰是当前语文教学的薄弱环节，也是语文教学科学化的重要课题，许多同志努力引导学生在辞章方面进行探讨，一些有经验的教师更是善于把内容的分析和辞章的探讨有机地结合起来，细致深入，精微独创，有声有色。但是这种分析都是受一篇篇课文支配，随教材而转移的。它们是零碎的，不系统的。迄今为止，还没有形成按照学生规律编排的、科学而又系统的序列。

这种序列不是烦琐的知识的罗列，而是按照学生读写能力发展的不同阶段，给以富于启示性的归纳。这是一项十分艰巨的任务。它的艰巨性在于我们不仅要在辞章学方面进行探讨，还要研究学生语言与思维的发展过程和规律。辞章的表现是千变万化的，我们不能企求在语文教材中包罗万象，只能而且必须在无限丰富而多样的表现形式中找出基本的格式和规律，才能帮助学生举一反三，培养他们独立吸收的能力；学生的认识又是螺旋式上升的，我们既不能直线突进，又要避免机械地重复，减少时间的浪费，提高教学效率。这两方面的研究，目前都还很薄弱。

2. 这是一个复杂的认识运动，自始至终充满着矛盾。教师只有善于把矛盾引进课堂教学，展开矛盾，才能调动学生的积极性、主动性、创造性，学生才能积极思考，课堂才能生动活泼。

要展开矛盾，就必须突破目前语文教学常见的程式化的八股格式。我们解剖学生学习一篇课文的基本程序，正是为了摒弃那种僵化的固定格式。由于语文的社会性这样一个特点，学生对一篇新的教材是不可能全然毫不理解的。理解有深有浅，语文教师的任务就是准确地判断学生已经理解的程度，掌握学生认识深化所遇到的矛盾，给以恰到好处的"点拨"，引出矛盾，启发积极思维。为了避免教学中的千篇一律，避免每一篇都从头讲起，不厌其烦地重复着学生已经理解的内容，使课堂教学索然无味（在这种情况下，即使教师有一些独创的、精辟的见解，也往往湮没在烦琐分析的汪洋大海里），我们就有必要观察和分析学生学习课文这一认识运动的基本程序，为我们的判断和选择提供依据。只有这样，才能选好"起步点"，找出学生、教材与教学目的之间的最简便的捷径。

展开矛盾，首先要把握矛盾。在课堂教学中，学生学习中的矛盾总是表现在两个方面：甲、学生与教材之间；乙、学生与学生之间。教师启发学生积极思维的艺术，除了深入理解教材，把握教材的关键之外，还在于善于利用学生认识上的差异。学生程度不齐，认识水平参差，人们常常觉得难办。事实上学生中的差异是永远存在的，除了程度过于悬殊者外，学生中的这种差别又为我们启发学生的思维提供了条件，有经验的教师则善于利用这些差异来引发学生认识上的矛盾运动。上等生之所以是上等生，就是因为他们迅速走完了中等生和下等生还没有走完的认识过程。下等生之所以是下等生，就是因为他积下一大堆认识上的矛盾没有解决。在组织教学时，我们可以注意观察研究中等生存在的问题是什么，看看上等生是不是已经解决了，他们是否能够使问题深化，他们在解决这个问题时有什么体会可供借鉴。同时还要看看中等生提出的问题，能否对下等生有些启示。这是就一般情况来说的，在具体教学过程中，在某一课的学习中，各类学生的情况又会有不同的变化。组织教学的奥秘全在于教师要准确地了解各类学生的理解能力和心理特征，善于提出恰当的问题来引导学生思索讨论和争辩。这样，在教师的引导下（提示、补正、归纳……），学生之间互相启发、补充、辩驳，就大大有助于提高各类学生的思考能力。

矛盾，表现为问题。课堂教学中的问题不外来自两个方面：甲、学生自己提出的；乙、教师用以启发引导学生的。学生提出的问题有的来自中等或中等以下的学生，这一类问题一般可以由学生自己解决。有的问题可以有很大的启发性，这一类问题往往是很难预料的。争取课堂主动权的关键是教师准备的问题，这类问题带有深化性质，如果准备得好，往往成为分析和理解教材的枢纽，一棋下定，全盘皆活。这一类问题，难度应该以上等生为标准，同时又使大部分学生能答出百分之七八十为原则。

教师准备问题，设计练习，测验考试，根据我们的体会，最好都以此为准。低于这个标准，说明内容或题目过于容易；高于这个标准，说明内容或题目过难。过于容易，则索然无味；过难，则高不可攀。这二者都不利于启发学生积极思考。有一定难度，但有一部分学生能够答出，大部分学生可以理解，这才便于把矛盾引入课堂，学生印象才能深刻。这是最能启发学生积极思维的标准。

教学应该突出重点，解决难点，而教学的艺术却又在于给学生留下适当的难点，引出矛盾。可惜许多教师（包括我们自己）却经常自觉不自觉地掩盖了矛盾。

这样，在不断展开矛盾，解决矛盾的过程中，读读、议议、讲讲、练练就构成了语文教学的基本形式，构成了课堂教学中教师与学生的双边活动。在这一活动中，教师的任务是引导思路，指示要点，教给方法，讲解知识，释难答疑，典型示范，典型纠正，评价分析，总结概括……决不是简单地"讲"。学生的任务是熟读深思，温故知新，举一反三，讲述论辩，批注评点，质疑问难……决不是简单地"听"。语文教学活动的这种多样性，再加上教师的个人特色（语文教学决不可以泯没这种个人特色），就使得我们的教学不可能拘于一格，定于一法。教学是艺术，艺术风格永远是多样化的。语文教学的科学化与风格的多样化并不矛盾。正是在众美纷呈、不拘一格的实践中，才大大丰富了我们的认识，加深了我们对语文教学科学规律的理解。

这是一个未经充分开垦的广阔天地，有许多依稀可辨的途径引起献身语文教学事业的同志们的深思和探讨。根据不同同志的不同探索，目前的语文课堂教学大致可以归纳为三大类型，这就是：

甲、讲授型；

乙、自学与讨论型；

丙、练习型。

这三种不同类型的运用又是千变万化的。一个有经验的教师，绝不使自己局限于某一类型，他们有各种不同的手段来应付各种不同的问题；而不同的教师又可以有自己的专长，他们可以对某一种教法有独创的研究，从而形成自己教学的特色。这三种类型的教学又各有自己有待进一步研究的课题。一般地说，讲授型历史比较悠久，它积累了大量的经验，同时也暴露了自己某些有待克服的弱点；自学与讨论型引起了不少同志的兴趣，为之大声疾呼，并且进行了一定的试验，但也有一些问题有待进一步研究；有计划地利用练习形式进行科学的、系统的训练刚刚引起了一些同志的注意，至于训练的内容及其内在的规律性则还没有得到充分的认识。对于课堂教学的形式，我们主张百花齐放。我们不赞成轻易地肯定哪一种或否定哪一种。问题可以争论，流派应该并存，正如乒乓球的打法与风格一样，各种流派之间可以互相渗透、促进，然而它只是发展而决不泯除各自的特色。

1979 年 5 月 14 日　三稿

思索·探索[*]

（1980 年）

> "山有小口，仿佛若有光。"
>
> ——［晋］陶渊明

语文教学的"合"与"分"—阅读的相对独立性—阅读课的双重职能—理想中的阅读课结构—写作教学中的"知识"与"能力"之争—写作课的专题形式—语文教学螺旋式中几个有待进一步研究的问题

前　　言

打开每一本语文教学法讲义，赫然入目的都是一个"合"字：

"文道结合"

"读写结合"

"讲练结合"

"课内外结合"

"语言与思维结合"

……

---

* 作者自注：这篇是为香山教材会议写的。会上的油印正文已经找不到了，初稿居然在纸堆里翻了出来。雪泥鸿爪，敝帚自珍。特别是当年在张志公先生家里，他提过很中肯的意见，我随手记在底稿背面，得以保留至今，更是值得珍惜的。至于原来文后所附的资料，则荡然无存了。文中关于阅读教学的部分，曾在《江苏教育》上刊出过。

这些原则无疑都是正确的。但是——

"文以载道"这当然不错，然而在教学过程中，我们是否有时候可以只突出一个方面？

读与写互相促进，关系十分密切，不过，是不是又各有其相对独立性？

讲与练自然应该密切结合，但在某些时候，我们是不是可以讲而不练，或者，练而不讲？

课内外能够结合，那是再理想不过的了，而二者之间又显然有着不同的要求，不那么容易步调一致。

语言与思维的一致性似乎是无可置疑的，那么，二者之间是否有时也呈现矛盾状态？

张志公先生说得好："语文教学该分则分，该合则合。过去，我们对'合'研究得比较多，现在是认真研究'分'的时候了。"

两年来，在语文教学科学化的研究中，越来越多的同志倾向于编写"阅读""写作"两套教材；在训练体系的探讨中，不少同志在分解与综合的关系上逐渐取得了一致或比较接近的认识。本文准备以此为基础，进一步展开自己的观点。

阅读课的双重职能

当我们进一步研究阅读问题的时候，我们就会发现阅读有着许多与写作不同的特点和要求。

读一篇文章，除了学龄儿童以外，人们一般不是一句一句地读的；就一个句子而论，我们也通常不是一个字一个字地往下看。阅读具有较大的跳跃性——在长期实践中形成的对关键性词语、句子的反应的敏感性和选择能力。换句话说，阅读能力在于能迅速而准确地获得必要的语言信息。

写作是一句句地写的，它在表述一个思想的时候还必须照顾语言的连贯性；就一个句子来说，它也必须考虑到语法方面的正确与完整。有一定写作经验的人都能够体会到此中的甘苦。

阅读的方式是多样化的。根据不同的阅读内容和目的，我们分别采取浏览、略读、跳读、精读等不同的方式。随着社会的现代化，生活节奏日益加速,人们的阅读习惯和兴趣也将随之变化。每天堆积的大量文字材料将迫使人们追求阅读的高效率,对阅读方式多样化的要求也将越来越高。

阅读的范围也远远超过写作的范围。从内容看,上下五千年,纵横数万里,十分广泛;从体裁看,诗歌、小说、散文、政论……无所不包。这是扩大人们视野的必经途径。对一个中学生来说,阅读应该是一种催化剂,触发学生追求知识的兴趣;是一扇窗口,引导学生去观察他们生活圈子以外的世界;是引路人,启发他们如何正确地思考;是点火器,让他们思想上爆发出火花。提供丰富的思想材料是活跃学生思想的必要前提,也是阅读课的一个极其重要的职能。

就阅读所涉及的知识来说,也比写作广泛得多。抛开各种与语文无关的专业知识不论,学生还应该具备一定的文艺理论常识、各种文体(诗歌、小说、电影、戏剧、杂文……)的知识,等等。这是保证学生从阅读中更有效地汲取营养的重要条件。

假如我们更进一步研究学生的阅读状况,我们又会发现不同的学生在阅读中往往表现出不同的特点。

有的学生阅读速度很快,能知其大意而不求甚解。他们能大体说出一篇文章或一部作品的要点,但对于其中的某些细节却可能茫然不知甚或弄错了。这一类学生中男生较多。

有的学生阅读得很慢,他们能准确无误地说出所读作品的细节,但却不能清晰地说出作品的要旨或作品的主要观点。他们常常是见树木而不见森林。这样的学生中女生多些。

还有的学生联系能力和想象能力都比较强。他们在阅读的过程中往往把自己的思想材料揉进去。他们善于发挥、联想,阅读时摘其所要,作者的思想、观点常常要蒙上一层阅读者的主观感情色彩,以致最后有时竟分不清哪些是作者的原意,哪些是他们自己的看法了。这样的学生主观意识强,有自己的独到见解,在他们的思想中往往孕育着创造的胚胎。但这样的学生又常常不善于冷静、客观地分析。

这些不同特点形成的原因属于心理学研究的范围,但它启示我们去注意阅读能力的三个基本方面:

甲、提要（包括文艺作品的情节提要、各类文章的内容提要）以及归纳作者思想的能力；

乙、辨析作品的整体与细节、观点与材料、总论点与分论点关系的能力；

丙、对作品的思想观点作出自己的判断、评价，并根据自己的观点去选择原作主要思想材料、语言材料和片段的能力。

这些能力都是可以有针对性地、科学地进行培养和训练的。

因此，阅读课应该肩负着双重职责：

一、扩大学生视野，丰富学生思想，陶冶学生感情，培养学生的道德品质及情操，积累大量语言感性材料；在这基础上，形成活跃的思维能力；

二、阅读技巧与能力的科学培养与训练。

这样，就大体决定了阅读课的双重职能。

阅读课结构的探讨

我们设想，阅读课可以分为两个有机组成部分。

第一部分以名家名篇为主，任务在于扩大学生视野，活跃学生思想，并且为学生提供大量生动的思想和语言的感性材料。这样的作品，将在学生眼前展开一幅人类发展的历史图景，它告诉学生：在不同的历史条件下，人们如何生活，如何观察和思考，以及他们有什么样的理想与追求。在这样的作品中，学生将辨别什么是丑，什么是美。

名家名篇是人类文化遗产的精粹，是学生必不可少的思想和语言的营养，这是毋庸置疑的。但是在实践中，我们又感到了它的局限性。这些作品只记载着我们的过去，不能反映我们的现在，而要促使学生更积极地思索，还必须让他们面对今天的现实。从1979年下半年起，我们在阅读课中又增设了"当代文艺讲座"，定期介绍最近报纸、杂志、电影、电视中优秀的或有争议的作品。学生对这样的讲座，反应是异常强烈的。事实证明，它对推动学生阅读、活跃学生思想起了极为明显的作用。

然而，这样的探索又为教材的编写提出了难题——"当代文艺讲座"必须随着时代的脉搏一起跳动，它是无法预先编入课本的；此外，要开设这样的讲座，又需要教师具备较高的水平与素养。这是目前尚无法解决的矛盾。

至于名家名篇的编排序列，我们认为应该给教师以灵活处理的权利。我国幅员广阔，各地之间千差万别；学术上百家争鸣，教师各有自己的见解和思路。为什么要硬性统一？过去的那种"单元"排列已经证明是主观臆想的产物，事实上许多教师早已打乱了教科书中课文编排的顺序，我们又何必多此一举？不妨按照学生的年龄特征和文化程度，分别精选一批作品，数量多一些，仿《文选》体例按文体编排，供教师选用。教师可以有所取舍，也可以重新组合；可以单篇讲授，也可以几篇互相参照；可以按文体序列，也可以打破文体的界限。这样，既减少了教材编排的复杂性和矛盾，又能使教师各得其所，何乐而不为！

当然，各地语文教师水平参差不齐，灵活性有时会带来困难。那么，各地教育部门的教研中心可以根据本地区情况，集中优秀的、有经验教师的意见，提出本地区的参考方案。

第二部分是阅读技巧训练。这种训练可以组合成螺旋式上升的练习形式。根据我们目前的认识，其主要内容可以包括以下几个方面：

一、初中阶段

  甲、工具书的使用（兼及注释的利用）

  乙、语言练习

    a. 在一定语言环境中根据上下文和语素推断词语的近似意义

    b. 长句的阅读与分析

    c. 关键词语的判断

  丙、段落的阅读与分析

    a. 段落中心句或中心的判断

    b. 段落内容的复述与推理

    c. 段落结构分析

  丁、全文阅读

    a. 常见文体的基本模式和结构

    b. 作品提纲归纳

    c. 作品提要和简单评述

二、高中阶段

　　甲、语言练习

　　　　a. 长、难句的阅读和理解

　　　　b. 典范语言的语感培养

　　　　c. 古汉语的分析与理解（包括推理）

　　乙、阅读技巧训练

　　　　a. 浏览

　　　　b. 跳读

　　　　c. 略读

　　　　d. 精读

　　丙、独立阅读训练

　　　　a. 图书馆的利用

　　　　b. 卡片的摘录与整理

　　　　c. 以问题为中心的多篇作品相互参照阅读

　　　　d. 读书笔记或报告

　　　　e. 提要及评论

为了发展学生的阅读能力，高中阶段还应该比较系统地讲解文艺理论以及报纸杂志上常见作品的体裁和特点的知识。

写作课的间架结构
——"知识"与"能力"之争

几年来，随着关于教材体系讨论的深入，有志改革的同志们中间出现了"'知识'还是'能力'？"的争论——究竟以知识体系作为教材的逻辑主干呢，还是按学生能力的发展排出教学的程序？

这种争论是一种必然的趋势。在国外，随着教育学、心理学、语言学研究的进展，也有人提出反对在语文教学中按照知识体系编排序列的主张，形成了基本上是两大阵营的局面。为了便于讨论，我们举两种截然不同的教材为例，来探讨写作教学的内部结构问题。

Habrace College Handbook 代表着传统的一派。这本书的第一版于

1971年发行，从体系看，和丹纳（Tanner）的 *Composition & Rhetoric* 是一脉相承的。但是我们也可以看到，发展到了70年代，这种体系已经发生了很大的变化。主要的变化在于它更着眼于实用，根据学生学习中的主要矛盾而有所取舍，不再强调学科体系的逻辑结构。尤其是《语法》和《标点》两章，它们的排列组合方式是很值得我们体味的。

Telling Writing 代表着激进的一派，它对传统的命题作文形式持完全否定态度，强调要让学生自由地、主动地发展，甚至不赞成语言规范化的观念。这个学派产生的背景是"新英语运动（New English Movement）"。为了更好地了解作者的主张，下面摘录原书部分序言供参考：

> 一场新的英语运动已经诞生，它要求学生充分运用自己的力量，去发现，去选择道路。它不认为世界可以用一系列规则来解释，也不利用"改正错误"的办法来求得进步。……
>
> "新英语运动"部分地由语言革命所推动——不是从那些卓越的语法分析而来，而是从方言研究而来（国家的、地区的和个人的）。教师们不再害怕语言的千变万化，而是开始尊敬它了。多年来，语言学家们说，一个六岁的小孩已经能掌握其母语的大部分语法规则，他们常常说得既合乎韵律又富于隐喻。现在，无论是在文学课还是写作课，教师都让学生自由地运用他们在语言上和认识上的天然能力。那种认为学生在课堂上只能运用枯燥的、学院式语言的观点，他们已经放弃了。
>
> 这种写作训练的步骤是：第一步，自由，让学生找到他自己的声音，并且让他的题目自然而然地飞到他的身边；第二步，训练，学习更多的专门技巧去增补他们已经具有的、可观的技巧。
>
> 在"新英语运动"中教师不批改作业，只是和班上的成员一起来读这些文章。教师鼓励学生重写那些值得重写的东西，并且把写得成功的作品不断地加以修饰、完善，实际上，是把职业作家的习惯付诸实践。
>
> 绝不做任何事情来妨碍写作者去发现，去发明，去运用语言，不要使这种自然的努力由于阻碍而萎缩，也没有任何事情使作者脱离写作的一般本性。作者的话将在他和他的同辈人中留下痕迹。这样，在这本书

中，初学写作者的声音是真实而可靠的，带有自己的个性，自己口语的力量，自己的信心，带着他的亵渎，有时还带有纯属他个人的语法。在美国，青年一代按照一种新的方式面对他们年长的一代，再不需要虚伪和亦步亦趋了。

当学生因为自由写作而从各种束缚中解放出来的时候，教师会由于他们统率语言的能力而惊异。……这个国家学生的语言是丰富的，现在是在教室里听到他们的声音以及他们的智慧的时候了。

这些看法非常新颖，很值得我们注意和研究。由于缺乏实践，我们无法对这本书的内容和体系作出恰当的判断。不过就我们自己的经验而论，有几个问题是不可不注意的：1. 必须充分估计学生潜在的语言能力和认识能力（学生八股恰恰使这种能力窒息），同时也要正视学生在发展中的缺欠和不足，不能完全忽视基本技能和技巧的训练。2. 应该发挥学生的主动性和创造性，为他们提供符合他们各自不同个性的自由发展的条件，同时也不能过于强调自发性。就教材编写来说，需要着重研究的，是适用于大多数学生的普遍现象和规律。3. 我们应当研究专业作者写作的思维及语言运用的过程，让学生进行模拟性实践，但也要看到学生的绝大多数将来不是作家，他们更需要的，是平平实实的思维和平平实实的表达。

确切地说，学生能力的发展是有规律的，任何规律的逻辑概括都是知识。写作教材要反映这种规律，必然要体现为一定的知识结构。把能力与知识对立起来是不恰当的，那种强调能力的发展而否定知识体系的意见也有些失于偏颇。但是这种意见的产生是有其历史背景的，那就是，有许多人对传统的语文教学中的知识结构表示不满：1. 这样的知识体系并不能有效地发展学生的能力；2. 教学体系的安排不应该以学科知识的系统性为线索，而应该符合学生的认识规律。这些意见无疑都是正确的。

以当前语文教学的各分支学科知识而论，我们目前使用的语法、修辞、逻辑以及文体等的知识结构大体上是18、19世纪定型的，由于历史条件的限制，不免带有一定的局限性。在方法论上，它未能摆脱当时形而上学的影响，就内容来说，也不能反映现代社会发展中语言运用的变化。它学院气息重,有烦琐而不切实用的毛病。新中国成立以来,因为种种原因,我们基本上沿用不变,没有能认真地加以改造。这是一个方面。另一个方面,这些分支学科,并不能反映学生在语言运用和认识能力上由幼稚到成熟、由简单到复杂的规律性,因此,不宜把它们直接编入教材。

为了更深入地探讨这一问题,我们需要拿这些内容来和中学数学教材中各分支学科作比较。

一部分同志认为,中学数学中代数、几何、三角、解析几何……各门课程井井有条,循序渐进,教师讲解有所依据,学生听课眉目清楚,中学语文教学为什么不能照此办理?这些想法反映了广大教师对语文教学科学化的迫切愿望和追求。但是我们也要看到,语文各分支学科与数学各分支学科在形成过程中的历史背景是不同的,因此各自带有自己的特殊性。中学数学课程的排列大体上是和数学史的发展是一致的,基本上反映了人类在数学认识上从低级到高级,由简单到复杂的程序。语法、修辞、逻辑等则不然,它们是以语言运用相对成熟的状态为自己的研究对象的,在当时"分类学"方法影响之下,又把语言运用的综合现象分割成若干方面加以研究,进行概括总结。这些学科的出现在当时是一大进步,却不能直接用作中学教材。与这些学科类似的,在数学中则是"数理逻辑",而数理逻辑不适于纳入中学课程,是再明显不过的事。

这样,中学语文教学的知识结构就面临着一个彻底改造的任务。这种改造决不是一蹴而就的,需要专业工作者与广大语文教师互相配合,共同努力,持以若干年,才能初见成效。教材编写时不我待,怎么办?可以先根据目前国内教师们所熟悉的传统内容和概念,参照国外的经验,认真筛选、补充,拟出一套暂行方案,同时鼓励各种不同方案的试验,在实践中判断优劣,然后总结出具有我国特色的理论和体系。

知识结构还不等于教学体系,要把知识转化为课本的形式,还需要研究写作教学中的各种专题模式的问题。

关于写作教材中专题组合形式的探讨

知识体系到训练体系之间,还必须有一个转化的过程,正如同篮球运动理论不能直接用作篮球训练教程一样。决定知识体系内部组合关系的，是知识的逻辑结构；决定教材内部组合关系的，是人的认识规律。为了便于探讨问题，我们举美国写作教材《提高写作技能》(*Developing Writing Skills*)和《语言与思维的训练》供参考。

这两套都是美国高中写作教材。《提高写作技能》的大致情况已在中学语文教学研究会内部通讯（第2期）上作了介绍。《语言与思维的训练》的对象是目前重点中学的高中学生，它是以简单论文写作为目标组成的一个循环。就内容来说，它以说明、议论为重点，同时也旁及我们自认为高中阶段学生在写作能力上应该得到发展的一些内容，并没有囊括中学写作训练的全部项目。

要实现从知识体系向训练体系的转化，我们感到需要解决三个问题。

第一个问题是要把这些知识内容组合成便于学生实践的专题训练项目。这样，训练体系和知识体系在外观上就显得有所不同。

语文是一门实践性极强的学科。一个人从学话开始，就只有通过不断的语言实践，经过反复刺激，形成第二信号系统，才能逐渐掌握本民族的约定俗成的表达体系。换句话说，就是必须在运用语言的过程中掌握语言。学习别的课程，例如历史地理，教师讲清知识，学生记住知识，就叫学会了；即使是数理化教学，也要以论证原理为基础。语文则不然，教师讲述知识、概念、原理固然是必要的，但无论讲得多么明白、透彻，都不等于学生已经学会了。在学习语文的过程中，有时候比知识显得更为重要的是模仿。学习语言常常从模仿开始，模仿、积累、领会、吸收、理解、运用，交互作用。年龄稍长，理解的因素多一些，模仿的成分仍然不少；年龄愈小，模仿愈多。因此，写作教材的编写，在掌握循序渐进规律的基础上，还必须充分重视"引路"，要注意使学生有例子可以模仿，有道路可以遵循。这是写作教材与其他教材不同的地方。

写作教材与其他教材不同的地方，还在于它的内部联系不像其他教材那样严密。其他课程，如历史必须遵循时间顺序，地理要依照空间顺序，数理化教材内部有着明确的逻辑关系，写作教材各训练项目之间却往往有着很大的灵活调整余地。这是因为学生在不同的社会语言环境里生活，所积累的语言材料和经验有很大差异，因而成长的过程也就存在着许多区别。还有，学生学习别的课程，都是由不知到知，学习语文却不是"从零开始"，不需要老师一切都"从头讲起"，概念之间的连贯性要求不那么高。这又使我们在编写写作教材的时候要注意两个原则：1. 不需要过于重视知识的系统性和完整性，而要注重实用性，要在全部知识概念中仔细地筛选，突出其有针对性、有实践性的部分，不必拘泥于知识概念本身的逻辑关系；2. 要具备一定的灵活性，便于教师根据不同的情况调整、组装，因此，我们感到写作教材以编成专题性的训练项目为宜。

第二个问题是如何处理分解与综合的关系。

常常有一种误解，就是认为"分解动作"指的是那些简单而机械的"单项练习"。单项练习是语文练习的一种形式，但决不是"分解动作"的唯一形式，甚至也不是主要的形式。语言是思想的物质外壳，要让学生掌握好语文这个工具，不能离开它的思想内涵，而任何思想的表述总是带有综合性的，它需要从思维到表达的多种能力的配合。所谓"分解"，只是将比较复杂的教学内容加以解剖，分别突出这种综合性能力的各个主要侧面，编成练习形式，给以有针对性的训练，组成一个个由简单到复杂的阶梯而已。语文训练如此，其他训练莫不尽然。篮球训练由基本动作到少数人的战术配合，到全场练习；京剧演员坐科，吊嗓子、练唱段，直到全出……其中许多经验值得我们借鉴。就是在语文教学中，我们的古人也创造了许多由分解到综合的好经验，例如吟诗先练对仗，八股先练破题，等等，需要我们在现代科学理论的基础上进行总结和概括。"分解动作"的提出，是语文教学科学化的成果，对"分解动作"的研究，又必将推动语文教学科学化的进一步发展。

在对分解性练习的研究中，我们还应该看到语言训练有着它的相对独立性。语言运用的熟练技巧，只靠一篇篇作文去训练，让学生自己去摸索道路，是一种带有很大自发性因而效率不高的办法。加强语言训练，决不意味着烦琐地讲授语法知识。当务之急，是要结合学生语言运用的实际，以实用为目的，归纳出若干专题，开展科学研究，并用以指导实践。《语言与思维的训练》中的五个专题只反映了我们迄今为止的一些探索，显然是不完全的。在《语言与思维的训练》中，写作练习和语言练习交错进行，同时又保持各自的系统；在《提高写作技能》里，语言练习是糅合在各写作专题中进行的。两种方法孰优孰劣，可以分别进行试验。

第三个问题是语文训练中的螺旋式问题。在训练教程中，初、高中之间，都应该组合成某种螺旋式序列。语文教学的螺旋式特征是一项非常重要的基本理论研究，我们准备另文阐述。这里只想提出几个与教材编写有关的、有待研究的问题。

几个有待研究的问题

1. 语文教学的"合力点"问题以及每学期一次高潮的设想

学生语文能力的发展常常呈现某种不平衡状态。教学经验告诉我们，在中学学习的全过程中，学生语文能力的发展不是直线运行的，而是呈现波浪式状态，有时会出现"飞跃"。处于"飞跃"状态的时候，他们的潜在能力似乎被"唤醒"了，思想特别活跃，水平也提高得比较快。每次"飞跃"出现之后，伴随着的常常是一个相对停滞的时期。在这个时期内，学生往往感到自己在语文学习方面花了力气却得不到进步，因而感到苦闷。有的学生在教师的鼓励下继续努力，终于有了突破；也有的学生因此而丧失了信心，甚至放弃了这门课程。揭开这种"飞跃"的秘密，是语文教学科学研究的重要课题之一。

自然界有所谓"叠加"现象，即两个不同波段的波峰重叠的时候，波形会发生变化，新波峰的高度是原有二波峰的代数和。如果进而出现同步共振，那力量将大得惊人。心理学中也有所谓"合力点"，指的是一个人所处社会诸关系与他自身的心理倾向相协调、相结合的条件，在这样的条件中，人的发展（或好或坏）也相对加速。近来，在人才学的研究中也提出了"来潮"问题。这些都启示我们来分析学生学习语文的规律。

我们感到，学生头脑中储存的潜在的语汇、语言形式、思想材料的数量是相当大的，但平时都处于消极状态，教师应该创造条件来使这种处于"沉睡"中的能力觉醒。教师要创造的条件，就是让学生学习语文的认识运动中有两种以上的因素重合、相加。比如说，学生实际上每天都在课外接触到大量的语言和思想材料,我们的课堂教学却与此毫不相干;一旦我们开设了"当代文艺讲座",学生立即活跃了。再比如说,过去"开门办学"期间,我们也曾经组织学生从事过一些调查和写作活动,学生有时也是非常活跃的,那是因为生活素材、学生的认识、语言形式在活动中得到某种统一的结果。看来,语文学习是一种相当复杂的复式螺旋运动,思想、思维、语言各有其运行的规律,一旦有两种以上认识运动的轨迹重合,学生的语文学习就会出现类似上面所说的那种"飞跃"。

现象是存在的,规律仍然是谜。但我们感到,既然学生的语文学习呈现波浪起伏状态,我们可不可以因势利导,让教学安排也出现波浪式——创造条件使每学期形成一次高潮呢?高潮的出现不是主观臆造的结果,然而有意形成高潮的设想和设计促使我们努力去探讨学生在语文学习的认识运动中存在的客观规律。上学期我们的"简单论文写作",前后历时一个月,就是一次尝试。

2. 专题设计的难度与进展速度问题

高难度训练是目前国外教育理论研究的趋势,它以承认学生学习的潜在能力为前提。难度当然不是可以无限加大的。语文教材主要以一篇篇课文为依托,在内容的限定性方面和其他学科有很大不同。一篇《木兰辞》,小学可以学,中学也可以学,到了大学中文系还可以学,这就使语文教学在难度把握上具有极大的弹性。教学难度的把握要视学生的水平而定,而学生的语文水平,由于是母语学习,可以有很大差异,不同地区,不同学校,学生状况大不相同,这又使语文教学的难度把握较其他学科更为复杂。根据我们的经验,教学要求(包括专题设计的要求)最好以中上水平的学生为基准,而课堂的启发性提问,则可以较多地以上等生为对象,同时又使大部分学生能把握70%—80%为准则。这是比较容易调动学生积极性的策略尺度。这种看法,我们已经在《中学语文教学若干问题的探讨》(《北京师范大学学报》1979年5期)一文中有所阐述,这里不再重复。

研究难度和进度,还应该注意到语文教学的另一个特点,那就是语文能力的"覆盖性"。所谓能力的覆盖性,就是在教学的过程中,下一阶段的训练对以往训练在能力上所起的加强和巩固的作用。我们常常可以看到,学生在某一阶段的学习中，某些方面表现得还不够熟练，还有生吞活剥的地方，但经过以后几个阶段的学习，这些问题能够自然地得到解决。能力覆盖现象不独语文有，其他学科也有。比如数学，低年级的某些难题，到了高年级就显得容易，其道理是一样的。然而语文教学在能力方面的覆盖性要比其他学科明显，这是因为语文能力的综合性更强，前后训练中能力的相通点也多，无论是认识能力还是语言能力，在不同的训练专题中都会得到不同程度的重复。考虑到这种情况，语文教学训练教程的进度可以适当加快。

3. 训练中的连贯和间断

研究语文教学的科学化，当然要注意训练项目前后的内在联系与连贯的问题。可以说，没有这种连贯的序列，就谈不到语文教学的科学化。但是在研究语文训练连贯性的同时，我们还要注意到不同训练内容、方式的交错，也就是同一系列训练内容和方式在恰当的时候要适当间断的问题。

各项运动的训练都要防止出现"疲劳"。由于不同的原因——或是运动量过大，超出运动员的负荷极限，或是训练项目过于单调，等等，都会使运动员丧失对训练的新鲜感和兴趣，甚至对每天的训练作业感到厌倦、腻烦。这种"疲劳"现象是运动员的危机，也是教练必须注意避免的。目前我们的写作教学却存在着类似现象，练习项目单一化，特别是某一种文体在相当长的一段时间里反复练习，颠来倒去，老是一种形式，老是那么一道菜，老是那么一个面孔，单调而乏味，使学生兴味索然。这种现象难道不值得我们注意吗？

新中国成立以来，在语文教学体系的研究中，我们曾经探索过不同的道路。到现在，我们基本上按照文体来安排教学程序。这种做法是否恰当，是很值得怀疑的。吉林师大附中初一写作教学中记叙与议论并举，是很有见地的试验。语文能力涉及面极广，恐怕不是单一线索就能囊括无余的；各种能力之间相互促进，看来也需要一定的交叉。如何保持训练的连贯，又有恰到好处的间断与交错，这是语文教学科学化的另一个研究项目，也是教学的艺术。

1980年9月9日初稿

附：

张志公先生的意见：

一、关于"说"的问题

　　这个问题没有提出，是一大缺陷。由于长期封建社会的流毒，人们只注意写而不注意说。就是现有《大纲》也只是读写并重，"说"没有提到议事日程上来。

　　人们越大似乎越不会说，实质是表达内容日益复杂化，人们的口语便不适应。幼儿园很注意口语训练，小学尚可，中学反而不管，越是需要训练的时候，越放弃训练。

　　汉语和欧美的语言不同，汉语没有形态变化，这就造成口语和书面语之间的较大区别，也是口头训练不可忽视的原因。

　　说的训练可以介于读写之间进行。读写训练的许多项目都可以通过说来进行。

二、关于"读"的问题

　　阅读能力应包括四个方面：

　　甲、理解

　　乙、记忆

　　丙、速度

　　丁、技巧

　　四个方面互相制约，互相促进。

　　文中谈的是理解和技巧，记忆和速度没有涉及。

三、关于写作

　　最好不用"写作课"的提法，便于思想解放，突破传统观念。你提出的"语言和思维的训练"这个提法就很好，不妨改用这个。

　　在"分解"性练习中，"段"是一个重点。"段"麻雀虽小，五脏俱全，全篇要领，具体而微。段能写好，整篇不难迎刃而解。可以参照我国传统的训练方法：对仗、八股，以至演员坐科，都是如此。

语文教学沉思录*

(1997年)

我们在进行一系列的思考时,首先要区分多数和少数——多数教师和少数教师,多数学生和少数学生。

我们的目标是兼顾多数和少数——使多数能有所凭借,使少数能不受束缚地、能动地得到发展;因为无论是多数还是少数,都关系到我国青少年语文素质的培养。

这无疑使本来就很复杂的问题显得更为复杂化,然而我们又只能据此来整理自己的思路。

一 两大矛盾,出路何在?

我们面临的第一个矛盾是:迄今为止,我们关于语文教学的分析与论述,绝大多数是属于经验型的;经验型的归纳与总结往往带有强烈的个性色彩,它能给人以启迪,甚至诱发深思,但往往失之于模糊,可操作性差,一般教师会感到难以处理。

中国可以说是母语教学经验最丰富的国家,我们有着一批出类拔萃的语文教师。这些教师把语文教学引入了艺术领域,可以说达到了炉火纯青的境界。国外关于教学法的一些争论,例如行为心理学派的"程序法",认知心理学派的"发现法",等等,各持一端,观点截然相反,但在这些教师身上,

---

* 原载于《中学语文教学》1997年第1、2、3、5、6期。

不同的观点却得到和谐的统一。可以说，这些教师的成就，在国际上已处于领先的地位。然而，他们的素质和修养又是一般教师难以望其项背的。他们的课堂教学出神入化，但移之于素质不如他们的教师，却照虎画猫，神韵全失。

在这里，我们已经可以感觉到东西方两种文化的碰击。孕育在两种不同文化中的母语教学，各有其渊源所自，有着不同的面貌，也各有长处和弱点。西方文化以细节的精确性居优，我国文化以整体的综合性见长。细节精确，容易失之于烦琐；整体综合，又容易失之于模糊。如何保持我国语文教学的传统特色，又努力克服其不足，使广大教师便于把握，就是需要我们解析的难题。

语文教学确实具有一定的模糊性。和其他学科不同，我们不能简单地用学科知识体系的逻辑结构作为教学的框架，因为语文教学以能力的培养为终极目标，而学科知识的简单积累并不能直接转化为语文能力。人们学习母语，由于社会文化环境不同，有着很大的差异；对象的这种差异使语文教学具有更大的灵活性，难以用统一的模式来规范，所以显得模糊。

语文教学的模糊性还在于它涉及人们的精神领域，因此它有着浓郁的主观色彩。对于社会生活的评价，可以见仁见智；对于文学作品的品味，审美情趣可以各不相同。与其他学科相比，语文教学在更大程度上受到教师个人素质、水平、学业专攻、兴趣爱好的影响，甚至同一课文的讲述内容也可以因人而异。语文教学的这种随教师个性而变的灵活性，也是模糊性的一种表现形式。

但是，第一，语文教学并不都是模糊的，正如世界上许多具有模糊性的事物一样，有其模糊的一面，也有其不模糊的一面。比如错别字，目前是受到社会普遍关注的问题，但穷究一下，常见的错别字的数量毕竟是有限的。如果开展一次广泛的统计，测算其频率，目标清晰，相信也不难大大减少其出现次数（可惜迄今我们还没有这样的统计）。总的说来，语文能力的层次越高，主观色彩越浓；层次越低，客观性渐强。然而正是这层次较低的部分对多数学生更有实际意义，也比较容易为多数教师所把握。系统树是我们归纳自己思想认识的一种方法，倘若把语文教学比作一棵参天大树，其顶冠部分虽然可以枝杈横逸，形态各异，其主干部分却笔直如矢，清晰可辨；但正是这主干供应着水分和营养，是维系机体生命之所在。

第二，不能让语文教学模糊性的一面掩盖了我们自己认识上的模糊。我们面临的问题千头万绪，需要一点一点地整理，才能渐见端倪。在这之前，认识上存在着模糊，也是势所必然。目前广大教师所需要的，是具体的、便于操作的指导，而不是空泛的议论。纵观目前的论坛，有的论述只侧重于属于语文教学最高层次也是模糊性最强的一面，忽略了基本的、模糊性较弱、对广大教师和多数学生更具有实际意义，也比较容易把握的一面。有人甚至由此提出了诸如语文教学本质就是模糊的这样的论断，这更会使许多教师感到无所适从。我们现在需要的，是对语文教学诸多因素的具体分析，以及比较便于多数教师理解的、能够成为教学行为依据的方案。

语文教学如果仍然停留在这种"运用之妙，存乎一心"的扑朔迷离状态，多数学生的负担就得不到减轻，基本语文素质就得不到保证。

我们面临的第二个矛盾是：社会的发展对语文教学提出了新的需求，而我们一时还不适应。由于汉字的特点和历史原因，我国语文教学的习惯观念是以写作为中心的。现在，社会发展变化的速度加快，随着科技手段的进步，信息的传递量大大增加，为获取信息而进行的阅读作为一种相对独立的语文能力已经引起了注意和研究。经济改革的大潮开始把口头交际推入了语文教学的视野，并且提出了一些有待我们去解决的课题。即便是写作教学，也在起着变化，社会在呼唤它更接近自己的生活，更具有实用性。我国语文教学在传统基础上的向外拓展，相应地要求我们在教学观念上也要有所发展。

社会的变化也会引起表达方式和审美情趣的变化。80年代我翻译美国的《提高写作技巧》一书时，注意到其中这样一段话：

> 一百年以前，美国的生活节奏比今天慢得多。为了消遣而阅读的人们——那时候懂得阅读的人不像现在这样多，又有充裕的时间——乐于读得慢一点，愿意花更多的时间来欣赏描写。……今天，描写性文字的读者已经和一百年前不一样了。现在有更多的人阅读，可是更少把闲暇

时间消耗在欣赏描写上。……今日读者的口味已经受到与阅读竞争的其他活动的影响。所有这些活动都影响到现代写作，也改变了描写的性质。（第四章《描写》）

书中摘录了马克·吐温《汤姆·索亚历险记》中一段关于密西西比河上黎明的描写，又摘录了当代美国著名作品中同样内容的描写作对比，来显示时代变化所形成的巨大差异。类似的变化已经在我们身边发生，值得引起我们的注意。现行教材中许多课文不受学生欢迎，有的并非文字不好，其中有的甚至是名作，但是生活和心态的变化形成了鉴赏的心理距离，正是这个道理。

社会的变化也会引起评价标准的变化。早在20世纪30年代，社会上就出现了"中学生的国文程度低落"的舆论，对此叶老（圣陶）回答说："有一点可以注意的，就是叹息着'不行'的人似乎都不很顾到学生阅读能力方面，而只偏重在写作能力方面。"至于写作，叶老说："一定要作了文言文，才算国文程度不低落，这成什么话！"（《叶圣陶教育文集》卷三，第33页）当然，历史已经是历史，当年关于究竟要文言还是白话的争论今天已不复存在，但只要社会在发展，观念在变化，争论就会存在，半个多世纪以前这场争论中的一些问题仍然需要我们来思考。

特别值得我们思考的是，联合国卫生组织（现译为世界卫生组织）在对"心理卫生"这个概念进行界定时，不仅要求一个人在生理上和心理上没有疾病，而且还加上了"社会适应"这一条。"社会适应能力"是多方面的，其中也包括语文能力。语文教学如果缺乏现代意识，学生自然也就缺乏社会言语交际的适应能力，缺乏现代社会所需要的语文素质。

两大矛盾，出路何在？

二 语言运用的不同层面

也是在30年代，关于语文教学的性质，叶老说过下面一段话：

国文这一科，比较动物、植物、物理、化学那些科目，性质含混得多。有些人认为国文这一科并没有什么内容，只是阅读和写作的训练而已。但是有些人却以为国文科简直无所不包，大至养成民族精神，小至写一个借东西的便条，都得由国文科负责。在这两个极端之间，还有种种看法，各有不同的认识。如果一百位国文教师聚在一起，请他们各就自己的见解，谈谈国文科究竟是什么性质，纵使不至于有一百个说法，五十种不同的见解大概是有的。对于动物、植物、物理、化学那些科，就决不会有这样的情形。

（《叶圣陶教育文集》卷三，第40页）

时至今日，对语文这门学科的看法已不至于那样分歧，这是时代的进步；但仍然众说不一。不过无论各种说法有些什么不同，语言作为载体的功能以及它作为语文课的主要对象却是大家公认的。我们就可以从这里出发，来作进一步的思考。

准确地说，语文课所涉及的，不是"语言"而是"语言的运用"。没有注意到二者的区分，是当前语文教学的弊病之一。学习母语所遇到的问题和语言学所研究的问题不是一回事。语文课传授知识，分析语言，不是要学生知道"这是什么"，以获得某些概念为满足，而是要总结善于运用语言之人的经验，引导学生了解和思考"它为什么是这样"。我们现在的教学却常常是本末倒置，知识概念不是用来作为分析语言现象的手段，而是成为学生穷究的对象。其结果，学生眼花缭乱，把精力浪费在抠名词术语方面，对语言的应用能力却没有裨益。这是语文教学的误区。

当我们把视线的焦点集中到语言运用方面时，我们就有可能作进一步的剖析，分解成不同的层面。

语言运用的第一个层面是规范化。

语言是一种社会现象，然而个人的言语行为又是一种个体现象；正如人类的其他社会行为一样，它需要受到社会规范的制约和改造。母语是可以自然习得的，不过自然习得的母语与社会规范之间往往存在着不同程度的矛盾，需要一个适应过程。这个过程，我们可以称之为"个体语言社会化"，它主要表现在书面语言方面。

在阅读方面，认识了汉字并不等于理解。我们常常看到小孩子吃力地一个字一个字地认读，读完还要想一想才能明白语句的意思，这是因为他最初看到的只是汉字的形体，还不能直接转化为语言形式。等到他们以词或词组为单位去读书，才开始进入真正意义的阅读。直到他头脑里储存的社会通用语言模式逐渐地从句子扩大到语段和篇章，阅读效率才能提高。

在表达特别是写作方面也存在着类似情况，言语表达是否正确，以是否符合社会规范为依据，表达的效率则以对各种语言模式的熟练程度为前提。中学生的语言运用正经历着从口语向书面语的过渡，因此掌握母语的书面形式就是这个阶段学生学习语文的重要任务。书面形式中还包括文字的书写和标点，消灭错别字、正确使用标点符号也是语文教学的不可忽视的要求。

这是各项语文基本能力得到进一步发展的基础。

语言运用的第二个层面是熟练操作。

在阅读方面，学生逐渐进入了"扫读"阶段。扫读指一种速度很快又能抓取大致或主要意思的阅读技能，它只有在熟练默读的基础上才能形成。现代科学仪器证明，人们在阅读时并不是把每个字都注视到了才能理解意思，他们只是对关键词语，或本人不甚理解的地方予以注视，其他地方则一带而过。这就是我们常说的"筛选"。在扫读的基础上，还要根据不同要求进行不同程度的思维加工，阅读过程才算完成。

在表达方面，则表现为不断提高言语表述的清晰程度和流畅程度，大体上相当于语文教学大纲中的"简明"和"连贯"。同样的内容并不是只有一种语言形式，但是不同的语言形式有优劣之分。语言运用得熟练，就能够要言不烦，而且选择最恰当的语言形式，使意思表达得明白无误；这时候，表达者已能瞻前顾后，对语言形式的控制范围已经远远超出句法，而且能够衔接自如。我们通常把这种言语技能熟练的表现评价为"语言通畅"。

在这个阶段，学生阅读能力和写作能力的相关性在减弱。如果说在第一个阶段阅读能力和写作能力大体上保持同步发展的话，那么，在这个阶段，善于阅读的不一定善写，善写的也不一定善读，因为二者涉及的，是不同的技能和内容。至于口语表达能力和书面表达的能力，在同一学生身上也往往出现差异，因为二者处于不同的语境，有着不同的要求。

"熟练"应该是一个高中学生努力追求的目标。

语言运用的第三个层面是适应和利用外部语境。

外部语境指言辞以外而又与言语交际有关的诸多因素,像对象、场合、时间、交际者的认识水平、思想修养等。《西厢记》第二本第四折,老夫人说:"小姐近前,拜了哥哥者!"这句平常的话实际上传递了赖婚的信息,在场的三个人都明白——张君瑞说:"呀,声息不好了也!"崔莺莺说:"呀,俺娘变卦了也!"红娘说:"这相思又索害也!"戏剧的观众也能懂,但小孩子就未必懂,因为光从语言本身并不能理解作者的意思,需要语境的帮助才能明白。一篇文章,要是没有弄清其写作背景等特定环境,便不能更深入地了解其文义。如《世间最美的坟墓》,知道了托尔斯泰的出生年月和作者写作的时间,才能明白作者写这篇文章的缘由;如果进一步了解茨威格(奥)是个和平主义者以及托尔斯泰的思想,才能进一步理解作品中所蕴含的崇敬心情以及作者用几位历史上巨人的坟墓作比较的寓意。在这个阶段,日益成熟的中学生的阅读视界不断扩大,他们已逐渐懂得利用背景资料以及言辞以外的其他语境因素来获得更多的间接信息。

在表达方面,语言的使用者除了注意到自己言辞的规范、清晰、流畅以外,还注意到言辞以外的环境。他们不仅注意到使用语言要适应语境,更高明的还善于利用语境,以求得更佳效果。例如王震同志在 1980 年春节招待科技人员联欢会上说:"1980 年是猴年,我希望科学家里多出几个孙悟空。"这是巧妙地利用了时间和民俗,加以发话人的特殊身份,使言辞既有趣味,又富于民族性。语言表达的这方面要求,大体上相当于"大纲"中的"得体"。

在这个层面上,文化的色彩也逐渐浓厚。例如"狗"在汉语中含有不敬的意思,在英语却未必都如此。"Every dog has his day"的意思是"凡是人都有得意的日子",以狗喻人,丝毫不含贬义。再如乌鸦,中国老百姓长期以来认为是不祥之物,在缅甸却是神鸟;缅甸学生读《药》的结尾,就不可能与我们有同样的感受。

语言运用的这个层面,在中学语文教学中只能是一个期望性目标。我们不可能要求中学生都能达到这样的水平,但它应该成为一种导向性意识,使中学生明确使用语言的这种道理,为他们走出校门后的发展打下基础。

语言运用的第四个层面是艺术化。这是使用语言的最高境界。

作品的语言美不是靠华丽的辞藻所能获得的,它往往是作者使用一些最普通的词句,在富有形象表现力的上下文中体现的一种审美倾向,因此我们分析语言运用的这个层次时,已经进入了语言美学领域。

"春风又绿江南岸"是传世的名句。一个"绿"字看似平常,不过是一个描绘色彩的词;它之所以具有神韵,我们不能仅仅从炼字的角度,讲它如何写活了盎然的春意,还要结合全诗、结合作者的经历,来体会诗句丰富的感情底蕴①。诗人锐意变法,几经挫折,现在罢官后复相,船从南京开往开封,途中停泊瓜洲,距镇江只有一水之隔,离南京也不过数山之遥。此番是胜利?是失败?很难预料。"春风又绿江南岸"必须和"明月何时照我还"结合起来品味,才能体会到诗人百感交集的复杂心情,诗句也才能传诵不衰。

语言进入了艺术境界,自然具有鲜明的个性。每个作家都有自己的读者,不同的作品拥有不同的群众。作者有个性,品评者也有个性,这就引起了鉴赏的差异。"推敲"是人们熟知的典故,但朱光潜先生认为"敲"字破坏了静谧的气氛,不如"推"字。一位是古代著名诗人,一位是现代美学泰斗,看法相左,却又都言之成理。

艺术鉴赏必然具有时代性。陶渊明在钟嵘《诗品》中只名列中游,后来逐渐晋升到宗师的地位。时至今日,那种"采菊东篱下,悠然见南山"的恬淡无争的心态恐怕已不容易为年青一代所接受。

在中学阶段,语言运用的这种艺术境界对陶冶学生性情,使他们具有一定的文化积淀,是必要的。个别学生可能达到这一境界,部分学生可能由此而决定今后的发展方向。但是就整体而言,无论是理解还是表达,我们都难以规定明确的目标。

以上是从个体发生学的角度对语言运用的水平所作的划分,划分的目的,是便于我们鸟瞰中学语文教学的任务。对于这种划分,我们还要注意三点:

---

① 作者自注:钱锺书先生指出,如果只着眼于"绿"字,则唐诗已见,不足为奇。

第一，上述层级从低级向高级发展，高低之间有着覆盖的关系。但是与人类思维能力的发展一样，较高层次能力的出现并不意味着较低层次的消失，而是较低层次的能力在较高层次能力的推动下得到进一步的完善。

第二，人们的读写活动还要受到内容的制约，因此较高层次能力的出现并不意味着较低层次的问题已全部解决。比如汉字的书写，即使小学阶段学生已经熟练地掌握全部常用字，到了中学，随着他们词库的扩充，还会出现新的错别字。同样地，阅读时，如果学生对读物内容缺乏相应的背景知识，语句理解的难度就会增加；写作时，随着内容的复杂化，原来语句还通顺的学生，作业中又会出现新的类型的病句。

第三，通过前面的分析可以看出：能力的层级越高，教学中的主观性越强，越有赖于教师的素质和修养；层级渐低，教学中的客观性也渐强，越便于把握和操作，无论是对教师和学生都更有实际价值。

现在，让我们回到本节开头所摘引的叶老的论述。叶老在谈到对语文学科的认识不一致以后说："由于对国文科的认识不同，大家所认为程度的'行''不行'也就不一致。"（同前）而叶老自己的态度是很明确的。对于中学语文教学的任务，他说：

> ……我也知道有所谓'取法乎上，仅得其中'的说法，而且知道古今专习文学而有很深造诣的不乏其人。可是我料想古今专习文学而碰壁的，就是说一辈子读不通写不好的，一定更多。少数人有了很深的造诣，多数人只落得一辈子读不通写不好，这不是现代教育所许可的。从现代教育的观点说，人人要作基本练习，而且练习得到家。说明白点，就是对于普通文字的阅读与写作，人人要得到应得的成绩，绝不容有一个读不通写不好的。这个目标应该在中学阶段达到……
>
> （《叶圣陶教育文集》卷三，第56页）

叶老在半个多世纪前的论述，今天仍然有着现实意义。

三　感觉与真实——什么是真正的量化

登山者希望有小径，渡河者希望有舟楫，广大教师希望有所遵循、凭借。

于是，有的教育部门便统一规定了每篇课文的教学内容，甚至词汇，有的更规定了各项量化指标。然而，母语的学习不是"从零开始"，不同的学校、不同的学生起点不同，情况各异，这就是语文教学的灵活性，也是上文谈过的模糊性。上述这种不区分对象的硬性规定违背了语文教学规律。

无疑，量化可以使我们的教学目标清晰起来，但真正的量化不是为不同的对象硬性作出统一的规定，而是借助数学方法来探求事物内部的各种关系。20世纪20年代以来，人们致力于探讨解析模糊事物的数学方法，这就是模糊数学。

感觉是不可靠的，即使是我们亲身的经验也可以欺骗我们自己。黑格尔说："从一切事物和每个事物都可以提出一个或好多个好的根据，也同样可以提出根据的反面来；并且也可以面前有一大堆根据，而从那些根据并得不出什么结果。"[①] 基于类似的认识，列宁也指出："在社会现象方面，没有比胡乱抽出一些个别事实和玩弄实例更普遍、更站不住脚的方法了。""因为社会现象极端复杂，随时都可以找出任何数量的例子或个别材料来证实任何一种意见。"[②] 感觉之不可靠，我们是有亲身体会的。

作文测评，究竟是分项测评好？还是整体测评好？历来有两种相反的主张。一种认为"整体大于部分的总和"，一种认为"如果不把事物分解成各个方面加以考察，认识便不能深入"。言之凿凿，各自成理，孰是孰非，很难判断。1987年我们在江西取高考作文100份，集中了20名教师，使每篇作文各有10人分项评分，10人综合评分，取平均分（为了消除评分误差）作比较。结果出乎我们的意料，相关系数竟达0.89！1991年，我们又在河北取高考作文60份，先由核心组8人给分，再从当年阅卷员中取6人，分别用两种方法给分。结果，分项法与核心组的相关系数为0.89，综合法为0.90，两种方法之间为0.92！

和不少人的设想刚好相反，两种评分方法之间并没有实质性差异。其实也不难作出解释：分项评分时，阅卷者先通读一遍，然后逐项给分，因此这种分解是在综合的基础上进行的；综合评分时，只要不是草率从事，阅卷者

---

① 参阅《逻辑学》，第263页，商务印书馆1966年版。
② 参阅《统计学和社会学》，《列宁全集》第23卷，第279页，人民出版社1958年版。

也要在整体印象的基础上，对作文评分的几个主要方面进行思考，作出判断，因此这种综合也要在分析（分解）的参与下进行。两种方法在操作时的心理过程是相当接近的。然而这只是测量之后才作出的解释，测量之前，是无法得出这个结论的。

可是，操作过程的某些差异必然会给评分结果带来相应的差异，那么，两种方法的差异究竟是什么呢？经过测算，我们得出以下结论（方法和数据从略）：

甲、无论是综合法还是分项法都不能有效地控制评分误差；

乙、在跨时间的稳定性方面，分项法明显优于综合法；

丙、在区分优劣的能力方面，综合法优于分项法。

正如黑格尔和列宁所说的，在复杂的社会现实中，任何论点都可以找到自己的论据，先入为主的偏爱把我们导入误区，这种例子比比皆是。所以列宁在《统计学和社会学》一文中接着说："如果不是从全部总和，不是从联系中去掌握事实，而是片段的和随便排出来的，那么，事实就只能是一种儿戏，或者甚至连儿戏都不如。"列宁所说的把握事实的"总和"，找出事实之间的"联系"的统计学方法就是数学方法。

最简单的数学方法是算术方法。例如"高考评分误差控制"课题组用了两种方法，前后共六年时间，统计了作文评分的误差，发现一篇平均分为70分的作文，评分上下幅度大约为40分左右。这种方法，一般为加减乘除和百分比，语文老师对此并不陌生。前面谈到的对错别字出现频率的统计，算术方法已经足够，如果使用电脑，则更为方便。

不过事物内部的各种关系往往不是用算术方法所能解释的，比如上文谈到的作文评分误差幅度，如果要进一步了解得分的离散状况，就要用到"标准差"的计算。鉴于目前语文教师的数学水平，语文教学中的量化统计需要有从事统计测量的专业人员参与，这里不便涉及过多的专用术语，所以只作概略介绍。

当我们分析比较复杂的事物或现象时，常常需要确定哪些是起关键作用的因素，这种方法，称为"因素分析"。因素分析的目的是用尽可能少的"因素"来概括和解释最大量的观测事实，从而建立起最简洁、最基本的概念系统，揭示出事物之间的最本质的联系。这是我们对语文能力进行量化分析时常用的一种方法。例如杭州大学祝新华于1991年通过多次座谈会和问卷调查，归纳出影响学生作文质量的18个因素（见下表左侧），然后利用金华地区高中会考作文419份进行分析（作文题是《"'一'字最难写"的联想》），结果如下（方法从略）：

变量	因素负荷			公共性（h^2）
	a	b	c	
[1]（体裁）	0.021 7	−0.210 8	−0.380 3	0.189 5
[2]（中心）	0.243 5	−0.134 8	−0.562 0*	0.399 3
[3]（材料）	0.303 1	−0.052 9	−0.514 4*	0.359 3
[4]（分析）	0.288 2	−0.183 9	−0.596 4*	0.472 5
[5]（思想）	0.206 5	−0.447 6	−0.049 2	0.245 4
[6]（首尾）	0.067 0	−0.459 3	−0.098 9	0.225 2
[7]（层次）	0.100 8	−0.720 2*	−0.177 1	0.560 2
[8]（过渡）	0.053 4	−0.639 9*	−0.148 2	0.434 8
[9]（连贯）	0.029 8	−0.128 9	−0.243 7	0.076 9
[10]（详略）	0.008 6	−0.135 8	−0.544 0*	0.314 5
[11]（叙述）	0.020 6	0.061 7	−0.449 0	0.205 8
[12]（议论）	0.735 4*	−0.156 9	−0.360 3	0.695 2
[13]（描写）	0.223 5	−0.036 7	0.052 8	0.054 1
[14]（修辞）	0.609 7*	−0.164 6	−0.297 3	0.487 3
[15]（词汇）	0.864 7*	−0.054 7	−0.245 0	0.810 7
[16]（造句）	0.895 9*	−0.140 1	−0.107 4	0.833 8
[17]（文字标点）	0.741 3*	−0.129 6	−0.123 3	0.581 5
[18]（卷面）	0.699 4*	−0.127 4	−0.137 4	0.524 3
$\sum^2$	3.848 3	1.586 3	2.029 9	7.464 5
$\dfrac{\sum^2}{7.464\ 5}\times 100\%$	51.554 7	21.251 3	27.194 1	

因素负荷的绝对值在0.5以上（带*号）者一目了然。由于这次作文是一篇议论文，因此"议论"一项实际上相当于"表现方法"，这样，我们就可以得出作文基本因素、各自统摄的变量及在作文评分中所占比重（相应权

重）如下：

项目名称		相应权重
语言表达	句子、词汇、文字标点、表现方法、修辞、卷面	51.55%
层次结构	层次、过渡	21.25%
思想内容	中心、材料、分析、详略	27.19%

需要说明的是，因素分析只能解释"最大量的事实"而不是全部事实。即以上表而论，三项较高层次的基本因素只统摄了16项中的12项（表现方法合并为一项），而相应权重又是以自身为100%计算的。再以重庆教科所对中央教科所编制的学习能力测验的因素分析为例，该分析确认了这一测验主要测量了概括理解、分析推理和逆向运算思维三种能力，这三种能力决定了测验分数总变量的79%，三种能力分别决定总变异的49%、16%和14%。

即便如此，因素分析仍对指导我们的教学有着极其巨大的意义，它可以帮助我们有的放矢地去培养学生的语文基本能力。人们公认语文是基础学科，语文教学必须高度重视语文基本能力的培养与训练。但长期以来，我们的教学中对什么是语文的基本能力并不十分清楚，以致该下功夫的地方被忽略，不必特意钻研的内容却耗费了大量时间。要走出这个迷宫，有赖于科学分析。仍以写作能力为例，我们曾就语言的基础技能，按词语运用、断句和标点调整、语句的逻辑性衔接、语句的修辞性衔接、句间的词语呼应、语段的层次、内容的提炼与组织等方面编制了10道题计算其与作文水平之间的积差相关与等级相关（积差相关以P0.05水平为相关，P0.01水平为显著相关，P0.001水平为极显著相关），结果如下：

1. 积差相关

题 号	相关水平	题 号	相关水平
（1）	显著相关	（6）	不相关
（2）	微弱相关	（7）	相关
（3）	P0.1水平	（8）	相关
（4）	不相关	（9）	显著相关
（5）	P0.1水平	（10）	相关
总　体：极显著相关			

2. 等级相关

甲、作文 10 等分　　　0.975（极显著相关）

乙、作文 20 等分　　　0.893（极显著相关）

通过量化分析（佐以其他实验），我们可以确认：就一般人的写作而论，语言技能是写作的最重要因素。但是我们也可以看到，各题与作文的相关性是不等的，有的明显相关，有的微弱相关，也有的不相关。这个问题就比较复杂，因为各题的得分情况还要受到内容难度、题型设计、评分标准、所在年级等诸多因素的影响，需要进一步探讨。但有了数学手段，我们就可以像其他科学实验者一样孜孜以求，逐渐明确不同阶段的培训重点，语文教学这个模糊世界就会逐渐显露轮廓。

量化分析并不是万能的。本世纪初，现代教育测量学的奠基人 E.L. 桑代克有句名言："凡是存在的东西都是有数量的，凡是有数量的东西都是可以测量的。"（《心理与社会测量导论》，1904 年）这已经成为教育测量学者们追求的目标。但是迄今为止，在思想、情感这样的纯精神领域中，教育测量学还没有取得实质性的突破。这也许像人工智能与人类心智活动一样，永远存在着一个不可逾越的禁区吧。因此在我们前面划分的语言运用层次中，层次越低的越容易量化，层次渐高，精确性渐低，至于语言运用的最高层次，恐怕量化维艰。不过，正如前面所谈，比较容易量化的部分，也正是对多数学生和多数教师最有实践价值的部分，是当前语文教学迫切需要明朗化的部分。

量化分析需要时间。正如一切科学研究一样，对语文教学的量化分析只能从一个一个有限的目标着手，需要一个一个课题地进行，而且需要组织好队伍，解决课题研究的许多实际的问题，这是一个相当艰难的历程，不是一蹴而就的。在量化分析取得相当的成果以前，广大教师仍然会觉得无所依据。

过渡的办法总是有的，这就是我们许多教师现有的经验。目前，我们有些教师的经验已趋于成熟，他们已经能够把理论探讨与教学经验结合起来，编制出有较强操作性和程序性的教材。人民教育出版社和江苏教育出版社联合出版的由朱永燚编写的《语言表达》就是一例。

人们学习自己的母语受到许多客观因素的影响，因此学生的语言水平不是完全按照年级划分的，这就使语文练习的设计具有更大的适应性。中学语文的练习又大都带有不同程度的综合性，是不同语文能力的综合运用，这样，语文课的练习设计就不必也不可能像数学那样循章循节，步步为营，它必然具有较大的灵活性。我曾建议人民教育出版社的朋友们征集和整理全国优秀教师们的写作设计，根据一定的程序选择编纂，并注意保持一定的弹性，作为新一轮的高中写作教材的基础。如果这一思路可行，并且推及语文教材的其他方面，则语文教材可能出现新的面貌——可操作性强，为多数语文教师的教学画出基本的轨迹。

四　辨明几个关系[①]

一个孩子呱呱落地，就在母语的环境中学习语言，他的言语能力在不知不觉中随着年龄增长。母语的这种自然习得的情况使语文课有着与其他学科不同的特点。当人们用其他学科的思维模式套在语文课上时，就会格格不入，就会出现一些困惑或认识上的混乱。

这样，我们就需要辨明几个关系。

1. 母语自然习得与语文教学的关系

既然母语可以自然习得，为什么中学还要开设语文课？语文课与母语习得有些什么区别？又有什么联系？

第一，母语习得是终生的，而语文学习是阶段性的。一个人从出生开始到死亡（或丧失言语能力）为止，都在吸收着自己母语的语言材料，发展着自己的母语能力，都在母语习得的过程之中。语文教学则是在一个人言语能力发展得最迅速的阶段，根据他们入学时的语言水平，考虑到他们今后的发展需要和可能，根据对象年龄特点和文化程度，规定自己的教育目的和任务。

中学语文教学既不是"从零开始"，也不是"到此为止"。不注意这一点，就会迷失教学目标。

[①] 本节的有些观点受益于江西师范大学中文系余应源先生和北京四中顾德希老师，特此说明并致谢。

第二，母语习得是多途径的、无定的，而语文教学是有限定性的。婴儿牙牙学语，年龄渐长，听广播、看电视、读报纸、与人交谈、发表见解……社会性的言语习得是没有特定的方法与途径的，一切言语交际的场合都是学习母语的环境，这种学习随人随情景而定，因此它是无限的，也是无定的。语文教学则不然，它受到教学环境、计划和课时的限制，有着特定的目的和任务。然而，语文课虽然受到教学时间和空间的限制，内容却不受时空的约束，上下几千年，纵横数万里，古今中外，宏观微观，可以尽收眼底；母语习得虽然可以随时随地进行，却都要受到言语交际者所处环境的制约，在不受时空约束的同时又要受到更深一层意义的时间和空间限制。

母语习得天地广阔却又相对狭窄，语文教学天地狭窄却又相对广阔。不了解这一点，就很难有完善的教材设计。

第三，母语习得是自然而朦胧的，语文教学是自觉而明确的。幼儿学会说话，父母也不知道是怎么学会的；成年人言语能力在发展，自己也不知道是怎样习得的。语文教学的任务是化自发为自觉，有明确的目标，有计划和步骤，可以操作，便于迁移。只有在这种情况下，语文教学才能够摆脱自发而朦胧的混沌状态，学生知道怎么学，感到可以把握而不是"可望而不可即"，才会产生兴趣。

母语习得是一个缓慢的、耳濡目染的、经验积累的过程；中学语文教学则利用学生智力发展、言语能力形成的最佳时机，科学地加速这一进程。不了解其中的机制原理，就难以编排教学，特别是技能训练的程序。

以上我们分析了母语习得和语文教学的区别，但需要特别强调的是，这些区别都建立在学习母语的客观规律的基础上，以符合学习母语的客观规律为前提。离开了这一前提，以上的区分将毫无意义。

2. 言语技能训练与语言能力培养的关系

在实践和不断探索中，语文教学的观念逐渐从传授知识转向能力的培养。1992年由既富于教学经验又有很高理论修养的四位教材审查委员执笔修改的《九年制义务教育全日制初级中学语文教学大纲》（以下简称《大纲》）是一次相当全面的总结，也是一次根本性的突破。

认识的深化是没有止境的，现在，训练与能力的关系又摆在了我们面前。

  "训练"是一个特定的概念，它是针对技能而言的。语文训练指通过有计划的指导和操作，使学生能比较熟练地掌握各种言语形式的技巧和要领。训练必须具有可操作性，而且只要训练合理，在一段不太长的时间内，学生的操作水平就能够有可以观察到的提高。语文能力则是为了顺利完成语文活动而在个人身上经常而稳定地表现出来的心理特征，它不是指完成语文活动的具体行动方式，而是指调节这些行动方式的心理品质，它是长期教育和培养的结果，不是在较短的时间内通过针对性练习就能提高的。因此，不能把所有的语文能力的培养都纳入"训练"的范畴，比如文学鉴赏能力，它是熏陶渐染的结果，不是靠训练就能形成的。

  注意到二者的差别，我们就可以进一步探讨言语技能训练的特点。

  人类的言语形式是无限的，仅以句子为例，有人统计过，英语不超过20个词的句子，其数量就可以达到10^{30}，一个孩子要听完这些句子，需要的时间要比地球的约计年龄多1000倍。句子组成语篇，由于内容、体裁、作者风格、写作时的各种随机因素等，在表达方式上的差异更是难以计算。语文教材不可能囊括所有的语言形式，言语技能训练更不可能包容所有的言语变化，它们都只能列举最典型的现象和最基本的模式，指导学生举一反三。这样，就决定了语文课的训练必然以智力技能为主。

  纵观从小学到中学的言语技能训练，也有一些属于动作技能，例如写字。动作技能主要靠反复操作，以臻熟练。进入中学，动作技能训练的作用日益减弱，智力技能训练逐渐处于支配地位。智力技能较动作技能复杂，但也有其基本规律和相应的发展模式，这就是：a. 提供原型（典型的语言现象），分析、介绍其原理和操作要领；b. 反复操作（一般设计成由简单到复杂、由分解到综合的练习程序）；c. 在此基础上，经过心理学所称的"内化"，被训练者将技能上升到观念水平，这是技能向能力转化的条件。（参阅冯忠良《智力技能新探》，《北京师范大学学报（社会科学版）》1988年第1期）

  那么言语技能的训练与语言能力的培养之间究竟存在着什么样的关系呢？

  首先，言语技能也是有层次性的，这种层次与语言运用水平的层次相对应。不同的语言运用层次都有相应的言语技能要求，可以进行有针对性的训练。随着水平层次的提高，训练的复杂程度和综合程度也随之提高。

其次，言语技能的训练必须以相应的语言能力作基础，需要学生掌握足够的语言材料，积累必要的言语经验，具有一定的语感。没有这些基础，技能训练便毫无意义。技能训练的层次越高，对基础的要求也越高。

第三，言语技能训练的作用是在恰当的时机进行点拨。这种点拨光靠讲道理学生是不能领会的，需要他们实际操作才能真正理解。学生在规定的语境条件下有指导地进行操作，还不等于他们已经具备了独立操作的能力，但这是加速能力培养，提高教学效率的重要条件。有科学训练和没有科学训练，效果是大不相同的。

我们分辨二者的关系有什么现实意义呢？

第一，不能简单地在二者之间画上等号，不能忽视学生语言材料的积累和语感的培养。目前的"题海战术"（且不论其主导思想和设计质量）不能奏效的根本原因就在于此。这是当前教学中的一个极大的误区。

第二，必须认真探求科学训练的途径，这是提高教学效率的重要途径。鉴于当前多数教师的经验和水平，需要组织力量，编写出几套教材，以俾广大教师有所依据，并在实践中使之成熟。否则，语文教学便不能摆脱目前常见的自发、朦胧的混沌状态，停留在母语自然习得的水平上。这是语文教学现在普遍存在的问题。

3. 语文知识与语言能力的关系

关于教育过程中知识与能力的关系，历来有所争论。一派以斯宾塞为代表，认为学生掌握了学科知识，自然会发展相关的能力；一派以洛克为代表，重视能力的作用，认为学生发展了能力，就比较容易获得有关学科的知识。新中国成立以来，在"学习苏联"的影响下，比较重视知识的作用，提出了"双基"的观点，以此作为不同学科的共同指导性认识。近年来，语文教学中知识体系日益烦琐化，成为学生学习中的一项负担。有鉴于此，当前语文教学的观念正在从"传授知识"向"培养能力"转化。1992年《大纲》的修订，正是这种观念的具体反映。

关于语文教学中的知识与能力的关系，有两个问题恐怕是需要注意的。

一是年龄阶段和文化程度。小学语文从识字开始，识字、辨词、组句……这需要一定的知识来帮助他们了解最常见的语言现象。在儿童阶段，一定的知识是能力发展的基础。到了中学，由于学生已经具备了一定的知识基础，能力的训练就显得更为重要。

二是学科特点。中学其他文化学科的学习都从传授知识开始，而母语却是可以自然习得的。没有学过语法，语言仍然可以通顺；没有学过修辞，也可以从事文艺创作。语文知识的作用，在于加速能力的培养。这就决定了知识在中学语文教学中并不是处于先导的位置，而是一种有效的辅导手段。

根据以上的认识，我们可以进一步观察不同的语文知识与语文能力形成的关系。中学阶段的语文知识大体上可以归纳为以下几种类型：

甲、常识型。这类知识在学生的掌握方面只要求达到识记水平，知道即可。它们大多含有文化因素，例如作家作品、文学体裁等。这类知识一般与能力没有什么直接关系，但积淀到一定水平，对学生鉴赏评价能力的形成能起到促进作用。

乙、理论型。这类知识即目前通行的学科知识体系的内容，在掌握方面应达到理解水平。它们可以帮助学生对语言现象形成理性认识，例如汉字构造、古汉语的通假等。它们有的对语感的形成有一定益处，但往往并没有直接的实用价值；但由于它们的逻辑性强，可以起到一定的思维训练的作用，而且在学生智能发展中带有贮存的性质。鉴于语法问题一度成为议论的热点，而且是"大纲"修订中的重点，下面专就这个问题作一些分析。

人们并不是必须学了语法才能说出通顺的句子，不过中学生学习它，还是有一定好处的，主要有以下几点：

a. 掌握必要的概念，便于分析相应的语言现象；

b. 了解基本原则，可以比较自觉地纠正语病（这种作用，在成年人中较为明显，在中学生中还不显著）；

c. 由于中学生正处于从经验抽象思维向理论抽象思维过渡的时期，而语法在中学语文学科知识中是系统性最强的，可以对这种过渡起推动作用。

然而，这类知识的讲授要适度，在母语的学习中不能本末倒置，否则反成学习中的障碍。语法就是一例。此外，现有的学科知识中有的已嫌陈旧，或过于偏仄，需要加以改进，例如修辞。所有这些知识的讲授都要注意学生的年龄特征和认识水平，力戒变成概念游戏。

丙、技能型。这类知识指对言语操作技巧的原理阐述和指导，例如怎样运用过渡句使上下文贯通，怎样组织语段，怎样把长句化为短句，等等。这是当前亟待开拓的领域，是语文教学改革中最需要突破的薄弱环节。它们实际上散存于许多教师的经验之中，还没有得到系统的整理；本世纪以来语用学的发展，也许可以为这种整理提供理论上的依据。这类知识不必在概念上作严格推求，学生的学习重在实践，通过反复的实践，化为自己的习惯。

这类知识是从实践出发，根据中学生运用母语时的常见问题与矛盾，加以归纳、整理而成。其中有的由于技能之间的内在联系，或者按照练习由简单到复杂、由分解到综合的设计，可以组成序列，有的也可以不成序列，类似我国武术中的"散打"。要之，这类知识务求联系实际，有时貌似散乱，其实管用。如果拘泥于人们习惯了的学科知识体系的模式，往往失其真谛。

综上所述，语文知识与语文能力之间呈现着比较复杂的关系：有的相关，有的并不相关；有的近期相关，有的远期相关。对于这些关系不同的知识，相应地也要采取不同的处理方式：有的知道即可，有的需要适度地理解，有的重在操作。而且，不管技能训练还是知识传授，都需要有相当的语言材料和言语经验作基础。因此，有的语文教学研究者认为"双基"的观念不适应于语文教学，应代之以"三基"，即增加"基本语文素材"[①]。这个见解是有道理的。除此以外，三者在语言能力培养中的作用也不是均等的，如果加以排列，应该是：语文素材—技能训练—知识传授。

"大纲"修订时体例的调整，也正反映了以上指导思想。

五 划清几条界限

我们熟悉的"教学"这个词固然很好地反映了"教"与"学"两方面密不可分的关系，但同时更突出了"以教为主"的传统观念。钱梦龙老师"以学生为主体"的口号立即引起很大反响，就是因为这个口号切中了通病，所

---

① 参阅余应源主编《语文教育学》，江西教育出版社1996年版。

以在有识者中得到了共鸣。为了真正发挥学生的"主体"作用,就需要了解学生语言能力形成的机制原理。

"教"是为了"学",一切教学活动必须符合学习的规律,"教"与"学"一致起来才能取得好的效果,语言学习理论研究的直接意义在于提高教学的效率。可是事实上,在世界范围内,对语言学习理论的研究比起语言教学的理论来,历史要短得多,规模也要小得多。可见"通病"不独我国为然,而语言学习理论的兴起正反映了人们逐渐认识到旧教学方式的弊端,出现了观念上的改变。

对语言能力的观察与分析之所以困难,是因为语言运用的难度和它所承载的内容有关系。同样的读物,不同的学生去读,由于他们的背景知识各不相同,阅读理解的状况就可能有很大差异。美国斯蒂芬生等曾在美国和印度高校各组织一批学生阅读两封信,一封介绍美国婚礼,另一封介绍印度婚礼,其结果,不仅学生在阅读自己有相应背景知识的那封信时速度快,而且在回想检测时,对自己有相应背景知识的那篇,学生记得较多,而对自己缺乏相应背景知识的那篇,则出现了各种各样的误解。21世纪初,我国教育界老前辈周学章先生让142名学生各作8篇命题作文(都是说理文),由一位受过训练的阅卷员给分,然后按作文题两两编组(共五组),观察每一位学生写不同作文时得分的相关性。结果表明,不同题目之间,同一学生所表现出来的作文水平相差极大,相关系数最低的一组(《交友信谊说》《国难中人们应持的态度》)只有0.09,可以说基本上不相关。

尽管如此,语言学习理论的研究近年来还是取得了一定的成果,可以供我们思考。

为了研究的需要,现在的理论工作者将语言"习得"和语言"学习"加以区分——"习得"是无意识过程,"学习"则是有意识的行为。这种区分在理论上和实践上都有重要意义,因为如果不将二者加以区分,则我们就难以作更深入的探讨;理论研究不能深化,教学效率也不能提高。同时,我们又不能把"学习"和"习得"截然对立起来,因为人们在研究儿童母语习得时往往忽视了实际上存在的"学习"的一面,而在研究语言学习时却又往往忽视了"习得"的一面。经过和学习第二语言(外语)的比较,研究者们发现，学习第二语言（外语）早期以学得为主，而母语学习早期以习得为主，中期有较多的学得成分，后期又以习得为主，二者是有所不同的。为了便于说明，可以图解如下（取自李宇明《语言学习异同论》，《世界汉语教学》1993年第1期）：

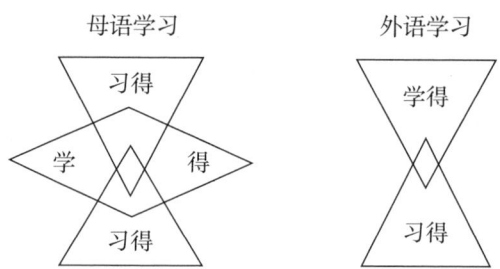

从以上的分析中我们可以看出，中学阶段正是学生语言学习的关键时期，为了正确地指导他们学好语言，我们就需要进一步探讨语言学习的基本原理。

既然是"学习"，那么，语言学习的语言素材必定要高于学习者当时的语言水准。这种语言素材是学习者学习的蓝本，也是学习过程的起点。为了便于阐述，语言学习理论研究者把它称为"目标语言"，而把与学习者水平相近的，也是学习者与伙伴交谈时所经常运用的语言称为"伙伴语言"。就中学生来说，他们的目标语言就是精选的课文以及相当于这一水准的语言材料。

"目标语言"和"伙伴语言"之间有明显的差距，因此其间必然有一个过渡的阶段。在过渡阶段，因为学生在向更高水平攀登时技能还不熟练，所以会出现各种各样的失误甚至挫折。仍以中学生为例，我们可以清楚地看到他们有一个语言发展的加速期，这个加速期一般发生在初三到高一之间，女生要早于男生。在这个期间，句长明显增加，连接词语的使用频率也明显增加，与此同时，病句发生率也明显增加[①]。这种"失调"现象是暂时的，它是伴随学生运用语言的能力向更高水平发展而发生的，是达到新水平的前奏曲，是一种有积极意义的现象，但反过来也同时证明了过渡阶段的存在。

---

① 参阅崔承日《中学生书面语言发展的"低谷"现象》，《北京师范大学学报（社会科学版）》1991年第2期。

实现这一过渡的必要条件是学习者在实践中的反复操作。以识字为例，据调查，小学一年级所识的字，大约近40%要回生，除少数外，大部分要在小学二年级返熟；小学二年级的所识的字将近20%要回生，其大部分在小学三年级返熟。回生，说明了"过渡"之不可避免；返熟，则是反复操作的结果。再以阅读中的识字为例，阅读者必须经历一个从"清晰"到"模糊"的过程，才能提高阅读效率。所谓"清晰"，是指读者对一个个字的笔画、形体都辨析得很清楚，没有这种认知，当然谈不上理解书面材料所含的意义。但这种认读实际上只处于很幼稚的水平，要想熟练地阅读，必须达到"看一眼即可"的"自动化"水平，即具有模糊认知能力。然而，我们每个人的自身经验都告诉我们，要实现这种由"清晰"到"模糊"的过渡，需要我们经过多少次反复的实践！

以上我们初步探讨了语言学习的原理，还有一些问题，我们将在下一节里再进行讨论。有了上述的认识，我们就可以澄清一些模糊认识，划清几条界限。

第一，要划清教学与测试的界限。

打个通俗的比方：教学好比是产品加工的过程，那么，测试只是产品加工的不同阶段进行检测这样一道工序。如果我们要求一个工人用检验的方法来加工产品，他会觉得这是荒谬的；同样，用测试的方式来进行教学也同样是荒谬的。

我们在前面提到过，能力的形成需要有一个心理学称之为"内化"（internalization）的过程。"内化"需要一定的条件，拿语文能力来说，这就是学习者必须积累足够的语言材料，具有相当的语言经验，此外，还需要有一定的社会阅历和认知能力。离开了这些，一切关于语文能力的侈谈都只能是空中楼阁。用测试的方式来代替语文教学，首先，语言材料积累的过程消失了，以苍白的头脑、贫乏的语库来面对丰富而充满变化的语言现实，学生谈得上什么深刻理解！其次，语言技能的形成过程不见了，循序渐进的语言训练被简化成一次性的机械操作，离开了反复而逐渐深化的实践，学生的言语水平又何由而提高？

语文能力的形成不是匀速直线运动，它是一个波浪式的、由量变到质变、螺旋式上升的辩证发展过程。在这里，我们还可以进一步观察语文这门学科的特点。语文教材中占比重最大的是课文，和其他学科不同，语文的诸多课文，不论怎样选择和编排，都是一个相对独立的封闭系统。学生学习每篇课文，由浅入深，由表及里，在认识上都经历了一次螺旋式深化；一篇篇课文学下去，小螺旋组成大螺旋，学生的能力也就在这个过程中提高（传统教学就是如此，只是这种深化经常处于不自觉状态）。用测试的方法代替教学，其结果，课文被废置一旁，或者在一些拙劣设计者的手下被切割成零乱的碎块，破坏、割断了学生认识程序和流程，学生头脑里留下的只是一些杂乱无章的断片。技能的培养也是如此。同一项技能的形成，由生疏到熟练，从简单到复杂，除了需要反复操作外，还往往需要一个间断期，即暂时停顿一下，转入其他项目的训练，到恰当时机，再重新进行该项训练。这也是一种反复，是一种螺旋式的反复。有些问题，到了高年级可以迎刃而解，或者不费太大气力就可以解决，在低年级学生就会感到非常困难，正是这个道理。用测试方式代替教学，既取消了这种螺旋式进程，又常常把高年级不难解决的问题放到低年级让学生困惑。违背了学习规律，自然收不到好的效果。

第二，要划清不同测试的界限。

测试是教育过程中一个重要环节，我们不可以盲目地套用，也不可能回避，只能研究它，理解它，正确地使用它。

甲、形成性测试和成果性测试

测试并不是对教学没有直接推动作用，善于利用它，可以促进学生的学习。在教学过程中，形成性测试就起这样的作用。

形成性测试可以安排在教学过程之间，这就是"预测"，我们习惯称之为"摸底测验"。预测可以加强教学的针对性，也可以让学生了解自身的情况，对学习起导向作用。不过这种导向作用对高年级学生更有效，低年级学生一般还缺乏这种自觉。

形成性测试常常安排在教学过程中进行，它为教师提供了反馈信息，推动教师教学工作；处理得当，也可以激励学生的进取精神，明确方向，发挥主动性，自我调节学习方法。对于语文学习有困难的学生，还可以进行个别的或部分人的测试，了解其内部动因。

成果性测试是在学习告一段落之后的检测。它是一种总结性评定，虽然对教师以至家长可以起到反馈作用，在学习的不同阶段，为迎接测试而组织的复习也可以起到系统整理、加深理解的作用，但一般地说，它对学生该阶段的学习已经难以起到促进和调节作用。

形成性测试和成果性测试，命题的策略是不同的。两者之间、不同性质的成果性测试之间，题型和难度掌握也是不同的。为此，我们就需要了解目标参照测试和常模参照测试。

乙、目标参照测试和常模参照测试

根据成绩分析和成绩评定（解释分数）的方法，测试可以分为"目标参照考试"和"常模参照考试"两种。

目标参照考试是我们习用的一种方式，它用来测量考生是否达到了预定的目标或标准，例如学期、学年考试，毕业考试和会考。这种考试有明确的"及格"标准，可以只分"及格""不及格"两等，也可以在此基础上进一步区分优劣。我国比较习惯的是百分制，以 60 分为及格①。

常模参照考试以考生在团体中的位置来判断其优劣，相当于我们熟悉的"排名次"的方法。它多用于选拔考试，高考就是其中的一种。这种考试没有"及格"标准可言，它的命题原则是拉开考生的分数距离（区分能力），以免分数高度集中而难分优劣。根据考生在团体中的位置，常模参照考试还可以将原始分转成"标准分"。目前我国的高考中，有几个省已经采用了这个方法。

两种考试在命题难度控制上是很不相同的。目标参照考试的难度可以很低，也可以很高，视目的、要求而定。就基础教育来说，难度标准不宜太高，在正常情况下，不应该有大量"不及格"出现。以会考而论，不仅绝大部分考生可以及格，而且得分也比较高。常模参照考试则不然，为了有利于考生成绩呈正态分布，难度要求控制在 0.5 左右，也就是说，以 100 分计算，考生的平均成绩最好是 50 分左右。

---

① 中国香港地区的"及格"线为 40 分，与内地不同。

丙、大规模考试和小规模考试

考试规模的"大"和"小"是相对而言的，没有明确的界限。一般是考生属于同一群体（例如班级）、由同一测试者进行测评（例如同一任课教师）、参加测试人数较少的称为小规模考试，而把考试对象包括不同的群体、由不同的测试者进行测评、参加测评人数较多的称为大规模考试。

考试规模的大小，对于考务的管理、题型的选择、评分标准的研究、成绩的评定等许多方面有重大的影响。考试规模越大，考试的组织与管理越为复杂。主要的问题是：一、如何保证考试公平合理；二、如何有效地控制评分误差。

倘若考生来自学习条件不同的群体（例如使用的课本不同），命题就要防止试题偏向于某一个群体；倘若考试在不同的监测人员管理下进行，就要注意不同的监测人员步调一致，包括临场指导语的一致，避免因为言语的暗示性影响到考试的结果；如果考试在不同的场所或跨地区进行，则还要注意到环境的差异是否会影响到考试的成绩……总之，为了考试公平合理，大规模考试要求有严格的科学管理程序，要求施测过程标准化。

如果试卷由不同人员评定，就特别要注意由于阅卷人员的差异所引起的评分误差问题。在这种情况下，一些在小规模考试中常用的题型在大规模考试中就要受到限制，命题人员就要力求试题的客观化，制订详细而明确的评分标准，以限制和减少评分的主观随意性；阅卷过程也要实行严格的科学管理，控制阅卷流程中可能出现的差错，并且寻求必要的监测和平衡措施；此外，还要研究评分记分的标准化、分数合成的标准化以及分数解释的标准化，等等。

事实上，从不同的角度，测试还可以进行不同的分类，例如难度、速度考试，成就、水平、选拔考试等等。前面所说的，只是和语文教学关系比较密切的几种。有了上述的认识，我们就可以把观察的焦点集中到高考这个问题上来。

第三，划清教学和高考的界限。

高考应该对教学起导向作用，尤其在我国当前的社会现实中，它的影响是巨大的。认真研究它，努力去适应它，是势所必然的，也是应该的。正因如此，我们就要注意到它和日常教学的区别。

甲、多数和少数问题

教学必须面向学生的大多数，而高考的目的恰恰在于淘汰大多数，这是一个带有根本性的矛盾，它不以人的主观意志为转移。不看到这一点，教学就会走入误区。

这种矛盾在 80 年代尤为突出，近年来有所缓解。在 80 年代初期，有的省份约为七八人中录取一名，有的甚至达到十几人中选取一人，到了 1996 年，录取比例全国已经降到了大约 3∶1。加上社会因素的变化，高考的压力还会有所减轻，但高考只能在考生中选拔少数人，这恐怕在相当长的一段时间内是无法改变的现实。新中国成立以来，从 50 年代到 60 年代，由于社会主义建设的需要，曾经连续多年出现高中毕业生人数不敷高校招生需要的现象。但这是一种特殊情况，而且对高校的教学产生过不利的影响。据认为，我国目前的高校数量和社会发展水平是相适应的，因此，尽管高考本身还应不断完善，但选拔少数淘汰多数的现状大约还会持续下去。

事实上，高考选拔存在着竞争不但对高校有利，对中学教学也存在着有利因素，问题在于如何处理。处理得好，既有利于多数，少数也能脱颖而出；处理不当，就会两败俱伤。关于这个问题，我们准备在本文最后一节中进一步讨论。

乙、教学和考试的内容问题

毋庸讳言，由于条件和水平的限制，中学语文教学的内容在目前的高考中并没有完全得到反映，这主要指听说能力以及某些创造思维和情感因素在语文中的体现。

关于听说能力与读写能力的相关性，有人作过调查，情况如下：

	听	说	读	写
读（n=38）	0.76	0.40	——	0.52

（参阅乔玉典等著《中学生阅读能力发展分析》，《教育科学与研究》1991 年第 5 期）

这项调查取样偏少（只有 38 人），可惜我国目前还缺乏大规模的、更详尽的统计。不过我们也可以看出，四种能力之间存在着一定的相关性，而相关程度又不算很高。也许书面测试中增加模拟情境因素可以在某种程度上弥补其不足，但不能不说这是现在语文高考的一项缺憾。听说能力测试的一些技术性问题在小规模测试中已经得到解决，我们希望将来在大规模测试中能有所突破。

关于创造思维和情感因素问题，现在的高考试卷结构除作文一项外，其他部分由于评分标准的要求（它涉及阅卷人员的普遍素质问题），在命题方面还要受到一定限制。即便是作文部分，评分误差问题也没有很好的解决。这是个世界性的难题。对于这个问题，我们要注意到学生能力的递进性。前面说过，当学生的语文能力发展到较高层次时，较低层次的能力才会得到进一步的完善。我们的经验也告诉我们，许多在低年级感到困难的问题，到了高年级学生却举重若轻，正是这一规律的反映。从统计结果看，语言技能的测试成绩与学生在校的整体水平是基本一致的。因此，不能因噎废食。盲目追随高考，反而达不到目标。

丙、训练形式和测试形式

测试是学习成果的检测，训练是技能的科学培养，二者的目的和作用是不同的。在本节的开头，我们已经论述了把二者混淆起来的危害。

从训练形式和测试形式看，虽然有些题型是二者可以通用的，但训练形式无疑要比测试丰富得多，生动得多。总的说来，考试规模越大，题型的限制性越强，像我国高考这样全世界规模最大的考试，其题型方面的限制自然也是最大的。考试的规模越小，题型的客观性要求也越低，至于日常教学的训练形式，则完全可以海阔天空，任凭鱼跃鸟飞。

在研究训练形式的时候，有两点值得我们注意。

一是分解型训练形式的发展。这种形式，我国古代就有，例如八股先学"破题"，写诗先学"对课"等等。我们的祖先从经验中知道学习语文要尊重认知规律，所以识字可以从形体比较复杂的"百家姓""千字文"入手，写字却要从笔画简单的"上大人，孔乙己"开始。不过总的来说，传统语文教学基本上还处于朦胧模糊的状态，靠盲目地"多读多写"来自发地提高语文水平。心理学的发展使我们能够更深入地分析语文能力的各种因素，经验积累也使我们能够更科学地编排训练的程序，这就可以使我们的训练形式面目一新。

二是注意言语交际环境的设计。这种方法兴起于"二次世界大战"之后,首先施之于外语学习,逐渐扩展到母语教学。言语交际情景的设计,使语言的运用更接近于社会环境的实情实景,有更大的信息量,有明确的目的性,在气氛、质量、注意焦点等方面都与传统作文方式不同。叶老曾批评传统的作文模式,说:"只须看从前的'八股'绝对不能应付实际生活,就知道变相的'八股'对于学生毫无用处。"① 交际环境的情境设计有助于匡正上述弊端,也是语文教学现代意识的一种表现。

混淆了高考测试方式和教学训练方式的界限,实际上是遮蔽了教学的视线,绑住了教学的手脚,是不智的做法。

"有意栽花花不活,无心插柳柳成荫",万物生长都有客观规律,只有遵循客观规律,才能在"必然"的大海中游泳。"有意""无心"的评论,实际上都只是尚未了解规律时的感触。教学有教学的规律,测试有测试的规律,教学行为不能违背规律,正如人不能靠着揪自己的头发脱离地球一样。我们有些教师,在教学上有丰富的经验,有很高的造诣,但是不太了解测试学的原理,这是一种缺陷。测试既然是中学教学中一个不可缺少的环节,知道一些测试学的基本原则,是一位成熟的中学语文教师应该具备的素质。

六 我理想中的教材和教法

1978年,我曾冒失地提出一个设想②:

语文教学科学化=名家名篇+科学训练方法

这个"公式"的提出,当时只凭直觉。将近二十年过去了,设想未变,而且逐渐从直觉发展为理性认识。

在前面的几节里,我们的设想实际已经透露出轮廓,现在,我们将正面阐述自己的主张。

甲、两套教材系统

我们主张语文教材应该有两个系统(不管是分编还是合编),下面说明理由。

---

① 参阅刘国正主编《叶圣陶教育文集》卷三,第39页,人民教育出版社1994年版。
② 参阅《我对语文教学科学化的几点想法》,《中国语文》1978年第4期。

供学生作为蓝本学习的语文素材（目标语言），其水平必定要高于学生的语言水准（伙伴语言），这是我们已经讨论过的。在语言学习的过程中，还值得我们注意的是"语言输入"和"语言输出"的关系。"语言输入"指学习者在学习过程中所接触的语言材料，"语言输出"指学习者说或写出的话语。"输入"必定大于"输出"。儿童学话，总是懂得多，懂得早，说得少，说得晚；成年人也是这样。语言习得是如此，语言学习亦然。在语言学习阶段，输入必须大大早于输出，输入量必须远远超出输出量，二者不能同步。

我们的经验，无论是我们自己学习语言的历程，还是教学过程中所观察到的都告诉我们：语文教学内容真正对学生的能力发挥作用，并不在教学的当时，而在教学后的一段时间，尤其作为蓝本的语言素材，其影响往往要隔一个相当长的时间才能充分显示，而且语言水平层次越高，"潜伏期"越长。我们应该充分重视这种"储存"的作用。

因此，我们需要一套为学生提供丰富的语文素材以备学生"储存"的教材系统（简称"读本"）。

"伙伴语言"和"目标语言"之间必然有一个过渡阶段，这也是我们讨论过的。值得我们注意的是，这一过渡不是靠简单刻板的、机械重复的言语操作来实现的，它是一个学习者积极主动的创新过程。正因如此，学习者才会出现挫折和失败，只有经过不断实践，才能摸索出经验（内化），形成更高一层的语言能力。

问题在于，对学生来说，这种过渡现在基本上处于盲目、自发状态。学生学习语文兴趣不高，这是根本原因之一。心理学告诉我们，内化都遵循一定的发展规律。大量研究表明，儿童的语言发展都遵循一定的发展步骤；我们的经验也告诉我们，青少年语言能力的发展，虽然因素比较复杂，仍有一定轨迹可寻。总结优秀教师的经验，辅以科学分析，使之不断成熟、完善，用以指导学生，让他们从自发走向自觉，就可以走出目前语文教学的迷津。

这种指导所使用的语言材料，不同于第一套教材系统。它应以"伙伴语言"为起点，而又略高于学生现有水平，可以说处于一种中介状态，是名家名篇所不能替代的。

因此，我们还需要一套供科学训练的教材系统（简称"训练"）。

如果说第一套教材系统基本上能够容纳我国传统语文教学经验的话，那么，第二套教材系统将是转变教学观念、改造教学内容的突破口。我们将在下文进一步阐述。

乙、关于语言训练系统

人们一听到"语言训练"，头脑里反应的往往是如何用词造句，实际上这是受语法教学的影响。我们这里所说的语言训练，是一个从语句到语篇，从读写到听说的完整系统。

要建立这样一个系统，需要注意以下两个问题：

1. 语料的选择与处理

从整体语言水平看，训练系统的语料要低于读本系统，它更接近学生的实际，又略高于学生的实际。一般地说，供阅读训练的材料要高于写作指导的材料，读和写的材料又要高于听和说的材料（不包括语境的设计）。

这些语料，可以来自读本，可以来自学生作业，也可以根据要求自行编写。不过无论选自读本还是学生作业，编入训练系统时都要注意"典型模式"问题。

语言训练系统语料的"典型模式"，是指排除非教学目标的各种因素的干扰，使所提供的语言现象和设计的练习典型化。前面讲过，语言的运用是多种语言能力的综合体现，这种综合性不利于学生的认知。各种矛盾同时出现，学生就容易顾此失彼。现实生活中的语言现象总是要比教学中要解决的问题复杂，所以要经过简化和改造。这一点，读本是做不到的。

从语境的设计看，训练系统又可以超越读本。课本受到种种限制，难以结合学生言语操作的实际；而且课文所选虽然都是精品，但毕竟只记载着我们的过去，要使学生的思维活跃起来，还需要他们面对今天的现实来思考。经验证明，一个好的教学设计，往往像一石冲破千重浪，在学生中能引起强烈的连锁反应。

2. 教学内容的安排

语言训练的教学内容将大大不同于现行的语言知识教学。"学了不少'修辞格'，不见得能写出一个好的比喻句"，这种弊病，源于我们的语言知识教学脱离了语言运用（语用）的实际。

现行语言知识和语用知识的区别在于前者只是一种静态的描述，后者则是一种动态分析。"静""动"之间，关键是语境。其实，语言作为人们交际时使用的一种工具，本身是一个浑然的整体，并没有什么"句法""语义""语用"之分。人们为了研究它，把它从人际活动中离析出来，加以简化和抽象，这就是语言学理论和各分支理论的由来。起初，研究者们把语言作为一种封闭而自主的对象，从形式上加以解析，产生了我们现在教学中的语法知识，辞章学的研究则产生了现在教学中的修辞知识和文体知识，它们大体是在19世纪末定型的。后来，人们逐渐感觉到它们的局限性——人类的自然语言在不同的场合完全能够超越常规而不受简单规则的约束，而任何语言活动都必须以一定的语境为条件，于是，新的理论探索又开始了。20世纪50年代以来，语用学开始成形，到了60年代末、70年代初，语用的研究又扩展到了篇章。

需要特别注意的是，语言训练的教学内容只是言语技能训练的一种理性的点拨，并不等于语用学讲座。语言训练的要点，是根据学生中的常见多发现象归纳、整理、系列化的结果。在确定要点的基础上，作一些理性分析，讲解操作要领，编制富于启发性的练习（低年级还要注意趣味性），这就是语言训练教材的整体面貌。编写和使用这套教材，当然需要了解语用学知识，考虑到教师可能对这方面的内容不够熟悉，也可以尽快编写出一些教师用书，但万万不可重蹈"知识体系"的覆辙。如果又受到多年来习惯的影响，则可能再一次走入误区。

我们希望在不久的将来，提出自己的设计方案，抛砖引玉，供大家讨论；我们更希望能有不同的方案问世，集思广益，使之更快臻于成熟。据我们所知，已经有志同道合者迈出了脚步。

丙、教材的"弹性"和教法

现在的教育研究都要考虑"弹性"问题，课程设置是这样，教材编写是这样，语文教材尤其要这样。因为它不仅要注意因材施教问题，还要注意不同教师的特点。我国语文教师教学风格差别很大，教学水平差别更大，面对这样的现实，我们必须有恰当的对策。

我国幅员广阔，人口为世界之最，又是发展中国家，教育发展很不平衡。不平衡现象各科都有所反映，语文更为突出。原因是其他各文化学科内容的限定性都比较强，语文则较弱，给教师留有很大的自由发挥的余地。这种情况对语文教师成长不利。有经验的学校领导都知道，培养一个好的语文教师是多么不容易。比如数学，一位初中教师随班教过三年以后，可以说有了初步的基础，而语文教师教过五年，仍旧可能茫然不知所措。

另一方面，学生对语文教材的领会能力又优于其他学科，因为他们学习的是母语。我们曾特别强调：学生学习语文不是"从零开始"。即便是文言文，如果注释充分，多数学生自读也约略能知大意。这又是学习语文的有利条件。十多年来，语文教学界提倡指导自学，把教师的作用命名为"导读"，并且取得了成效，正是基于语文学科的特点。

那么，我们可不可以设想：是否能有一套教材，高低咸宜，各得其所？

这个设想在读本中是比较容易实现的。我们可以选择一批精品，保证其数量，加以充分的注释和指导自学的提示，考虑到现在的习惯，也可以规定少量篇目为"必读"教材，其余任凭学校和教师处理。能够多学的，多读几篇；接受能力差的，适量选择。教师功底深厚的，发挥所长，引导学生登堂入室，举一反三；无此功力者，让学生自求所好，目治既多，必有裨益。

应该清醒地看到这样一个现实：语文课时虽紧，我们却浪费了不少时间。请看浙江省一位著名特级教师的来信：

> ……我今年参与了一所还不错的中学的几堂观摩教学，有即将退休的老教师，也有教过六年书的师专毕业生。有的是照本宣科，既不重视思想教育，也不进行语言训练；有的思想教育架空、讲错，语言训练抓不准。……

这位一辈子献身教育的老教师十分焦虑，其实上述现象又何止该校是这样？"'知识'过多，负担甚重；'讲'得太多，大都无用"，可以说有很大的普遍性。与其如此，何不节省下虚耗的时间，给学生留下更多的发展余地？

我们确实有十分优秀的教师。观摩这样的教师授课是一种艺术享受。这些老师举重若轻，循循善诱，把学生导入一个新的境界。精品选本可以为这些教师提供广阔的天地，能有这样的老师是学生的幸福。

但多数学生没有这种幸福，多数教师达不到这样的水准。现在不能，在可以预见到的将来恐怕也不能。在这种条件下，如果我们能把那些学生不感兴趣的、无用的"讲解"摈除在教室之外，让学生在文化精品中遨游，同时要求学生背诵其中精彩的片段，学生就会受益更多。我们的经验告诉我们，即使是水平较低的学生，也喜欢文质兼美的文字，而不喜欢某些味如嚼蜡的"课文"。背诵是我国传统经验中重要的方法，"熟读唐诗三百首，不会作诗也会吟"符合学习语言的规律。积淀渐厚，语感日强；增强了语感，则从根本上培养了学习母语的能力。到了这个时候，教师们就会发现：学生的接受能力要比自己原来估计的高得多。

当然，我们也理解许多教师不得不"讲"的苦衷。学校领导评价教师，往往以"讲"为准，更多的社会因素迫使教师不得不做一些自己并不愿做的事。教育是一种社会现象，脱离了各种社会因素孤立地谈教学只能是一种形而上学。我们知道，跨出习惯的轨道是不容易的，但只要迈出了这一步，我们的眼前就会出现另一幅景象。

"训练"的情况和"读本"有所不同，因为它要求由浅入深，由简单而复杂，有一定的程序性。但也可以而且应该具有弹性。

语文学科的特点使语文练习有较强的适应性。有的题目，水平高的可以做，水平低的也可以做，低年级可以做，高年级也可以做。例如北京师范大学曾以《记一个熟悉的人》为题，让小学三年级至高中二年级的学生当堂作文。这样的题目不同的年级都可以写，当然情况有所不同。从写作内容看，随着年级的增长，学生的视野和观察角度都发生着变化。作文的对象逐渐从亲人、老师扩展到同学、亲友以至非亲非故，内容重心更从写学习发展到写人的品德，进而在品德中突出不同人的性格。写作技能的发展更为明显，如下表：

项目 被试		篇章结构			句法变化	
	%	顺叙	倒叙	插叙	疑问句	感叹句
小三	城市	100			22.22	5.56
	乡村	100			11.11	
小五	城市	94.44		5.56	33.33	22.22
	乡村	100			22.22	11.11
初二	城市	77.78	16.66	5.56	61.11	44.44
	乡村	94.44	5.56		44.44	16.76
高二	城市	44.44	22.22	33.33	50.00	66.67
	乡村	33.33	27.73	33.33	50.00	44.44

（参阅朱智贤、林崇德《思维发展心理学》，北京师范大学出版社 1986 年版，第 405—407 页）

类似这样的调查是很有意义的，它使我们能够更清晰地把握学生的脉搏来从事练习设计。当然，就练习设计的要求而论，上面的作文题目未免失于笼统。总的说来，语境的规定越具体，训练的功能越强，适应性相对减弱；同样地，技能要求的水平越高，适应能力也越弱。不过正如我们在前面指出的，学习母语与学习其他文化科目不同，由于社会环境的差别，学生的母语水平并不是完全按照年级来划分的，因此语文的各种练习设计较诸其他学科（例如数学）仍然有较强的适应性。这是一个方面。

另一方面，"训练"教材仍然应该保持足够弹性。这方面，我们又可以参照数学课本的体例，拟定较多的练习供教师选择。因为语文的基本技能，正如许多球类运动的基本技能一样，其主要项目是有限的，但是其复杂程度却可以是无限的。同类项目，若干练习设计，由简单到复杂，量力选用，就能各得其所。而且，随着我国认知心理学研究的进展和我们自身经验的积累，我们还可以编制出更科学的程序，便于教师遵循，也便于学生在一定条件下自学。

好的教材便于培养教师。一位还不够成熟的语文教师，既可以从读本的精品群中（包括教学指导书）补充业务营养，又可以从训练课本中了解培养语言技能的途径，提高自己的语言运用水平。这时候，我们就可以不必企羡其他学科，慨叹语文教师成长之不易。现在 50 岁以上的教师大概都还记得当年"汉语""文学"分科的时期，那是一个过早夭折的语文教材"盛世"。尽管对其体系还有不同看法，但是我们之间有许多人（当年的教师或学生）正是在那套教材的滋养中成长起来的。那时候，我们不仅有国内第一流的学者精心编选的课本，还有使教师们获益匪浅的教师用书（据了解，那是在胡乔木同志"教学指导书应该厚一些"的指示下编写而成的）。现在，我们站在新的起点上，呼唤语文教材新的"盛世"的到来！

丁、再论"多数"和"少数"兼论超越自我

"多数"和"少数"是一个容易使智者迷误的问题，因为智者总是少数。

在上一节里，我们曾经说过，就学生而论，这个问题"处理得好，既有利于多数，少数也能脱颖而出；处理不当，就会两败俱伤"。其根本原因在于语文能力发展的层次性。人们语文能力的发展遵循着一定的规律，总是从较低层次发展到较高层次。应该重视打好基础，因为没有基础便不能建筑楼阁；又应该注意较高层次能力的培养，因为不如此，较低层次的能力就得不到完善。不过相比之下，我们更应该重视打好基础的工作，因为它不仅符合大多数学生的要求，而且我们前面已经分析过，人们学习母语不同于学习其他学科，有着十分广阔的语文环境，有着良好的基础，如果再有比较宽松的条件，少数学生就可以主动地得到发展。因此，现在语文教学的问题不是"取法乎上，仅得其中"，而是如何真正打好基础，从实际出发，正确处理好普及与提高的关系，全面提高学生的语文素质。

应该冷静、客观、全面地分析我们的现实。我们有成绩，也有问题。香港施仲谋先生关于祖国大陆和港澳台地区中学生语文水平的一项调查，证明我们广大教师的心血并没有白费。论各种条件，大陆远不如其他地区，而平均成绩能居首位，差堪自慰。然而我们自己也深深知道，我们教师的辛苦，我们学生的负担，都超过其他地区。上述成绩并不是教得其法的结果，在成绩的背后隐藏着很大的问题，有识之士为此而感到忧虑。我们从北大、清华了解到，若干年来，这两所著名的高等学府确实出了不少优秀的人才，并不是说这些高分录取的学生是无能的。然而"高分低能"确实存在，它指的是这些高分的学生在能力上并没有达到预期的或者说与其分数相匹配的目标。

这种情况不独语文为然，值得我们深思。

问题的症结恰恰在于我们没有能真正做好打基础的工作。对多数教师来说，有许多同志还不太明白怎样才能打好语文的基础；对少数优秀教师来说，在观念上，我们反而容易只注意高层次的目标，没有能感觉到大多数教师、大多数学生的实际需要。

"以己度人"有着两重性。以为人处世看，不能以己度人就不可能关心别人，这是做人的基本品质；从分析问题的方法看，"内省"法是认识事物特别是"黑匣"装置的一种方法，然而以己度人又有局限性，它容易使我们不能够更全面地观察问题。优秀教师要注意到，自己能做到的，别人未必都能做到；所有的语文教师也应该注意到，自己是专攻语文的，学生却面对各个学科，其发展方向也大多和自己不同。就这个意思来说，老年人往往不了解年轻人，老教师未必能了解青年教师，语文教师也不一定全面了解自己的学生。

人们也往往从不同角度来要求语文教学。诗人会觉得语言的规范化破坏了写诗的灵感，理科教师也会把学生没读懂题归咎于语文教学……事实上，语言的运用只有符合规范才能突破规范，理科教材中有的句子语文教师的理解同理科教师的理解并不相同[①]……语文课确实是基础课程之一，但语文课就是语文课，它不能承担自己的功能范围以外的任务。这种种指责也是社会上分别从自己的角度的"以己度人"。

应该超越自我。张志公先生说过："一位优秀的语文教师，他的学生的作文会像他；但是一位优异的语文教师，他的学生的作文会不像他。"原因在于前者用自己的面目去塑造学生，后者则超越了自我。每个人都按照自己的面貌改造世界，顽强地用自己的面貌改造世界的人是执着的人，是有追求的仁者。我们尊敬他，但并不一定都赞同他。只有超越自我才能避免局限。从志公先生的话来看，他允称一位真正的智者。

[①] 参阅《理科教学中的语言问题》，《中国语文》1980 年第 3 期。

21 世纪语文教学的展望*
（1997 年）

时间是无形的，但有时又是有形的，在某些关键时刻，它会在人们的心理过程中划上一条明显的界痕。"21 世纪"就是如此。人们望着它，好像看着一扇关闭的门户——跨过门限以后，会出现什么样的情景呢？于是纷纷预测，于是有了展望。

展望是一种畅想，它具有浪漫情调，所以我不愿按照习惯的模式来写这篇论文。畅想必然有浓郁的主观色彩，它在畅想者主观意识的导航中延伸，所以，我愿把自己的基本观念披露给读者，由读者自由地检验、判断。那就是：

语文教学的改革如果没有传统经验作基础，它就是没有生命的；传统经验如果得不到科学的分析和改造，它就是没有前途的。

展望属于未来学，它是一种预测。预测是推断，它不是呓语，更不是占卜；所以，我将向读者提供我观察、思考的主要过程和依据。

下面的预测将围绕三个问题展开：一、理论研究的拓展，二、社会需求的变化，三、科技手段的进步。

一　理论研究的拓展

语文教学改革的进一步突破，将产生于对母语学习规律的认识。

---

* 原载于《课程·教材·教法》1997 年第 9 期和第 10 期。

让我们回顾二十年来的历程。

"文革"之后，语文教师中迸发出积压已久的极大积极性。于是，在80年代初曾出现过一个教法探索的辉煌时期。这次探索，沿着"启发式"的余绪，寻求使学生能够"生动活泼地、主动地得到发展"的途径。它带有历史的痕迹，也蕴含着真理，是过去经验的积累，也形成着新的认识。这次探索是有成绩的，它使我国语文教学在教学法方面的成就居华语地区（包括华侨学校）的领先地位。

教法虽然只是语文教学中的一个环节，但这是一个重要环节，由此牵动了对语文教学整体架构改造的思考。沉思是实践的结果，一个响亮的口号出现了："学生为主体，教师为主导，训练为主线。"它是一种宏观的、整体的、理性的认识，也是一次阶段性总结。沿着这个思路，教师们和语文教学工作者们又从不同方面进行了纵深的探索：在教与学的关系方面——提倡自学，把教师的作用命名为"导读"；在语文课与母语环境的关系方面——提出"大语文教学"的主张；在教材编写方面——力求在课文的基础上体现出"训练"的轨迹……

与此同时，人们又在探索语文教学中"序"的问题。但这方面的成果总的来说还不能令人满意。开始，人们在思考：能不能在语文教学的全过程中有一条清晰的、可操作的贯通线索？不久，人们发现，语文能力的形成是多种因素的，而且是螺旋式上升的。教学目标单一化，而且呈直线型发展，虽然理想，却不符合学生学习语文的实际。于是，有人又致力于建设一个"知识点"的网络系统。但是，人们又发现在母语学习的过程中，"知识"并不能自动地转化为能力，而且，"知识网点"越严密，其结果越是烦琐，同样脱离了学生学习语文的实际。上述种种努力都是可贵的，都给我们留下了有益的经验，却都没有给我们带来开启"语文教学科学化"大门的钥匙。在这种情况下，"返璞归真"的口号在许多有经验的教师中引起了共鸣。"返璞归真"的意思是：要摆脱语文教学日益烦琐化的趋向，要从传统经验中寻找出路。

表面看来，这是一次反复；但历史从来不会重踏自己的足迹，我们的认识过程实际上是一次螺旋式深化的过程。它正以新的经验为基础，向着更深的层次，进行新一轮的思考。

在取得新的突破之前，会出现沉默。传统经验过于依赖教师的素质，"运用之妙，存乎一心"，虽然也有理论性总结，但一般是属于经验型的，容易失于模糊。我们虽然有一批出类拔萃的教师，但他们的水平又远非多数教师所能企及。于是，科学地解释传统经验（包括现有的优秀教师的经验），找出其规律性，并且衍化成广大教师能够操作的教学行为，这就是当前语文教学改革深化的关键之所在。

沉默并不一定表示寂寞，特别是在人们进行深邃思考的时候，这种沉默是积极的。思考需要不断接受新的刺激。现在让我们把视线转移到与语文教学相关的理论领域。

首先应该引起我们注意的，是语言学习理论的研究成果。它出现于20世纪下半叶，是语言学与心理学结合的产物。它应社会的需要而生，先着眼于第二语言（外语）的学习，然后发展到母语学习。

关于语言学习的理论，对我们有直接现实意义的有两点。

第一，是"习得"与"学得"的划分，以及母语学习与外语学习的差别。"习得"是无意识的过程，"学得"则是有意识的行为。人们学习母语，总是从"习得"开始。一个人从出生开始到死亡（或丧失言语能力）为止，都在母语这个广阔的语言环境中吸附着语言材料，发展着自己的母语能力。这种"习得"是自发而朦胧的。幼儿学会说话，父母也不知道是怎么学会的；成年人言语能力在发展，自己往往也说不清是何时、何地、受到什么影响。语文课的学习则是一种"学得"，是在一个人言语能力发展得最迅速的阶段以教学大纲为依据进行的有计划的"学得"。教学大纲根据学生入学时的言语水平、年龄特征和文化程度，考虑到他们今后发展的需要和可能，规定各项教学目标。学生完成这些目标以后，还要在未来的社会实践中继续发展自己的语文能力。因此，母语的学习早期以"习得"为主，中期有较多的"学得"成分，后期又转向"习得"。外语学习则不然，不从"学得"开始就不能起步，只有达到一定水平，才能在适当的语言环境中进入"习得"阶段。为了便于说明，我们可以把二者的区别图示如下：

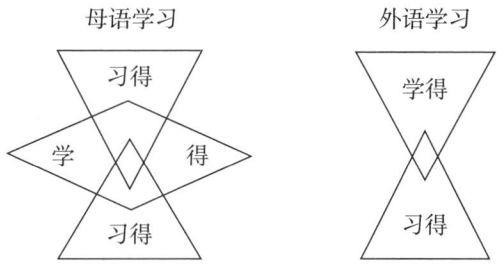

分析二者的不同过程可以给我们什么样的启示呢?

它提醒我们注意:我们的语文课,特别是中学语文课,绝不是"从零开始",也不是"到此结束"。忽视前者,容易使我们在教学过程中低估了学生的接受能力;忽视后者,容易使我们脱离学生的多数,不能正确处理基础和发展的关系,企求过高,使教学目标失于庞杂。为此,我们需要完成语文能力目标的"定位"工作。这项工作,许多教育发达的国家(例如日本、德国、苏联等)都给予了足够的重视,积累了相当丰富的经验和材料,我国则刚刚开始,需要在 21 世纪完成。

第二,是"目标语言"、"伙伴语言"和"中介语言"的划分以及教材观念的变化。

"目标语言"指作为学习蓝本的语言材料,它是语言学习过程的起点。既然是一种学习,那么这种语言素材必定要高于学习者的语言水准。作为对照,学习者当时的语言水准称为"伙伴语言",意思是学习者与水平相近的伙伴交际时所经常运用的语言。二者之间存在着差距,学习者向"目标语言"的水准攀登时还必须有个过渡阶段,这个阶段的语言水平称为"中介语言"。从"伙伴语言"出发,经历"中介语言"阶段,向"目标语言"靠拢,这是学习语言的客观过程和规律。

如果我们跳出纯语言学的范畴,而把上述划分看作语言教学的语料,就会得到有益的启示。

"目标语言"必定要高于"伙伴语言",而且要有相当的提前量。儿童学话,总是懂得多,懂得早,说得少,说得晚。儿童如此,中学生亦然,甚至成年人也是这样。二者之间如果没有足够的反差,便难以对学习心理产生刺激。我们的经验证明,即使是学习很差的学生,也喜欢文质兼美的课文,而不喜欢那些味如嚼蜡的文字。我们的经验还告诉我们,语文教学内容真正对学生的能力发挥作用，往往并不在教学的当时，而在教学后的一段时间；尤其作为蓝本的语言素材，其影响往往要隔一个相当长的时间才能充分显示，而且语言水平层次越高，"潜伏期"越长，我们应该对这种"储存"作用给以充分的重视。明白了这个道理，我们就可以理解半个世纪以前中学生直接学《古文观止》为什么并没有遇到多少学习障碍。不懂得"目标语言"和"伙伴语言"的差别，使课文编选过于迁就学生现有的语言水平，是目前教材指导思想中的一个误区。

"中介语言"既然是一种客观存在，它就应该在教材中占有相应的位置。"中介语言"实际上就是我们通常所说的"例文"，实践已经把它们引入了我们的课本，但始终没有在教材中取得名正言顺的"正统"地位，这是旧的观念在作祟。从学生习作中精选出来的例文好像是一个孩子，但正如马克思对希腊神话的评价一样，这是一群活泼、健壮、可爱的孩子。唯其如此，才使学生感到亲切，并且使他们的思维大大地活跃起来。这些语言素材对学生的指导作用是"目标语言"所不能替代的。

"伙伴语言"是教学研究的重点。借助于科学方法，我们现在已经可以对这种言语状态进行一定的量化分析，从而确定言语技能训练的目标和重点；同时，这种量化分析的结果又可以作为"目标语言"分析的参照效标，供教学参考。"伙伴语言"的自然状态往往综合性较强，我们可以使之典型化，成为语文教材的一个组成部分。

从"课文"（lesson）、"课本"（textbook）到"教材"（teaching material），不仅是名称的改变，也意味着观念的更新。名称可以随着世界潮流而变化，但观念却可以滞后。观念更新了，视野就会拓展，产生新的思路。

另一个值得我们注意的方面是语言学和修辞学研究在20世纪下半叶的发展。

我们现行的教学语法和修辞学常识基本立足于西方19世纪的研究成果。事实上，20世纪以来，特别是20世纪50年代以来，西方的研究已经发生了巨大的变化。

西方传统语法只承认形态是语法形式，不承认形态以外的语法形式，但这样研究的结果，许多语言现象得不到解释。于是几经周折，语法学家才为语序、虚词、重音、语调这些非正统的语法形式争取到了合法地位。即便如此，人们还是逐渐感觉到这种分析的局限性——任凭你反复研究、讨论，制定出种种语法规则，人类的自然语言在不同场合中都完全能够超越常规而不受种种规则的限制。事实上，语言作为人们交际时使用的一种工具，本身是一个浑然的整体，并没有什么"句法""语义""语音"之分的，人们为了研究它，把它从人际活动中离析出来，加以简化和抽象，这就是语言学理论和各分支理论的由来。起初，研究者把语言作为一种封闭而自主的现象，从形式上加以解释。脱离实际运用的分析自然难以避免形而上学化的缺点，渐渐地学者们意识到前途闭塞，转而另辟蹊径，于是有了"语言"和"言语"的区分。这种区分是语言学研究的重大成果，它具有方法论的意义。任何言语交际活动都必须以一定语境为条件，语境进入言语分析成为重要的因素时，语言科学就从静态描述转向了动态研究。在这种情况下，语用学开始问世，修辞学也大大改观。

　　语用学和现代修辞学好像是一对孪生兄弟，它们都着眼于在特定语境中的言语效果，在研究对象方面存在着许多交叉现象。二者又有区别，前者侧重于受话人的解码过程，后者侧重于发话人的编码技巧。不管二者有哪些异同，它们都将提高我们对语言现象的理性认识，加速我国语文教学内容的吐故纳新，改进我们教材编写和课堂教学的方法。

　　特别值得注意的是实验心理语言学的出现。它是借助现代科学方法和科技手段来破译语言运用和理解（包括语言学习）这个"黑匣装置"中密码的一把钥匙。我们在前面说过，我国语文教学的传统经验是十分丰富的，但如果停留在"经验"水平上，那就始终只能是"自己怎么学的就怎么教"。经验得不到科学的阐释就无法普及，盲目照搬，夸张一点说，也可能会出现像肖伯纳的名言"这个人的美酒也许是那个人的毒药"那样的恶果。至少，多数教师只能看着少数教师出类拔萃的表演而望洋兴叹。

　　"小荷才露尖尖角"，上面谈到的语言学习理论、语用学，等等，在全世界范围内都还是年轻的学科，有关课题的研究在我国更是处于起始阶段。如何按照我国的文化传统，去探索汉语母语的学习的奥秘，还有许多工作要做，还有很长的道路要走。不过既然已经起步，已经有一部分人觉察到这个问题，理论和实践两个方面的探讨就会像自由落体受万有引力影响一样不断加速。我们可以预期，在21世纪，而且在不远的将来，就可以取得阶段性成果。

我们还大胆预测：在这项探索过程中，实践有可能走在理论的前头，因为我国的传统经验十分丰富。实践的引导具有天然的合理性。回顾近二十年的历程，由"启发式"到提倡"自学"，进而思考母语学习的特点，这是思辨合乎逻辑的发展。实践引导着理论的探讨，理论的成果使实践的经验系统化、深化。理论的探讨永无休止，这使我们想到一句广告语言——"没有最好，只有更好"。我们已经有了一些有效的经验，我们还有一批居世界前列也无愧的优秀教师，将这些已有的经验加以汇集和整理，就可能成为比较便于推广，也有益于理论探讨的新的思维模式——尽管它还不够成熟。

新的理论思维模式已见端倪。刚刚去世的张志公先生近年来提出了教材"双线推进结构"的主张：一条线是文学作品（广义）欣赏的培养，一条线是实用语文能力的训练。前者有可能融合我国传统语文教学经验，后者有可能吸收现代语言学研究成果。虽然似乎是现行"基本课文"的束缚使之不易成形，但这种结构也许是将来若干新模式中的一种。

二 社会需求的变化

"传统"像永无休止的长河，它滔滔不绝，一路容纳百川。昨日的经验可以成为今日的传统，今日的经验又可以成为明日的传统，它始终处于发展、变化之中。我们今天的探索，有许多都可以找到渊源：我们今天重视语文课的工具性，把学习语言作为学科的核心内容，孔门四科之一就是"言语"科；我们今天提高了口头交际在语文课中的地位，古人早就提出了"不学诗，无以言"，把它列为语文学科基本功能之一；我们今天在修辞学中强调"得体"问题，把它作为衡量言语效果的重要标准，其实在《论语》《墨子》《韩非子》《战国策》等著作中，言语得体性原则早就被提出来讨论了——"言未及之而言谓之躁，言及之而不言谓之隐，未见颜色而言谓之瞽"（《论语》）……上古的经验可以纳入"传统"，中古的经验可以纳入"传统"，近代的经验同样也可以纳入"传统"。它们之间一脉相承，而面目却大不相同，究其原因，就是社会条件发生了变化。

社会需求在我们身边正在起着变化。

首先是阅读。信息高速公路的搭设提醒我们：高效率的、以获取信息为目的的阅读已经进入了我们的生活。这种阅读，不同于我们在语文教学中已经习惯了的、以指导写作为目的的"读写结合"。

二者的区别在于，后者注重"揣摩"，前者注重"筛选"。"揣摩"，指体味作者遣词造句、布局谋篇之妙；"筛选"，指迅速把握书面材料中的关键性语句，经过读者头脑中的加工，形成对读物内容的认识。科学的检测表明，一个人读和写的能力，在小学阶段基本上是同步发展的，到了中学开始分化，进入高中以至步入社会后尤为明显。读和写是相互联系而又相对独立的两种语文能力。

阅读是吸收外部文字信息的解码过程，虽然有时也要转化成读者自己的话语（特别是在阅读检测的时候），但这种言语的转化只是外部信息经过读者大脑折射的一种物化；写作则是写作者为自己固有的思想、观念、意念或素材寻求恰当的语言形式的过程。从阅读能力的发展来看，一个人通常要经过从"清晰"到"模糊"的历程。"清晰"，指字、词、句的辨认。低年级小学生或文化程度不高的人，他们读书是逐字逐句认读的，而且还往往出声，这说明读者的能力还处于相当幼稚的水平，效率自然不高。要想提高阅读效率，必须达到"看一眼即可"的"自动化"水平，即具有模糊认知的能力。"模糊"指扩大视幅，快速扫描，自动汰除冗余文字符号或信息，使言语的联系大大简化，形成阅读中的"跳跃"。仪器检测告诉我们，阅读越是熟练，视线扫描的跳跃性越强；不仅从不同水平的读者看是如此，同一个人的阅读，从陌生的知识领域到熟悉的知识领域也是如此。写作则刚好相反，所经历的是从"模糊"到"清晰"的过程。从个体发生学的角度看是这样，从一个语篇形成的过程看也是这样。读和写有着不同的心理过程。

随着阅读心理学研究的深入，"短时记忆"和"长时记忆"的关系开始引起了学者们的注意。

在以往的阅读心理研究中，所采用的实验材料大都是被试者不熟悉的文字资料。这样的实验所检测的是阅读者通过语言表层结构对新信息的认知和提取过程。由此提取的信息如果没有重复刺激会在不长的时间内消失（特别是语言表层结构的印象可以在句子结尾时立即消失），所以称为"短时记忆"。大约在 1980 年以后，研究者们开始注意阅读广度与阅读能力之间的关系，于是从被试者所熟悉的知识领域中选取试验材料，来分析阅读者所提取信息的进一步加工过程，这就开始了对"长时记忆"的研究。"长时记忆"指的是阅读者在头脑中储存的信息网络系统，说得通俗一点，就是阅读者所具备的背景知识。阅读效果与读者背景知识状况的关系是显而易见的。例如美国斯蒂芬生等曾在美国和印度的高校中各组织一批学生阅读两封信，一封介绍美国婚礼，另一封介绍印度婚礼，结果是，不仅学生在阅读自己有相应背景知识的信时速度快得多，而且在回想检测时，读得快的记得更多，而对自己缺乏相应背景知识的那篇，则出现了各种各样的误解。对"长时记忆"的研究告诉我们：在阅读的过程中，一个人必须能够将存储的长时记忆中的信息与适当的提取线索联系起来，迅速提取相关信息，与短时记忆的信息结合编码，进行加工，才能形成更高层次的认知。

研究者进一步发现，长时记忆中信息储存的状况，与阅读者认知加工能力是互为因果的。背景知识含量大，才为加工提供条件；加工能力越强，才越能增加信息储存的含量。换句话说，知识储存越多，越会读书；越会读书，越能储存知识。

由此可见，中学生阅读能力的培养有两个不可缺少的方面：一是扩大他们的知识库（特别是文化背景知识），二是发展他们的思维加工能力。前者着眼于积累，后者着眼于训练。在我国，除了上述两个方面以外，还有一个汉语表达习惯问题。我国与西方有着不同的文化传统——西方人的表达比较外露，中国人的表达比较含蓄。把西方的研究成果应用于我国，还要注意这个特点。

社会需求刺激着阅读心理学的发展，阅读心理学的研究又指导我们更有效地进行阅读教学。从上文可以知道，长时记忆研究这个阅读心理学中极为重要的领域是 20 世纪 80 年代以来才开拓的，还处于创建时期。但一经创建，就会发展，社会需求又会促使它加速。我们可以预期，在 21 世纪前半叶，就会给我们的教学改革提供许多有益的观念。

社会的变化还将在写作方面有鲜明的反映。生活节奏加快会使人们在语言运用上产生新的观念，那就是：用尽可能少的语言符号来传递尽可能多的信息，而且力求取得最佳效果。这里有一个生动的例子：邓小平同志访美，美国某报纸在报道这一消息的时候，先安排了一条汉字通栏——"热烈欢迎邓小平总理阁下莅美访问"（这是出于礼节，而不是提供美国公民阅读的，因为绝大多数美国人不识汉字），在通栏的下方，用淡化的中美两国国旗衬底，国旗上面，叠印邓小平与美国总统握手的照片。新闻标题是"历史的转折——中美握手"，正文却只有寥寥几个字：

　　邓已于×时×分到达。

　　我们现在所熟悉的新闻"倒金字塔体"诞生于美国南北战争期间。当时限于科技水平，电报极易中断，为了适应这种状况，记者们创造了"标题—导语—正文"这样的模式，由此还派生出"新闻六要素"等写作规则。科技进步了，电报中断的威胁消除了，但是这种模式由于符合群众读报的需要而保存下来。旧模式的延续是因为社会需求，旧模式的突破也是因为社会需求。时代的进展不断修改着旧有的写作规则——君不见"新闻六要素"在上面的例子中已失去踪影？

　　写作的变化可能在审美领域和实用领域都有所发生，但首当其冲的也许是实用性写作。可以预测，目前教科书中的某些样式将逐渐在我们的生活中淡化，甚至消失：当电话网络遍布各地以至扎根于每个家庭的时候，人们就会与书信疏远；在发达地区，例如香港，传真机已经使人们对电报稿感到陌生……值得注意的还有传播媒体手段多样化所引起的语言组合的变化。

　　语言、文字与图像、音乐结合，会使信息传递的方式面目一新。从我们上面所举的例子可以看出，这篇新闻稿之所以能够如此简化，除了充分利用读者已经具有的背景知识以外，还有叠印图片所产生的效果。坦率地说，目前体育比赛电视实况转播的解说实在不能令人满意，究其原因，恐怕是解说员延续着无线电时代的解说方式，不懂得出现画面以后对解说的要求。语言、文字是信息的载体，图像、音乐也是信息的载体，多种手段的配合可以大大减轻语言的负荷，从而出现组合的新形式，这一动向在西方早已发生，并且有专门名称，在我国则还处于萌芽状态，姑且名为"提示性语言"，比较明显的例子是某些广告语言的设计。"提示性语言"的主要特征有二：一是不要求语句完整；二是语词之间跳跃性极强，靠听、读者用自己的联想加以补充，使之衔接。

谈到这里，不禁使我们又回顾汉语自身的特点与优势。"意合"本来是汉语的极大特色，"枯藤/老树/昏鸦，小桥/流水/人家，古道/西风/瘦马……"一连串名词的直接组合产生了多么奇妙的意境！这就是"意合"的魅力。名词的直接组合，动词的直接组合，形容词的直接组合，以至虚词的直接组合……我们预见到，在未来的社会里，汉语的语言艺术也会在世界语坛上占有突出的位置。

社会需求对语文教学的第三点影响应该是对口头交际能力的重视。事实上，我国古代口语和书面语是没有十分明显界限的，从《尚书》《左传》到《论语》《孟子》，有许多名篇实际上就是当时口头语言的实录。秦汉以后，"说"的地位下降，"写"的地位逐渐提高，口语和书面语日益脱离，而且愈演愈烈，以至发展为完全脱离日常用语的"文言"。所以，写作教学也趋于僵化，后来又加以科举制度的影响，终于出现了八股。

经历了长期科举制度之后，现实生活又呼唤口头表达能力，并且把它列入教学大纲。然而隔膜既久，转轨期间便免不了出现许多生硬的痕迹。口语表达不等于书面语言口头化，不是口头作文，它以一定语境和交际对象为前提。综观现在盛行的演讲会、辩论会，它们固然反映了社会的潮流和人们的开始重视，但聆听之下总有些不舒服的感觉。追究其之所以如此的原因，是仍然摆脱不了"作文"的习气，机械地背诵事先拟定的文稿。这样，就自然很难与听者产生交流，起到口头表达应起的作用。这说明我们还要进行一定的努力，才能赶上现代生活的步伐。

现在让我们回到"传统"这个问题上来。分析了上述各点，都似乎给我们一种"回归"的感觉——阅读能力的培养需要我们扩大学生的知识领域，就语文教学来说，自然是丰富学生的文化背景知识；写作教学需要我们注意它的社会功能，并且注意到汉语"意合"的特色；口头表达则使我们期待春秋战国"百家争鸣"时期雄辩力量的重现。然而，究竟"回归"到哪里去呢？我们又似乎不能重蹈古人的足迹。在本文上一节里，我们提出了对"返璞归真"的看法：它不是一种简单的重复，而是一种螺旋式的深化。因此，"传统经验"不能限于某个时期、某个阶段的具体做法，因为不同的时期和阶段都有需要我们扬弃的内容，而且我们还要发展。那么，"传统"的精髓应该是什么呢？那就是：我们的文化传统和汉语的特点。

三　科技手段的进步

我们已经进入了笔者难以胜任的领域，这也许是老教师们共同的薄弱环节，但我们又不能回避问题。

《中共中央关于教育体制改革的决定》中指出："……特别是在新技术革命条件下，一系列新的技术成果的产生，新的科学技术领域的开辟，以及新的信息传递手段和认识工具的出现，对教育产生了重大影响，发达国家在这方面的经验尤其值得注意。"这是一个有远见卓识的论断。其中"新的信息传递手段和认识工具"对教育的影响，就我们现有的认识来说，应该具有两方面的意义：一是把现代化机械和电子设备应用于教学目的；二是把信息论、控制论、系统论、学习理论和行为科学应用于教学实践。

阿尔温·托夫勒在《第三次浪潮》（生活·读书·新知三联书店1984年版）中把电磁波的应用看作"为地球创造了一种新的神经系统"。当教师的嗓子、黑板、粉笔让位于以电磁波为载体所传递的信息的时候，从夸美纽斯开始的、历时三百余年的班级教学就会发生实质性的变化。

让我们设想一下：如果学生能够坐在电脑前，通过互联网或软件提取课文的有关资料，按指示进行思考，自由提出问题，那将是什么样的局面！在这种情况下，真正的"自学"才能实现，学生的"主体"作用才能充分发挥，现在常见的"讲得太多，大都无用"的现象才能得到改观。

学生的主体作用并不排斥教师的"主导"作用。我们前面说过，教师水平不齐是全面提高语文教学质量的一大矛盾，电脑却可以在相当程度上弥补这个缺憾。有了电脑，我们就可以集中优秀教师的经验和智慧，进行教学设计，转化成软件，让这些经验和智慧飞出窄小的教室，遍撒人间。

不要以为这将使任课教师无所事事。他们很快就会发现：思维大大活跃起来的学生正在向他们施加越来越大的压力。不过到了那个时刻，我们的教师大都受过良好的教育，他们会受到学生的启发而更有效地丰富自己，从而感到幸福。良好的教育、精心编选的教材、优化的教学设计，这一切为学生所激活，"教学相长"就能得到充分的体现。

"程序教学"是行为心理学派的产物。1954年，美国哈佛大学斯金纳教授提出了用机器进行程序教学的主张。60年代开始，许多国家相继开展了这方面的试验研究。到了70年代，程序教学又与电脑结合，取得了更多的成果。行为心理学派把人的心智活动作为一个"黑匣"装置，只从行为的"刺激—反应"中寻求答案。与此相对，后起的认知心理学派专以破译"黑匣"的密码为己任，力求在行为心理学派所不敢涉足的禁区取得突破，反其道而行，强调个体认知，由此而提出了"发现法"。两种方法在理论上和实践上是存在一定矛盾的，但我们直觉地感到，矛盾将在我国母语教学中得到和谐的统一，因为我们有着丰富的传统经验，我国在辩证思维方面有着悠久的历史渊源。同一年龄段的青少年学习语文有着共同的心理特征和认知规律，这是我们进行程序编排的基础；不同的学生在思考和操作时又有其个性特点，这样，我们又可以吸取我国古代书院讲学的经验，在新的条件下发扬和发展，使教师的主导作用借助软件和任课教师得到贯彻。西方人喜欢逆反思维，我国则善于在对立中找到新的途径。相信到了那时候，我国的软件设计和教学模式会引起世界的注意。

在本文第一部分，我们回顾了语文教学改革20年来的历程。我们分析了"自学"这个导向性概念是如何在对母语学习规律的认识逐渐深化的基础上产生的，我们也分析了"主体""主导""主线"的理论概括有着什么样的影响和意义。马克思在《关于费尔巴哈的提纲》中说："人的思维是否具有客观的真理性，这并不是一个理论问题，而是一个实践的问题。"但是，在实践中我们如何到达彼岸呢？借助科技手段，我们看到坚冰已经开始融化，当然，航道尚待打通。

科技手段还可以对语言技能的养成发挥其独特的作用。例如朗读能力，已经有学校借助录音设备，让学生能够真正听到自己的声音，在角色转换的情境中检验其效果，学生兴趣大增。利用这些资料，教师又可以具体地指导学生效优纠错，生动而有效地培养他们的语感。再如多媒体，它不仅可以成为教学的手段,也可以成为学习操作的手段。我们完全可以让学生根据选定或自选的内容大胆设计,既可以使他们体会文字、声音、图像结合的要领,提前适应未来的需要,又可以为他们创造思维的驰骋提供广阔天地。

特别值得注意的,是人机对话中辨音系统在技术上的突破。汉藏语系中语调是区分语义的要素,我国又是一个多方言的国家,这使我国辨音系统的研制遇到许多困难。根据最近资料,机器辨音已取得了实质性进展——只要经过一个月左右的磨合,电脑就可以对个人的语音加以识别,这个人的声音就可以直接转化为文字。我们不妨畅想一下:当这项技术成熟和普及的时候,会出现什么样的情景!人们不仅可以不再受因写作而肩胛疼痛之苦,而且还可以因口述与书写的速度差异而使思维大大活跃起来。可是到那时,对语文教学中"出口成章"的训练又将提出什么样的要求呢?

畅想是没有止境的,然而读者可以看出,本文第三部分的篇幅远远小于其他两部分,这说明我们的贫乏。不过不要紧,我们相信读者,相信读者的经验和联想能使它大大扩充。

畅想是轻松的,实践却是艰苦的。要实现这些畅想也许需要两三代人的努力(观念的嬗递,也许 10 年可以算作"一代")。到了那个时候,说不定人们会嘲笑我们所说的这些只是无知的幻想。我们不怕说我们在幻想,因为没有幻想的世界是寂寞的世界;我们更欢迎嘲笑,因为嘲笑证明我们的后继者已经远远地超过了我们。

我的语文教学思想历程*
（2011年）

我曾经反对语文知识的讲授，现在又主张重视语文知识教育。尽管我现在认为知识是重要的，但我坚定地认为不能重蹈覆辙，仍然认为语文教育不是由"知识点"组合而成的。

这种认识的形成有一个长期的过程，与我的经历有关，机缘也让我能够亲聆几位前辈的教诲。现在把我主要的语文教学思想陈述如下——赞成我的，可以找到理由；反对我的，可以获得依据；当然，也期待有人萌生新的思路。

一　我的几项语文教学试验

在语文教学方面，人们比较熟悉我的有"小论文写作"，引起一些人注意的还有"当代文艺讲座"。这两项试验的相关资料已经收集在我的论文集《思索·探索》里，有的已经整理成书（《中学生论文写作》，它的前身是20世纪80年代中期张志公先生作序的《简单论文写作》），这里不打算重复，只谈一些没有说过的内容。

1. 小论文写作

这项试验当然不是那么顺利的，遭受过质疑，也出现过曲折，但结果却是我所期待的局面真的出现了！学生是那样的活跃，有一些学生的习作给我

---

* 原载于《课程·教材·教法》2011年第10期。

留下了深刻的印象。

《"人性"难道还应该是个禁区吗？》，这是20世纪70年代末为打破坚冰发出的一声呼喊，而它竟出自一位中学生之口！这篇习作我至今保存着。这位学生是个女孩子，叫黄湄，我忘不了。

《MAP航空港设计初想》，作者自诩这是"世界第一流"的设计。让我印象深刻的是它附有一张精心绘制的彩色示意图。画面很大，需要折叠几层才能粘附在论文后面，色彩丰富，画得很精细。它告诉我今天年轻人的创造欲望。

《抽象思维与自然科学的发展》，全文分三部分：欧几里得几何与演绎推理；诗人·幻想·假设；回顾和展望。这篇习作的内容完全超出了我的知识范围，我带着它向科学院的几位朋友请教，朋友告诉我，内容是正确的。作者后来上了北大物理系，这篇习作显示了他缜密的思维，也告诉我一位中学生可以达到的水平。

学生的习作拓展了我的视野，"未来学""天外来客"之谜、雷达对抗……不但大大地增加了我的知识储存，也让我知道了今天中学生的世界是多么地丰富，并且蕴含着多么大的潜力。

进行这样的试验，初衷其实很简单，就是让学生找回一点个性——学他们喜欢学的，再教他们学会梳理思路，理解如何表达。图书馆可以看作人类共有的大脑，也是每个个体大脑的延伸。我看到过一份美国幼儿园的教学大纲，"学会利用图书馆"就是其中一个章节，这让我有很深的感触。那么，就让孩子们到图书馆里"游泳"吧。办法也比较粗糙，只是打字油印了一些"论文专用稿纸"以增加学生的兴趣；先交初稿，我一一面批（谈），修改后定稿。幸好我是一个"杂家"，学生的不同兴趣我还能凑合应付。我离开北大附中以后，北大附中的老师们居然把这个试验坚持了下去，而且增加了"论文答辩"等环节使之更趋完善。这时，教师的知识背景与学生爱好之间的矛盾就出现了，不得不请别的学科老师来帮忙。迄今为止，全国"自主研发性学习"中的"小论文写作"也存在两种途径：一是论题不限定方向；二是论文选题只限于文科。二者各有利弊，这个矛盾并没有解决。

时至今日，"自主研发性学习"以及它的写作形式"小论文"已经成了时尚概念,我倒保持了一份冷静。我以为,它们的精神意义目前已超过了它们的实际意义。限于现在的教学意识、环境、师资,这种形式是无法普遍实行的。所谓"精神意义",是指它除了提倡一种理念之外还可以引发对习以为常的写作教学模式的怀疑。

我们所习惯的写作教学模式是两周一篇作文,我的"小论文写作试验"却一学期只写一篇,打破了习惯格局!我并不想颠覆这个两周一次的格局,然而,这种格局的效果究竟如何呢?无独有偶,美国加利福尼亚教育监督部门曾做过一次试验:取同校同年级两个班,一个班两周一次作文,一个班期末才写一篇;试验结果,两个班的写作水平并没有明显差异。可见天下乌鸦一般黑。这样的格局难道不值得怀疑吗?

我们现在的写作教学,往往每次一个新题目,来去匆匆,难以在学生头脑里留下印象和体验。机械地周而复始,总是在同一平面作惯性运动,这正是目前写作教学的最大弱点。张志公先生说过:"与其让学生每两周写一篇作文,倒不如让他们少写几篇,反复修改。"这话有道理,然而"反复修改"要有动力,每次作文学生都感到厌烦,叫苦,没有兴趣,又何来动力可言?

这项试验还引发我更深层次的理论思考,这就是"合力点"与"高潮设计"的思路。我曾这样写道:

……

自然界有所谓"叠加"现象,即两个不同波段的波峰重叠的时候,波形会发生变化,新波峰的高度是原有二波峰的代数和。如果进而出现同步共振,那力量将大得惊人。心理学中也有所谓"合力点",指的是一个人所处社会诸关系与他自身的心理倾向相协调、相结合的条件,在这样的条件中,人的发展(或好或坏)也相对加速。近来,在人才学的研究中也提出了"来潮"问题。这些都启示我们来分析学生学习语文的规律。

……

现在看来,"每学期一次"的主张太偏颇了,头脑有些发热,但不拘泥于次数,要借助"合力点"形成"高潮"的教学设计思路是没有错的。不仅写作教学如此,阅读教学也是如此,不仅一篇课文的教学应该如此,一次课堂教学也应该如此。①

2. 当代文艺讲座

更"离经叛道"的是"当代文艺讲座"——每三周两节课，内容是介绍三周以来报章、杂志、电影、电视里优秀的和有争议的作品。这样的课我是开不出来的，开课的是一位叫何斐的老师，我全力支持。虽然我讲不了这样的课，但它给我留下了极为深刻的印象。

每次讲座一完，可以想象得到，学生一下子就直奔图书馆去了——他们的兴趣点被点燃了。

接着，学生作文里的语言风格也发生了变化。不少幽默俏皮、生动活泼的句子出现了，这样的风格课本里是没有的。

"当代文艺讲座"留给我什么样的启示呢？它有"前瞻"与"回顾"两个方面。

"前瞻"的方面是：中学语文教学，无论你怎么安排，都必须有一个通道，通向学生课外听说读写的汪洋大海。这是因为：

第一，语文教材是对人类社会生活加以提炼、提升、抽象、概括的结果。人类社会生活是在不断变化、发展的，语文教材永远滞后于这种变化和发展。

思想活跃是学好语文的重要条件，古今中外的名家名篇是不可缺少的思想养料，但它们只记录了我们的"昨天"，要让学生思想真正活跃起来，还要让他们面对"今天"。

第二，从语言学习的角度看，我们的母语学习总是从"习得"开始，进入"学得"，然后复归于"习得"。我们的母语又不是一成不变的，对于同一事物，在不同时期，表述它的语汇、句法、篇法和技法都是不同的。时代会在语言运用上刻下深深的痕迹。

"回顾"的方面是：语文教学改革要想健康地发展，必须不受社会的、

---

① 我总觉得，就语文教学而言，如果一位老师言语严谨、缜密，每句话都很重要，这样的话，学生会很累，反倒容易走神；一节课有一次高潮，印象就会深刻。中国语言学会一次年会上，陈原先生作社会语言学报告，我找他聊了一次，谈了上述看法。他把这个意思写进了他的《社会语言学》里，注释里提到的那位"有经验的语文教师"就是我。

政治的诸多因素的干扰。回顾我国现代语文教学的历史，就会发现语文不同于其他学科，它每隔十多年就要"动荡"一次。这是因为这门学科与社会思潮息息相通，而社会思潮是永远翻腾的。

我们要吸取的教训是，任何时候，都要为非主流派留下宽松的环境，不要用行政的手段强行统一。

3. 语言训练的练习设计

在我的论文《我对语文教学科学化的几点想法》里，我提出过一个看法，就是语文教学改革的发展方向是：

"名家名篇"＋"科学训练方法"。

"名家名篇"的提出，除它本身的文化价值和教育价值以外，还有反对当时教材编写过于政治化的意思。然而即使是名家名篇，对于它们的教学处理，由于师生的个体差异加上社会因素的影响，是难以规划、统一的（这一点以后还要谈到）。我所说的"科学训练方法"是受到运动员训练的启发，针对语言操作训练而言的。

语言操作训练的基本手段就是练习设计。

我之所以重视练习设计，是基于以下认识。

第一，母语学习的实践性。

正如人只能在游泳中学会游泳一样，人也只能在使用母语的过程中提高自己的母语能力。知识是对规律的逻辑概括，因此是重要的，但它不能代替使用者自身的实践。好的练习设计可以规定语言环境，便于管理。

第二，能力的综合性以及矛盾的分解与简化。

"训练"是专对"技能"而言的（比如说"阅读"就主要是"积淀"而不是"训练"）。技能又可以分为"动作技能"和"心智技能"两类。"心智技能"含有不同程度的智力因素，智力具有综合性，所以这类技能都含有不同程度的综合性。综合性使目标不容易集中，学生会感到茫然不知如何着手，整篇作文更是这样，这是他们不喜欢写作的重要原因。有综合就有分解，科学的分解使目标相对集中，这是提高效率的有效途径。

第三，它还是培养教师的有效手段。

设计好一个练习，需要设计者有自己对语文教学的认识和体会，还需要对学生的认知过程有足够的体验和理解。练习设计促使教师研究如何发挥学生的主体作用,领悟到什么是教学的艺术,从而对语文教学的其他方面也得到启发。

经过实践,我的关于练习设计的思想有所发展,主要有两点:关于"模仿—类推—创造"的概括与探索;练习设计的系列化。

①关于"模仿—类推—创造"

"模仿—类推—创造"是我对人类学习母语规律的概括,用传统经验的话来说,大致相当于"熟读唐诗三百首,不会吟诗也会吟",不过走上了科学化的道路以后,它就可以脱离"感悟"的自发轨道而相对自觉化,这种训练所需要的量就会比"三百首"大大减少。它与基本技能训练是并行不悖的。

"模仿—类推—创造"是限制性与启发性的有机结合,学生要在各种限制中开拓空间。语言技能训练有的是比较单调、枯燥的(因为有思维的介入,它会比运动员的训练有趣一点儿),而"创造"具有辐射思维的特征,其结果是多样化的,所以由"模仿"而"类推"而"创造",学生的思维就会大大活跃起来。

给我印象最深的是那次以"蜡烛"和"锚"为样本的两行抒情诗设计。在这次练习中,学生的活跃程度与成果大大超出了我的预计。为此,我写了一篇《模仿·类推·创造——语言训练中一个有待开发的领域》,发表于《中学语文教学》。未几就有了反应,山东一所普通中学作了类似探索,尽管由于学生水平不同,引导方法也因之有所差别,但同样的效应出现了。

在确认这种练习模式的价值以后,我把它引入了高考命题,每次考试,这种类型的试题都有许多非常鲜活的答案出现。随着高考的影响,报刊上也出现了不少这样的设计,很多设计比我的高明,说明这样的思路与老师们的经验是息息相通的。

不久前北大附中林新民老师还打电话来,说在她的教学中,对"模仿—类推—创造"的练习,学生的热度依然不减。

②关于系列化练习设计

练习设计的系列化是我思路的一个重要环节。语言训练的练习设计由于技能的综合程度不同、智力参与的程度不同、限制与启发的程度不同、篇幅的大小不同，学生操作的难度也存在差异。这样，就会形成同一类别练习设计的内部可以有不同层次。这是练习设计可以系列化的理论基础。

我想举一个比较典型的例子，就是"房间布置与描述"的练习。它是我"空间描写系列化练习设计"的一环。

这个练习设计之所以比较典型，是因为它有两个特征。

第一，这个设计思想是从学生的常见病与多发病里产生的。空间描写顺序紊乱是学生写作时的常见现象，这种现象之所以出现，是因为我们所能接触到的世界是三维的，是立体的；在我们的视野范围内，我们所看到的事物是同时进入我们眼帘的，是平面的；可是当我们表述的时候，句序却要分出前后，是线形的。把同时感受到的事物分出先后组成线性表达程序，而且要让读者在头脑中重现这种空间位置关系，自然相当困难。这就是语病产生的原因，而在现行的语文知识体系中又找不到现成的药方。为了解决这个问题，我受到廖秋忠一篇论文的启发，借助"参照点"找到了两种基本模式以及这两种基本模式的综合形态与变化形态，从而为学生的操作提供了知识依据。

我想这就是语文程序性知识的基本特征，它更像武术中的"散打"而不像"套路"，管用，却未必系统。我的《语言和思维的训练》里的大部分知识就是这么来的。

第二，我把这种技能性训练按照由易到难的顺序组合成阶梯形程序。第一步，只要求学生按照技能指导（知识）对规定的事物进行表述；第二步，增加想象因素，扩展篇幅，但不要求成篇；第三步，与学生的生活体验结合起来，给以充分的想象空间。到了第三步，学生的思维被激活了，他们的潜力得到了充分的激发与释放。

需要特别指出的是，这种技能训练之间的联系可以是连续的，也可以是间隔的、隐形的。例如，"类比和对比"与"类比说理和借物喻理"间显然是连续的，而"词语诠释""程序说明"和"说明性描写"之间就有不小的间隔，至于"怎样回答问题"和"简单论文写作"之间拉开的距离就更大了。

如果把技能按难易程度的排列看作"经",那么,是不是还可以有"纬"呢?

这个"纬"指的是视野的扩展与思维的深化。

这样一来,有"经"有"纬",系列组合的样式就更加多样化了。

再进一步,我们已经习以为常的"作文"观念也可以尝试突破一下。这个词语的产生源于我国是一个"文章大国"。在传统教育中"诗""文"并重,都是衡量一个人文化水平的标尺,而无论是"诗"还是"文",传统经验中都既有"综合"也有"分解"。例如,为文先做"破题",写诗先练"对课"。那么,为什么每次"作文"都囿于非要"成篇"不可,而且还都要另起炉灶呢?不妨把"作文"的观念转换为"写作练习",练习可"大"可"小",有"经"有"纬",这样,我们的写作教学每学期就可形成几个单元,单元内部前后联系,有条件进行"自主研发性学习"小论文写作的学校还可以与学生的课外阅读联系起来。

4. 几点理念

1977年,我在写作《我对语文教学科学化的几点想法》时提出:"语文教学的主要任务应该是……在此基础上,进行语言与思维的训练。"说实在的,写以上这段话,当时只凭直觉,是朦朦胧胧的,甚至可以说只是灵光一闪,执笔的时候并没有深思熟虑。"语言与思维的训练"究竟应该包含哪些内容,是说不清楚的。

经过了这么多年的实践,我逐渐积累了一些想法,形成了一些理念。主要有两点。

①语言、思维、思想之间的关系。

在实践中我逐渐形成了一种感觉,这种感觉很具体,甚至接近于诗歌里的意象。那就是:

语言、思维、思想之间的关系有点像我们的太阳系——语言围着思维转,思维围着思想转。思想也在不断运动着,它所围绕的更大"天体"就是社会(随着人与人、人与自然关系变化所形成的社会意识)。

语言、思维、思想三者的关系中,思维是中介,是最活跃的因素。大家不要对这种思维方式感到奇怪,科学研究就有所谓"模型"设想。而"模型"设想是否正确，要经过实践的检验。我的上述这种"模型设想"是自然形成的，不是刻意追求的；当然，它是否正确也要经受实践的检验。

我曾把这种感觉告诉张志公先生，他说："你有这种想象，很好。"

说到这，我还想谈谈我与张先生的一点差异。他对我说过："写作教学不是教学生说些什么，怎么想，而是学生想好了，有话说了，教他们怎么说。"验诸"文化大革命"之前张志公先生在景山学校提倡写"放胆文"，可以知道他是在反对"学生八股"，反对政治意识的人为介入。这番话无疑是对的，但也反映出他对中学写作教学的关注点，或者说对中学写作教学任务的界定，完全放在技能培训方面。

而我，则更关注如何"激活"学生的思维。我认为，这是有效地进行技能培训的重要基石。①

②语言训练的独立价值。

我对语言训练的认识，基于我对言语能力的分析。我把这种能力分为三个层面。

言语能力的第一个层面是规范化。语言是一种社会现象，然而个人的言语行为又是一种个体现象；言语表达是否正确，要以是否符合社会规范为依据。正如人类的其他社会行为一样，它需要受到社会规范的制约和改造。母语是可以自然习得的，不过自然习得的母语与社会规范之间往往存在不同程度的矛盾，需要一个规范的过程，或者说适应的过程。这个过程，我们可以称之为"个体言语社会化"，它主要指书面语言，是各项语文能力得到进一步发展的基础。

言语能力的第二个层面是熟练操作。语境有内部语境与外部语境之分。内部语境指上下文，外部语境指言辞以外又和言语交际有关的诸多因素，特

---

① 这里还要说一件事。叶老确实讲过"怎么想就怎么说，怎么说就怎么写"，而且说过"语言和思维就是一回事"。对此，语言学界的朋友有些微词。但我知道叶老这些话是特别针对学生作文里那些"八股"腔说的。他非常厌恶那种装腔作势、虚话套话连篇的文风，而且态度非常激烈——一个亲历"五四"而激情不减的老人的激烈。叶老不是搞语言学的，措辞不够严密本来不足为长者病。但他老人家晚年（已是接近 90 岁高龄）曾亲口对我说："看来语言和思维不是一回事。我老了，没有气力了！"这种永不停止探索的精神让我感慨，心窝发热，鼻子有点酸。

别是场合、情境以及交际双方的关系。在第二个层面上，言语操作的要求主要指适应内部语境，即上下文。这时候，表达者不仅已经能够对一个句子的组织操纵自如，而且对语言形式的控制范围已经超出了句法，他们已经能够瞻前顾后、自然衔接、前后呼应。我们通常把这种言语技能熟练的表现称为"语言通畅"。言语操作的这个阶段，大体上相当于我们常说的"连贯"。

言语能力达到这个水平以后，开始向两个方向延伸。一个走向是适应和利用外部语境。在这个层面上，语言的运用者开始注意交际双方身份、关系以及与场合、情境等诸多因素的协调。他们不仅能够注意避免自己语言的运用和语境之间出现冲突，更高明的还能够积极利用语境来加强表达的效果。适应进而善于利用外部语境，大体上相当于我们常说的"得体"。

与之相对应的另一个走向就是艺术化。我们分析语言运用的这个层面时，已经进入了语言美学领域。语言进入了艺术境界，自然具有鲜明的个性。不同的作品拥有不同的群众，不同的读者也有各自喜爱的作家。语言艺术的沟通、感染不仅有个体差异，而且有着浓厚的文化色彩。这是运用语言的最高境界，也是主观色彩最强的层面，无论对作者还是鉴赏者都是如此。

当我们把言语能力分解成不同层面的时候，我们就会看到它们之间的关系：第一个层面是基础，第二个层面是在第一个层面上的发展，第三个层面是朝着实用和文学两个不同走向的深化。这种发展的逻辑模型大体上类似于英语大写字母"Y"。第一个层面的言语能力（包括它的书面形式）是小学阶段的教育重点（至迟到初中阶段应该大致完成）。第二个层面的言语能力是中学阶段（特别是高中阶段）要争取达到的目标。至于第三个层面，我们只能把它作为一种积累因素适当地延伸而不能作为教学行为的目标。

上述三个层面的能力都是后天学习而得的，但有针对性训练和没有这种训练（特别是一、二两个层面的技能），效率大不相同。

心理学家皮亚杰证实：婴儿的智力发育先于语言发育。语言学家乔姆斯基说："不是语言是智力发展的基础，而是智力是语言发展的基础。"我同意他的说法，不过有所补充，那就是：智力推动语言的发展，语言需要科学的训练。

二 几个有待探索的问题

1. 关于语法教学——长者们的不同见解

语法教学是在这次"课改"中消失的。的确,过去的语法教学十分烦琐,形成学生的学习负担,学生厌学。对这种教学我是反对的。

现在的问题是:我们应该如何处理语法教学?对此,几位长者的态度是不同的。

叶老是很重视语文知识的。在我翻译美国教材《提高写作技能》的时候,他就很关注,嘱咐我注意"他们讲了哪些我们没有讲过的东西",可是对待语法教学,他老人家态度很明确,说:"中国人嘛,读啥子中国语法!"

叶老不是搞语言学的,朱德熙先生则是权威的语法学者,他也不赞成中学生学习语法。结合目前的争议,我还要附带说一下,他还不赞成中学课本选那么多鲁迅作品。朱先生倒不是否认鲁迅在历史上的地位和价值,而是认为鲁迅作品的语言绕嘴得很,文白夹杂,有日语味儿,对学生会有不良影响。与之映照的,是他非常推崇朱自清先生的文笔,主张多选几篇。由此可见朱德熙先生的主张是给学生营造一个学习语言的良好环境,让学生从中陶冶,自然成长。

我找了吕先生,说:"有人不赞成中学生学语法。"(我不好明说,可是我知道吕先生心知肚明)吕先生回答得很干脆:"不,我的意见正相反。不是不学,而是要多学,可是绝不是现在这个学法。"

接着,吕先生用一个比方来阐述他的观点。

"现在就像我们把孩子带进动物园,不过不是带孩子们看狮子大象如何生活,而是带他们进了标本室,看那些死气沉沉的一鳞半爪,孩子们怎么能不厌烦!"

这个比方吕先生也写进了他的论文里,可见是经过认真思考的。再看吕先生关于"静态分析"和"动态研究"的论述以及对"修辞"理念的界定,可以知道吕先生的"要多学"是指我们今天开始重视的"程序性知识"而言的。

既然静态分析很重要,是根本,那么,应该如何对待中学语法教学呢?

吕先生的意见是"不要提取消,提淡化"。

在中学语言知识教学这个问题上我是追随吕先生的。我觉得,如果处理得当,中学阶段的语法教学可以起到以下的作用。

①掌握必要的概念,便于分析相应的语言现象。概念是思辨的工具,如果没有相应的概念,教与学都会遇到困难。

②了解语法的基本规则,有助于比较自觉地纠正语病。(这种作用在成年人中较为明显,中学生中尚不显著,但这种知识具有"储存"作用)

③由于中学生正处于从经验抽象思维向理论抽象思维过渡的时期,而语法在中学语文学科知识中是系统性最强的,可以对这种过渡起推动作用。

然而如果处理不当,效果则适得其反。

"淡化"不是取消,关键在于尺度、分寸拿捏得当。首先要转变理念:不要把语法知识作为教学目标,只把它作为一种手段。陆俭明一次对我说:"语法就好比一个拐棍,要拐棍做什么?用它帮助走路。"我赞同他的看法。为此,可以只教不考(其实只要考试有言语技能方面的试题,教师就不敢不教)。

还要注意掌控难度。汉语语法里没有解决的问题本来就很多,真正有识之士是不会难为孩子们的。我的意见是,对于那些基本概念,只取那些最典型的语言现象,让学生知道就行了。有了这些基本概念,就为指引学生操作开辟了道路。

至于哪些是学生必须知道的基本概念,我曾经列举出来,写成文章在刊物上发表。编辑论文集《思索·探索》的时候,拿出来一看,不要了。换句话说,不成熟。

还有,吕先生谈到语言知识"要多学",这"多"究竟应该包括哪些内容?有了1951年先生对我的指引,我知道既要包括句法,又要超越句法。这些都还需要进一步探索。

2. 关于阅读教学

一次在吕先生家里,先生对我说:"现在的留学生不会读书,不是语言问题,而是根本不会读书!"然后作了解释。

"上课了,教授走进教室,问:'你们有什么问题?'中国学生茫然了:

'您还没讲课呢!'教授也奇怪了:'我讲什么课?'国外都是学生先读参考书,提问题。"

接着,用手比画了一下。

"参考书那么多,一大摞,读不完。读的时候都是这里一句,那里一句,组合起来,一本书的纲要就掌握了。哪有一个字一个句子读的!"

"读"和"写"是两种不同能力,而我国的传统经验是"读写结合"。其实早在20世纪30年代,叶老就把这两种能力分开,把中学语文教学的目标规定为要让大多数学生能"读"会"写",但是传统观念仍然难以动摇。对此,张志公先生有很精辟的见解。他说:

"世界上所有的民族都有古语和现代语之分,可使用了现代语,古语就消失了。唯独咱们不然,古语和现代语并重,都是社会通用语言。平时说话叫'爹'叫'妈',一提笔却是'父母亲大人膝下敬禀者',完全不是一码事。白话可以自然学会,文言却不学不会。再加上科举取士,'士农工商'读书人地位高,享受特权,于是语文教学的任务全落在写好一篇文章上面了。现在有提'以写作为中心'的,有提'以阅读为中心'的,其实骨子里都是一回事儿,都是把阅读作为写作的附庸。"

把"读"和"写"分开,我早有这个想法。1984年我接手高考命题,就推出了"现代文阅读"栏目。一时全国哗然,"超纲"的攻击声四起。不过现在习惯了,而且较那时有所发展,从获取信息性阅读扩展到文学性阅读(由于文学性阅读的多解性,如何命题还要进一步研究)。

在高考试卷上推出"现代文阅读"项目而且局面逐渐稳定以后,我又隐隐约约地有点不安:我会不会丢掉了点什么——丢掉了我国传统经验里有用的部分呢?1991年,我为曾祥芹先生的《阅读技法系统》作序时有这样一段话:

> 由于东方式的哲理思维和长期科举取士的影响,我国在阅读方面的传统经验有两个值得注意的特点:一个是注意文意本体的追求,另一个是把阅读当作揣摩如何谋篇的手段。与此相对照的是,在西方,阅读就是阅读,它只是一种获取信息的手段,而且更着重于阅读所诱发的连锁

性的发散思考。寸有所长，尺有所短，我国传统的阅读经验也自有其长处和短处。其长处是在把握文意的精确性方面我国优于西方。其短处一方面是有时陷于寻章摘句，过于追究微言大义；另一方面，则是把大部分注意力集中在篇章方面而使阅读成了写作的附庸。

长处也好，短处也好，每一位打算建立起具有中国特色的阅读学体系的学者都必须对此形成自己的观点。

既要跟上时代的步伐，不囿于原有的经验，又要保留其精华，应该怎么办？我也不知道。现在研究中学写作教学的时候，这个问题又凸显出来。我目前想到的有两点。

一个是"起承转合"，这是我国过去篇章学的核心。对此，张志公先生曾以鲁迅《一件小事》为例作过分析；启功先生也有过论述。"起承转合"是一个谋篇的流程，关于这个流程我现在是这样理解的：

引发需要读者关注的焦点→深化、扩展→强化心理效应→返回焦点、加深印象。

这种谋篇方式是符合阅读的心理过程的。值得注意的是，不同民族文化就有不同的谋篇方式。20世纪60年代，有一位名叫卡普兰（Kaplan）的学者对这个问题进行了研究。他认为：篇章的组织方式具有语言和文化的特殊性，反映了人的思维模式（thought pattern）①。他还用图示的办法表示了5种语言的谋篇特点：

英语　　闪语　　东方语言　　罗曼语　　俄语

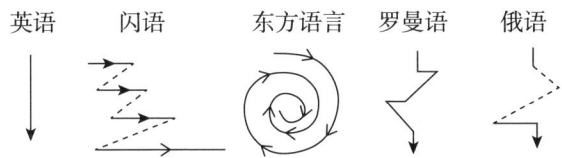

---

① 从事这方面研究的学者还有雷金特（Régent），他在1985年对六十篇英法医学杂志上所刊文章作篇章结构对比，发现同类内容，英国人和法国人的表述习惯就大不一样。此外，如坦嫩（Tannen）在1980年、1984年让一组说英语和一组说希腊语的学生看同一部电影，然后进行复述，结果发现操英语和操希腊语的学生也表述得很不一样。

另一个是声调。汉藏语系是有声调的，汉语的声调艺术具体地说就是平仄处理。诗歌不论，骈文里"仄顶仄，平顶平"也不说，单是一般散文就有不少讲究。

耳边又响起了张志公先生的声音："论古文，叶老比我强，我比你强，你比下一拨老师强。"代代递减，《广陵散》难道从此绝矣？

3. 关于"序"——语文教材的编写

叶老不止一次地提出语文教学要寻找"序"，这一点语文教学界都知道，并且引发各种各样的思考。叶老也不止一次地和我讲过，也引发我的思考。

"序"的根本在于教材编写。关于教材，叶老又不止一次地跟我讲："不要以为好的文字才能当教材，不那么好的也能当教材，甚至写得不好的也能当教材。"这个看法与当时的观念大相径庭，然而我觉得很重要，我认为这是突破藩篱的一个重要启示。

第一，叶老的观念是相当超前的。长期以来我们都把一篇篇"好文章"作为教学的依据，叶老把它打破了！观诸世界教材观念的发展，由"课"而"单元"，由"课本"而"教学材料"，这是教育理念的进步。在长期闭关自守的中国，在坚冰刚刚化冻，这些理念还没有进入中国之前，叶老已经提出了类似的见解。

第二，这是立足点和视角的根本变化。长期以来我们都把"文质兼美"作为选材的唯一标准。要贯彻叶老的思想，就要以学生为主体，就要研究学生的认知规律，就要以此为基础寻求新的线索，开辟新的途径。

谈到叶老所呼唤的"序"，就会联想到吕先生提出的"科学化"。两位老人意气相投，私交甚笃，两种提法此呼彼应。虽然所想未必完全一致，然而所表达的是相同的焦虑，是为语文教学效率不高而产生的焦虑，是对我们这些第一线工作者的期待。

对吕先生所提的"科学化"，世间有许多误解，甚至有人抨之为"科学主义"，其实这样的人根本不理解吕先生。吕先生的"科学化"是指探究语文教学的内在规律。我想这同样适用于叶老。有人把"序"理想化，设想语文教材可以像数学课本一样，教师只要一步一步，按部就班，就可以到达彼岸。叶老也不是这个意思。

要研究中学语文教材编写，就要了解中学语文的学科特点。

中学语文的一大特点就是综合性特别突出。它兼有反映型（文学史、作家、作品的知识等等）、抽象型（对人与人、人与自然的思考）的因素，也有技能型因素（特别是言语操作）。

先看阅读。从《昭明文选》到《古文观止》，乃至今天的语文课本，都是以一篇篇作品为基本单位的，即便是节选，也是自成首尾。我国如此，国外亦然。我们可以找一条线索把它们贯串起来（历史的、地域的、体裁的、社会生活的……），但是每篇作品，无论就其自身而言还是就学生的认知过程而言，都是一个封闭的系统，前后之间没有内在的、必然的联系。

还要看到这样的语文教材的另一个特点，那就是内容处理的不确定性。其他学科，教材大致规定了内容范围，语文则不然。一首《木兰辞》，小学可以教，中学可以教，到了大学中文系还可以教，教的内容却大不相同。不仅如此，即便是同一所学校同一个年级，不同老师对同一篇课文的处理也可以不同。他们所设定的教学目标、内容处理及其延伸、生发都可以是很不一样的。

我们还要注意到，一些有经验的教师还可以对教材进行"重构"，所谓"重构"，就是打乱原来的顺序，按照自己的需要选择，重新编排。中学阅读教材之所以能够重构，就在于它们各个单位（篇或单元）之间没有稳定不变的、必然的逻辑关系，可以容纳教师极大的主观能动性。

这样看来，要在中学语文阅读课本里设定一条前后衔接、显示出实质性联系的序列，恐怕是不行的。

再看写作。尽管学生写作的内容要受到社会意识以及学生个人生活环境、经验的制约，但是在技能方面却是有"序"可循的。

特别是在教材选编方面，我们可以明显地感觉到学生"例文"的作用。我曾经开玩笑地说："马克思把希腊神话比喻成一个健康活泼的儿童，虽然是个儿童，但因为健康活泼而可爱。同样地，学生的优秀作文也是健康活泼的儿童，尽管还不成熟，但儿童喜欢和儿童一块玩儿。"不仅优秀作文如此，即或是有缺点的习作也与同龄人水平相近、经验相连，有普遍性，所以容易产生感应。我们不妨把它们和阅读课本里的"范文"比较一下，"范文"是非常重要的,但它们只能起到"积淀"作用,这种作用要在一定时间以后才能显现;作为教材,学生的"例文",只要选得合适,就能够"立竿见影"。我想,这是符合叶老的理念的。

这类教材以技能训练为主体,编写时还要注意它在形态上的特征——螺旋式。

我写《和高中老师谈写作教学》的时候,为了比较系统地阐述我的认识,采取的是章节式线性排列,转化成教材,就要改成螺旋往复、循序渐进的形式,而且最好理性思维与感性思维交错,言语技能训练穿插其间进行。

像任何熟练技巧一样,掌握写作技能(包括谋篇要领)的过程必然是一种螺旋式发展的运动。按照螺旋式运动的规律,我们可以把学生学习写作的活动总量称为"运动量",而把学生通过这些活动所获得的进展称为"发展量"。这样,写作训练的"运动量"必定大大超过它的"发展量",这是规律。(如下图)

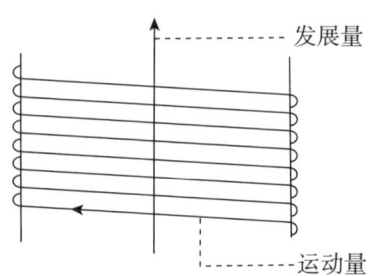

我之所以建议理性思维与感性思维的训练交错进行,是考虑到另一个因素——学习过程中的心理疲劳。每一位有经验的老师大概都有这方面的体会。至于言语技能训练,我的想法是不妨像"补白"一样穿插其间,让学生每次练习以后有个消化的时间,成为一种缓冲成分。

在编写教材的时候,我希望大家再考虑一个因素——弹性。

"弹性(elastic)"是西方教材理论的一个概念,意思是要有一定灵活性,能适应不同情况。我国幅员辽阔,学生、教师差别极大。在编写教材的时候是要认真对待的。

首先要考虑的问题是:这份教材是只针对某一个层次的学校的呢,还是希望有更大的覆盖面?

如果是后者,则还要思考两个问题:

1. 怎样才能适应不同层次的学生？根据我的观察，同一年龄段而水平不同的学生，其理解能力的差距要小于操作能力的差距。那么，是不是可以增加练习设计的数量，按照难易程度排列，由教师根据本校学生水平选择？

2. 怎样才能给教师提供比较灵活的选择和重构余地呢？一般地说，这样的教师是比较少的，但是应该鼓励这种主动性。为此，不妨考虑教材的切分粗疏一点儿，模糊一点儿。比方说，只分三个年级，甚至称为"初级""中级""高级"。这样，教师处理时灵活余地就会大一些。

此外，还可以考虑教材的文字比较简单，让参考书厚重一些。（我那本可以作基础。）

以上就是我的认识。对不对呢？两位老人都已作古，伊人宛在而音容渺茫，我已经无法请教，无从请他们评定了！

谈中学生语言能力的培养*
（1993年）

一

要研究中学语文课中语言能力的培养，首先要分析这门学科的特点。

各门文化学科都是"教"而后"会"，唯独母语却能够不"教"而"会"。一个人自诞生之日起，就在母语这个广阔的天地里生活，他每天都从事着言语交际，同时也吸收着各种语言材料，因此，他的言语能力是可以自然习得的。其他学科则不然，不经过专门学习是不行的。如果说得通俗一点，其他各门文化学科的学习都是"从零开始"，语文课却不是这样：对于一篇篇课文，哪怕是文言文，也大都是"似曾相识"。

正因如此，中学生语言能力的发展，受社会环境的影响也远远大于其他学科。同一个班级之内，学生的发展可以是很不平衡的，构成这种不平衡的因素，也远比其他学科复杂，似乎没有什么"规矩"可循，没有什么明确的发展步骤和程序。我们的前人由此总结出一条重要的经验："教无定法"。常常可以看到，经过一个阶段学习，学生的语言水平并没有得到相应的提高，他们感到索然，教师束手无策。"语文教师难当"，这是一个重要原因。

然而，尽管影响学生发展的因素比较复杂，还是大体上有规律可循的。从宏观来看，由幼儿到青年，言语水平大致可以分为三个阶段，下面作一些

---

* 原载于《学科教育》1993年第3期。

概要的说明。

1. 幼稚期。儿童的心理活动具有明显的自我中心的特点,他们讲话好像独自大声思考。在这个时期,他们的内部言语和外部言语是一致或相近的,因此常常使用片段语句,有大量的省略成分,呈现破碎、跳跃的状态,不会作完整的表述。"儿童是在一种个人的、模糊的、未经分析的格式(混沌状态)中思考问题的。"(皮亚杰《儿童的语言与思维》)混沌状态是一种混乱的知觉所具有的特征,它把对象看成是一个整体,而且把这些对象毫无秩序地堆积在一起,因此他们言语的条理化程度极低。

照理说,幼稚期的语言特征不属于本文讨论范围,但目前中学生的言语状况中仍有少量幼稚期的痕迹存在,个别学生甚至可以达到语无伦次的地步。下面举一段高考作文为例:

……我的文中写的是我姥姥。除了描写姥姥的特征外,该叙述她老人的事迹了。我当时愣了几分钟,姥姥七十多岁,在家中给我做家务,但我觉得这不算什么突出姥姥是尊敬的关键,我于是眉头一皱计上心来,是呀!我编了事呢,我于是姥姥是个文学工作者,她戴着老花镜,夜晚人们都甜蜜地进入了梦乡,而只有姥姥坐在写字台前是那样孜孜不倦地写作,不论春夏秋冬,天天如此……就这样交了这篇作文。但四十分满分,我只得了二十九分,虽说老师的评语写了不少,但我看不下去。……

2. 少年期。少年期在语体方面的主要特点是口语色彩较浓,其语病也常常反映了口头表达时的习惯性缺点。常见的有以下一些:

①不恰当的停顿。口语可以断断续续,不一定考虑全句的意义。小学生说话几乎是七八个音节就有一个停顿,他们不大遵守语言结构的停顿规则,随意性很大。这一点在书面表达中也有所反映。

②连贯性差,表现为句间常出现跳跃。他们不大善于组织句序,也不善于用语言在句间加以衔接。

③兴之所至,随意粘连,表现为常常走题,从一点任意地扯开、扯远。

④不会使用始发句,把话说得没头没脑。

⑤与上述一点有联系的是,这个时期他们还很少能使自己从别人的角度看事物,因此在概念的使用上不注意其确切意义,也不懂得作必要的交代。

⑥省略成分多。说话的时候,由于谈话双方的共同理解,以及手势、表情等体态语的辅助,可以有各种省略而不影响交际,书面表达的时候就常形成语言的残缺。

⑦语言的冗余信息多,即通常所说的"废话"。口头表达缺乏书面表达时的那种推敲的条件和习惯,所以常常有多余的成分,使语言啰唆、拖沓。

3. 青年期。这个时期学生的语病具有和前一时期不同的性质,值得注意的有以下几点:

①由于表述的内容复杂,层次增多,再加上有的学生好使用长严密句和抽象的词语,学生作文中句子纠缠不清的现象增加了。

②由于同样的原因,句序和关联词语使用不当的问题也逐渐突出。

③还需要注意的是,伴随着生理成熟的旺盛精力,常常促使学生进行广泛的社会试探,其中也包含对新颖语言形式的追求。但这时许多学生还没有形成良好的语感,他们还不善于分辨语言的文与野、优和劣、美和丑,容易受不良文风的影响,为华而不实的辞藻所吸引,有时会由于雕琢而造成语句不通或者破坏了语言的清晰性。

以上只是青少年言语发展的大致分野。这种发展,受到生理状况、文化水平、社会环境等诸多因素的影响,是很复杂的,因此个体之间在发展水平上可以呈现很大差异。在中学阶段,个别学生的文字能力可以达到报刊发表的水平,而少量学生却仍然滞留在相当幼稚的阶段。尽管如此,就群体来说,随着年龄和文化水平的增长,学生的言语发展又呈现一定的规律性。下面介绍一次调查的结果(采样对象为城市非重点中学学生,共227人,其中男生104人,女生123人):

1. 句长度化(平均每句字数)

年级	初一	初二	初三	高一	高二	高三
平均数字	20.69	24.64	30.62	35.16	35.47	35.72
男生	18.89	23.5	28.01	34.85	35.11	35.63
女生	21.57	25.99	33.24	35.47	35.67	35.76

2. 连接词语出现频率（千字中连接词语出现的次数）①

年　　级	初一	初二	初三	高一	高二	高三
平均数字	14.5	16.1	22.1	23.9	23.4	24.1
男　　生	13.8	15.1	18.4	25.5	24.1	24.9
女　　生	15.1	17.1	24.5	22.7	23.1	23.7

3. 语病发生率（平均多少字出现一次语病）

年　　级	初一	初二	初三	高一	高二	高三
平均数字	74.5	91.97	88.47	88.78	119.76	134.62
男　　生	70.64	88.04	93.14	77.19	105.24	129.47
女　　生	78.34	95.7	83.8	100.37	134.28	139.71

有经验的教师都知道，正像中学生的生理变化一样，他们在言语运用方面也要经历一个变化的阶段，而这两种变化又往往是同步进行的。伴随他们生理和心理的变化，他们开始力求用"成年人"的眼光观察世界，也力求用"成年人"的语言（实质上是纯熟的书面语）来表述自己的感受和认识。然而也正像他们在生理和心理上还不成熟一样，他们在语言的运用方面也不够成熟，由于表述内容的复杂化和语言层次的增多，语病也随之增加。教学中的这样一个经验已为调查统计的结果所证实。限于篇幅，我们对这一统计结果暂不作进一步分析和讨论，但它说明，中学是青少年语言发展的一个过渡时期，如何帮助学生顺利地完成这一过渡，正是中学语文教学的重要任务。

青少年语言能力的发展，关键在于接触和吸收丰富的语言材料，并且要通过自己的实践，形成熟练的技能。因此，语文教学要想切实取得成效，必须成为一个渠道，通向学生课外读、写、听、说的汪洋大海。无数的经验，古人的和今人的，学生的和我们自己的，都证明着这一严峻的真理。可惜我们现在走的却是一条相反的道路。

---

① 汉语具有浓厚的意合色彩，连接词语使用频率在达到高峰后又有所回降是语言运用较前熟练的反映。

二

如果我们在中学各文化学科之间作横向比较，又可以看到语文教材的特殊性。

除语文外，其他各文化学科教材内部都存在着客观的、联系性比较强的、相对稳定的逻辑结构，这是由不同学科内容的性质决定的。例如，历史以时间顺序为主，辅以空间的划分；经济地理则以空间分割为主；有的以分类为方法论的主要特征，如生物、化学；有的以理性推导为循序渐进的主要依据，如数学。

这些学科的内容排列又大体上依照着一定的认识顺序。例如生物——细胞、整体；化学——无机、有机；物理——宏观、微观；历史——本国、外国：这种顺序，在有的学科中，与它们作为一门科学的史的发展大体相近，如数学。

语文教材则不然。

迄今为止，我国语文教材都是以一篇篇（或相对完整的一段作品）为主体的。这是因为语文课引导学生揣摩的是各种语言现象，而语言必须在一定语境中构成相对完整的表达体系时才成为传递思想感情的工具。正是基于这种原因，我们才以课文作为教材的单位。这就是我们历久不衰的"文章体系"。

然而每篇课文都是一个相对完整而独立的表达系统，麻雀虽小，五脏俱全，是各种表达因素的综合反映。它们自具首尾，对其他课文而言，呈现为封闭状态，课文与课文之间缺乏必然的联系。如果打一个通俗的比方，这些选文是一颗颗珍珠，但并不是一条项链。自《昭明文选》到《古文观止》莫不如此，它构成了我国语文教材的基本模式。

"文章体系"既反映了语文教学的特点，也包含了我国语文教学的传统经验；"多读多写"则反映了对语文学习过程的朴素认识。可是伴之而来的，是教学中的极大主观随意性和盲目性。其他学科，各章节的教学内容是相对稳定的，语文课则不然，每篇课文的教学内容灵活而多变。一首《木兰辞》可以在小学教，可以编入中学课本，大学中文系的专业课程也要讲到它；可以想象，这同一篇作品，在小学、中学、大学的讲授会有多么大的不同。除此以外，教师本人的兴趣、爱好、业务素养和专长也可以使教学内容出现很大差异，凡此，都使人感到语文教学难以捉摸。这正是语文教学效率不高的一个重要原因。

本世纪以来，关于教材的观念有了很大发展，教学的凭借物由"课本"演变为"教学材料"，教学的单位也从"课"发展为"单元"。这种变化，意味着不再把教材看成单一的学科知识结构，而是使之成为学生认知过程的综合。为了更有效地培养学生的能力，语文教材的编写也应该以此为鉴，进行必要的思考和探讨。

第一，是教材的功能和结构问题。叶老（圣陶）生前大声疾呼："课文不过是一批例子！"其目的是破除眼下流行的"语文教材＝课文，课文＝统编教材，统编教材＝基本篇目"的观念，使教师注意"举一反三"，达到"教是为了不需要教"的目标。

"例子"的提法反映了语文教材与广泛的社会言语交际的联系，强调了它的"渠道"作用。因此，首先是要扩大视野，从整体上认识语文教学的结构，处理好教材与学生课外读写实践的关系。在这方面，上海市教育局教研室的"一类教学计划"试验率先取得了突破。在这项试验中，一百多所学校从每周的语文课时中用两课时组织学生开展课外阅读和各种语文活动。试验数年，学生十分活跃，效果显著。现在正总结经验，把它纳入教材编写体系，使之成为语文教学的一个有机组织部分。除此以外，其他地区也有关于"大语文教学"的研究。这些探讨，对于认识语文教学规律，更新语文教材观念，都是极其重要的。

随着观念的更新，语文教材的结构体例也开始出现了变化，自人教社课本始，逐渐形成了"讲读课文""自读课文""自读课本"的配套模式。这种模式的产生，反映了一种努力，就是重视学生自学能力的培养，设法把他们引上自学的轨道。尽管这一模式还比较粗糙，从讲读到自学之间的各个过渡环节还有待研究，但它反映了教学思想的重要变化，对历来文选式读本的体例而言，也是重要的发展和突破。

"例子"观点也促进了选材标准的变化。历来课文的选择注重"典范性",这是不错的;但"例子"的提法,使人们开始注意教材"典型性"的一面。由此出发,现在许多教材的编选,都有"范文"和"例文"之分。"范文"注重范性,以文质兼美为选材标准;"例文"注重典型性,可以是学生的习作,它们更贴近学生的生活实际与经验,便于启发和诱导,也可以是能比较集中地反映某一语言现象的文字材料(包括有缺点的文字),以便于学生更好地认识语言运用的规律。选材标准的这一发展,反映了人们对什么是语文教材的新的认识,它可以起到两个作用:①使教材编选的注意焦点向学生学习心理过程转移;②使语文教材逐渐摆脱单纯的"文选"式格局,逐渐走上系统化的道路。

以上的变化虽然还只处于初级阶段,但已呈现雏型,可能是更大变化的起点。

第二个问题是语文教材的编排序列,也就是所谓的"序"。这是个虽经热烈讨论,但迄今尚未解决的难题。关于语文教材"序"的研究,必须重视学科特征,有两点似乎应该引起注意:

①语文教材能不能搭起像数学教材那样严密的逻辑间架?这是许多教师所企求的,也是有些教材编写者所探讨的,但根据语文学科的特点看,恐怕不能。以数学而论,皮亚杰曾经指出:数学学科的逻辑结构与数学思维方式是相当一致的,各章节之间,各章节内部,都反映了数学思考的深化过程。语文则不然,它主要以一篇篇作品或相对完整的文字作教学材料,这些材料,从内容到形式,是以综合形态出现的,材料与材料之间,并没有必然的线性联系,学生学习语文,也是着重整体感知,循环往复,螺旋式深化。这是与其他学科不同的,也是学习语文的基本规律。

②能不能只用一根主线贯串全部语文教材?恐怕也是不能的。语文是一门综合性很强的学科,仅就其工具性一面而言,从认识到表述,从文章结构模式到语言,是多种能力的综合运用;再就能力的培养而言,从获取信息到传递信息,读、写、听、说之间,既相互促进,又相对独立;如果加上思想教育、文化素养等因素,头绪就更复杂。教学线索单纯化,这固然很理想,但违背了语文教学的特点。

然而,这并不是说语文教材应该永远停留在一篇篇课文各自为政的散乱状态。早在大半个世纪以前，梁启超就提出"文章不能一篇篇讲，须一组组讲"的主张，这种主张既蕴含着单元教学思想的萌芽，也是一种对教材内部联系的追求。现在看来，语文教材的内部联系大体上有三个方面：

①课文之间的相关性。一组课文，形成围绕一个"主题"的网络系统，使学生能扩大视野，便于比较，获得认识上的深化，这就是"单元"。"主题"的形成要从学生的认识水平和规律出发，可以是多种多样的——或相近的内容用不同的角度和方法来处理，或形式相近因内容不同而有所差异，或围绕某种精心设计的语文活动……需要说明的是，目前许多教材的编写，只是简单地按文体分类、合并，缺乏对学生认知心理的研究和依据，还没有形成真正的教学"单元"。

②知识之间的连续性。语文教材既然有上文说过的特点，学生接触了各种综合而分散的语言现象之后，就需要有适当的归纳和整理，使学生能够上升为理性认识。这种对于规律的逻辑概括，就是知识。

着眼于能力的培养，决不意味着否定知识的作用。但是知识的观念需要更新。中学语文教学所需要的知识，应该是来自学生的言语实践，又能指导实践，具有实用性和行动性，因此不能拘于现行的语法、修辞、文体等知识体系。应该看到，我们现在使用的语文知识系统基本上是在上个世纪定型的，是以分类作为方法特征对语言现象进行的分解。就当时而言，这些知识体系的建立是科学探讨的重大进展，然而它排除了语境因素而加以抽象化，因而也无法摆脱那个时代的形而上学的烙印。这些知识已经相对陈旧，需要加以改造。改造的方向，是朝语用发展。语用学研究是特定情景中的特定话语，特别是研究在不同语言交际环境下如何理解语言和运用语言，是语言学在过去基础上的一项重要发展。《大纲》修订本中提出的"简明、连贯、得体"，就是从语用的角度对中学语言知识教育提出的要求。至于讲哪些内容，还需要作进一步研究。

教材中知识结构的另一个问题是如何使之符合学生的认知规律，这也是现行教材中没有解决的。以语法教学为例，学生对语言现象的认知，是"由大到小"的：首先是从整体上把握——一种整体的，然而又带有某种模糊性的认识，年龄渐长，文化水平渐高、思维渐趋缜密，他们才有可能由全局而局部，由整体而至细节，由模糊而日益精确。然而现行的语法知识编排却反其道而行之，"由小到大"，由词而短语、而句……这种编排是值得研究的。知识教学要符合学生的认知规律，要使学科体系转化为教学体系，不仅要注意学生的年龄特征，不要过分地追求严密性、系统性，要依据心理线索重新编排。

③能力训练的计划性。语文知识不等于语言能力，也不能自动转化为语言能力。能力的培养，归根结底，有赖于有计划的训练。知识的作用，在于对训练进行科学的指导，从而提高训练的效率。语言能力的每一点进展，都要经过多次反复的实践。如果把学生学习语文所付出的劳动称为"运动量"，把学生在语言能力方面所取得的进展称为"发展量"，那么，"运动量"大大超过"发展量"就是一切螺旋运动的规律，也是能力训练的普遍规律。传统经验的"多读多写"是对这一规律的朴素认识，它的不足，在于这种训练存在着一定的盲目性。加强读、写、听、说训练的计划性，使之成为一套比较完备的教程，已经成为教材编写者的课题之一。

语文教材是能力培养的依据。对于一些素质好、水平高、经验多的教师来说，只要选文较好，语文教学的灵活性和随意性可以给他们提供更宽裕的创造的余地；但对大多数教师来说，一套好的语文教材是保证教学质量所不可缺少的。然而语文教材的编写因素比较复杂，经纬交错，其中还有不少未能被充分认识的领域，不是一蹴而就的。不过方向正在明确，观念正在更新，人们正在努力，语文教材的不断改进，正在为有效地培养学生语言能力提供越来越坚实的基础。

三

语文能力的形成，从根本上说，要以丰富的语言材料积累为基础。对于一个语库贫乏的人，讲再多的知识，再如何反复地进行操作训练，收效也是甚微的。因此，语文教材的结构再复杂，头绪再多，也仍然是以一篇篇作品或自成首尾的作品片断为主体的。

对于教材的处理，上文说过，语文课的灵活性和随意性远远超过其他学科，因此，语文教材编得再好，要使它能充分发挥作用，还是有赖于教师。

这样，想要有效地培养学生的语言能力，除了教师本身的业务素养要过关以外，还要研究教法的问题。

关于教学法的研究，本世纪以来有了长足的进展，教学法的探讨是以心理学的发展为基础的。从全世界范围看，总的说来，行为心理学（behavior psychology）的研究成果导致了"程序教学法"的出现，认知心理学（cognative psychology）的成果引出了对"发现法"的研究。就语文教学来说，训练教程侧重于程序教学，课文分析则应该注重发现法的应用。

发现法着眼于个体认知的规律，简单地说，就是要引导学生自己去发现问题，进行思考。在这里，我们又要注意语文教学的特点。

首先要明确的，是任何一套教材都不可能囊括所有的语言现象。据统计，各民族语库中所形成的句数都是天文数字，而一些大部头的文学著作中，竟没有两个完全相同的句子。以英语为例，一个孩子要听完自己母语中由20个以下的词所组成的句子，所需要时间大约要比地球的估计年龄多1000倍。语文教学当然不是要学生去认识所有的语言现象，而是能够举一反三，从有限的例子中去领悟无限的变化。

科学研究又表明，三岁的儿童所掌握的词汇已达1000个左右，到七岁时，增加到大约4000个，而一个成年人经常使用的词，也不过几千个而已[①]。其间的差别，在于对这些词把握的深度。由此可见，学生语言能力的高低关键在于对语言现象的理解，在于理解的深度和广度。

这是语文教学与其他学科教学的第一个不同点。其他学科的教学，把握教材内容就是终端目标，语文教学却以此为起点，目的在于融会贯通，由此及彼。那些仅着眼于熟记课文甚至熟记参考资料结论的做法显然是不对的。

第二，是其他学科的教学内容，不管是哪一个章节，对学生来说都是新鲜的，语文教材对学生来说，却是"似曾相识，又不甚了了"。从内容到语言，他们都有一定程度的理解。因此学生学习课文绝不是"从零开始"，教师的任务，在于准确地判断学生已达到的水平，以此为起点，因势利导，诱发思考，促使认识深化。现在不少教师的教学每篇课文都从头开始，千篇一

---

① 据苏联研究最低限度词汇专家的统计，阅读中等难度的外国文献只需掌握3000个词（4500个义项），其中只有1000个词（1400个义项）是需要积极掌握的。

律，喋喋不休地讲学生已经知道的东西，学生感到索然无味，这是一个重要的原因。

这样，教师在分析课文时就要注意两个问题。

第一，是处理好语言和思想内容的关系。语言是工具，但它不是通常意义的"工具"，而是思想和情感的载体，因此要真正理解语言的运用，就不能脱离它的思想内涵。在当前的语文教学中二者的分离是相当普遍的。在这方面，两种倾向都值得注意。一种倾向是脱离了作者的语言表达，架空地分析思想内容。它的出现，可以认为是过去社会政治生活中"左"的影响，关于这方面近来一些语文报刊中已经有所讨论；另一种是脱离了作品所表达的思想情感，使课文成了语文知识的"标签"。教师让学生注意的只是"它是什么"。辨析一些概念（是"叙"，还是"议"？是"比喻"，还是"夸张"？……）而不是分析它们"为什么这样"。这种情况大概是教师自身语言修养不足的反映。二者都不能指导学生深入地理解语言现象，提高语言水平。

事实上，要像《大纲》所要求的那样，"引导学生通过语言文字正确理解课文的思想内容，又在领会思想内容的基础上加深对语言文字的理解"，是不那么容易的，它需要教师能够比较深入地理解作品，又有较强的语感。在这方面，许多优秀教师的课例起着示范的作用。例如著名的特级教师徐振维讲授《谁是最可爱的人》时，在学生基本了解课文内容的基础上提出了一个问题："作者最后写了战士三次'笑'，这三次'笑'一样吗？为什么？"这是学生所没注意到的，但一经点拨，学生不但从三次对"笑"的不同描写中更细致地体会到战士的内心世界，又从这种体会中更好地理解作者的语言描写。语文教学的启发性在于使学生见所视而未见，想所未曾去想，同时又把作品的思想内容和语言运用有机地结合在一起。对于水平不够高的教师，我们寄希望于教学参考资料的改革。在审查人教社新教材的参考资料时，我们高兴地看到，它已迈出了可喜的一步。

需要一提的是，一些教师（包括部分语文教学研究工作者）热衷于归纳各种文章"格式"，以为掌握了这些，就解决了学生语言运用的问题。实际上，文章的格式（即文章的结构模式）虽然是语言运用的一个方面，但从思维到表达，是一个相当复杂的螺旋式运动，学生语言运用的各种问题，不是简单地了解到文章格式就能全部解决的,过于重视结构模式,可能是过去"八股"的一种残留影响。

第二,是组织好学生的认识运动。学习是一种充满矛盾的、十分复杂的认识运动,启发式就是巧妙地把矛盾引入教室。语文教学既然有着我们前边讲过的有异于其他学科的特点,组织课堂教学时有两个问题就应该注意:一个是选择的"起点",即充分利用学生已经获得的认识,尽量避免重复学生已经理解的内容;另一个是注意语文课综合性的特点,尽量将课文中需要讲授的内容作综合性处理,组织好学生认识深化的一个个"台阶"。为了更具体地解释上述观点,我们以钱梦龙教师关于《孔乙己》的教学处理为例,这篇课文共用四课时。第一课时,教师在黑板上只写了"一个充满笑声的悲剧"九个字,让学生以此为思考线索自己阅读。第二节课,教师仍然没有讲解,而是让学生以上述九个字为标题,把自己阅读所得写成一篇作文(由于学生有话可说,完成这一作业是不困难的)。可以想象,受到自身经验所限,学生对"笑声"有所感受,而对"悲剧"则理解不深。第三节课老师才开始分析,对于学生已经理解的内容点到为止,对于他们尚未理解的,则加以引导,使之深化。分析以后,教师让学生回顾自己原来的作文,问他们是否"满意",学生一致的回答是"不满意",于是,顺理成章,第四课时是让学生自己来修改。纵观这四课时的进展,教师用于讲解的时间并不多,学生自己活动的时间却不少,而这种活动,又组织成明显的螺旋式上升的轨迹,学生兴致盎然,印象深刻,读写能力都得到了很好的锻炼。当然,不是说每篇课文都要组织成这种形式,也不是说《孔乙己》只有这样一种教法,但这一课例,可以给我们有益的启示。

我国语文教学长期习惯于"串讲"。所谓"串讲",就是按照课文的顺序从头到尾地讲授。姑不论讲授的内容是什么,这种完全依附于课文的顺序,在认识上是一种线性联系,就不会完全符合学习中螺旋式深入的认识规律。虽然"串讲"在理论上已经被人们所否定,但在实践中仍存留着许多痕迹。学生对于课文首先是整体而模糊的认识,语文教学所要注意的就是如何按照学生的认识路线,组织好由浅入深的一个个环节。这样的环节,往往需要兼顾课文的前与后,进行综合性思考。从许多优秀教师的课例看,这是语文教法改革中的一个带有一定普遍性的趋势。有人把这种教学处理称为"板块结构",以示与"串讲"的线性结构相区别,有人则不太同意这一名称。未能定名,说明这一探讨尚未成熟;新概念的出现,又说明一种与过去不同的思维正在形成。

由于学科的特点,语文教学改革的因素是很复杂的,任务也是很艰巨的。我们可以看到,凡是语文水平高的学生,课外阅读必多;但是也可以看到,课外阅读很多的学生,语文却又未必学得好。处理好课内与课外的关系,探求其内在联系与规律,是有效地培养学生语言能力的首要条件。

中学岁月:发展和语病共存*
(2006年)

下面是两组从高中学生习作中摘录下来的句子和语段,为了便于读者理解,有的把作文题目附在后面。

第一组

①幻想的望远镜是可爱的,它把遥远的目标一下子拉到你的面前。

②我喜欢多云的天空,因为它多变,像人生;因为它复杂,像社会。

③"电子一条街"的经验在于:吸引知识分子参与商品经济的发展;在商品经济的竞争中,通过人才流动,适当变化工作岗位,找到能够发挥他们才能的地方,找到他们与社会最佳结合点,使他们成为生产和企业中的骨干,成为新企业家、发明家。

(《春光中的希望——谈中关村电子一条街》)

④当我们看着满天星斗在夜空中以其特有的规律运行时,当我们学习牛顿三大定律那通俗的原理和简洁的公式时,当我们了解肉眼看不到的微生物内部的严格结构时,我们就会被隐蔽在自然界中深层次的那巨大魅力所折服。

(《自然的主旋律:和谐》)

⑤世界上,海比陆大,天比海大,而最大的却是人的胸怀。这最大

---

* 节选自《中学生言语技能训练》,人民教育出版社2006年出版。

的胸怀包括无私牺牲，还有容忍。

⑥我们这个年纪，节目是绿色的，梦是红色的，笑是开心的，哭是认真的，心是诚挚的。希望像星星，很多，也很容易失落。

⑦"京片子"是指地道纯正的北京话，是北京地区的方言。中国国土广大，境内有多种方言，差别也很大。各种方言都有自己特有的方言词语，这些词语在当地人民群众口头上长期流传，生动活泼，具有浓厚的地方特色。

（《"京片子"的魅力》）

⑧每个人的心中都有一扇门。愉快时，它是敞开的；烦恼时，它就紧紧闭起。正因为有了这扇门，人们才各自有了自己的秘密。豁达的人，心灵之门打开的时间远比封闭的时间多；而狭隘的人，心灵之门闭着的时间远比开着的时间多。

⑨当历史的车轮携着沉重和喧嚣将经过20世纪的中国大地之时，这古老而又勃发着新鲜生命力的国度正面临着史无前例的机遇和挑战。纵观当代中国社会，处在社会转型期的人和事物，或多或少地表现出了种种疏漏和弊病。为了在一个层面上更好地观察并思考当代中国的社会现象，让我们从一个弥散着旧日墨香气息的话题——"义利之辩"展开我们的讨论。

（《在义和利的天平上》）

⑩成长到17岁的我们，像一条即将汇入大海的小溪，时而欢快喧闹，时而又婉转宁静，但始终是激流勇进，因为目标只有一个：前面，前面！前面有多少繁花似锦的景色，有多少凄美动人的故事，有多少解不开的谜……然而有一天一个困扰着世人的问题也终于摆在了我们面前：茫茫宇宙，我们从何而来，又向何处去？生命飞逝，我们短暂的一生，如何才能使它焕发出绚丽的光彩？我们面前出现了岔路口，错综复杂的道路摆在面前，该选择哪一条？17岁，开始了对人生的思考。

（《年轻的思索——浅谈健康人格》）

第二组

①当我从一个顽皮的小孩，如今成为一个高中生的时候，我早就敬

佩他。

②生活中，我们会遇到各种问题，遇到问题，我们只要认真思考就会找到最佳的解决办法。这样一来，不但节省了时间，解决了问题，而且效果会更好，甚至可以把眼前对自己有害的问题转变为对自己有利。

③在我们国家里，由于国家的宏观调控，我党的正确领导，所以人民达到了共同富裕。

④在走往春天的路上，对春天的感受比身在其中时更为微妙；在去往春天的路上，目的地在"朝圣者"的心中比伊甸园还要美好。

⑤一个花季的少年，现在感叹人生，有点过早，但这毕竟是真谛，是大千世界中人们遗忘的角落。

⑥那时也曾想拥有时间机器把时间调到初中一年级，我想如果那样，我一定会抓紧时间学习的。可就是未能从现在做起，以使我辜负了妈妈。∨妈妈是一个勤劳、善良的女人，村里人没有一个不夸她的。她孝敬公婆、热爱丈夫、疼爱子女，在她身上，体现了中国女人的所有美德。

⑦调查的结果是这样的。调查的人把李雄下水挽救人的事是好事。而李雄救人后用尽了力气，没有游上岸围观的人而不去救的事说了一遍，校长当场大发雷霆。∨居然，有这等事，难道一个人犯了错误就被看低了。难道一个人犯了错误之后而想立功赎罪就不行了，我国居然有这种风气，那我国的现代化还能进行得下去吗。∨内部居然那么和气，思想居然那么狭窄，难道不允许人了犯错误而改正的人，∨有的老师也在围观的被狠狠地批了一顿。

⑧在我们的学习生活中，作业与家庭作业似乎有不可逾越的沟壑，作业包括家庭作业和其他，作业有一部分在学校做完，家庭作业似乎在家中完成，但实际并非如此（在校也可完成），但总而言之，是作业也好，不是作业也好，∨"老师所做的一切都是为了你们好"，这是老师给自己作的解释。

⑨社会的发展总要付出血的代价，总要在风风雨雨、颠颠簸簸中艰难前行。一个人的成长也是这样，没有付出就没收获。∨一个企业的发

展也同样需要付出。正所谓：梅花香自苦寒来。∨只有经受逆境的考验，才能饱尝成功的喜悦。

⑩也许我的看法有些悲观，可蜗牛顶着壳仍在前进，而我们也不能停下来。壳是很沉很重，甚至有些部分并不该负载，但一个人无法扭转一个时代，<u>入流是必然的，现在又不是陶渊明所生活的时代，可以不问世事，就算我要归隐山林，树木也被伐光了，种田还得向世人买化肥，想做真正的隐士也是可望而不可即的，根据唯物论的观点，人也是不能脱离群众，这论断经过验证也是正确的，</u>所以我还得负载重壳穿梭于茫茫人海，体味世间的酸甜苦辣。

（《谈减负》）

（_____表示语病，∨表示不连贯）

两组相比，你不能不感觉到，同是高中学生，年龄相近，学习阶段相同，母语的运用竟有着这么大的差异！

这两组各 10 个语例，都按从句子到语段排列，句子和语段又都按照话语结构由简单到复杂排列。然而简单并不等于浅薄，复杂也并不一定意味着深刻，就第一组而论，无论是句子还是语段，也无论话语结构是简单还是复杂，我们都可以感受到今天的青少年正在如何敏感地体验着他们周围的世界，同时又逐渐地显露出自己言语与思想情感的个性特征：简单的，清纯；复杂的，缜密；有的习惯于形象地感悟人生，有的喜欢冷静地进行理性的思考。在这些句子和语段里都散发着一股正走向成熟期的气息。

如果说水平高的学生已经逐渐显露出个性的趋向，那么，水平低的学生的语病就各有各的成因。

例①反映出学生组织句子的能力很差。这个意思说白了，不过是"当我还是一个顽皮的小孩时，我就敬佩他；如今我已成为一名高中生，仍然敬佩他"。再说得简单一点，则是"从小到现在，我一直敬佩他"。本来并不复杂的意思，却绕来绕去，不仅句子结构纠缠不清，话语也啰唆、拖沓。例②的毛病也是啰唆拖沓，不过性质有所不同，它反映的是学生语库贫乏，"事半功倍""化害为利"8 个字就足以表达的意思，用了 39 个字也不得要领。这些现象一般多发生于语言水平很差的学生之中,他们的言语技能还处在相当稚拙的阶段。

例③是另一种情况,语序和关联词语都有毛病。"我党的正确领导"和"国家的宏观调控"应该调换位置,"所以"应该删去。这个语例表明,学生的逻辑思维还不够严密,语言运用也不够熟练。

例④和例⑤又是一种情况:学生未必没有能力把话说明白,语病的出现,是刻意雕琢的结果。看来,"朝圣者""伊甸园"……可能是作者心目中美好而神秘的字眼,一种青年期朦胧的审美萌动使作者把自己也不甚了然的词语当成了装饰品。同样的,"为赋新诗强作愁",也就不管"感伤"作为"真谛"是否合乎逻辑,"大千世界中人们遗忘的角落"是不是夸大失实了。

例⑥例⑦则是另一种情况。例⑥先写"那时"的想法,接着写"未能从现在做起"对不起妈妈,顺着又写起了妈妈。即兴写来,信马由缰,没有一个明确的中心,话题如风中游丝,随意粘连。这种状况如果再加上语病连连,就会使读者不知所云,这就是例⑦。

如果说例⑦的问题是语不达意,作者想说的意思自己还明白,例⑧的作者则在说自己也不太明白的内容。为我们提供这个语例的是一位非常负责任的老师,这位老师和作者交谈,才弄明白他想要表达的意思是:老师有时布置作业太多,即使是校内作业,也需要带回家中才能做完;有时则太少,即使是家庭作业,在校内也能完成。当学生抱怨作业太多时,老师的解释是"我们所做的一切都是为了你们好"。原文的问题一是概念不清——"作业""家庭作业"大小概念混淆在一起,二是说了许多废话,如"家庭作业似乎在家中完成,但实际并非如此(在校也可完成)"等;概念混乱加上思维缺乏条理,读者自然不知所云。当学生谈一些自己并不理解的内容时,不相干的内容就会串连在一起,这是话语不连贯的一个重要的原因,例如⑨:一个人成长的"付出",一个企业发展的"付出"与社会的发展"付出血的代价"性质不同,不能类比,作者因认识不清而扯到了一起。认识不清就很容易导致话题转移,于是作者又扯到了"逆境"上,整段话忽此忽彼。

认识不清,随意粘连,再加上刻意雕琢,就会出现像例⑩这样的情况。这个语段,如果不介绍作者的作文题目,恐怕读者不容易看出作者谈的究竟是什么问题。干扰作者意思表达的,一是"就算我要归隐山林,树木也被伐光了,种田还得向世人买化肥,想做真正的隐士也是可望而不可即的",它脱离话题,旁逸斜出;二是"根据唯物论的观点,人也是不能脱离群众,这论断经过验证也是正确的",它不仅与话题无关,而且对"唯物论的观点"的理解也似是而非。可是,如果我们按照作者的原意加以删节、修改,下面的一段话倒也不能说完全没有一点意思:

……也许我的看法有些悲观,可我们像顶着蜗牛壳前进,不能停下来。壳很沉,很重,明知有些根本是不必要的负担,但又无法卸载。一个人无法扭转一个时代,随乡入流是必然的。现在又不是陶渊明所生活的时期,可以不问世事;想真正摆脱尘世的干扰吗?可望而不可即!所以我还得负载重壳穿梭于茫茫人海,体味世间的酸甜苦辣。

语言运用变化万千,语言运用中出现的语病也是各种各样的。我们没有在这里一一列举,也无意于对各种各样的语病加以分类。我们只想借这些语例说明以下几点看法:

1. 有的语病发生在句子内部,更多的是发生于句与句之间,甚至发生于更大的语言单位之间。这些语病,有的是现行教学语法能够解释的,许多是现行教学语法所无法解释的。所以,我们要在目前语法教学的基础上扩大视野,并且探求新的途径。

2. 学生写作中出现的语病,有的是技能方面的问题,有的是认识方面的问题。认识方面的问题非技能训练所能解决,因此言语技能训练并不是万能的。

3. 即使是言语非常幼稚的学生,他们所表达的内容也不同于小学生,从他们的语病中,我们仍然可以感觉到一种进入青年期以后的心态和思考。

4. 当我们把优秀学生作业中闪光的语句摘录出来,又和水平差的学生的语病进行对比的时候,我们会感觉到二者明显的差距。然而它们之间有着一个非常广阔的中间地带,即使是水平比较高的学生,也常常是瑕瑜互见;从一端到另一端,并不是两峰对峙,而是像连续不断的光谱。语言水平由低到高,有着自身的发展轨迹。

一旦我们能够清楚地解析青少年言语能力的发展轨迹,中学语言教育里的许多问题可以说将迎刃而解。然而这又谈何容易!这是一项巨大的工程,需要专业工作者(包括语言学者与心理学者)和第一线教师们的联合努力,需要进行大量的调查分析。目前我们只能依据自己的经验,勾画出一个粗略的大致轮廓。

*   *   *

中学生言语能力从幼稚向成熟发展,其趋向似乎可以归纳为三个方面:信息量逐渐加大、语言层次不断增多、抽象程度日益提高。

1. 信息量逐渐加大

随着青春发动期的到来,客观世界在中学生的眼里发生了变化。他们的视野不断扩大,不断以新鲜的心态感受着周围的一切。各种感悟凝聚起来的结果,就是言语所容纳的信息量不断加大。第一组的 10 个语例无一例外。

青年的特点是思维反应快,形象感受力强,但他们的抽象思维能力虽然正在迅速地发展,却大多还停留在经验抽象思维阶段,只有少数才具有较强的理论抽象思维能力。他们的思想往往是新鲜的、活泼的、大胆的,却还不善于进行严密的、纯理性的思考。因此,他们在叙述的时候常常要发表议论,在议论的时候又常常忍不住要抒情;他们在理论阐述时难免有所疏漏,而他们在抒发自己情怀或描写自己的感受的时候常常会让我们不由自主地想起杰克·伦敦的名句"年龄随着岁月而老大,青年永远是青年"。

> 我们这个年纪,节目是绿色的,梦是红色的,笑是开心的,哭是认真的,心是诚挚的。希望像星星,很多,也很容易失落。
>
> (学生习作)

好像只有青春花季的年轻朋友们才能说得出这样的话语:它的容量很大,几乎容下了他们全部的生活;它又显得有点模糊,因为作者的经验还不足以作更精确、更具体、更深刻的描述——然而,一旦作者有了足够的阅历,获得了足够的经验,他们话语里给人的那种有些稚气而又散发着清新气息的感觉也许就要消失了。

2. 语言层次不断增多

层次性是语言的一种本质属性。《文心雕龙》说:"积句而成章,积章而成篇。""篇""章""节"是层次,一个语段、一句话也要有清晰的层次。随着学生习作中信息量不断加大,话语的层次也不断增多。第一组中③④⑦⑧⑨⑩几个语例都具有典型性。

一个语言单位里层次繁复,自然需要有比较熟练的技巧。请看下面一句:

> 从心理学的角度,习惯的"再现"是"潜意识"(人的一种不能为意识所觉察的潜在的思维过程,又称"下意识")支配行为的结果。
>
> (高考作文)

这是一个结构相当复杂的单句,它包含两层意思:a. 什么是"习惯",b. 什么是"潜意识",而这两个概念的内涵又都是比较丰富的。分成两句说,先说什么是"习惯"再说什么是"潜意识",或者倒过来,先说什么是"潜意识",再说什么是"习惯",都无不可。但是一个句子的组合涉及上下文,在原文里,上句谈的是"习惯",下文接的也是"习惯",如果分成两句表达,无论是前面所说的哪种方式,都会遇到语意不连贯的问题。况且就作者的目的来看,解说"潜意识"并不是行文的重点,而是怕读者不理解而作的必要注释。因此,这位年轻的作者就利用括号把一层意思穿插在另一层意思的中间。组织结构繁复的句子,需要熟练的技巧,标点符号也是一种有用的手段。

表述层次繁多的内容,可以利用一个句子,也可以借助句网。句网的组织,有的比较复杂,逻辑关系层层相扣,有的则比较平易,看不出加工的痕迹。请看第一组语例⑦,它是一篇题为《"京片子"的魅力》的作文的开头:

> "京片子"是指地道纯正的北京话,是北京地区的方言。中国国土广大,境内有多种方言,差别也很大。各种方言都有自己特有的方言词

语，这些词语在当地人民群众口头上长期流传，生动活泼，具有浓厚的地方特色。

（学生习作）

这个语段实际上包含很多内容，它涉及：a. 语种和方言，b. 方言的表达效果，c. "京片子"的语义。如果硬把相应的内容组合成一个长句，也许是这样的：

> 和其他方言一样，作为我国众多方言之一的北京地区方言"京片子"有着在人民群众口头长期流传的、生动活泼的、具有浓厚地方色彩的特有的方言词语。

作为全篇的话题，年轻的作者把"京片子"提到全篇之首，然后依据相关内容之间的逻辑关系，自然而流畅地排列组合。化复杂为平易，这是语言运用纯熟的表现。

3. 抽象程度日益提高

抽象能力在幼儿期已经开始萌生，小学期间发展加速，到了中学，随着文化课程的学科化，加上理科教材的影响，他们言语的抽象程度更是迅速提高：

> 哲学家弗洛姆认为，人类打破了中世纪对人的肉体的束缚，人成为自由人。但在现代社会中许多人却逃避自由，比如与他人行动同一化、依赖父母兄长等现象产生，这是因为个体的人（不像中世纪在社会的固定结构中）面对纷繁浩大的宇宙，倍感自身的卑微与羸弱。他提出：只有人类发挥自己的创造力，充分意识到自身的力量，用整个社会的力量与自然相抗衡，才能摆脱自卑感。而创造力发挥的大小程度，无疑决定于个人对习惯的反抗程度，只有挣脱枷锁的头脑，才能接触宇宙的奥秘。

（高考作文）

分析、评价中学生言语能力的时候，我们要注意到他们的年龄特点。前面说过，在这个阶段，学生的抽象思维能力虽然迅速提高，但是基本上还停留在经验抽象思维水平，没有达到理论抽象思维的高度，因此，他们的理论阐述免不了会出现一些疏漏。就这段文字而论，也还存在着一些片面性："行为的同一化"既包括由社会习惯性思维造成的社会行为模式，也包括为维护社会秩序、发挥集体力量而采取的协调动作；社会总是在既维护同一化又突破同一化的辩证运动中前进的。作者只强调了一面而忽视了另一面，显然不够全面。但我们不能苛求于一个中学生。优秀学生尚且如此，一般学生疏漏更多，况且我们前面说过，认识方面的问题不是言语技能训练所能解决的，对于中学生由于年龄限制而产生的理性阐述方面的失误，我们只能因势利导，不能要求过高。

还要说明的一点是，我们这里所谈的"抽象程度"不完全等于抽象思维，它还包括抽象性的表象思维。例如第一组语例⑧：

每个人的心中都有一扇门。愉快时，它是敞开的；烦恼时，它就紧紧闭起。正因为有了这扇门，人们才各自有了自己的秘密。豁达的人，心灵之门打开的时间远比封闭的时间多；而狭隘的人，心灵之门闭着的时间远比开着的时间多。

我们不能不承认这段话的抽象程度很高，但它主要不是逻辑的判断与推理，而是概括的映象，包含着丰富的想象和联想。在中学期间，学生的形象思维中渗透着抽象逻辑思维的成分，抽象逻辑思维又刺激着形象思维，二者相互作用，共同发展。由于个体的不同特点和发展环境的差异，在一个具体学生的身上可能某种思维更占优势，但我们不能说抽象逻辑思维和表象思维哪种思维更好，二者之间也不存在高级、低级之分。对中学生来说，它们都是可贵的思维品质。

我们希望读者重新读一读第一组的 10 个语例。我们相信，读者会理解我们这里所说"抽象程度"的含义，并且看出这些学生未来发展的不同可能性。

在这里，我们还要特别提醒读者：上述三种趋向不仅体现在水平高的学生中间，在水平低的学生中也有所显示。我们曾经结合第二组语例⑩来说明这个问题，再看下面的例子：

  人啊，为什么总是看不到别人的闪光点？但人常常是可以看到自己的闪光点的，而看自己的缺点时却像找别人的优点一样，总是感觉很难找。这样就大错特错了！长久这样，最终使人变得更狭隘，也注定一事无成。

（学生习作）

  这位学生想要抒发自己对人生的一种感慨，但是力不从心。如果我们顺着作者的原意，改成下面的样子，也许就清楚了：

  人们往往总是看不到别人的"闪光点"，总是常常看到自己的那些优点；反之，看自己的缺点却又像找别人的优点一样困难。久而久之，这样的人就会变得非常狭隘，一事无成。

  显而易见，这位学生的言语能力是幼稚的，同样显而易见的是，这位学生所要表达的思想感情并不像他的言语能力那样幼稚。这有点像一个已经发育起来的孩子，却穿着旧日已经不合体的快要绽破的衣衫；从水平较差学生的习作里，我们时时可以感觉到这种内容和形式的矛盾，也时时可以感觉到他们力求挣脱过去思维模式和表达方式的努力。

＊　　　　＊　　　　＊

  中学生语病的产生，有语言方面的原因，也有语言以外的原因；同样的，学生言语能力的发展，既有语言自身的因素，也有语言以外的因素。根据我们的经验，青少年的言语变化，有三个因素值得特别注意，这就是：口语向书面语过渡、内部言语和外部言语的矛盾、青年期的心理变化。

  1. 口语向书面语过渡

  "口语""书面语"和"口头表达""书面表达"是很容易混淆的概念，前两个指的是语体，后两个指的是语言信息的传递方式；口头表达可以采取书面语体（如庄严场合的礼仪性讲话），书面表达也可以采用口语语体（如小说里的对话）。但传递方式对语体的选择和言语的表述又有很大影响：口头表达靠声音传递，瞬间即逝，因此需要注意通俗性，口语色彩一般是比较浓的；同样的原因会形成二者不同的表述要求，例如口头表达里必要的重复，在书面表达里有时就会变成啰唆；日常口头表达一般没有书面表达那种可以从容推敲的余地，因此难免带有随意性；口头表达时对象就在眼前，十分明确，属于定向交流，因此许多内容可以简化而不影响信息的传递，书面表达则需要有一定的交代和铺垫；口头表达可以借助声调、重音、停顿等声音手段以及体态语传递信息，书面表达则没有这种辅助手段的帮助……正是由于这些原因，同样的内容，口头表达和书面表达会有很大差别，如果用笔把口头表达的话语实录下来，有些听起来很清楚的讲话甚至会非常费解。

母语习得是从口语开始的，口语是每一个人言语能力发展的基础；进入学校，一切文化课程却都以书面语为载体，学生学习的目标语也是规范的书面语，因此从个体发生学的角度看，一切有文化的人都要经历一个由口语向书面语过渡的过程。

这个过程从小学就已经开始，到了中学明显加速。在初中阶段，我们就可以在一些言语能力发展比较快的学生的习作里看到这样的句子：

> 我又仿佛看见曼德拉在狱中度过 28 年之后终于获释，出狱后他继续领导南非人民反对白人的种族统治并终于取得胜利后南非的狂欢场面；我还感受到了他当选为第一任黑人总统后领导新南非完成了民族和解艰巨任务所付出的心血……
>
> （初二学生习作《我见到了曼德拉》）

然而，母语学习的一个突出特点就是发展的不平衡。即使到了高中，我们仍然会不时地发现这种从口语向书面语发展中的不协调现象。

a. 语体的不协调

①大家一致认为，连刘老师都<u>看死</u>我们，我们非叫他<u>跌眼镜</u>不可。

（高考作文）

②<u>在众多赤子心目当中</u>，父亲或许是极其严厉，或许是<u>自以为最熟悉的陌生人</u>，但在我心中，我的父亲却与众不同。

（学生习作）

例①的作者是一位广东考生，虽然"跌眼镜"目前已经在报刊中开始出现，"看死"仍然不为广大读者所熟悉；他以方言词入文，完全口语化，不符合规范化的要求。例②相反，本来通俗易懂的"一般人"却要说成"众多赤子"，过于追求书面化，效果适得其反；同样地，"自以为最熟悉的陌生人"貌似深刻，反而费解。

口语向书面语过渡期间的不协调，一方面容易表现为因对书面语词不理解或运用不熟练而使用不当，另一方面则常常表现为两种语体的混杂：

③高中生处于成年人与未成年人的<u>交界处</u>，所以对自己的看法似乎有些成熟，但又不排除幼稚的可能，以致胆量<u>似壮非壮</u>，<u>处理问题也没有做数学题那么干净利落</u>。<u>当然</u>这种现象普遍存在，<u>并非特例</u>。

（学生习作）

④理论是来源于实践，<u>因而是</u>对客观事物的反映。<u>这种反映有可能是正确的，也有可能是错误的</u>。<u>这</u>还有待于实践的检验。

（高考作文）

这两个语例都兼具上面说到的两方面问题。例③"交界处""似壮非壮""并非特例"使用失当，不用多说；"处理问题也没有做数学题那么干净利落"倒是典型的伙伴语言，不用过在这里，也不适当。例④则反映了作者书面语使用的不熟练："是""因而""这"都应该删去，否则话语不通畅；"这种反映有可能是正确的，也有可能是错误的"换成"究竟正确与否"才言简意明——规模初具，尚需打磨，许多产品加工是如此，青少年的语言运用常常是如此，语例④也是这样。

书面语使用失当，比较多的是"大词小用"——小题大做：

⑤"走开，臭要饭的！"我循声望去，一个凶恶的男人正扭动着肥胖的身体使劲地踢着门口的小女孩。男人的脸上写满了狰狞。小女孩终于被赶到一个角落里，仅裹着一件大棉衣的身体蜷缩着。那件棉衣是那么破旧，我甚至能从破洞看见她娇嫩的皮肤。看到这些，刚才对那个男人的愤怒全都化作了对小女孩的悲哀与同情。

（学生习作）

⑥上学路上，眼前突然闪过了熟悉的身影。她，老同学！我心底涌起一股喜悦和热情，忙忙上去与她打招呼。她正与一个朋友攀谈着。见到我，灿烂的笑容立刻爬上了她的脸庞，和我一样激动，意外溢于言表，简单的几句话使我觉得非常的惬意和温馨。"我们要拐弯了，再见。"我也不舍得地摆摆手。

（学生习作）

我们选择了两个水平不同的语例，例⑤显然相当幼稚，例⑥大体上属于中等水平，但两个语例都犯了同样的毛病——言过其实。这说明类似的现象，除优秀的学生外，在中学生里是比较普遍的。它的产生既反映了学生语感方面的问题，也和他们的心理状态有关系。这启示我们：中学生的语言教育，除了要重视语感的培养外，语义的"轻重"以及与之相关的内容也应该进入我们的教学视野而且适当地纳入我们的教学计划。

b. 话语表述的随意性

中学生熟悉的是即兴交谈，只有少数人才有当众演讲的经验。即兴交谈的特点是话题容易转移，这种习惯残留在书面表达里，就是话题的游离和跳跃：

⑦他（杨扬）这个人很真诚，跟他在一起感觉很自然，也因此，他的好友十分多。∨照片上的背景是北京的青龙峡，景色十分秀美。∨那天下着细雨，我们的心情都很好。来到码头，刚好坐满了游客，只好再

等下班船。∨"你看,那水里有许多鱼。"杨扬对我说,是啊,有吃的吗?这些鱼都是"天然"鱼,全靠我们对它的"嗟食"。他说得很幽默,顺手从兜里拿出一个剩面包,从中取来一小块,弄成小块,向水中撒去。真是十分壮观,上百条鱼"瞬间移动"一样聚集到一起。杨扬看着鱼儿在吃食,也入了神,顺手将面包交给我一块,说:"把它弄成小块全撒进去吧!"我想,这下鱼儿可以饱餐一顿了。

(学生习作)

在这个语例里,作者忽而"他"(杨扬),忽而"照片",忽而眼前的景色,忽而喂鱼……凡是打"∨"的地方都存在着话题转移的问题。

即使是当众讲演,由于口头表达的语境,话语的衔接也不像书面表达那样严格,因此类似下面的现象在书面表达里也是时有发生的:

⑧各国的科学家为搞清UFO(飞碟)的真相,进行了认真的调查,得出了不同的结论,少数人认为UFO是天外来客的寄居地,是宇宙人从另一个星球上发射的飞船,而大部分人却认为那只不过是人们的一种错觉,是人们缺乏科学根据的推测和美好的愿望,所谓的UFO现象不过是一种球形闪电或是古怪飞机之类的东西,并不是宇宙人的飞行器。后者这种用误解和错觉来解释UFO的办法是行不通的。<u>的确,是有一种球形闪电,它的模样像一个火球,但不发热。这种火球缓慢地在空中或地面移动,有时还会变形,并且往往伴随着少许的爆炸声而骤然消失;此外,还因为它带电,所以会被金属物体"吸引",也会"追逐"汽车和飞机,有可能被人们错认成UFO。另外,墨尔本的机械师劳艾格制作了一架古怪的飞机,这种飞机用玻璃纤维一类的原料作它的外壳,制成后涂上纯白色,在太阳光的照射下发射出一道道的白光。它有两对机翼,一长一短,头尾不分。当它在低空飞过时,也有可能被人们当作莫名其妙的UFO。然而这些只能对个别的某几次UFO现象作出解释,对更多的UFO现象却无法作出回答。</u>况且,我们已经有能力飞出地球,进入太空,那么,宇宙人为什么不可以到地球上来呢?在广袤

无垠的宇宙之中，难道只有地球人吗……

(学生习作)

在这段话里，"用误解和错觉来解释 UFO 的办法是行不通的"是作者的主要观点。作者提出了这个观点之后，却紧接着用了二百多个字来介绍相反的例子，绕了一个很大的圈子才回到自己的观点上来。和语例⑦不同的是，语例⑧的话题总的来说并没有发生转移，但是横生枝节，旁逸斜出，致使表述线索中断。这种现象在口头表达中还能容忍（语气、语调在一定程度上可以弥合话语的断层），书面表达则是不行的。

2. 内部言语和外部言语的矛盾

人类的思维并不是都以语言为载体的，有语言思维与非语言思维之分。研究中学生的言语技能训练，既涉及到语言思维，也涉及非语言思维，当然，我们现在要更多讨论的是语言思维。

思维的速度大大高于语言表述的速度。一个广播员的广播速度大体上是每分钟 120～150 个字，主持人讲话高速的每分钟可以达到 300 多个字，但智力行为、作出决定、选择方案等，过程是相当迅速的，有时简直只需要一秒钟的十分之几的时间。当然，上述的种种思维活动并不都是凭借语言进行的，但即使是语言思维，由于思维的高速度，它也经常来不及形成完整的语句形态。这时候的语言形态一般具有零碎、片段化等特点：它可能只是一些残缺不全的语句，有时候只是一些零散的、孤立的词语，甚至只是一些纷至沓来的还没有形成清晰概念的意念。不仅如此，所有这一切还往往处于闪烁不定的状态，到了正式表述的时候，表述者需要对自己的思绪进行整理，经过必要的加工，捕捉到恰当的概念和语言形式，才能使自己思路和思想最后确定下来，才能使自己的意思为对方所理解。心理学把这种思维运动中的语言形态称为"内部言语"，而把语言表述时的语言形态称为"外部言语"。在初学语言的幼儿时期是没有"内部""外部"之分的，尔后逐渐分离，这种分离也是到了中学阶段大大加速。"内部言语"和"外部言语"分离可以使思维摆脱羁绊，它不仅是逻辑思维和独立思考的物质基础，而且是思维发展水平的标志，是学生智力发展的必要条件。（参阅朱智贤、林崇德《思维发展心理学》第347页）然而，它也会在不同程度上构成思维和表达的矛盾。

这种矛盾在书面表达的时候会显得更为突出，又会随着经验的积累而逐渐缩小。写作的时候，书写的速度一般为每分钟20字左右，和口头表达比，相差达六七倍以上。读者们大概都有过这样的经验：一旦我们进入了写作的兴奋状态，各种新鲜的材料、观念、设想以及它们所形成的语言片段会纷涌而来，此起彼伏，让我们应接不暇；为了把握这些稍纵即逝的宝贵的思绪，我们往往顾此失彼，出现各种疏漏。如果我们是一个经常写作的人，我们又会发现这种思维和表达的矛盾渐渐地有所缓解，这是因为我们已经渐渐地熟悉了表达的各种格式和要求，当我们思考的时候，会自然而熟练地沿袭和运用这些格式。写作老手是如此，一个中学生是做不到的。尽量缩小这种矛盾，就是中学语言教育的任务。

内部言语的第一个特点是简约性。

从信息传递的角度看，一个句子里具有实质性意义的词语只是这个句子的一部分，甚至是很小的一部分（比如说，你发现厨房里酱油所剩无几了，马上对有关的人说："酱油快用光了，记住明天到商店买酱油！"在这个句子里，有实质意义的大概只是"酱油""明天""买"三个词）。这是因为任何一个语种都有其语法规则，有了语法规则就有了不传递实质性信息的语法填充成分。越是发达、成熟的语种，这种填充成分越多。这样，当我们进行语言思维的时候，头脑里直接反射出来的往往就是这些关键性的语言成分。如果你是个语言运用得不很熟练的人，或者时间非常仓促，你的话语就会不知不觉地、不同程度地留下了这种简约状态的痕迹：

①综上所述，玫瑰还是人人爱的。∨有刺，∨我就剪下来闻。∨摘不到，∨十分怕刺，∨在手上画一枝，聊以自慰。

（高考作文）

这个句子只有填补适当的话语使之前后衔接，才能顺畅：

综上所述，玫瑰还是人人爱的。（可是玫瑰）有刺，（容易扎人），我就剪下来闻。（要是实在）摘不到，（我又）十分怕刺，（就只好）在手上画一枝，聊以自慰。

由于内部言语而形成的言语破碎状态，到了高中会有所减少，只在语言水平很差的学生里发生。

内部言语的第二个特征是跳跃性。

杨振宁曾经饶有风趣地说，他的许多灵感是在刷牙的时候产生的，我们把这种灵感来潮称为"顿悟"；不少科学家、艺术家也有类似的体验。"顿悟"是一种直觉思维，它只有"起点"和"终点"，中间环节被高度简缩，甚至完全消失。直觉思维对科学发明和艺术创造是非常重要的，在日常生活里也是存在的。直觉思维反映到语言思维里，就是一个观点和另一个观点之间，一个思想材料和另一个思想材料之间，或者一个句子和另一个句子之间缺乏逻辑上必要的中间环节，这是内部言语跳跃性的第一个特点。

此外，由于思维的高速运动，人们常常来不及把自己头脑中的思想材料、语句排列出合理的逻辑顺序；在这种情况下，语句之间虽然没有出现断层或者中间环节脱落现象，但它们往往是散乱的或者发生倒错。这是内部言语跳跃性的第二个特点。

中学生书面表达中出现的"跳跃"又有两种情况。

第一种情况我们可以称之为"自我中心言语"。在这种状态下，学生的写作仿佛是自言自语：

②作者在开头的时候，一句"从四季常青的东海之滨飘到了北京城"∨写得栩栩如生，耐人寻味，富有新意。∨且如作者在未到北京时，曾听到别人介绍北京是蓝色，而经过自己亲身经历便感觉与众不同。∨再有写那从机场进入市区，夹道的松树和高高的白杨，他不是仅仅赞叹树的高直，而是在高直之外添上了家乡所看不到的深深浅浅的黄，闪闪烁烁的金，团团簇簇的红，这样使读者不禁对树想象。写那北门的两排银杏树，不是简单地描写两排树，而是借银杏树上的黄蝴蝶而

映衬着树的绿。

（高考作文）

这是学生言语能力非常幼稚的表现，说出的话好像是内心独白，他完全没有语言的社会交际意识，完全没有考虑读者是不是能够看得明白。与此相伴的，是句间的逻辑关系散乱和语病连连。像这样的情况，高中阶段已经非常少见，但也不是绝对没有，上面所举的就是一例。

第二种情况是话语相对地说还算完整，但不时出现断层或倒错：

③相信意志的能动性吗？∨更客观地说，你的成绩本来就好，∨我希望我的朋友是个强悍的对手。

（高考作文）

④我作为跨世纪的一代，真的感觉到很荣幸。∨今年是非常有意义的一年。∨元旦的庆祝方式，也都比往年热闹了许多。

（学生习作）

例③的话语跳跃性很强，但结合上文还能够明白作者的意思——作者希望对方发挥自己的主观能动性，要有信心，最后一句则表示了鼓励和期待。这句话的问题是前后脱节，缺乏应有的铺垫与衔接。这类现象我们称之为"断层"（或者"脱节"）。例④的各句之间倒并不缺少什么，只是逻辑排列不合理，应该加以调整——把"今年是非常有意义的一年"移到最前面，就清楚了。这类现象我们称之为"倒错"。断层和倒错之所以出现，是因为语言思维的时候，观念之间、材料之间往往来不及形成明确的逻辑联系和语言联系。类似的现象在高中学生的书面作业里还是不少的。

3. 青春期的心理变化

青春期是人的一生中变化最迅速的时期，生理如此，心理亦然。此时的学生们产生了"成人感"，他们力图用"成年人"的眼光去看世界，也力图用"成年人"的语言（纯熟的书面语）去表述自己的思想感情。这一心理变化从初中就已经开始，下面的句子正反映了这种心态：

告诉蓝天、白云、沙滩、夕阳,我长大了,不再听奶奶讲那遥远的故事……

(初二学生习作《成长中的我》)

心理学者们饶有兴趣地对这个时期的方方面面进行分析,我们只探讨其对言语运作的影响。

(1) 审美意识问题

我们在"口语向书面语过渡"这一部分谈过"大词小用"问题,并且谈到这种现象与学生的心理状态有关系,其重要因素就是审美意识。

青春期的学生们产生审美萌动,这是正常现象;审美萌动反映在语言运用上,就是对语言形式美的追求。然而此时他们的语感尚未成熟,还不能真正辨别语言运用的优与劣、文与野、美和丑,如果没有教师的正确指导,他们就很容易为华丽的辞藻所吸引,刻意雕琢,出现文风不正的现象。它有时表现为言过其实、矫揉造作,有时表现为叠床架屋、晦涩难懂:

①放寒假了,他穿着漂亮衣服下车时,发现他家乡是这样贫困落后,走在通向自己家崎岖不平的山路上,他觉得自己很高傲;他看不起乡下人,当他路过一家又一家破落的家门口时,他的心一次又一次给利箭射中了,他觉得他和这里一山一水一切都不和谐,他猛然意识到自己在半年中犯过的错误。当他走到家门口,看到父亲在家门口弯着腰,苍老许多的脸上那双明亮的眼时,他彻底醒悟了,他哭喊着向父亲奔过去,他要对父亲说"我错了"。

(学生习作)

②如烟的往事已随着历史的车轮的向前转动而消失在我的脑海里。

(学生习作)

例①写的是一位山村的孩子到城里上学,思想感情发生了变化,为讲究吃穿不断跟家里要钱,回到家乡有了负疚感。生编硬造且不必说,用语的夸张失实对读者只能产生负面影响。例②则是华丽辞藻的堆砌使句子结构繁复，既累赘又不好理解。

(2)"哲理化"问题

许多教师要求学生课余搜集、记录他们认为"好"的语句，有意识地积累语言材料，这是很好的做法。如果我们翻阅他们这个时期的札记，就会发现占优势的往往是一些他们认为隽永的带有哲理意味的话语。这是因为此时此刻他们已经不再满足于停留在经验的水平上，而力求对经验材料作出理性的阐释；他们设法用概括的观点把各种材料贯串起来，探讨"规律"，追求"深沉"。然而他们毕竟还不够成熟，有时刻意"深刻透彻"，结果反而不合事理，由此也导致了语病的出现：

③青春带给我们的不仅仅是拥有自己的梦想，还有那些为了实现梦想而付出的日日夜夜，春夏秋冬。也许生活不仅仅是为了寻求心中的那唯一的结果，而是每日心中不会熄灭的信念，不会停歇的脚步，不会放弃的身影。<u>为了不尽心意的结果离去，为了相反的结局失意，也许都太幼稚，而时时刻刻守护自己心中的真，才是守护着真的生活。</u>

(学生习作)

刻意追求深刻，说些自己也不甚了然的话，必然不得要领，结果往往是晦涩费解；与费解相伴的，常常是用语失当和病句。例③画线的句子里，"不尽心意"大概是"不尽如人意"的意思，"相反的结局"大概是"与自己愿望相反的结果"，但什么是"真的生活"，它与"不尽心意""相反的结局"有什么关系，恐怕作者自己也不一定明白。

* * *

正像幼儿学步的蹒跚一样，我们也可以从学生的语病里看到发展。根据我们的经验，在学生言语能力的发展过程中，有两个阶段性的标志，或者说存在着两个有提示意义的信号。

第一个阶段性标志是学生习作中对称和排比格式的出现：

①亲情是心血凝聚的歌，友情是真诚融合的曲。

②这让人牵挂的小精灵啊,当你用尽最后的力气睁开眼睛看这个世界的时候,你是不是也在回忆自己或辉煌或黯淡的一生呢?当你将目光投向天空时,内心是不是仍凝聚着高飞的冲动?

(《小飞虫》)

③家,是一个永恒的话题,是一幅永不褪色的画,是一个永远也谈不完的故事。让我们来保护家的温暖。

(《回家》)

④生活在充满生机的世界上的人们,有谁不爱美呢?你我的审美观点不同又有何妨?就拿花来说吧,有人以傲雪怒放的蜡梅为美,有人以出污泥而不染的荷花为美,有人以扎根风雪草原的雪莲为美,也有人以遵时守令、刚正不阿的牡丹为美。人人都有对美的追求和向往,爱美是人类具有的本能,爱美是人的天性!

作为言语能力渐臻成熟的标志,学生首先注意到句式的对称和排比,这是可以理解的,因为它是语言形式美的最显露的特征;当学生还没有能够领悟语言的更丰富底蕴的时候,比较容易觉察的是它的外在形式。初期,学生掌握这种形式的时候会不太熟练,可能会比较生硬,甚至还会有不适当的地方,没有上述语例那么纯熟,但是从我们上面所举的几个语例里可以看到它需要学生具有以下的能力。

第一,铺展能力,即把一个基本意思铺展成两个或两个以上侧面的能力。语例①或许例外,语例②③④无不如此。最典型的是语例④,它把"不同的人喜欢不同的花"铺展成三个侧面,铺展的痕迹是相当明显的。

第二,句式和语词的调整能力。四个语例内部句式都各自相同,句式的调整反映学生的控句能力有所增强;语词的调整则需要有更细腻的语感和更丰富的语库,最值得品味的是语例③。"永恒的话题""永不褪色的画""永远也谈不完的故事"都带有一个"永"字,字数由少而多,整齐中又有变化,表明这位学生的语言控制、调整能力已经达到了一个相当高的水平。

第二个阶段性标志是篇中警句的出现。

警句就是我们古代所称的"警策"。陆机《文赋》说:"立片言以居要,乃一篇之警策。"文如看山不喜平，一篇之中警句峭然独拔，全文会因之生色不少。《文心雕龙·隐秀》说"秀也者，篇中之独拔者也"，这是古人行文的重要经验之一。学生写作能力发展到一定阶段，也会产生对警句的追求。这种追求，是上面所说的"哲理化"心理因素作用的结果，也反映着学生言语能力的更加成熟。

警策化是更高层次的言语能力，是继对称、排比格式之后出现的另一个信号。和对称、排比相比较，它是在原有基础上的提高，在某些方面，又是向相反方向发展的结果：

第一，如果说对称、排比需要的是"铺展"，警策化则要求"凝聚"——作者所追求的，是用更少的语言符号概括更多的信息。言语的概括性，要求作者对所表述的事物有更深刻的认识，在平时和动笔的时候进行更多的思索。

第二，如果说对称、排比要求格式化，以整齐为首要特征，警策化则要求多样化——不同学生有各自的个性特点，在语言风格上自然表现各异。可以说，到了这个阶段，学生的个性趋向已经有所显露。

下面的语例可以体现中学生警句的特色：

①溺爱等于幸福的自杀。
②挫折是弱者的沼泽，也是强者的踏板。
③你无法改变天气，却可以改变心情；你无法控制别人，但可以掌握自己。
④生活是一颗洋葱，每剥开一层就会闻到比先前更重的味道。
⑤人的头皮屑，用药物可以去除，但地球的头皮屑——白色垃圾又要靠什么来治呢？
⑥尘埃附属在生活里，很小很轻，因而可以冷眼看这个世界。
⑦也许世间的人就像天上的星，看似密密麻麻，其实彼此之间不知隔了多少光年。
⑧人生如一部小说，如一首叙事诗，也如一出连续剧。作者是你，导演是你，主角是你。精彩与否，全在于你。

⑨在日常生活中，我不排斥繁华与复杂，但我向往清淡与简单，我愿简简单单地活着，活得自然，活得踏实，活得潇洒，做一个简单的快乐人！

⑩别把自己看得太重了。只有这样，我们才能轻松地面对一切成功失败——成功的时候提醒自己这成功不仅仅是我一个人的功劳；失败的时候鼓励自己：我不是圣人，怎么能避免失败呢？

对称、排比与警策化结合，中学生的言语就更加绚丽多彩：

①春，绚烂的季节，更是爱的季节；是喜悦的季节，更是播种理想、孕育希望的季节，所以，我们给春一个计划。春天的计划是秋实。

②幸福是一种感受，一种意识，是柔风拂面的惬意，是玫瑰盛开的芳香，是远处掠过湖面的小夜曲。体验幸福，要有一颗纯正的心灵，要有懂得欣赏自然、甘于淡泊的智慧，要有宠辱不惊、纵横天地的气度。

③或许有一天，只要一个盆景，就可以不再去读"大江东去"；或许有一天，只要划划小船，就当作看过了"争渡，争渡"；或许有一天，只听支曲子，就可以夸耀"此时无声胜有声"的意境；或许有一天，我们连吃饭也不必了，躺在床上翻菜谱吧……如果把文化当快餐，迟早会付出无法弥补的代价。

到了这个阶段，也许受生活经验的限制，他们的写作内容还有些单薄，他们的观点还有些幼稚，但就语言运用而言，他们和一些写作老手相比已经显得不太逊色了。

* * *

长期以来，我们搜集整理学生的语病，分门别类，作了许多分析，然而用来指导学生却收效不大。为什么？因为这些有语病的学生往往不觉得自己有什么错误。

随着语言学习理论的建立，有了"目标语""伙伴语"和"中介语"的划分。语法、修辞学者的研究重点是目标语，心理学者感兴趣的是伙伴语，语言教育工作者应该注意的是中介语。随着对中介语研究的深入，一些过去模糊的问题逐渐清晰了，一些过去感到迷惑的问题开始找到了答案。

学者们看到，中介语不是"目标语＋言语错误"，它本身就是一个语言体系。语言学习的过程是一个创造性的构造过程，学习者不是机械被动地模仿目标语言，而是一种积极的创造。

学者们认为，应该把言语的"错误（error）"和"失误（mistake）"加以区分。失误是疏忽造成的，产生疏忽的原因是多种多样的，例如因为人的短期记忆是有限度的，所以长句组合的时候容易产生搭配不当，等等；甚至疲倦、精神紧张也是造成失误的原因。失误往往是无规律的，只要本人意识到了，就能自行纠正。错误与失误不同，它会重复出现，是学习者在某个学习阶段的规律性现象，是中介语的特征。因此我们过去习惯的对语病的分析方法对中介语往往无能为力——学习者只能认识到自己的"失误"而无法认识到自己的"错误"。

学者们逐渐觉察到，语言学习者犯错误不能算是坏事，这是学习过程中的必然现象。语言学习者的错误实际上是一扇心灵的窗户，透过它，我们可以窥探学习心理过程的奥秘。因此，对待言语错误不应当是"零散的语例＋语法分析"，而要在语言学习理论的指导下结合学生的整篇作文来观察。当学者们把言语错误放在整个作文框架里进行分析的时候，他们发现，这些错误不仅妨碍学习者运用正确的语言形式，也影响到他们整个写作构思和过程；反过来说，学习者消除了自己的言语错误，对整个写作过程也发生着影响。因此，对错误探源时，应该与写作过程一起解释；研究消除言语错误的策略，也要结合写作过程来考虑。

中介语是一个变化的过程，是一个过渡阶段。通过对这个过程的调查统计，学者们发现它的发展路线呈倒"U"型走向：当新的语言形式进入中介语的时候，言语错误就会增多；当中介语逐渐靠近目标语的时候，言语错误就会减少。近年来我国的一些统计证明以汉语为母语的学习也是一样的。

中学岁月，语病与发展共存。从学生的作文里，我们可以感觉到他们新的写作内容正在如何极力挣脱旧语言形式的束缚；从我们的经验里，我们也可以体会到新的语言形式又如何刺激着学生的写作思维。这是一个发展过程，是一个过渡时期，"纠错"已经证明不是一种有效的手段，现在摆在我们面前的问题是：

在这一重要的过渡阶段，我们用什么办法来加快学生的步伐？

理科教学中的语言问题*
（1980 年）

语文是一门基础工具课，但如何理解和充分发挥它的基础工具作用，却还有许多问题没有解决。最近有许多同志提出了学生看不懂理科题目的问题，也有不少同志提出了不同看法，认为学生错误地理解题意，首先还是有关概念没弄清楚。有的同志主张语文教学应该涉猎到理科领域，也有的同志认为按照现在的样子把语文学好了，理科学习中的语言问题也就自然解决了。总之，在如何认识语文教学的功能方面，大家的思想十分活跃，同时又存在着一定程度的混乱。因此，进一步探讨理科教学中的语言问题，澄清语文课与理科各学科的关系，是有意义的。

应该说，学生看不懂理科题意，的确不全是语言问题，而且往往首先是概念问题。但同时我们也应该看到，学生一进入中学，他们遇到的理科教材的语言与语文课本有很大的差异，或者说，难度要大得多。他们遇到的可以说是一种陌生的语言格式。智力发展快的学生可能很快就适应了，而中等和中等以下的学生就往往感到困难。从整个教育的结构来说，这是一种明显的脱节现象。那么，究竟理科教材的语言存在着什么特点？学生学习理科在语言方面存在着什么问题？哪些任务应该由语文课承担？又有哪些应该由理科教师去解决？这些，就是我们要进一步讨论的问题。

理科教学中的语言现象，值得注意的大概有以下几点：

---

* 原载于《中国语文》1980 年第 2 期。本文系全国中学语文教学研究会第一届年会论文。

1. 句法的严密化

句法的严密化反映着人类思维的严密化，它可以把口语状态的若干藕断丝连的句子组成一个互相联系的、结构严密的整体。它的常见特征是：

a. 附加语延长，而且在表达中的作用大大加强，成为表述中关键性的组成部分。例如：

① 双曲线上任意一点到这双曲线的两个焦点之间的线段叫作这一点的两条焦点半径。

如果双曲线的两个焦点是 F_1、F_2，PT 是过双曲线上任意一点 P 的切线，则 $\angle F_1 PT = \angle F_2 PT$

这样的内容如果用语言表述，可以写成：

过双曲线上任意一点的切线平分这一点的两条焦点半径的夹角。

或者：

过双曲线上任意一点的切线是这一点的两条焦点半径所形成夹角的角平分线。

对于各种复杂现象的科学表述，在理科教学中是十分普遍的。这样的语言结构和学生所熟悉的文学作品的语言不同，因而学生阅读理科教材和阅读文学作品也就相应地需要不同的阅读习惯。在一般文学作品中，附加语的增减一般不影响主要意思的表达，而在理科教材中，只找出句子的主干有时便无法理解甚至造成误解：

② 三角形的面积等于它的任意两边与这两边夹角的正弦的乘积的一半。

③气体导电只在电压很低时才遵从欧姆定律。

在例②中，句子的主要成分是"面积等于一半"，十分费解；而在例③中，如果只看主要成分，则成为"气体导电遵从欧姆定律"，这显然是错误的。学生不了解理科教材语言的这种特殊性，没有养成相应的习惯，常常使得他们在阅读时判断失误。这样的例子很多，我们在初三调查时就发现了这样的情况：

④定理：在同圆或等圆中，同弧或等弧所对的圆周角都相等；相等的圆周角所对的弧都相等。

要求学生判断下列说法是否正确：

同弧的圆周角都相等，相等的圆周角所对的弧也相等。

结果许多学习很好的学生都判断错了。
b. 联合成分的运用。

⑤抛物线和它对称轴的交点叫抛物线的顶点。椭圆和它对称轴的交点叫椭圆的顶点。
双曲线和它对称轴的交点叫双曲线的顶点。

如果要求把上述内容用最简洁的语言加以表述，可以写成：

抛物线、椭圆、双曲线和它们各自对称轴的交点分别叫作它们的顶点。

运用联合成分，可以化零为整，把几个句子合并为一句，这是与思维逻辑中的归纳、概括相辅并行的。

c. 复句的复杂化。

⑥假设某简单油压机的大活塞面积是小活塞面积的8倍，如果通过手柄对小活塞加压力15公斤，并使小活塞下移1厘米，问大活塞受到多大压力，上移多少距离？

复句复杂化的特征是层次增多，各层之间的关系也十分严密，这也给学生带来了不少困难。但我们想，在理科教学中，复句各分句之间的关系学生容易混淆的主要是条件、假设、因果等几种，分句的组合也总会有一些基本格式。如果我们能进一步探讨理科教学中常见的复句格式，进行必要的统计和归纳，用以指导我们的教学，这对于提高我们的教学效率是会有价值的。

总之，句法的严密化是理科教学的主要语言表征，也是学生学习时在语言方面主要困难之所在。句法的严密化是进行科学探讨时所无法避免的。但同时也应该指出，我们理科教材的语言也存在不少的缺点，它人为地增添了学生学习中的困难。在不影响准确性的前提下，定理、定律的表述完全可以写得比我们现有的某些教材通俗。

⑦原子是由居于原子中心的带正电的质子和不带电的中子组成的原子核及围绕它作高速旋转的带负电的核外电子组成的。

⑧原子的中心是由带正电的质子和不带电的中子组成的原子核，核的周围是绕核高速旋转的带负电的电子。

⑨原子都是由原子核和电子组成的。原子核是由带正电的质子和不带电的中子组成的，位于原子核的中心；电子带负电，围绕原子核高速旋转。

例⑦是从化学课本中摘录的，例⑧和例⑨都见于物理课本。可见，理科教材的语言加工，也是目前提高教学质量的一项重要任务。

2. 习惯表述法

习惯表述法是指理科教学中约定俗成的、不符合我们日常语言习惯或不常见的表述方式。这里又可分为三种情况：

a. 各学科特有的常用书面语。例如，化学课对气体进行描述时常用"刺激性臭味"，它适用于许多种气味，是一个不太明确的概念。学生答题时，往往喜欢使用他们熟悉的口语，例如"呛鼻子""臭皮蛋味"等。不习惯使用这一类语言，对于学生理科学习影响不大。

b. 违背我们日常语言习惯甚至不合逻辑的一些表述方式。

⑩一种元素的原子和一定数目其他元素的原子相互化合的性质，叫作这种元素的化合价。

⑪一个锐角的余角是它的补角的1/4，求这个角的补角。

在例⑩中，化合价是数值概念，以氢原子的化合价为基本单位，即1价。数值和"性质"之间互表，是违背我们的语言逻辑的。

在例⑪中，"它"指的是在句中先出现的起定语作用的"锐角"，但也很容易错误地判断为前面的中心词"余角"。代词的运用具有一定的灵活性，但以它与先行词的关系不致混淆为前提。应该说，这样的表述造成了歧义。有趣的是，当我们调查时，数学教师们认为"它"在这里指的显然是"锐角"，而许多语文教师却认为是"余角"，学科的差异产生了理解的差异。"这个角"也一样。

这一类习惯表述方式许多是由翻译不当造成的，沿用已久，就成了固定格式。

c. 还有一些，就语言本身来说并不复杂，但它反映着自然科学中抽象思维的特点，因此不少学生，特别是低年级学生感到难以理解。

⑫物体在单位时间内移动的距离叫速度。

这样一个定义表现的是一种数学关系，即从平均的概念出发，所得到的某种比值。理科教师和从事自然科学的人一看便可以把它转化为 $V=\dfrac{S}{T}$ 的公式,而初学自然科学的学生便会有一定困难。

更使学生感到迷惑的还是时间单位的抽象化。要形成比值概念,就要求把各种不同的时间单位抽象成"单位时间"这样一个概念,而这一抽象的过程正是学生难以理解的。他们会发问:"这里的时间是以什么为单位的?"教师回答说:"可以是秒,可以是分,也可以是小时……什么单位都行。"这时,有的学生就会感到混乱。

由此可见,这种习惯表述方式所体现的,实质上是从自然科学研究的基本方法中形成的一定的思维格式,学生感到困难的,并不在语言。

3. 意义相近而又容易混淆的某些概念

⑬浸在液体里的物体受到向上的浮力,浮力的大小等于物体所排开液体的重量。(阿基米德定律)

⑭浸没在液体里的物体,如果浮力大于它的重量,物体就上浮,如果浮力等于它的重量,物体就可以停留在液体任何深度的地方。

⑮浮在液面上的物体受到的浮力等于物体的重量。

"浸""浸没""浮"三种条件不同,结论也就不同。

化学课里,学生往往把"无色"和"白色"混为一谈,几何课上,学生往往分不清"于"和"与",数学运算时,学生常常把"扩大到"和"扩大"弄错了,等等。这一类概念的混淆纯属语言问题,语文教师也往往因此而受到指责。

这一类容易混淆的概念有多少?我们还没有进行统计。但我们估计它们可能和常见错别字一样,数量不会太多。而且由于它们在语文教材中出现的频率不高,而在理科教学中出现得比较频繁,由理科教师在教学过程中及时加以解决,可能效果更好。

4. 语言表述中的严格逻辑要求

⑯ $x^2 = 4 \qquad x = \pm 2$

我们可以说"2 是方程式的根",不能说"方程式的根是 2"。

⑰ $|x|>2$

答案应该是"x 大于 2 或 x 小于 -2",不能说成"x 大于 2 和小于 -2",也不能写成"$\begin{cases} x>2 \\ x<-2 \end{cases}$"。

学生理科学习中的语言实践包括两个方面——阅读和表达。上述学生容易犯的错误都出现在表达方面。在研究这一类现象时,我们还发现学生在理解方面有时并没有错,只是一到表达就出问题。这种毛病在学生运用语言去说明一个过程或阐述某个问题时,表现得尤为突出。

⑱现有三瓶无标签溶液:氯化钠、硫酸钠、碳酸钠,问如何才能鉴别其中的氯化钠溶液?

有的学生的答案是这样写的:

取出一瓶氯化钠溶液,加入硝酸银,出现白色沉淀,再加稀硫酸,沉淀不消失,这瓶溶液就是氯化钠溶液。

这样的毛病与学生写论说文时常犯的逻辑错误是类似的。

根据以上分析,我们的初步结论是:

第一,学生理科学习中的语言问题,从根本上说,都是属于思维逻辑性的问题。就语言而论,有的不属于语文教学的范围,也有的最好由语文课与理科各学科共同配合加以解决。学生在理科学习中遇到的某些语言障碍,或者表现出某些语言上的毛病,全责之于语文教学,这是不够科学的。这样做,不利于理科教师去研究学生的认识规律。帮助学生掌握理科各学科的学习方法,同时也帮助学生更快地适应理科各学科的常见语言格式,这是理科教学法研究的课题之一,是提高理科教学效率的必要条件。由此,我们感到

"语文课是基础工具课"这样一个提法缺乏明确的解释，还存在着某些模糊的地方。对"基础工具"这一概念不作具体分析，不明确语文课的具体功能，不明确语文教学与理科教学的关系，不利于提高理科教学质量。

第二，同时也应该看到，我们目前的语文教学还存在着相当大的缺点，无论是语言能力的培养还是逻辑思维能力的培养都还缺乏科学的、有效的方法。由于学生智力发展的差异，学习较好的学生往往文理各科都好，因此很难从这样的学生身上判断目前的语文课在形成学生综合的学习能力方面究竟起到多大作用。为此，我们在高考文科班的一些文科算比较好的学生和初三少数理科成绩优良而文科被认为不算太好的学生中间进行了调查，调查他们对于理科教学内容的理解和表述能力。调查结果证明，语文教师们认为文科学得比较好的学生，他们在阅读理科教材和进行语言表述方面并不能胜任愉快。考虑到学生将来从事文学活动的毕竟只是极少数，而理科又是中学生文化学习的主要难点，语文教学应该认真地研究自己如何发挥基础课的作用（或者说"铺路"）的问题。

第三，句法的严密化是一个民族书面语形成和发展过程中的规律性现象之一，也是语文和理科教学的主要联系点。学习、掌握这种和口语距离比较大的严密句，是提高学生语言和逻辑思维能力的有效手段。在调查中，我们又发现学生判断和理解这种长严密句的过程与我们通常进行的长句语法分析的过程并不一致。例如：

⑲和已知线段两个端点的连线的夹角等于已知角的点的轨迹，是以已知线段为弦，所含的圆周角等于已知角的两段弧。

学生在理解这道题时一般都分解为三个单位：
①一些点的轨迹是两段弧；
②这些点和已知线段两个端点的连线的夹角等于已知角；
③这两段弧以已知线段为弦，它所含的圆周角等于已知角。

这样的分解，实质上反映了学生思维时进行逻辑判断的过程。如果按照语法分析，从"轨迹是弧"开始层层解剖，反而费解。从这里，我们考虑到应该研究学生阅读长句的思维过程，以一定语法知识为基础，探讨一种便于学生理解和掌握的新的层次分析方法。

第四，为了便于语文教师掌握科技汉语的规律，也为了使学生能更快地适应理科的语言格式，中学语文课本中关于语言教学部分可以适当地引进一些理科教材的例子。至于语文教学是否需要更多地涉猎理科教学领域的问题，我们的意见是关键在于教师。教师如果具备这方面的条件，能够促进文理科之间的互相渗透，那当然很好。但是我们考虑，总的说来，恐怕这一设想不太现实，而且语文教师讲解理科内容，弄得不好，可能讲错。其实长严密句式的分析完全可以结合语文课自己的特点来进行。在说理性文字中，像这样的语言格式是很多的：

⑳在全国一切城市，首先在大城市和中等城市中，依靠工人阶级，团结守法的资产阶级及其他市民，向着违法的资产阶级开展一个大规模的坚决的彻底的反对行贿、反对偷税漏税、反对盗骗国家财产、反对偷工减料和反对盗窃经济情报的斗争，以配合党政军民内部的反对贪污、反对浪费、反对官僚主义的斗争，现在是极为必要和极为适时的。（毛泽东《关于"三反"、"五反"的斗争》）

㉑……观察、体验、研究、分析一切人，一切阶级，一切群众，一切生动的生活形式和斗争形式，一切文学和艺术的原始材料，然后才有可能进入创作过程。（毛泽东《在延安文艺座谈会上的讲话》）

第五，进行语言训练，还必须进一步研究学生的年龄特征和训练方法。中学学习阶段，理科教学是从低年级开始的，这与学生的年龄特征和语言基础之间形成了一定矛盾。为此，应该对十二三岁的青少年（按照现在学制）的抽象思维能力及其最高限进行必要的考察，为编写教材和设计练习取得一定的依据。

还要对学生的阅读能力与表述能力分别加以考察。应该看到，学生阅读理科教材和能够自如地运用相应的语言格式进行表述，这是互相联系而又有所区别的两个阶段。总的说来，初中阶段应首先大力解决学生阅读教材的问题，在这个基础上，才谈得上表达的严密性。表达严密化的训练则有可能要到高中阶段才能完成。有所区别，分别对待，才便于加强针对性，提高训练效率；不加区别，要求不当，事倍功半。

第六，从根本上说，还是要从提高学生语言的适应能力入手。我们感到我国青少年的语言适应能力现在是不强的。究其原因，是学生阅读面太窄，接触的语言现象也太单调。视野不够开阔，思想材料不够丰富，语言的积累不够多样化，就不容易形成活跃的思维能力和语言适应能力。现有的语文教材不够理想，限制得过死。除其他因素以外，"读写结合"的原则也是一个原因。编选教材既要照顾写作，又要照顾阅读，结果是不少教材低于学生的阅读水平，又高于学生的写作水平，顾此失彼，反而难以兼顾。这个框框实在应该打破。学生的阅读范围应该扩大，写作的领域也应该扩大。初中以记叙为主，高中才写论说文，这是不是也是一种框框？鉴于新中国成立前中学生的状况，初中学生能不能适当地增加一些说理训练也值得加以考虑。

此外，我们还有以下两点建议：

第一，要有人专门研究"科技汉语"，包括对现在科技书刊中措辞不严谨以及无必要的绕脖子的语句提出意见。高等院校中文系语法课也要讲点"科技汉语"。

第二，教育部门应该组织人力对初中数理化课本进行语言上的审查和加工。初中理科教材必须考虑学生的语言能力，应该力求简单易懂。必须下严密的定义时，也应该按照学生的认识规律，先给以通俗的解释，再进行必要的抽象和概括。

语文教学听说训练的初步考察*

(1984 年)

在语文教学中,听、说、读、写之间关系密切,相互促进,然而又各有其相对独立性,不能彼此代替。听、说训练在我国是长期被忽视而又亟待解决的问题。随着社会的现代化,传播和记录有声语言的工具大量普及,在生产实践和社会交往中,口头的表达和理解能力将日益被重视。可以想象,在电话网密布的社会里,人们的许多文字表述将为口头表述所代替,对口头指令的敏感性将直接关系到社会的效率,人机对话的研究又预示着人类"出口成章"的前途……;凡此种种,都提醒我们要把青少年的听、说训练及时地提到语文教学改革的议事日程上来。

一 口头表达的特点

口头表达与书面表达相比,大体上有以下几方面的差异。

(一) 语体

口语和书面语是有区别的。青少年的口头表达训练绝不是书面作文(或按书面作文拟好腹稿)的背诵,也不同于朗诵。不注意二者的区别,就会使我们的说话训练死板而僵化,不仅不适应社会交际的需要,而且对学生的创造力和兴趣也是一种束缚。

然而,"口语"又是一个相当广泛的概念,它既包括方言和共同语(普

---

* 原载于《中国语文》1984 年第 3 期。

通话），也有日常谈话语体和讲述语体之分。中学生的口头训练，如果停留在他们日常对话的水平上，就失去了训练的意义。它应该在推广普通话的基础上，以讲述语体的训练为重点。

讲述，指对较为复杂内容作较长时间的个人发言。对于这一类语言的特点，目前还缺乏研究，因此我们只能作一些宏观的考察。从词汇来说，它的包含量是很大的，既包括全民通用词，也包括口语中常用的谚语、俗语、歇后语和口头成语，等等。它容纳一定数量的书面语汇，但用词比较平易，一般不使用古语和专门术语；它属于口语，但又排斥粗俗词和俚语。在句式方面，为了加强语言感情的需要，讲述语体中感叹句、疑问句、倒装句的出现频率很高，但多使用短句而尽量不用结构复杂、层次多或带长修饰语的长句。在即兴式发言中，排比、对偶句式也比较少见。在语言的连贯性方面，讲述语体的口语特征更为明显：句子的省略现象较多，关联词语的使用频率较低，允许而且有时还需要有一定的重复。总之，讲述语体力求保持口语生动、易懂的特点，又要兼顾表述复杂事物时的逻辑性、严密性的需要，这是一种介乎书面语和日常口语之间的语体。

在口头训练中，贯串始终的是丰富和控制之间的矛盾。丰富，就是把口语中一切生动活泼的表达方式、书面语中一切有用的成分都吸收到学生的日常语言中来；控制，包括自觉地纠正语病，也包括发音的速度和力度等等方面的掌握。这些，还要根据青少年不同年龄阶段的特征加以安排，才能形成教学序列。

（二）思维反应和语言组织的速度

口头表达和书面表达在速度上的差别很大。据统计，一般人口述的速度每分钟总要在150字以上，而书写大体上只有20字左右，相距达7、8倍。这是仅就说和写的不同速度而言。倘若我们进一步分析从听到说的全部心理过程，我们就会发现一个十分复杂的程序：

首先，听话者接受对方的语言信息，经过大脑的筛选、反馈，排除自己不需要的内容，获得并强化自己所需要的语言信息。接着，这些语言信息触动头脑中储存的思想材料，形成听话者自己的认识，产生讲话的要求。然后，讲话者还需要迅速地把有关发言内容的思想材料条理化、序列化，形成思路。最后，边讲边想，边想边说，在思维和表达几乎是同步进行的情况下，熟练地把头脑中的思维材料组合成有条理的、连贯的语言。

这样一个过程是在极短的时间内完成的。在写作的过程中，作者可以从容构思，但在临时应对之间，说话者不但没有时间从容地斟酌言辞，而且还要随时注意听话者的反应。因此，和读写相比，听和说要求更敏锐的理解，更迅捷的反应，更缜密的思维，更熟练的语言组织能力。

此外，由于上述原因以及社会上对口头表达训练重视不够，善于有条理地说话的人目前还是少数。因此，在听的训练中，我们不但要训练学生善于听有条理的发言，还要训练学生能够听不太有条理甚至相当紊乱的发言。

（三）定向表述

在语言表述中，我们把对象有限而明确的称为"定向表述"，把对象范围广泛而模糊的称为"无定向表述"。在书面表达中，书信、电报等属于定向表述，文学作品大多属无定向表述。在口头表达中，定向表述的特点十分突出。

定向表述影响语言运用的第一个特点是内容的省略和增添。在语言交际中，当表达者和接受者双方对所表达的事物有共同的背景知识时，有关这方面的内容就可以省略。这种省略有时可以达到双方都能会意而第三者则无从理解的地步①。大休上，对象的范围越狭窄，越明确，共同的背景知识就可能越多。发言时，对象就在眼前，因此就要认真考虑哪些内容是听者已经知道的，注意避免重复对方已熟知的内容。这种现象在课堂讨论中更为明显。讲话者要根据别人的发言随时删改、调整自己发言的内容和顺序。这种随机应变，因势变化的能力正是我国一般学生欠缺的，也是写作训练所不能解决的。另一方面，在发言的过程中，我们又常常会根据对象的情况作即兴的发挥和补充，书面表达则没有这种灵活伸缩的余地。

定向表述影响语言运用的另一个特点是语体和语气的选择。待人接物是否亲切，谈吐是否得体，从来都是一个人文明教养的一种表现。语言运用中应该注意到不同对象的语言习惯，还要注意到双方的社会关系（尊卑长幼、

---

① 例如书信中"所托之事已经办妥"这样一句话，双方都能明白，如果把"事"再叙说一遍反成累赘。暗语就是利用双方共同的背景知识传递信息的一种手段。

亲密疏远），等等。当然，谈吐得体需要相应的修养和学识，不是那么容易做到的，但它只能在定向表述中加以训练，在无定向表述中是很难培养的。

语言的运用应该随对象而变化，这是我们应该大力向学生灌输的语言意识。但是青少年大都缺乏这种意识，他们作文时往往心中没有明确的对象，从而派生出一系列毛病：交代不清，没头没脑，人所共知的啰唆不已，需要详加解释的却一掠而过，等等。从这一点说，听说训练的定向表述特点，也有助于推动和改进我们的写作教学。

（四）表情达意的辅助手段

体态语（body language）和副语言（paralanguage）的运用，可以替代某些言语，也可以极大地丰富语言的含意（甚至使它具有相反的意义）。在这方面，口头表达和书面表达的区别是十分明显的，毋庸多述。

口头表达和书面表达的上述差别，就使得听、说训练在全部语文教学中具有相对独立性。研究这些差别，可以使我们更好地把握教学中的重点。当然，要使得训练有效地进行，我们还必须探索适应青少年特点的、有趣而易于实践的训练方法。

二 听的训练

听的过程是一个认识过程，而不仅仅是一个听神经作用于大脑的生理过程，因而有单独加以研究的必要。

听的能力并不是随着说的能力自然地平行发展的。根据对成年人的观察，常常可以看到听、说能力之间发展不平衡的现象。由于性格及其他心理因素，有的人能清楚而有条理地表达自己的意见，却不善于反应灵敏地把握别人讲话的要点；反之，也有人善于倾听对方的意见却拙于表达。一般地说，主观而自信的人听的反应能力往往比较弱。青少年由于年龄特征以及缺乏实践锻炼，往往不习惯长时间地认真仔细地听取别人的讲话，也不善于把别人讲话的要点条理化而形成清晰的认识。有同志在小学四年级进行过这样的试验：由教师布置学生给家长传话，内容包括三个要点，条目清楚，内容也并不复杂。事后检查，多数学生只传达了其中一项，而且失真度很大。只有少数学生传话基本正确，而这几个学生又都是用笔作了记录，传话时是看着记录说的。由此可见，靠听觉来接受语言信息并不像有些同志想象的那样简单。

根据现有经验，听的训练要注意以下内容：

（一）良好习惯的培养

听的训练应该从培养习惯开始。大体上说，一是要专注地听对方讲话，而且最好在听话时能自然地看着对方的眼睛；二是一般不要打断对方的讲话，并且在听的过程中用自己的表情（如点头、微笑等）表示理解了对方的意思，使听、说双方相互呼应。这样不仅有助于注意力的集中，而且可以使学生尊重对方，显得彬彬有礼。

（二）迅速而准确地辨析关键性语言的能力的培养

把握对方讲话要点通常有两种方式：直接筛选对方的关键性语言；经过听话者的思考、整理，用自己的语言重新归纳、概括。两种方式经常是交错运用的。就青少年而言，首先要训练他们善于辨析关键性语言。

辨析关键性语言，就是经过大脑的筛选，在表达者的全部语言信息中判断出必要语言信息。听和读都需要这种能力，但是阅读可以对读物反复揣摩，听话时声波却稍纵即逝；书面表达经过反复推敲，一般语言简洁、条理清楚，听的话则可能杂乱无章或者啰嗦重复。听和读的这些差别，就使得听话时的选择性和非必要语言信息的淘汰率比阅读高得多。例如下面一段母亲对儿子的谈话：

母（对子）：噢，你回来啦。怎么回来得这么晚？又踢球啦？瞧你满头大汗。我等你半天了。今天晚上崔阿姨有事，我要替她到医院值班，要赶紧吃晚饭。我要烧饭去。瞧，热水瓶都空了，晚上你负责灌满。不，不用全灌满，只把那个绿的灌满就行。有封信你替我送到五楼王叔叔那儿，这是我托他替我办的几件事。别现在就跑，晚上送去就行，我现在还要你帮我做事呢。今天晚上就你一个人在家，爸爸也有事。好好做功课，功课做完才许看电视。你功课有进步，笑了？（抚爱地）该夸就夸，不许翘尾巴。今儿的功课也要好好做。看电视不许超过九点半。记住。好，现在帮我剥毛豆，剥完毛豆把青菜择出来，洗干净。(拍拍儿子的头)快去!

这段话共有227个声音单位,儿子需要记住的(必要语言信息)只有以下几点:

(现在)1. 剥毛豆,择青菜,洗干净。

(晚饭后)2. 灌绿热水瓶。3. 给王叔叔送信。倘若有人问起妈妈的去向,则还有:4. 替崔阿姨值班。

非必要语言信息的淘汰率,按1、2、3项计算,达90%以上,加上第4项,也超过85%。类似的谈话在日常生活中是常见的。如果说话人善于利用语音语调等辅助手段强调要点,听话人就可以较为省力;倘若说话人不具备这样的能力,听话人就会感到吃力。每一个人都经常要听啰唆而缺乏条理的讲话(包括学生听教师讲课),因此,辨析要点的听话训练对学生来说是非常需要的。

随着生产技术的发展,指令在社会管理中将发挥越来越大的作用。靠语言信息传递的指令必须十分精确,这意味着非必要语言信息的淘汰率将大大降低,甚至趋于零。这时,听话人虽然可以不再为对方的语言啰唆所苦,但是听神经的紧张强度将大大增加。在这种情况下,听话人所接受的语言信息即使都是必要的,其重要性的程度也不会是相等的(这种尤为重要的信息往往是某些关键性的附加语),因此更需要听话人具有灵敏而准确的辨析能力。因此,青少年的听说训练中也应该有相应的模拟训练。

(三)归纳要点加以条理化能力的培养

工作中常见这样的谈话:一人喋喋不休,讲了半天,听者最后说:"你的讲话,无非两条……"听别人讲话,必须善于整理和归纳。这种整理和归纳的过程在学生听课的过程中是不断进行的。例如下面一段教师的讲话:

教师:《母亲的回忆》这篇文章语言质朴无华,然而却很感人。我们知道,写文章绝不是辞藻越多越好。不顾内容只管堆砌辞藻,没有真情实感,这样的文章是绝不能打动人的。大家想一想,母亲是一位老老实实、朴朴素素的农村劳动妇女,说话办事都实实在在。像这样一位老人家，是用一些华丽的辞藻来歌颂她好呢？还是用明白如话的语言朴朴实实地写她好？我想还是用朴素的语言好，这样更能写出母亲的特点和品德。大家再想一想，作者是在什么情况下写这篇文章的呢？是在延安听到母亲逝世的消息时写的。当时作者的心情是很悲痛的。这样的心情用"我无比沉痛""我沉浸在莫大的悲哀里"这样的话是表达不出来的。（同学们笑）大家笑了，很好。大家体会到，这样写容易使人感到造作，甚至是虚情假意。倒是用朴素、简洁的语言最能表达作者此刻的心情，使人感到感情真挚，情深意浓。还有一点，不同的作者有不同的语言风格，我们常说"文如其人"。朱德同志为人朴素，不喜欢矫揉造作，他的文章也实实在在，真切感人。这样，我们不仅从文章中了解到母亲的品德，体会到作者的感情，而且还可以感受到我们革命前辈的为人。我想，以上几点，就是《母亲的回忆》这篇文章语言质朴无华而又真切感人的原因。

上面的一段话如果要求学生整理成听课笔记，可能是这样的："本文语言质朴无华、真切感人。1. 母亲是一位朴素的农村妇女，用明白如话的语言更能写出母亲的特点和品德。2. 用朴素、简洁的语言更能表达作者当时悲痛的心情。3. 作者为人朴素，不喜欢矫揉造作。文如其人，使我们体会到革命前辈的本色。"

学生不会听课记笔记是一个普遍的现象。对所听的内容进行归纳整理需要具备以下能力：1. 善于辨析要点，并在自己的印象中加以强化；2. 使要点条理化，有时还要调整它们的先后顺序；3. 用恰当的语言进行概括，有时还需要用整理者的语言重新表述。这种归纳整理是与学生的逻辑思维能力以及语言的熟练技巧分不开的。听课记笔记能力的培养，应该由易到难，有步骤地进行，但是它必须以听的能力训练为基础。

（四）边听边思考的能力的培养

笔记或讲话记录的整理可以在事后进行，但是在讨论或辩论的过程中，听者就必须一边听，一边归纳、概括对方讲话的要点。

边听边思考要求更迅捷的思维反应速度。一边回味、思索对方刚讲过的内容，一边继续听取对方的讲话，捕捉其要点，紧张程度是可想而知的。现代心理实验证明，"心"是可以"二用"的。人们不仅可以利用大脑不同的功能区域来同时接受不同的信息（如音乐与语言），也可以在同一功能区内有两个甚至更多的系统同时运动（如同声翻译、与多人同时对弈等）。人类的大脑功能中还有许多潜力尚未为我们认识。有些能力，不仅是某些具有特殊禀赋的人所有的，一般的人经过训练也是可以获得的。

一般地说，人们在听取别人讲话的过程中总是伴随着一定的思维活动的。为了强化这种思维活动，并且加强这种思维的目的性和自觉性，根据我们目前的认识，听话教学中的思维训练可以包括以下内容：

1. 同类归纳。这是比较简单的一种，例如教师准备一份物品名单，先把分类项目写在黑板上，然后进行听写，要求学生边听边按黑板上的指示分类，写成物品分类清单，一次完成。

2. 推理、判断。这种练习的难度较上面一种大，要求学生接受语言信息以后，还要经过一定思考才能得出结论。例如教师可以拟定几个题目（注意题目之间的区别要比较显著），并且按不同题目拟出提纲。把不同提纲的条目交错排列，用适当的速度朗读，要求学生尽快地重新整理出几份提纲。

3. 综合、概括。可以在几位同学发言之后，指定一位同学作综合发言。这一类练习要求学生对不同的发言加以比较，分析其相同点和不同点，进行归纳，并且一般还要用自己的语言进行概括。这一类练习会很自然地带有评论色彩，例如口头作文后的评析。由于这类练习需要多方面的能力，因此难度更大。

三 说的训练

说的训练和听的训练一样，可以分成几方面进行探讨。

（一）仪态和咬字吐音训练

首先应该重视仪态训练。陈文高同志曾在上海某中学初一年级进行过试验：请十位同学到讲台前讲一段话，题目是《我的家》。这些同学在说话的仪态方面都是不合格的。说话的仪态是口头表达特有的要求，它与说话的内容是相辅相成的两个方面。仪态训练不仅是一种文明教养的需要，它还可以帮助学生消除心理上的紧张感，因此是促进口头表达能力提高的重要方面。

在咬字、发音和力度掌握等方面的训练，可以参照朗诵教程。在我国，朗诵是比说话训练开展得普遍的一项活动。朗诵是传达别人的思想感情，说话是讲述自己的思想感情。朗诵的语言材料大多是书面语体，说话必须有口语的特色。因此，不能用朗诵来代替说话训练。但是，在说话的技巧性训练方面，朗诵训练是说话训练的基础。

(二) 消除语言杂质和掌握停顿

消除语言杂质是说话训练中的一项重要内容。由于讲话时有声音的轻重、语调的掌握等因素，语言夹杂不纯的现象得到一定程度的掩盖。下面是一位初一女同学（12岁）口头描述一只玻璃杯时的录音记录：

> 请你帮我买一个，就是，这个杯子是圆柱形的，口比底要大一些，唔，上下都有，上下都有两道乳白色的圆圈，那个，上面是空心的，下面是实心的。就是，都是白的，下面的都涂成白色，上面的空心的里面有许多白色。在这个上边的那道圆圈的下面有，都是三角形。三角形的那个尖呢，是冲下的。三角形是一个实的，是一个实的一个空心的。这样的三角形把那个圆圈包围着，那个，在杯子中间是，是那个，有两个对称的大的花，是红色的。有两个对称的大花旁边，那个，还有两个，那个，对称的乳白色的小花，是成长条状的，是两个小花对起来的。这两朵花的花瓣都是卷曲的，是一个图形。完了。

上面的这段话，读起来相当费解，听起来却并不太吃力。听说者在事先没有见过所描述物体的情况下，听过一遍以后就能够立即在五个类似的玻璃杯中找出正确的一个。当我们把书面记录读给学生们听的时候，他们都笑起来，可见二者给他们的印象是不同的。这一方面说明语音语调在口头表达中的作用，另一方面也说明讲话时允许（也很难避免）有一定程度的语言不纯的现象。消除讲话中的夹杂成分，主要指除去口头禅、严重的语病和过多的重复。为此，就要让学生掌握停顿的艺术。

停顿，应该看作口头表达的特有品质之一，是口头语言的一个有机组成部分。善于讲话的人都善于利用停顿。停顿，对讲话者来说，可以镇定情绪，组织思想，有思索的余地，从而消除语言的杂质；对听者来说，是留给他回味的机会，而且能够引起兴趣，使注意力集中。

（三）语言的清晰性和条理化

在口头表达中，描述性语言和论辩性语言又各有其不同特点。

1. 描述性语言

一般地说，口头表达不宜于作细腻的描写（我国口头文学的特点可为佐证）。在介绍事物或表述事件的过程时，常见的难点在于：（1）"时点"过多，叙述不清；（2）人物过多，称代混乱；（3）方位复杂，难于表明。

"时点"过多，如：

①我现在想，我煮牛奶要特别小心。
②今天早晨，妈妈告诉我，今天的牛奶由我煮。
③过去，牛奶都是妈妈煮的，我从来没煮过牛奶。
④妈妈告诉我叫我煮牛奶的时候，我说"好"。我马上就要第一次煮牛奶了。

这里有五个"时点"——过去、今天早晨、今天、现在、马上。让学生把这些意思连在一起说出来，他们会感到困难。

人物过多，如：

①李小平在路上遇见王洪和张利。
②王洪告诉李小平："《自然的启示》这本书我还是没买着，真气人！"
③李小平告诉王洪："昨天，赵明告诉我，说新华书店卖《自然的启示》了，叫我快点去买。偏巧老师找我有事，没去成。"
④这时候，张利站在王洪的背后，从书包里掏出一本崭新的《自然的启示》，向李小平眨眨眼，意思是告诉他："我买着了，咱们一块儿看。现在先别跟他说，逗逗他。"

这样的内容如果写成对话，是可以写得眉目清楚的，但是说话时不容易把不同的说话者区分开。如果要求一律用第三人称叙述，就更困难了。

方位关系复杂，如：

> 一架敌机侵犯我国领空，我机立即从机场起飞迎击。在两机相距 50 公里时（设这时我机所在位置为 A，敌机所在位置为 B），敌机扭转机头，以每分钟 15 公里的速度逃跑，我机以每分钟 22 公里的速度追击。当我机追至距敌机 1 公里时（设这时我机所在位置为 C，敌机所在位置为 D），我机向敌机开火，半分钟后击落了敌机。

要求不用任何字母，说明下面的意思：
① A、B、C、D 分别是什么地方。
② 我机从 A 飞到 C 所用的时间（不用计算）。

学生回答①题是比较容易的，回答②题就会感到困难。空间表述，口头不如文字，文字不如图形。人们看到图形，容易一目了然；读文字说明，有时就要反复揣摩；听口头介绍，常常印象模糊。因此，在说话训练中，要注意让学生学会利用图形表述。

2. 论辩性语言

讲演、讨论与辩论，更直接地反映着学生的逻辑思维能力，语言的运用也更具有书面语的色彩。因此，论辩训练与写作的关系更为密切。然而，在这些方面口头表达也有自己的特点，主要是：即兴式谈话没有充裕的推敲、斟酌的时间；定向表述要求根据对象和语言环境发言。由于以上特点，论辩中口头表达能力的培养看来应该包括以下内容：

（1）针对不同对象说话。一般地说，这一类练习大都是让学生对某项内容作更通俗的介绍。例如让学生把一篇中学的科技说明文向小学生（或设想自己面向着小学生）作通俗讲解。因为根据学生的年龄、知识和经验，他们无法作难度更大的练习。然而，给他们灌输"语言运用要根据不同对象的特点而变化"的意识是非常必要的。

（2）概括复述，补充。应该让学生学会摆脱稿子讲话（包括事先准备好的腹稿），然而目前大部分学生在课堂讨论中还不善于根据别人的发言对自己的计划作灵活处理。因此，我们常常听到的是彼此重复的个人发言，而不是热烈活泼的讨论。讨论中常常需要对别人的发言用简明的言语作扼要的概括（尤其是讨论的主持者），补充则意味着删除重复的内容以及对所讲内容的次序作必要调整，并且熟练地运用过渡性语言。

（3）质疑。善于对别人的发言提出问题，是开展讨论和辩论的前提。所提出的问题，有的是发言者希望进一步了解的，有的则是发言者持不同或相反的意见，而以问题的形式提出的。因此质疑包含着反驳的因素，并且具有修辞训练的意义。提出问题，需要学生具备较强的鉴别能力，即能够对发言者的语言技巧加以"过滤"，发现这些雄辩技巧所掩盖的偏见和弱点。

（4）答辩、反驳。这是口头表达训练的高级形式，也是难度比较大的形式。但是这种训练的难度在很大程度上又取决于教师所选择的题目。如果题目选择得当，即使是低年级学生也能展开热烈的辩论。在答辩和反驳中，发言者必须能够很快地形成新的论点，并且找到有力的论据，尽快地安排好发言内容的顺序（提纲），还要根据对方的发言和问题仔细斟酌语句。这一过程实际上是在很短时间内完成的又一次口头作文练习，但是由于论辩的环境气氛和论战对手发言的刺激，论辩者的思维处于兴奋状态，反应速度可以大大加快。因此，这是对学生进行语言和思维训练的极有价值的一种形式。

语言的连贯性*
（1979—1985年）

句子只是一个相对完整的表述单位，在信息传递方面它只是一个基本单元。要表达一个意思，往往需要若干个句子的组合。在这种情况下，句子必须排列成链状结构，才能保证语言的通顺、流畅。我们判断语言的连贯与否，就是看句与句之间的衔接是否合理，是否紧凑。

一、不连贯语言的特点

语言的连贯性是随着人类逻辑思维的发展而发展的。儿童的语言往往是不连贯的，句与句之间常常缺乏必要的、明确的逻辑联系和语言联系。下面举几个为例：

①我看见猴子。猴子黄的。猴子在树上玩。

（男·两岁半）

②有一只乌鸦在空中飞。它飞呀飞呀。它渴了，就找点水。它看见那儿有一个小瓶子。小瓶子里有水。它就喝。瓶子里水太少了，它喝不着。一瞧，瓶子里水太浅。它就想办法。……

（男·五岁·看图说话）

③我拿一支枪把他杀掉。我是骑在马上的头领。我有一匹马，也有

---

* 选自人民教育出版社初中《阅读》第二册教学参考书《知识综述》。作者自注：这个论题实际上在1979年就开始动笔了，到1985年最后定稿。

一支枪。

(男·六岁)

④大母鸡带着小鸡出去找食吃。小黑鸡走到一棵大树下,小黑鸡想找虫子吃。一只小猫藏在大树后头,小猫想把小鸡吃了。大母鸡看见了赶紧跑过来把小猫给赶走了。小黑鸡特别害怕。小黑鸡再不离开鸡群。大母鸡带着小鸡找食吃去了。

(女·七岁·看图写话)

⑤王老师走进来,郑重地宣布考试开始了,就发下卷子来。只见同学们拿起笔坐在一旁沙沙地写。我看看试卷,期中考试时,题也不算难,我只是马马虎虎地做,根本没有想清楚,考试只得了71分……

(女·10岁·作文)

以上按年龄顺序分别选取了三段口头表达和两段书面表达的例子。类似的语言现象,我们在最早的古文中也常常可以看到。如果说古代是人类的幼年时期,那么,古代的语言自然也反映着古人思维质朴而幼稚的本色。这种幼稚痕迹表现之一就是语言的不连贯。下面举《尚书·汤誓》中的一段为例:

⑥……尔当辅予一人,致天之罚。予其大赉汝。尔无不信,朕不食言。尔不从誓言,予则孥戮汝,罔有攸赦。……

(译文)你们应当协助我,降天上的惩罚(给他们)。我大大地赏赐你们。你们不要不信,我不食言。你们不服从誓言,我就杀死你们,没有饶恕的。

从这些例子中,我们可以看到它们有以下的特点:

第一,句式单调而少变化,它反映了比较幼稚而简单的陈述方式和判断推理方式。

第二,就内容来说,常常是主次不分,往往很难判断表述者想强调的究竟是哪一点。例①是一种比较典型的模式。在这种思维模式中,各种意念或概念处在分散的、并行的、不相统属的状态中。在现代成年人的思维中,我们常常把多种概念组合成层次比较复杂的表意结构，概念之间的从属关系和主次关系是明确的。像例①就可以说成：

  我看见黄色的猴子在树上玩。

等等。

  例④的内容比较复杂，无法合成一句，但也可以进行合并，重新组合，成为：

  大母鸡带的鸡群里，有一只小黑鸡由于想吃虫子独自来到大树下，结果差点让树后居心不良的小猫吃了。幸好母鸡赶到，赶走了小猫。从此小黑鸡再也不敢离群了。

  当然，这种组合有着很大的灵活性，视不同人的语言水平和习惯而异。
  第三，在这种思维方式中，每一个句子都是一个独立单位，前后句之间既缺乏逻辑联系，也缺乏现代书面语言中所习惯的过渡与呼应。这种每句"各自为战"的表现形式之一就是句子的主语不管前面重复了多少次也不省略。像例②的内容可以说成：

  一只乌鸦在天上飞，渴了，想喝点水。找呀找的，发现了一个小瓶子。可惜瓶子里的水太浅，喝不着。它就想办法。……

  主语承前省略的结果，"它"从六个减少到一个。
  与此性质相同而表现形式相反的就是缺少主语。这种现象在儿童的语言中也是常见的。例如：

  ⑦……我后来做桅杆，找不到圆的，从一块木头劈下一段，方不方圆不圆，然后拿起刀来，一块一块地削，后来削完也不圆，就磨，又找一根木棍拴上，做船舵。做了船舵，然后要一个挂帆，没有，怎么办

呢？找一个大头针，把它弯成 S 形。……

(男·十岁)

这一段话主语不断暗转，有的主语是"我"，有的主语是"木头"，有的主语是"挂帆"。需要注意的是，这种表述方式具有口语的色彩，运用得当，可以给人以亲切、活泼之感，不应该一概否定。但是这种意合的方法也常常会产生歧义，或者增加理解的困难。由于主语暗转而带来歧义的语病在学生作业中也是不少的。

没有主语的现象在古汉语中更为常见。例如：

( ) 射其左，( ) 越于车下；( ) 射其右，( ) 毙于车中。

缺少主语和主语重复出现是相反而又一致的现象，它表明句与句之间的关系是松散的，有时甚至是脱节的。在这样的话语中，表述者不去考虑上下文之间的联系，既不嫌啰唆，也不怕误解。这是书面语言还没有得到充分地发展或者还没有熟练地掌握书面语言时出现的现象。与此相类的还有内容和话语前后重复，以及不善于利用代词来呼应，等等。

第四，和上述现象相类似的，是在复句之中，各分句之间一般也都是并列关系，很少出现从属分句。这些句子中间很少现代书面语中的那种因果、假设、递进、转折等等复杂的关系，所以也很少使用关联词语。如果所表达的内容本身含有这种逻辑关系的话，那就常常采取意合的方法而不是用表示这种关系的词语标出。例如例②中"小瓶子里有水。它就喝。瓶子里水太少了，它喝不着"一般说成：

因为瓶里的水太少，所以它喝不着。

例⑥《尚书·汤誓》中的第四句，用现代汉语来表述，可以说成：

如果你们不服从誓言的话，那我就把你们杀死！

第五，同样，在意思表达的各种层次中（句与句之间、句群之间、段与段之间）也没有或很少有现代书面语中常见的那种过渡性语言。

第六，语言的表述中常常出现"跳跃"。

前面说过，思维可以比作一根链条，其中包括若干环节，各环节之间必须按照它们之间的关系排列好先后顺序，在表述时还要照顾到不同民族不同语种的语言习惯，才能被人理解。如果出现脱节现象，或者几层意思交错缠绕，语言就会紊乱，呈现跳跃。这时，语言的连贯性就遭到破坏。在儿童的思维和表达中，中心点往往不明确，因此常常出现脱节和紊乱现象，这是特别值得注意并加以研究的。

这种脱节和紊乱又有两种现象。一种是逻辑顺序的颠倒，如例③应该先说"有马""有枪"，才能把自己想象成"是骑在马上的头领"，进而要拿枪"把它杀掉"。另一种是突然转变话题。像例⑤从这次考试突然一下子转到期中考试上，就是一种典型现象。这样的脱节又分三种情况。第一种是中心变幻不定，使人不知所云；第二种是话题之间虽有某种联系，但缺乏必要的解释和过渡，使读者摸不着头脑；第三种是说话绕圈子，从一点扯开、扯远，虽然最后回到本题上，不算完全跑题，但思路的清晰性差，连贯性弱，也使人觉得费解。

上述种种不受约束自由联想的即兴思维的特点，在儿童中表现得最为突出，在成人中也是常见的。口头表达的时候，这种脱节与跳跃是难以避免的，如果这种现象出现在书面表达之中，语言就不连贯。

心理学称人们思维时的语言形态为"内部言语"，而把表达时的语言形态称为"外部言语"。内部言语一般呈现为简约的、破碎的、零乱而跳跃的状态，它和外部言语有很大的区别。儿童往往有自言自语的习惯，他们的思维过程往往形之于外。这些脱口而出的话语常常是他们思维过程的直接记录，表现了许多内部言语的特色，因此往往是不连贯的。到了青少年时期，始发语言（儿童语言）的特征逐渐消失，后续语言（成人语言）的形态日益明显。他们正处于语言的过渡时期——内部言语和外部言语明显区分的过渡时期，也是从他们所熟悉的口语转变到能够熟练地掌握书面语的过渡时期。青少年语言连贯性的训练，一是要加强他们语言的条理性，二是要培养他们语言衔接与呼应的能力。

二、保持语言连贯的几个条件

研究语言的连贯性，就要研究句以上层次的组合规律。保持语言连贯需要满足三个条件：语篇条件，逻辑条件，语气条件。

（一）语篇条件

我国分析语言的传统经验是"词不离句，句不离篇"，也就是说，对语言的局部性分析，必须把它放在整体中来观察。语言学中的"语篇"就是一个整体概念，它可以指一篇结构完整的文章，也可以指自成首尾的一段文字、一首歌词，还可以指条理清楚、表述完整的一次讲话。总之，"语篇"概念比我们所习惯的"篇章"概念要广泛一些，但在意思的表达上，它必须具有完整性，这和我们研究篇章是一致的。

研究语篇，就是要研究句子、句群（或段）是怎么样才能成为一个整体的。在进行这样的分析时，我们就会发现：一篇之中的各段、一段之中的各句和句群，并不一定都保持着直线联系，但它们之所以能组成一个语篇，必须围绕着一个共同的话题，或者说，有着一个共同的中心。篇章的层次分析是师生所熟悉的，限于篇幅，这里只举一个段为例：

①四周的景色秀丽异常。②盈盈的湖水一直荡漾到脚边，却又缓缓地退回去了。③像慈母拍着将睡未睡的婴儿似的，它轻轻地拍着石岸。④水里小小的鱼儿，还有顽皮的小虾儿，在眼前游来游去。

这一段共四句，可以分为三个层次：四周景色一层，湖水一层，鱼和虾又一层。四句之中，②和③有着直接联系，三层之间并没有内容和语言的直接联系，然而我们读起来，却觉得语句之间连贯而通畅，其原因就在于这三层意思围绕着一个共同的话题——景色的优美。可见要保持语言的连贯，话题的统一性是一个必要的条件，也就是说，各句或句群必须围绕一个共同的中心。一个段是如此，一篇中各段也是如此。

（二）逻辑条件

如果就上面的例子作进一步分析，又可以发现：这三层意思在先后的排列方面还有着一定的制约因素。虽然它们的内容并没有直接的联系，但如果把顺序颠倒一下，读起来就会有不"顺"的感觉。这是因为"四周景色"属于远望的印象，"脚边"的湖水近在眼前，而"小小的鱼儿""顽皮的小虾儿"则只有逼近而细致的观察才能看到。这样，由远而近，视野由大而小，就形成了作者表述时清晰而顺畅的思路。没有这样一个合理的思路，语言的连贯性就得不到保证。思路的合理性，就是各层意思之间的逻辑条件。

这里所说的语言层次之间的逻辑关系是一个广义的概念，除了我们所熟悉的形式逻辑的种种关系以外，时间线索、空间线索、心理线索这些合理的思维程序也都是逻辑关系。

按照时间、空间、心理、形式逻辑的线索进行合理排列，可以满足语言条理化的基本要求。所谓"满足基本要求"，指的是如果从修辞的角度考虑，不同的排列顺序，孰优孰劣，还大有推敲的余地。下面举一个例子：

才分到房子的时候，他很有点不高兴。一间平房，十二平方米，外加两平方米厨房；四合院中，一共住十四家；吃水得到院子里去打，上厕所要出大院，过马路。<u>他在一个很说得出的单位里上班，同事们都住楼房，妻子长得又很漂亮，难道就让他在这样的地方栖身吗？</u>（刊）

画线的四个分句，初读起来，感觉是"顺"的，仔细地读，就会发现它们之间的排列不尽合理。"在一个很说得出的单位上班"和"妻子长得漂亮"都是"他"的自我感觉，反映了一种自得的心态，而"同事们都住楼房"则是和他人比较，表现了一种委屈的情绪。将"妻子"和"同事"两个分句的顺序对调，才顺理成章。

当然，句与句之间、段与段之间的排列顺序也不是一成不变的，它具有相当的灵活性。像前面引用的段落，也可以写成：

盈盈的湖水一直荡漾到脚边，却又缓缓地退回去了。像慈母拍着将睡未睡的婴儿似的，它轻轻地拍着石岸。水里小小的鱼儿，还有顽皮的

小虾儿，在眼前游来游去。<u>抬起眼来，四周的景色真是秀丽极了！</u>

经过分析，我们会发现，描写湖水的两句和描写鱼、虾一句的顺序是比较稳定的，原文第一句则可以移到段尾。但这种移动，意味着局部思路的变化，同时也必然伴随着语言、语气的变化，否则上下文之间就难以衔接。

（三）语言条件

如果再作进一步分析，还可以发现，原文②、③两句的顺序是由"它"字决定的。如果表述方式不变，则两句的次序绝不能错位，如果把"它"字换位，则两句的顺序很容易颠倒：

像慈母拍着将睡未睡的婴儿似的，盈盈的湖水轻轻地拍着石岸。它一直荡漾到脚边，却又缓缓地退回去了。

代词起着呼应上文的作用，同时也使句子之间的序列稳定下来。保持语言的连贯，除了句间的逻辑关系合理以外，还应该注意话语的呼应与衔接。

语言的呼应常见的有如下几种：

1. 利用代词前后串连，如上例。
2. 利用关键词语或句式呼应。这种呼应，可以直接重复，也可以略加变化。例如：

①白求恩同志是加拿大共产党员，五十多岁了，为了帮助中国的抗日战争，受加拿大共产党和美国共产党的派遣，不远万里，来到中国，去年春上到延安，后来到五台山工作，不幸以身殉职。一个外国人，毫无利己的动机，把中国人民的解放事业当作他自己的事业，这是什么精神？<u>这是国际主义的精神，这是共产主义的精神</u>，每一个中国共产党员都要学习这种精神。……<u>这就是我们的国际主义，这就是我们用以反对狭隘民族主义和狭隘爱国主义的国际主义</u>。

(毛泽东《纪念白求恩》)

②一种叫自养。绿色植物都属于这一类。它们自己把无机物制造成

有机的食物，满足生长的需要。

……

另一种叫异养。所有的动物和大部分微生物都是这一类。它们自己不能制造食物，靠植物来生活。

(《食物从何处来》)

3. 利用承上、启下或过渡的句、段来呼应。例子从略。

语言的呼应可以大大加强语言的连贯感，它富于技巧性。善不善于前后呼应反映着写作者语言运用的娴熟程度和语言水平的高低。

语言的衔接要借助衔接性词语。常用的衔接性词语有些就是复句所用的关联词语，有些是不常用于复句之中而多用于句与句、甚至段与段之间的，包括某些实词和固定词组，如"这""那""那么""总而言之""由此看来""一言以蔽之""事实证明"等。

衔接性词语可以使句内各部分衔接。如：

世界到了全人类都自觉地改造自己和改造世界的时候，那就是世界的共产主义时代。

(毛泽东《矛盾论》)

(王力先生称代词为"半虚词"，在许多场合，它的作用相当于一个关联词语。下文还要谈到。)

衔接性词语可以使句和句衔接。如：

科学研究的区分，就是根据科学对象所具有的特殊矛盾性。因此，对于某一现象的领域所特有的某一矛盾的研究，就构成了某一门科学的对象。

(毛泽东《矛盾论》)

衔接性词语可以使段与段衔接。如：

>……现在有些不满于文学批评的，总说近几年的所谓批评，不外乎捧与骂。
>
>其实所谓捧与骂者，不过是将称赞与攻击，换了两个不好看的字眼。
>
> （鲁迅《捧杀与骂杀》）

该用衔接性词语而不用，语气便不通畅。但需要注意的是，意合是汉语特色之一，如果上下文之间意思明显，我们也习惯于将关联词语省略。在这种情况下，关联词语的省略可以使表述更具有口语的特色，使语气连贯而自然；如果硬要加上，反倒啰唆、累赘。例如：

①温度不够，催化剂质量又不纯，这次试验失败了。（因果关系）
②见到王厂长，替我问他好。（条件关系）
③他吃得不多，力气不小。（转折关系）

三、语言连贯性的训练

综上所述，可以知道语言的连贯性涉及思维和表达的各个方面，是一个比较复杂的问题。就一个人的语言发展过程来看，由幼稚而成熟，直到能连贯而流畅地进行书面表述，即使在受到良好教育的条件下，也需要经历一个不短的时间。因此，语言连贯性的问题不是初中阶段就能完全解决的。况且，语言表达的流畅与否和内容的难度有很密切的关系，初中时期，表述简单的内容，语言可以做到通顺而连贯，到了高中，表达的内容复杂了，又可能出现不连贯的现象。所以，《阅读》课本第五册虽然编有《语言连贯性》的知识短文，它只能讲一些最基本的知识，这六册中所设计的练习，也只能是一些最基本的练习。然而，教师对于这个问题应该知道得多些，本文希望能够为教师提供一次鸟瞰。

语言连贯性训练包含思维条理性训练和语言技巧性训练两个方面。

（一）思维条理性训练

思维的条理化是语言连贯的前提,然而表述的条理化涉及对事物的认识、思维的逻辑性等各方面的问题,不仅仅是语言能力问题,因此不能全靠语言连贯性训练来解决。认识上的模糊必然导致表述上的紊乱,这种情况不属于语言训练的范围。再如上文谈过,语言连贯必须以话题的统一性为基础,而中心不明确以及话题变换不定又是儿童语言以及即兴谈话中常见的现象,这样的问题应通过篇章的分析和训练来解决。语言连贯性训练一般在语段的范围内进行。

语言连贯性训练中的思维条理训练主要有三种形式:1. 各语言层次之间(段与段之间、句或句群之间)的关系分析;2. 语句组合练习;3. 分析语病和修改语病的练习。

1. 各语言层次之间关系的分析

在《阅读》课本里,第一、二册引导学生树立段的观念,使他们知道什么是段的中心和中心句,第三册使他们了解段的不同功能和分类,这样就为第四册中进行段间关系的分析打下了基础,第五册则进行段内主要层次之间关系的分析。

语言层次间的关系分析是培养学生逻辑思维能力的积极而有效的方法。需要注意的是,中学阶段,学生的抽象思维能力迅速发展,但此时他们还处于经验抽象思维时期,理论抽象思维能力尚未形成,因此这种关系分析应着重于层次的划分,不要让学生把精力消耗在概念的区分方面。教师要学生分析的篇或段,应该是典型的、层次清晰的。段内层次的分析,一般只要求作一次切分,最多不要超过两次。

2. 语句组合练习

语句组合练习应该在语言连贯性训练中占有较大比重。其方法就是把一个连贯性很强的段或包含多分句的复句拆开、打散,再让学生组装起来。这种练习比较直观,可以凭语感进行,它可以针对学生上下文意识薄弱的毛病培养学生的语言连贯感。

语句组合练习又有两种形式:简单组合和灵活组合。

(1) 简单组合

简单组合就是把分散的语句按其合理程序直接组装在一起,各句都保留

其原有的衔接与呼应因素,因此答案常常是唯一的。例如:

[题] 排列下面语句的顺序,把句前的字母填在方格里。
①比方打开电灯,整个房间都亮了。
②这就是说,光在传播中扩散了。
③我们日常见到的灯,都向四面八方发光。
④又比如手电筒的光,在发出部位,直径不过三到五厘米,但是射到几米以外,就扩展成一个很大的光圈。
⑤一束激光射出二十公里远,光斑只有茶杯口那么大。
⑥激光则不同,它在传播中始终像一条笔直的细线,发散的角度极小。
⑦所以说激光的一个特点就是方向性好。
□→□→□→□→□→□→□
(答案:③—①—④—②—⑥—⑤—⑦)

这种练习一般以分句为单位,所以还可以对句数作出规定,并且要求学生指出句号应在的位置。如果是句数很多而内容复杂的段,教师也可以让学生先将原文很快地读一遍,先获得整体印象,再进行组装。

(2) 灵活组合

灵活组合就是有多种选择可能的组合。进行这种组合,要取消句间的衔接性词语,让学生按不同方式组装后填充。例如:

[题] 把下面的句子组成一段,加上适当的关联词语使语言连贯。
①人民经过这样一次天翻地覆的变化之后,精神上和思想上获得了相当大的解放,敢于提出辛亥革命以前所不敢提出的问题,并且容易接受新的理论。
②辛亥革命的胜利,使"五四"运动成为不可避免。
③我们说,辛亥革命是近代中国具有伟大历史意义的旧民主主义革命,它为中国人民的革命事业开辟了道路。

（参考答案：完成本题，学生要能够辨析出哪个是结论性句子，以及句子间的因果关系。可以有两种排列方法，一种是②—①—③，用"因为……所以"，另一种是③—①—②，用"这样……就"。）

设计这类练习，需要把前后呼应的代词恢复其全称概念（即使用其先行词），并且把承前省略的主语补上，并且要求学生在组装时使用适当的代词，还要考虑主语的省略。这样，除句序排列外，学生还可以进行常用语言技巧的训练，从而丰富了练习的内容。

由于答案的多样性，教师可以组织学生对不同方案的优劣进行讨论，这是极有意义的。同样语句的不同组合在表达效果上往往有一定差异，例如昆明西山的著名楹联：

南浦绿波西山气爽
春风落日秋水长天

如果改成：

南浦绿波春风落日
西山气爽秋水长天

对仗仍然工整，平仄也照样协调，但是味道就要寡淡得多。原上联中南浦和西山并提，各处风光尽收眼底，使人感到视野开阔；下联从春风写到秋水，一年四季各有佳境，又显出变化之妙。改动以后，上联单写南浦，下联只写西山，只剩两景，而两景之中又各自只突出了一个季节，似乎南浦风光只限于春季，西山的景色也只以秋天为佳，原来富于变化的自然景色立刻单调多了。像这样的句序分析已经从逻辑关系进入修辞领域。当然，它需要相当细腻的语感，不是一般中学生所能做到的。教师指导学生讨论的只能是比较浅显的语例，而且讨论的结果往往是多种方案并存，让学生体会到对同一内容的表达在方式方法上的灵活性与多样性。

3. 语病分析与修改练习

现成语句的组装比较容易，判断和分析语病很难，修改语病更难。学生书面作业中的病例往往带有综合性，教师设计练习时一般都需要加以简化和典型化，并且还需要教师示范、引路，然后留下适当的部分由学生去完成。

常见的语言不连贯现象有以下几种：

(1) 缺少必要的过渡，造成语言表述中的脱节。例如：

在这首小诗中，作者对蜗牛和刺猬进行了讽刺。是的，蜗牛和刺猬都免不了受到万物之灵——人类的宰割。人可以吃蜗牛肉，可以把刺猬抓来关在笼里。(<u>看来，人似乎比蜗牛、刺猬高明得多。但是说句不敬的话，</u>) 人类中也有蜗牛、刺猬式的人物。有些人一遇风暴便蜗居起来，有些人企图依靠身上的"刺"来独善其身……但最终也没有能摆脱自己的厄运。(作)

括号里加线的句子是教师添上的，如果没有这些语句，"人类中也有蜗牛、刺猬式的人物"一句便出现得过于突兀，上下文之间无法衔接。这一类语病大多出现在学生从一个话题转向另一个话题的时候。像这样的病例很难编成练习，一般都由教师作示范性修改，提醒学生注意。医治这一类语病，最好是让学生熟读一些语言十分严密的文章，并且背诵一些精彩的段落，从而培养他们的语感。

(2) 插说过多，或节外生枝，造成表述线索中断。

这方面的病例请参阅课本中的知识短文。学生作业中这类毛病是常见的，它多少反映着即兴思维的特点和口头表达的习惯。这一类病例往往字数较多，教师最好选择一两个典型的病例，印发学生讨论。

(3) 上下文之间不能搭配。例如：

……原先泰拳中的许多步型、步法都有所<u>改</u>变。像北部柯叨府的拳师，临敌姿势喜提膝独立；南部猜耶府的拳师，架式多作曲膝低身，虚步漫行之势。……(刊)

根据前句的句尾，下文谈的应该是步型和步法的"改变"，实际不是。要使上下文连贯，前句应该改成"这样，原先泰拳中的许多步型、步法都有所发展，形成了不同的风格流派"。这类语病适合编成练习，但对于程度较低的学生来说，往往需要适当地引导。

（4）复句中各分句排列顺序不当，影响语言的连贯。例如：

通过他对环城碉堡主阵地带特别是对东北和西门监狱南运河地区的实战观察，尽管他料到天津失守已成定局，他仍然认为共产党的战斗力相当有限，如果不是特别有限的话。（刊）

这句话并没有语法错误，但是说得绕来绕去，影响了语言的清晰性，当然也影响到语言的连贯感。把画线部分移到句子的前面，读起来就顺畅得多。这是因为"通过……他认为"是连续关系，语气接得很紧，应该连在一起，"尽管……但是"是转折关系，穿插在当中，就使语流出现了障碍。这一类病例要求有较强的语感，只适于教师作示范分析，学生独立辨析和改正是有困难的。

以上举了一些常见语病，至于思路不清导致的表述紊乱，一般不属于语言运用问题，需要从梳理思路入手。其中大量属认识问题。认识不清，则表述必然不清，每一个有一定写作经验的人都会体会到：写自己熟悉的事物时，思路会感到通畅，语言也会应用自如；一旦写到自己并不太理解的问题，不仅思路艰涩，语言也会不大流利，甚至前言不搭后语，失去了连贯性。正因如此，学生对自己作业中这一类毛病往往不易理解，教师也往往难于给他们解释明白。加强语言条理性的训练，所用的材料必须是学生所熟悉（或了解）的，并且以他们充分理解所谈事物的内部逻辑关系为前提。

（二）语言技巧性训练

语言连贯性的技巧训练必须以学生具有相当的写作经验为基础，因此一般不在初中阶段进行。当然，这并不排除教师利用一些典型语例为学生作示范性的比较分析。这个问题需要较多的篇幅，将另文论述。

四、加强语言连贯性的几种技巧

加强语言连贯性的常用技巧有主语的调整、省略和处理，适当安排句尾，灵活使用代词，加强语气的呼应与变化等。

（一）主语的调整、省略和处理

主语是句子的发端，构造一个句子从主语开始。如果我们只着眼于一个句子，主语的安排视内容而定；如果兼顾上下文，就要注意主语的处理。

保持主语一致，便于省略主语，可以加强语言的连贯感。例如：

> 她们轻轻划着船，船两边的水，哗，哗，哗。（她们）顺手从水里捞上一棵菱角来，菱角还很小，乳白色，（她们）顺手又丢到水里去。
>
> （孙犁《荷花淀》）

两个句子的主语都是"她们"，这为省略主语创造了条件。省略主语的结果，使两句衔接得更紧，语气更加顺畅。如果主语不一致，就不能省略。

上文的第二句值得注意。省略主语是有条件的，它以不至产生误解为前提。承前省略的主语不会造成误解，主语暗转就要小心，稍不注意就会出现语病。第二句第一个分句和最后一个分句的主语都是"她们"，中间还有一句话，主语是"菱角"。一般地说，主语相同的两个分句被另外的分句隔开的时候，后一个分句的主语就不能省略，但是"顺手又丢到水里去"这样一个谓语不会使人误解为主语是"菱角"，所以省略了"她们"，语气不但衔接得很紧，而且很自然。

变换主语常常要变动主语和谓语之间的施事受事的关系。这种方法，既可以用来保持主语的一致，加强语言的连贯性，也可以变动主语，增加句式的变化。关于增加句式变化的问题，下文还要谈到，现在看调整主语使之一致的例子：

> 可惜正月过去了，闰土须回家里去，我急得大哭，他也躲到厨房

里，哭着不肯出门，<u>但终于被他父亲带走了。</u>

（鲁迅《故乡》）

这句话的最后一个分句如果写成"但他父亲终于带走了他"，分句的主语和上文的主语不一致，不能省略，语言的连贯感就减弱了。

省略主语可以加强语言的连贯性，重复主语，由于加强了语势，也可以加强语言的连贯感。这种现象多见于排比句。例如：

只要<u>我们</u>仍然保持艰苦奋斗的作风，只要<u>我们</u>团结一致，只要<u>我们</u>坚持人民民主专政和团结国际友人，我们就能在经济战线上迅速地获得胜利。

（毛泽东《政治协商会议开幕词》）

主语重复过多，容易使人感到呆板、单调，增加主语的变化，同样能增强语言的连贯感。例如：

【新华社索非亚一九七七年八月二十七日电】一九七七年世界大学生运动会十个项目的比赛，八月十八日开始，历时十天，于八月二十七日全部结束。……<u>获得女子篮球比赛前八名的球队是</u>苏联、美国、保加利亚、古巴、中国、加拿大、罗马尼亚和南斯拉夫队。<u>获得男篮一至八名的是</u>美国、苏联、捷克斯洛伐克、加拿大、古巴、西班牙、巴西和保加利亚队。<u>女子排球一至八名为</u>苏联、古巴、保加利亚、捷克斯洛伐克、中国、美国、罗马尼亚和波兰队<u>获得</u>。保加利亚、捷克斯洛伐克、南朝鲜（即韩国）、苏联、罗马尼亚、南斯拉夫、联邦德国和美国队<u>取得男排比赛的前八名</u>。

关于增加语言变化的问题，下文还要谈到。至于什么情况下宜于省略主语，什么情况下宜于主语重复，什么情况下宜于增加变化，以及主语调整的办法等，限于篇幅，不一一详叙，请教师自己体会。

（二）适当安排句尾，使上下文衔接

在正常语序状态下，句尾对于意思的表达起着重要的作用，我们常常把主要的意思或要强调的内容放在句子的尾部。例如下面的意思：

这场比赛 { ①将在两点钟开始。
② 将决定谁是冠军。

①和②都是说明"这场比赛"的，但是强调的重点不同，语句的组织也就不同：

① 这场两点钟开始的比赛将决定谁是冠军。（这场比赛很重要！）
② 这场决定谁是冠军的比赛将在两点钟开始。（可别去晚了！）

不仅单句是如此，复句也是如此。例如下面的两项内容：

{ 这个村没有电井。
农民们从五里外的小河里挑水抗旱。

这两项内容可以组成不同的句子，意思和语气都不一样：

① 这个村没有电井，农民们就从五里外的小河里挑水抗旱。（农民的生产积极性真不小！）
② 农民们从五里外的小河里挑水抗旱，因为这个村没有电井。（得赶紧打电井了！）

倒装是语序的一种异常状态，在这种情况下，句头常常由于特殊的语序排列而有着强调的作用。例如：

怎么啦，你！

但在这种情况下,句尾也仍然可以成为强调的重点。例如:

总之,倘是咬人的狗,我觉得都在可打之列,无论它在岸上或在水中。

(鲁迅《论"费厄泼赖"应该缓行》)

明白了句尾在表达意思时的重要作用,就容易发现语言不连贯的一些语病:

①远处看,山顶上明显地有一座小小的喇嘛庙。可是,当你逐渐走到跟前,才会发现喇嘛庙不是在山顶上,而是在平平坦坦的草地上。(作)

②……其次,在德国看到的中国人,最显著的就是开饭馆的了。每个大城市差不多都有中国餐馆开设在繁华的商业区。当你看到"大上海饭店""亚细亚酒家""远东餐厅"之类的中国招牌时,当然会产生一种亲切的感情。……(刊)

这两段话读起来都感到别扭。例①的毛病在于:读完第一句,读者会以为"可是"之后大概要说这座喇嘛庙实际上并不存在,读完第二句才知道作者要说的并不是喇嘛庙存在不存在的问题,只是它的位置与原来的观察有出入而已。只要把前面一句改成"远处看,小小的喇嘛庙明显地坐落在山顶上",意思就清楚了。例②的毛病在于:第二句以"繁华的商业区"收尾,与下文的"大上海饭店""亚细亚酒家""远东餐厅"不相衔接。我们只要把"中国餐馆"移到第二句的句尾,改成:

……每个大城市的繁华商业区差不多都有中国餐馆。当你看到"大上海饭店""亚细亚酒家""远东餐厅"之类的中国招牌时,当然会产生一种亲切的感情。

读起来就不一样了。以上两句都可以通过句尾的改造使上下文衔接、连贯。

限于篇幅，本文不可能全面阐述语句的部位与强调的关系，只谈与语言连贯性有关的内容。

(三) 灵活地使用代词

人们读到代词的时候，会很自然地唤起它所称代的先行词的印象，因此它是使语言衔接的重要因素，也是使语气呼应的重要因素。

有的学者认为代词是个"半虚词"（见前）。代词的这种半虚词性质表现为它有时实际上只起到了一个关联词语的作用。例如：

> 如果你能应用马克思列宁主义的观点，说明一个两个问题，那就要受到称赞，就算有了几分成绩。

在这个句子里，"那"的指代作用已经很不明显，它的作用主要是承接上文的假设和前提，引出下文的判断和结果，基本上是个关联词。即使是明确的指代关系，它也往往兼有使语气衔接和舒缓的作用。这一点，在复指中表现得最为明显。下面我们具体研究一下复指在疏通语流方面的作用。

1. 前面的话语中附有长定语的时候，往往需要在结构上用人称代词把它重指一下，否则后面的话接上来就显得突兀，甚至会影响句子的通顺。例如：

> 他活着别人就不能活的人，他的下场可以看到。
>
> （臧克家《有的人》）

2. 遇到长而复杂的词组，往往需要用指示代词重指一下。这种复指，就词义来说尽管是空泛的，但它在结构上起着上下文间的接榫作用，是很重要的。例如：

> 母亲同情受苦的人，这是朴素的阶级意识。
>
> （朱德《回忆我的母亲》）

由此可见，代词的使用是富于技巧性的。善于使用代词，有利于使语言条理清楚、语脉清晰、语流通畅。例如：

> 这个小资产阶级内部的各阶层虽然同处在小资产阶级经济地位，但有三个不同的部分。<u>第一部分</u>是有余钱剩米的，即用其体力或脑力劳动所得，除自给外，每年有余剩。<u>这种人</u>发财观念极重，对赵公元帅礼拜最勤，虽不妄想发大财，却总想爬上中产阶级地位。<u>他们</u>看见那些受人尊敬的小财东，往往垂着一尺长的涎水。<u>这种人</u>胆子小，<u>他们</u>怕官，也有点怕革命。因为<u>他们</u>的经济地位和中产阶级颇接近，故对中产阶级的宣传颇相信，对于革命取怀疑态度。<u>这一部分</u>人在小资产阶级中占少数，是小资产阶级的右翼。
>
> （毛泽东《中国社会各阶级的分析》）

这段文字很长，内部层次也很复杂。"这一部分人""这种人""他们"所称代的是同一概念，但是作者并没有笼统地称"他们"，而采取了三种不同的称呼方式，这不仅是为了行文多变，也是为了使内容的层次清楚。"这一部分人"是总称，分别说明其主要特点的时候用"这种人"来表示，对每一个特点进行更具体地说明时，则用"他们"来表示。这样，三种不同的称代方式代表了三个不同的逻辑层次，显示了这段文字的内部结构：

第一部分＜这种人——他们
　　　　　这种人——他们＞这部分人

称代方式变化的结果，使复杂的内容层次井然，条理清晰，读起来自然感到顺畅。

同一代词反复使用，有时会使语言呆板，减弱语势。使用代词和不使用代词交错，注意词语的错综变化，可以增强语势，从而加强语言的连贯感。

（四）加强语言的呼应与变化

语言单调给人以板滞感，它是幼稚的表现；呼应与变化，是语言运用成熟的表现，它增强顺畅感。呼应、变化的技巧非止一端，在前面几项技巧的阐述中，我们已经约略地接触到这个问题，现在也只能择要示例，供教师们揣摩、参考。

重复是强调的一种方法，它也起着上下文呼应的作用。例如：

> 旧社会官场办事，处处靠"买通"。如今，靠"关系户"办事，实际上也是买通。你要申请计划物资吗？就得买通物资部门的关节；你要调动工作、安排子女吗？就得买通人事部门的"路子"。特别是一些国家建设工程，被一些人视为大锅肥肉，谁都想沾个边揩点油，使它上马更是要买通许多关节。（刊）

"买通"在这里是一个特定概念，有特定的含义，但并不是不能用其他词语来替代。短短一段话连用五个"买通"，使这一关键词语得到突出，也使几个句子串为一体。句型重复是重复的另一种形式，这一段话里"你要……吗"的重复使用也加强了语气的呼应。

变化与重复是相反相成的。从某种意义上说，变化也可以认为是重复的逆向发展，因为毫无规律的变化不会引起读者的注意，而引起注意的变化总是比较的结果。当读者感觉到变化的时候，他总是和先前所获得的印象进行比较，只不过这种比较常常是在潜意识中进行而已。例如：

> 如果没有各式各样的菊花，而仅有几盆名菊的话，"菊花之海"就不能出现了。……金鱼也是一样，如果仅仅有"珍珠鳞""鹤顶红"之类的品种，而没有"朝天眼""水泡眼"之类充满了丑角情趣的金鱼，也许小孩子们，甚至包括一部分成年人，看来就不会感到那么够味了。
>
> （秦牧《艺海拾贝》）

前一句用"如果没有……而仅有……"，先否定，后肯定；后一句用"如果仅仅有……而没有……"，先肯定，后否定。语言跌宕起伏，灵动变换，显得摇曳多姿。这是重复中寓有变化，变化中又寓有重复。

语言感觉中的比较，有的是在语篇中相关词句间进行，例如上面的语例，这种变化是比较容易感觉到的；有的是和常规模式比较，例如倒装句就是对习惯语序而言的，这种变化不容易被觉察，读者往往只感到这样的语言富于表现力，而不知这种表现力的由来。后一种变化更是丰富多样。

阅读训练与阅读测试*

（1984 年）

随着社会的现代化，阅读的效率（包括准确性和速度）日益受到重视。今年高考语文试题增添了通篇阅读的项目，在评分中所占比重也增大了。这样命题的目的，在于考核学生的阅读理解能力，引起对阅读能力培养的重视，探讨阅读测试的方法。

阅读训练和阅读测试并不是相同的概念。如果把阅读训练比作产品制造的工艺流程，那么，阅读测试就是生产终端的检验。目的不同，阅读测试和平时的阅读训练在内容和方式上也就不同。在研究改进语文课阅读教学的时候，这些地方是不可不注意的。

二者的区别主要表现在以下几个方面：

1. 阅读训练的范围要大于阅读测试的范围

阅读是通过视线扫描，借助文字这一媒介物，获取必要的语言信息，然后和大脑储存的相应的思想材料结合，引起连锁反应的思维活动。因此阅读的思维活动既包含聚合性思维（逻辑思维），又包含扩展性思维（创造思维）。这样，我们通常所说的阅读能力，就既包括判断、理解能力，也包括联想、鉴赏能力，阅读训练要兼顾这两个方面。阅读测试要受到测试信度（准确性）的限制，一般侧重于理解的检测。如果测试题中出了开放性的、可以自由发挥的题目，或者让学生自由概括，那么答案将五花八门，评分也

---

* 原载于《人民教育》1984 年第 9 期。

将失去控制（我们应该鼓励和提倡学生的答案富于个性）。在班级进行的阅读测试，由于有语文教师的统一掌握，矛盾还可以解决；在全国性高考这样范围大而又复杂的条件下，命题时如何兼顾阅读中扩展性思维的要求，目前还没有找到完善的办法。

2. 阅读训练的过程不同于阅读测试的过程

平时的阅读训练是在教师指导下进行的，每一个周期（一般以课文为单位）时间上不受太大的限制；阅读测试要求在限定时间内独立完成。课堂教学中的阅读训练一般分为若干步骤：提供背景知识，利用工具书，切磋问难，集体研讨，进行总结等等。阅读测试则要求学生在很短的时间内，迅速作出判断。迅速反应能力是现代阅读中日益突出的要求，从这一点来说，对阅读测试的研究有助于改变目前我国语文教学中普遍存在的过于缓慢而效率不高的情况。

3. 阅读训练题型不同于阅读测试题型

就目前情况而论，阅读测试中为学生提供的思考条件完全靠文字来显示，平时阅读训练则还可以借助声音（如教师的讲解、朗读等）和图像这类手段。阅读测试和阅读训练这种手段上的差异，就使得测试命题进一步受到限制。今年高考的阅读题有填空（包括画线）、答题、选择等几种形式，而以选择题为主，其目的在于努力保证测试的准确性，减少误差。选择题这种形式比较灵活，它可以包含若干个思维层次，但以它来测试能力，总是有一定局限性的。

此外，高考的阅读测试命题还要受到高考择优录取要求的限制。高等学校录取新生的考试不是中学生的结业考试，命题的难度要根据学生升入大学后的学习需要来决定，加以我国目前的特定条件，今年考生的淘汰率仍然很高，这就要求命题时必须设计一些较难的题目，以便拉开分数距离，择优录取。

谈阅读训练和阅读测试的差别，其目的是防止在平日的阅读教学中简单、机械地套用阅读测试的形式。这当然不是说阅读的训练和测试是两码事，是互不相关的。事实上，训练和测试不仅是相通的，而且是相互促进的。今年的测试命题，我们曾考虑到以下几个问题：

1. 努力使命题点的散布形成一个相对完整的网络系统。这就是说，尽量使这11个问题的总和可以大体上反映出考生对通篇文字的理解程度，而且在问题之间有所呼应。通篇阅读的特点是上下文的联系性，有的问题孤立地看，不容易得出答案，只有结合上下文阅读，才能作出正确的判断。这种结合语言环境阅读的能力，正是考生进一步学习和社会实践所需要的。例如第8题的解答和第9题的解答就是相互关联的。第8题得出正确的答案，解答第9题就比较容易；反之，从第9题供选择的答案中，善于学习的学生也可以借此检验第8题答案的正确性。

2. 试图使某些选择题的设计既可以检查考生的理解，又成为帮助他们阅读的条件。选择题提供了若干答案，其中包括正确的表述形式，如果考生善于动脑筋，他就可以通过推断而获得正确的理解。这里想特别谈谈关于"相对量"和"比率"这道题（第4题），这是全部问题中最难的一个题目。这两个词语是通篇文字中的关键概念，命题时我们用它作为扩大区分度也就是"拉开距离"的题目之一（这是高考的特殊要求）。出题的时候，我们选择"速度"作为区别点，因为文中的"相对量"这一概念是考生很难理解的，而"比率"是"发展速度的比较"却是从原文中可以判断的。我们估计，大部分考生会在这道题面前感到困惑，少数头脑灵活的考生可以从"速度"这一词语中推断出正确的答案。利用已知推断未知，是一种重要的逻辑思考的方法，这种思考能力可以利用选择题的形式加以培养。当然，在高考命题中，这一类题在评分中的比重应该约束到很小的限度。

3. 阅读是一种由已知探求未知的活动，在阅读的过程中，常常需要读者利用头脑中储存的有关知识进行综合的思考。但是考虑到全国考生掌握知识范围的差别很大，没有从这方面出题。像"认真说来，没有文字记载，就没有历史，也没有文明"这句话的内含量很大，可以用来考查考生理解的广度和深度，但是出于上述考虑，终于放弃了这个命题点。第10题（"人类最先进的一部分"）是难度大的题目之一，回答这道题需要考生具有相应的社会发展的知识，然而它与文中第一段和第2题有一定联系，所以保留下来，以此来测试考生的灵活反应能力。

任何试题的覆盖面都是有限的，今年的测试题也是如此。由于文体和内容的限制，当然还不足以全面地检验考生的阅读理解能力。特别是今年的阅读材料是节录而成的，无法考察对篇章结构的分析，这是需要加以说明的。

高考命题是一项连续性很强的科学研究，测试结果要等抽样统计之后才能进行分析。目前，只能提出下列几点看法供教师们参考：

1. 提高学生的阅读能力的根本方法是充分利用现有教材而不是大量补充课外材料。今年的阅读材料并没有超过课本中类似教材的水平（例如《〈物种起源〉导言》）。认真地利用这些教材来培养学生的阅读能力，发展他们研究问题和解决问题的能力，是切实可靠的办法。不认真教好课本而急于搜寻大量的补充篇目，将是"舍本逐末"。

2. 阅读教学要考虑到学生未来学习和社会实践的需要。对大多数学生来说，他们今后的阅读将以现代汉语的资料为主，而这些资料中，除了文艺作品以外，人文科学和自然科学的资料也将占相当比重。目前许多学校存在着轻视甚至排挤现代文阅读教学的问题，这是应该注意的。

3. 阅读教学应着眼于能力的培养，语文知识的讲授是为培养能力服务的。能力的发展要靠学生自己的实践，因此阅读教学改革关键在于探讨和建立科学的训练体系。要提高阅读训练的效率，一是要在教师的指导下启发学生独立思考，死记硬背的内容多了，学生的独立思考能力就会受到抑制；二是训练要有适当的难度，思维难度过大和过小，都不容易引起学生的兴趣，会影响他们思考的积极性，降低训练效率。

我对中学阅读能力目标的意见*

（1992 年）

对阅读效率的重视是今天世界的一个普遍趋势。信息量的急剧增长推动了对快速阅读（speed reading）的研究，许多国家的语文教学也增添了关于阅读速度和理解方面的内容，不少国家的中学里还开设了"速读训练"的课程。

与此相关的是语言信息的判断、选择和处理。关于这方面能力的培养，有的国家把它纳入语文教学的目标，有的国家开设了"情报处理"课（如日本），有的国家则把相应的语文能力列入对学生学习技能技巧的要求（如苏联）。不论是把与上述能力相关的内容纳入语文教学计划，还是在语文课以外另立项目，它和语文教学的关系都是十分密切的。

我国的传统经验是"读写结合"，但是随着社会的现代化，"读"作为一种独立的语言能力，已日益受到重视。它已不仅仅只为写作起提供范例和导引，而且是一种获取信息的手段。因此，中学生阅读能力的目标，有认真加以研究的必要。这种研究，既要吸取国外阅读学研究的成果，又要符合我国的特点和中学语文教学的特点，不是那么容易得出结论的。本文提出一些看法，目的是引起讨论。

阅读和写作的心理过程不同，既存在着相关性，又存在着差别。

---

* 原载于《中学语文教学参考》1992 年第 1—2 期。

一、阅读和写作的差别

阅读的直接目的在于获取信息，写作的目的是传递思想情感。二者的差异，比较明显的有以下几点：

1. 除低年级小学生和粗识文字者外，阅读一般不是一句句进行，更不是逐字进行的。阅读具有很强的跳跃性——一种在长期实践中形成的对关键性词、语、句迅速反应的习惯和能力。写作则不然，它只能一句句地展开。在表述一个完整思想的时候，还必须考虑到句间的连贯。就一个句子的组成来说，又必须照顾到语法方面的正确和完整。此外，为了表述得准确和生动，有时还要反复地推敲和修改。因此，二者的过程和要求是不一样的。

2. 阅读方式灵活而多样化。根据不同的阅读内容和目的，我们分别采取浏览、略读、跳读、精读等不同的方式，不同的阅读方式在操作程序方面是很不一样的。写作虽然随内容和表现方法的不同而有所差异，但除少数事务性写作外，一般在操作程序上没有明显区别。

3. 阅读的范围大大超过写作的范围。从内容上看，阅读所涉及的作品古今中外十分广泛，远远超过了一个人的生活经历；从体裁看，小说、诗歌、散文、戏剧、政论……无所不包。这是扩大人们视野的必经之路。因此，就阅读所需要的背景知识来说，也要比写作广博。抛开各种与阅读内容相关的专业知识不论，一个读者还应该具有相应的文化和文学理论修养，而这些对写作来说并不总是需要的。

阅读和写作的这些差异，也表现为学生在阅读和写作方面的不同兴趣和要求。总的说来，阅读更侧重于思维，而写作则更着眼于语言。现代科学研究表明，在语文学习的初始阶段，读和写能力的发展大体上是一致的，到了较高的阶段，读写能力的发展并不呈现同步状态，因为这时候学生已经超越了以识字和积累语言材料（词汇、语言的规范模式）为主的时期，在理解和表达两个方面分别遇到了不同的矛盾。

二、阅读理解的层次

阅读效率应该兼顾速度和理解两个方面，公认的阅读效率计算公式是：

$$阅读效率 = \frac{字（或单词）数}{时间} \times 理解率$$

在这个公式里，字数和时间是便于测量的，理解率却难以把握。于是，各国便对此进行研究。例如日本和韩国等国从1984年开始就用下面的表进行评估：

0.1—0.3	能写出与文章内在联系无关的片言只语
0.4—0.5	能就某部分写出大致内容
0.6—0.7	尽管有的部分漏得干干净净，但大部分能大体写出来，能概要地写出整体内容
0.8—0.9	漏掉很少，能按照原文正确、具体地写出内容发展过程

（理解率标准表）

从资料看，国外对理解率的判断方法一般采用答卷形式，提问的内容主要是针对读物所包含的表层信息，要求回答"是什么"之类的问题，基本上还处于复述阶段。他们偏重于机械记忆，因此更多地强调速度。由此而进行的例如扩展视幅之类的研究，对我们虽有一定的参考价值，但其对阅读理解的认识，不仅不符合我国的传统要求，也是失于片面的。根据中学阶段学习的需要，应该对阅读理解的层次作全面考察。

参照国内一些同志的意见，阅读理解可以分为"复述""解释""评价""创造"四个层次，每个层次包含上一个层次，组成递加的逻辑模式。

1. 复述性理解

复述性理解着眼于读物的表层信息，侧重记忆，包含以下要求：

（1）对局部或细节的把握

（2）对整体或主要内容的把握

（3）对内容发展过程的把握

2. 解释性理解

解释性理解要求把读物的内容转化为自己的认识（既包括读物的表层信息，也包括读物的深层信息），在这一过程中，需要读者进行必要的分析、综合、抽象、概括，有时还要进行抽象材料具体化和分散材料系统化的思维加工。它的具体要求是：

（1）对读物的主要概念作出正确解释

（2）对读物的重要局部或细节的寓意作出解释

（3）能对读物作出整体解释

（4）能解释读物各局部与整体的关系

（5）能联系有关的概念或材料对读物的内容作出解释

3．评价性理解

评价性理解指读者在分析的基础上对读物的内容和艺术方法作出是非、好坏、优劣的判断，它意味着读者必须具备一定的鉴别和欣赏能力。具体要求是：

（1）能够对自己感兴趣的部分作出评价

（2）能够对读物的主要内容从自己的立场作出评价

（3）能够对读物的主要概念、观念或内容从作者和读者自己这两个不同的角度和立场进行分析、评价

（4）能够对读物的局部（或细节）从它与主体的关系进行分析、评价

（5）能够对作者的意图、读物的客观价值、得与失进行全面的分析、评价

（6）能够联系相关的或同类的读物进行比较和评价

4．创造性理解

创造性理解指在分析、评价的基础上，超越阅读材料本身，产生另一种见解或思想，以及探索某一问题的答案或解决某一问题的新的途径。其具体要求如下：

（1）了解或发现读物的各种用途

（2）了解读物所涉及的新概念、观念、思想或方法，并加以发展

（3）就上述内容提出新的、不同的或相反的见解

（4）联系实际，结合相关材料，提出新的问题、见解或思路

以上四项中，（1）（2）（3）（4）……大体上是按照能力要求由低到高排列的。在中学阶段，阅读教学应注意评价性理解和创造性理解的指导，但应注意的是，第一项和第二项是以后能力发展的基础。

三、阅读理解的能力因素

通过视线扫描，筛取关键性语言信息，结合读者头脑中储存的思想材料，

引起连锁性思考，这就是阅读过程。对这一能力加以分析，我们可以得出阅读理解中的能力因素，这些能力综合地在不同层次的阅读理解中得到体现。

1. 认知能力

阅读理解从认知开始，而阅读的认知又以读者所掌握的词汇量为基础，这是毋庸多说的。需要注意的，是教师应该有意识地培养学生根据上下文和语素推断语义（近似义）的能力。这种能力是不同年级学生都需要的。

2. 筛选能力

阅读视线扫描仪的制成，使我们对阅读过程和阅读视线的轨迹有了进一步的了解。会阅读的人绝不是逐字逐句阅读的，其视线呈明显的跳跃性。这是因为：第一，由于语法方面完整的要求，每句中都有一定的"填充部分"，这些成分没有什么实际意义，并不传递信息；第二，传递信息的语言材料，它所传递信息的数量和重要性也是不等的，善于把握关键信息，就可以加速理解，提高阅读的效率。这种筛选能力的强弱直接反映着阅读水平的高低。

根据不同的目的，阅读筛选又可以分为两类：

（1）理解性筛选

这一类筛选，其目的在于了解读物的全部内容，因此所筛选的正是读物本身最关键的部分，也是作者所传递的信息中最重要的部分。

（2）检索性筛选

这一类筛选与上一类的区别在于，读者的目的不是了解读物的全貌，而是根据特定的要求查找自己所需要的内容，因此所筛选出来的不一定是读物自身的最重要的部分，而是对读者来说最有用的材料。例如学生的答题，工作中的查阅文献等等。这样的筛选可以在了解读物全貌的基础上进行，也可以在并不了解读物全部内容的基础上进行。为了提高这一类筛选的效率，常常需要有关的知识和技能，例如利用工具书、书刊目录，善于对文段的中心句以及与要查找的内容相关的概念（词语）作出反应，等等。西方有的国家从低年级甚至幼稚园起就设置"利用图书馆"科目，培养独立探索的习惯，指点有关技巧。

3. 阐释能力

在有的著作中，阐释能力又称"语言转化能力"。阅读的理解不是机械地记住读物的语句，而是把读物的内容转化成自己的认识，这就往往需要在语言形态方面发生变化，也就是常说的把"原文"变成"自己的话"。阅读中的阐释包含三种要求：

（1）具体的材料能够准确地进行抽象概括

（2）抽象的内容能使之具体化，即利用具体的材料或经验作出解释

（3）读物的深层含意能使之表层化，即能够正确地理解作者的用意并加以阐发

4. 组合、调整能力

阅读理解有点像电脑的重新编码，它不是内容的简单移植，而是纳入读者原有的知识和经验系统。在这一过程中，经过读者的归纳、整理，读物的内容材料就要进行新的排列组合。这种现象在学生复述或改写时表现得很清楚，我们也可以据此判断学生的阅读能力和水平。

（1）组合

指材料的合并、归纳或重新分类。这种情况不仅反映在论说性文字中，也可以反映在记叙性文字中。材料的重新组合又有两种情况：一种是就作品的内容按照不同的角度或要求加以整理，另一种是纳入读者原有的知识框架。如果是后者，则材料组合关系的变化更大。

（2）调整

指材料在顺序方面发生的变化，如倒叙变为顺叙，论点的前挪或后移等等。这时候，读者的头脑中已经形成了新的逻辑线索，读物的材料也就据此重新排列。在检索性阅读中，材料实质上是按照既有的框架加以"归档"，与读物的原有顺序毫不相干。

5. 扩展能力

评价、鉴赏和创造都是对读物的扩展，其特点是以原读物为中心，向着不同的方向进行发散性思考。读者的知识、经验、个性各不相同，因此这种思考的方向也各不相同，无法统一约定。

以上五项，也是我们衡量学生阅读后是否"消化"的着眼点。为了培养阅读能力，我们还应该注意技能技巧的训练，例如翻查字、词典，学会读注释，懂得如何去寻找、积累、运用参考资料，等等。还要注意改正学生指

读、心诵、唇诵、喉诵等习惯，学会正确默读，由视觉中心直接传递到大脑阅读中心，而不是走"视觉中心→语言中心→说话中心→听觉中心→阅读中心"这样迂回的路径。只有纠正上述毛病，才能提高阅读的效率。

四、阅读能力目标

以上各项能力，在阅读教学中都是应该注意培养和发展的，但作为课程标准，只能就最基本的能力作出规定，而且还要力求简化，以便把握。

中学生阅读能力的发展不像写作那样不平衡，即使是学习较差的学生，只要是经验所及，对水平较高的读物也还是能够理解的。因此，作为基本目标，对高中毕业生的阅读水准不必作出不同的规定。

这样，阅读能力目标可以表述如下：

1. 能够比较熟练地翻查常见的字、词典，懂得借助作品的注释，知道怎样利用图书馆查找资料。

2. 能够理解词语在文中的含义。

3. 能够辨析结构复杂的长句，理解其语意。

4. 能够根据不同的目的和要求，比较迅速地把握关键性的词、语、句、段。

5. 具体的内容，能加以概括；抽象的内容，能加以阐发；含蓄的语句，能加以解释。

6. 能够把握读物的中心和要点，并能大体上判断作者的意图和作品的用途。

7. 能分析作品的局部和整体的关系，把握其结构层次，并能根据要求进行归纳、整理。

8. 能够对读物的内容作出评价，对于文学作品，还要能够就其社会意义、艺术效果进行初步的分析。

说明：本文在阅读理解的层次方面，参考了张贵和、谢洪涛同志的意见；在阅读能力分析方面，参考了韩雪屏同志的意见；在此谨致谢意。

中学生写作能力的目标定位 *
（2000 年）

在我国，科学地进行写作能力目标定位的工作还只处在初始阶段，无论是实验的经验还是资料的积累都很不充分。因此，现在只能从理论认识、科研进程以及目前的成果这几个方面作概略的介绍。

一、所研究对象的特点

与阅读能力的分析不同，写作能力的分析与测定缺乏一个比较客观的参照效标。在阅读能力的研究中，用以测定的凭借材料（读物）是一个相对稳定的实体；利用它，我们可以比较准确地判断阅读者的理解水平。写作能力的分析和写作水平的评估则不仅全靠评估者的主观判断，所评估的对象也处于经常变化之中，因此存在着很大的模糊性。下面作一些具体说明。

（一）写作能力表现的不稳定性

中学生的经历、性格、兴趣……各不相同，对不同的文体、不同的作文题目，其适应程度也很不相同，甚至写作时的心境也会直接影响写作过程，因此他们的写作水平常常表现为浮动状态。20 世纪初，我国教育前辈周学章先生对学生按不同题目作文的得分关系作了统计分析：142 名初中学生完成八篇系列作文，然后由一位受过精密训练的教师打分。结果表明，对不同题目，学生所表现出来的作文水平相差很大。

---

* 原载于《课程·教材·教法》2000 年第 5 期。

写作能力表现的不稳定性在国内外得到多次证实。例如 1955 年格林（Greene）等人的研究结果证明：采用四个论文题对学生进行测量，同样水平的学生得出了完全不同的成绩。论文题的内容具有一定的约束性，如果采取我国习惯的命题作文形式，同一学生在不同作文中的水平差异表现得会更为突出。出现这种现象的原因可以示意如下：

	学生 1	学生 2	学生 3
作文一	甲	乙	丙
作文二	乙	丙	甲
作文三	丙	甲	乙

注：甲 最好写的题目　　乙 一般题目　　丙 最难写的题目

作为个体评估，我们可以称为采样误差；作为写作能力分析，特别是目标定位，这种现象无疑增加了我们研究工作的难度。

（二）写作水平测定的主观随意性

写作水平的测定全凭主观判断，主观判断会产生很大差异，这是人们都知道的。但这种差异大到什么程度，人们未必有明确的印象。1985—1990 年，教育部考试中心"大规模考试作文评分误差控制"课题组用六年时间在江西、广东统计结果：作文评分误差幅度平均为平均值的 60%，或满分的 40%（设平均值为 70 分，则上下幅度平均为 40 分左右）。

作文评分不仅因人而异，即使是同一个评定者，在不同的时间评同一篇作文，其结果也会有很大差别。例如赫尔顿（Hulten）请 28 位富有经验的高中教师对同一篇作文在为期两个月的时间内进行重复评分，结果有 15 位教师第一次评及格分数，第二次评为不及格；另有 11 位教师第一次评为及格，第二次评为不及格。

面对如此难以测定的对象，需要有恰当的对策。

（三）对策

1. 采取缩小测定误差的方法

确定写作能力目标的过程，与写作能力的测定是分不开的。多人共评，取平均值，可以在相当大的程度上使误差因素相互抵消。根据塞梦兹（P. M. Symonds）的研究，一组作文若由前后两个人评定，其相关系数为

0.55，但经过四个人评定后再由另四个人评定，则两次的相关系数为 0.82，如果经过八人评定后再评定，则其相关系数增加到 0.90。从我国大规模考试的实践经验看，如有 4 人共评，取平均值，基本上可以保证数据分析的客观性和稳定性。

2. 建立相对稳定的参照系

从个体发生学（Ontogeny）的角度，利用现代心理学的研究成果，我们可以发现青少年在写作方面的发展轨迹。青少年写作能力的发展有着一定的规律性，虽然个体之间差别很大，但从低层次到高层次，还是有脉络可寻的。尽管在我国，这方面的研究还不够充分，只要我们能充分利用已有资料，开展必要的调查研究，还是能够为我们提供一个参照系，使我们的目标定位处于比较稳定的状态。

3. 寻求尽量减少随机因素的目标

中学生的写作训练和写作测试要受到题目的限制，不是自由写作，他们所写的内容往往不是由衷而发的，因此受随机因素的影响很大。研究目标定位，就要努力排除这种影响。分析写作的基本心理过程，着眼于意念—素材—表述的一般规律，有助于帮助我们发现和把握写作的最基本能力，提出比较便于观察和操作的要求。

以上观点，是以后几点所谈内容的指导思想。

二、目标的确定——因素分析

确立写作能力的目标，可以从定性分析和定量分析两个方面入手。

（一）定性分析

关于写作能力目标的定性分析，主要是总结专家的学术成果。

1. 写作学专家的分析[*]

年代	书名及作者	要素
1922	《作文法讲义》陈望道著	思想、文字
1926	《文章作法》夏丏尊、刘薰宇合编	内容、形式
1925	《作文研究》胡怀琛著	实质、形式
1925	《中学以上作文教学法》梁启超著	内容、系统

年份	书名及作者	内容要素
1938	《阅读与写作》叶圣陶、夏丏尊合著	写什么、怎样写
1960	《写作基础知识》胡文淑、翁世荣、李平、黄润苏等著	主题、题材、组织结构、语言
1964	《写作知识》北京大学中文系汉语教研室编	主题、结构、叙述、描写、说明、议论
1982	《写作教程》路德庆主编	立意、选材、结构、语言、文风
1983	《文章学概论》张寿康主编	主旨、资料、结构、语言、表达方式
1983	《写作概论》朱伯石主编	主题、题材、组织结构、表达方式、选词、炼句、文风
1983	《写作通论》刘锡庆、朱金顺著	材料、主题、结构、语言、叙述、描写、对话、议论、说明、文风
1984	《写作大要》刘孟宇、诸孝正主编	主题、题材、结构、表达方式、语言、文风
1985	《写作》王凯符、吴继路主编	主题、材料、结构、表达方式、语言、文风
1985	《大学写作》胡裕树主编	中心、材料、布局、语言
1986	《现代写作学》朱伯石主编	语言、主旨、资料、结构
1986	《文章学》孙移山主编	资料、思想、表达方式
1987	《写作原理》吴亦农主编	材料、主题、结构、表达方式、语言
1987	《文章学基础》程福宁著	思想、材料、体式、交际
1987	《普通文章写作》敖忠主编	材料、主题、结构、语言、风格
1989	《基础写作》刘孟宇、诸孝正主编	选材、立意、布局谋篇、表达方式、语言运用

* 以上资料由华南师大陈佳民教授提供

从上述横跨半个多世纪的不完全资料中可以看出：

①学者们对写作因素的认识逐渐从笼统趋向具体，这反映了对事物本质的更深入的探求。不过近年来又有简化的趋向，例如朱伯石主编的两部著作中，要素的项目从 7 项减少为 4 项。这可能是作者逐渐意识到分项过细，实际上反映了对写作的最本质的因素把握得还不够准确。

②"写作要素"与"写作能力"是相互联系而又有所区别的概念。有些要素并非能力，例如"文风"。

③我国历来有"文以载道"的传统，在上述著作中，除朱伯石的《现代写作学》外，都把"主旨""主题""思想"等列在首位。对此，要作历史的、客观的分析。

④有的著作把"叙述""描写""说明""议论"列为写作要素，显然是不够恰当的。因为不是所有的文章都包含所有这些手法，所以它们不能称为"要素"。

b. 教学法专家的分析

教学法专家的分析比较接近，为便于说明，列表如下[*]：

朱作仁	刘荣才	张鸿苓等	阎立钦	杨成恺	吴立岗
	观察和分析能力	观察力、思考力、联想力、想象力	兴趣、动机、观察分析能力	积累	搜集和积累材料
审题	审题（揭示体裁）	审题	审题	审题	命题和审题
选择体裁	确定中心	运用表达方法和立意	选择文体和构思	构思 立意	提炼和表现中心思想
立意			…………	选材剪裁	
搜集材料	搜集材料 组织材料	布局谋篇	选材、剪裁、组合材料	立意和选材	搜集材料和安排文章结构
整理材料			………… 布局谋篇	布局谋篇	
语言表达	语言的组织和表达	运用书面语言		表达	用词造句
修改		修改	修改	修改	修改
				誊正	誊正

[*] 取自朱作仁、李志强《学生能力结构及其发展阶段》，载《教育评论》1987年第 4 期。略有简化。

关于上面的分析，可以注意的有以下几点：

①写作是一种综合性很强的智力活动，也是一种综合性很强的言语操作过程。写作能力要以智力的发展为基础，然而智力的培养贯彻于中学各学科之中，并非写作所特有。写作过程固然不能脱离观察、分析、想象、联想等这些心理因素，但这些都是通过立意、构思、表达来体现的。智力与写作专门能力不属于同一范畴，因此不应把观察、分析等思维能力列入写作能力结构。

②上述各家的分析中，还有一些属于写作过程而非写作基本能力，例如"誊正"；再如"修改"，它是教学中应该注意培养的良好习惯，也不是独立的写作能力。

③我国一贯重视"审题"，把它提高到几乎决定文章成败的地步，这是与我国历史上的科举制度相联系的。对此，也应该作历史的、客观的分析。

（二）定量分析

对写作能力的构成进行定量分析，现在采用的多为因素分析方法。

因素分析是一种统计技术，它的目的是从为数众多的可观测的"变量"中概括出少数的"因素"，用最少的"因素"来概括和解释最大量的观测事实，从而建立起最简洁、最基本的概念系统，揭示出事物之间最本质的联系。下面举祝新华对写作能力的分析为例。

具体做法是：首先通过问卷和访问、座谈等方式，从有经验的教师中归纳出18种"变量"（见下表），然后从金华地区样本学校1991年高中会考语文试卷中随机选取419份作文，组织5位教师评阅，再进行分析。作文题目是《"一"字最难写"的联想》，样本学校为市区上中下不同水平的学校每区各3所，外县上下水平的学校各1所。结果如下：

变量	因　素　负　荷		
	a	b	c
1. 体裁	0.021 7	−0.210 8	−0.380 3
2. 中心	0.243 5	−0.134 8	−0.562 0 *
3. 材料	0.303 1	−0.052 9	−0.514 4 *
4. 分析	0.288 2	−0.183 9	−0.596 4 *

续表

变量	因素负荷		
	a	b	c
5. 思想	0.206 5	−0.447 6	−0.049 2
6. 首尾	0.067 0	−0.459 3	−0.098 9
7. 层次	0.100 8	−0.720 2 *	−0.177 1
8. 过渡	0.053 4	−0.639 9 *	−0.148 2
9. 连贯	0.029 8	−0.128 9	−0.243 7
10. 详略	0.008 6	−0.135 8	−0.544 0 *
11. 叙述	0.020 6	0.061 7	−0.449 0
12. 议论	0.735 4 *	−0.156 9	−0.360 3
13. 描写	0.223 5	−0.036 7	0.052 8
14. 修辞	0.609 7 *	−0.164 8	−0.297 2
15. 词汇	0.864 7 *	−0.054 7	−0.245 0
16. 语句	0.895 9 *	−0.140 1	−0.107 4
17. 文字标点	0.741 3 *	−0.129 6	−0.123 4
18. 卷面	0.699 4 *	−0.127 4	−0.137 4
$\sum^2$	3.848 3	1.586 3	2.029 9
$\dfrac{\sum^2}{7.464\,5}\times 100\%$	51.554 7	21.251 3	27.194 1

测算结果，经斜旋转模型矩阵和斜旋转投影矩阵验证，结论完全一致。再与学生最后学期语文成绩、所有作文练习平均成绩、教师"印象评定"分数比较，考察其相关性，相关系数达到显著相关水平，表明取得的数据有效。

由于本次作文为议论文，变量中"叙述""描写"没有意义，"议论"相当于"表现方法"，作者将分析结果概括如下：

项目名称	统摄变量	要求
语言表达	句子、词汇、文字标点、议论、卷面、修辞	用词恰当，语句流畅，标点正确，无错别字，修辞方法、表达方式合理
层次结构	条理、层次	分段恰当、条理清晰、过渡顺畅
思想内容	分析、中心、详略、材料	中心突出、材料典型、分析合理、透彻

对写作能力测定的项目，目前国际上有着不同方法，比较普遍接受的是分为三项：内容（contents）、结构（structure）、语言技巧（machines）。与祝新华的分析基本一致。

（三）写作能力整体测定和分项测定两种方法的调查

写作能力目标的确定与测定是相互联系在一起的。关于写作能力的测定，国内外有着整体评估与分项评估的争论。整体评估论者认为，整体大于部分的总和；分项评估论者认为，对事物如果不作细致的分析，则只能是模糊的印象。两种观点相持不下，对此需要作科学的调查与分析。

［调查一］

1987年，在江西随机抽取高考作文100份，组织阅卷教师20人，分为两组。先由其中一组用整体法，另一组用分项法评其中50份，再各自改变方法评阅另50份。然后取每篇作文每种评分法（各10个分值）的平均分为代表分，求100篇作文两种评分方法的相关。

统计结果：相关系数为0.885。

［调查二］

1991年，在河北省取高考作文60篇，先由6名专家（省核心组成员），建立专家效标。根据专家效标分成等值两组，每组30篇。随机抽取当年阅卷员大、中学各8人，混合编成两组。两组阅卷员分别用整体法和分项法各阅一组作文，间隔5日，两组交换方法各评另一组作文，取每篇两种方法（各8个数值）的平均分为代表分，再与专家效标比较，求相关。

统计结果：分项法与专家效标的相关系数为0.890；

整体法与专家效标的相关系数为0.897；

两种方法的相关系数为0.924。

调查结果表明，和有些人的想法相反，两种方法之间并没有实质性的差异。

如果分析两种方法操作时的心理过程，就不难作出解释。采取分项方法时，测定者先要将作文通读一遍，然后逐项评定，因此这种分解是在综合的基础上进行的；采取整体方法时，只要不是草率从事，测定者也要在整体印象的基础上，对作文的几个主要方面进行思辨，作出判断，因此这种综合也需要在分解的参与下进行。两种心理过程是相当接近的。大体上说，整体测定比较便于扩大优劣之间的区分度，但稳定性差，而且更多地依赖测定者的个人素质；分项测定的稳定性强，抗干扰能力优于整体测定，容易目标化，但优劣之间的区分能力不如整体法。两种方法的取舍，要视具体条件而异。

由此可见，科学研究是不能用感觉代替的。

三、目标定位的初步设想

（一）基本出发点

研究中学生写作能力目标，要注意以下两个问题：

1. 中学写作教学不同于社会写作实践。社会写作实践的主要任务是传递信息，大都是"有所为而写"，"有所感而发"；中学写作教学则是一种教育过程，它的目的是培养基本能力，要服从于一定的教学计划，因此在一定意义上，学生是不自由的，许多练习形式，如命题作文、扩写、续写、写片断，等等，在社会写作实践中是很少见到的。

2. 母语学习在很大程度上要受到社会环境（包括家庭）的影响，因此在同一年级可以有显著的差异。少数优秀的学生，其作品可以达到报刊发表的水平，差的学生，可以停留在相当拙稚的状态，很难用同一个尺度作为限定性目标。

由于以上两点，中学生的写作能力目标，应该既不同于编辑人员对稿件的要求，也不同于作文竞赛的评选标准。以上区别，理论上未必有人持异议，但习惯的影响却是需要注意的。确定中学生的写作能力目标，必须从学生的年龄心理特征和学习母语的规律出发，着眼于最大数量的学生，着眼于最基本的能力，而且着眼于写作能力发展的层次性。

根据上述认识，下面将对中学生的写作能力进行逐项分析。在资料不足的情况下，目前还只能在宏观方面勾画出大致的轮廓。

（二）内容

1. 中学生作文内容发展的一般规律

有的作文题目如《我最熟悉的一个人》，小学生可以写，初中学生可以写，高中学生也可以写，但所写的内容会很不相同。大致的规律是：

①从取材的范围看,一般是从个人身边现象转向社会现象;

②从材料的来源看,是从直接经验扩展到间接经验;

③从所反映的思想看,是道德评价和理想的色彩日益浓厚。

在中学阶段,青少年的分析能力也在发展,大致是:

①第一阶段可以称为"二重性"阶段,即以"对"和"错"来看待每一件事;

②第二阶段可以称为"多重性"阶段,这时学生开始明白世界是复杂的,分析事物要注意多角度和多因素,看待一件事可以有多种方法;

③第三阶段可以称为"相对性"阶段,在这个阶段,学生懂得要考虑各种不同情况,对待具体事物和问题要作具体分析。

2. "内容"的界定与内涵

为了便于操作,"内容"项可以从"中心"和"材料"两个方面进行分析。

首先看看中心。在写作的过程中,各种思想材料必须内聚出一个表达的核心,各种思绪、素材才能有所取舍,有所依托,才能进行具体的构思。这个表达的核心就是"中心"。"中心"又称"主旨",是语文教学中常见的概念。

"中心"的形态是多样的,可以是理性的,也可以是感性的;可以是明示的,也可以是隐含的。

其次看看材料。"材料"也是语文教学中常见的概念,不过对这个概念的理解并不完全一致。事实上,在整个写作过程中,"材料"及其形态始终处于变化之中。首先,随着内聚核心(中心)的逐渐形成,原始素材会经历一个扬和弃的过程——某些素材被排斥了,某些素材在头脑中显现了;随着构思的深入,被筛选出来的素材又逐渐变形——某些方面简化,与之并行的是某些方面的拓展;直到最后形诸文字(或许要到修改以后),才算最后定型。本文中"材料"这一概念,不是指原始素材,而是指它经过整理、加工,最后成为一篇作文有机组成部分的书面状态。

如果是命题作文(广义),则还有"审题"的问题。

3. 能力层级的初步设想

层级	目标	要求
初级	正确理解题意	能正确把握关键词语的语义，或把握材料的关键性信息
	有中心	①话题明确 ②对要表达的思想、情感有自觉的意识
	材料正确	材料与中心在逻辑上保持一致
中级	中心明确	①能处理文章重心与其他部分的关系 ②要表达的思想观点或情感清晰而明确
	材料充分、恰当	①能删除材料中与中心无关的部分 ②能有意识地扩展材料中与中心有关的部分
高级	中心突出	①立意较深刻或有比较独到的见解，或有较强的现实意义 ②有较强的理论性、概括性，或有比较丰富的想象、联想 ③能进行多角度思维
	材料丰富生动	①能利用辅助性材料（见解、细节、引述）来充实内容 ②能注意材料与文章相关部分有机结合（引入、阐述、论证、推论等） ③能注意材料的典型性、现实性、新颖性

需要说明的是，学生处理内容的能力，是与其认识水平相联系的，而其对具体事物的认识，又是与其经历、经验、知识背景相联系的。因此，写作水平高的学生，也会出现某些失误；写作水平低的学生，也会偶然得心应手。判断学生的写作能力，要结合这些因素具体分析。

（三）语言

1. 中学生语言能力发展的一般规律

中学阶段，学生的语言运用发生明显的变化。在这个时期，他们的句子长度明显增加，连接词语的使用频率也明显增加，同时，语病也随之增加。出现这种情况是可以理解的。中学时期，青少年的生理和心理都发生很大变化，抽象思维能力迅速增强；与之同步发展的，是他们的言语运用的风格也从以口语为主变为以书面语为主。在这个阶段，他们要表达的内容复杂化了，语言层次增多了，而他们言语操作还不够熟练，这就是产生上述现象的原因。

这种现象告诉我们，判断学生的语言能力，要结合内容的难度进行分析，不能简单地根据语病的多少作结论。

由小学到中学，"语言"项在作文中的因素负荷明显增加。据朱作仁、祝新华等人的统计，情况如下（参阅祝新华《语文能力发展心理学》）：

	内　容	语　言	结　构
小　学	45.27%	30.82%	23.93%
高　中	20.65%	61.43%	18.00%

朱作仁认为这种变化反映学生从"写话期"进入了"写作期"。"语言"项的因素负荷大大超过其他两项的总和，说明在这个时期，语言能力已经成为写作水平的关键性因素。

2. 能力层级的初步设想

层级	目　标	要　求
初级	规范、连贯	①词语使用正确 ②符合语法规则 ③语序合理 ④不发生歧义
中级	流畅	①能够注意用语简洁 ②能够注意话语的衔接与过渡 ③能够注意在同义成分中选择恰当的词语和句式 ④能够注意并适应不同文体和表达方式的特点
高级	凝练、灵活、得体	①有比较正确的语言审美意识 ②能够注意用语的重现与变化 ③能够注意读者和规定情境的特点 ④努力做到 　　内容抽象而概括准确 　　语言层次多而有条不紊 　　话语不多而信息（包括情感）丰富

语言运用的纯技能方面比较容易条目化，便于把握和操作，可以列表如下：

层级	目标	要求
初级	书写正确	①掌握常用字 ②消除常见错别字
	标点恰当，格式正确	符合教学大纲要求
	用语规范	以普通话为准
	句子组织正确	不出现语法错误（包括方言语法）
	意思表达清楚	不出现歧义
	句子排列合理	不出现倒错、紊乱、逸出、脱节
中级	话题明确，用语比较简洁	能排除冗余话语
	句子组织合理，便于读者理解	句子长短适度，能注意多重修饰语的安排
	注意话语的衔接，保持语言连贯	能熟练地使用关联词语和过渡性语言
	能够根据语义重点的变化来组织或调整语句	能比较熟练地根据需要或按照规定调整语、句（分句）序以及更换关联词语
高级	能够根据强调或其他表达的需要灵活调整或变换语序	能比较熟练地进行句子成分的移位（变式句）以及单句句式的调整（如被动句、反问句）
	能够根据规定或需要灵活地运用或变换句式、用语、语体	①能在长句和短句、整句和散句之间进行灵活转换，能够比较熟练地处理话语的重现与变化 ②能懂得不同语体的特点并选用恰当语体

（四）结构

1．"结构"的界定与内涵

从上文介绍过的资料可以看出，"结构"在作文三个因素中负荷是最小的。也许正因如此，目前所见到的国内关于学生作文结构能力发展状况的材料中，只有一些局部性、片段性的统计，缺乏比较全面的分析。

学生作文的结构能力，可以分为"条理性"和"技巧性"两个方面：

①条理性——作文结构的条理性在于思维有清晰的层次，并且有合理的顺序；

②技巧性——作文结构的技巧方面首先在于能够正确地分段，进而能够注意段与段之间的衔接、过渡，更进一步，则是在排序方面采取更能吸引读者的策略性措施。

结构能力含层次因素，而层次性也是语言的本质属性之一。为了避免概念间内涵发生交叉，"语言"和"结构"以段为分界单位——段以下属"语言"范畴，段以上（含段）属"结构"范畴。

2. 能力层级的初步设想

层级	目标	要求
初级	条理清楚	①表述程序合理（没有倒错、交叉、逸出、跳跃） ②段的划分正确（不零碎或庞杂）
中级	结构完整、集中	①能注意开头、结尾对读者的作用 ②能使用过渡句、段 ③能在表述顺序方面（如倒叙、插说等）作一些调整，使主要内容突出
高级	结构紧凑	①能使用特殊的段的形式（如强调段） ②能注意照应与呼应 ③能采取一些策略性手段以吸引读者

四、目标定位的手段——量表

对写作能力的判断属于模糊测定，模糊测定需要一定的工具，这个工具就是量表。教育系统的各种量表是进行教育测量的依据和手段，作文量表是其中的一种。

（一）量表发展简史

作文量表的创始者，现在公认的是英国的费奢（Fisher. G.）。他在 1864 年搜集了作文、书法、拼写、文法、算术、历史、自然、图画等科的学生作业样本，编成《量表集》(Scale Books)。1912 年，美国希莱格斯（Hillegas，M. B.）编写的《儿童英语作文测评量表》(A Scale for the Measurement of Quality in English Composition by Young People) 可谓开专用作文评分量表之先河。在我国，俞子夷先生 1918 年编制的《小学缀法量表》可以说是发端者。此后又有多种量表问世。

（二）量表的主要类型

量表主要有两大类：一类可称为"描述式量表"，一类可称为"样本参照量表"。

1. 描述式量表

描述式量表又称"评定标准量表",它以规定各项标准为主要内容。描述的方式常见的是利用文字加以说明,也可以借助或兼用其他手段,例如图表、数字等非文字符号。下面举我国语文高考作文评分量表为例(基本模式,需要结合每年试题特点加以调整)。

描述式量表示例

等次 项目	一 (优)	二 (良)	三 (中)	四 (较差)	五 (差)
内容	立意深刻,材料丰富生动	中心明确,材料充分,能较好地表现中心	中心基本明确,材料基本能表现中心,有部分偏离题意	中心不明确或材料不足以表现中心,或偏离题意	严重偏离题意
结构	结构紧凑	结构完整,层次清楚	结构基本完整,层次基本清楚	结构不完整或松散,条理不清	杂乱无章
语言	语言流畅、得体	语言规范、连贯、基本得体	语言大体通顺、连贯	语言不够通顺、连贯	文理不通
卷面	卷面整洁,字体美观,标点、格式正确	卷面整洁、写字、标点、格式正确	写字、标点、格式错误较少	写字、标点、格式错误较多	字迹潦草,难以辨认,标点不清或错别字较多

2. 样本参照量表

样本参照量表简称"参照量表",它是以样本组成的参照系列,是在模糊测量中进行定性分析的一种常用手段。它的优点是直观,便于比较。下面举唐守谦(中国台湾)1955年编制的《作文量表》的初三年级议论文为例(错字已经更正):

样本参照量表示例:

初三(下)　　　　　　　运动的重要

一般的人士,认为崇高的学问,良好的道德和健康的身体是做人的三要素。而我,尤其是注意运动。因为有了运动,才有健康的身体;有了健康的身体,才有良好的道德和崇高的学问。

运动在古代的中国是很少有人注意的。因此，他们不是弱不禁风，就是手无缚鸡之力。虽然中国的章回小说里，有很多古代的英勇武士。但那些都不过是作家的幻想而已。虽然如此，但我不是说古代人都没有英勇的武士，不过"不重视运动"我却敢勇于断定的。

　　随着时代的进步，运动的本质，便大大地提高了。但有些人说："运动不过是调剂精神而已。"这句话不能说错，但也不能说对的。我认为他根本不懂得运动的重要。因为运动不只调剂精神，还可以增强我们体格和培养良好道德。这例子是浅明的。就以美国来说，他们是注重学问和道德的。但尤其注意的，还是运动。在奥林匹克运动会上，冠军往往是他们的。由于积极的运动，影响了他们的学问和道德。谁说他们的强不是由于运动赐予呢！

　　一切事业的成功，都是赖于运动的。因为运动之后，始有良好的道德和学问。

初三（中）　　　　　　　　运动的重要

　　古人曾说过："流水不腐，门户不蛀。"这一句话看来也就可知道运动的重要了，水为什么不会腐臭呢？因为它天天流；门户为什么不会蛀呢？因为它天天有人推动。

　　反过来说："在池中的死水，日子久后，自会生臭；不动的门户，在日子久后也离不了给蛀虫损坏。"

　　从上面的例子我们也可以知道：人呢？假如不好运动的话，那么不必说什么，这个人一定是一个身体瘦弱，精神萎靡的；反过来说，"一个好运动的人，如铁匠"，因为他天天运动，所以他有强健的身体，充足的精神，去做他应做的事。

　　一个人虽然有优良的学问，然而没有强健的身体，这个学问好的人，与一个文盲，只不过是名字的不同，而其实质上也没有什么区别。

　　欧洲人曾经讽刺咱们中国人是"东亚病夫"，这的确说得不错，就从我们古代来看，埋头窗下、读书十年的文弱书生，更是家常便饭，他们只知道背"四书五经"，写八股文章；对于运动，则耳不闻目不看，结果呢？成为一个文弱书生，手无缚鸡之力。

现在呢？状元梦的时候已过去了，我们不要做一个文弱书生，更不要被外人称作"东亚病夫"，我们要废除这些名堂，唯一的方法，就是运动。

运动能使我们的身体健康，学问优良，而更能使我们的国家富强。

青年们，起来运动吧！充足的精神，康健的身体是由运动得来的，而不是用金钱能购买的。

初三（上）　　　　　　运动的重要

一个人要有很健康的身体，身体的健康与否，看起来，固然是个人的本身问题，实在来说，这个人健康有关整个民族生存甚至国家的兴亡，由此可见健康的重要，要使身体健康并非短期内的事情，必须要平日多锻炼，锻炼的基本方法，就是运动，这样看来，运动是极重要的。

现在我把运动的重要，大概分为三点来说：

1. 个人方面：谁都知道，假若有强壮的身体，是最幸福的事，无论是什么人，都怕生病，因为这影响身体，而且是极痛苦的，事业不能发展、会影响到自身的前途，就是你有多好的学问，多高的品格，但没有很好的身体，就等于是个废物，这是多么可怕及危险的啊！所以我们必须要有很强壮的身体，这样在身体上没有痛苦，精神也很快乐，我们就可努力去开拓自己光明灿烂的前途，所以说，要个人身体健康，必须要运动。

2. 社会方面：假如一个地方的人民个个身体很好，那么这个地方……这当然很好，反过来说，假如人民个个体弱多病，大家身体都不好，那么这个地方上的事业谁愿去管呢？总之，在社会看来，运动也是极重要的。

3. 国家方面：现在欧美各国，为什么那么富强？为什么科学那么发达？为什么工业商业均那么兴隆？看来好像是他们人民聪明肯上进，肯努力去研究，去发明，那么我们中国人民笨吗？不求上进吗？不！不！不是这样的。这根本的原因还是他们人民身体强壮，前面已经讲过一个人只要身体好，他就有兴趣去研究一切、发明很多东西，……所以，运动不但是对个人社会重要，对一个国家的兴亡也是很重要的呢！

有此三点，我们可以明了，一个国家要富强康乐，人民安居乐业，其中最根本的原因，就是个人身体康健，那么，运动的重要性是多大啊！

关于中学写作教学的几点思考*

（2006年）

认真负责的教师都有教学中的苦恼，语文教师尤甚，其中作文教学占有突出的位置。教师的苦恼，一是学生的能力并不按照教科书的内容按部就班地发展，二是写作能力的衡量没有明确的、可操作的标准，而且短期内不容易有可以观察到的提高。相当一部分学生写作水准忽起忽落，也给教师带来困惑。

一、写作课的特点

不同类型的课程有着不同的个性及相应的学习途径。和小学课程相比，中学课程的学科色彩逐渐浓厚，但是和大学课程相比，又有着不同程度的综合性。尽管如此，中学的不同课程都有着自己的优势倾向。

写作课不是"反映型"学科。"反映型"学科的对象是世界上某一领域中客观存在的事物，并且把这类事物直接进行逻辑切分，组成学科系统，如生物、历史。这类学科的特点在于具有很强的知识性，学习这类学科的重要方法是记忆。

写作课不是"抽象型"学科。"抽象型"学科将世界的某一个方面抽象出来作为自己的对象，例如数学、物理（特别是力学部分）。这类学科中，推导是重要的思辨方法，学科有着严密的逻辑架构（这种架构大体上反映了

---

* 原载于《中学语文教学》2006年第10期。

人类的认识进程)。学习这类学科，学科的知识结构是基础，智力起着重要作用。这种知识结构能有效地发展学生的智力，而学生智力水平的高低又在很大程度上决定着学习的效果。

从本质上看，写作课应该属于"应用型"学科。"应用型"学科着眼于操作能力的培养，技能是其主要因素，例如体育、美术。这类学科通过有计划训练来达到自己的教育目的，因此它的特点在于实践性。在这样的学科中，知识只是一种辅助性手段，它有助于专门能力和技能技巧的培养，但学了知识并不能直接形成相应的能力。甚至可以说，系统的理论讲授并没有多大意义，课程的学习，关键在于有指导的反复实践。

当然，和体育课、美术课相比，写作课的综合性要强得多，写作者所表现的，是他对人类社会（今天、昨天）的观察与思考，这就使技能更具有智力因素，而且操作要复杂得多。为此，我们就要努力更深入地探讨写作的过程。

二、写作学的发展以及中学生的轨迹

（一）写作学的发展

20世纪90年代以来，我国写作学的研究有了不小的进展。如果说80年代初期，我国的写作学教材仍然延承旧绪，以"主题""材料""结构"等因素的分解和静态描述为主，90年代以来，写作学理论界逐渐吸收了西方研究成果，出现了很大的变化，转向探讨"主体（写作者）""客体（主体视野中的客观现实）""载体（作品样式）""受体（读者）"之间联系与互动的动态分析。

这种研究很自然地进入了写作心理过程的分析。写作的一般心理流程如下：

产生写作动机（自发的、外来的）→搜索、提取记忆库中的信息（短时记忆、长时记忆）→激活、捕捉记忆库中储存的写作模式→语言表述→回顾和完善。

在这一过程中值得注意的有以下几点：

1. 它始终处于动态变化之中。写作要经历由模糊而清晰、由无序而有序、由整体而局部、由内部言语而外部言语的过程。这是一个变化多端、发展行进的动态过程，各种信息、符号在大脑中不断地融会、碰撞、解体又重新组合，零星而来的发现都要在此时受到检验、连缀、整合、升华，许多念头突然出现又转瞬即逝，紧接着又有许多念头蜂拥而至。这一过程要到最后完篇（有时还要经历反复修改）才结束。

2. 它与写作者的记忆库紧密相连。构思是一个定向搜索过程。在这一过程中，写作者长期记忆中相关信息被激活，经过筛选、重组、编码，排列成序。写作内容与写作者记忆库的关系是不言而喻的，作品结构模式也一样。根据心理学家安德逊（J. R. Anderson，1980）的分析，作品结构样式（他称其为"图式"）也是经过长期积累储存于写作者记忆库中的，构思就是唤醒、挑选、调整、拼合这种记忆的过程（验诸我们自身的经验正是这样）。这种记忆是具体的，来源于写作者的阅读和写作实践，"图式"储存得越多，构思的过程就越顺利，越流畅。作品的体裁样式当然对构思有很大影响，但不是三大"教学文体"（后面要谈到这个问题，而且"教学文体"模式化很容易形成八股）。

3. 它要经历内部言语到外部言语的转化。把所思所感形之于文字，从内部言语到外部言语，心理学称之为"外化"。内部言语的形成是智力发展的基础，然而它是简约、片段、凌乱的。思维的速度大大超过语言表述的速度，据研究人员统计，在 1 分钟内，内部言语可以达到 450 字，口语表达的速度可以达到 150 字左右，书面表达则仅有 20～30 字左右。当我们注意力高度集中，处于兴奋状态时，新的思想纷至沓来，使人应接不暇。在这种情况下，如果没有运用书面语言的娴熟技巧，再好的想法也会稍纵即逝，无法成文。因此语言技能的训练就必然成为写作教学中的一个重要课题。我与张彬福合作的《中学生写作水平与语言技能相关性检测》课题研究也证明：中学生整体写作水平与语言技能水平呈极高度相关。

（二）中学生的发展轨迹

中学可以说是一个人发展、变化最快的时期。在这个时期，他们的抽象思维能力迅速发展，然而还处在经验抽象思维阶段，理论抽象思维只有在高年级的少数学生身上才初步形成（直到高等教育阶段才能比较成熟）。随着他们视野的逐步扩展和思想的逐渐深化，他们写作的内容也在不断变化。这种变化因人而异，具有不同的个性，同时也有着共性。

中学生写作内容随着视野的拓展而变化，大体上遵循着这样的轨道：开始的时候是自己和周边生活所带来的喜怒哀乐；渐渐地，许多社会现实引起了他们的思索，这时候，他们的写作题材增多了，思考也更深入了；这种思考不是一成不变的，它随着学生对历史文化的积淀和理解而不断深化。西方写作教材都从"写自己"开始，正是基于这样的认识，"个人的感悟、感受→对社会的思考→历史文化的渗透"可以说是不同学生的共同道路。在这样的道路上，每个人前进的速度和幅度是不一样的。中学写作教学的任务之一就是仔细、巧妙地引导、扶持学生沿着这条道路加快自己的步伐。学生喊"没有可写的"，只能反映教师教学的不得法。在这种情况下，教师无论说多少遍"世界上并不缺少美，缺少的只是审美的眼睛"都是没有用的。

随着写作内容的日益复杂，学生所面临的写作障碍也越来越多。由"通顺"而"不通顺"再到"通顺"，这种现象是很正常的。在不同的水平层次上，学生会遇到不同的问题；这些问题，有的通过有针对性的训练可以缓解，有的则受到他当时水平（认识水平和技能水平）的限制是一时无法解决的（在一定阶段，他们可以发现自己的"失误"而无法辨识自己的"错误"）。在更高的层次上，原来的问题解决了，新的问题又会萌生。无论是语言、结构还是内容都如此。因此，在整个中学阶段，写作教学应该循环往复，逐步深入，呈螺旋式排列而不是线形排列。

三、关于"文体"和其他语文知识

（一）文体问题

"记叙文""说明文""议论文"的出现显然是西学东渐的结果，然而在西方的文体论中并没有这样的划分。他们只有"记叙（narration）""描写（description）""说明（exposition）"等概念，这些概念，我们称之为"表现形式"。"表现形式"进入我国，变成了"文体"，而且双轨并行，这固然有文化传统因素（我国传统的"语文"不是"语言＋文学"，而是"文章"，所以从陈望道先生《作文法讲义》开始就以表现方式命"文"），更直接的原因是考虑到中学教学的需要。这三种文体的使用范围，通常只限于学校语文教学这个特定阶段。刘国正先生曾经有过解释："记叙、说明、议论，是三种主要表达方式，只是为了教学之便才称之为'文体'。"(《关于"实用文体"的通信》，《语文学习》1991年12期》) 这种处理实质上是把"记叙""说明""议论"理解为各种文体的胚胎状态。按照这样的理解，"三大教学文体"与按功能分类的各种文体之间的关系可以图示如下：

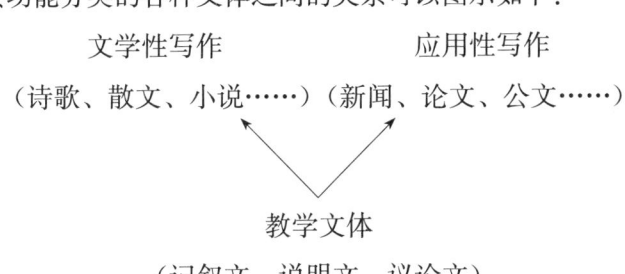

应该承认，我们过去的写作教学有许多缺陷，是否要划分"教学文体"也可以讨论（攻击者并不是没有道理），但是中学写作教学不能完全等同于社会写作实践，不能把一般写作理论平移到中学写作教学。粗略地说，中学写作教学有以下特点：

1. 它是一种教学行为，目的是打基础，为学生的将来作准备；

2. 它通过有计划的训练来达到自己的目标；

3. 它带有虚拟成分，常常借助情境设计来诱发写作；

4. 为了提高效率，它常常要采取局部性、分解性的教学形式（如扩写、续写、写片段、专题性语言练习等），这是与社会写作实践完全不同的。

毋庸置疑，新课程标准的许多理念是先进的，它解除了学生身上的某些桎梏（特别是有才华的学生）。随着我国政治、经济形势的发展，中学生习作中出现了一些可喜的成果。然而，有一些倾向值得注意。我曾利用某重点中学的一本《作文选》作了一些统计分析，情况如下（共156篇）：

记叙类	16篇	10.26%
议论类	32篇	20.51%
说明类	1篇	0.64%
抒情类（随笔）	86篇	55.13%
诗歌	18篇	11.54%
小说	3篇	1.92%

中学生中两极分化现象是不容忽视的。在优秀学生当中，往往只长于文学性写作而短于应用性写作（这是过去、现在都没有解决的痼疾）；文学性写作中，又往往只长于抒情性随笔，其他形式则拙于应付。这种现象需要我们思考。

另一种现象是：在自由写作中，他们如鱼得水；有了限制条件，则不知所措。事实上，在他们面临的未来社会实践中（包括写作），各种限制是无从避免的。学会在各种限制中开拓空间，是我们培养学生时应该注意让他们具有的素质。

（二）语文知识问题

对于规律的逻辑概括就是知识。写作教学当然需要知识，然而过去的语文知识教学消耗了学生不少精力而收效甚少，从而遭到攻击，以致曾经出现否定语文知识教育的潮流。近来有些变化，然而传授什么样知识，怎样传授知识的问题并没有解决。

我们目前讲授的语文知识定型于 19 世纪（我所查到的最早资料是 1876 年美国希尔斯（Hills）的《修辞学原理》(*Principles of Rhetoric*)，在那本著作里，我们现在习惯的概念和阐释已经都相当完备），应该说它已经相当陈旧了。

值得注意的是，当时科学研究方法论的特点是"分类"。从不同侧面对客观世界进行抽象概括，区分其主要特征加以分类，这在人类认识史上是一大进步。但它仍属于静态描述，存在着一定的形而上色彩，所以恩格斯说它在某种程度上不如古希腊哲学（见《反杜林论》）。随着 20 世纪后半叶认知心理学的诞生和发展，"知识"分解成了三个层次：1. 陈述性知识，2. 程序性知识，3. 策略性知识。

"陈述性知识"又称"知识""语义知识"等，是一种静态描述，它不能自动转化为能力。但概念是思维的武器，因此它是进一步学习的基础。对于这类知识的讲授一定要注意"适度"，打个比方，它只是"学步车"，我们学习它的最终目的是抛弃它自己走路。讲得过多、过细，轻重倒置，结果适得其反。过去教学的弊端正在于此。

"程序性知识"主要指操作的要领，作用在于指导学生更快地掌握技能。

技能可以分为"动作技能"和"智力技能",言语运用属于"智力技能"。这是我们今天探索的重点。

"陈述性知识→程序性知识→自动化"是掌握程序性知识的过程。以"排比"为例,"排比"的修辞学定义是陈述性知识,"排比"的类型、模式、操作要领是程序性知识,当学生熟练以后,"蜜成而花不见",就进入了自动化阶段。

"策略性知识"包括资源的把握与策划,以及过程中的自我监控与调整,在"知识"的三个层面中,这是人们理解得最少的。有人把策略性知识也归入程序性知识范畴,认为它是程序性知识向更高层次的延伸和发展。我们常说的"布局谋篇"的整体性筹划以及写作过程中的自觉调整等方面的操作性指导(不是八股化的模式或抽象口号),都属于写作的策略性知识。

中学写作教学的程序性知识和策略性知识目前只存在于我们的经验之中,有待我们发掘与提炼。这种提炼,有的可以有一些参照物(如语用学、语篇学),有的只能从反省我们自身的经验入手。这是一个艰巨的工程,又是一个我们必须完成的工程。不如此,就不能提高写作教学的效率,写作知识的教学就没有出路。

四、关于"创造性"与"个性"的思考

可以说,"创造性"与"个性"的提出与倡导是新课程标准问世后的最大收获。20 世纪 70 年代末我在北大附中开设"小论文写作"和"当代文艺讲座",也是基于这样的动机。然而当它们已经成为教育界的强音的时候,我们应该冷静,注意中学生的特点,防止一种倾向掩盖另一种倾向。

(一)关于"创造性"

创新就是去探求世界上还没有出现过的观念、事物。可是如果拿这个标准来要求一个中学生,恐怕除极个别的同学外,绝大多数的中学生都只能望而却步了。这是不现实,也是不合理的。"创造"可以分为"真创造"和"类创造"。具有首创意义的发现、发明是"真创造",科学家、艺术家的活动产生新的有社会价值的成品,是真创造。发现、发明自己个体世界中前所未有的东西,就个人而言,这也是创造;尽管谈不上"首创",但是他也同

样经历了类似于一切伟大创造者所经历的过程,因此叫作"类创造"。教学活动中学生们的创造就是一种类创造。心理学家米勒(Miller)说过:"一个20世纪儿童发现,在直角三角形里,勾股边的平方之和等于弦边的平方,那么,他就完成了跟毕达哥拉斯一样的创造性劳动。尽管这个发现对于文化传统来说等于零。"学习的本质就在于,在这个过程中,我们获得了对我们个体而言是新颖的知识和经验,所以我国教育界老前辈刘佛年说:"只要有点儿新意思、新思想、新设计、新做法、新方法,就称得上创造。"如果不注意中学生与成年人的区别,容易揠苗助长,忽视打基础的重要性,把普通教育变成精英教育。

指导"研究性学习"的写作时也要注意中学生的特点。中学生的思想往往是新鲜的、活泼的、大胆的,却还不善于进行缜密的纯理性的思考;他们追求诗意与哲理,却缺乏相应的经验与理智;他们在叙述的时候常常要发表议论,在议论的时候又常常忍不住要抒情,而在理论阐述时难免有所疏漏。因势利导,可以帮助他们更快地成熟,用一般"论文"的标准要求他们,会对他们的创造性形成一定程度的抑制。

(二)关于写作中的"个性"

"个性"(personality, individualism)的核心是对人性和人格的尊重,是世界文明从文艺复兴开始经历了几百年才取得的成果,也是心理学者仍然在孜孜不倦探究的对象。在我国历史上,儒家文化对它起过抑制作用(对儒家文化的评价是另外一个问题),新中国成立后,由于各种原因,它也处于被压抑状态。今天倡导写作中的"个性",必将带来一个新的局面。但值得我们注意的有以下几点:

1. "个性"在一定程度上受生理和遗传等先天因素的影响,但主要是在后天的培养和社会化过程中形成的。中学生的个性形成正在发展期,尚未成熟与定型。教师应该珍惜学生呈现出来的每一点个性倾向,提倡"写出自己",而不应强求个性化和"与众不同"。

2. 还应该看到,我国近几年来经济进展迅速,观念形态等方面还没有能够与之协调,存在着一定程度的混乱甚至浮躁。在这个大背景下,对于"个性"的理解也容易产生一些偏颇,比如说强调"张扬"而贬低"平和"

等。写作方面，则容易强调"独特"而忽视"朴实平稳"。我们应该注意可能出现的种种片面性。

＊　　　＊　　　＊

把写作学研究成果与中学生实际结合，在我国文化传统的基础上开辟一条属于我们自己的道路，这当然是一个漫长的过程。我不由得想起了我在《语文教学沉思录》（1997）前言里说过的话：

我们在进行一系列思考时，首先要区分多数和少数——多数教师和少数教师，多数学生和少数学生。

我们的目标是兼顾多数和少数——使多数有所凭借，使少数能不受束缚地、能动地得到发展；因为无论多数还是少数，都关系到我国青少年语文素质的培养。

这无疑使本来就很复杂的问题更加复杂化，然而我们又只能据此来整理自己的思路。

关注写作学的发展[*]

——要站在学科发展的最前沿

（2012年）

在这本书里，我们希望能够为读者开辟一个新的视角。我们不敢说自己谈的全面而精确，但我们相信：这里的内容有不少是现在谈中学写作教学的书里还没有讨论过的。

写作教学的新的视角根基于写作理论的突破。

很长时间以来，我们习惯于把"写作"分解为"内容"（或分为"主题""题材"）"结构""语言"（或者再加"表现形式"）等几个侧面加以研究，20世纪后期，写作学理论取得了重大突破，那就是："写作"是"主体"（写作者）"客体"（写作者视野中的客观世界）"受体"（读者）和"载体"（写作样式）之间的互动过程。

有人把前者戏称为"文本"而把后者戏称为"人本"——前者是就文章论文章，以"文"为本；后者研究一个作品是如何形成的，以"人"为本。虽然这种称呼是套用了目前的常用概念具有多义而且带有几分诙谐色彩，不是严格意义的学术概念，但它确实能够反映两种对"写作"解读的不同特点。

前者是一种客观的因素分析。当我们能够把"写作"抽象化，提取其中的各种因素进行分析的时候，我们的认识已经进了一大步，我们就可以更深

---

[*] 选自《和高中老师谈写作教学》，人民教育出版社2012年出版。

入地了解它内部的机制原理。然而它是静态的,我们还不能进入写作的操作过程。吕叔湘先生生前爱打一个比喻:"我们的教学好像把孩子带进了动物园,但不是让孩子看狮子大象如何生活,而是把他们带进了标本室,看那些僵死不动的一鳞半爪,孩子们自然不感兴趣。"这就是静态的因素分析的局限性。历史就是历史,人类的认识总是在不断发展的。把写作解读为"主体""客体""受体""载体"的互动过程是一种动态分析,它可以使我们眼前出现一个新的世界。

这是一个相互制约的变化过程。

首先,主体和客体的关系就不是一成不变的。不同的写作者有着不同的个性和知识背景,因此有着不同的内容取向,而这些内容又随着写作者认识的不断深化而变化。我们自身的经验让我们对此深有体会,从一些学生精心修改习作前后的巨大差异中我们也可以感觉到这一点。

载体对写作的影响也是显而易见的。一种情感,是写诗还是散文?一件事情,是记叙还是用作论据?相同或相近的内容通过不同表达样式的折射就会出现变化。一位有经验的作者更会依据所要表达的内容掂量、筛选恰当的形式。

需要特别注意的是读者对象(受体)的差别对写作的巨大影响。我们必须充分考虑到读者的知识背景,它将在很大程度上影响到内容的选择:同样的事情,对知情者的表述与对不知情者的表述在内容的处理方面可以是非常不一样的(这就是叶圣陶所说的"别人知道的事要少说或者不说,别人不知道的事要说够,说明白")。读者的变化也会影响到表现形式,比如说,一次科学发现,在学术圈里,可以写学术论文,而对一般人,大概只能写科普小品。与读者对象的关系还会影响到措辞,吕叔湘说过:"此时此地对此人说此事,这样的说法最好,对另外的人,在另外的场合,说的还是这种事,这样的说法就不一定好,就应用另一种说法。"写作随受体的变化而变化这一点在今天的语文教育中很有现实意义,因为它恰恰是我们今天中学写作教学的薄弱环节。

一篇作品的写成要受到客体、受体、载体的制约,又是写作者与它们互动的结果。写作的动态研究不仅分析写作的结果,还关注写作的过程。为此，我们还要分析写作的心理流程。

这时候我们又会发现它也是始终处于变化之中。它要经历由模糊而清晰、由无序而有序、由整体而局部、由内部言语而外部言语的过程。这是一个变化多端、发展行进的动态过程，各种信息、符号在大脑中不断地融汇、碰撞、解体又重新组合，零星而来的发现都要在此时受到检验、连缀、整合、升华，许多念头突然出现又转瞬即逝，紧接着又有许多念头蜂拥而至。这一过程要到最后完篇（有时还要经历反复修改）才结束。

首先，是由模糊而清晰。

当你捕捉到自己写作目标的时候，它一般是比较模糊的、边缘不清甚至混杂的。特别是如果你处于兴奋状态（这是我们所期望的），各种意念、材料会纷至沓来，让我们应接不暇。这时候，就需要我们认真地筛选、抉择。只有目标清晰了，内容确定了，我们才能够作进一步的思考。

其次，是由无序而有序。

人在说话之前，先要整理思路，然后由大脑指挥发音器官把想说的语义内容用言语形式表现出来，这构成了言语编码和言语发出的阶段。发话者需要做的是让自己的思路和语言表达准确、清晰，避免一团乱麻的状态。只有把所有的内容梳理出恰当的先后顺序，你才能顺畅地表达。然而在初期，你头脑中的顺序往往是流动易变、模糊可塑甚至是混杂并陈的，你必须加以编码，使之条理化、序列化、系统化。写作的时候，你还要参照你头脑中储存的各种文章样式来设计你的蓝图。

再次，是由整体而局部。

思维的速度很快，我们作出决定、选择方案等过程是相当迅速的，有时甚至只需要不到一秒钟的时间，它大大高于语言表述的速度。所以在写作的时候，为了捕捉稍纵即逝的思绪，我们只来得及把大的框架确定下来，这就是"整体构思"。在这种情况下，如果我们把一切细节都想好，反而会干扰思路。到了动笔的时候，我们才能够仔细推敲每个局部的内容，以及先说什么，后说什么，怎样说，等等，这就是"局部构思"。这一过程只有到落笔以后才初步清晰、定形。

再其次，是由残缺而完整。

直到你动笔，你还常常会发现自己的构思还存在着一些疏漏。这是因为在构思的过程中，正如我们前面所说的，为了捕捉稍纵即逝的思绪，你头脑中闪现的往往只是主要、关键部分的一些片段，它很可能是不连续的、残缺不全的，有所疏漏的。还必须补充残缺、弥合断层，填补疏漏，你的表述才能完整。

最后，你还要寻求最能表达你思想情感的言语形式。

能够"得心应手"不是件简单的事，相信你一定有过"可以意会难以言传"的苦恼。除了你的词汇是否够用，构句能力是否娴熟以外，你还要面对前面提到的思维速度大大超过语言表达的速度的矛盾。"心口如一"只有富于经验的写作老手才能做到。在这里，我们还要注意到内部言语和外部言语问题。

内部言语就是我们思考时的语言形态。它是非交际性言语，是对自己发出的言语，是思考问题时用来支持思维活动的一种语言，或者说是一种不出声的自问自答的言语形式。它是简约、片段、凌乱的。把所思所感形之于文字，从内部言语到外部言语，心理学称之为"外化"。我们常常可以看到一个儿童在自言自语，这时候他的思维是与他的话语同步或者接近的；随着儿童的成长，这种情况发生了变化，内部言语与外部言语逐渐分离，而且差距越来越大。内部言语的形成与发展是智力发展的一个重要条件，它可以大大加快思维的速度，然而它同时也会给我们的表达带来障碍。据研究人员统计，对一个有文化的成年人来说，在1分钟内，内部言语可以达到450字，口语表达的速度可以达到140～180字，书面表达则仅有20～30字。当我们注意力高度集中处于兴奋状态时，思绪此起彼伏，在这种情况下，如果没有运用书面语言的娴熟技巧，再好的想法也会稍纵即逝，无法成文。因此语言技能的训练就必然成为写作教学中的一个重要课题。

这一过程顺畅与否是与写作者记忆库储存的情况、经验积累的状态、技能熟练的程度紧密联系在一起的。写作教学的任务就是依据写作学的理论进行有计划、有指导的训练，使写作者从靠自然积累的自发状态转化为自为状态，转化为自觉的行为，加速经验积累的进程。可是，当我们试图这样来指导学生的时候，我们又会发现中学生写作不能完全等同于社会写作实践，不能简单地把一般写作理论平移于中学写作教学。这是因为：

1. 中学生无论从年龄特征、生活环境、经验积累等各方面都和成年人有很大差异，他们还处在准备阶段，因此应该有与社会写作实践不同的教学要求和系统；

2. 写作教学是一种教学行为，它通过有计划的训练来达到自己的目标，因此需要有与社会写作实践不同的教学途径和方式。

中学是青少年发展变化最迅速的时期，不同阶段应该有不同的要求，目标设定过泛将失于模糊；学校之间、学生之间个体差异很大，没有足够的弹性这本书又会失去适应性。所以我们把自己的探讨限定在高中——这个介乎成熟与幼稚之间的过渡期。用新的写作理论指导写作教学还处在草创时期，中学更是一片未开垦的处女地。道路伊始，前面谈到"我们不敢说自己谈的全面而精确"不是自谦而是自知。我们愿意和读者一起摸索，一起披荆斩棘。

阳光经过折射可以分解为赤橙黄绿青蓝紫七种颜色；找一张纸，绘上这七种颜色，再找一个支撑物，急速旋转，七色又会还原成阳光的本色。这一历程增进了我们对阳光的理解。吕先生又说过："静态分析很重要，是根本，但是不能到此为止，用一堵墙把自己圈起来。语言不存在于真空，语言是供人们使用的。研究人们怎样使用语言，这就是语言的动态研究。"没有静态的因素分析，我们不可能建立动态的写作理论系统，而在动态的理论研究中，我们可以更好地了解写作的本质，还它以生命，观察它的运转，从中获得启示。尽管探讨刚刚开始，还有着许多未知领域，但我们坚信道路是存在的，而且相信：随着研究的不断深入，随着学生有所领悟而且掌握要领，他们的脸上就会挂出微笑。

中学语文教学内容和教材结构的探讨[*]
（1990 年）

一、我国语文教学传统模式与西方的比较

语言是社会交际工具，中学语文课当然具有很强的工具性。但任何一个民族的母语教学都不能简单地仅仅视为一门工具课，它是民族文化的载体，是民族文化传统的反映，又承担着继承和延续本民族文化的任务。因此，对母语教学的探讨，不能忽视本民族文化特征的问题。

我国有悠久而独特的文化渊源，成为东方文化研究（Orientalism）的焦点。有关我国语文教学的民族特色问题涉及的方面很多，本文只能就教学的基本模式问题作初步的探讨。

（一）世界母语教学的三大基本模式

处于不同发展阶段的民族，其母语教学的方式是迥然各异的。这里只能取主要发达国家的教学模式与我国作比较。

由于不同的文化渊源和历史条件，世界各国的语文教学大体上可以归纳为三种主要模式，欧洲（西方古典）模式、美国（西方现代）模式、中国模式。

1. 欧洲（西方古典）模式

经典语言学科（语法、修辞）导源于欧洲，于 19 世纪定型，加以欧洲

---

[*] 选自《比较与展望——普通中学、小学课程内容与结构的研究》，陕西师范大学出版社 1990 年版。

自中世纪以来的重视文学的传统，在第二次世界大战以前欧洲本国语文教学的基本模式为"文学"和"语言"并行，各自有明确的教学目标，分别组成教学系列。"文学"以选篇（包含大量节选）为主要形式，重视经典名著，注意使学生在中学或相当于中学的阶段获得必要的文学修养和比较系统的文化常识。"语言"以语法知识为主体。这种教学模式以苏联、英国为代表。目前，英国已有了相当程度的变化。

2. 美国（西方现代）模式

美国文化导源于欧洲，又由于自身的历史条件而形成与其文化母体不同的哲学观念和教育思想。在这种思想观念的指引下，其母语教学衍变为"阅读""语言"两科，各州教学和各种课本之间虽然存在着差异，但有着以下的共同特点：①注重实用性；②语言教学吸收了现代语言学的成果；③选文以"时文"为主，其内容向社会生活各方面扩展；④重视儿童和青少年的心理特征和兴趣；⑤提倡个性发展，开设了大量选修课。

第二次世界大战后，随着美国政治、经济在西欧的影响，其文化、教育的影响也十分显著。据目前掌握的资料，法、意、德等国的语文教学受到的影响较大，英国仍保留了一定的文学教育传统，而语言教学和战前相比，则有了很大的变化。

3. 中国模式

中国历来以"文章"为教材的核心，并且以"遣词造句布局谋篇"的剖析作为教学的重点。对于这种独特的模式，下文进行进一步的探讨。

（二）我国语文教学基本模式的分析

以"文章赏析"为核心可以说是我国传统语文教学的主要特点。从《昭明文选》开始，一直到民国以后仍作为重要教材的《古文观止》，我国历来把一篇篇文章作为语文教学的基本单位，而从《文心雕龙》开始的历代文论，则为这种文章剖析提供了理论基础和教学内容。科举制度"以文取士"进一步强化了这个方向。清末废科举兴新学以来，虽然在课程设置和课堂教学形式方面有了根本性的变革，但是在语文教学这一最富于民族特色的领域内，可以说还没有发生本质的变化。对此，需要作进一步分析。

西方文化以细节分析居优，东方文化以整体综合见长。我国一向注重文章整体的完整性，强调有头有尾，起承转合，层次分明，来龙去脉必须交代清楚。这种与西方不同的文化背景和思维方式，是形成我国语文教学以"章法分析"为主的重要原因。

文字、语言结构的特点是形成我国语文教学特色的另一个重要因素。汉字是由整体象形文字发展而来的以形符、意符的会意组合居多数的方块字，它使汉语词的构成具有更大的灵活性。汉语词缺少形态变化，句法中主谓关系，修饰成分的性、数关系和时态一般不作严格要求，强调以意合来把握。这些特点使汉语在书面表达方面可以有更多的意蕴，也促进了语言风格的多样性。这样，剖析作品语言的深层含意和作者语言的锤炼，就成为我国语文教学的另一个重点。

这种以"文章赏析"为核心的语文教学，能够把语言训练和思维训练更紧密地结合起来。研究、解剖作者的思路，揣摩、体味作者的语言运用，培养语感，把语文教学的各个项目有机地熔为一炉，可以说是我国传统语文教学的最重要的特色。

然而，随着社会条件的变化和现代教育意识的发展，我国传统语文教学也逐渐显露了自己的问题，主要表现在以下几个方面：

1. 它以"写好一篇文章"作为自己的终极目标，有着相当大的局限性。之所以产生这种现象，有两个历史原因：一是我国历史上存在过世界语言史上独一无二的现象——在自己母语系统内，文言和白话同时并行，都是社会的通用语言，这就使语文教学的目标集中于书面表达；二是科举制度长期而深远的影响。基于以上两个原因，我国的语文教学不仅轻视听说，而且使阅读成为写作的附庸。

2. 与西方细节分析的精确性相对照的，是我国对文章整体认识在观念上的模糊性。这使语文教学过程缺乏科学的程序性，从而使教学效果更多地依赖于教师本身的素质。在这种情况下，学生水平的提高就相应地缺乏有效的保障。

3. 过于强调模式而易导致八股化。当然，这种现象的形成有其历史、社会的原因，也有考试的影响，但专注于模式甚至力求使之定型化，不能不说是一个重要的原因。

二、第二次世界大战以来西方语文教学的变化

第二次世界大战以来，科技的进步、人机对话的研究、语言学和心理学的发展，等等，都影响和推动着世界许多发达国家语文教学的改革。综观其变化，主要有三个方面。

（一）课程目标和内容的修订

教学目标的修订和由此引起的教学内容的变化主要是社会发展的结果，是由社会需求决定的。反映为以下几点：

1. 电脑的普及和人—机系统的建立，引起对语言文字规范化、标准化和科学化的重视，从而对语言训练的要求产生了很大影响。

2. 信息量的急剧增长引起了对阅读效率的重视，推动了对快速阅读（speed reading）的研究，并且在语文教学中增添了提高阅读速度和理解力的训练，不少国家（如美国、英国）在中学还开设了"速读训练"课程。

与此相关的是语言信息的判断、选择和处理，关于这方面能力的培养，有的国家把它纳入语文教学的目标，有的国家开设了"情报处理"课（如日本），有的国家则把相应的语言能力列入对学生学习技能技巧的要求（如苏联）。不论是把与上述能力相关的内容纳入语文教学计划，还是在语文课外另立项目，它与语文教学的关系都是十分密切的。

3. 随着社会交际方式的变化、生活节奏的加快以及语言媒介手段的多样化，应用文的教学在语文课中的比重也有所提高。就以我国与西方文化接触较多的香港地区和台湾地区为例，香港的《课程纲要》中明确提出要"有足够的语文能力，以应付社会日常生活的要求"，除书信、启事、讲稿、会议记录等常见体裁外，还把接待访问、致辞、求职面试、慰问、指示、请示报告、商讨、电话对话等纳入教学活动的范围；台湾地区应用文在教材中的比例，初一为10％，初二、初三提高到20％。

（二）语言教学的变化

促使语言教学发生变化的因素，一是语言学理论的发展，二是语言教学观念的改变。

1. 语言学理论的发展

当代语言学的发展有两方面的特点：一个特点是对语言和言语活动中某些具体现象的深入研究；另一个特点是与心理学、人类学、社会学等学科的协力合作。前者直接影响到语言教学的内容，后者则不仅影响到教学的内容，而且影响到教学方法。

研究言语活动的具体现象把人们的视线引向语言与语境的关系。例如结构主义语言学家派克（K. Pike）为分析语言规定了四项原则：①语言由语言单位组成；②单位出现在环境之中，不能孤立研究；③小单位构成大单位，大单位构成更大的单位，形成由小到大的层级系统；④言语行为可以从静态、动态、关系三个方面进行研究。沿着这样的思路，势必使语言学的研究深入到句子以上的层次，形成一个迅速发展的领域。在这方面有代表性的如冯·戴伊克（Teun A. van Dijk）的"宏观结构"理论。这种理论所研究的，是句列如何能在一个话语的范围内构成一个整体。这种研究，正在使语言学与文体学、篇章学、修辞学相互渗透，逐渐填平语言学和文学之间的沟壑。

这些，当然都丰富了而且还将进一步丰富语言教学的内容。

2. 语言教学的转变

20世纪二三十年代，语言教学（包括母语和外语教学）仍然沿袭着词本位、以语法教学为主体的教学方法。五六十年代以来，结构学派和功能学派这两大流派都得到了长足的发展，两大学派虽然在观点上相互对立，但都渗透到语言教学的领域，产生了巨大的影响。主要表现是：

①语言单位由词本位转化到句本位；

②对语言的功能，兼顾概念功能（ideational function）、人际功能（interpersonal function）和语篇功能（textual function）三个方面；

③语言教学不仅涉及情景语境（context of situation），而且进入到语篇构成（texture of a text）；

④在教学方面，主要受行为学派的影响，六七十年代以来，认知学派的观念也逐渐引起注意，在这一过程中，情景法、交际法、现代音像手段等大量得到应用，它不仅使教学法突破了过去陈旧、单调的模式，而且影响到教材的编写。

总之，语言教学的革新是与现代语言学，特别是社会语言学和心理语言学的发展分不开的，它不仅突破了旧有的语法教学体系的格局，面貌为之一新，并且逐渐渗透到语文教学的其他领域。随着教学的改革，一些新的能力要求，例如言语行为要能够根据目的、对象、场合、上下文等语境因素灵活地进行调整，也在不少国家的教学大纲中有所反映（如日本、澳大利亚的教学大纲以及美国"全国英语教师理事会"通过的文件《英语的要素》）。

（三）教材结构的变化

传统观点把课程看作是"科目、知识的总和"，以传授知识为终极目的，因此，教材的编排长期以来一直保持着学科体系的框架。五六十年代以来，科技发展的刺激，哲学方法的发展，特别是教育学、心理学观念的更新，使课程的观念也发生了质的变化。在新观念的指引下，简单地按学科知识的逻辑关系直接缀合的方法已被抛弃，代之以系统设计的思想，并且引入了"潜课程"的观点，导致了对课程和学科内容结构的重新探讨。就语文教材而论，显著的变化有以下几个方面：

1. 以活动为中心，组成相应的学习单元（Unit 或 Chapter）。这种单元的组成形式因各种不同的教材而异。以英国的 *Discovering English* 为例，每个学习单元由"阅读理解"和"练习"两个部分组成。"阅读理解"占全书篇幅的三分之一，"练习"约占三分之二。"阅读理解"部分又分为"引导课文""问题"和"扩展阅读"三个栏目。从全书布局看，有着明显的行动性。再从美国的 *English in Action* 为例，每册由两大部分组成，第一部分是教材的主体，第二部分是备查的资料，供学生查阅使用。第一部分按各种语言活动划分单元，每一单元以训练一种语言技能为主，先用少量课文引起兴趣，再配以大量活动设计，所设计的活动以个人为主，也有小组和全班的集体项目。

2. 注意到语文教学的多面性与综合性。虽然各种教材有分编与综合之分，但所涉及的方面都是很广的。除听、说、读、写并重、构成系列外，兼顾体裁和取材的多样性。例如英国 *Excellence in English*，每一学习单元都包含有六种课型：①写作，②阅读，③语言和信息，④诗歌/短篇小说，⑤口语，⑥戏剧。

3. 重视青少年的年龄特征和认知心理过程。除选材注意学生的兴趣和接受能力外，各种练习设计密切结合学生家庭、学校生活、社会生活的实际，形式多样化，有游戏、表演、社会实践等等，"寓教于乐"，富于趣味性。在这样的思想指导下，学习单元的组合便出现了种种别致、新颖的样式。例如美国 New Horizons 第一册共五个单元，其排列依次是：①理解——自己与别人，②活动——体育与运动，③探险——危险与勇敢，④发现——自然与科学，⑤遗产——英雄与巨人。

4. 基于以上情况，课本的编排既可以不受体裁的约束，也突破了学科知识系统，相当灵活。例如美国 Reading Round Up 作为"阅读—文学系列"，选文一半以上是文学作品，但它以题材和主题作为单元组成的核心，各单元内部体裁混排。如"动物检阅"单元就有小说二篇、传记一篇、小品二篇、诗歌八首。在这种情况下，单元与单元之间、册与册之间的连续性，并不反映在知识的逻辑结构上，而反映为选文由简单到复杂、篇幅逐渐增加、难度逐渐加深、训练的技能水平和熟练程度的要求逐步提高。就语言知识而论，值得注意的是各种教材并不要求系统学习，而是服从技能训练的需要，注重实用性和针对性，知识系统作为贯串线索在教材结构中有明显淡化的趋向。

三、几个需要进一步研究的问题

分析和借鉴国外经验，当然不是说要全盘照搬。事实上，国外的教材编写，从观点到方法仍在不断发展之中。应该看到，近 20 年来语篇结构问题正引起众多学者和教师的注意，成为讨论的热门话题。这是整体理解和表达不可缺少的内容，而在这方面，可以说我国居于领先地位。尽管分析的角度和方法不同，我国的"辞章学"有着悠久的历史，而且早已成为教学的核心，无论是理论还是经验，都有丰富的内容值得我们进行科学的总结。此外，我国一贯强调教师的"主导作用"，这与受杜威"儿童中心"的影响甚深的欧美教育截然相反。不同的意识，自然会出现不同的教材编排和教学处理。如何分别加以扬弃，也是需要仔细、认真对待的。

然而，社会的发展，观念的变更，也提出一些课题需要我们认真研究。

(一) 教学目标和教学思想

要从以"写好一篇文章"为终极目标转移到"听、说、读、写"并重的轨道上来，首先要改变"读写结合"的观念。这种观念由来已久，是在特定历史条件下形成的，而且反映了指导写作的规律和经验。但是用局部的经验来控制整体，势必妨碍我们对四种语言能力的分析和认识，以及对这几种能力发展规律性的探讨。

要分别对听、说、读、写四种能力进行研究，规定明确的教学目标和要求，又必须改变那种把大纲和教材视为"知识点排列"的认识。这种观念并非我国传统语文教学固有的，而是随着现代化从西方输入的。回顾西方课程理论的发展，在20世纪20年代以前，偏重于知识的传递，从而把课程视为科目知识的总和；20世纪30年代以来，逐渐改变为把课程看作是经验改造的历程；20世纪40年代以来，又发展为强调目的和结果，视课程为目标导向。视课程为科目总和，就会强调学科的知识结构；视课程为经验历程，就会注重学习的认知心理；视课程为目标，其导向者为社会需求。关于课程观念的发展与更迭，不在本文讨论范围之内。从实践上看，"知识点排列"的观念，对于不同性质的学科，其适应程度是不同的。就语文学科来说，它并不能反映学习语言的规律性和特点。综观现行教学大纲，"基础知识"要求显得突出而具体，能力目标却显得笼统、模糊，这不能不说是受到陈旧观念的束缚。对此，下文还要进一步阐述。

语言教育和文学教育的关系，也是在确定教学目标时需要探讨的问题。以"文章赏析"为核心的我国传统语文教学，虽然已含有文学鉴赏的因素，但纯文艺（诗、词、曲、小说等）在"五四"以前的传统教学中历来被视为"雕虫小技"，在正规教学中不被重视。从当前教学情况看，不仅选材中文学作品的比重偏低，烦琐的知识教学更排挤着必要的文学教育。按照德、智、体、美全面和谐发展的观点，这个问题有进一步展开讨论的必要。

语文教学的实用性是另一个有待研究的问题。强调实用性是不是就意味着增加应用文的比重？对此目前存在着不同的观点。不管看法上有什么分歧，注意使语言教学更加切合社会交际的实际，并且注意提高语言使用的效率，在这一点上，是毋庸置疑的。

（二）语文知识的再认识

对于语文知识，有两个待明确的问题：一是它在语文教学中的作用；二是它应包含的内容。

知识在教学中的作用，不同学科是有所不同的。按照学科对象的性质，中学的文化课程可以划分为三种类型：第一种是反映型，这类学科的对象是直接的物质客体，并且把客体直接划分，组成了学科系统，例如生物、历史；第二种是抽象型，这类学科将现实中实际不存在的某一方面抽象出来作为自己的对象，例如数学；第三种是应用型，这类学科着眼于技能、技巧的培养，技能技巧的培养有赖于实践，因此这类学科通过有计划的训练来达到自己的教育目的。应该看到，中学文化学科都带有不同程度的综合性，同时又带有相应的优势倾向。中学语文课含有反映的成分，如文化知识，也含有抽象的成分，如对社会生活的观察与概括，但就其主要目标来说，根据语言这一社会交际工具的性质，它具有着强烈的应用色彩。反映型学科的特点在于其知识性，因此可以按照知识点的排列构成学科框架；抽象型学科以其抽象程度高而具有较强的智力因素，因此知识的逻辑结构固然是学科的基础，但它还不能反映学科的能力要求和难度层次。对于应用型学科，知识仍是重要的，但这种知识应该是对于实践的规律性概括，又有助于指导实践，在教学编排中应更重视能力的梯度，学科体系的逻辑系统性，相对地说，处于比较次要的地位。

我国目前的语文教学，可以说是传统内容和引进的知识体系的混合体，而教学内容中的知识成分，新中国成立以来又大大地强化了。由于中外文化背景和方法论的差异，教学内容的这种混合状态不仅是必然的，而且估计还要延续一个相当长的时期。问题在于我们目前所沿用的知识体系，大多定型于上个世纪，这些知识以分类作为方法特征，内容烦琐，成为学生的沉重负担，又收效甚微。和国外教材比较，无论是"基础知识"的内涵还是外延，我们和他们都存在着很大差异。参照上文，可以看到国外语言教学的内容已经有了很大的扩展和变化。对于这些内容和我国的传统经验，如何鉴别取舍，删繁就简，合成一体，是一个艰难而又重要的课题。

（三）教材编排的原则

关于语文课本编排的主线，特别是按"三大实用文体"排列的问题，已经有不同的意见和设想，应该允许不同方案的实践。本文只想提出教材编写原则中的两个问题：扩展性和螺旋式。

语言的社会性使人们对自己的母语有自然习得的可能。从个体发生的角度看，一个人从牙牙学语开始，就是在社会这一广阔的天地里学习语言，年龄渐长，听广播、看电视、读报纸……无一不成为他语言材料的丰富来源。这就使语文课的学习具有和其他学科不同的特点，同时也要求语文教材成为启发、诱导的因素，通过典型分析、知识归纳、练习设计、课外活动等等，使学生举一反三，加深对各种语言现象的认识，指导他们从事各种语言实践，换言之，语文课文只是一批"例子"。语文教材应该成为一个渠道，通向学生课外听、说、读、写活动的汪洋大海。然而近年来"语文教材就是课文""课文就是教学内容"在广大教师中已经成为一种普遍的、根深蒂固的意识，这种认识不仅是不正确的，而且已经束缚教材的编写。本文第二部分所介绍的几种国外教材，其共同特点之一就是以少量例文来诱发大量阅读，有的还有推荐、介绍课外读物专栏；另一个共同特点是练习的范围不限于课文，各种项目和内容不受课文的局限，其材料和涉及的知识往往大大超过课文的范围。这种教材思想和编纂方法，与我国教师中甚至连词语都希望统一规定的要求恰恰相反，值得我们思考和借鉴。

能力的增长有赖于实践，在这一过程中，其"运动量"必然大大超过其"发展量"，呈螺旋式进展。这是一切认识运动和技能技巧训练都必须遵循的原则，我国"多读多写"的传统经验正是反映了学习语文的这一规律性。但是学科体系的逻辑结构往往正与这一学习规律相反。以对语言的分析为例，中学生从低年级到高年级，他们对语言现象的观察与辨析一般是从整体到局部，由宏观到微观，由模糊到精确，语言单位由大到小；而目前语法知识的教学则由语素、词而短语，而单句，而复句，而句群，二者的顺序是相悖的。综观国外的语文教材，其编排都根据"心理组织法"的原则，呈螺旋式进展，由易到难，循环上升，而我国的语文课本则基本上根据"逻辑组织法"的原则，呈直线式。两相对照，迥然不同，这不能不说是"知识中心"思想的结果。教材的编排是对学科内容结构认识的直接反映，也是语文教学整体改革中一个必须解决的问题。

实践研究

增设"当代文艺讲座"课的尝试*
（1981年）

从 1979 年下半年起，我们在高一语文课中增设了"当代文艺讲座"，定期向同学介绍当前报纸杂志、电影、电视中优秀的或有争议的作品，每三周两节课。"讲座"的开设受到了同学的欢迎。下面简单介绍一下我们的做法。

一、增设"讲座"的指导思想

首先，我们感到，增设"当代文艺讲座"对于今天的学生有其现实意义。

80 年代的中学生，尤其是高中学生，他们的思想是相当活跃的。他们面对世界之窗，关心周围的现实；他们议论时弊，探索人生，脑海里出现了一个接一个的"为什么"，到处寻找答案：他们是"爱思索的一代"。然而由于他们年轻、幼稚，思想中也常常出现某种混乱。他们曾经把现实理想化，一旦接触到社会上的一些阴暗面，有时就会产生"迷茫"。有的同学感到苦

---

* 原载于《人民教育》1981 年第 2 期，发表时署名为章熊、何斐。作者自注：这篇稿子是应苏灵扬同志的要求写的。70 年代末到 80 年代初，北京大学附属中学语文教学有两项别具一格的内容：一项是"当代文艺讲座"，一项就是"小论文写作"。"当代文艺讲座"苏灵扬同志听过，高兴得不得了，马上告诉叶老，叶老曾写信给我谈及此事（见开明书店出版的叶老的书信集）；"小论文写作"的成果曾经在中学语文教学研究会北戴河会议和中学语文教学法研究会成立大会上展出，引起强烈的反响。这两项在当时可算独树一帜，自然免不了招来一些麻烦。"小论文写作"在我离开北京大学附属中学以后仍然坚持了下来，到现在已经 20 多年了；何斐老师主持的"当代文艺讲座"，随着她移居美国而烟消云散了。

闷,有的同学对什么都看"透"了,没有高尚的追求,没有崇高的理想,只埋头读书,缺少为人民服务的热情。当代优秀文艺作品是学生很好的生活教材,在教师指导下阅读和讨论这些作品,是我们对学生进行思想教育的有效的辅助手段。

其次,我们还感到,使学生思想活跃是培养语文能力的重要方面。学习古今中外的名家名篇,固然能丰富学生头脑,活跃他们的思想;但是,名家名篇毕竟有它的局限性,它们只反映了"昨天",要让学生思想活跃起来,培养他们的语文能力,还必须让他们面对今天的现实。他们每天听广播,读报纸,接触文学艺术。这一切都为他们提供了极其丰富的社会营养。语文的课堂教学绝不能孤立于社会之外,应该充分利用这些社会营养。当然,增设"当代文艺讲座"也是培养美育的需要。

二、我们的具体做法

当代文艺作品涉及面广、数量大,如要面面俱到,就会浮光掠影,学生印象不深;如果只拿一篇作品细磨细嚼,又达不到开拓学生阅读领域,引起他们兴趣,指导他们观察与思考的目的。因此,我们在教学中尽量把一般介绍和重点介绍结合起来,以介绍优秀作品为主,同时还介绍一些有争议的作品。

以一次讲座为例。我们结合国庆前后全国电视剧大联播,组织学生评选了优秀节目,然后向同学们推荐了《可爱的动物》(纪录片)、《灵与肉》(小说)、《用三根弦奏完自己的歌》(小说),比较详细地介绍了韩少功的《西望茅草地》。此外,还讲解了有关"意识流小说"的浅近知识,向同学介绍了王蒙的一批新作,引导同学们去进一步阅读与思索。

为了进一步引起学生的兴趣,培养他们的鉴赏与分析作品的能力,我们尽量把讲座与社会上的一些活动联系起来。例如,电影界进行"百花奖"评选活动时,我们在班级中也开展了"小百花奖"的评选活动,印发模拟选票,不仅要求学生选出自己心目中的"最佳影片",而且要求他们写出影评,最后要求各班把同学的意见集中起来,填写正式选票投寄出去。事实证明,学生对影片的评价与正式评选的结果是相近的,他们也感到特别高兴。

为了促使学生认识上不断深化，组织讨论是必不可少的。我们曾就《小镇上的将军》《谁生活得更美好》《西望茅草地》《陈奂生上城》《一个工厂秘书的日记》等作品组织了课堂讨论。在讨论之前，为了便于学生熟悉这些作品，有时我们预发材料，有时我们在课堂上重点介绍主要情节或者朗读精彩片段。讨论是十分热烈的。例如学生在讨论《流水弯弯》与《积蓄》的时候，对作品中提出的"青年应该有怎样的理想""钟奇与明伟谁幸福"以及《积蓄》中生活的真实与艺术的真实等问题展开了辩论。他们的观点针锋相对，争论得十分热烈。最后教师作了总结，提出自己的看法供同学参考。辩论从课上延续到课后，从教室走廊一直争论到宿舍，形成了浓厚的争鸣风气。

　　"讲座"所选作品也可以与统编课本的某些教材结合起来。讲《套中人》时，我们印发了契诃夫的另一篇小说《一个小公务员之死》，介绍了反映"四人帮"横行时期中国知识分子悲剧的《法学教授及其夫人》《送药》等当代作品。学生从带着眼泪的笑声中，更进一步体会了"契诃夫的写作风格"，也加深了对"四人帮"摧残知识分子罪行的认识。

　　从1979年下半年到1980年上半年，一个学年中，"讲座"共向学生介绍了小说38篇，散文、报告文学10篇，论说文2篇，外国文学作品4篇，话剧、电影、电视剧22部。（附录1）1980年下半年，共开了五次"讲座"，推荐、介绍各种作品45篇。

三、对"讲座"效果的初步认识

　　"讲座"对促进学生思想活跃的效果是十分明显的。上一学年期末，我们曾要求同学写简单论文，他们论文的题材十分广泛，题目也各种各样。有的写《爱它吧——人生！》，有的写《当今青年人有哪些苦恼》，还有的写《从一些表面现象看两代人的隔阂》《细节的魅力》《青年人，接受美育的熏陶吧！》《略谈电影艺术的几个新突破》《"人性"难道还应该是禁区吗？》等等。无论是从选题上还是从内容上，都可以清楚地看到"讲座"所推荐作品的影响。在讨论蒋子龙的小说《一个工厂秘书的日记》时，同学们对金厂长这个人物争论得十分激烈，在对他的评价上形成了三种截然不同的看法：有的同学十分肯定金厂长，认为他是一个敢想敢干有作为的人；有的同学骂他是"社会油子"，对社会有腐蚀作用；还有一种意见认为金厂长是真实的典型，社会的产物。这些争论实质上反映了学生对于人的价值观念的探索，对社会现象的剖析。最近学生又对《小说月报》1980年第12期刊登的《面对共同的世界》产生了强烈的兴趣。他们把它看作是《中国青年》杂志对人生意义讨论的继续，正在对"自私""幸福""人的价值""人生意义"等问题展开针锋相对的辩论。

在这些争论中，作品中的艺术形象成了学生很好的教师和朋友，为他们指点着人生的道路。《美的追求者》《祖国高于一切》《让我忘记》《清晨，窗外飞过一队白鸽》《女儿的心愿》《灵与肉》等作品启发了同学的民族自尊心和爱国主义情感。柯岩同志的报告文学《美的追求者》中，画家韩美林对引诱他出国的外国人说："你的国家也许是富有的，但我的祖国就是我的母亲，她也许暂时缺奶，也许她打过我，但她是我的妈妈，我爱她，我爱她呀！"这段话给同学们留下了深刻的印象。

长期以来，学校中美育被取消了，然而，对美与丑的辨析，是塑造学生灵魂的一个极其重要的课题。《有一个青年》《谁生活得更美好》《西线轶事》等作品引导着学生去透视生活中的美与丑。同学们喜爱《西线轶事》中的刘毛妹，因为他虽有缺点，但是个"实实在在"的英雄，看得见、摸得着、学得到。《谁生活得更美好》中，那位热爱自己平凡的工作又有高尚情趣的女售票员也吸引着同学们，他们嘲笑那个假装高雅、俗不可耐的小市民式的青年吴欢，当然更鄙弃那些"高价姑娘"与"漂亮姐"了。"要做精神上的百万富翁，不做物质生活的奴隶"的思想逐渐地渗入了同学的精神世界。

这样的争论，提高了学生的鉴赏能力与分析能力，也很自然地提高了他们的写作能力。"讲座"不仅为写作提供了丰富的思想材料，也为他们提供着生动活泼的语言材料。由于写的是他们自己感兴趣的内容，抒发的是自己真实的内心感受，行文中一扫过去的学生八股腔，常常可以看到一些新鲜生动而又精彩的段落。例如，一个学生在《与我们心心相通的朋友》（对张洁两篇关于青年作品的分析）的习作中，这样写着：

"……张洁呢？当她用她那沉思的目光注视着社会的时候，必然看到在一些青年当中，善良被当作无能和怯弱，欺诈被当作智慧和才干，无知、愚昧、庸俗、粗鲁像传染病一样在空气中传播。她有勇气去谴责，她无畏于同黑暗作斗争。同时，她也懂得，对于我们青年无须长篇的说教，我们真正需要的是对人的精神生活的认真的探索。于是，她的谴责也似乎是带笑的。'您记着，什么时候也不要使自己变丑呀！'这就是她的微笑的批判，使人感到这种有节制的愤怒，如同月亮愤怒时无须风驰电掣，雷雨交加伴随一样。我想，作为朋友，张洁一定不会带着幽默感来观察生活的，她一定是带着沉思的神态，尖锐的明眸来注意我们。"

此外，课堂讨论与争论，对学生的口头表达能力也是一种锻炼。

附录1. 1979—1980年度高一"当代文艺讲座"主要篇目①

一、小说

《有一个青年》《白莲花》《谁生活得更好》《法学教授及其夫人》《小镇上的将军》《乔厂长上任记》《剪辑错了的故事》《月兰》《我爱每一片绿叶》《祝你们幸福》《清晨,窗外飞过一对白鸽》《我们家的炊事员》《歌神》《独特的旋律》《夜的眼》《第五个穿大衣的人》《忏悔——献给不幸的孩子》《小薇薇》《盼》《卞大姐》《这里有黄金》《说客盈门》《珊珊,你在哪儿?》《归来》《乔厂长后传》《西线轶事》《一束信札》《陈奂生上城》《流水湾湾》《积蓄》《春之声》《风筝飘带》《爱,是不能忘记的》《手足情》《布礼》《公开的情书》《风乍起》

(共38篇)

二、报告文学、散文

《人妖之间》《她有多少孩子——记著名妇产科专家林巧稚》《命运》《大雁情》《杜晚香》《竹庄青青》《生命的歌》《拣麦穗》《让我忘记》《美的追求者》

(共10篇)

三、论说文

《祝你成功》《试论人才成功的内在因素》

(共2篇)

四、外国文学

《陪衬人》《西西里柠檬》《格林征空记》《鹦鹉螺号的故事》

(共4篇)

五、话剧

《报春花》《未来在召唤》《她》《为了幸福干杯》《救救她》

(共5篇)

六、电影、电视剧

《小花》《从奴隶到将军》《吉鸿昌》《生活的颤音》《归心似箭》《啊,摇

---

① 本附录及以下几个附录为作者后来所增,不见于原发表文章。

篮!》《小字辈》《噩梦》《于无声处》《七品芝麻官》《有一个青年》《瞧这一家子》《海外赤子》《泪痕》《彩云归》《人证》《玛丽娅》

(共17部)

(以上共75篇)

附录2. 1980年高一（3）班期中考试学生自拟的论文题目

情况介绍

在开设"当代文艺讲座"的基础上，结合写作课"类比和对比"的教学，1980年期中考试的办法是：阅读课发下《伤逝》《祝福》《荷花淀》三篇作品，要求学生就三位女主角的不同经历、性格和命运，以妇女问题为中心，自拟题目，议论发挥。期中考试后，在学生的倡议下，教师又组织了"子君还有没有别的出路"的专题讨论。讨论会进行得生动活泼。下面是当年一个班的学生所自拟的论文题目。

1. 封建制度是绞杀妇女的元凶

    ——由子君和祥林嫂的结局谈起

2. 中国劳动妇女与时代的关系
3. 从子君和莎菲看封建势力对女性的残酷迫害
4. 封建制度是妇女的坟墓

    ——看祥林嫂和子君的命运

5. 子君和林道静的命运
6. 谈精神生活与妇女解放
7. 叛逆者的道路
8. 论子君的出路
9. 人的生活第一是求生

    ——试论祥林嫂与子君的死

10. 幸福必须基于事业

    ——子君与真江

11. 祥林嫂与子君
12. 祥林嫂与水生嫂

13. 天壤之别的道路

14. 子君和陈白露

15. 论中国妇女的这样的一种精神

16. 命运

17. 论妇女解放

18. 林道静与子君

19. 只有参加革命改变现状才是旧中国劳动妇女的真正出路

20. 略论中国知识妇女解放的道路
    ——从子君与林道静的不同遭遇想起的

21. 欲望与命运

22. 中国妇女的道路

23. 从子君与林道静的个人奋斗谈起

24. 起看星斗正阑干
    ——由祥林嫂和子君的遭遇看旧中国妇女的悲惨命运和光明前途

25. 试论旧中国妇女的解放

26. 什么决定人的命运
    ——由水生嫂和子君的不同命运想起的

27. 祝福
    ——祝解放了的妇女幸福，祝正在为解放自己的妇女们幸福

28. 旧中国妇女的苦难
    ——旧中国妇女的典型祥林嫂与子君

29. 他们的爱
    ——由子君、林道静的爱情悲剧想起

30. 奔向幸福的召唤
    ——子君和娜达丽亚对今天的启发

31. 从祥林嫂和子君的遭遇谈个性解放、经济独立及社会制度在妇女解放中的地位

32. 封建社会的叛逆者
    ——从子君、林道静看妇女解放的道路

33. 路
　　——论中国妇女的解放道路
34. 道静与子君
　　——造成不同结局的原因
35. 为中国母亲呐喊
　　——为以祥林嫂、子君为代表的中国苦难妇女呐喊
36. 论妇女解放
　　——看《伤逝》与《青春之歌》之后
37. 水生嫂与李双双
38. 谁害了子君？
39. 只有走革命的道路，妇女才能有真正的解放
40. 封建社会妇女的厄运
41. 妇女们起来，要做主人
42. 幸福需要勇敢的追求与不懈的奋斗
43. 中国封建社会后期知识妇女的命运
　　——读《伤逝》与《青春之歌》
44. 从子君和陈铁军的人生道路看妇女解放
45. 道路曲折艰难，曙光即在前面

附录3.《人民教育》同期发表的苏灵扬同志的文章

中学语文教学的新课题

苏灵扬

在当前中学语文教学中，特别是高中语文教学中，面临着一个新的问题，这就是如何正确指导学生去阅读、欣赏和评价当代的一些文学艺术作品的问题。

目前，文艺界创作空前活跃，而作品又往往良莠不齐，对青年学生的思想影响不可低估。青年学生对这些作品，不论是小说诗歌还是电影戏剧都很感兴趣，他们看得很多。看了以后，他们在想些什么？有哪些感受？语文教

师对此应采取什么态度,是回避还是面对现实?我想,我们还是应该面对现实,采取积极的态度,通过和同学们共同研究、探讨,从中帮助和指导他们判断优劣、分辨是非。

对于什么是"今文",教师有一种错觉,就是只把"五四"以来的白话文直到抗战、解放战争时期的作品视为"今文"。我也有这种错觉。这就容易造成只注意现代文学作品,而忽视了当代文学作品。实际上,被我们认为是"今文"的,比如半个多世纪以前的作品,当时的时代脉搏、生活风貌、人物的心理,对十几岁的学生来说,已经很难捉摸,很难理解,或者说,他们已经是从历史的角度来理解了。这不能责怪年轻人,因为人总是生活在现实中,也总是对当前更感兴趣。我们在生活中常常遇到这样的情况,和小青年们谈论往事,我们津津乐道,他们却笑而回答"啊呀阿姨,你们是生活在那个时代呀",或者说"那时多好呀,可现在终究是现在呢"。是的,我们和青年人中间确实有了距离,用青年人的话来说是"两代人的隔阂"。那么怎么来缩短这种距离,消除这种隔阂呢?作为教师,作为长者,首先应该努力去理解他们,理解他们所想的、所爱好的、所感兴趣的现实中的问题。理解了,我们和他们的思想情感就挂上了钩,然后才能取得作他们引航员的资格。教师不但要教育青年人理解和继承过去的,特别是革命年代的一切好事物、好传统;同时,教师也必须理解青年一代。这样师生才有共同语言,学生心灵的大门才会向你打开。

最近我有机会到北大附中听课,一位高中语文教师为同学们讲授"当代文艺"对我的启示很大。虽然这位教师开始作这种尝试还为时不久,我更是第一次听到这样的课,还谈不上系统地来总结这方面的经验,但是我深深地感到这是中学语文教学中的在新时期的一个新课题。也许现在只能在一些城市的少数有条件的学校来引起注意。我听课的这位教师,她有计划地每隔三周讲授两课时,讲授的教材都选自目前报刊、电影、戏剧以至电视中的优秀文艺作品和对各种文艺思潮、流派的介绍,也选讲一些有争论的作品等。讲授的方法更多的是采取介绍和讨论的方式,课堂气氛很活跃,甚至下课后同学们还围着教师询问或提出自己的看法。这是我在过去听课中很少遇见的现象。

对当代文艺，青年们感兴趣，乐于接触，这很自然，因为这是他们生活的时代。我们作为教师应当面对这一现实，虽然做起来困难重重，一无教材二无计划，有的可能还有顾虑，尤其困难的是要求教师对当代文艺要去广泛接触、选择与思考，不能像讲授那些现成的古文或"五四"、抗战等时期的作品那样容易。我听课的那位女教师对我说，她几乎时时都在备课中：看书报、刊物，看电影、电视。教师要更多地开动脑筋，要用马列主义、毛泽东思想和党的十一届三中全会以来确定的路线、方针、政策去分析研究和探讨学生提出的各种问题。这就需要教师付出更多更艰辛的劳动，我多么希望有一部分教师来做先行者，迎难而上！据说现在已经有些语文教师在跃跃欲试。这是中学高年级语文教学中的一个新的课题，但从中已嗅到清新的芬芳。

需要说明的是，强调对当代文艺的学习与指导，不是要削弱对"五四"以来优秀文章的学习，也不是要削弱对古代文学中情文并茂的佳作的学习。相反，我认为应该加强这方面的学习，这对于提高学生思想认识，培养学生的语文能力，无疑具有重要作用。我只是觉得，应该把当代文学艺术放在中学语文应有的位置上，给予必要的重视。同时，中学语文讲当代文艺，这个课题目前刚刚被提出来，教材都是进行试验的教师各自选择的。不能要求在课本中编选进去。我们也不能要求各中学或大多数学校不考虑条件都进行试验，课时与授课方式也不宜统一规定。我认为，作为试验，大体可每二至四周进行一次，每次两课时。如果课内不能进行，一学期在课外举行二至三次讲座也可。总之，这是一个新课题，没有比较成熟的经验可供参考，但路是人走出来的，我们就在语文教学的领域里来开拓一条新的路子吧。

小论文写作试验*

(1981 年)

缘　　起

小论文写作是一种大型的综合性的写作练习，同时也是培养学生学习能力和良好习惯的有效手段。放眼未来，中学阶段的论文写作训练应该成为学生发展中的一个阶梯。学生要学会自己读书、思索、确定课题，要学习一定的治学和资料整理的方法，他要把自己头脑中的思想材料加以概括，并使之系列化，而且还要清晰地表达。这是一个难度较大而又很有意义的训练项目。

思想材料的准备

独立地思考，自由地发表意见，必须以思想活跃为前提，而没有丰富的思想材料是不可能形成活跃的思维的。因此，学生写论文，决不仅仅是写作技巧问题，从某种意义上讲，论文写作的基础是阅读。近年来我们把语文分成了"阅读"和"写作"两门课，分别由两位教师讲授。实践证明，只要引导得法，阅读课可以使学生的思想大大活跃起来。

学生的阅读面十分广泛，从他们论文的题目看，也是五花八门。阅读课既不需要也不可能涉及这么多的领域。它应该是一种催化剂，触发学生的阅

---

* 选自《思索・探索：章熊语文教育论集》，人民教育出版社 2002 年版。

读兴趣；是一扇窗口，引导学生去观察他生活圈子以外的广阔世界；是引路人，启发学生如何正确地思考；是点火器，让学生思想上爆发出火花。一段时间以来，我们的阅读课以教授名家名篇为主，对于这样的作品，学生是欢迎的。但是，名家名篇只说明了我们的过去，不能反映我们的今天。要促使学生更积极地思索，还必须让他们面对今天的现实。从1979年下半年起，我们在阅读课上又增设了"当代文艺讲座"，每三周两节课，定期介绍最近报纸杂志电影电视中优秀的或有争议的作品。这一学年，我们在"当代文艺讲座"课上介绍与分析讨论的篇目有70多篇（参阅本集《增设"当代文艺讲座"的尝试》）。

"当代文艺讲座"受到了学生的热烈欢迎，其热烈程度是我们事先没有料到的。"讲座"带有介绍性质，间或组织一些课堂讨论，并不强求学生去读。但是学生不仅有兴趣地阅读，而且旁及其他作品；现实提出了问题，书籍向他们招手，议论的声音响起来了，他们的思想活跃了。

引导他们读书，又要教会他们读书；鼓励他们评论，还要指导他们思考。我们并不强调阅读课和写作课的直接配合，但是有了机会，也组织一些两门课互相联系的活动。例如写作课进行了《绘画评介》的练习之后，因势利导地比较了影评和画评的异同，阅读课则配合文艺界的"百花奖"评选，开展班级中的"小百花奖"活动，不仅要学生选出自己心目中的最佳影片，而且要进行评论分析。写作课《类比和对比》单元结束以后，阅读课就发下了三篇作品：《祝福》《伤逝》《荷花淀》，要学生结合三位女主角的不同经历、性格和命运，以妇女问题为中心，自拟题目，议论发挥（参阅《增设"当代文艺讲座"课的尝试》一文的附件）。在学生的倡议下，教师又组织了"子君还有没有别的出路？"的生动活泼的专题讨论。这些活动，都为期末的论文习作打下了一定基础。

写作能力的准备

"小论文写作"是目前我们写作教程的最后一个单元。论文写作的全部能力，当然不能指望靠这一个单元就能培养起来。在进行这项大型的、综合性的训练之前，先要搭好一个个台阶。

考虑"台阶"的设计以及进行论文写作指导的时候，首先要研究学生的年龄特征和他们的思维以及语言运用方面的特点。

写论文，思维的条理性和语言的准确性当然是基本要求，但是，也并不排斥一定的形象因素。十五六岁的青少年不同于成年人，不能完全按照成年人的论文来要求他们。他们的语言是清新的、活泼的，但并不沉着、老练；他们的思想是活跃的、富于想象的，有时是近于直观的，但往往不够严密、全面。然而他们文章中最富于生气的，却恰恰是这些生动活泼、天真、有时甚至还有些幼稚的部分。他们谈人文科学方面的问题，总要蒙上一层比较浓重的感情色彩；他们谈自然科学的时候，有时笔调更接近于科学小品。如果不考虑他们的年龄，硬要他们模仿成年人说话，就会使他们的创造力窒息。

因此，在写作训练中，既要把思维的逻辑性和语言的准确性列为教程的核心，又不能局限在这一范围之内，不仅要指导他们准确地概括，还要教他们恰当地描述；不仅要教他们注意内容的逻辑程序，还要进行必要的时间顺序和空间顺序的练习；不仅要发展他们的抽象能力，也要发展他们的想象能力；要他们议论，也允许他们抒情；不仅要他们能够处理观点、中心句和材料之间的关系，还要结合他们的年龄特点进行语言训练。到现在为止，我们的写作教学大体上排成了以下程序：

写作训练

一、词语诠释

二、程序说明

三、提要与摘要

附：段落的衔接与过渡

四、怎样回答问题

五、类比与对比

六、类比说理和借物喻理

七、引喻和举例

八、说明性描写

附：感觉印象描写练习

扩展性描写练习

九、绘画评介

十、小论文写作

语言训练

一、长短句变化

二、对称句练习

三、语言的清晰性和思维的条理化

四、语言连贯性练习

五、句子的强调与变化

在写作课中，写作练习与语言练习是交错进行的。这些专题都直接或间接地为论文写作打下了基础。

论文写作单元指导

这次论文写作指导共用了三周时间（每周两节），学生写作主要利用课外时间，只是最后给了两节课供他们修改誊写。从开始指导、初稿到定稿，前后共四周，形成了一次写作高潮。

论文题目自定，但规定至少要参考三本书或三篇文章，并在篇末列出参考篇目，重要引文必须注明出处。为了提高学生的兴趣，学校专门印发了论文用纸。总之，在这次练习中，我们尽量模拟正式论文的写作程序，以便学生逐渐熟悉正式论文的写作要求、工作方法以及书写格式。根据这样的设想，这次论文写作指导包括了以下内容：

（一）材料的收集与整理、注解的基本格式。其中包括怎样利用卡片，卡片的基本内容与格式，脚注与附录的作用及格式，等等。为了照顾学生的经济条件，卡片可以利用练习本裁制。

（二）观点的形成与表述。在论文写作中，主要观点的表述是关键性的一环，并且具有一定的独立性（有点类似八股文写作中的"破题"）。观点不清，主要矛盾不在于语言而在于思维的逻辑性。在这次指导中，我们重点讲解了演绎、归纳推理中常见的谬误，利用学生过去作业中带普遍性的病例编成练习，让学生修改。此外，还提醒学生对文中出现的生疏概念要注意诠释，复习了"词语诠释"的知识。

（三）主题与标题。论文的标题与其他文体的标题是有差别的，但这次我们只做一般解释，不过多地限制学生。

（四）观点、材料、中心句。这是学生前一阶段训练的重要项目之一。学生常犯的毛病是中心句使用概念过大，流于空泛而失去准确性。这次练习的主要形式是让学生根据规定的材料写出中心句。在这一练习中，教师主要讲解"关键性词语"的知识。

（五）分观点或基本材料的排列。思想材料的系列化是表述清晰的必要条件，它不仅体现为全文的结构，也反映为文章各个局部的内部顺序关系，是一切大型写作的主要的基本能力。在这次指导中,我们总结了材料组合的三种基本顺序(时间、空间、逻辑)的知识。在"逻辑顺序"这一部分,我们又着重指出,从心理学的角度看,文章最后部分最容易给读者留下深刻的印象,因此要求学生尽量把自己认为最重要的或最有兴趣的内容安排在全文的结尾。这样的要求是比较高的,但强调这一点,有助于学生树立布局谋篇的意识。

(六)开头与结尾。这一部分主要是举出一些例子,提供学生参考、选择。

(七)语言的衔接与过渡。由于学生已经进行过语言连贯性练习,这次只是一般地复习了一下。但是从学生的初稿看,问题还是不少的,主要毛病仍然是在表述复杂的事物过程或观念的时候语脉不清或语流不畅。

论文写作指导对全年写作教程来说带有全面总结的性质。由于缺乏经验,我们感到在教学过程中还存在针对性不强和重点不够突出的缺点,有待于在今后的实践中改进。

学生论文鸟瞰

这次试验扩大了学生的写作领域,也扩大了我们的眼界。

学生的兴趣十分广泛,题目也各式各样。以一个班为例(见附录)。五十五人中,谈人文科学的题目 28 个,谈自然科学的题目 27 个。自然科学方面,从仿生学、医学、航天学、工业技术、科学史一直到气功,包罗万象;在社会生活方面,学生喜欢议论的是人生(《爱它吧,人生!》)和人才成长的道路(《自古雄才多磨难》),他们讨论着当前青年一代的苦闷与追求(《如今的青年人在想什么?》),也谈论着历史、美育、电影、小说甚至流行歌曲。有一个学生调查了十七个青少年犯罪的案例,写《文化教育和犯罪率的比例关系》,还有一个学生参考了不少著作写了一篇理论性很强的《抽象思维与自然科学的发展》。他们思想活跃而大胆,有的写《从一些表面现象看两代人的隔阂》,有的写《"人性"难道还应该是禁区吗?》。大胆和创造往往是结伴而行的,有一个学生凭着自己的稚气和想象设计了一个航空港(《MAP 航空港设计初想》)并附有彩色插图,还有一个学生认为目前江苏与安徽的省域划分不合理，建议苏北与皖北合并，苏南与皖南合并，他参阅六本专门著作，写了篇《论苏皖两省的经济与区域划分》。从学生五光十色的论文中，我们看到我国青年一代视野在不断扩大，感受到他们思想的脉搏，接触到他们的内心世界。

这些论文短的一千几百字，长的五千多字，多数在 2500 到 3500 字。值得注意的是，由于学生谈的是他们感兴趣的事情，说的是心中想说的真心话，文字间一扫过去常见的学生八股气。长期以来，语文教师只知道"改"学生的作业，而不是去"读"他们的文章，满篇血红的批改符号意味着教师并不关心学生写什么，关心的只是他们语法、标点等方面的错误，在这种情况下，学生的作文因袭着老一套的写作内容，运用着在校门外谁也不用的语言形式。现在，学生找到了自己的声音，他们的文章反映出自己的个性、智慧和信心。北戴河语文座谈会上，我们用这些论文办了个小型展览。是的，这样的试验目前还只能在重点班进行，但我们想，五年、十年以后，达到这样水平的学生总该多起来；退一步说，到了那个时候，高二毕业生中至少应该有一部分人能够取得这样的成绩。我们在迷茫的天空中看见了曙光。

附录

高一（3）班期末自选论文题

1. 还我晴空
2. MAP 航空港设计的初想
3. 从一些表面现象看两代人的隔阂
4. 绚丽多彩的化学世界
5. 当今的青年有哪些苦恼
6. 上天入地寻生命
7. 浅谈雷达对抗
8. 与我们心心相通的朋友——对张洁关于青年的两篇作品的一些直观认识
9. 仿生学浅谈
10. 理想、毅力、信心——成功的要素
11. 金字塔之"谜"
12. 大猩猩会变成人吗
13. 减轻北京市噪声对居民楼污染的几种途径
14. 动物的特殊机能与仿生学
15. 百慕大三角区之谜
16. 性格的形成及其反作用
17. 谈谈对海豚的研究
18. 由静功简单谈谈气功
19. 要让英雄有用武之地
20. 论电子计算机技术在现代化中的作用
21. 音乐、生活、追求——谈贝多芬的几部交响曲给我的启发
22. "人性"难道还应是"禁区"吗
23. 试论我国电影语言的新突破
24. 青年人接受美学的熏陶吧
25. 癌症终将被征服
26. 试论直升机在未来战争中的作用
27. 关于天外来客的种种推测

28. 天外有来客吗

29. 理想与现实

30. 未来的"独裁者"——论太阳能的某些利用

31. 一些动物器官的特殊机能及利用

32. 谈谈变后掠翼飞机

33. 略谈电影艺术的几个新突破

34. 岳飞是被谁杀害的

35. 略论"π"的"今昔"

36. 今天，青年人在想什么？

37. 京剧《四郎探母》该不该公演

38. 爱它吧——人生

39. 论"比"

40. 浅谈航海与仿生学

41. 漫话科学家

42. 爱美是人的天性

43. 自古雄才多磨难

44. 谈对"流行音乐"的几种看法

45. 适当引进，丢掉时髦，摆脱一般——略谈抒情歌曲的发展方向

46. 太阳的一生

47. 青年与人生

48. "走自己的路，让别人去说吧"
　　——妒嫉杀人害己，但我们可用勇气来抵抗它

49. 文化教育与犯罪率的比例关系

50. 试论衡量事物的标准

51. 论超音速歼击机的发展及其水平

52. 细节的魅力

53. 在探索物质结构的道路上

54. 论私心

55. 学习与休息

给学生以创造的自由空间*
——《北大附中小论文精选》序
（2000年）

小论文写作是北大附中传统的写作活动，从1979年开始，到现在已经坚持了20多个年头。在当年，它可以说是"离经叛道"之举；直到现在，它也还是一种超越常规的写作教学行为，尽管最近获得了北京市教育成果二等奖。

这项活动大致可以分为三个步骤。

首先是选题。小论文写作的选题是完全自由的，让学生从自己最感兴趣的问题入手，给学生一个思维可以自由驰骋的广阔空间。事实上，今天学生的生活是相当丰富的：喜欢集邮的，可以到自己的邮票中找题材；喜欢流行音乐的，可以从这些乐曲中找到题目，甚至喜欢吃零食的，也可以从饮食文化和食品的包装艺术中寻求灵感……至于自然科学，高中学生在这方面的兴趣倾向已经逐渐成型，那更是个十分宽阔的领域……

选题适当与否，决定着他们此后的写作是否能发挥潜力。在开始阶段，学生容易出现的问题是目标过于宽泛（比如《说美》《论唐代诗歌》之类）。选题过于宽泛反映了学生此刻的认识还比较肤浅。经过教师的及时引导，学生选题范围逐渐缩小了，集中了。这种缩小和集中有点像照相机镜头的聚焦——焦距对准了，图像也就清晰了。选题目标的确定也是一个由模糊到清

---

* 原载于《中学语文教学参考》2000年第4期。

晰的过程，而题目范围的缩小正意味着学生的认识在不断地深化。

选题自由，可以充分发挥学生知识背景中的优势，激发他们的兴趣。学习本来应该是兴致盎然的，然而被动学习和主动学习大不一样。这样一来，学生变被动为主动，他们的兴趣提高了，他们的思维也活跃起来了。

进一步是收集材料。材料的收集又分两个具体步骤。第一个具体步骤是摘录材料制作卡片。卡片有规范性要求，包含："类别""编号""摘录内容""材料出处""摘录时间"。这些项目，就只写一篇论文看，似乎不是必备的，我们之所以要学生这样做，是为了使学生在摘录卡片的过程中，同时受到科学方法的陶冶。

第二个具体步骤是材料的分类。小论文写作的材料收集属于定向积累，它不同于一般的、没有目标取向的资料积累，因此大的类别是明确的。随着材料的数量越来越多，学生头脑中大的类别（母项）之下又会出现一些小类（子项），这种现象，反映着学生对选题的认识正在逐渐深化，这时候，就要引导他们及时进行更细致的分类。材料分类过程也是论文提纲逐渐形成的过程。当然，初步分类之后，小类的划分还会有变化，那么，就进行新的分类或者调整。分类的变化或调整，意味着随着材料的积累，对所选课题的认识又有了发展，上升到一个新的水平，是很好的现象。

收集材料的过程又是阅读能力的培养过程。据调查，写一篇小论文，学生阅读的数量达到每人平均20多万字，高的达到90万字以上，这是个不小的数字！我们已经进入了"信息社会"，网络的迅速普及，又为阅读提供了丰富的阅读资源，培养获取信息的阅读能力是今天社会的需要。学生在积累材料的同时，阅读技能也日趋熟练，可以说是一举两得。

第三步是写作。材料齐备，提纲成型，到了这个阶段，把已经酝酿得比较成熟的内容写出来，是水到渠成的事。就一个高中学生而言，写作的基本技能应该有了一定基础。不过由于小论文写作虽然名之曰"小"，其实篇幅都不短，平均大约每篇四五千字，多的可以达到万字以上。这么长的文章，学生过去是从来没有写过的。尽管他们感到有话要说，写作的积极性很高，但是因为要写的内容多，会遇到一些他们以前没有遇到过的情况。一般地说，他们可能遇到的，是以下几个问题：

1. 内容的选择与排序——从大的方面讲，怎样提出问题更能吸引读者？先提哪些问题后提哪些问题，如何层层深入才能更好地突出自己的观点？什么样的收尾能够给读者留下深刻印象？哪些用，哪些不用？哪些多说，哪些可以少说？入选的材料，哪些先说，哪些后说？

2. 材料的表述——原始材料进入自己的论文，需要加以改造。首先遇到的，是扬弃问题。别人文章里的材料是为别人所用的，不一定适合自己，引用的时候，要剔除那些无用或不太适用的部分。其次，还有个改写问题。除了数据、表格之类可以有选择地直接移植到自己的论文里之外，别人文章中的对我们有用的内容大部分要改写成自己的话语，在改写的时候，又要注意怎样与自己正在谈论的内容合拍，这是一种极有意义的语言训练。

3. 论文各部分的前后联系——因为小论文的篇幅长，内容多，加强文章各部分的联系就是学生平时作文所没有遇到的问题。遇到最多的，是怎么样从一个问题向另一个问题过渡。这样，通过小论文写作，学生对如何加强语言的衔接与过渡（过渡性话语、过渡句、过渡段）又会有实实在在的收获。

尽管如此，由于思路酣畅，学生在解决上述问题的时候一般不会感到太大的困难。而且，因为学生处于一种兴奋状态，他们的语言运用常常比平时流利，富于感情，达到他们平日作文没有达到的水平。

多次修改是小论文写作与现行作文模式有着很大区别之处。由初稿到定稿，一篇小论文至少要修改 2~3 次，有的要达到 5 次以上。虽然如此，学生并不感到厌烦。事实上他们已经欲罢不能，他们不仅不厌烦，反而兴高采烈地一遍一遍地打磨，力求使自己的成果日臻完善。正因如此，小论文写作的周期远比平时作文要长得多。在创始时期，从开始选题到最后定稿，历时大约两个月，现在已经扩展到一个学期。

一个学期只写一篇"作文"！这种做法是超越常规的，然而我们认为是非常值得的，甚至是更符合培养学生写作能力的规律的。著名语言学家、语文教育家张志公先生生前曾经指出：与其让学生匆匆忙忙一篇一篇地写，写完撂到一边，没有留下什么印象，不如让他们认真地修改，一遍又一遍地修改，才能够得到实实在在的体会。平时修改作文，学生的积极性不高，小论文写作让他们真正尝到了修改的"甜头",感到一遍又一遍地超越自我,留下了难忘的印象与经验。

不断超越自我,体会到创造的乐趣,这是小论文写作生命力之所在。让中学生探索一些自己感兴趣的问题,然后把探索、思考所得写出来,这本身就孕育着未来创造的萌芽,而选题、收集材料、研究分析材料、对材料加以归纳与整理、理出思路列出提纲,形成文字(近年来北大附中的老师们又增加了"答辩"),则是一次"治学"的基本训练。这是一次"预演",它预示着学生的未来。要了解学生在这次写作活动中的收获与乐趣,请看这本《选集》。

20多年过去了。20多年是不短的时间,在这段时间里,经过语文老师们的辛勤劳动,也渗透着其他学科老师们的心血,北大附中小论文写作活动的操作规程越来越完善,就观念来说,也经历着变化。

我国传统意识(特别是封建社会)习惯于"大一统",注重求同思维;70年代末期,由于"左"的影响,"个性"在教育理论中还是一个不敢深入触及的概念。如果说在"小论文写作"的创始时期,我的指导思想还只是一种朦胧的探索,还只是企求解除学生个性发展的束缚,那么,这个时期已经过去了。现在大家所探求的,是如何培养学生的创造精神。

随着认识上的深化、注意焦点的转移,我们的面前又会出现新的问题。

首先是中学生创造思维的定位。教学活动中学生的创造是一种特殊的创造,它不同于社会领域中的其他创造,对学生来说,是指创造了他个体世界中前所未有的东西。"只要有点新意思、新思想、新设计、新做法、新方法,就称得上创造。"(刘佛年)创造分为真创造与类创造。科学家、艺术家的活动产生新的有社会价值的成品,是真创造。教学活动中学生的创造是一种类创造。学生学习的本质在于获得对其个体而言是新颖的知识和经验。心理学家米勒说:"一个20世纪的儿童发现,在直角三角形里,勾股边的平方之和等于弦边的平方,那么,他就完成了跟毕达哥拉斯一样的创造性劳动。尽管这个发现对于文化传统来说等于零。"创造性学习就是指教育成为培养创造精神、激发创造力的源泉——在整个教学活动中,学生在已有的基础上,在教师的指导下,积极探索自身的未知领域,根据自己的经验、用自己的思维方式来学习。如果对这一点不明确，教师就会或者要求过高，或者逡巡不前，出现思想上的迷惑。

接着，就是创造思维的"激活"条件，或者说培养学生创造能力的契机和方法。北大附中小论文写作只是其中的一种形式，然而这种形式启发我们：要创建一定的环境条件，让学生处于一种兴奋状态，才能使学生的创造欲望有充足的动力。

心理学中有所谓"合力点"，指的是当一个人所处社会诸关系与他自身的心理倾向相协调、相结合的时候，在这样的条件中，人的发展（或好或坏）也相对加速。同样地，如果教学活动能够有意识地把促使学生兴奋的若干因素有机地结合起来，学生的学习就会产生平时没有的活跃。教学经验告诉我们，在中学学习的全过程中，学生的语文能力不是呈直线而是呈波浪式发展的，有时会出现"飞跃"。处于"飞跃"状态的时候，他们的潜在能力似乎被"唤醒"了，思想特别活跃，水平也提高得比较快。教师应该创造条件来使这种处于"沉睡"中的能力觉醒。事实上，学生头脑中储存的思想材料、言语形式是很多的，他们的兴趣是很广泛的，他们正好奇地观察周围的世界，一旦将这诸多因素组合在一起，纳入语文学习的轨道，特别是让他们充分发挥自己背景知识和心理素质的优势，语文课就会出现类似上面所说的那种"飞跃"。而且，既然学生的语文学习呈现波浪起伏状态，我们可不可以因势利导，让教学安排也出现波浪式——创造条件，不惜时间，有计划地形成一次高潮呢？小论文写作就是这样的一次尝试。

在语文教学改革方面，小论文写作也值得我们深思。

比如阅读。学生在小论文写作中的阅读活动与我们课堂上的阅读教学迥然不同。学生在书面资料的海洋中迅速地捕捉、筛选、相互参照、比较、归纳、推导……而我们的课堂教学却注重揣摩作者思路，分析教材的遣词造句、布局谋篇。究竟哪一种更符合现代社会的需要呢？二者之间又有着什么样的联系呢？

再如写作。读者可以看到，从人文学科到自然科学，随着论文内容的多样化，学生的言语形式（包括语体）也是多样化的，其丰富程度远远超过了目前的语文教学。那么，其中有多少内容应该进入我们语文教学的视野呢？

再有，读者还可以看到，正如学生随笔的文字水平要超过平时作文一样，在小论文写作里，学生语言运用的活跃状况也远远超越了平日；另一方面，由于内容层次的繁复、增多，他们也常常表现出力不从心，这在多次修改中留下了明显的痕迹。语言、思维之间的这种相互矛盾又相互促进的关系，其中，思维所发挥的更为积极的轴心作用，这些，又会给我们以什么样的启发呢？

小论文写作为学生开辟了活动的天地，也为教师开辟了思索的新天地。

高考作文评分研究*

(1994 年)

一、评分误差的调查及分析

(一) 评分摆动幅度调查

在高考这样大规模考试中,作文评分的误差究竟有多大?长期以来一直是模糊的感觉。为此,需要进行科学的调查与分析。

1. 1983 年郑日昌等人的调查

1983 年,北京师范大学心理系郑日昌老师等在北京市随机抽取五份高考作文试卷,复印后发到全国除西藏、台湾以外的 28 个省市自治区,由各地阅卷组评分。当年作文共两题,说明文满分为 15 分,议论文满分为 30 分。同一篇说明文,有的给 13 分,有的给 4 分;同一篇议论文,给分从 8 分到 26 分不等。误差率都高达满分的 60%。

以上调查系在不同地区进行横向比较,评分标准的掌握容或宽严不等,因此,还需要在同一地区内进行更大规模的比较。

2. 1984—1986 年江西漆书清等人的调查

---

* 原载于《中学语文教学》1994 年第 6、7、8、9、10、11 期。作者自注:这是"大规模考试作文评分误差控制"课题的研究成果。1987—1991 年,我受国家教委考试中心的委托,在江西、广东、河北、河南、浙江金华地区、北京市西城区开展了大规模调查,编写了我国第一个大规模考试作文评分参照量表。参加课题组工作的有 30 余人,本文内容是集体劳动的成果,发表时的题目是《大规模考试作文评分研究》,因为谈的都是高考作文评分,收入论集时改成现在的题目。

1984—1986年，江西师范大学教育系漆书清老师等连续三年在江西地区进行了调查。做法是：每年取阅卷人员三四百人，共同评阅四篇作文，取每位阅卷员评四篇作文的平均分，然后对评分的离散程度进行统计，结果如下：

分数段 \ 年份 人数	1984	1985	1986
47.4—50			3
44.4—			16
41.4—		2	122
38.4—	14	47	188
35.4—	76	98	102
32.4—	173	132	24
29.4—	131	41	3
26.4—	38	23	2
23.4—	5	4	
20.4—	1		
合计人数	438	347	460
总 平 均	33.08	34.81	39.81
最 大 值	41.25	42.50	48.50
最 小 值	20.50	24.75	27.25
两 极 差	20.75	17.75	21.25
两极差/总平均	0.628	0.510	0.524

根据统计，评分最大值与最小值的极差除以平均分，三年平均为55.4％左右，也就是说，大规模考试中，评分摆动的上下幅度，以平均70分计算（目前高考平均得分率），大致为39分。

需要说明的是，上述幅度是按每人四篇作文平均计算的，其中含有自我抵消因素。倘按单篇计算，则摆动幅度还要大。以三年中的1984年为例（满分40分）。

统计\作文	I	II	III	IV
平均分	34.38	31.27	20.7	19.48
最高分	40	39	32	32
最低分	21	18	8	6
极差	19	21	24	26
极差/平均分	0.55	0.67	1.16	1.33

四篇作文中，评分摆动幅度最大的一篇竟达平均分的 1.33 倍。①

以上调查是否可信，还需要在其他地区进一步调查加以检测和印证。

3. 1987—1989 年广东曾桂兴等人的调查

1987 年起，广东省教科所曾桂兴老师等又连续调查了三年。与江西不同的是，该调查以满分为底数，并且增添了文体因素，规模也略小些，结果如下：

时间	文体	评卷人数	满分	平均分	最高分	最低分	极差	极差/满分
1987	记叙	20	35	23.9	29	14	15	0.43
	议论	20	35	20.9	28	12	16	0.46
1988	记叙 1.	20	30	22.2	27	16	11	0.37
	议论 1.	20	20	14.3	17	10	7	0.35
	记叙 2.	20	30	23.0	27	18	9	0.30
	议论 2.	20	20	13.8	18	8	10	0.50
	记叙 3.	20	30	18.9	24	11	13	0.43
	议论 3.	20	20	13.0	17	8	9	0.45
1989	议论 1.	29	50	37.7	45	30	15	0.30
	议论 2.	29	50	34.7	45	25	20	0.40

---

① 江西、广东的统计是就群体而言的，又称"系统误差"，教师个人之间的差异称"随机误差"，它是没有限度的。例如广东的某一次试验，两位教师（都是有经验的老教师）对同一篇作文意见相左，一位给了接近满分，一位给了 0 分，二者的比值是∞。

统计结果，两极差与满分的比值，记叙文为 0.383，议论文为 0.410，两项平均为 0.396。江西省的统计如果也以满分为底分，则 1984 年的比值为 0.415，1985 年为 0.355，1986 年为 0.425，三年平均为 0.398，与江西省测算结果十分接近。也就是说，如果满分是 100 分，评分的摆动幅度在 40 分上下。

人们往往把作文评分误差的原因归咎于阅卷员的质量，这固然是原因之一，但实际上情况十分复杂，可以说是一个世界性的难题。下面举几个国外典型案例以示一斑。

（1）斯塔奇（D. Starch）和埃利奥特（E. C. Elliott）的研究。他们的做法是：取两份中学生作文试卷印发 142 位教师评分。评分结果，一位学生得分从 62 分到 99 分不等，另一位学生得分从 50 分到 98 分不等。

（2）皮埃隆（H. Pieron）的研究：请 76 名教师评定同一篇作文，采取 20 分制，结果 0~1 分的 1 名，2~3 分的 6 名，4~5 分的 20 名，6~7 分的 34 名，8~9 分的 10 名，12~13 分的 2 名。最高分与最低分之间相差达 13 分，比值为 0.65。

（3）美国教育考试服务中心（ETS）的研究。做法是：取 300 份作文，请 53 位评分者按九个等级评定。评定结果，1/3 的作文得分囊括九个等级，60% 的作文有七八个等级，没有一篇作文少于五个等级。

（4）赫尔顿（Hulten）的研究：请 28 名有经验的教师对同一篇作文进行两次评分，相隔期为两个月。评分结果是，15 位教师第一次给及格分数，第二次却认为不及格；另有 11 位教师第一次认为不及格，第二次却给予及格。

（二）原因分析

学生作文得分的浮动，有学生自身方面的原因，也有教师方面的原因。学生方面的原因，将在以后的专题里加以分析，下面着重分析教师方面的原因。

1. 思维定式

学生看到试题，就会从题目给自己印象最深的一点出发，形成思路，这就是所谓的"审题"。一旦思路形成，就很难更易，也就形成了思维定式。

青少年思维还不够严密，往往会只看到一点，不及其余，出现思维定式与题目内涵之间的偏离现象，这就是所谓的"跑题"。因此，作文测评中，通常都把"审题"作为给分依据的第一个因素。

教师阅卷也存在审题问题，也会形成自己的思维定式，它对教师的评阅会起到极大的影响。这种思维定式包含了教师对题目基本要求的理解，由于水平和经验，教师审题一般不会出现"跑题"现象，但它往往具有很大的限制性，而且容易强加于学生，产生错误判断。我国传统经验中一贯重视审题，因此在审题方面一旦出现误判，对学生成绩的影响几乎是决定性的，而且挫伤的常常是那些有新意、富于创造性的学生。（实例很多，这里从略）

2. 风格偏爱

正如人对食物有着不同的口味一样，教师对学生作文的风格也有着自己的偏爱。有的喜好词采华丽，有的喜好文风朴素，有的喜好结构严谨，有的喜好想象丰富……等等。风格偏爱对评分的影响是十分明显的，它和教师的业务素质有着密切关系。只有业务视野开阔、教育水平很高的教师才能比较好地摆脱这种影响。

3. 第一印象

开始留下的印象由于形成时信息不充分，往往是不全面的，但它会影响对其他方面的认识。作文评分的初始感知，特别是开头部分的优劣，直接影响着对整篇作文的评价。字迹潦草、卷面不整洁，也会因为第一印象不好而影响得分。

有人做过这样的试验：取一篇学生作文（下称"原始卷"），然后在开头部分加上五个错别字，其余不动，作为第一印象试卷（下称"A"卷）；另外，在原始卷结尾部分也加上五个错别字，作为第一印象试卷的对照卷（下称"B"卷）。分别请35位教师评定这三份试卷，评分后，A卷和B卷排除错别字扣分因素，再与原始卷的得分比较。比较结果：原始卷与A卷有非常显著的差异，A卷与B卷有非常显著的差异，但原始卷与B卷却没有显著的差异（参阅黄煜烽等《作文评分中主观性问题之研究》，《心理学报》1985年第1期）。这说明第一印象确实非常显著地影响着作文评定的客观性。

4. 位置效应

考生的作文在群体中的位置差异也会影响到教师的评分。一般地说，先评与后评在掌握评分标准方面就会有波动，先评的往往要严些，后评的则宽一些。还有，连评几篇差的作文以后，突然出现一份较好的，评分容易偏高；反之，如果这篇作文出现在几份更好的作文之后，评分就容易偏低。前者可以称为"先后效应"，后者可以称为"对比效应"，它们都和作文试卷所处的位置有关。

5. 趋中倾向

在大规模考试中最容易出现趋中倾向。趋中倾向就是既不打高分，也不打低分，评出的分数高度集中在中部偏上的狭小区间内。据江西戴海崎、曹绍游就1987年高考试卷随机抽取的2 700人样本统计，二类卷和三类卷占总数的86%，一类卷和五类卷合起来仅占6.6%，四类卷占7.4%，呈峰值极高的偏态分布。

分析这种趋中倾向，产生的原因大约有两个：一是"打保险分"，特别是在有复查的情况下，就会觉得以打中等分最为稳妥；二是连续作战容易疲劳，反应的灵敏度降低，对作文优劣的区分能力减弱，因此随着时间的推移，这种趋向会日益突出。据江西省1990年高考阅卷7月13日、14日和16日三天的抽样统计（样本数一千左右），平均分从22.69分（满分40分）上升为24.23分，标准差则从7.67分降为5.97分，说明分数的离散程度越来越小，趋中倾向越来越严重。

6. 光环效应

光环效应又称"晕轮效应"，指对某些突出特点的认识会掩盖对其他特点的认识。例如学生作文的某一部分或某一方面特别好，评阅者就可能会置其他部分、其他方面于不顾；反之，如果某一部分或某一方面特别差，也会使评阅者忽视其他部分、其他方面的优点。据统计，在大规模考试中，影响阅卷员的最普遍的因素是内容，因为在连续看到内容相近的作文时，如果有一篇的内容与其他的不同，就会引起注意，而且影响到他对作文的整体判断，其他方面的差异则没有内容明显。然而作文考试的内容选择具有很大的偶然性，因此这种评价往往是不够客观的。关于这个问题，在以后的专题里还要作进一步的探讨。

以上谈的是影响作文评分的心理因素中比较普遍的现象，其实起作用的心理因素还有很多。例如，教师心情开朗、精力充沛的时候，掌握标准容易比较准确；反之，如果心绪郁闷、烦躁，评分就可能偏低。在情绪心境、暗示效应、期望效应……等诸多因素中，动机效应是值得注意的。黄煜烽等人的研究中（见前），曾让一位教师在不到一年的时间内两次批改同一篇作文。第二次批改时，原作文前加上"组织教师批改这篇作文的目的旨在测试语文教师对学生作文的鉴定水平，以此作为衡量教师批改作文能力的指标"这样一段导语。结果，第一次评为85分，第二次评为72分，相差13分；第一次的评语是"文章结构完整，用词恰当，注意了旁征博引，语言简明、老练"，第二次却变成"本文结构欠严谨和完整，观点和材料不尽统一，语言上也有毛病"，从肯定变成了否定，截然相反。由此可见一斑。

二、两种评分方法调查报告

关于作文评分的方法，国际上两大学派争论不已。一派主张综合评分，认为"整体大于部分的总和"；另一派主张分解评分，认为"对事物只有进行因素分析，认识才能深化"。双方各持一端，争论不已，孰是孰非，只有经过实地调查才能作出判断。

（一）宏观调查结果

由于作文评分存在着误差问题，以下试验使每篇作文都经过若干有经验的阅卷员给分，取其平均值（简称"专家效标"）。这样做，是为了个体间的误差能相互抵消，从而使最后的得分趋于准确。经过较大规模的调查表明：两种评分方法的结果非常接近。

[调查A]

1987年，在江西省随机抽取高考作文100份，组织阅卷教师20人，分为A、B两组，每组10人。先由A组用综合法、B组用分项法评其中50份，再由A组用分项法、B组用综合法评另50份。然后，取每篇作文的10个综合评分的平均值和10个分项评分的平均值为代表分，求100篇作文两种评分方法的相关。

统计结果：相关系数为 0.89。

［调查 B］

1991 年，在河北省取高考作文 60 篇，先由 6 名专家（省核心组成员）评阅，取平均值为专家效标。根据专家效标分成等值两组，每组 30 篇。随机抽取大、中学阅卷员各 8 人，混合编成两组。先由两组阅卷员分别用综合法、分项法各评一组作文；时隔 5 日，两组交换方法各评另一组作文。将 16 名阅卷员所评 4 组数据进行分析，再与专家效标比较，求相关。

统计结果：分项法与专家效标的相关系数为 0.89；综合法与专家效标的相关系数为 0.90；两种方法的相关系数为 0.92。

分析：调查结果表明，和有些人的设想相反，两种评分方法之间并没有实质性的差异。对于这种现象并不难作出解释：采取分项法评分时，阅卷者先要把作文通读一遍，然后根据评分项目逐项给分，因此这种分解是在综合的基础上进行的；采取综合法评分时，只要不是草率从事，阅卷者也要在整体印象的基础上，对作文评分的几个主要方面进行思辨，作出判断。因此这种综合也需要在分析（分解）的参与下进行。两种评分方法在操作时的心理过程是相当接近的。

然而，上述调查是在特定的试验条件下进行的（排除了时间因素，而且取多人评阅的平均值相比较），在大规模考试的实际过程中又将如何呢？况且，两种方法在操作过程中毕竟存在着某些差异，在评分效果方面也必定有相应的差异。为此，就要对两种方法的功能加以比较、探讨。

（二）两种方法的比较

两种评分方法的比较，主要从以下三个方面进行观察：1. 跨时间的稳定性；2. 评分结果的一致性；3. 对优劣作文的区分能力。

1. 跨时间稳定性分析

跨时间稳定性分析就是观察阅卷人员在经过一定时间的间隔或连续多日评阅的条件下对评分标准的掌握情况。能否保持跨时间稳定性，对于大规模考试，特别是在我国有众多阅卷员高强度集中阅卷的情况下，是非常重要的。

［调查 C］

1990 年，江西省在文科考生（约五万人）的范围内进行分项评分试验；

与此同时，理科学生（约十万人）仍采用传统的综合评分法。在阅卷过程中，对两种方法进行了对比统计，做法是：利用阅卷第一天、第二天、第四天的抽样数据计算两种方法的平均分和拉开分距能力的标准差①。抽样数分项法为 4 564、4 100、3 351，综合法为 942、945、1 081。统计结果如下（满分 40 分）：

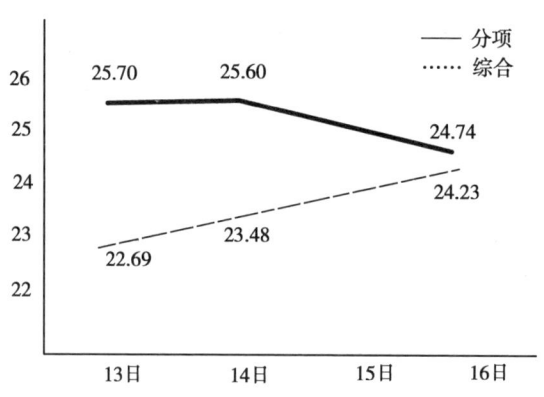

图 1. 平均分变化图

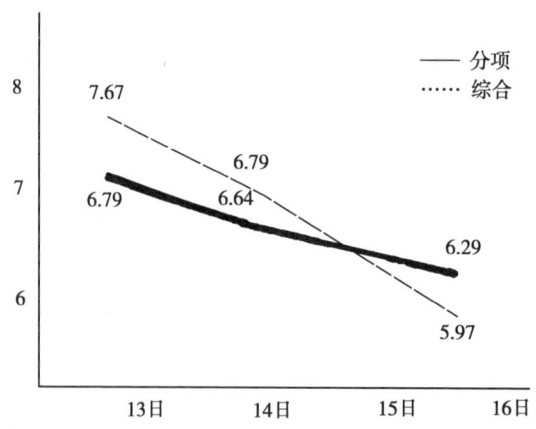

图 2. 标准差变化图

从图中可以看出，综合评分四天中的三次统计，平均分从 22.69 分上升到 24.23 分，标准差从 7.67 分下降到 5.97 分，趋中倾向比较明显；与之相

---

① "标准差"是统计分数离散程度的数学方法，其意义随调查内容而异。例如测算拉开分数距离的能力，则数值越大越好；反之，如果测算评分的摆动幅度，则数值越小越好。

比，分项法则相对稳定。为了进一步检验，又取阅卷过程最后两天（第7、8日）分项法的相应数据进行比较（抽样数2 768），结果是：最后两天的平均分为24.65，标准差为6.65，表明分项法的各项指标自始至终是比较稳定的。

[调查D]

1991年，河北省采用分项法阅卷，取96名阅卷员所评11万多份作文的全部数值逐日加以比较（满分35分），结果如下：

日期	1	2	3	4	5	6	7	8
平均分	22.4	22.9	22.32	22	22.1	21.9	22.7	21.9
标准差	4.48	4.76	4.91	4.73	4.76	4.75	4.57	4.59

由于该省当年只用一种方法评分，又另设实验小组进行两种方法的比较，即调查B。在调查B的基础上，分别计算每篇作文用同一种方法所评16个分数摆动幅度的标准差，观察相隔5日所发生的变化。统计结果如下：

	第一次 （7月13日）	第二次 （7月18日）
分项法	3.467	3.105
综合法	3.770	3.939
显著性检验	不显著	极显著

从数据可以看出：随着时间的推移，分项评分的一致性逐渐增强，综合法逐渐减弱。

2. 评分结果一致性分析

评分结果的一致性指掌握评分标准的摆动幅度。评分摆动幅度小，表明一致性程度高；反之，则评分结果的一致性程度差。这是分析评分误差的另一项重要指标。

[调查E]

从两个教学水平相近的学校各取一个人数为60名的教学班，一个班写记叙文一篇，另一个班写议论文一篇，再请有综合评分经验而没有分项评分经验的教师10名评阅，经组织，使每篇作文都有使用不同方法的教师各2

名独立给分，计算不同方法的评分差别。结果如下（满分 35 分）：

		平均误差	最大误差
记叙	分项	6.68	25
	综合	5.48	25
议论	分项	5.7	21
	综合	4.38	23

在没有培训的情况下，分项法的平均误差，无论是记叙文还是议论文，都大于综合法。

［调查 F］

15 名阅卷员培训前后（相隔 7 日）两次用分项法评阅同 30 篇作文，再由另 15 名阅卷员用综合法（习惯方法）评阅一次，计算不同方法每次评分的离散平均标准差。结果如下（满分 40 分）：

	分项 1	分项 2	综合
篇平均标准差	4.84	3.97	4.61

统计数值表明，培训前分项法的一致性低于综合法，培训后高于综合法。

但是分析上述结果时要考虑到重评因素。虽然相隔 7 日，但重评可能对评分结果有一定影响。对此，有进一步考察的必要。

［调查 G］

经初步培训，16 名阅卷员交替用两种方法评 60 篇作文，统计给分离散程度的平均绝对误差和篇平均标准差，结果如下（满分 35 分）：

	分项	综合
平均绝对差	2.03	2.50
平均标准差	3.286	3.897

以上数据表明，经过培训，分项法所评分数的差异较小。

然而，上述调查的数据都只能说明群体的评分差异，对学生来说，个体间的评分差异更具有实际意义，有直接影响。

[调查 H]

1991年，从北京随机抽取高考作文卷 10 份，发至三个采用分项法的省，由各省随机抽取 10 名阅卷员打分，又发给一个采用综合法的省，以资对照。全部数据委托北京师范大学心理系进行分析。结果如下（满分 35 分）：

考卷编号	最高分值	最低分值	最大差异	平均分	标准差	变异系数
1	35	23	12	31.8	2.62	8.24
2	33	14	19	23.9	4.64	19.41
3	33	20	13	26.9	3.61	13.42
4	29	13	16	21.0	3.5	16.67
5	31	16	15	24.4	3.58	14.67
6	33	14	19	24.5	4.81	19.63
7	35	18	17	28.6	4.57	15.98
8	22	10	12	17.2	2.95	17.15
9	32	13	19	22.1	4.27	19.32
10	34	13	21	21.2	4.52	21.32

分析上述数据时应该看到：不同省份之间，评分细则不同，学生水平不同，所以尺度掌握的宽严也不同，如果把不同省份的数据组合在一起，其差异的幅度会大大增加。即便如此，统计数据表明评分误差仍然居高不下，并没有得到有效的遏制，而且对比结果表明，两种方法并没有显示出明显差异。

3. 区分能力分析

区分能力指拉开分数距离的能力，通常以标准差为衡量指标。

[调查 I]

由 16 名阅卷员交替使用两种方法对 A、B 两组各 30 篇作文评分，平均标准差是（满分 35 分）：

	分项	综合
平均标准差	3.88	4.80

以上60篇作文按专家效标分成高分组16篇，中分组28篇，低分组16篇。各组的平均标准差如下：

	高分组	中分组	低分组
分项法	3.312	3.264	3.176
综合法	3.602	3.892	4.061

各组平均标准差，分项法都低于综合法。也就是说，区分优劣作文的能力，综合法较分项法为强。但值得注意的是，上述数据的发展趋向正好相反：分项法从高分组到低分组，其标准差依次降低；综合法从高分组到低分组，其标准差却依次提高。二者的差别在低分组最为明显。对低分组16篇作文进行分析，发现有13篇作文的平均分，分项法高于综合法，平均高出2.35分，差距最大的一篇高出4.75分。

还要看到，作文评分标准都是文字描述式的，模糊度很大。不同团体的评分，尽管使用的是同一标准，但由于评分的政策性意向不同，分数的平均值和分布状况也不相同。因此上述情况还需要进一步印证。

［调查 J］

1990年，江西省同时采用两种方法阅卷（见前），该年两种方法的分数分布状况抽样统计如下（抽样数分项法为12 015，综合法为2 968）：

	1～5	6～13	14～22	23～32	33～40
分项法	1.65%	3.63%	22.00%	61.46%	11.26%
综合法	2.28%	7.05%	26.48%	58.16%	6.03%

从统计看，在23～32这个占比例最大的分数段上，分项法高于综合法3.3个百分点；在高分段上，分项法高于综合法5.23个百分点；而在低分段上，分项法又低于综合法4.48个百分点。这种状态与调查 I 有一致之处。

上述数据是整体抽样统计，其中含有长时间高强度作业的干扰因素（见前），如果只取第一天两种方法的平均分和标准差比较，则与调查 I 的整体统计基本一致：

	平均分	标准差
分项法	25.70	6.79
综合法	22.69	7.67

根据这些数据，可以认为：分项法较难打低分；分项法的区分能力随着作文质量由低而高有所增强；就整体而言，分项法的区分能力，略逊于综合法，容易出现趋中倾向（排除时间因素）。

4. 初步结论和展望

（1）初步结论

①两种评分方法在操作的实际心理过程方面相当接近，评分结果就多人评分的均值而言相关程度很高，没有实质性差别。

②在跨时间的稳定性方面，分项法明显优于综合法。

③在评分的一致性方面，分项法在评分标准的掌握方面可能较易于综合法，但二者都还不能有效地遏制评分误差。

④在区分能力方面分项法似乎不如综合法；从理论上说，对于评估富有创造性的作文以及作文的各方面达到较高度和谐统一且具有较强感染力的作文，分项法是有局限性的。

（2）展望

西方文化以细节的精确性居优，我国传统文化以整体的综合性见长。细节精确，容易失之于机械地分割；整体综合，容易失之于模糊。在把国外教育测量学的成果移植到我国作文测评的时候，如何在方法论上把二者结合起来，是一个十分重要的问题。

两种方法各有利弊。作文测评的各项因素中，有些具有相对独立性，需要分别评估，以免受到各种心理因素的干扰；有些又需要从整体上加以判断，如内容与形式方面的创造性、作文各因素之间的和谐性，等等。瞻望将来，我国的作文测评应该走分解与综合相结合的道路。

现在使用的综合法难以控制操作过程，难以避免评分的主观随意性；现在使用的分项法所采用的各项分值简单相加的办法又不能反映作文评估中分解与综合的辩证关系。未来的分解与综合相结合，二者之间不应是叠加关系；综合对于分解，似乎应该成为权重系数（类似跳水中的"难度系数"那样）。如果充分利用现代科技条件，实现人脑判断，机器合成，那么，就可以在不增加阅卷人员劳动强度的情况下，使分项评估与整体评估结合起来——这将是一条具有中国特色的作文评估科学化的道路，并且把作文评分的科研推向一个新的领域。

三、评分标准掌握的调查分析

（一）情况调查

评分方法研究的结果表明：仅仅从方法入手，还不足以遏制评分误差。大规模考试中，作文评分误差控制是一项系统工程，它包含评分方法、评分标准、阅卷管理三个基本环节，缺一不可。

评分标准研究之所以重要，是因为作文的评估是一种心理测定，关键是编制比较科学又便于操作的量表。尤其是大规模考试，不同评估者之间如果没有共同的"尺度"，其结果是不言而喻的。为此，我们在某省进行了调查，其结果是发人深思的。

该省做法的第一步，是取高考作文 20 篇，经省核心组评阅，建立专家效标，取其中 10 篇由全体阅卷员打分。结果评分差别很大，肯德尔和谐系数（一种计算评分一致性的数学方法）只有 0.61。

然后，核心组公布专家效标分，解释评分理由，要求阅卷员通过具体试卷进一步学习标准。此事在全体阅卷人员中引起很大震动。相隔 3 日，再取另 10 篇由全体阅卷员评阅，结果肯德尔系数上升到 0.81。

这一事实表明：在高考这样严肃的考试中，阅卷人员并不总是重视评分标准的。

进一步，该省取两次误差都大的 62 人（占总人数的 16.6%）进行分析，结果如下：

a. 从来源看

高等院校			中学和教研室		
总人数	误差大	百分比	总人数	误差大	百分比
89	19	21.4%	285	40	14%

高校教师误差大的比重高于中学和教研室教师。

b. 从职称看

高级职称						中级职称			初级职称		
总人数	误差大	%	其中高校副教授			总人数	误差大	%	总人数	误差大	%
			总人数	误差大	%						
91	25	27.5	24	8	33.3	217	29	13.4	66	5	7.58

职称高的，评分误差大于职称低的，其中高校副教授误差大的比重最高。

c. 从年龄看

20～29			30～39			40～49			50以上			其中55岁以上		
总人数	误差大	%	总人数	误差大	%	总人数	误差大	%	总人数	误差大	%	总人数	误差大	%
40	5	12.5	77	8	10.4	132	16	12.1	125	30	24	48	13	27.1

年龄大的高于年龄小的（年龄最小的一组除外）。

再从误差小的一面看，平均误差在2分以下的仅3人，扩展到3分以下，共127人，占总人数34.19%。取前100名统计，结果如下：

a. 从来源看

高等院校			中学和教研室		
总人数	误差小	百分比	总人数	误差小	百分比
89	20	22.5%	285	80	28.1%

高校教师低于中学和教研室教师。

b. 从职称看

高级职称			中级职称			初级职称		
总人数	误差小	%	总人数	误差小	%	总人数	误差小	%
91	25	27.5	217	58	26.7	66	17	25.8

职称高的略高于职称低的,但差异不具有显著性,高级、中级和初级之间的差别都不到一个百分点。

c. 从年龄看

20～29			30～39			40～49			50以上		
总人数	误差小	%	总人数	误差小	%	总人数	误差小	%	总人数	误差小	%
40	6	15	77	24	31.2	132	37	28	125	33	26.4

仍然是年龄大的低于年龄较小的,但年龄最小的除外。

两方面的调查呈现明显的一致性,与人们通常认为的"年龄越大职称越高越好"正好相反。为了进一步验证这种情况,该省第二年作了同样的调查分析,其间个别人员根据第一年的调查已作了调整。统计结果与第一次比仍然是一样的:

a. 从来源看

总人数		高校教师				中学教师			
高校	中学	误差小		误差大		误差小		误差大	
		人数	%	人数	%	人数	%	人数	%
82	273	15	18	15	18	56	21	44	16

虽经人员调整,从整体看,高校教师评分的准确性仍不及中学(包括教研室)教师。

b. 从职称看

总人数			高级职称				中级职称				初级职称			
高级	中级	初级	误差小		误差大		误差小		误差大		误差小		误差大	
			人数	%	人数	%	人数	%	人数	%	人数	%	人数	%
93	223	29	7	8	25	27	52	23	28	13	11	38	5	17

与前一年相比,职称高的在评分的准确性方面更不如职称较低的。其中初级职称误差小的高于中级职称,误差大的也略高于中级职称;高级职称则比前一年更差。

c. 从年龄看

总人数				20~29				30~39				40~49				50以上			
20|29	30|39	40|49	50以上	误差小		误差大		误差小		误差大		误差小		误差大		误差小		误差大	
				人数	%	人数	%	人数	%	人数	%	人数	%	人数	%	人数	%	人数	%
38	78	125	112	7	18	5	13	23	30	7	9	31	25	16	13	10	9	31	28

统计结果与前一年相同，都是年龄大的不如年龄较小的（年龄最小的除外）。

两年调查，结果基本相同，值得重视和进一步研究。上述现象，当然并不说明高校教师的业务水平不如中学教师，而是他们不太熟悉中学生的实际情况；也并不表明老教师的经验没有价值，而是他们的经验来源于不同的群体，而且容易形成思维定式。城市和农村、发达地区和不发达地区、重点校和非重点校，学生的状况有很大差别，如果依照经验坚持己见、不容易向统一的标准靠拢，评分宽严的分寸掌握自然就会出现差别。

为了进一步对上述现象进行分析，该省又利用卡特尔编制的16种人格因素测验（1981年辽宁省教科所修订）和艾格森的人格问卷（1983年湖南医学院修订）为测量工具，对评分误差大和小两部分阅卷人员作心理调查。测量结果与原有的估计不同：两部分人员在"稳定""兴奋""有恒""敢为""敏感""独立""自律"等因素方面并没有显示出差异，却在"聪慧"和"幻想"方面有显著差别。此外，在心理预测的调查中显示：误差小的一组的创造能力普遍处于中上等水平，而误差大的一组则存在着一部分创造能力较低的人。

上述心理调查虽然出乎意料，但也具有一定的启示性。"聪慧性""幻想性"意味着不囿于固定的思维模式，善于灵活地改换思维角度。青少年的思想是十分活跃的，他们作文的思路也是千变万化的，作文教学应该善于诱发他们的思路，因势利导；作文的评估更应该依循这些不同的思路，给予客观的判断，而不是以自己主观的框架强加于他们。"聪慧性"和"幻想性"对于作文考试的阅卷来说，当然是很重要的。

尽管该省的调查还不足以作出结论，所反映出来的现象还值得进一步研究，但它能够成为本文所提出观点的佐证，这就是：

1. 在大规模的考试中，阅卷员必须努力排除带有个人色彩的经验或印象，服从于统一的评分标准。

2. 这种评分标准，必须从我国中学生的实际情况出发，有可操作性，并且在阅卷人员中取得共识。

3. 执行标准，还需要阅卷者善于顺应不同学生的不同思路，对其基本写作能力作出比较客观的裁断。

（二）评估中学生作文的指导思想

目前，像高考这样大规模考试作文评估所用的量表有两种形式：一种是文字描述式的，就是我们所熟悉的条款式的作文评分标准；一种是以样本作为参照物的参照量表，就是所谓的"标准卷"。

然而无论上述哪一种评分量表都有其局限性。文字描述式的"评分标准"固然不必说，即使是经过精心选择的"标准卷"也难以起到完全统一阅卷人员认识的作用。每一份样本都有其个性，需要阅卷者通过自己的心理过程加以解释，这已经产生了见仁见智的问题，随后所评的试卷又千姿百态，面目各异，加以时间的因素，样本卷所带来的印象逐渐淡化，这就更难排除评估的主观随意性。

为了减少这种主观随意性，力求增强评分的客观性，标准的制订者和执行者都必须形成共同的认识，那就是：中学生的作文训练不同于作家写作，中学生的作文考试也不同于作文竞赛。

中学生写作教学是一种训练，是一种教育过程，它的目的是培养基本能力，以适应学生未来的不同需要。为了达到特定的目的，可以有各种各样的训练形式，例如命题作文、扩写、续写、写片段，等等。这些样式，在正式的社会写作实践中是无从或者很少见到的。从这一点来说，它就不同于作家的写作。

所谓"不同于作家写作"，还意味着评估作文的着眼点有异于报刊文字。报刊审阅来稿，首先注重的是社会价值，是作品的内容，一般社会性写作，也是先有了确定的内容然后动笔；作文考试却是要求学生在题目限定的范围内进行思考。学生的生活经历、知识背景各不相同，对于不同题目的适应程序也不相同。我国前辈学者周学章曾经用8个题目对142名学生进行测试，由一位受过训练的教师逐一给分，然后把作文题两两编组，计算同一学生不同作文题得分的相关系数。计算结果，相关系数只有0.43，最低的一组只有0.09，可见不同的题目对学生的成绩有多么大的影响。

严格地说，仅凭一次作文是不足以判断一个学生的写作整体水平的，尤其是在内容方面。国家教委考试中心"高考作文评分误差控制课题组"在江西和浙江用不同的教学方法对专家效标进行因素分析，结果表明，在这些富于经验、评分比较客观而稳定的专家中，内容因素在总成绩中所占比重大约只有30%（浙江的测算只有28%）。

要想比较客观而相对准确地评估学生的写作能力，就应该把测评的重点放在写作诸因素中相对稳定的一面，也就是语言基本功方面。就这一点而言，作文考试的评阅人员应该长着一双与报刊编辑有所不同的眼睛。

所谓"不同于作文竞赛"，是指二者在评估目标和评估对象方面的差异。作文竞赛的目的在于筛选出少量的"尖子"，在规模较大的作文竞赛里，这样的"尖子"对广大在校生而言可以说是凤毛麟角，而作文考试着眼的却是学生的绝大多数。二者的目的不同，因此注意的焦点也不同。竞赛注重的是独特，评选时更关心的是作文的个性，在这方面，构思的新颖就成了评估时非常重要的目标；作文考试则更注意学生的共性，需要了解不同阶段青少年写作的特点。这当然不是说作文考试不鼓励创造性和新颖性，但考试的目的在于比较准确地衡量学生已经达到的水平，它所依据的应该是教学大纲和大纲所规定的不同阶段的详细要求（关于这个问题，下文还要谈到），因此，它所着眼的也是写作的基本能力。认识不同，评分的结果也不同。如果以"尖子"学生为"优等"的标准，则往往难以打高分，更难以打满分。这样，就会在分数分布的区域中出现很大的一块空白，即"无效分数段"，不利于对作文优劣的区分。像全国高考作文那样，高分段寥寥无几，出现严重的趋中倾向，这固然有"打保险分"的因素，而指导思想不明确，没有注意作文考试与作文竞赛的区别，恐怕也是一个原因。

要能够比较科学、客观地区分中学生作文的水平等次，评估者就需要了解青少年思维和语言发展的一般规律。从这一点来说，在作文竞赛中担任评委的知名人士并不一定是个高明的阅卷人员。

（三）关于审题问题

严格地说，仅凭一次作文来判断学生的写作水平是不科学的，因为其间含有许多偶然因素。在这方面，审题问题值得研究。

我国历来重视审题。从教学看，审题有助于训练学生的逻辑思维能力；从作文看，由于题目的限制性和启发性，有利于学生思维更加集中，作更深入的思考；从考试看，它是防止宿构的必要手段。然而过于强调审题，甚至使它对评分起决定性作用，也未必妥当。为此，需要了解作文考试与平日作文的区别。

二者相比有以下不同：1. 平日作文往往有教师引导，而且题目常常结合教学单元、班级（学校）活动，或者是学生中的热点话题，学生往往有一定思想准备；考试则为了防止宿构，题目常常带有突然性。2. 平日作文时间比较宽裕，学生也不太紧张；作文考试则一般时限较紧，学生也比较紧张。在这种情况下，学生的审题往往诉诸直觉思维。

直觉思维的特点在于其非逻辑性，它不是根据一定的规则按部就班进行的，或者说，它暂时离开了逻辑的规范，好像是没有道理的某种认定。它主要靠思维中的想象、猜测和洞察力等非逻辑功能去直接地把握对象。直觉思维可以省略许多思维的中间环节，因此能够有特别高的速度，它适应作文考试的临场条件，也适合学生的年龄特征。

直觉思维具有"一气呵成"的特点。"一气呵成"的思维过程比断断续续的思维过程更容易捕捉到预定的目标，有较高的效率；然而直觉思维所产生的结果不一定是正确的，它常常被随后的常规思维所发现和纠正。从科学发现的历史来看，直觉思维的正确成果所取得的认识上的突破是极其可贵的，有时其意义或价值甚至是不可估量的，因此弥足珍视；但同时也要看到，正确率较低是其弱点。这种弱点，加上青少年学生思维的不成熟和不稳定，审题时就容易出现误差。如果由于审题误差而对学生基本上全盘否定，显然是不够合理的。

过于强调审题也容易由于阅卷人员的思维定式而导致误判。限于篇幅只举两例：

【例1】

1990年高考，某市阅卷核心组硬性规定考生必须在作文第一段引用第一位小姑娘的话，否则就是"跑题"。结果大量作文"不及格"，引起了强烈的反应。

【例2】

下面是1989年的一份试卷：

晓杰：

来信收悉。不知为什么，我想起了我们在一起的那个夏天。

初中毕业的那个暑假，你来外婆家作客，作为你外婆邻居的我俨然成了主人，带着你爬古槐树掏鸟蛋，下小溪捉鱼虾……

还记得吗？就在那棵古槐树下，你说，这古槐树粗糙的皮肤多么像那象形文字，这里记载着四大发明，凝缩了万里长城，融进了中华民族几千年优秀的文化：古槐啊！你就是历史的丰碑。然而，你又说，这古槐也记录了我们民族的耻辱，不知从什么时候起，荡漾在古槐枝叶间的不再是欢声笑语，而是阵阵的硝烟；直至今天，风儿偶然勾起你的回忆，心便阵阵隐痛，哗哗的树叶声仿佛在诉说着那一段悲惨的历史。不是么？树身上那机枪弹孔就好像是在无声地哭泣着的历史的眼睛……

"让我们都来学历史吧！让我们共同为中华民族寻医找药。"你伸出沾着泥土的手，握住我的手，目光坚定，我也似懂非懂地点了点头。

从此，你迷上了历史。就在那个夏天，你和妈妈约定：每天都帮妈妈做家务，报酬是暑假结束后，让你买一些有关历史的书。从此，司马迁成了你心中的英雄；从此，与你打交道的是张衡、诸葛亮、戚继光……萦绕在你梦里的是古楼兰之谜。

不久前，你还为我寄来了三册厚厚的柏杨的《中国史纲》。

晓杰，外贸工作固然要有人干，可是我们能扔开"历史"吗？你会忘记了那棵古槐树和古槐树记载着的厚厚的历史吗？

我想，你不会的，因为那古槐树依然屹立在村口，也一定屹立在你心中。你说是吗？晓杰。

　　顺祝

学安

　　　　　　　　　　　　　　　　　　　　　　　　××
　　　　　　　　　　　　　　　　　　　　　　　1989年7月7日

　　应该说这是一份优秀试卷，阅卷者也承认其文笔流畅、感情丰富，然而又认为它"没写成议论文"、"不切题"，结果只给了"不及格"的分数。事实上当年试题只要求写信，并没有规定必须写议论文（其实，作为知心朋友，板起面孔议论反而不够得体）。

　　国外比较重视发散思维，我国比较重视聚焦思维。过于强调审题，恐怕有其历史渊源。其消极影响，一是产生误判，而受挫伤的往往是最富于创造性的学生；二是导致"学生八股"。应该如何处理，希望能引起进一步讨论。

　　（四）语言水平的测定

　　根据课题组的几次统计分析，目前一般阅卷员的评分重点是在"内容"方面，评分误差最大的也在"内容"方面（和"语言"的变异系数比为0.30比0.18，见《中国考试》1991年第1、2期合刊）；而我们对专家效标（课题组所在的各省市阅卷核心组）的分析，其阅卷评分的重点则在"语言"方面。根据金华课题分组祝新华等同志的统计分析，在这些有经验的教师和专家们的阅卷给分中，"语言"一项的因素负荷就达到51%，即超过了"内容""结构"两项的总和。

　　"内容"在高考作文里是个不稳定因素，它随着写作时的各种因素而随机变化，阅卷人员也见仁见智看法各异；考生的语言水平则是相对稳定的。根据中学语文课的教学目标和多数学生的状况，经过课题组同志们的多次讨论，大家认为应该把阅卷重点放在考生的语言水准方面，对于内容方面见解深刻和有独创性的试卷应该采取"加分"（直至满分）的办法来解决。经过几年的实验，评分的一致性和分数分布的标准差都有所改善，证明这种做法是正确的。

　　由此又产生了如何测定考生语言水准的问题。中学生的言语发展正经历着从口语向书面语的转变，他们所表述的内容也越来越复杂。这个时期的句长明显增加，与此同时，语病发生率也一度呈上升趋势。因此，作文语言水平的高低，不能简单地以语病多少为准。为了统一认识便于操作，经过课题组同志们反复讨论和实践检验，我们提出了以下几点作为评估的准则：

1. 语言水平与内容难度的关系

内容难度，即内容的复杂程度，可以从以下三个方面进行考察：①语言层次的多和少，②所传递信息量的大和小，③抽象程度的高和低。符合上述三项之一的，内容难度就大。下面举一例加以说明。

【例1】

　　从心理分析的角度看，习惯的"再现"是"潜意识"（人类的一种不能为意识所觉察的潜在的思维过程，又称"下意识"）支配行为的结果。

（1988年高考作文）

限于篇幅，不能更多地举例。在上面的语例中，句子结构是很复杂的，抽象程度是很高的，所传递的信息量也是很大的。能写出这样句子的学生，其语言水平无疑是很高的。在表达复杂的内容时，即使出现了语病，也要根据其整体情况酌情处理。

从信息量大小这个角度来评估语言水平的时候，需要注意"潜信息"问题。"潜信息"就是指没有在字面上直接表达出来，但能够为读者所理解、所感受的信息。还要注意的是，感情也是一种极为有效的信息，有时是连语言也无法表达的信息。再举1988年高考作文为例：

【例2】

　　"你明天带点水去吧，不然渴了怎么办？"妈妈对将要去出差的爸爸叮嘱道。"咳！火车上哪能没水呢？我国水资源世界第一，不过大部分分布在横断山脉。"我正回忆着水资源分布图，猛一抬头看见父母和妹妹正用异样的眼光盯着我，妈妈的眼睛里亮晶晶地晃着什么，我摇摇头，慢慢地将那杯苦涩的凉茶一饮而尽。

这篇作文写的是即将参加高考的"我"几乎对外界的任何信息"刺激"都会引起有关考试内容的思考，作者通过一系列习惯性反应的描写，反映了青年人沉重的精神负荷。结尾写了这样一个情节：在庆祝"我"生日的饭桌上，尽管大家约定"今天吃饭，不提考试"，可"我"又不禁"犯规"。最后，作者写道："猛一抬头看见父母和妹妹正用异样的眼光盯着我，妈妈的眼睛里亮晶晶地晃着什么，我摇摇头，慢慢地将那杯苦涩的凉茶一饮而尽。""异样的眼光""眼睛里亮晶晶地晃着什么"表现了十分复杂的情感，"苦涩"语意双关。作者的语言含蓄而深沉，给人留下了不尽的思索。像这样的语言，虽然看起来平易，其传递的信息量是很大的，其水平显然也是很高的。

2. 语言水平测定的操作性目标

对学生语言水平的测定，应该以《教学大纲》为准，具体的目标是"简明""连贯""得体"。

a. 简明——优秀生文字简洁，语句的清晰度高，没有或很少冗余信息；差的学生语句纠缠不清，费解或产生歧义，废话多，车轱辘话多。

b. 连贯——优秀生语脉贯通，句序合理，注意语言的衔接过渡与呼应；差的学生话题不统一，句序逻辑性差，或者横生枝节，句间常出现脱节现象。

c. 得体——优秀生能注意场合、对象、情境、表达方式等语境条件的要求，用语恰当；差的学生则不懂得注意这些方面，出现与语境不协调现象。

3. 注意语言风格的多样化

质朴、华美、含蓄、幽默……不同的语言风格各有其表达的功能，也和不同学生的不同心理素质有着密切的关系。评阅者绝不应厚此薄彼，评估作文，尤其要警惕风格偏爱。

需要特别指出的，是不少教师偏爱华美一类，以辞藻铺陈为胜。根据中学生的培养目标和他们未来的需要，参照他们心理发展的一般规律和弱点，应该大力倡导质朴、谨严的文风。而这样的文字，其特点往往不显著，阅卷时不容易产生较强的心理效应，常常被语感不强或阅卷匆忙的教师所忽视，没有得到正确的评价，这是应该注意的。

为了统一阅卷人员的认识，也为了积累资料，课题组集中了所在省、市历年的"标准卷"，用了几年时间编制了《高考作文能力要求和评分参照量表》，现在已经问世。这是我国自新中国成立以来的第一部大规模考试作文评分参照量表，希望它能对今后进一步改进高考语文阅卷评分和改进中学语文教学有所裨益。

四、阅卷管理与监测系统

上文说过，大规模考试中作文评分的误差控制包括三个不可缺少的基本环节，这就是评分标准、评分方法和阅卷管理。监测系统是阅卷管理系统中一个有特殊意义的组成部分。一次大规模作文考试，如果没有一套完善的管理制度，没有一个有效的监测系统，则任何评估标准的厘定、评分方法的改进都只是一句空话。

在测试研究中，考务管理是一个专门的领域；在测试机构中，考务管理是一个有特定职能的分支机构。以下只作约略的概述。

1. 大规模作文考试的阅卷管理系统

大规模作文考试的阅卷管理系统应承担以下三个方面的职责：a. 阅卷的业务领导；b. 阅卷人员的行政管理；c. 阅卷质量的监测。在现阶段，我国比较完善的阅卷管理程序可以示意如下：

作文阅卷管理示意图

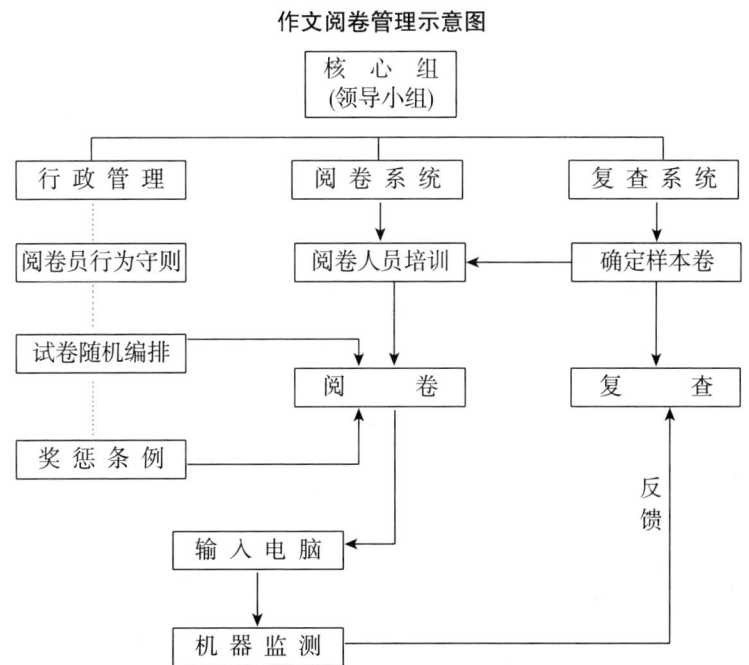

现代科技的发展，为作文阅卷的管理提供了重要的辅助手段。借助这种手段，阅卷管理的主要工作有：

(1) 试卷的随机编排

试卷的随机编排就是把不同学校的考生打乱混合排列。有了电脑，这项工作在技术上是不难解决的。重点学校与非重点学校之间，水平可以相差很大，如果不解决随机编排问题，则监测系统的数据将失去代表性，既使得这些数据缺乏应用的说服力，也容易出现盲目的调控。有了随机编排，不但阅卷员的评分状况能够得到比较客观的反映，而且就阅卷员本人来说，由于一本试卷（即同一考场中）兼有各类学校的考生作文，可以大大减弱评分心理的位置效应。此举可以消除评分的系统误差，即各校的平均成绩与其实际水平大体接近，但还不能遏制评分的随机误差。

(2) 阅卷员的选择与培训

本文第三部分所披露的数字表明，阅卷人员绝不是"年龄大、职称高"才好。阅卷队伍的形成应该是一个选择的过程，由于大规模考试作文评分的特点与困难，阅卷者应该是一支半专业化的队伍，为此，需要逐步建立阅卷人员档案。"高考作文评分误差控制"课题组的试验省份有的正考虑实行"阅卷员证书"制度（国外已有），这是条很有价值的措施。

在选择阅卷人员的基础上还要进行培训。以下两项调查反映了短期培训的效果。

［调查 A］

取各类作文 10 篇，15 名阅卷员在培训前后两次重评。结果如下：

	培训前	培训后
篇平均标准差	4.84	3.97
总体标准差	3.97	4.63

可见经过培训，阅卷员评分的一致性有所提高，在拉开分数距离方面情况有所改善。

［调查 B］

取各类作文 60 篇，分成对等两组，16 名阅卷员先评第一组（作为培训材料），相隔 3 日再评第二组，结果如下：

	第一次	第二次
篇平均标准差	3.467	3.105

观测结果与调查 A 相近。

培训可以有两种方式：a. 短期集中培训，b. 结合阅卷过程进行。后者一般都与样本卷讨论和典型卷讨论合并进行，将在下面专门介绍。

（3）样本卷的选定及其策略

即使有了比较完备的评分参照量表（参阅上期），每次大规模考试的样本卷仍是不可少的。这是因为每年的试题都有其个性，有其需要特殊处理的矛盾，需要根据当年试题情况编制样本卷系列予以解决。

样本卷的功能，一是使评分标准明确化、具体化，二是针对影响阅卷稳定的心理因素予以尽可能的控制。因此编制样本卷系列，在着眼点方面，在策略方面，和参照量表的编制可以有所不同。参照量表的编制要遵循"等距性"原则，即各典型例卷之间，如果按百分制计算，其分距大体上是相等的；样本卷系列的制订，则可以进一步着眼于"分界线"和"分歧点"。

例如："趋中倾向"（参阅本文第一部分）是大规模考试评分中一个比较突出的问题，针对这种情况，1991 年江西省在高考作文评分选定样本卷时采取了以下对策：a. 一、二类样本卷取下限，b. 三类卷取上、下限。采取上述措施的结果，各类试卷的分布状况有所改善：

类　别	一	二	三	四	五
百分比	2	22	43	27	5

高考作文每年分值不同，为了便于比较，重新划分分数段使之能与 1990 年相对应，结果如下：

	(91) 29～35 (90) 33～40	(91) 20～28 (90) 23～32	(91) 12～19 (90) 14～22	(91) 1～11 (90) 1～13
1991	10%	46%	36%	8%
90（综）	6%	58%	27%	9%
90（分）	11%	62%	22%	5%

从表中的数据可以看出，高分数段的情况没有显著变化，而第二档次的人数有大幅度下降，第三档次的数字有明显上升。从整体上看，打保险分，送"及格"分的倾向有所抑制。

再取同是采用分项评分法的1990年文科考生分与1991年全省考生抽样统计的平均数、标准差、变差系数（标准差/平均分）相比，结果如下：

	平均分	标准差	变差系数
1990年（满分40分）	24.65	6.65	26.98%
1991年（满分35分）	20.17	6.41	31.78%

统计表明，变差系数有所增加，即分数离散状况好于前一年。

"分歧点"就是容易引起分歧的问题。每年阅卷，都可以发现"有的作文好评，有的作文难评"的现象。对于某些作文，评分比较容易趋于一致，对于另一些作文，看法往往产生分歧。归纳、分析、研究这些评分差别较大的试卷，及时提出来讨论，统一认识，纳入样本系列，是极其重要的。

（4）阅卷流程管理

根据我国惯例，大规模作文考试通常在暑期或接近暑期进行。在高温、大兵团突击作战的阅卷条件下，应该特别注意阅卷人员的生活安排和保健措施。就阅卷流程管理而言，要特别注意以下两项工作：

a. 均衡投卷，控制速度

阅卷速度必须均匀，前松后紧之类都必然扩大误差。考虑到阅卷员熟练程度不断提高，可以先略慢后稍快，但各组之间必须同步前进。要严禁各组攀比速度，领导小组要掌握进度，但绝不应公布进度，一公布必然对较慢的组产生压力而滋生误差。此外，如果阅卷人员之间存在着利害关系（相互竞争的学校、区县等），试卷的投放还要注意流向，以免人为因素干扰。

阅卷的速度与质量有直接关系，速度过快必然评估粗糙。由于目前实行的承包制以及阅卷数量与报酬挂钩的原因，阅卷速度不断加快。据了解，高考作文有的地区个别阅卷员的速度竟达到日300份以上，在这种情况下，阅卷质量是无法得到保证的。承包制不适用于作文阅卷，必须予以解决。

b. 制订行为准则

"多元评定法"是减小各评阅者评分误差的重要措施。根据塞梦兹（Symonds）的研究，一组作文若由两人评定，其相关系数为 0.55，经四人评定后再由另四人评定，则相关系数可达 0.82，若经八人评定后再评定，相关系数可以增加到 0.90。目前，美国威斯曼的"快速印象法"和英国伦敦教育研究所的实验都要求一份试卷经四人评定。在我国，一般原则上规定一份试卷应由两人共评，要求已经很低，但实际上仍无法做到。在这种情况下，应该就"对子"行为作出一些规定。例如至少要求两人先共评若干份，分评后每天必须相互抽查各等级的作文若干篇，发现问题及时磋商，并有相应的检查措施，等等。这已经是最低限度的要求。

纪律涣散、工作态度不严肃，是无法保证阅卷质量的。因此，还应当制订《阅卷员守则》，并且有相应的奖惩制度。对于不合格的阅卷人员必须坚决汰除。课题组各试验省份都有被判"红牌"者，对维护阅卷的严肃性有良好的作用。

(5) 监测及复查

由于这个问题很重要，将在下文专门介绍。

2. 建立、健全监测系统

大规模作文考试如果没有一个有效的监测系统，则任何研究、条例和改进措施将毫无意义。我国长期惯用的"复查"就是一种监测方法，不过随着科技手段的进步，监测手段日益丰富，怎样借助科技手段来发展监测系统就成为人们研究的一个课题。

科技手段应用于评分监测，有"隐形笔"[①] 等，不过目前主要是电脑。国外有利用电脑直接进行调控的，即以试卷中某些客观性较强试题的得分为参照系，如果发现某地区或某阅卷员的主观题给分与其他地区或其他阅卷员的评分平均值相比明显偏低或偏高，可以通过数学方法加以调整。我国英语高考也曾采用过这种方法。但语文是一门综合性很强的学科，其测试也属于异质性测试，经过多次测算，各试题（包括作文）的得分之间没有必然联

---

① 该笔书写的符号，只有借助特定灯具才能显示。这样，共评者彼此不知道对方所给的成绩，而由监测者（或组长）裁夺。如果差别过大，则需重评。

系。即以写作能力而论，母语和外语不同，母语作文的能力层次要求大大高于外语，高层次能力（如立意）与低层次能力（如书写）之间，得分也没有必然联系。因此用其他试题作参照系的方法就作文评分而论是不科学的，也是不可取的。再就各阅卷员之间的评分来说，由于评分对象的差别（例如一市集中阅卷，各区之间的水平就会有所不同），很难据此就作出"偏严""偏松"的判断，如果骤然利用电脑直接调整，很难避免盲目调控。因此，至少就作文评分而言，机器只能及时发现问题，最后的裁断还必须由人工（专家）来作出。

当前，利用电脑监测主要有以下几种方法：

（1）指标监测

用以监测的指标主要有"平均分"和"标准差"。平均分可以显示出阅卷者给分有没有偏高或偏低的问题；标准差显示给分的离散程度，显示出有没有"打保险分"的趋向。将阅卷员每日每份试卷的给分及时输入电脑，如有问题，就可以及时发现。

（2）参照系监测

由核心组先随机抽阅一批试卷，将数据输入电脑，以所形成的曲线作为参照系。参照系有允许浮动的一定幅度。阅卷员每日评分结果在图形显示上如果超越了幅度，电脑就能及时检出以备复查。

（3）"暗点"监测

即由核心组随机抽阅一批试卷，秘密输入电脑，阅卷员评此卷时，如果给分差距过大，就能及时发现检出，显示该阅卷员所评其他试卷也可能存在问题。本方法原理虽然简单，但颇为有效。

（4）内部相关监测

这是我国试验分项评分时所创造的一种方法。其原理是各分项得分之间往往具有一定的相关性，由此设计了数学模型，把测算结果称为 γ 值。γ 值过大或过小，都可以提供信息供复查组审核、裁夺。此方法 1992 年在河北省试验与指标监测法同时采用，当年结果如下（$\bar{X}$ 为平均分，S 为标准差）：

	试卷袋数	增加分数篇数	减少分数篇数	增加分数总和	减少分数总和	平均每袋改动
$\bar{X}$出线	14	77	29	209	127	24
S出线	9	26	15	73	26	11
γ值小	13	50	53	166	119	21.9
γ值大	8	61	18	200	51	31.4

说明：平均分低于控制线的 11 袋，经复查，分数变动 269 分，平均每袋 24.5 分；高于控制线的 3 袋，分数变动 67 分，平均每袋 22.3 分。

γ值方法尚在进一步完善和论证的过程之中，但实践证明它在发现问题方面是有效的。由此也可以看出，在平均分、标准差均未出线的范围内还存在着大量误差，需要研究对策。这也正是作文评分监测系统科研的任务。

中学生言语技能与作文水平相关性检测[*]
（2000 年）

本课题是一个有限课题，其目的在于验证二者之间的相关性及可能达到的相关水平，以备进一步探讨其机制原理和应用范围。

一、问题的提出

随着青少年年龄的增长及文化水平的提高，其言语运用（尤其是书面表达）一直处于变化之中。这一变化在中学期间更为明显，其特征是句子长度迅速增加，连接词语使用频率也随之增加，与此同时，语病也一度呈上升趋势。这种变化的高峰期，女生约在初三，男生约在高一，相距一年左右。中学生的语病，初中阶段以词语误用为主，到了高中，则多发生在语句组织方面。主要数据如下（参阅《中学生语言发展中的"低谷"现象》，《北京师范大学学报》1991 年第 2 期）。

与这一发展变化同时，"语言"项在学生写作综合水平的因素分析中权重也越来越突出。根据教育部考试中心"大规模考试作文评分误差控制"课题组所属浙江分组祝新华同志利用浙江金华地区高中会考 419 份作文试卷所作的分析统计，"语言"一项就超过了"内容""结构"两项之和。

---

[*] 本文是同题课题的研究报告，课题与张彬福合作，本文也是两人合作的产物。

	内　容	语　言	结　构
权　重	27.194 1%	51.554 7%	21.251 3%

根据杭州大学朱作仁教授的统计，"语言"项所占权重更大，而且由于其调查的跨度大，变化的轨迹十分明显。朱作仁教授认为，这种变化反映着学生从"写话期"进入了"写作期"。具体数据如下：

	内　容	语　言	结　构
小　学	45.27%	30.82%	23.93%
高　中	20.65%	61.43%	18.00%

这种变化的出现，可能有三方面的原因：

1. 作文内容范围的拓宽和观察、分析的变化，要求有相应的语言形式和控句能力。在这种情况下，言语能力的差别在作文评估中就显得更为明显。

2. 与此相关的是语体的变化。中学阶段受到诸多因素特别是理科教材的影响，学生的语体色彩很快地由口语向书面语过渡。这种变化，一是反映在语库方面，二是反映在语言层次方面；过渡需要有个适应过程，不同学生的适应能力不同，从而进一步扩大了差别。

3. 语体的变化含有心理因素，这个阶段学生的写作意识也出现变化。学生不再满足于"怎么想就怎么说"，而是力求模仿所读过的作品（包括课文），使自己的写作更有"文采"。有的由此而提高了水平，有的反而因此出现了语病，或者兼而有之。

既然青少年言语能力的发展有着规律性，并且在写作综合能力中占有越来越重要的地位，则进一步研究言语技能水平与写作整体水平的相关关系必将对以汉语为母语的语文教学、检测和考试有重要的理论价值和实践价值。

二、工作方法

（一）写作水平的测定

写作水平的测定是全部工作中关键的一环，也是最困难的一环。其原因在于学生写作水平的浮动状态和评分的主观随意性。

针对评分的主观随意性，多人评分取平均值可以在相当大的程度上使误差因素相互抵消。根据塞梦兹（Symonds）的研究，一组作文若由前后两个人评定，其相关系数为 0.55，但经过四个人评定后再由另四个人评定，则两次的相关系数为 0.82，如果经过八人评定后再评定，则其相关系数增加到 0.90。从教育部考试中心"大规模考试作文评分误差控制"课题组的实践经验看，如有 4 人共评，取平均值，可以基本上保证数据分析的客观性和稳定性。

（二）试题的拟制

经验告诉我们：语言技能具有层次性。为了使研究工作更有效地进行，需要首先在经验的基础上拟制出语言技能层次的逻辑模型，然后通过多次测试实践加以检验、改正、修订。

作为科研项目的内涵，试题拟制的工作中还连带着题型研究的任务。关于这方面的经验，限于本课题的目标，只作初步总结，需要另立课题作进一步探讨。

（三）预期目标值的设定

预期目标值的设定不宜过高，也不宜过低，因为在测试过程中无法排除随机误差的影响。预期目标过高，容易错误地认为试验因素没有发生影响；预期目标过低，则容易把随机误差误当作试验因素的影响。根据一般经验，以人为对象的试验，取 0.05 为显著性水平，以语言为素材的试验，取 0.01 为显著水平。因此，我们取 P0.01 为预期目标值。达到此目标者为"有显著意义"（significant），达到 P0.001 水平，称"有非常显著意义"（very significant）。以下 P0.01 水平用"＊"表示，P0.001 水平用"＊＊"表示。

鉴于缺乏足够的资料与经验，对试题的质量尚无充分把握，测试结果可先记录原始数据，再减去呈负相关的试题，作第二次测算。为了观察相关的最大可能性，还可以将基本上不相关（相关系数 0.05 以下）的试题删去，作第三次测算。

（四）两张试卷、卷面分组的设定

作文评分的趋中倾向是难以避免的，而语言技能试题则比较能够拉开距离，二者的标准差会有不同，从而使两张试卷得分分布的图形有相当大的差异。第一次检测结果充分显示了这个问题。为了尽量减少这方面的影响,从第二次检测起,我们试图回避我国内地以 100 分为满分、60 分为及格分的心理习惯,以 80 分为满分;第三次检测我们又进一步使两张试卷满分对等(80∶80)。三次检测的统计分析表明,这样改变的结果,二者之间标准差的差距有所缩小。

三、检测结果

(一) 第一次检测

检测对象及施测人数 (N):北京市五所中学(包括市重点、区重点、一般学校)高一学生 60 名集中测试(实到 58 人,有效试卷 56 份)

测试内容:

作文(记叙文,任选)

a. 我爱我家(命题作文)

b. 以"走访亲戚"为范围自由命题

技能题:共 10 题,选择题 2 题,以操作题为主(排序、简答、缩写)

作文评分方法:教师 4 人集中评阅,取平均值

检测结果:

总相关状况:积差相关(pearson correlation)　0.574**

各题状况:

① 0.336 112 3*　　　　　② 0.156 023 1

③ 0.229 578 7　　　　　④ 0.003 966 3

⑤ 0.214 850 1　　　　　⑥ 0.020 297 2

⑦ 0.287 484 0　　　　　⑧ 0.288 680 7

⑨ 0.354 389 1*　　　　　⑩ 0.276 078 8

作文得分状况:最大值 91.88,最小值 57.5,平均值 76.269 11,标准差 6.849 341

语言技能得分状况:最大值 84,最小值 36,平均值 59.767 86,标准差 11.199 01

等级相关检测:

10 等分——0.975 056 9

20 等分——0.892 822 9

分析：

a. 检测结果大大超过预期要求，表明二者之间相关的可能性是确实存在的。

b. 未出现负相关试题，但各题得分状况不同，有 2 题基本上不相关，需要分析，并进一步试验。

c. 不同层次学校的学生混合编组是一大失策，这使检测结果难以做进一步分析；即使花费时间追查，不同水平层次的学生人数也不足统计学 N=30 的要求。

（二）第二次检测

检测对象及施测人数（N）：一般中学、区重点中学、市重点中学各一个班，均为高中一年级学生。一般中学 48 人，区重点中学 43 人，市重点中学 46 人，共 137 人。

测试内容：

作文：论说文《环境与人》（命题作文）在各自学校当场完成

技能题：拟题方法作一些变动，以小题为主，共 20 题。其中选择题 12 题，操作题 8 题。操作题的综合程度也较第一次检测为低

作文评分方法：教师 4 人分散评分（试卷轮转，每卷 4 个分值），取平均分

检测结果：

总相关状况：0.360 178*

由于拟题方法的变化，有六道题呈负相关（选择题 5 题，操作题 1 题）。删去该六题，相关系数上升到 0.489 14**

分层次检测状况：

由于本次创造了分层次检测的条件，出现了新的情况

一般中学为 0.204 512

区重点中学为 0.143 257

市重点中学为 −0.047 72

不但递减，而且出现了负相关。

按学校分区域逐题检测，删去该区域（学校）内呈负相关的试题重新测算

一般中学上升到 0.510 217**

区重点中学上升到 0.384 085*

市重点中学上升到 0.239 76

虽然不再呈负相关，但也存在明显的阶梯形。

再删去各自相关系数在 0.05 以下各题以后，相关系数的变化为

一般学校　0.515 703 8**

区重点　　0.481 152**

市重点　　0.342 035（P0.02 水平）

虽然相关系数进一步提升，但阶梯形仍然存在，其中市重点仍然没有达到预期目标。

分析：

a. 考虑到本次测试内部分出三个层次，人数增加，试题变化，相关系数降低是在意料之中的，即便如此，检测结果也达到甚至超过预期目标。可以确认二者之间的相关性。

b. 在题型方面，呈负相关的试题中，选择题 5 题，操作题 1 题；从相关系数看，操作题的相关性也高于选择题。

c. 关于语言技能与作文相关性呈阶梯形递减的问题可以有两种解释：一是在较高水平的作文中，因素负荷出现了新的变化，语言技能不再是最关键的因素；二是也可能与题目有关。倘若命题时增添能力层级较高的题目，或许情况会发生变化。究竟哪一种解释正确，需要进一步探究。

（三）第三次检测

检测对象及施测人数（N）：考虑到第二次检测出现的阶梯形，本次检测取更高年级。

计：市重点中学 44 人，区重点中学 46 人，一般中学 37 人，均为高二年级一个整班（高三年级要准备应考，无法参加检测），共 127 人。

测试内容：

作文取样：本次改为由学生自己推荐一学期来最满意的作文，以期消除统一命题产生的采样误差（参阅本文第二部分）

技能题的编制：共 20 题，其中选择题 6 题，操作题 14 题

在测试内容方面力求扩大覆盖面，共包括文字、词语运用、词语修辞性选择、病句判断与修改、句子组织、语句结构调整（句式变化）、话语衔接、汰除冗余语词、信息筛选与概括、用语与语境关系、语体的协调性、语篇中话语的衔接与呼应、按规定要求续写等项，其中许多是目前教学内容所没有的。

在能力要求方面力求向高层级扩展：有的属于语感问题，例如汉语虚词的弹性；有的具有创造因素，例如模仿、类推性续写。

作文评分方法：教师 10 人，按学校随机抽取评阅（保证每份试卷 4 个分值）

检测结果：

总相关	0.189 755
一般中学	0.279 096
区重点中学	0.468 421**
市重点中学	0.200 249

总相关有所降低：分校统计，市重点有所提高，但未达到预期目标；区重点中学很好；一般中学也未达到预期目标。

删总负相关试题（三校统一计算，选择题 3 题、操作题 2 题）后，相关系数有所上升，区重点、一般学校也有所提高，市重点则有所下降：

总相关	0.274 85*
一般中学	0.374 957*
区重点中学	0.502 811**
市重点中学	0.164 686

但各自删去本区域内负相关试题后，出现了明显变化：

一般中学	0.532 928**
区重点中学	0.489 49**
市重点中学	0.415 288**

再删去本区域内基本不相关试题（相关系数在 0.05 以下）后，出现了进一步的变化：

一般中学进一步升至　　　0.534 75**

区重点中学进一步升至　　0.507 245**

市重点中学进一步升至　　0.460 08**

分析：

a. 中学阶段较高水平作文仍然可以达到与语言技能高度相关。

b. 由于试题向高层次扩展，因此原始数据中市重点的相关系数有所提高而总相关较第二次检测有所下降。删总负相关试题以后，总相关区重点、一般学校均有所提高，而市重点因为在全部测试对象中所占份额较小，反而下降。这正显示了言语技能的层次性。

c. 当试题与测试对象的水平层次相对应时，相关系数就能提高。

d. 中等状态的群体，由于其不同水平分布的跨度大，容易适应试题分布跨度大的考核。

e. 就高中学生的整体而言，较低水平的学生可能在语言技能与写作水平相关性检测方面有一定优势。

四、讨论

（一）分析及初步结论

1. 鉴于不同类型的学校都可以达到 $P0.001$ 水平，已经可以确认：中学生的语言技能水平与写作水平存在着相关性，而且可以呈非常显著意义相关。

2. 北京市的市重点、区重点和一般中学虽然是经过选拔考试加以区分的，但这是一种综合考查的区分，区分因素包括多种学科，语文水平并不完全划一。考虑到这一点，我们将第三次检测结果打破学校界限分成"上""中""下"三个层次按作文得分统一排序，再测算各题与作文水平的相关状况。这种重新划分，由于作文分数分布区域大大缩小，与言语技能分数之间分数分布区域跨度差别太大，存在着难以直接比较的因素，但对于进一步考察是有参考价值的。

(1) 对试题质量的验证

如果一个试题在三个层次上都呈负相关，可以认为该题质量很差，可能是内容选择不当，也可能存在着科学性方面的问题。经检验，本次试卷没有这种试题。

如果一个试题虽然没有在三个层次上都呈负相关，但整体上接近负相关（其中正相关在 0.05 以下），可以认为该题在质量上存在着问题，也许是内容选择不够恰当，也许是科学性上存在着失误，也许是编题技巧上存在着毛病，需要进一步检测、验证、分析。经检验，这样的试题全卷共 3 个，占总题量 15％。

其余 17 题都可以认为是有效试题，占总题量 85％。因此，从总体看，可以认为这份试卷的质量是不错的。

(2) 对试题与不同层次适应状况的检查

通过在不同层次上相关系数的测算，可以明显看出不同试题对不同层次的适应状况。从图形看，都呈"递增""递减""凸形""凹形"，没有与横轴（X 轴）呈平行或接近平行状态的，也就是说，没有一道试题对不同层次的有效程度是一样的。

从图形的形态看，有以下几种情况：

①大体规则

这类试题共 12 题，占总题量 60％。其中典型的"递增"如 18 题，"递减"如 19 题，其走向接近于直线；"凸形"如 6 题，其两边几乎对称；其对不同层次的适应程度一目了然。这样的试题，如果相关系数达到预期目标，也许是图形样式中最好的，可能对常模参照和标准参照考试都有较高的实用价值。

②有所侧重

这类试题，虽然图形不太规则，但对特定层次，其相关程度明显高于其他层次（我们规定正相关不得低于 0.15，实际上最低的一题也达到 0.186 以上，其余的均在 0.20 以上），因此这类题也应该认为有着较高的测量价值，其中侧重最高层次的试题可能对选拔考试更有意义。该类试题共 4 题，占总题量 20％。

③不规则

图形不规则的共 4 题，占总题量 20%。其中有 1 题接近负相关，其余 3 题相关程度都比较高（分别为 0.16、0.225、0.26）。对于这样的图形应该如何分析？是不是对目标参照考试更有意义？是不是经过改造可以使之规则化？我们目前还没有形成明确的认识。

鉴于呈规则分布的图形所占比例如此之高，我们觉得关于图形的研究可能对今后命题以及对试题的评估有意义，值得进一步探究。

(3) 综合判断

①从重新划分层次后与各层次相对应的试题分布看，不仅可以看出不同层次对不同试题的不同适应情况，而且可以明显看出本次试卷向高层次倾斜（第一层次相关程度高的有 9 题，第二层次 6 题，第三层次 5 题）。这符合第三次检测的原始意图，也进一步解释了第三次检测统计过程中出现的现象。

②第二次检测和第三次检测都显示出试题与测试对象相对应的重要性，因此应该把这一点作为命题的重要指导思想和衡量试题质量的标准。这对于下面将要谈到的建立大规模考试作文评分监测效标来说是十分有意义的。

3. 语言技能的层次是命题针对性的基础，是决定试题效度的重要因素之一，但它不是唯一因素。试题的效度还要受到其他因素的制约，主要有：

(1) 教学因素。

我国中学语言教学正处于"转轨"期，人们的注意焦点开始从静态描述移向动态分析，然而步伐快慢不一。在第三次检测中，我们所选的区重点学校平时按照新《大纲》关于"简明、连贯、得体"的要求做过比较多的语用练习，测试时较少受到对试题样式感到陌生等因素的干扰，容易显示其实际水平，检测结果与其他学校呈现出明显差别：有的题得分平均值大大高于整体，相关状况也较其他学校好。从全卷看，呈负相关的只有 2 题，0.15 以上的有 10 题，相关系数原始统计为 0.468 429，一次就达到 $P0.001$ 水平。再如第一次检测第 6 题所考核的内容关系到修辞中声调的作用（音节数、韵脚），这是汉语语言艺术的重要特点，我们在成年人中测试过，区分状况很好，然而现行教学并没有涉及，因而在高一学生中基本上没有区分度可言（相关系数 0.020 2972）。该题难度并不大，如果在现行教学中有所点拨，相信状况就会不一样。

（2）操作因素。

同样内容，答题的操作要求不同，结果就会有区别。例如，第三次检测的第1题和第7题都是检测学生错别字状况的，第1题是选择题，相关系数为-0.251，第7题要求将错别字画出来并在括号中改正，相关系数就变为0.195 525。再看不同学校和不同层次的统计，就更足以说明问题。各项数据如下：

① 不同学校统计

第1题

学校类型	市重点	区重点	一般学校
相关系数	$-0.033\ 23$	0.071 743	$-0.171\ 6$

第7题

学校类型	市重点	区重点	一般学校
相关系数	0.212 822	0.209 473	0.424 769

② 不同层次统计

第1题

层　　次	第一层次	第二层次	第三层次
相关系数	0.053 743	$-0.151\ 42$	$-0.229\ 08$

第7题

层　　次	第一层次	第二层次	第三层次
相关系数	0.297 415	$-0.048\ 65$	$-0.395\ 56$

从不同学校的统计中可以看出，第1题的负相关状况在一般学校中最为严重，而第7题的正相关状况也是在一般学校中最为突出。在不同层次的统计中，"递减"的走向非常规则，其优势明显倾向于第一层次（第1题在第一层次中呈微弱正相关，已经显示优势倾向，第7题则优势异常突出）。可以想见，有的学生能够辨析出错别字，但并不掌握正确的写法，这就分出了

高下。这道题还告诉我们,尽管是低层次的语言技能,只要命题得当,仍然可以在中学的高年级有很好的效度。

(3) 综合性、思辨性因素。

语言技能是一个有一定宽泛度的概念,粗略划分,可以分为纯操作型和智能型两大类。纯操作型技能只要求正确、熟练,例如改正错别字;写作是一种高强度的、各种因素综合的智力活动,因此许多语言技能具有智力因素,智能型语言技能在构成因素方面也就从而带有不同程度的综合性。综合因素越多,制约测试结果的因素也越多。测试因素多元化有时候会影响到诊断的效度(不知道学生的问题出在哪里),但处理得当,不仅可以使试题更接近言语实践,还可以增强试题的区分能力。第二次检测的第 14 题、第 17 题、第 20 题和第三次检测的第 13 题、第 17 题、第 19 题就是如此。语感是迄今学术界尚未得到明确界定的概念,但不管存在着哪些解释方面的差异,对言语水平的判断中含有比较、分析等思辨因素是无疑的,因此思辨因素的强弱也会影响到测试效果。例如第一次检测的第 4 题本来是某年的高考题,这道题所涉及到的对偶句知识和绝句的知识是学生在初中时期就学过的,可是要判断句序需要结合句中的关键词来思考,所以难度就加大了,对语感的要求也高了。正因为这样,当年高考这道题区分度属于中等,今天测试对象从高三学生变为高一学生,就基本上没有区分度可言了(相关系数 0.003 966 3)。

4. 前面介绍的统计资料表明,中学生书面语发生变化的高峰期一般在初三和高一左右,其中女生比男生约早一年。不过由于社会环境、文化水平等因素,这种变化可以提前或移后。从三次检测的统计数据看,所得相关系数最高的一次是以高一学生为对象的,其他两次检测,对象也以最低层次的"一般中学"为最高。这种情况与上述统计调查不谋而合。如此看来,今后的语言调查与测试如果以这个阶段的学生为切入口,向上、向下推移,比较容易更准确而全面地了解中学生言语能力发展的概况和规律。

5. 关于题型,三次检测的 50 道试题中共有选择题 20 道、操作题 30 道,其中出现负相关的,选择题有 8 道,操作题有 3 道。这样看来,似乎在语言技能测试方面,操作题更占优势。但也不可一概而论,选择题也有相关系数很高的,例如第三次检测中,有的选择题在有的学校可以达到 0.33 以上。鉴于经验、资料尚不足，目前还不宜匆忙下结论。不过从道理上看，操作题更接近语言实践，更便于区分语言水平层次，在这两方面，选择题恐怕是要逊色一筹的。

但题型研究还在继续，为了检测的层次性，可以探讨复合选择题形式。简单选择题只能有单项选择，如果组合成系统树状态，使之呈阶梯形，则可以具有不同水平的检测功能。这种题型，对教学软件中自学软件的开发是极其有意义的。

此外还要考虑教学与测试的区别、大规模测试与小规模测试的区别。操作题比较容易容纳发散思维，组织学生讨论，比较容易设计情境条件，激发学生兴趣，教学中自有其居优之处。考试要求标准划一，操作题对阅卷人员素质的要求比较高，大规模考试如何减少评分误差，保证其公平性，也是不容忽视的问题。这些，都有待进一步研究。

（二）展望

本课题是一个有限课题，也是一个过渡性课题。它只证实了言语技能与作文水平的相关性，但其结果可以为以下三个重要方面的研究铺垫道路。要在以下三个重要方面深入发展，还分别有若干问题需要做进一步探讨。

1. 改进中学语言教学

从三次试卷的试题中可以看出，本课题所检测的言语技能与现行的语言知识教学及测试是很不一样的。20世纪下半叶以来，随着语言学习理论的形成与发展，人们逐渐认识到语言学所研究的问题和学习语言特别是母语所遇到的问题是有很大差别的，必须划清语言教学、语言学研究之间的界限。

再看当前的中学语言知识（语法、修辞）教学，问题是不少的：一是停留于静态描述，导致教师、学生死抠概念，不切实用；二是这种知识系统不能很好地反映汉语特点。正因如此，所以收效甚微，需要加以改造。

要提高语言教学的效率，还有个科学训练问题。写作是一项综合性很强的智力和言语操作活动。在写作过程中，多种矛盾同时并存，学生往往顾此失彼，这是目前写作教学效率不高的原因之一。适当分解，加强针对性，是科学训练的必要途径。我国传统经验就有类似做法，例如写诗先练对课，时文先试破题，等等。既然已经证实言语技能在中学生写作中的权重大大增加而且与写作整体水平呈高度相关，那么，这项研究的成果对改进现行的中学语言教学就有着极为重要的现实意义。

要把现行的语言知识系统转移到语用的轨道上来，按照以汉语为母语的学习规律，进行操作规则的指导，还有以下两个问题需要研讨：

（1）修订、完善语言技能的逻辑模型，明确训练重点。

到本课题结束为止，还没有发现原拟逻辑模型有重大破绽。但实际上三次检测的试题已经在有些方面突破了原有范围，例如修辞的声调因素、汉语虚词的"弹性"等。究竟还有哪些内容可以进入模型，其中哪些内容对中学生来说是必不可少的，需要在调查的基础上作进一步分析。

逻辑模型中的内容并不都是教学重点——其中有的应该在小学阶段基本解决，中学只带有补课性质；有的只适合高水平学生，一般学生可以暂缓；有的技能可以在学生发展过程中自然形成，不需要着意训练；此外，中学的初、中、高阶段还应该分别有自己的重点要求。这些，既需要统计分析，也需要更多的教师参与讨论、实践。

（2）创造行之有效的教学方法。

言语技能检测可以提供资料和思路，但测试题不是教学手段。言语技能的教学应该按照学生的认知规律以及由生疏到熟练的过程精心组织，循序渐进，既富于实践性，又富于趣味性；它应该能够启发学生的发散思维，有益于学生智力的发展。言语技能训练远比测试丰富、生动，一项巧妙的练习设计或一次成功的课堂教学充分体现着教师的经验、水平和匠心，不可将二者等同起来。

语言技能与写作水平相关性的分析可以帮助我们认识中学生言语能力由低到高的发展轨迹，加以广大教师的实践经验，就可以编制出相应的训练教程。教程的编成，将使这种训练更具有普遍意义，将大面积地提高语文教学效率。

2. 编制测定中学生言语水平的量表

像各种心理测试一样，测定中学生的言语水平也应该有科学的工具——量表。这项工作无论在理论上还是实践上都有很大价值。要完成量表的制作，需要进行的工作有：

(1) 大规模采样

迄今为止，我们的采样只限于北京市的高中学生，而且总计不过 320 人次，这是远远不够的。必须进行大量采样，不但要增加采样数量，还要增加采样地区，照顾不同地区的情况，而且要遍及高、初中各个年级。

(2) 改进测量方法

我们现在的方法只能证实二者的相关性，制作量表，还需要在方法上加以改进、补充。为此，应该有教育测量学的专家参加，以期保证成果的科学性。

(3) 建立题库

这种量表不应该像整篇作文那样采取比较模糊的参照性样本的形式，而应该力求成为有一定清晰度和精确性的测量工具。为此，就需要在多次反复测试的基础上建立题库，以便选择、组合。

以上几项工作都很繁重，不是能够一蹴而就的。但这个理想如果能够实现，对中学、对社会都有重要意义，在我国将是一项创举。

3. 建立大规模考试作文评分的监测系统

作文测评是世界性的难题。本课题的直接现实意义还在于可以利用言语技能与作文水平的相关性来完善大规模考试作文评分的监测系统。

在大规模考试中，要求每一份作文都经过多人共评是不现实的。现在各地所宣传的改进方法实际上都难以奏效。我们的设想是，倘若能够证实语言技能与作文水平之间确实存在相关，而且相关程度能够达到显著水平，就可以为作文评分提供有效的监测效标。当二者的差异超过允许值时，虽然不能证明作文测评存在问题，但可以作为复查的线索使监测系统进一步完善。

(1) 监测的可能性

① 允许值问题

大规模考试中，全国高考无疑是影响最大的，以下不妨以高考作文为例。倘若按照习惯的"3×标准差"作为允许值范围，则：

第一次检测的允许值应该是 20.52 分，相当于高考 12.3 分；

第二次检测的允许值应该是 24.42 分，相当于高考 18.3 分；

第三次检测的允许值应该是 20.91 分，相当于高考 15.7 分。

高考作文满分才 60 分，用 3×标准差为允许值未免太高。我们的期望目标是满分的十分之一，即高考作文的 6 分。

②检测结果

我们原订的预期目标是 P0.01 水平，第二次检测正好符合预期目标。经过换算，这次检测的等级相关系数是：

10 等分：0.961 415

20 等分：0.850 371

如果以高考作文 6 分为允许值，检测结果是：

10 等分　作文每等分数差为 8 分，相当于高考 6 分

等级差	相同	一级	二级	三级
人　数	45 人	60 人	26 人	6 人
百分比	33%	77%	96%	100%

20 等分　作文每等分数差为 4 分，相当于高考 3 分

等级差	相同	一级	二级	三级	四级	五级	六级
人　数	25	41	30	21	13	4	3
百分比	18%	48%	70%	85%	95%	98%	100%

三次检测中，相关程度最高的是第一次，达到 P0.001 水平。该次的情况是：

10 等分　作文每等分数差为 10 分，相当于高考 6 分

等级差	相同	一级	二级
人　数	30	25	1
百分比	54%	98%	100%

20 等分　作文每等分数差为 5 分，相当于高考 3 分

等级差	相同	一级	二级	三级	四级
人　数	16	27	11	1	1
百分比	29%	77%	96%	98%	100%

也就是说，当言语技能测试的有效性达到 P0.01 水平时，监控能力可以达到70%以上，达到 P0.001 相关水平时，监控能力几乎可以达到100%。这预示了监测的良好前景。

(2) 需要进一步解决的问题

①命题研究

保证言语技能试题的有效性是发挥其监测功能的前提。要确保每次测试中语言技能试题的质量，除了命题人员的学术观点和水平外，还有以下两个问题需要作进一步探讨：

a. 试题的内容效度

提高试题的内容效度，首先要加强测试内容的针对性。就这一点而言，这种研究较诸前面谈到的量表编制要相对容易得多，因为对象范围将从中学各年级缩小到限定的层次，目标大为集中。此外，考生水平差距的跨度大，没有"市重点""区重点""一般学校"这样的人为差别，近似于我们的第一次检测，比较便于区分，这也是有利条件。

b. 命题方法

从题型看，无论是高考试卷还是许多地区的考试，都已经包含选择题和操作题这两种基本题型，并且积累了一定经验；可以进一步探索的，是前面提到的系列性复合选择题。对于这种题型，目前还缺乏经验，可以先进行试验、观察。另一个关键性问题是评分标准的拟订。第一次检测之所以能取得最佳效果，除其他因素外，我们认为与评分标准有一定关系。它比较复杂，对阅卷人员素质要求较高，而且是在阅卷过程中不断修订而成的，难以在大规模考试中推广，所以在后两次的检测中没有沿用这种方法。不过全国语文高考的语用题部分已经出现了类似趋向，加之主观题的评分是大规模考试中各人文学科都不容回避的课题，相对而言，言语技能试题评分标准的拟订较之简单得多，如果得到重视，相信能够取得突破。

以上两个方面，如果得到重视，可望在不长的时间内取得成效。

②操作系统研究

作为监测手段，从实验室行为转入大规模考试的实际操作，还有一系列问题需要解决。以下就所看到的几点供今后课题研究参考。

a. 监测有效范围问题

无论是第二次检测还是第三次检测,"一般学校"最后都显示出相关系数的优势,特别是第三次检测,它仍然"后来居上"。另一方面,目前许多地区的大规模考试的语文试卷还没有开辟相应栏目;即使是高考,它的语用部分试题也只有 15 分,命题的灵活余地较小,难以充分发挥其监测作用。为此,可以考虑从以下两个方面作进一步探讨:

Ⅰ)改变现有试卷格局。各种大规模考试的语文试卷中,未开辟"语用"项目的,增设这一项目;已经开辟这一项目的(如高考),则增加这部分在全卷中赋分的比重,增加题量,使试题的覆盖面有较大的幅度。

Ⅱ)北京市的"一般学校"在全国可能更具有普遍性,换句话说,应该把监测的着眼点更多地集中到这个层面,即学生中的大多数。

从考试改革的角度看,"Ⅰ)"是很值得研究的,但这属于不同地区、部门的行政行为,只能宣传、说服、合作试验;"Ⅱ)"意味着把监测重点指向写作的基本能力。全国高考最近将作文评分划分为"基础要求"和"发展要求"两个组成部分(目前的分数分配是 50∶10),这一举措很值得注意,它具有重要的导向意义。今后可以分别对这两部分进行相关性检测。从理论上推导,较高水平作文,其立意、构思因素在全篇的因素负荷应该增加。如果我们估计得不错,很可能语言技能试题对"基础要求"的评分更能发挥监测作用。

b. 等级换算问题

"语言技能"得分,可以从 0 分到满分;"作文"评分,阅卷员心中总有"及格线",给分起点比较高。二者的有效分数段差距很大。另一方面,由于缺乏经验,又无法进行预测,我们对语言技能试题的难度没有把握。在这种情况下,显然不能依照原始分数进行等级划分。我们采取的等级换算的办法是:以作文得分为基准,按百分制(或按百分制折合)划分等级,再按相同比例对语言技能得分进行等级划分,然后计算等级相关,分析其相关状况。这种做法,只能是实验室行为,无法在大规模考试中实施。为了寻求比较简便的办法,我们试探着取二者的有效分数段,直接进行 10 等分,测算结果如下:

Ⅰ）达到 P0.01 水平时（第二次检测）

（作文每级分数差为 3.72 分，相当于高考 2.79 分，言语技能等级分数差为 5.2 分）

等级差	相同	一级	二级	三级	四级	五级	五级以上
人　数	18	31	35	21	18	11	3
百分比	13%	36%	61%	77%	90%	98%	100%

Ⅱ）达到 P0.001 水平时（第一次检测）

（作文每级分数差为 3.44 分，相当于高考 2.064 分，言语技能等级分数差为 4.88 分）

等级差	相同	一级	二级	三级	四级
人　数	9	19	9	16	3
百分比	16%	50%	66%	95%	100%

相关性虽然有所降低，但仍显示出潜力。特别是与广西"无纸化英语作文评分"[①] 比较，我们更可以看出，作为监测手段之一，这种以语言技能水平为作文评分监测效标的方法是很有前途的。

利用现代科技手段，我们还可试验正态转换或线性转换（似乎线性转换较好）等，考查哪种方法更科学，更便于操作。如果在阅卷的初期随机取样取得基本数据，那么，在阅卷中期和后期，作为复查线索，它就可以发挥作用。

以上三项目标，编制量表一项可能相对地说较为遥远，其他两项有可能

[①] 广西最近利用电脑进行英语作文测评的试验可为佐证。他们的做法是：将考生试卷制成软件使之随机由两位阅卷员面对荧屏打分（彼此不知道对方所给的分数），倘若给分差距超过允许值，则自动调给第三者评阅，如果仍然超出，则自动调至阅卷组审核；除此以外，电脑还每隔一段时间又随机从已阅的试卷中抽取一份使阅卷员重新评阅以检查其给分的稳定性。方法不可谓不周密，而且英语作文篇幅短、评分因素单纯、误差允许值达 5 分（满分 30 分，误差限额相当高考作文的 10 分），结果情况如下：

超允许值情况	二人同评	自身检测
百分比	34.71%	25.91%

在不长的时间内取得明显进展,成为可以预见的现实。如果我们的设想能够实现,则无论是对汉语特点的研究,还是对以汉语为母语的中学语文教学与测试,都具有重要意义。目前的成果已经展现了有希望的前景。

科学有效的语言训练：模仿、类推、创造*

（2006 年）

我们曾经困惑。

语感的形成，是一个耳濡目染、潜移默化的过程。长期以来，这个过程依靠的是直觉，学生是在一种无意识状态下获取技能、发展能力的。"熟读唐诗三百首，不会吟诗也会吟""熟能生巧"就是这种过程的实际写照。因此，传统的语文教学观念和方法就是强调"多读多写"，让学生自己去感悟、去思考。然而——

第一，它并不总是有成果的。这种暗中摸索的方法在很大程度上依赖于学生的禀赋，而不同资质的学生在"感悟"的结果上可能有巨大的差别。由这种途径脱颖而出的学生是有的，不过他们往往只是少数的"精英"，并且往往只是那些具有文科倾向或者已经文科定向的学生群。至于大多数学生，"自发"的结果是不容我们乐观的。"孔乙己"过去就有，现在又何尝少？也许，在一些优秀教师的班级里局面有所不同；的确，"名师出高徒"，但它也从另一个侧面反映了这种教学过程对教师提出了很高的要求。放眼今日全国，尤其是在一些不发达地区，我们感到沉重。

第二，它是缺乏效率的。所谓"熟能生巧"实际上是指学生的思考处于

---

* 选自《中学生言语技能训练》，人民教育出版社 2006 年出版。题目为编者所加。有删改。

暗中摸索状态。当然，一定的摸索和思考是必要的，但如果学生一直处于这种状态之中，他们所付出的努力和他们所得到的进展是不成比例的。而且社会在发展，学生的生活内容以及他们学习时间的分配已经和古人迥然不同。如果要求每一个中学生都必须投入如此之多的时间与精力来学习语文，在"知识爆炸"、科学技术飞跃发展的现代社会里，恐怕也是难以实现的。

我们曾经探索。

我们有过梦想——语文教学活动能不能有一套目标明确、循序渐进、可操作性强且行之有效的教学体系呢？于是，有人设想：能不能每一篇课文都只突出一个"知识点"，由此组成"一课一得，得得相连"？有人试图把言语技能分解成许多"格"，再把这些"格"串联成相当严密的逻辑系列……这些努力都是可贵的，然而事实证明，这样的路都是行不通的，因为不同类型的学科有不同的个性，这些教师们的失误，在于迷失了语文的学科个性。

有的学科属于"反映型"。这类学科的体系是将客观世界直接加以切分再加以组合形成的，例如历史、生物。这样的学科知识性强，可以说"知识点"是学科框架的基础。学习这类学科，记忆占很大成分。

有的学科属于"抽象型"。这类学科是从客观世界中抽象出某一个侧面再加以分解、推导而成的，最典型的学科是数学。这类学科的理论性强，逻辑关系是学科框架的基础。学习这类学科，智力显得特别重要。

有的学科属于"技能型"，例如体育。在这类学科里，一定的理论指导是需要的，然而滔滔不绝地讲授理论是没有意义的；学生掌握技能，要依靠在教师指点下的反复实践。在这种"指点"中，理论必须能转化成可操作的行为才有意义。

上述学科类型的划分是就其优势倾向而言的，事实上，中学的学科往往带有不同程度的综合性。语文是一门综合性特别强的学科，它的内容包罗万象，文化因素的构成相当复杂，因此很难用单一线索来组成学科框架。而且，迄今为止，我们教材的基本单位仍然是一篇篇"课文"，每篇课文，无论长短，都"麻雀虽小五脏俱全"，是一个个相对完整、相对独立的封闭系统。这就决定了语文课的学习必然呈螺旋式进展状态。

无论如何，工具性是语言学科的重要本质属性之一。语言能力的形成必须依靠反复的实践，在实践的过程中，一定的理论指导是需要的，但它绝不是"知识点"的直接组合。在这方面，语文老师和学生的关系又有点像教练和运动员的关系。

我们有着苦恼。

语感是语言能力形成的条件，而它的形成往往难以言传。一种工具，当被我们高度熟练地运用的时候，就会从我们的注意范围里消失。我们的教师们在语言的运用上可能已经是相当高明的老手——提笔成文洋洋洒洒，即兴发言滔滔不绝，可是就像能熟练运用电脑写作的人几乎不需要注意手下的键盘一样，如何操作语言已经在我们自己的视野中失去了它的踪影。是的，作为一种得心应手的工具，我们筛选词语、遵循语法、斟酌表达方式的过程往往是直觉地、无意识地进行的。蜜成花不见，我们关注的往往是语言的意义而不是语言本身，我们意识到的往往是语言使用的效果而不是过程。

一个优秀的运动员不一定能成为一个优秀的教练，一位著名的作家也未必能成为一位好的语文教师。语言使用的过程不容易说清楚，然而作为一名教师，我们又不得不"说"。我们曾企图借助系统的语法、修辞知识的讲解来达成语言教学的目标，可是这种方法已被实践证明是烦琐机械、僵化无效的。

道路何在？

准确地说，语文课的语言教育，它所涉及的不是"语言"而是"语言的运用"。学习母语所遇到的问题和语言学所研究的问题不是一回事；没有注意到二者的区分，是我们过去语言教育走入误区的重要原因。

当我们把视线的焦点集中到语言运用方面的时候，我就有可能作进一步的剖析，从而将这种运用分解成不同的层面。

语言运用的第一个层面是规范化。

语言是一种社会现象，然而个人的言语行为又是一种个体现象；正如人类的其他社会行为一样，它需要受到社会规范的制约和改造。母语是可以自然习得的，不过自然习得的母语与社会规范之间往往存在着不同程度的矛盾，需要一个适应过程。这个过程，我们可以称之为"个体语言社会化"，它主要表现在书面语言方面。

中学生的语言运用正经历着从口语向书面语的过渡，因此掌握母语的书面形式就是这个阶段学生学习语文的重要任务。这是各项语文能力得到进一步发展的基础。

语言运用的第二个层面是熟练操作。

在这个层面上，表达者不仅对一个句子的组织已经操纵自如，而且对语言形式的控制范围已经超出了句法，他们已经能够瞻前顾后、自然衔接。我们通常把这种言语技能熟练的表现称为"通畅"。在这个层面上，语言的运用者已经开始具有一定的自觉性。我们曾经说过，同样的内容并不是只能有一种言语形式，但是不同的言语形式有优劣之分。语言运用得熟练，就能够要言不烦，而且在一定的同义形式中进行选择。到了这个时候，他们已经能够注意不断提高自己言语表达的清晰程度和流畅程度。

"熟练"应该是一个高中学生努力追求的目标。

语言运用的第三个层面是适应和利用语境。

语境有内部语境与外部语境之分。内部语境指上下文，外部语境指言辞以外又和言语交际有关的诸多因素，特别是场合及情境。在这个层面上，语言的运用者已经能够注意上下文之间语言形式的和谐，并且注意与场合、情境的协调。再进一步，他们不仅能够注意避免自己语言的运用和语境之间出现冲突，还能够积极地利用语境来加强表达的效果。到了这个时候，他们的语言运用已经具有相当高的自觉性。

我们很难要求每一个高中学生都能够达到这个目标，但这应该成为一种导向性意识，为他们走出校门后的发展打下基础。

语言运用的第四个层面是艺术化。

我们分析语言运用的这个层面时，已经进入了语言美学领域。语言进入了艺术境界，自然具有鲜明的个性。每个作家都有自己的读者，不同的作品拥有不同的群众。作品有个性，品评者也有个性，这就引起了鉴赏的差异。语言艺术的沟通、感染不仅有个体差异，而且有着浓厚的文化色彩。这是运用语言的最高境界，也是主观色彩最强的层面，无论对作者还是鉴赏者都是如此。

在中学阶段，语言运用的这种艺术境界对陶冶学生性情，使他们具有一定的文化积淀,是必要的。少数学生可能接近这一境界,其中个别学生可能由此而决定今后的发展方向,但就整体而言,我们只能把它作为一种积累因素而不能作为行为目标。

这是我们归纳的第一个逻辑模型。当我们把语言的运用分解成不同层面的时候,我们就会看到它们之间的关系:第一个层面是基础,第二个层面是在第一个层面上的发展,第三、四个层面是朝着实用和文学两个不同走向的深化。不同层面有高低之分,一个人的语言能力从低级向高级发展,高层面对低层面有着覆盖作用。同时我们也要看到,人们的读写活动还要受到内容的制约,因此较高层面能力的出现并不意味着较低层面的问题已经全部解决(比如随着表达内容的复杂化,原来语句还通顺的学生,作业里又会出现新的类型的病句)。语言运用能力的发展与人类思维能力的发展一样,较高层面能力的出现并不意味着较低层面能力消失,而是较低层面的能力在较高层面能力的引导和推动下不断得到进一步完善。

我们还可以看到,中学生的语言训练主要是针对第二个层面而言的。当然,在这个层面上,我们还可以适当地向三、四两个层面延伸。我们在《前言》里说过:"语言训练不是万能的,然而,它又是重要的。"意思就是说它是一个有限的目标。我们说它"不是万能的",是因为:第一,它只是中学语文教学的一个侧面,一个局部;第二,它又以学生具有一定的语言经验为前提,在一个人的母语学习过程中具有阶段性。同时,我们又说它"是重要的",因为它不但适应了中学生语言运用的发展特点,而且,正如我们前面所分析的,是当前语文教学改革的一个焦点。

这样,我们就可以探讨实施有效的语言训练的必要条件。

首先,是反思。

思维最根本的性质是反思。我们这里的"反思"是指解读言语操作的过程,是指在语言运用范围内从自为的状态转入理性的思考。我们前面说过,绝大多数能够准确、流利、有效地使用母语的人,并不能清晰地说出自己的言语过程是在无所觉察的情形下使用语言的。现在,我们就要努力去破译这个过程。本书本章前面各节就是我们反思的结果。

进行这样的反思,我们的资源来自三个方面:

1. **吸取别人研究的成果。**20世纪50年代以来，语言学的研究取得了不小进展，特别是语言学习理论的建立和发展。我们在《前言》里说过："语言学的研究启发着语言教学，然而，它不是语言教学。"这些研究成果虽然不能直接移植到我们的教学里来，但是它对我们有着重要的启发作用。

2. **借助一定理论和方法对自己进行分析。**"如人饮水，冷暖自知"，自己的体验是别人无法了解的，然而了解自己也并不是那么容易的。哲学方法中有一种叫"内省"，解析"黑箱装置"往往要采取内省的方法。解读言语操作过程也是如此。

3. **分析我们的学生。**前面说过，我们的目标是一个有限目标，我们的对象是特定的对象，因此我们需要认真研究我们的对象——中学生。对于学生的母语学习，我们同样会感到既熟悉又陌生。说熟悉，我们闭上眼睛也会浮出他们的言谈笑影；说陌生，我们未必了解他们的心理进程。典型语例（正面的、反面的）如果不注意保存，就会成为过眼云烟；要了解他们的心理进程，我们就要善于与他们交流。无论是典型语例还是与学生交流的记录都是极其珍贵的资料和经验。

这种反思的结果将不同于我们过去所熟悉的"语言知识"。它不是静态的分析与描述，而是和我们的语感浑然一体地结合在一起的，不存在掌握了这些"知识"而又不能运用它们的情况。

这种反思有两个作用。一是提高语言运用的自觉性，二是在语言表达遇到障碍时能够提高处理问题的能力。言语活动不可能永远流无阻地进行，哪怕是语言能力十分完美的人。我们会经常遇到表达上的障碍，感到词不达意、言不由衷。不仅如此，对稍微复杂困难一些的语言任务，我们就需要将表达的每一个重要环节都置于意识的明确控制之下，从而能在话语展开的同时，随时对这些环节进行构思、监控、分析和评价，以之为反馈信息，对下一步的话语措施作出设计、调整和决策。在这种情况下，反思的理性成果将会明显地显示它的作用。教师是这样，学生也是这样。

但是要注意的是，掌握这种分析的结果还不能直接运用于教学，它还不是教学的内容，还必须转化为可以操作的教学形式。为此，我们还需要找到恰当的途径。

反思的成果实施于教学，可以有两个渠道。一个是渗透到我们的教材分析里。经过理性的反思，我们会发现教材中有许多新的"闪光点"。经典性作品总有典范性语例，典范性语例是培养学生语感、扩大学生积累的宝贵资源。经过理性的反思，一些过去没有引起我们注意的会引起我们注意，而且可以借助比较等手段深化学生的认识，充分、有效地发挥这些资源的功能。

另一个渠道就是科学的语言训练。这种训练，也要采取与过去不同的教学方法和策略。

第一，要转变学生在语言教育中的传统角色，使他们从消极的"知识"接受者转变为积极的言语行为的参与者。我们要设置一定的语言环境，这样的语言环境可以是真实的，也可以是模拟的，关键在于引导他们参与这些言语活动，承受解决实际问题的压力，而不是站在活动之外观察和分析，更不是简单地接受一些概念和结论。这种活动应该是这样的——一个人如果能够卓有成效地完成这些活动，他就应该具备我们在某一阶段希望学生掌握的知识和技能。当一个学生通过自己的努力完成了它们的时候，他也就通过自己的感性经验掌握了这些技能和知识。

第二，要精心设置语言活动的环境。这样的语言活动设计应该能够激发学习者主动参与的热情与兴趣，能够激发他们进入最活跃的状态。这就决定了环境设置是这种教学过程中的关键因素。语感本质上是一种个人体验，它是无法强加于人的，必须通过个体主动、深入、真切的体验与感悟，而这种体验、感悟的强度，是与语言活动的环境直接关联的。这样，我们采用什么样的语言材料，进行什么样的方案设计，就是教学方法中关键的一环。

第三，要有计划地引导学生反复地实践。不要设想技能的掌握能够一次完成，语感的形成更是反复实践的结果，任何"科学的方法"都不能改变这一规律。过去的"熟能生巧"是反映了这一规律的，只不过它是自发的、无意识的，因而也是缺乏效率的。我们的语言训练并不是要改变这个进程，而是试图使之从无意识的自发状态转入有意识的自觉状态，成为有计划的教学行为，从而加速这个进程。训练设计得好，虽然可以强化学生体验，使这种体验具有一定的强度和深度，但仍然不可能毕其功于一役。当然，这种反复的实践绝不是简单的重复，那样的话学生会感到单调而失去兴趣，这样就自然而然地引出下一个策略。

第四，我们要处理好综合和分解的关系。语言能力从本质来说都是带有综合性的，不但它与人的整个品格气质、思维境界、人文素养、审美情趣交融在一起，而且就其操作来说，也是多种技能综合运用的结果。然而语言运用的综合性在教育过程中会导致目标模糊，学生不容易获得清晰的印象，而且容易顾此失彼，难以获得预期的效果。任何事物都是可以分解的，适当的分解是我们对教育过程认识深化的结果，可以提高教学效率。传统经验中识字从《百家姓》开始，写字却从《孔乙己》入手。前者字形辨别的因素多，便于记忆；后者笔画比较简单，容易掌握。这是古人对训练要适应各自特性的认识。学诗先学"对课"，学文先练"破题"，这是古人对训练要注意分解的体会。传统经验可以给我们启发，如果我们能够对学生技能的构成进行科学的分解，就可以强化学生的体验，组成由简单而复杂的训练系列。

第五，如果说语感的形成起始于对示范的反复模仿，那么，教师就要能够根据对象的特点和面临的难点指点要领。在这样的活动中，不但学生扮演的角色要发生变化，教师扮演的角色也要发生变化。教师在这种训练中的任务不再是系统的知识传授，而是恰到好处的点拨；他将不再是一个"传道士"，而是一个优秀的、有经验的"教练"。

有了这样的认识，我们就可以进一步研究中学生语言训练的内容和方法。

* * *

要有效地进行语言训练，我们首先要捕捉教学目标。

从前面的分析可以看出，语言能力的层级越高，教学中的主观性越强，越有赖于教师的素质和教养；层级越低，教学中的客观性越强，越便于把握和操作。不要轻视这些"层次低"的内容，它，无论是对教师还是学生，都更有实际意义。

我们的任务是兼顾多数和少数——多数教师和少数教师，多数学生和少数学生。我们要研究的问题是使多数有所凭借，使少数能不受束缚地、能动地得到发展；因为无论多数还是少数，都关系到我国青少年语文素质的培养。

这样，我们就需要区分"基础要求"和"发展要求"。基础要求具有普遍性、共性，发展要求具有独创性、个性。基础要求既然具有不同程度的客观性，我们就可以先从这里入手，来规划比较清晰的可操作目标。

为此，我们就要建立第二个逻辑模型。下面是我们根据目前的经验和认识所作的归纳，供读者参考。

语言技能分层细目表

层级	语言技能	要求
初级	1) 书写正确	a. 掌握常用字 b. 消除常见错别字
	2) 标点恰当，格式正确	符合课程标准要求
	3) 用语规范	以普通话为准
	4) 句子组织正确	不出现常见语法错误（包括方言语法）
	5) 意思表达清楚	不出现明显歧义
	6) 句子排列合理	对于熟悉而不太复杂的内容，一般不出现倒错、紊乱、逸出、脱节
中级	1) 话题明确，用语比较简洁	能排除冗余话语
	2) 句子组织合理，便于读者理解	句子长短适度，能进行长、短句之间的转换，能注意多重修饰语的安排
	3) 注意话语的衔接，保持语言连贯	句序排列基本恰当，而且能比较熟练地使用关联词语和过渡性语言
	4) 能够根据语义重点的变化来组织或调整语句	能比较熟练地根据需要或按照规定调整语、句（分句）序以及更换关联词语
高级	1) 能够根据强调或其他修辞的需要灵活调整或变换语序	能比较熟练地进行句子成分的移位（变式句）以及句式的调整（如被动句、"把"字句、反问句）
	2) 能够根据修辞的需要灵活地运用或变换句式和用语	能在长句和短句、整句和散句之间进行灵活转换，能比较恰当处理用语的重现与变化
	3) 能够根据文体或语境的需要采用恰当的语体	能注意上下文之间用语的协调，能懂得并且选用恰当的语体，并能注意不同情境对语言风格的不同需要

这个模型是比较粗糙的，相信实践会使它不断完善。关于它，有两点需要作些说明：

第一，"层级"和"难度"不是同一概念。"层级"的划分，是根据技能因素的多寡以及技能以外因素的参与程度而定的。层级低的，也可能难度很大，比如说同是汉字的书写，学生语库中熟悉的语汇和他们新增加的语汇，在字形掌握的准确度和处理难度方面是大不相同的（特别是冷僻字）。反之，层级高的也可能相对容易，这和所涉及的内容有关系；在我们的语言训练中，还和练习设计的形式和要求有关系。

第二，这个逻辑模型不是教学程序。逻辑模型的拟订要注意周延、完整，要注意不同层次之间的覆盖性；教学则要注意有的放矢，要注意针对性。语言能力的发展具有阶段性，小学和中学不同，初中和高中也不同；不同地区、不同环境的学生群体，情况不同，问题的焦点也不同，而且学生之间还会有个体差异。我们的教学要因材施教、因势利导，因此逻辑模型里的内容，有的需要训练，有的不需要训练，有的可以暂时不做处理。

要有效地进行语言训练，我们还要研究螺旋式。

语言，是不同民族在长期历史实践中逐渐形成的一套相对稳定的表达系统；人们要掌握它，也只有通过自身的反复实践。因此，像任何熟练技巧一样，掌握写作技能（包括言语技能）的过程必然是一种螺旋式发展的运动。按照螺旋式运动的规律，我们可以把学生学习写作（包括语言运用）的活动总量称为"运动量"，而把学生通过这些活动所获得的进展称为"发展量"。这样，写作活动（包括语言训练）的运动量必定大大超过它的发展量，这就是规律。（如图）

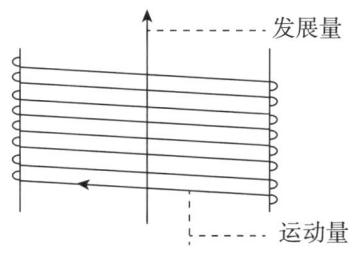

然而，盲目地"多练"并不能保证学生的写作能力自然地向高一级领域发展。机械地周而复始，总是在同一平面做惯性运动，这正是旧语文教学的

最大弱点。写作训练的科学化，并不是要否定这个客观规律，而是努力用尽可能少的运动量来获取尽可能大的发展量。

当我们进一步分析学生语言能力发展的螺旋式状态的时候，我们还发现，不仅学生语言能力的发展从整体看是螺旋式的，就其几个子系统（根据我们前几节的探讨，大致可以划分为"句子的组织""句子的修辞性变化""句链的组织与联系"三个子系统）看，也是螺旋式发展的。这种复式螺旋发展的结果，是语言训练的阶段性。这种阶段性使语言训练计划的安排虽然从整体上看大致有序，而在每个子系统里，在各个具体项目之间，却是似断若续、周而复始、不必直接连贯的。

语言训练的阶段性来源于语言能力的综合性。我们前面说过，语言能力不但是多种技能综合运用的结果，而且是与人的整个品格气质、人文素养、审美情趣特别是思维能力交融在一起的，因此我们的训练要和学生的身心发展一致。在不同阶段，学生的学习有着不同特征。"小学'好奇'，初中'感动'，高中'思辨'"是有经验的教师对这种不同特征的形象的描述。一般地说，小学阶段是记忆力发展的黄金时期，在这个时期，利用他们记忆力强的特点努力加强语言材料的积累（背诵）是必要的；中学阶段是逻辑思辨能力增长时期，在这个时期，语言训练可以逐渐增加理性色彩。初中阶段和高中阶段又有所不同，初中要以经验抽象思维为主，高中则可以加强理论抽象思维的成分。学生语言能力的发展既有其阶段性，又有着一定的程序性，有着某种先后顺序。例如根据我们的观察，排比句和警句的出现就是学生语言能力发展的两个标志，排比句往往在初中就已露端倪，有的学生甚至可以相当熟练，警句则一般要到高中才成为追逐的目标（当然，这里面还有性别差异因素）。这就是说，语言训练不但要因势利导，还要因"时"利导。所以，不但语言训练在整个语文教学中是个有限目标，在学生发展的不同阶段，这种训练的目标也是有限的。

语言训练之所以会出现周而复始、不必直接连贯的状态，是因为同一项目的训练，如果反复出现，容易使学生失去新鲜感，产生"训练疲劳"，减弱学习效果。同一项目可以在不同阶段有间隔地反复进行，还因为即使是同一项目，其间的复杂程度可以有很大差异。比如说，训练中智力因素含量最高的可以说是比喻，而单纯式比喻与复合式比喻难度就很不一样；从要求看，"正确"和"新颖"也大不相同。因此，只要处理得法，同一项目在不同阶段螺旋式出现，不但不会让学生产生重复感，而且可以常练常"新"。

在教学计划中，这种不连续性可以表现为不同阶段、针对不同问题而设计的相对独立的训练板块。训练的主要手段是精心设计的各种各样的练习，结合这样的练习，教师可以传授相应的知识和操作要领。

练习设计实质上是把理论探讨的心得以及对学生的了解和分析转化成便于学生把握的操作程序。研究训练，就必然要研究练习设计。

设计一个好的练习，需要练习设计者对语文教学有足够的认识和体会，还需要对学生的认知过程和操作过程有足够的体验和理解。练习设计促使教师研究如何发挥学生的主体作用，而且着眼于发展学生母语运用能力的基本过程。这是教师的一项基本功，也是教师不断提高自己使自己更快成熟的一个有效途径。通过这方面的探索，我们会感悟到什么是教学的艺术，这种探索对语文教学的其他方面也会有很多启发。

* * *

语言练习可以设计成客观性题目，也可以设计成主观性题目。主观性题目也可以具有不同程度的客观性。

客观性题目中，我们比较熟悉的是选择题。例如：

1. 遣词造句应注意上下文之间的协调。根据这一要求，依次填入下列句中括号里的最恰当的词语是（　　）

（1）国家预算中消费支出增加了，就应该相应地（　　）积累，（　　）基建，保持国民收入和分配之间的平衡。

（2）我们（　　）村的时候，看见一位中年农民正跟不少人在（　　）第二天买化肥的（　　）。

A. 减　压　进　商谈　问题

B. 减少　压缩　进入　商谈　问题

C. 减少　压缩　进　商量　事

D. 减　压　进入　商量　事

（1991年湖南、云南、海南三省高考试题）

这道题所检测的是关于语体方面的问题，就能力层级来说，是比较高的；但是学生凭语感可以大致判断无误，因此对一个高中生来说，是不太难的。选择题也可以比较难，例如：

2. 依次填入下列各句括号里的成语，与句意最贴切的一组是（　　）

(1) 无锡的梅园，面临太湖，以梅饰山，以山饰梅，（　　）。

(2) 苏轼也擅长书法，他取法颜真卿，但能（　　），与蔡襄、黄庭坚、米芾并称宋代四大家。

(3) 这本侦探小说，构思新颖，（　　），值得一看。

(4) 电影中有几处看来是闲笔，实际上却是（　　）之处。

A. 别具一格　不落窠臼　匠心独运　独树一帜

B. 独树一帜　别具一格　匠心独运　不落窠臼

C. 匠心独运　不落窠臼　独树一帜　别具一格

D. 别具一格　独树一帜　不落窠臼　匠心独运

(1994年全国高考试题)

这道题要求学生能够辨析四个成语在语义方面的细微差异。选择题这种形式，可以起到约束学生思维，使之在限制中深化的作用。选项限定了每个成语只能用一次，如果没有这样的限定，不但答案难以控制，学生的思维也会因为目标模糊而影响深化。

反之，有的练习设计虽然答案具有客观性，又以不用选择题这种形式为宜。例如：

3. 排列下面四句诗的顺序，把字母填在方格里。

A. 杨柳青青着地垂

B. 借问行人归不归

C. 杨花漫漫搅天飞

D. 柳条折尽花飞尽

□——□——□——□

(1986年全国高考试题)

这个语料之所以不宜采取选择题的形式，有这样几个原因：第一，如果编成选择题，符号比较多，容易干扰学生的思维；采取填充题的形式，可以简化学生的思考过程。第二，这个语料包含难易不等的两个层次的要求：第一层次要求是学生应该了解什么是对偶句以及古诗（绝句）的押韵规则（平仄因素可以不计，因为它不影响学生的判断），这是一般学生都能掌握的；第二层次的要求是学生还要注意到 D 句和上下文的呼应关系（先"柳条"后"花"），这就不是所有学生都能注意到的。前者比较容易，后者比较难，但后者只有两种选择，加上前者也不容易组成难度大致相当的四个选项。采用填充题的形式，学生水平和失误状况一目了然。

然而，这类题型的测试功能大于它的训练功能。它们固然也可以用于训练，但一般适用于新内容的导入阶段（因为它可以节省时间）；作为日常练习，它们由于可以排除某些思维的干扰因素，也可以在各种练习形式中占有一席之地，不过"判断"毕竟不能替代实际操作，因此语言训练的练习设计还是应该以操作题为主。

操作题也可以具有较强的客观性。例如：

4. 甲问乙："你屋里有蚊子没有？"下面是乙的回答。请你按照括号里的要求，给每句加上标点，使答话分别表示三种不同的意思。

A. 我屋里有一只蚊子没打着（只有一只蚊子）

B. 我屋里有一只蚊子没打着（不止一只蚊子）

C. 我屋里有一只蚊子没打着（只剩一只蚊子）

这道题要求以标点为手段，体现话语不同切分对语义的影响（本书第一章第三节有这方面的高考试题，可以参考）。有一定难度，智力因素含量很高（可以激发学生兴趣），答案的客观性又很强。

语言练习的构成，有·限·制·因·素·，有·诱·发·因·素·。一般地说，限制因素作用于技能的定向培训，客观性较强；诱发因素作用于引发连锁性思考，主观性较强。

先看限制性强的例子：

5. 根据下面的内容，用一个长单句，为"遗传"下定义。

A. "遗传"是一种生物自身繁殖过程。

B. 在这一过程中，生物将摄取环境中的物质建造自身。

C. 这种繁殖将按照亲代所经历的同一发育途径和方式进行。

D. 这种繁殖过程所产生的结果是与亲代相似的复本。

（2003年全国语文高考试题）

6. 下面是一则消息，其中有一处超越了话题中心，请把它画掉。

饶平教育局谱写"劝学篇"

饶平县属贫困县，每年都有不少学生因家庭经济困难而中途退学。为了切实推行九年义务教育，让学生们能顺利完成学业，县教育局作了艰苦的努力。他们在调查的基础上，建立起"劝学"档案；每年从教育基金中拨出20万元，专门资助特困生；对部分学生减免学费和教育附加费。同时，从教育局局长到学校教师都承担着"劝学"的任务，并把它作为考核干部、教师实绩的一项重要内容。拥有4000名学生的饶平四中地处偏僻山区，每学期都有数百名学生辍学。特困生林坚，父亲去世，母亲体弱多病。他常年利用假期上山采集中草药背到集市出售，用换得的钱交纳学费，坚持读到初中三年级。为了更好地帮助他们就学，学校动员各方捐款作为助学基金，每年取出10万元利息资助辍学者。近几年，这所中学每年考上各类大中专院校的毕业生达300多人。

（杨建宇老师设计）

再看诱发性强的例子：

7. 根据下列两种情景，以"歌声"为重点，分别扩展成一段话。每段不少于30个字。

情景一：毕业典礼上　同学们　歌声

情景二：考试前夕　我　歌声

（2000年高考试题）

8. 简要说明下面表格所提供的内容，并且略加评论。不超过一百字。

你认为网上讲真话重要吗？	
重要	67.4%
不重要	8.5%
无所谓	24.1%

你上网聊天都讲真话吗？	
是	22.2%
不是	66.8%
不回答	11%

（郑银波老师设计，略有改动）

例 7 提供了两个不同情景，用主题词的形式表达，目的在于给考生更多的想象空间和扩展空间。我们编制语言练习，当然以语言符号为主，也可以利用非语言符号，图形、表格等也都是可以利用有效手段，如例 8。

由此可见，语言运用的各种变化——简缩、扩展、转换、转化都可以在语言练习设计中得到体现。所有的语言练习都必定带有限制性，因为没有限制因素就不可能有清晰的训练目标；但缺乏诱发因素又不容易使学生的思维活跃起来。灵活、恰当地利用这两个因素，我们就可以设计出多种多样的训练方式。下面两个例子显示了限制因素与诱发因素的有机结合：

9. 参照前面句子的句式，在横线上填入恰当的语句，句数不限，直到你觉得酣畅、充分为止。

童年的一切都是那么美好，在童真的爱的目光下，一只蝴蝶就是一只凤凰，_____啊，多么令人难忘的童年！

（焦同江老师设计，略有改动）

10. 仿照示例，改写下列两条提示语，使之亲切友善、生动而不失原意。

提示语：（公园里）禁止攀折花木，不许乱扔垃圾

改写为：除了记忆什么也不带走，除了脚印什么也不留下

A. 提示语：（教学楼内）禁止喧哗，不许打闹

改写为：_____

B. 提示语：（阅览室里）报刊不得带出，违者罚款

改写为：_____

（2003 年高考题）

上面两个例子都具有仿写性质。仿写，是我国的传统经验，比如学书由描红入手，进而临帖。描红的底本、临帖所选的碑帖，都是范本，它把需要掌握的要领，像间架、像运笔，都具体化在可以把握的形体里，便于操作。仿写也是我们进行语言训练的重要手段，精心设置的示范样式，也可以把我们的训练目标具体化，便于把握和操作；不过由于语言运用的综合性，它又可以给仿写者留下很大的自由空间。这样，我们就可以比较容易地把限制因素与诱发因素根据不同的需要巧妙地结合起来。

当然，练习设计要注意"因'时'利导"，要注意学生的年龄特征、文化背景以及由此产生的学习语言的阶段性。比如前面的两个例子，例9就可能比较适合于初中学生，例10需要有更多的人生体验，可能更适宜于高中学生。

选择样例，学生的习作是很好的资源。年龄相等，心灵相通，便于模仿，也便于启发。样例的选择，可以是句子，可以是语段，也可以是语篇。难度可大可小，目标可以比较单纯，也可以比较复杂。复杂的，可以采取复合形式，就是把不同的要求和操作样式糅合在一个练习设计里。像前面的例9，如果把样本的最后一句去掉，要求学生在充分展开之后，再用一个抒情的句子收尾，就成了复合形式。

一般地说，复合形式比单纯形式难度大。下面的练习设计的源体就是一篇学生习作，设计成练习，它包含着不同的要求，属于复合形式，就其要求而言，难度是相当大的。

11. 下面是一篇同学的习作，请你为妈妈、爸爸、哥哥各设计出一段让人回味的话语。作者在篇尾提出了一个问题，你的答案是什么呢？也写成一段话（不要太长，也不要求与原文衔接、呼应）。

人　　生？

每个人都在感受人生，但是，又有几个人能够说清人生是什么呢？

我去问老师。

生物老师不假思索地说，人生就是人体吸收能量、释放能量的一个过程，是出生、生长、再老化直至死亡的一个过程；历史老师说，人生就是一辆马车，人是马车上的车夫，这样才使历史的车轮滚滚向前；哲学老师说，世界是客观存在的物质世界，人生就是人们不断地认识和改造世界的过程；语文老师说，生活就如一首诗："轻轻地我走了，正如我轻轻地来。"数学老师摸了摸脑袋说，这个问题得用反证法证明，假如没有人生，那就不会有我的思想和思维，就不会绽放出知识的花朵，所以人生是一个不断思考的过程。

我去问家人。

妈妈说，_____；

爸爸说，_____；

哥哥说，_____。

你说，人生是什么呢？

（你的答案）_____

_____

尽管这个练习具有相当大的难度，但是如果我们的对象具有相应的基础，练习设计与对象水平相适应，适当的难度反而会引起他们的兴趣。

*　　　　*　　　　*

语言学习，即使处于无意识或潜意识状态，依然常常从示范、模仿开始。仿写既然是我们在语言训练中的重要手段，就有必要对它的心理过程作进一步探讨。我们把它概括为"模仿·类推·创造"。

在语言艺术方面，模仿是不乏其例的：

①原句：寒鸦千万点，流水绕孤村。

（隋炀帝《短句》）

仿句：斜阳外，寒鸦万点，流水绕孤村。

（秦观《满庭芳》）

②原句：秋风吹渭水，落叶满长安。

（贾岛《忆江上吴处士》）

仿句：渭水西风，长安落叶，空忆诗情宛转。

（周邦彦《齐天乐》）

仿句：伤心故园，西风渭水，落日长安。

（白朴《梧桐雨》）

仿句：正西风落叶下长安，飞鸣镝。

（毛泽东《满江红·和郭沫若同志》）

③原句：落花与芝盖同飞，杨柳共春旗一色。

（庾信《三月三日华林园马射赋》）

仿句：落霞与孤鹜齐飞，秋水共长天一色。

（王勃《滕王阁序》）

仿句：（不知此人请了哪一个腐儒撰此歌功颂德之辞，但听得）高帽与马屁齐飞，法螺共锣鼓同响。

（金庸《天龙八部》）

上面的这些仿句，有用其意的，有变其意的，有套用形式的，有同用部分关键词语的：这说明"模仿"途径的多样性。

现在，让我们把目光锁定在中学生身上。中学生的模仿，已经超越了"语言习得"时期，跨入了"语言学得"阶段，而且积累了不少语言材料，有了不少经验；另一方面，尽管他们的模仿中可能含有某些艺术成分，但他们又不能和上面语例的作者相比——他们毕竟和"语言艺术"还存在着相当距离，打个比方，还只能说是一个"学徒"。因此，我们需要对"模仿"的不同层次以及中学时期"模仿"的特点作一些探讨。

不妨先看看学生仿写的一些实例：

①[例] 覆巢之下无完卵。

　[仿] 知己心中无芥蒂。

②[例] 有秩序才会有习惯，有杂乱才会有生活。

　[仿] 有安定才会有发展，有竞争才会有人才。

③[例] 吃饭穿衣是为了活着，但活着绝不是为了吃饭穿衣。

　[仿1] 所有的果都曾经是花，但并非所有的花都能成为果。

　[仿2] 年轻时拼命用健康换取金钱，年老时却期望用金钱换取健康。

④[例] 书籍好比一架梯子，它能引导我们登上知识的殿堂。书籍如同一把钥匙，它将帮助我们开启心灵的智慧之窗。

　[仿] 时间如同公平的老人，它给予我们每一位的馈赠不多也不少。时间如同东流的水，它告诉我们流逝的光阴永远不再回来。

⑤[例] 情是患难中的倾囊相助，是错误道路上的逆耳忠言，是跌倒时的一把真诚的搀扶，是痛苦时抹去泪水的一缕春风。

　[仿1] 善良是你伸向跌倒者的手，是你开导忧郁者的歌，是你安慰紧张者的笑，是你送给夜行者的光。

　[仿2] 善良是一片照射在冬日的阳光，给饥寒交迫的人送去一丝暖意；善良是一股流淌在沙漠里的清泉，给身陷绝境的人以生存的勇气；善良是一首飘荡在夜空的歌谣，使孤苦无依的人获得心灵的慰藉。

⑥[例] 懂得放心的人找到轻松，懂得遗忘的人找到自由，懂得关怀的

人找到朋友。

［仿1］知道宽容的人找到朋友，知道瞭望的人找到世界，知道回归的人找到自己。

［仿2］斤斤计较令人失去快乐，横行霸道令人失去友谊，出尔反尔令人失去信誉。

上面这些仿作，有的比较简单，有的比较复杂；有的更多着眼于形式，有的在内容上含有较多的联想成分；有的比较贴近于原型，有的有所扩展、变化，甚至在同一模式下若即若离，较多地体现了发散性思考的特色。在这些实例里，有几点是值得我们注意的。

我们首先要注意到一般行为模仿和语言模仿的差异。一般行为模仿往往是行为的简单重复，语言模仿则是从源体中产生出语言模式，并且从这种语言模式产生出新的语言组合。

我们还要注意到被动模仿和主动模仿的区别。从模仿行为看，语言学习中的模仿大致可以分为被动模仿和主动模仿两大类。被动模仿是自发的，主动模仿是自觉的。被动模仿往往是机械的，亦步亦趋的；主动模仿则一般是有选择、有分析的。主动模仿比被动模仿的水平显然要高得多。我们的仿写活动属于主动模仿，它含有很多思辨的成分。

主动模仿是一种有选择的模仿。选择性模仿是和照抄式模仿相对而言的。照抄式模仿可以称之为鹦鹉学舌，选择性模仿则不然，它不仅必须含有思辨因素，而且这种思辨的结果具有定向性。

语言的选择性模仿，其选择又可分为词语和结构两个方面。在原有框架中替换一些词语（如例①例②）是比较简单的模仿，也是层次比较低的模仿。一般地说，词语模仿是离散的，不系统的，而且抽象、概括的水平也比较低。结构模仿是有选择地模仿示范源体的句法结构模式或特定的结构成分等，构成"结构模仿——成分替换"的学习活动。它一方面要以理解为基础，另一方面要求有整体上的把握，因此结构模仿的水平要高于词语模仿（如例③）。

结构模仿对思维往往是一种积极主动的因素，它对思维可以起到激活的作用。学生对模仿源体的感受，有形式和功能两个方面。功能是指它的修辞效果，对功能的感知含有语感因素。形式带有限制性，功能则除限制性外还具有启发性。如果学生不是简单地在原有语言结构中替换其中的一些词语，而是能注意到原有语言结构的修辞功能，这时候，我们会发现他们的思维已经处于相当活跃的状态，甚至常常会对原有的结构模式有所拓展、变化。（如例4例5例6）

结构模仿是和替换同时进行的。这种模仿中的思辨因素，一般地说，所运用的逻辑方法是类推。

类推有着悠久的历史，它和比喻同样地古老。从我国古代典籍和现存的少数民族的原始诗歌中，可以看出它是人类最早掌握的认识事物和推理的手段。这是一种质朴而直观的逻辑方式，更为严密的逻辑判断和推理形式是人们的思维发展到更成熟的阶段才出现的。在儿童语言习得阶段，类推就是一种学习手段。作为一种逻辑方法，它带有或然性，容易出现谬误；但是因为它直观，容易激发学生的想象。

仿写练习中的类推要比语言学习初级阶段的类推复杂一些，它是由泛化引出的联想形成的。

泛化就是一种类别化，学生要根据过去学习之所得，把握一定的分类原则（句子结构知识、修辞知识，等等，并且把这些不同的分类原则联系起来），对示范样例进行抽象，把握其基本特征，形成一定的语言模式。这种抽象而得的语言模式就是一些心理学文献所说的"中介反应系统"。这个"中介反应系统"使语言还原为一系列符号的排列组合，成为下一步学习行为的基石。这是第一步。

然后，学生还要使这种模式容纳新的语义内容和语义关系，实现心理学文献中所谓的"迁移"。新的语义内容和语义关系从哪里来？从学生的生活经验中来，从他们的直接经验（亲身体验）和间接经验（通过阅读、媒体传播等途径所得的经验）中来。捕捉种种与模式相适应的生活经验，靠的是联想。

当学生把以前学习所得与直接、间接经验联系起来的时候，如果示范样例构思巧妙而且难度适当，他们的思维就会呈现相当活跃的状态。而这种思维的活跃状态，是掌握相应技能的必要条件。

经过这种泛化所得的语言模式,简单的,可以只是一种句法结构,复杂一些,可以包摄一种以上的修辞手法甚至某种风格。这种类推可以复杂到什么程度?请看下面的一个例子:

⑦仿照下面的比喻形式,另写一组句子。要求选择新的本体和喻体,意思完整。(不要求与原句字数相同)

海是水的一部字典:＿＿＿＿＿＿＿＿＿＿

浪花是部首,＿＿＿＿＿＿＿＿＿＿

涛声是音序,＿＿＿＿＿＿＿＿＿＿

鱼虾、海鸥是海的文字。＿＿＿＿＿＿＿＿＿＿

(2002年高考试题)

这道题目的样例包含四个比喻:一个大的比喻套着三个小的比喻,大比喻和小比喻之间形成母项和子项的关系;三个子项之间是并列的。所有这四个比喻要有机组合,成为一个语义整体,体现了某种哲理性思考,而且散发着抒情气息。说实在的,当年我们确实担心,担心这个组合对中学生来说(尽管是高中毕业生)是不是太难了?考试结果,优秀答案琳琅满目,现在摘录部分答案以示一斑:

社会是人类的一个舞台:/生活是布景,/交流是台词,/所有的人都是演员。

家庭是社会的一个港湾:/爸爸是船,/妈妈是帆,/我是家庭的码头。

诗是表达作者感情的精灵:/格式是骨骼,/文字是血肉,/真挚是她的灵魂。

成长是岁月的季节:/童年是妩媚的春天,/中年是成熟的秋天,/老年是深沉的冬天。

爱是生命的乐曲:/坦言是曲,/赤诚是情,/理解、呵护是爱的节拍。

流水是大山的眼睛:/飞瀑是泪水,/深潭是瞳仁,/淙淙潺潺的歌声是流水思绪的表白。

成功是人生的一扇门：/经历是门窗，/挫折是门槛，/欢笑和泪水是成功的门帘。

夜是天空的一件晚礼服：/浮云是披肩，/繁星是亮片，/月影、晚风是夜的脚步。

城市是建筑的一座图书馆：/街道是书架，/高楼是图书，/汽车、人流是城市的读者。

波的图像是人生的道路：/波峰是成功，/波谷是挫折，/质点是波的图像的闪光。

……

我们可以看到，在这种新语义内容的探索中，充满了创造的气息。

创造与模仿之间究竟是什么关系？

诺贝尔奖金获得者沙里说过："模仿似乎毫无用处，但科学的发现却往往存在于这种模仿之中。"学者孔罗荪曾经说："艺术是从模仿开始的。"这都是经验之谈，一位着重于自然科学的抽象思维，一位谈的是艺术创造的形象思维。看来，无论是抽象思维还是形象思维，模仿似乎都是一块基石。

模仿的重要作用早就成为哲人们关注的对象。亚里士多德在《诗学》里说："诗人既然是一种模仿者，他就必然在三种方式中选择一种去模仿：一、照事物本来的样子去模仿；二、照事物为人们所说所想的样子去模仿；三、或者照事物的应当有的样子去模仿。"亚里士多德的分析涉及"模仿"功能与机制原理的两个方面：一是源体的示范作用，二是源体所引发的连锁性思考和延伸作用。

后人对此进行了纵深的探索。关于前者，著名心理学家皮亚杰说得很好："模仿能产生表象，有利于保持动作的'内部轮廓'，成为日后形成思维的准备。"关于后者，许多心理学者进行了多方面的研究，例如美国心理学家班杜拉（A. Bandura）把模仿的功能概括为三点：1. 使原有行为得到巩固和改变，2. 使原来潜在而未表现的行为得到表现，3. 学到新的原来不会的行为。他所概括的后两点正体现了模仿的源体所引发的连锁性思考和延伸。

通过我们对"类推"心理过程的诠释，我们已经初步解析了思辨在仿写中的作用。事实上，仿写必须有一定的语义内容，这就必然导致思维能力、观察能力、想象能力等语言以外其他性质能力的参与；在这些能力十分贫弱的情况下，语言能力能单独高水平发展是不可想象的。此外，仿写还要求言语以外的知识的参与，否则语言能力就失去了操作对象而根本无法实现出来。因此，从仿写所涉及的心理要素看，它实际上包括"情感—形象"和"理智—逻辑"两个方面。当学生的生活经验、文化素质、心理素质（如情感体验的深度、个性特征等）和理智思辨融洽地结合在一起的时候，就会引发他们顺向或逆向的思考，就会迸发出创造的火花。

一旦我们为学生的心理"迁移"准备了适当的温床，学生的创造性能够发挥到什么程度？下面我们举一个教学班的一次练习为例。

⑧下面是两组咏物诗，请你另选物品（例如"镜子""木偶""吊桶"……）仿写。每件物品写两行，两行字数可以不一样。

   蜡烛　　　　　　　　　_____
 站得不端正的　　　　　_____
 必然泪多命短　　　　　_____

   锚　　　　　　　　　　_____
 即使一生不露面　　　　_____
 也会感到它的存在　　　_____

学生的答案是各种各样的。各种答案当然有高下之分，在这里我们不加取舍，把一个教学班的全部成果整理如下，以观全豹：

水

 1. 一次次重生／一次次送出新鲜

 2. 世上最柔弱的东西／却不会被打碎

 3. 寒风的凛冽使你愈加坚强／阳光的温存却使你飘然消亡

 4. 使你无坚不摧的／恰是你的温柔

镜子

 1. 即使小小一片／也会看到很多

  2. 能照出清晰的图像/但终究还是虚幻

  3. 反射使它表面明亮清澈/却没有光透进它黑暗的心灵

  4. 空有明亮的表面/可是永远照不到自己

橡皮

  1. 拂去过去的记忆/留下新的开始

  2. 为了页面的整洁/粉身碎骨也不惜

  3. 自己做不了大事/却很善于抹杀别人的功绩

  4. 粉身碎骨/换一方清净

笔

  1. 耗尽生命最后一滴水/留下阵阵诲人的哲理

  2. 虽然一生无人喝彩/书本中却遍布它的足迹

  3. 脚下留有千古佳句/却都是人类的智慧

木偶

  1. 纵使微笑一生/也不明白快乐为何物

  2. 表演得再精彩/也还是受人支配的

  3. 灵活而多变/生命却掌握在别人的手里

风筝

  1. 线绳拴住了它的翅膀/却无法桎梏向上的心

  2. 一面是探索/一面是依恋

泪水

  1. 如果少了真诚/和汗水没什么区别

  2. 看起来是晶莹的/尝起来是苦涩的

冰

  1. 永远都那么洁净/却带着一丝寒冷

  2. 水的柔弱/构成了你的坚强

表 纵使奔忙一生/也只是在原地徘徊

云 表面弱不禁风/却能挡住阳光

树 敢于冲出林层的/才会拥抱更多阳光

金钱 本是奴隶/却做了贪财者的主人

夹子　团结时力大无比/分裂时孤掌难鸣

课本　外表虽朴实/内容却丰富

筷子　虽然身单力薄/却尝尽酸甜苦辣

蘑菇　长得最艳丽的/必然身藏剧毒

珍珠　看似洁白光亮/内心却黑暗冰冷

太阳　纵使光芒四射/也没人敢直视

水泥　点滴的鼓励/你便刚硬无比

哨子　没有他人的气息/便将哑然于世

手电　只有你真正懂得/光明永远在前方

降落伞　展开时的美丽/源于展开前的危险

题　因为不会而做/却只能做出会的

鞋　纵使走遍天涯/始终被人踩在脚下

树根　扎得不深/必然被风拔起

流星　即使生命短暂/也要留下美丽

浪花　飞得越高/跌得越惨

课桌　满布皱纹的脸/并非经历了沧桑

喇叭　即使声音再大/也不是自己的

雪花　在空中绽放飞舞/落地时冰水一滴

桌子　立得不稳当的/必然最先倒下

沙漏　只要立在那里/沙子终归流向一边

蜃景　纵是仙境美景/不过空喜一场

弹簧　压迫得最紧时/反抗力最大

麦克风　叫得再响/也得靠别人的高亢

暴风雨　晴空万里时汗不敢出/乌云密布时耀武扬威

闪电　虽然只有几秒钟的表演/却足以让人刻骨铭心

消火栓　不要为静躺在角落里悲哀/火起时人们便会发现你的价值

信号　虽然只由数字组成/却能表达各种意思

扣子　初始的搭配错误/就注定整串的失败

灯丝　宁可自己的身躯化为乌有/也要把最后的光明带给人间

粉笔　即使自己一点点毁灭/也要公布真理

蝉　　数年深味着黑暗与孤独/却只为几天纵情地欢唱

玻璃　纵然有有形的身体/也无法阻挡阳光

火柴　人们总在赞美蜡烛的舍己为人/却忘了是火柴最先燃烧了自己

墨水　当身体延伸为有形的文字/你便得到永存

麻袋　肚子里有货才能站直腰杆/精神空虚的只能蜷缩墙角

星星　稀疏的只能衬托月亮/聚多了就能主宰天空

月亮　虽然借用太阳的光芒/但仍有自己独特的美

影子　因为太阳而存在/却永远怕见到它

牙齿　人在嘴里修筑的长城/却无法防止祸从口出

眼镜　看遍了别人的善恶美丑/却不知自己的本来面目

（教学班级：清华附中高二·6 班　指导教师：崔琪）

要发挥学生在仿写活动中的创造性，就要处理好练习设计中的限制因素和诱发因素的关系。仿写设计必然有限制因素，没有限制因素，技能训练就没有导向性，就是盲目的实践；诱发因素是激活学生思维的动力，没有诱发因素就缩小了他们创造的空间。如果期待学生更好地发展他们的创造性，就需要适当地减少限制因素，努力增加诱发因素。拿例⑦和例⑧相比，我们可以看到例⑦有着更多的限制条件，智力因素的含量比较高，例⑧则留给学生以更多的自由发挥的余地。

由于示范样例的限制（没有这种限制，也就不是语言训练），仿写练习所体现出来的创造性还只能说是一种"半创造"（参阅附录二）。需要说明的是，发挥学生的创造性并不是我们语言训练的唯一目标。一些操作性的基本技能是需要反复练习的，这种练习有时候还要附加一些甚至相当苛刻的限制条件。从事这类练习的时候，往往没有多少创造可言。我们可以拿足球、篮球运动员的培养来类比：有些技能训练可能是枯燥无味的，然而这类技能又是他们驰骋球场，临场酣畅淋漓发挥的必要条件。语言训练也是这样。

同时，创造性又是我们追逐的重要目标。一个没有想象力的球类运动员，即使基本功再好，也不会在球场上取得成功。同样的，当我们看到学生在练习中充分发挥出他们的想象力，充分显示出他们才能的时候，我们就会由衷地感到欣慰。

读者或许要问："你们在这里为什么用'创造'而不用'创新'？"

我们觉得"创造"是就心理过程而言的。发现、发明自己个体世界中前所未有的东西，对他个人而言，就是"创造"。"创新"一般来说有着"首创"的意思，是和现实生活比较而言的，只有产生了现实生活里过去没有的、又具有一定社会价值的成品，我们才习惯称之为"创新"。

对学生在语言训练中发挥的创造性，不能期望值过高。心理学家米勒说过："一个20世纪的儿童发现，在直角三角形里，勾股边的平方之和等于弦边的平方，那么，他就完成了跟毕达哥达斯一样的创造性劳动。尽管这个发现对于文化传统来说等于零。"学生的练习答案有一点新意，虽然谈不上什么语言艺术，但也是弥足珍贵的，因为他们今天有所"创造"，明天在自己创业的时候就会有所"创新"。

＊　　　　＊　　　　＊

一个已经掌握了加法和减法的儿童很容易掌握乘法。

一个钢琴家可以通过最短的练习，成为一名快速而准确的打字员。

这些现象都对我们有启示，启发我们去思考简单操作和复杂操作的关系，启发我们思考技能迁移的条件。在本章本节的最后部分，我们要和读者讨论的，是一些简单的操作类型怎么样才能顺利地发展为更复杂的行为模式。

不要以为学生娴熟地掌握了言语技能，就能够解决写作中的所有问题，因为写作是经验、知识、能力、情操等多维因素的共同作用。人类的基本能力之间是互相渗透，互相影响的。只注意其中一个因素的分解性训练并不能让你收到整体效果。

同时，又不能低估知识和技能训练的作用，作曲家需要掌握和声学、旋律配合法、作曲模式和谱写法等，因为这是构建音乐整体结构的基础；一个文本的构建也是如此。我们常有"心有意而口不能言"的体会，而一个中学生，处于学习的特定阶段，言语技能更是他们书面表达的关键环节。

上面谈到，写作是一种多维因素的智力活动，在写作活动中，每一个维度都需要相应的心理加工过程。多维同时运转，就必然引起各种加工因素在学生注意力方面的竞争。在这种情况下，学生往往顾此失彼，无疑会增加学习的难度。为了降低难度、集中学生注意力、强化训练效果，在分解性的言语技能训练和综合性的整篇写作之间需要有适当的过渡，需要我们探讨适当的中介形式。

这种过渡性的中介形式具有什么样的特点？我们仍以球类运动员的训练作喻：在刻苦的基本技能训练和整场对抗性比赛之间存在着一系列的模拟性训练方式，其中很重要的一项就是局部战术配合。分解性的言语技能训练与综合性的整篇写作之间的中介形式也是一种"局部战术配合"，它是以一定技能目标为基础，与相对简化的其他写作因素相匹配，扩展成为复合式的组合性操作。

以上似乎很抽象，还是让我们举一个例子：

题目：

老师在黑板上画了一个圆，要求学生写想象作文。他举例说，比如，你可以把这个圆想象成一轮满月，然后以满月为重点，再用天幕、云彩、柳梢等作为陪衬构成一个美丽的画面，再把这个画面描述出来就是想象作文。

圆是可以想象成很多不同的物体的。请你根据这位老师的启发，把这个圆想象成另一个物体，写一篇200字左右的想象作文。

要求：

1）不要再把圆想象成满月进行描写。

2）以一个圆的想象物作为描写重点，不要以陪衬物作为描写重点。

3）写成一个画面或一个镜头、一个场景，不要写成故事。

4）想象合理，形象具体生动。

5）语言确切、连贯，条理清楚。

这是1991年高考的一道"小作文"题。分析这道题，我们可以发现它具有以下特点：

第一，它有着明确的技能要求。学生不仅要掌握描写的一般要领，还要会处理画面介绍中"主体"和"衬体"的关系。

第二，它具有篇章的雏形。学生的写作要围绕一定中心，而且分出层次，自成起讫。当然，无论在内容上、篇幅上还是结构层次上，与整篇作文相比，这道题的要求都大大简化了。

第三，它要求作者充分发挥自己的想象力。这就提供了一个渠道，让学生结合自身的经验向不同方向发展。

不同的作者有着不同的经验，对待生活的观念上存在着差异，而且有着不同的写作的个性习惯，因此，如何筛选记忆中的信息并且进行加工就会各不相同。下面是当年的一些优秀语例：

① **家乡的石拱桥**

我再也没有见过比家乡的小桥更美的桥了。那是一座用白石砌成的小石拱桥，它的圆拱恰好是半个圆，倒映在清清的溪水中，构成一个整圆。这是人类和大自然共同创造出来的，什么人也画不出比它更和谐的圆了。

丽日下，溪水缓缓地从桥下流过，蓝天倒映在水中，朵朵白云从"圆"中慢慢地穿出，又渐渐地远去了。溪边几个洗衣的姑娘在嘻闹着，互相开着玩笑，那欢快笑声似乎感染了小桥，桥影也颤悠悠地晃了起来，晃碎了白云，晃碎了树影，然而不一会儿，又归于宁静，依然是一个清晰的圆。

② **眸　子**

这是一双凝神专注的眼睛，那圆圆的眸子里深藏的是什么，能够折射出如此诱人的光？像浸在水中的一颗乌亮的宝石，那么晶莹；像黑夜中的一粒珍珠，那么夺目。它是那么黑，似乎包容了世上所有的暗色；它是那么亮，能够折射出人间万物的光芒，以至竟不易察觉到它的黑。它是一块墨玉，纹理分明，中心是一点，最幽深的一点。周围纤细而浓密的睫毛，偶尔投影在它的上面，宛若微波荡漾的水面上垂下的修长柔美的柳丝。

③ **露　珠**

一枝高高的叶茎，托着一片硕大碧绿的荷叶。那宽阔的叶面，含着一颗晶莹剔透的露珠。

露珠那圆圆的身躯，温柔地半卧在平坦的温床上，那么宁静、舒适。那已经饱和的露珠，丰满、圆润、平滑。你看着它，感到的是甜蜜和幸福。它恬恬地附在荷叶表面，与荷叶亲昵地做伴。

明媚的阳光照射在露珠上。露珠闪着光，透着亮，周身都洋溢着欢乐。那荷叶心上，仿佛是一颗珍珠在闪烁。

④ <center>圈</center>

早晨骑车上学的路上，密密麻麻圈了一群人，摆出了一个不很规则的圆圈。

在圆心位置，站着两位同胞，一只手握着自行车把，另一只手指着对方大骂。

原来是两位同胞撞了车，引起一场口舌之战。其实这是小事一桩，并没有什么争吵的价值，以致连班也不上了，围成这不大不小的一圈。更何况中国人常说"寸金难买寸光阴"呢。

这就是生活中的一个怪圈。

这就是我们所说的"中介形式"的基本形态。根据我们的体会，这种"中介形式"应该具备以下条件：

一、在技能方面，它是训练目标的延伸。训练目标的一致性是实现"迁移"的基础。

什么是"迁移"？桑代克（E. L. Thorndike）说过："一种心理功能或活动之所以能改进另一种心理功能或活动，原因是后者与前者有部分相同，或者说前者包含了与后者相同的元素。"这就是说，学习过程中之所以能够产生迁移，是因为不同学习任务之间有共同的元素，即具有共同的刺激和反应联结。在我们的语言训练中，技能就是这种联结的环节。

当然，这种联结不是简单的重复。作为技能的延伸，我们可以从单纯意象发展为复杂意象。由于意象的复杂化，学生需要将先前训练的效应加以修正和变化。这样一个过程，心理学称之为"解释"和"捕获"。在语言训练中，"解释"是由先前的知识和技能组成的，"捕获"的关键要素是学生具有适合这种变化的思维能力和思维活动形式。

这样，学生就能够在两次练习之间产生相似效应，才能在原认知结构的基础上具有同化新知识的能力。

二、它开始具有篇章因素。

作文构思是作者头脑内部建立文章心理图式的心理活动过程。完成一篇作文，除了言语技能外，还有体裁、结构方面的知识和能力（有的学者称之为"程序性知识"）。依据认知心理学家安德森（J. R. Anderson）的激活理论，学生头脑中有一个储存作文知识的语义网络结构，即作文心理图式。在一定时刻，语义网络中大量的命题处于静止状态，只有少量命题处于激活状态。学生作文构思的过程，就是唤醒相应篇章心理图式的过程。

不过，作为写作的"中介形式"，它只是一种简化了的图式，是一种经过分解而成的图式的局部，或者说是"文章模块"。因此，我们只称之为"篇章因素"。前面说过，单纯的言语技能训练和整篇写作之间还存在着距离，有了篇章因素，就便于实现二者之间的过渡。

三、提供足够的思维活动空间。

为了激活学生的思维，顺利地实现迁移，我们一般依靠设置适当的情境条件。

从本节的题型示例部分，我们可以看到，语言训练必定有学生思维活动的参与，而且在不同的层次上有着不同的思维空间。作为技能训练的扩展，我们的体会是尽量开拓学生想象和联想的领域。只要我们能够捕捉到恰当的情境设计，这种设计可以容纳学生尽可能多的想象和联想，并且符合我们前面提出的两个条件，我们就可以找到分解性的技能训练和整篇写作之间的中介形式，组成由简单而复杂的阶梯形系列。

这是一条航线，驶向学生语言运用的广阔的海洋。

命题作文中的思维训练*
（1982年）

命题作文在我国已有悠久的历史；在欧美，也是写作训练的一种传统形式。目前，我国语文教学界对这种形式有不同看法。我们认为，命题作文固然有实用性较差的弱点，有其局限性，甚至可能成为流于形式主义的文字游戏，但是作为一种历史悠久的训练形式，它仍然有着重要的训练价值。要正确地运用这种形式，就需要认真研究它在思维训练中的作用。

一

作文命题的特点在于它的限制性。

"题目是文章的眼睛"，作为文章的标题，它的语言必须是十分凝练的，也就是说，它只保留了必要的语言信息。其中每一个信息都对写作范围起着约束、限制的作用。信息越多，写作的范围就越明确，越具体。例如北京市1977年高考作文题《我在这战斗的一年里》，其中"一年里"规定了时间，"这"又对"一年"起着特指的限制作用；"我"标明了写作材料选择的范围；"战斗"则用比喻手法规定了写作的内容。作文命题中所运用的词语以及词语的组合、搭配，构成了逻辑上的层层限制（如图）。

可以说，作文命题中的词语都起着这种限制作用。有的题目用语使用的是它的引申意义或特定语言环境中的特殊意义，因此概念的外延不那么明

---

* 本文在《光明日报》发表时用的笔名是"王世熊"，即王世堪与章熊。

确。然而这一类词语的特定意义和限制作用又恰恰成为学生辨析题意、确定写作内容时思维的焦点,也正是写作成败的关键。像1981年高考作文题《毁树容易种树难》,学生可以按照"树"的本义来思考,正面论述破坏生态平衡的危害性(当年四川等地区的考生更有切身的体会),也可以进行类比说

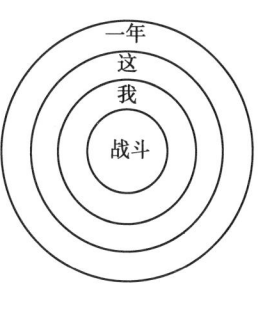

理。如果作为类比说理,那么,"种树"可以引申为"建设"(广义的,包括思想、道德、人才……),"毁树"可以引申为"破坏"(也是广义的)。"建设""破坏"与"难""易"之间的搭配关系,就成为学生进行逻辑思维时的必要限制条件。即使是比较含蓄或空灵的题目,如《雨后》《路》,也都制约着学生的思路,指引着学生的思维方向,无一例外。

正如河流之有河床,火车之有铁轨,命题中词语的限制作用成为作者构思的依据,作者头脑中储存的思想材料也因之有所遵循,从而明确起来,落实下来。

二

在研究作文命题中词语的限制作用时,我们还有必要区别"一般限制性词语"和"关键词语"。

我们分析题目中词语的功能,就会发现它们在制约和启发学生思维中的作用是不一样的。善于思索的学生会很快地把注意力集中在少数几个词语上,从这里挖掘、生发、联系、想象,使一篇短短的作文获得了生命。以前面举到的《我在这战斗的一年里》为例,学生在大体审定题目的范围以后,思考的中心就会集中在"战斗"这个词上——"战斗"意味着什么?一年中,我又是如何"战斗"的?怎样才能表现这种"战斗"?……一系列问题在头脑中出现了,文章的内容得到了丰富,主题也得到了深化。

关键词语不是能够从语法结构上加以判断的,它可能是附加成分,也可能是中心词。判断关键词语,需要相应的背景知识和语感。例如《重新燃起青春的火焰》这个题目,学生在审题时,"重新"就会引起他的思索(不管他对生活持积极态度还是消极态度)。因为这个词概括着今天的社会现实,

并且和学生的思想状况发生着感应。一个孤立的词语，它所代表的意思总是有限的，但是在表意的过程中，借助不同的语言环境，通过不同的词语搭配，联系着不同的社会现实，它所表现的意思却是灵活而富于变化的，除了它表面的意义以外，它还可以包孕着更深、更丰富的意义。这样，同一词语用在不同场合，它所表现的内容就会有很大区别；同一作文命题，不同词语所传递信息的丰富性也有很大差异。关键词语，就是那些传递信息最丰富的语言因素。

作文题目中的关键词语过去又称为"题眼"，它的作用好像是照相机的镜头，把学生的思路集中在一个不大的焦点上，并且使目标清晰起来。焦点集中了，方向明确了，学生的思维也就有了深化的可能。

当然，不是每一个题目都有关键词语，如《雨后》。

三

让我们进一步研究命题作文中限制性和启发性的关系。

命题作文的启发性恰恰来源于它的限制性。从上文对学生审题过程的分析中，我们可以看到题目用语的限制作用本身又在启发着学生思考。如果我们解剖一个人写作的构思过程（包括我们自己的经验），我们就会看到它往往要经历一个各种思绪、素材纷至沓来的阶段，所谓"神思方远，万涂竞萌"（《文心雕龙·神思》）。随着认识的深化，它又由庞杂而单纯，由千头万绪而逐渐形成单一的线索。从大量感性的材料、凌乱的思路到形成明确的概念，组成清晰的表达程序，这种认识深化的过程正是我们写作中思想提炼的过程。在这样的思维运动中，好的作文命题可以起到这样两方面的作用：1. 命题的限制性可使文章的中心点明确，排除其他思绪的干扰，便于作者集中精力更深入地思考；2. 与此同时，由于题目的触发，引起作者的联想，把潜存于头脑中而平时并未注意的思想材料集中起来，条理化起来，从而使思想活跃起来。这就是命题作文启发性之所在。

然而命题作文的启发性是不是无条件的呢？不是的。我们不妨以《雨后》为例，探讨一下学生审题时的各种启发因素。

看到这样的题目，学生很容易联想到的是雨后的风光，或叙事，或抒情，文章自然有着明快的色调。想得再远一点，"雨后"也可以具有某种象征意义，借此描述一种欣欣向荣的社会景象。除此以外，这个题目也可以描写一些截然相反的情景，例如灾区见闻。

多数同学容易按照前两种方式进行思考，这是因为"雨后"两个字除了让他们想到自己的生活体验以外，还容易让他们联想到我们语汇中像"雨后春笋""雨过天晴"……这样一些固定词组。"雨后"本来是没有感情色彩的，但这种联想却使得学生的思路带有感情上的倾向性，并且由此而唤醒了他们头脑中储存的有关感性材料。但如果学生正生活在洪水为害的环境之中，《雨后》这个题目又会引导他们的思路朝向另一个方向发展。由此可见，作文命题的启发性是以下列三个因素为基础的：

1. 命题语言的语义及理解这些词语的语言习惯；
2. 作者的生活经验（包括他们储存的思想材料和认识水平）；
3. 社会现实。

在这三个因素中，第二条（作者的生活经验）是启发性的前提，同时，结合学生的年龄特征，作为一种教育手段，教师在命题的时候又应力求使学生的视野不断扩大，引导他们面向社会进行观察与思考。因此，不是任何题目都具有启发性。命题的艺术，在于以集中、简约的语言打开人的思路，引起人们的联想，引导人们去认识生活、分析生活。只有这样，命题中词语的限制作用才不致成为学生思想的枷锁，而是会成为触发学生灵感的引信。反之，那些不从生活实际出发，只能引导学生写空洞八股的题目则毫无启发性可言。除此以外，命题有无启发作用，还不仅取决于题目本身，教师的指导也是重要的。命题虽好，教师却定下许多套子：如何开头，如何展开……条分缕析，学生只消大规模地填空白就行了，其结果，学生生动活泼的思想也只能窒息。

四

在研究命题作文的基本训练价值的时候，我们也应该看到这种形式的局限性。

随着生活的现代化，社会对语言的运用不断提出新的要求，加上语言科学的发展，人们对语言的交际功能不断取得新的认识，语言训练的手段也日益多样化。在这样的背景中，单一的命题作文形式便显出以下几点不足：

1. 语文教学应该着眼于在不同的社会环境中如何更有效地使用语言这样一个根本问题。内容不同，对象不同，目的不同，传递语言信息的手段不同，我们的语体也不同。由于命题作文缺乏明确的写作目的和对象，语言的运用缺少具体的语言环境，它很难进行语体教育。这样训练出来的学生不容易完全适应社会生活的需要。为此，我们的语文教学已经受到了不少指责。

2. 写作教学中的思维训练涉及的范围极广。随着对学生智力开发的重视，人们日益重视养成学生独立分析问题和思考问题的习惯，并且注意培养学生观察、想象、创造等多方面的能力。这样，写作训练的形式也就日益多样化而且生动活泼：写作与各种实践活动结合，组织学生进行独立探讨，设计情境诱发学生大胆想象，甚至理科的内容也渗入了写作教学领域……与此相比，命题作文只着眼于词语判断以及由词语判断而引起的思考，不能不显得有些单调。

3. 作文的命题要求有极强的针对性和现实性，因此它需要有相当大的灵活性。好的命题总是和学生的状况以及周围的现实密切相连的，无法在事先就对全学期的作文题目作周密的安排。每一次命题作文都是一次完整的综合训练，而且学生的思路千变万化，很难也不应该把它纳入统一的格式，要想使命题作文与各种专项技能训练相互合拍，吻合一致，也是不容易做到的。现在语文教学正在研究教学的序列化问题，作文命题的灵活性与写作教学计划化之间也往往出现矛盾。

毋庸置疑，命题作文是有其局限性的；同样毋庸置疑的是，命题作文仍然是基本训练的一种有效手段。事物在不断发展，命题作文的形式也在不断发展。我们的态度是：愿老树绿意葱茏，愿新蕾百花齐放。众说纷纭，这是好现象；各种方法都来试验，也是好现象。

语文练习设计杂谈*

(1982 年)

当前中小学"习题"成灾,语文课也不例外。语文是一门实践性强的学科,自然要有足够的练习。但不能片面追求大数量的练习,应让孩子多想,而且应该尽量让学生在课堂上完成作业。

一

常常有一种误解,以为所谓"练习"就是教师布置的以巩固为目的的课后作业。其实不然。语文能力的训练首先应该从课堂上开始。教师应该善于设计各种训练程序,指导学生通过自己的实践来思考、理解、吸收、消化所学的内容。这种练习,或动笔,或动口,而课后练习不过是这种课堂活动的发展和补充。这种设计,需要教师认真分析教材,掌握其精髓,又要熟悉学生,了解其思维规律。上海的钱梦龙老师一次和我谈起他教《孔乙己》一课的教学设计。第一节课,教师在黑板上只写了"一个充满笑声的悲剧"九个字,要求学生根据这样的启示去阅读。学生自己查字典,批批画画,一节课就在这种"无声"而又紧张的活动中过去了(当然,在他的教育下,学生已经养成了自读的习惯)。第二节课教师仍然没有"讲",只要求学生以上面九个字为题写一篇短文。有了第一节课的充分思考的基础,这篇短文是不难完成的。课后,教师连夜翻阅学生作业,果然不出所料:对"笑声",学生印

---

* 原载于 1982 年 6 月 18 日《光明日报》。

象分明；对"悲剧"，学生却体会不深。第三节课，教师进行讲解，对学生已经理解的内容，点到即足；对学生体会不深之处，加以阐发。就这样，一篇具有相当难度的课文，在教师巧妙的引导下，学生有了很好的了解。

钱梦龙老师认为：经过这样的动脑筋、动笔，课文中一些精彩的语言深深地印在学生的脑海里，隔了许久，还可以从学生作文中看到这篇课文的影子。这比死抠字、词、句的"语言分析"，教学效果确实要好得多。

二

促使学生思考，加深其印象，动笔是一种重要的方法，但不是唯一的方法。就动笔而论，也不一定都要写成一篇短文。以《人民英雄永垂不朽》这篇课文的教学为例，教师就可以绘一张纪念碑的简图，碑体和底座的各部位都标上"○"，学生人手一张，要求他们阅读时依照作者描写的先后顺序把相应的数字填在圆圈里。有了这样的基础，教师再略加概括，列出标题（包括文章的其他部分），全文结构便清晰地呈现在学生眼前了。这样，学生不仅掌握了全文的脉络，而且体会到空间描写的要领。空间描写是中学语文教学的一项基本内容。什么"观察点""定点描写""动点描写""描写顺序"等知识，教师当然是要讲的，但是讲了许多，学生未必明白；让学生自己填图，直观具体，印象深，便于举一反三。

这样的设计似乎很简单，但把简单的问题复杂化是教学中常犯的毛病。如何以简驭繁，倒是应该注意的。此外，设计必须体现每篇课文的特点。同是介绍建筑物或地方的文章，就不一定篇篇都抓空间顺序，更不要每次都填图。《人民英雄永垂不朽》一文是向全国人民介绍当时刚落成的纪念碑，因此空间描写的顺序就成为全文结构的主干。像《第比利斯的地下印刷所》这样的文章，所着眼的是当年革命者的革命生活，作者怎样写出地下秘密活动的特点，又成了应该引导学生注意的地方。

三

语文教师设计练习的"匠心"，不仅表现为对教材特色和精髓的透辟理解，也表现为对学生年龄特征、文化水平和学习习惯的深刻了解与认识。因受到年龄的限制，学生的认识能力和表达能力之间往往存在着比较大的差距。就认识能力来说，他们的感受能力和抽象概括能力的发展水平也不平衡。有一些比较深刻的内容和比较复杂的语言现象，学生未必不能理解，但是要他们说（或写）出来，又很困难。作为语文练习设计，如果迁就学生的表达水平，练习往往过于简单，学生会感到索然无味。在这种情况下，教师不妨拟一段话，替学生把他难以表达出来的内容说出来，同时又留有一定余地供学生思考和练习。教师的语言可以起着示范、引导的作用，这样的练习也往往既有趣味性，又有启发性。例如朱自清先生《春》一课的教学，北京的顾德希老师设计的练习中有这样一题：

〔题〕找出课文里描写春草下述特征的词语，填空：

    萌动的幼芽，挤破泥土的阻碍；_____

    幼芽儿初生，总带着娇柔的神态。_____、_____、_____

    那芳美的色泽，纯净又新鲜；_____、_____、_____

    一片片，一片片，铺向远远的天边。_____

    温顺柔和的草儿啊，多么招人喜欢！_____、_____、_____

这样的练习可以培养和考查学生的语言感受能力。像这种地方，由老师作出曲尽其妙的讲解，当然是需要的，但这不能代替学生的活动。既不要勉强学生用他所难以驾驭的语言去表述他的感受，又要使这种语感的培养和考查落到实处，我想，这个练习的启发性大概就在这里。

顾德希老师说过："设计练习的时候，我眼前看到的是同学的活动。"这是有经验的语文教师的共同体会。

四

学生的活动主要指思维活动，这种活动是看不见的，然而又是每一个成熟的教师都能感觉到的。教师不但要了解学生，而且总要引导学生，引导他思考，引导他的思想沿着逻辑的轨道充分展开。在这方面，我们不能不想到上海的于漪老师。

在学过《一件小事》和《愚公移山》的基础上，于漪老师要求学生进行一次写两个思想性格不同的人的习作练习。她先为学生提供一篇短文，内容是在一个风雨交加的夜晚，一位退休老工人王伯伯顶狂风冒暴雨艰难地修好弄堂里街灯的故事。然后，教师要求：按照短文提供的情景，设想与退休工人王伯伯相反的另一个人的行动和语言，写出另一种思想性格的人。

这是一次"台阶练习"，即正式写作前的一次准备性活动。它是极富于启发性的，我们完全能够想象到学生进行这种练习时必经的思维过程。首先，他必须仔细阅读短文，把握住短文所提供的情景以及王伯伯的思想性格特征；其次，根据相反思想性格的要求，他还必须从自己生活经验中捕捉有关的思想材料，使自己描写的这个人具体化、形象化。这样的练习有统一的要求，而答案又是各种各样的。他严格地训练学生思维，又不限制学生思考。

灵魂的"工程师"意味着教师不仅要了解自己的对象——"灵魂"，而且要懂得如何去进行"产品"设计，懂得加工的方法。

五

语文教师既要教学生正确地联想和想象，也要教他们进行严密的思考。各种语言练习的功能之一就是使学生的思维日臻严密化。试看下面的例子：

〔题〕当我们连用几个词语来描述事物的时候，这些词语的顺序有时是可以随意调换的，有时则不能。看看下列句子中带点的词语哪些可以调换顺序、哪些不能。为什么？

1. 栏杆的形状和天安门前金水桥的白玉栏杆一样，美观朴素，洁白耀眼，使挺拔的碑身显得更加庄严、雄伟。

2. 小碑座的四周，雕刻着牡丹花、荷花、菊花等组成的八个大花圈，这些花朵象征着英雄们品质高尚、纯洁……

（《人民英雄永垂不朽》）

语序是语言中一种相当复杂的现象，又是写作中经常遇到的问题。讲许多道理，学生未必记得，不如选一些典型现象编成练习。学生做这个练习，一方面体会到概念前后呼应的关系，另一方面又通过比较能较为全面地理解这种语言现象，是一次语言练习，又是一次思维逻辑的训练。在这里，知识的讲授和学生的实践是结合在一起的，它比知识短文更便于学生捉摸。只要我们多动脑筋，许多有用的语文知识都可以化为便于学生实践的练习形式。

六

语言练习还有许多未经开拓的领域。例如《眼睛与仿生学》一文中有这样一段话：

> 有一种小甲虫，叫象鼻虫，它的眼睛是复眼，呈半球形，许多小眼排列在曲面上。在飞行中，不同的小眼是在不同的时刻看到外界同一个物体的。

这一段话一般不容易引起教师注意，河南的张建华老师却设计了一个别开生面的练习：他用图形表示复眼和飞翔着的昆虫，要求学生用虚线代表视线来表明上面这段话的意思。画图的结果，证明大多数学生对这段话都理解错了。

这一设计很有启发性，它涉及到语言信息和视觉形象的相互感应关系。人类的语言感知和其他感官的感知是两个系统，然而又是彼此触发的。比如说，我们听到"熊猫"两个音节，头脑里会浮现出这种可爱动物的形象，读到"玫瑰花香"几个字，也能联想到某种嗅觉的感受。阅读文字，应该能够很快地在头脑中反映出相应的具体形象（包括空间感觉），这种能力对学生未来的工作，尤其是科技工作，是十分重要的。这是理解力的一个重要方面，语文教师应该努力培养这种能力。然而它却为我们所忽视。随着教学研究的深入，语文练习设计中还会不断出现需要我们探索的新的课题。

［附］因为没有图形，本文第五部分所举的例子读者可能不易理解，现将该题附录如下：

［题］根据下面这段话，请用虚线代表象鼻虫的视线表示它是怎样看到小飞虫的。（提示：注意画线的词语）

有一种小甲虫，叫象鼻虫，它的眼睛是复眼，呈半球形，许多小眼排列在曲面上。在飞行中，<u>不同的</u>小眼是在<u>不同的时刻</u>看到外界同一个物体的。

《眼睛与仿生学》

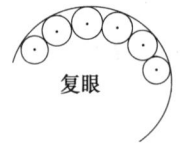

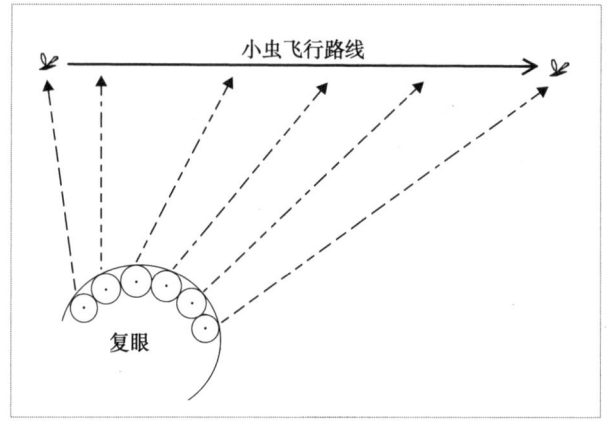

（正确答案）

课堂教学设计示例*

(1978—1981 年)

（一）整体性练习设计

写在前面：

1978 年，外校到北大附中听课，讲课的老师很紧张。我对她说："替你出个怪点子——上一堂'不讲课的课'。"所谓"不讲课的课"也者，就是第一节让学生做练习，并且邀请外校老师们"参观"，第二节讲解习题，就把课上完了。不仅建议，而且为她设计了一份习题。那位老师不敢，我也无奈。是年年底，适逢东北师大附中召开长春会议，我把它带去。绍禹兄来访，见到后收入 12 校所编语文教学法教材。现在看来，这属于程序教学法的一种方式。

由练习带动整篇课文的自学，作为一种课型研究，是很有意义的。其指导思想，我在编写人民教育出版社的《阅读》课本时曾努力贯彻过。但在日常教学中，这种情况比较少见，原因在于设计这样一份练习是很花时间的，除非是全力以赴的教材编写者，一般教师没有这么多的精力。况且，在课堂上，有些环节完全可以由教师的话语代替，用不着一切都书面化；书面练习与师生谈话交替，还可以使课堂气氛更加活跃。因此，课堂练习设计中，我使用得更多的是局部性练习，例如后面所附的"语言比较练习设计"。

---

* 选自《思索·探索：章熊语文教育论集》，人民教育出版社 2002 年版。

《挺进报》阅读练习[①]

【编者说明】

这是北京大学附属中学章熊老师精心设计的一组阅读练习题,后面并附录了原编者的说明,叙述了编题的意图及使用方法,反映了编题者对语文教学的一些主张和探索精神。这份练习的特点是,把领会人物思想品质作为中心,进行严格的语言和思维训练;充分发掘学生的学习潜力和积极性,切实培养阅读能力和表达能力。这种创新精神和练习设计方法,会使读者受到启发,引发出更多更好的探索成果。

阅 读 练 习

练习一

一、对敌人的描写:

甲、"敌人怕陈然传播消息,把他单独囚禁在白公馆楼上一间小牢房里。"这说明:

1. 敌人害怕陈然,怕陈然会把党的指示带到同志们中间,组织政治犯斗争。

2. 敌人竭力使狱中的革命者与外界隔绝,这是敌人采取的预防措施。

3. 陈然在同志们中间有很大的影响,所以将他隔离。

4. 敌人已经觉察狱内有地下党组织,因此必须防止革命者发生联系。

乙、"特务所长和看守长共同研究这张可怕的传单……。"这张传单之所以"可怕",是因为:

1. 党的七届二中全会的消息对他们来说是可怕的。

2. 他们怕这消息被狱中的革命者知道。

3. 这传单说明狱中已有党的组织,而且正在活动。

丙、"敌人使出最毒辣的手法,用一切刑具折磨宣灏。"这里的"毒辣"指的是:

[①] 编者注:选自武汉师院、西南师院、北京师院等十二院校中文系编写《中学语文教学法》,人民教育出版社1980年版。

1. 敌人的刑罚十分残酷。

2. 敌人摸到了共产党员的心理，想利用共产党员的阶级感情来破坏地下党组织。

3. 敌人认为折磨宣灏，就可以抓住写传单的人，这个案子就破了。

丁、"案子似乎破了，烦恼的却是敌人自己，所长室直到半夜还没有熄灯。"这里的"似乎"的作用是：

1. 作者强调案子实际上没有破。

2. 作者在嘲讽敌人，刻画敌人的愚蠢。

戊、通过《挺进报》这篇课文，我们可以看到敌人是＿＿＿＿而又＿＿＿＿，＿＿＿＿却又＿＿＿＿的。

二、对革命者的描写：

甲、关于陈然

地下党通知陈然，叫他把最近的胜利消息写成字条，秘密传下楼去。这时陈然高兴极了。为什么？

_____

_____

_____

几个月的狱中生活使陈然增长了许多地下斗争的经验。举出三件主要事实说明陈然在斗争中不断成熟起来：

1. _____

_____

2. _____

_____

3. _____

_____

乙、关于宣灏

宣灏不是共产党员，但在敌人面前表现得如此英勇、坚强，这说明_____

_____

_____

丙、关于许晓轩

敌人搬来一大堆报纸后,许晓轩慢慢地翻看。这是因为:

1. 他胸有成竹,很有信心地战斗。

2. 他想拖时间,找办法对付敌人。

举出三件主要事实,说明许晓轩是一个忠诚的,久经斗争锻炼的,富于斗争经验的共产党员:

1. _____

2. _____

3. _____

丁、回答问题

在《挺进报》一文中,作者描写了一些什么样的革命者?

_____
_____
_____
_____

练习二

一、选词(不许看书)

1. 陈然(抑制、压制)不住工作的热情,又走进储藏室去工作。他(急忙、匆忙)地赶印,到早晨五点钟,突然听见一阵(仓促、急促)的脚步声。他立刻明白了,就(轻轻地、匆匆地、急急地)关上灯,拉开窗门,随手拿起准备好的扫帚,(小心地、轻轻地、赶紧)挂在窗台下面的钉子上。

2. 黄显声仿佛没有听见,把头转过去了。回到牢房里,陈然有些(奇怪、疑心、担心、害怕)。

二、填空(不许看书)

1. 宣灏躲在墙角(　　　)地看,(　　　)得连放风也忘了。

2. 黄显声的报纸每天都按时送还，铅笔、薄纸和刀片都（　　　）地藏起来。敌人来搜查，一点线索也没找到。

3. 许晓轩明白这是核对笔迹，他拿起铅笔，写了几个（　　　）的仿宋字。

4. 许晓轩慢慢地翻看，果然找到了纸条上的那个消息。特务们（　　　）了。

教材出处：统编教材初中《语文》第一册

教学对象：初一学生（经选择入学的重点班）

附：编题说明

一、编制这份练习的目的是想突破一下课堂教学的常规：为什么教师总是先讲，学生总是后练？难道不能颠倒一下，学生先练，教师后讲？甚至，学生练完了，教师就不用讲了？我感到对"精讲多练"的原则不能理解得过于机械。可以先讲后练，可以先练后讲，也可以边讲边练。根据不同的课文，有时还可以讲而不练，或者练而不讲。对"讲""练"关系理解得过于机械，就会出现课堂教学的程式化和八股气。

二、《挺进报》一课内容不深，学生阅读时困难不大，但理解有待深化，同时，还有一个能力的培养问题。针对一年级重点班学生的情况，这次想训练他们的综合、概括能力，即把零碎的、片段的感性认识加以归纳，形成概念，并用语言表达出来。

三、语言与思维是密不可分的，但是也有差异。因此练习的设计可以互相结合，也可以有所侧重。

选择判断题要求学生根据上下文所提供的条件加以思考，作出结论。

在"对敌人的描写"一组选择判断练习之后，要求学生进行归纳。同时，又为这一归纳限定了一种语言格式。这种格式要求学生所选择的概念（词语）必须是两两相对的，有一定的内在联系，反映事物的两个方面，在词语排列顺序上也有一定要求。（例如残暴而又虚弱，狡猾却又愚蠢，不能写成虚弱而又残暴，愚蠢却又狡猾，否则强调重点就转移了）

回答问题和复述事例的练习中都包含了语言表达能力的要求。最后一道答题"在《挺进报》一文中,作者描写了一些什么样的革命者",概括性比较强,其中又包括了比较——类比和对比的训练。学生要回答这道题,既要说明这些革命者的相同点,又要说明他们的不同点。前面的练习则为这一回答作了准备。

四、学生答题速度不同,练习二是为此准备的,不是这次训练的重点。答完练习一的同学可以合上书,向教师索取练习二,以保证课堂秩序。

五、关于练习设计的难度,笔者的意见是:能全部完满而准确地答出的学生应该是少数,同时大多数学生应该能答出百分之七十到八十。过易,则索然无味;过难,则高不可攀。我觉得这是最能挖掘学生学习潜力和调动他们学习积极性的标准。

（二）局部性练习设计示例

［例］语言比较练习

（1981年，1999年追记）

写在前面：

比较是我们认识事物的一种最基本的方法,分析语言现象,特别是修辞现象,常常要借助比较。通过具体的比较,可以更有效地培养语感,这是许多老师都熟悉的。如果设计成练习,让学生亲自动手,就会体会更深。这类练习可以供课堂教学使用,进行这样的练习时,教师可以在课堂上带领学生共同操作。

80年代初,我曾经把这方面的体会写成一篇题为《语言比较练习》的短文在《语文战线》上发表。不过当时的认识不如今天明确。现在我只取其中的一个例子,通过追忆,尽量体现当时的大致过程。也许这样处理,材料更加典型化,更有助于读者理解我的想法。

［课文］　毛泽东《别了，司徒雷登》
［教学环节安排］　课文内容分析之后
［教学步骤及过程］

师：这篇文章当时是以社论的名义发表的，可是国外一听就知道作者是谁。你们说这是什么缘故呢？

（通过课堂讨论，把学生的注意力引导到语言风格方面，例如"毛主席的文章有自己的风格""毛主席的语言别人学也学不来"……一般地说，这个过程不会很长。）

师：对，因为它的语言风格非常有特色。现在我们就拿一段来分析一下。

（语料一）

> 多少一点困难怕什么。封锁吧，封锁十年八年，中国的一切问题都解决了。中国人死都不怕，还怕困难么？老子说过："民不畏死，奈何以死惧之。"美帝国主义及其走狗蒋介石反动派，对于我们，不但"以死惧之"，而且实行叫我们死。闻一多等人之外，还在过去的三年内，用美国的卡宾枪、机关枪、迫击炮、火箭炮、榴弹炮、坦克和飞机炸弹，杀死了数百万中国人。现在这种情况已近尾声了，他们打了败仗了，不是他们杀过来而是我们杀过去了，他们快要完蛋了。留给我们多少一点困难，封锁、失业、灾荒、通货膨胀、物价上升之类，确实是困难，但是比起三年来已经松了一口气了。过去三年的一关也闯过了，难道不能克服现在这点困难么？没有美国就不能活命么？

师：这段话说得很有力量。现在我们把它统统改成平铺直叙的语气，把其中的古文改成白话，试一试吧。

（在教师引导下，师生共同改写。）

（改写后）

> 多少一点困难是不可怕的。封锁十年八年，中国的一切问题都将解决。中国人不怕死，更不怕困难。老子说过："人们不怕死，不要用死吓他。"美帝国主义及其走狗蒋介石反动派，对于我们，不但用死吓我们，而且叫我们死。闻一多等人之外，还在过去的三年内，用美国的武器杀死了数百万中国人。现在这种情况已经接近尾声了，他们已经接近彻底失败了，留给我们多少一点困难确实是困难，但是比起三年来已经减轻了不少，现在这点困难也将被我们克服。没有美国我们仍然能生存下去。

师：现在我们再把它读一遍。

（教师读，学生都笑了。）

师：为什么这两段话意思一样，效果大不一样呢？大家讨论一下。

（课堂讨论。学生的分析不外乎：1. 句式变化；2. 铺陈及异语重复；3. 古今汉语的风格差别等几个方面。但教师务必要引导学生去领会原文所蕴含的一个胜利者的得意、信心和豪情。）

师：我刚才举的例子，它的修辞特点很明显，大家容易感觉到。现在我再举一个特点不那么外露，大家不容易发现的例子。

（语料二）

　　司徒雷登是一个在中国出生的美国人，在中国有相当广泛的社会联系，在中国办过多年的教会学校，在抗日时期坐过日本人的监狱，平素装着爱美国也爱中国，颇能迷惑一部分中国人，因此被马歇尔看中，做了驻华大使，成为马歇尔系统中的风云人物之一。

师：这段话里许多主语都省略了，大家发现没有？我们把它补进去看看。

（改写一）

　　司徒雷登是一个在中国出生的美国人，他在中国有相当广泛的社会联系，他在中国办过多年的教会学校，他在抗日时期坐过日本人的监狱，他平素装着爱美国也爱中国，他颇能迷惑一部分中国人，因此他被马歇尔看中，他做了驻华大使，他成为马歇尔系统中的风云人物之一。

（学生又笑了。）

师：太单调了，是不是？我们曾经学过要尽量让重复出现的词语有一些变化。现在使主语增加变化，试一试。

（改写二）

　　司徒雷登是一个在中国出生的美国人。他在中国有相当广泛的社会联系。这位先生在中国办过多年的教会学校，在抗日时期他坐过日本人的监狱。这个人平素装着爱美国也爱中国，他颇能迷惑一部分中国人。因此这样一个人就被马歇尔看中，做了驻华大使，成为马歇尔系统中的风云人物之一。（四处逗号改句号。）

（可以有不同的改写方法，下面另举一例。）

司徒雷登是一个在中国出生的美国人，这个人在中国有相当广泛的社会联系。他在中国办过多年的教会学校，在抗日时期还坐过日本人的监狱，平素装着爱美国也爱中国，颇能迷惑一部分中国人。因此马歇尔看中了他，让他做了驻华大使，于是他就成为马歇尔系统中的风云人物之一。（两处逗号改句号。）

师：经过这样一改，似乎比较顺畅了。现在请大家再大声读一下，看看不同的写法给人的感觉有什么不同。

（可以让学生朗读，如果效果还不理想，教师可以范读一遍。学生会觉得原文更"有劲""语气强"等等。教师就可以因势利导，作进一步的分析。）

师：是啊，原文一气呵成，一贯而下，语势很强，具有政论所需要的那种雄辩力量。全文开头是这样，结尾呢？题目呢？把开头、结尾、题目结合起来读一下你们有什么感觉呢？

（学生会谈到"幽默""讽刺"等。教师可以尽量让他们体会作者那种纵观历史、笑看风云变幻的胸怀，以及胜利在握、居高临下的心情。）

师：以上我们分析了两个例子，其实课文里这样的例子很多。请大家自己再找一个，作一些分析。

谈谈语言技能题的拟制*

（1999年）

一、什么是语言技能训练

语言技能题不是目前常常可以见到的那些"语言知识题"。

现在大家逐渐意识到，就语文学习来说，"知识"并不能自动转化为"能力"。这里存在着两个问题。一个是：怎样评价现行的语文知识？另一个是：提高学生驾驭语言的能力，有没有更好的办法？

应该说，我们现行的中学语文知识体系有两个缺点——陈旧和烦琐。语法知识也好，修辞知识也好，文体知识也好，它们大抵都是在上个世纪定型的。19世纪科学研究的方法主要是"分类"。这在当时是很大的进步，但也有缺陷，那就是基本上属于静态描述。所谓静态描述，就是脱离具体的语言环境，把各种语言现象抽象化，仅从外部特征加以划分，例如各种"修辞格"。依照这样的知识体系来教学，容易犯一个毛病——把精力放在辨析"这是什么"方面，以把握概念为目的，而不是去探讨"它为什么是这样"，认真分析善于运用语言的人的经验。分类是可以无止境的，所以容易陷入烦琐；脱离了语言的实际运用，所以难以收到实效。事实上，"知识"是对规律的逻辑概括，如果从语言运用的实际出发，总结"里手"们的经验，上升为规律性的认识，形成"知识"，这样的"知识"才能充分显示它对培养学

---

* 原载于《语文教学通讯》1999年第3期。

生语文能力的指导作用。

即使我们在教学改革过程中逐渐形成了新的有实用价值的知识框架，"语文知识"和"语文能力"之间也还需要一个过渡阶段。语文能力的真正形成，必须经过反复的实践。语文知识的作用在于提高学习效率，语言技能题则是经过科学的设计，减少实践的次数，缩短实践的时间，也在于提高效率。

"训练"是针对技能而言的，它应该具有可操作性，而且只要训练合理，在一段不太长的时间内，学生的操作水平就能够有可以观察到的提高。能力的形成则是一个多因素相互作用的相对缓慢的过程。语文能力的发展需要语言、文化材料以及言语实践经验的长期积累，不是能够快速形成的。因此，语言技能训练只是全部语文教学中的一个组成部分、一个局部。但是，它在中学生语文能力的培养中具有特殊意义。根据科学分析，中学生的语言技能水平与整体写作水平呈高度相关；从因素负荷来看，和许多人所料想的很不一样，"语言"一项所占的权重超过了"内容""结构"的总和，达到 51.55%。其实道理很简单，中学生不是使用语言的老手，更不是作家，他们正处于语言能力的形成期。对大多数中学生来说，能够熟练地进行语言操作是全面发展表达能力的基础。因此，研究语言技能的训练，学会编制语言技能题，在语义教学的改革中就是一个十分重要的环节。

二、语言技能训练的目标和层次

训练需要目标集中。人类的言语活动带有综合性，它是多种语文能力有机结合的结果。正因为如此，学生在完成一项语文作业时往往顾此失彼，影响了学习效果。为了提高效率，就需要降低其综合程度，使某些因素相对集中，才便于学生领会和把握。各种技能训练莫不如此。为了目标明确，又需要进行层次划分。语言技能训练的目标和层次可以大致规定如下页表格。

层级	语言技能	要求
初级	1) 书写正确	掌握常用字 消除常见错别字
	2) 标点恰当，格式正确	符合教学大纲要求
	3) 用语规范	以普通话为准
	4) 句子组织正确	不出现语法错误（包括方言语法）
	5) 意思表达清楚	不出现歧义
	6) 句子排列合理	不出现倒错、紊乱、逸出、脱节
中级	1) 话题明确，用语比较简洁	能排除冗余话语
	2) 句子组织合理，便于读者理解	句子长短适度，能进行长、短句之间的转换，能注意多重修饰语的安排
	3) 注意话语的衔接，保持语言连贯	能熟练地使用关联词语和过渡性语言
	4) 能够根据语义重点的变化来组织或调整语句	能比较熟练地根据需要或按照规定调整语、句（分句）序以及更换关联词语
高级	1) 能够根据强调或其他表达的需要灵活调整或变换语序	能比较熟练地进行句子成分的移位（变式句）以及句式的调整（如被动句、反问句）
	2) 能够根据修辞的需要灵活地运用或变换句式和用语	能在长句和短句、整句和散句之间进行灵活转换，能恰当处理用语的重视与变化
	3) 能够根据文体或语境的需要采用恰当的语体	能懂得并且选用恰当的语体，并能注意不同情境对语言风格的不同需要

能力层级越高，综合性越强。人类的语言技能是智能型的，更是如此。在这种情况下，如何编好题目，使目标尽可能集中，并且具有启发性，能刺激学生思考，这就需要拟题者的经验和技巧。

三、语言技能题的题型和要求

按照答案的情况，语言技能题可分为客观题、主观题两大类。客观题的答案是唯一的，不能有别的答案。语言技能题的主观题有它自身的特点：为了目标集中，强化训练要求，提高训练效率，一般都规定种种语境方面的限制条件，它的答案也要受到不少约束。从这个意义上说，语言技能题中的主观题实际上只是一种"半主观题"。

从答题的方式看，语言技能题中的客观题除人们熟悉的选择题外，还可以用序号或其他非语言符号（例如直线）作答。这类语言技能题大抵都能改造成选择题，因此也可以视作广义的选择题。另一类是需要用语言文字（包括其他语言符号，如标点）作答，这类要学生自己动手，按照语言的书面形式回答的题目，可以称为"操作题"。选择题主要考查学生的分析、判断能力；操作题则更接近语言运用的实际，而且对智力开发有积极作用，在语言训练方面有更重要的意义。选择题都是客观题，操作题可以是客观题，也可以是主观题。下面分别举例说明：

[例1]

依次添入下列各句括号里的成语，与句意最贴切的一组是（   ）

1. 无锡的梅园，面临太湖，以梅饰山，以山饰梅，（   ）。
2. 苏轼也擅长书法，他取法颜真卿，但能（   ），与蔡襄、黄庭坚、米芾并称宋代四大家。
3. 这本侦探小说，构思新颖，（   ），值得一看。
4. 电影中有几处看来是闲笔，实际上却是（   ）之处。

A. 别具一格　不落窠臼　匠心独运　独树一帜

B. 独树一帜　别具一格　匠心独运　不落窠臼

C. 匠心独运　不落窠臼　独树一帜　别具一格

D. 别具一格　独树一帜　不落窠臼　匠心独运

[例2]

排列下面四句诗的顺序，把字母填在方括号里。

A. 杨柳青青着地垂

B. 借问行人归不归

C. 杨花漫漫搅天飞

D. 柳条折尽花飞尽

[ ]—[ ]—[ ]—[ ]

[例3]

甲问乙:"你屋里有蚊子没有?"下面是乙的回答。请你按照括号里的要求,给每句加上标点,使答话分别表示三种不同的意思。

1. 我屋里有一只蚊子没打着　　（只有一只蚊子）
2. 我屋里有一只蚊子没打着　　（不止一只蚊子）
3. 我屋里有一只蚊子没打着　　（只剩一只蚊子）

[例4]

将下面文字中画线的句子改成排比句。

世界上有各种各样的花。

我见过雍容华贵的牡丹,也见过高贵清雅的菊花;见过婀娜多姿的水仙,也见过出污泥而不染的荷花;见过朴实无华的小麦花、高粱花,也见过光彩照人的英雄花。……

然而,在我的记忆深处使我终生难忘的却是这样一种花:<u>它不是开在阳春三月,而是开在寒冬腊月;它不在花坛暖房里开放,冰天雪地才是它怒放的地方;迎接它出生的不是和煦的春风,而是凛冽的北风;是人民的眼泪和心血滋育它成长,而不是春风秋露。</u>

它,就是献给周总理的花,那天安门广场上一望无际的花。

以上四例都有相当的难度,只适合高年级学生。[例1]和[例2]都是高考题,[例1]的正确答案是D项,属于典型的选择题;采取排列答案供选择的办法,是为了便于学生判断。[例2]也是客观题,正确答案是A—C—D—B,但采取了填充题的形式。原因有两点:一是如果编成选择题,符号比较多,容易干扰学生的思维;采取填充题的形式,可以简化学生的思考过程。二是本题含有两层要求,第一层考查学生是否了解对偶句的特点以及古诗(绝句)的格律,第二层是学生能不能注意到D句与上下文的呼应关系。第一层的要求比较低,第二层的要求比较高,这样,一道试题就可以看出学生的不同水平。[例3]是操作题，同时也是一道客观题（有一定程度的灵活性），它的答案如下：

  1. 我屋里有一只蚊子，没打着。
  2. 我屋里有，一只蚊子没打着。
  3. 我屋里，有一只蚊子没打着。（"屋里"后不加","也算对）

（以上三句结尾用"！"也可）
  由于共有三个句子，就可以根据答对句子的多少评定成绩，因此同样含有层次性。一道语言技能题最好能兼具层次性——不同水平的学生都能做题，从不同的答案中又可以看出学生的不同水平。
  [例4]是主观题，可以有不同的答案。下面举两个例子：

  a. 它不是开在阳春三月，而是开在寒冬腊月；它不在花坛暖房里开放，而在冰天雪地里怒放；迎接它出生的不是和煦的春风，而是凛冽的北风；滋育它成长的不是春风秋露，而是人民的眼泪。

  b. 迎接它出生的不是和煦的春风，是凛冽的北风；滋育它成长的不是春风秋露，是人民的眼泪！花坛暖房里，它不开；冰天雪地里，它怒放。阳春三月，不见它的踪影；寒冬腊月，它发出震撼人心的力量！

  这道题有两项基本要求，一是符合排比句的格式，二是语句通顺。合乎这两点要求的答案可以有不同的写法，不同的写法又有优劣之分。相比之下，a的写法显然单调、呆板，b的写法就灵活、富于变化，更具有创造性。
[例5]
  在横线处添上一句话，使两段在语气上衔接起来。

  对西德领导人来说，要随时就某个问题作出反应，要在联邦议院侃侃而辩，要随时了解舆论界的反应，这些都使他们与报纸结下了不解之缘。此外，施密特、卡斯滕斯、根舍和科尔这些领导人还每小时阅读一次法新社的新闻稿,以及时了解国内外的动向。他们对报纸上的漫画也是感兴趣的,不管这些漫画有时候把他们丑化到何等程度。据说施密特还有专门收集关于他自己的漫画的嗜好。

　　_____。以施密特为例,据说在他的床头书里,政治书籍和政治家的回忆录占第一位。休假时,他就读完了美国外交家乔治·凯南写的《俾斯麦体制的衰败》一书。据说他联系了目前的东方政策阅读了该书所写的俾斯麦外交政策的衰败。这本书当时在西德还买不到,他是专门从纽约定购的。此外,俾斯麦的《思想与回忆》和阿登纳的四卷回忆录,也是施密特床头必备的书。……

利用过渡句使上下段衔接的办法,最简单的是用上半句总领上文,用下半句照应下文。这道题包含两方面的要求。一是联系的合理性:学生可以按"报纸—床头书"的线索来联系(原文就是如此),也可以按"现实—理性思考"的线索联系,还可以从"今天—历史"的角度来联系,等等,但都必须切合上下文之间的逻辑关系,言之成理。二是语言水平:学生的答案最好既简洁,又流畅,同样符合内容方面逻辑要求的文字还有优劣之分。由此可见,这类题更需要教师发挥主导作用,然而学生也可以从中获得更多的教益。

四、应该注意的问题

好的语言技能题蕴含着教师的经验和心血,给人很多启发。拟制语言技能题要注意几个问题。

第一个是效度。"效度"指它能不能达到预期的目标。一道题的目标只能是有限的,同时又必须是明确的;它的形式应该引导学生的思维直接指向目标,力求防止各种旁逸斜出。

为了训练的效果或者测试的功能,有的题应该有适当的难度。这种难度是为了强化学生的思维,加深印象,或者区分学生的水平。巧妙的题目可能"出人意料",但又在"情理之中"。绝不要故意刁难学生,更不要制造"陷阱"来迷惑学生。难度过大,好的、差的学生都不会做,没有"效度"可言；学生受迷惑而失误，但其失误并不在你原来设置的目标方面，也没有"效度"可言。

要防止题目的暗示性。在拟制题目的时候，有的教师会不自觉地把某些暗示因素融入题目之中。现在各地统考试卷中常有"辨别单复句"的题目（这类题目实在没有意义），据说有教师指导学生："只看哪一句长，它就是单句。"像这种情况，当然也没有"效度"可言。

第二个是从实际出发。这个"实际"包含两个方面，一个是语言运用的实际，一个是学生状况的实际。上面说的"辨别单复句"的题目"没有意义"，就是说它没有实用价值；从学生的实际状况出发，就是归纳学生中的"常见病与多发病"，暂时忘掉我们习惯了的"系统性原则"，有针对性地解决学生中的现实问题。积累了足够的经验，我们就会发现学生言语能力发展的规律，开拓语言教学的新天地，形成新的系统。

学生的语病常常具有综合性，在这种情况下，我们就需要使之"典型化"，即排除一些因素，使训练的目标相对集中，使之清晰化。通过这样的实践，我们就可以逐渐领悟到拟题的要领和技巧。

第三个是善于设计语境。"语境"包括上下文和情境。情境教学是20世纪下半叶兴起的语言教学方法，它先应用于第二语言学习，后来扩展到母语学习，取得了很好的效果。现在《语文教学大纲》中的"得体"，离开了情境是无从着手的。研究如何利用语言情境，使之更贴近我们社会的现实生活，在当前的语文教学中有着非常积极的意义。

后记：以上是我为"语言技能与写作水平相关性分析"课题组写的讲义，这里涉及选择题。当许多人热衷于这种题型的时候，我曾在湖北大学主办的《中学语文》等刊物撰文谈它的局限性；现在，当许多人攻击它的时候，我要说：研究自学系统软件开发，这是个无法回避的问题。

练习设计示例[*]

（1983—1985 年）

一 听说练习设计

写在前面：

在语文教学中，"听"和"说"都是心理过程而不是生理过程，因此都需要训练。由于针对的侧重点不同，有的练习设计是着眼于听说结合的，有的侧重于听或者侧重于说。根据我国目前的科技水平，通用教材一般都以书本为主，我为人民教育出版社编写课本的时候更是如此，所以许多"听"的语料是以书面形式出现的。这样，就出现了一种"变种"，那就是"读说结合"，它实质上是阅读和说话结合的一种变异形式。这最后一种可能还有其实用价值，留此备忘。

在我的教学生涯中，教学对象基本上都是高中学生，听说教学只是在为人民教育出版社编写教材的过程中才浅浅地涉猎了一下，所以我是缺乏足够实践经验的。下面举的练习设计自觉还有些新意，但还比较粗糙，更谈不上系列化。后来遇到张富老师，了解到他在训练学生听的能力方面有很多经验，获益匪浅。如果今天再来设计听说练习，特别是如果与第一线的老师们合作，也许会很不一样了。

---

[*] 本文系作者为人民教育出版社初中《阅读》课本第一～六册所撰写的单元练习，曾与后文一起选入《思索·探索：章熊语文教育论集》。

（一）听说结合训练设计

……（课本原有指导语略）

练习：

教师准备几件类似的物品（比如五个略有不同的玻璃杯）。

先请一位同学站在门外，然后出示其中一件，请全体同学观察。

设想有一位同学对这件物品很感兴趣，想托门外的同学代为购买同样的一件。根据这样的要求，教师指定一位同学作更细致的观察和充分的准备。然后请教室外的同学进来，由准备好的同学按照上面的要求向刚进来的同学进行说明。听的同学可以追问一些细节，但不能要求再说一遍。最后，教师把带来的同类物品都拿出来，请听说明的同学找出最先出示的那一件。

表演结束后，组织全班讨论、分析。有条件的话，可以将全过程录音，重放一遍，加深印象。

思考：

描述事物应该突出特点，但选择什么样的特点要根据不同的目的而定。比如说，你丢失了一支钢笔要写"失物启事"和你要爸爸给你买一支同样的钢笔，描述的特点能够完全一样吗？

后记：这次练习的学生讲话录音如下：

请你帮我买一个，就是，这个杯子是圆柱形的，口比底大一些，唔，上下都有，上下都有两道乳白色的圆圈，那个，上面是空心的，下面是实心的。就是，都是白的，下面的都涂成白色，上面的空心的里面有许多白色。在这个上边的那道圆圈的下面有，都是三角形。三角形的那个尖呢，是冲下的。三角形是一个实的，是一个实的一个空心的。这样的三角形把那个圆圈包围着，那个，在杯子的中间是，是那个，有两个对称的大的花，是红色的。在两个对称的大花旁边，那个，还有两个，那个，对称的乳白色的小花，是呈长条状的，是两个小花对起来的。这两朵花的花瓣都是卷曲的，是一个图形。完了。

作为口头表达，学生当时听起来并不吃力，鉴别杯子的活动是一次完成的；但读起来却非常费解。这就是口头表达和书面表达的区别。我把这次讲话录音一字不漏地写出来，发给学生，学生都笑了。利用这个机会，我讲了口语和书面语的差别，让学生对讲话稿加以整理。在此基础上，我又参照于漪的教案模拟了一份教师的讲话，要求学生整理成听课笔记。（也请参阅《中学听说训练的初步考察》）

上述模拟教师讲话要求学生整理的练习（实验上是听课做笔记的训练）最好直接借助录音进行。把讲话书面化，是为了让学生更好地体会口语和书面语的差别。

（二）说的训练设计

（取自《阅读》课本第二册第四、第五单元的单元练习）

根据对象说话 1

倘若一位牙科医生向看病的小学生这样讲话，你觉得怎么样？

牙科医生：患者的中切牙及右侧第一、二前磨牙都出现了程度不同的龋齿，这是患者嗜好甜性食物，又缺乏口腔卫生习惯，致使微生物滋生，有机酸腐蚀牙釉质的结果。

请大家再想一想：如果是牙科医生之间交谈，或是在有关学术会议上作报告，话又该怎么说呢？显然，在这样的场合里，那些使人感到不容易理解的词语又变得简单、明确而且易懂了。

根据对象说话，就要考虑到自己所讲的内容对方是否熟悉。对方不熟悉的内容，要给予必要的解释和说明，而且还要根据对方的情况选择恰当的词语和语气。

练习：

上面这段话里你有哪些词语不懂，可以请教老师或校医室的大夫，然后，把它改成小学生容易听懂的话。

根据对象说话 2

设想你是班主任，要向全班同学布置周末扫除的任务。下边是有关周末扫除和环境布置的一些具体情况：

1. 教室共有四扇窗户。

2. 全班同学共编六个学习小组，每组有一位组长。

3. 计划让一二三四组同学分别负责四扇窗户。五六组同学负责拖地和整理课桌椅。

4. 前几天风大，玻璃窗上土很多，要注意擦干净。

5. 教室在二楼，擦窗时有一定危险，由男同学负责擦窗，女同学洗抹布，换水。一定不要打闹。

6. 水龙头在楼道东侧，打水时要注意楼道整洁。

7. 本班教室的课桌椅按单行排列，和有的班相同，和有的班不同。打扫后要按原样排好。

8. 上周扫除，同学们没注意课桌里的废纸。这次要注意。

9. 黑板报由板报组的同学负责更新。上一期的内容谈的是迎接期中考试的，这一期是谈文明礼貌的。

10. 过去打扫卫生都由班主任检查，从本周起，由各小组长负责检查，最后由生活委员全面检查。同学们一定要服从指挥。

上面的这些情况，哪些是非说不可的？哪些是可以不说的？

根据对象说话，除了要考虑哪些内容对方可能不熟悉，需要加以解释和说明以外，还要考虑哪些内容是对方熟知的。对方熟知的内容，除为了强调需要再提醒对方的以外，都可以不讲。即使是为了强调，这样的内容也要力求讲得简单。

练习：

以《我最喜欢的一篇课文》为题，在班上作三分钟左右的发言。

思考：

你谈到的课文大家都很熟悉，但是为了说明你为什么"最喜欢"它，又必须引用课文里的材料。既要避免使同学感到絮烦，又要能引起同学的兴趣，你该怎么办呢？

（三）听的训练设计

（取自《阅读》课本第二册第六单元和第三册第五单元的单元练习）

Ⅰ

听的目的——理解

假如你是班主任，正向全班同学布置工作，你必须认真考虑怎么样才能把该注意的事项全面而周密地一一交代清楚。可是作为听众，作为一名学生，显然你只要记住和你有关系的部分就行了。由此可见，听话的时候，常常需要我们根据不同的目的对讲话的内容加以选择。

听取别人讲话以后，常常还需要我们对讲话的内容加以归纳、整理。

辨析对方讲话的内容，提取自己所需要的部分，并且迅速地条理化，这样一个过程都是在我们的大脑里很快完成的。这个过程完成得越准确，越快，听的效率就越高，听的理解力也越强。

练习：

教师列出一批物品单，先把物品的分类项目写在黑板上（也可以只写其中一部分），然后让学生听写，要求一次写出物品分类清单（或黑板上规定部分的分类清单）。

Ⅱ

我们不仅要练习边说边想，也要练习边听边想。声音留给我们的印象是短暂的，如果精神不集中，而且不能一边听一边思考，一旦所听的内容比较复杂，就有遗漏要点甚至误解对方意思的可能。边听边想要求我们能够很快地把听到的内容条理化。上学期我们进行过这方面的练习（单元练习六），现在我们来一次更复杂的练习。这种练习有助于培养我们敏捷的反应能力。

练习：

教师拟定两个说明文的题目，并且为每一个题目拟一份提纲。将两份提纲打乱混合。先将题目写在黑板上，再口述混合的提纲，进行听写。要求学生尽可能在听写时按题目归类，然后加以整理，使两份提纲复原。看看谁整理得既准又快。

（四）读说结合的训练设计

（取自《阅读》课本第四册第四单元的单元练习）

讨论时发言的特点

讨论是两人以上围绕同一话题的交错发言，它和个人发言有所不同。主要区别有以下几点：

1. 除了第一个发言者以外，其他人往往需要在前面发言的基础上及时地把自己发言内容中重复的部分作相应的删节或简化。对于删去的内容，还要善于用一两句话概括地表明自己的态度。

2. 由于别人发言的触动，讲话者常常会对自己预定的发言内容临时作相应的增补或修改（有时候是自己的思想有变化，有时候是对别人的发言有补充或不同的意见）。这些即兴增添和改变的内容需要及时安排妥当，才不致破坏发言的条理性。

3. 随着发言内容的增删，我们经常需要调整发言内容的顺序，这样，我们的发言提纲也就处于经常变动之中。有时候，我们甚至会完全改变发言的计划。

讨论时发言的这种灵活性，要求发言者能够因势变化。除此以外，发言者还要善于用简洁的语言归纳、概括别人讲话的要点。这对我们是一种很好的锻炼。

假定全班正在讨论"什么是理想"（参照写作课本），下边左栏是你前面一个发言者的讲话要点，右栏是你原来考虑的讲话要点。在这种情况下，你打算怎样发言呢？

(1) 理想是人生观的具体体现，对人生持什么态度就会有什么样的理想。	(1) 理想是人生活的动力，也是人和动物相区别的重要特征之一。
(2) 理想的基础是信仰，我们信仰共产主义，所以共产主义就是我们的共同理想。	(2) 一个人的理想是由社会决定的，社会是复杂的，因此，人的理想也是各种各样的。
(3) 有的同学把理想和志愿混为一谈，这是不对的。一个人的志愿能否实现，是受社会条件决	(3) 不同的历史时期有不同的理想，在今天，共产主义应该成为我们青少年的共同理想。
	(4) 但是，理想不应该只是一种抽象

定的。请问，假如你的志愿由于条件限制而未能实现，难道你就可以没有理想吗？在我们的周围，不是也存在着为了考取自己理想的学校，只顾自己不顾别人的自私自利现象吗？

（4）所以，理想应该具有崇高的目的，为了这一目的，我们愿为之献身，甚至不惜牺牲自己。只有这样，理想才能成为我们学习、生活、工作的动力。古代和现在的先驱者莫不如此。

的信念，它应该成为人们为之奋斗的具体目标。对我们来说，理想应该是在共产主义思想指导下，每个人所选择的不同的、具体的道路，例如志愿。否则，理想就会成为空谈。十年内乱期间，许多学生不是成了空谈家，成了"空头政治"的受害者吗？

（5）有了这种具体的理想，我们才能克服困难，达到既定的目的。古往今来，这种事例是举不胜举的。

二　言语技能练习设计

（一）句法练习

［例］长短句变化训练系列

写在前面：

下面的练习都是从《阅读》课本的"单元练习"里选来的。我想借此表明我对"螺旋式"教学程序设计的看法和实践。

初中一年级

（预备性练习）

Ⅰ（取自《阅读》第二册第六单元"单元练习"中"推敲·琢磨"第一题）

一　有的短句可以合成一个长句，意思不变，但读起来效果不同。例如：

山是墨一般的黑，陡立着，倾向江心，仿佛就要扑跌下来。可以写成：

墨一般黑，陡立着，倾向江心的山仿佛就要扑跌下来。

下边的句子都是由课文里的短句变化而成的，读起来都比较绕嘴，而且费解。请你不要看书，努力把它化短，然后和原文比较：

1. 像千军万马奔腾而至的风呼啸起来。

2. 一道从地面拱起来，衬着天空和草原的完整的虹好像一道彩色的门。

3. 映日月，映星光，浩渺苍茫，辽阔无边的人造海的每一滴水都映现了我们这个丰富多彩的时代和我们创业的激情！

初中二年级

（上升为知识）

Ⅱ（取自《阅读》第四册第八单元"单元练习"中"语言训练知识短文"）

长句和短句

长句一般是指字数较多，限制、修饰、联合成分较多的句子；短句是和长句相比较而言的，它字数较少，句中的修饰、限制、联合成分较少。长句和短句各有它的特点，要根据具体情况适当运用。

长句的特点是严密，一句话可以表达丰富复杂的思想内容，多用于详尽地描述事物，严谨周密地阐述道理。例如：

> 以"惩前毖后，治病救人"为宗旨的整风运动之所以发生了很大的效力，就是因为我们在这个运动中展开了正确的而不是歪曲的、认真的而不是敷衍的批评和自我批评。

人们平日说话多用短句。短句结构简单，短小精悍，生动活泼，容易理解，容易诵读。由于短句语音停顿比较多，容易造成一种急促的气势，所以在表达激动、强烈的感情时，我们也常常使用短句。例如：

> 今天，这里有没有特务？你站出来！是好汉的站出来！你出来讲！凭什么要杀死李先生？（厉声，热烈的鼓掌）杀死了人，又不敢承认，还要诬蔑人；说什么"桃色事件"，说什么共产党杀共产党，无耻啊！无耻啊！（热烈的鼓掌）这是某集团的无耻，恰是李先生的光荣！李先生在昆明被暗杀，是李先生留给昆明的光荣！也是昆明人的光荣！（鼓掌）

长句虽然能够把意思表达得细致、严密，但是过长就不好理解，而且稍一疏忽，就容易"顾此失彼"，出现语病。短句虽然明确、活泼、有力，但是过多地运用短句，句子连接有时比较困难，容易破坏语言的连贯性，给人以支离破碎的感觉。因此，无论是长句还是短句，使用都要恰当。

练习：

下边的话，有的句式过长，有的句式过短，请你修改一下。

1. 大家安静下来，都向门口张望，一个满头白发，面容憔悴，举动迟缓，穿了一件褪了色的、右肩已经磨得发白的蓝布上衣，左腿显得不太得力的男人在众人的注视下走了进来。

2. 大地突然颤抖起来。震惊了正在进行游泳训练的一连。"地震了！集合！"连长发出了命令。军号震响了天空。全连出动查看驻地震情。村中没有什么损失。连长想：震中在哪里？灾情肯定严重。他决定暂不下海游泳。连队归拢器材，准备出发救灾。

初中三年级

（拓展、方法指导）

Ⅲ（取自《阅读》第五册第七单元"单元练习"中知识短文）

长句是怎样组成的？

在《阅读》第四册里，我们讲过长句和短句的问题。理科教材和议论文中常常要使用一些结构十分严密的长句，例如：

1. 物体（或者物体的一部分）在某个位置附近沿着直线或圆弧作往复运动，叫作机械振动。

2. 全国的科学技术界在地质勘探方面、基本建设设计和施工方面、新产品设计和试制方面，都进行了卓有成效的工作。

长句有单句，也有复句，这里只谈长而复杂的单句。组成长单句常用的方法有两种。

1. 利用扩展句子成分的办法，把相应的内容作为修饰成分，依附在一定的中心词上。例句1就是由以下的意思组合而成的：

（1）机械振动是一种往复运动；

（2）这种往复运动是物体在某个位置附近所作的；

（3）这种运动沿着直线或圆弧进行；

（4）物体的一部分也可以产生机械振动。

用这种方法组合长句，第一步是组织一个作为主干的句子，第二步是把其他内容作为修饰成分依次附着在相应的中心词上。要注意的是，修饰成分和中心词要搭配得当，如果一个中心词有几个修饰成分，它们的排列次序必须安排妥帖。（参阅《写作》第四册）

2. 利用联合的成分，把几层有相同内容的意思合并在一个句子里。例句 2 可以说是由下列句子合并而成的：

（1）全国科学技术界在地质勘探方面进行了卓有成效的工作；

（2）全国科学技术界在基本建设设计和施工方面进行了卓有成效的工作；

（3）全国科学技术界在新产品设计和试制方面进行了卓有成效的工作。

这种方法可以理解为在几个句子中提取共同的因素，从而组合成一个新的句子。在使用联合的成分时，也要注意这些成分的合理顺序。

长句可以把需要好几句话才能说完的意思一口气表达出来，化零为整，使许多藕断丝连的小句变为一个有机联系的整体，语言也简练、经济。它便于表现事物之间或事物内部的复杂的关系，但是不容易一下子看明白。因此，在阅读的时候，要善于分析长句，并且准确地把握它所包含的意思以及各层意思之间的关系。

长句是"合着说"，短句是"分着说"。长句和短句的使用是语句的"合"与"分"的艺术。什么时候用长句合适，什么时候用短句合适，还要看具体情况而定。

练习：

把下边的意思组合成一个长句：

1. 龟田队长十分烦躁不安。

   龟田队长是骄横的。

龟田队长是自以为是的。

龟田队长在炮楼里来回走着。

2. 我人民解放军包围了敌人。

我人民解放军歼灭了敌人。

当时敌人正在逃窜。

3. 常常听到一些同志爱说一句话。

这句话是：没有把握。

这是一些同志在不能勇敢地接受任务时说的。

4. 我们主张积极的思想斗争，因为它是武器。

使用这种武器可以达到党内团结的目的。

它还可以使革命团体内部团结。

我们团结一致，是为了利于战斗。

Ⅳ（取自《阅读》第五册第八单元"单元练习"中知识短文）

怎样把长句分解成短句？

长句虽然在表达思想感情上可以有更大的容量，意思也比较周密，但是太长了，读起来或听起来就不容易理解。老舍先生曾经举过这样一个例子：

被我认为已经失落了三年之久的那支蓝色的笔管的粗笔尖的钢笔却被我忽然地意外地找到了。

这个句子实在太绕嘴，老舍先生动手改了一下，就清楚多了：

无意中，我找到了那支蓝管、粗笔尖的钢笔。三年了，我总以为它是丢失了。

把长句分解成短句，常用的有以下几种方法：

1. 内容过多的，可以分成几句或化为几个分句说。上面的例子中，老舍先生修改长句用的就是这种方法。一句的内容分成几句说的时候，还要注意什么意思先说，什么意思后说。像上面的例子，老舍先生先说钢笔找到了，再补充说明它已经丢失了三年，我们读起来就觉得很顺当。当然，句子的顺序有一定灵活性，它和上下文的内容有密切的关系，我们化长句为短句的时候，一定要兼顾它和上下文的衔接问题。把内容复杂的长句化为短句，尤其要注意句子的顺序，否则就不容易说清楚。

2. 把太长太复杂的句子成分移到句外，在句内用一个代词来呼应它。例如：

> 现在甚至我们的敌人也不怀疑中国人民将要在伟大的解放战争中获得最后胜利了。

可以说成：

> 中国人民将要在伟大的解放战争中获得最后胜利，这一点，现在甚至我们的敌人也不怀疑了。

3. 将长句中的联合成分用重复某些词语的办法分开，化成几个并列的短句或分句。例如：

> 这件事情是我国亿万人民当前政治生活和马克思主义发展史上的一件大事。

可以改成：

> 这件事情是我国亿万人民当前政治生活中的一件大事，也是马克思主义发展史上的一件大事。

在表达复杂内容的时候，我们不仅可以综合运用上述的几种方法，还可以利用多种句式变化来使意思表达得清楚、明白。下边的话意思是一样的，但是效果不同。请比较一下：

（1）我们所要的理论家是能够依据马克思列宁主义的立场、观点和方法，正确地解释历史中和革命中所发生的实际问题，在中国的经济、政治、军事、文化种种问题上给予科学的解释和理论说明的人。

（2）我们所要的理论家是什么样的人呢？是要这样的理论家，他们能够依据马克思列宁主义的立场、观点和方法，正确地解释历史中和革命中所发生的实际问题，能够在中国的经济、政治、军事、文化种种问题上给予科学的解释，给予理论的说明。我们要的是这样的理论家。

（毛泽东《整顿党的作风》）

例（2）的表达效果为什么比例（1）好？这个问题留给同学们解答。

长句短句各有各的用处，要根据不同的情况妥善使用。阅读的时候，除了理论内容以外，如果还注意到句式的运用和变化，就能加强我们的语感。常常进行复杂单句的拆开与组合的练习，并且比较拆合前后两种句式的表达效果，运用语句的能力就能较快地提高。

练习：

把下边的句子分解成短句，注意保留原句的全部意思。

1. 像马克思那样在实际斗争中进行了详细的调查研究，得到的结论又拿到实际斗争中去加以证明的工作就叫理论工作。

2. 我有我的爱、恨、欢乐、痛苦。

（二）语段练习

［例］议论中的记叙

（取自《阅读》课本第四册第七单元的单元练习）

读写知识和练习

议论文中的记叙

议论文中常常需要用记叙的方法来介绍事例，它要求用简洁的语言把事情说清楚。为此，我们要注意以下两点：

1. 根据论点的需要确定叙述的要点。一个事例往往可以从不同的角度说明不同的论点，不同的论点在材料的表述方面也就要求有不同的侧重点。写作的时候要能够准确地判断出哪些材料对于论点来说是必须的，哪些是可有可无的，哪些是同论点无关的。像《黄生借书说》中，作者紧扣了家贫时借书不得的心情和"通籍"后购书而不读的情景，通过对比，用很短的篇幅就有力地证明了自己的论点。

2. 根据读者的情况，确定哪些必须交代，哪些可以省略。叙述事情必须交代清楚，否则读者就会莫名其妙。但是如果所介绍的材料中有读者熟悉的部分，这部分的内容就可以从略。反之，如果所介绍的材料中有读者不熟悉的内容，我们不仅要交代清楚，有时还要作简要的解释。例如《俭以养德》一文中引用的事例，像鲁迅、列宁、高尔基都是大家熟悉的名字，当然无须介绍；文中谈到"三反""五反"斗争中揭发出来的事实，因为当时大家记忆犹新，所以作者一笔带过。如果今天写这样的内容，就需要介绍得具体一些。

做到以上两点，叙述就可以既简单，又清楚。在这样的基础上，也可以根据需要适当地增加一点描述，使文章更加生动。

练习：

阿基米德被罗马士兵杀害的情况，《阅读》第一册《为科学献身》中已经作了介绍。为了方便，我们再把它抄在后面。请你根据下边的不同条件，以不同的论点为起始句，用尽量简洁的语言进行概述。

论点1. 许多科学家为了科学，把生死置之度外。

论点2. 旧社会摧残科学研究，甚至夺去科学家的生命。

读者情况1. 对阿基米德和他的事迹一无所知。

读者情况2. 知之甚详。

  阿基米德是古希腊著名的数学家、力学家。当罗马士兵拿着宝剑突然闯进他的房间时，这位七十五岁高龄的科学巨匠正蹲在那里，研究着画在地上的几何图形。阿基米德毫无惧色，坦然地对罗马士兵说："等一下杀我的头，再给我一会儿工夫，让我把这条几何定理证完。不能给后人留下一条没有证完的定理啊！"然而，残暴的罗马士兵不由分说，砍下了这位伟大科学家的头。

（三）篇章性练习设计

（取自《阅读》课本第四册第三单元"单元练习"）

读写知识和练习

说明中的分析

在说明文里，把一件事物，一种现象，一个概念分成较简单的组成部分，并且找出这些部分彼此之间的关系，就是分析。阅读说明文，要注意作者是怎样进行分析的。我们在分析的时候，要注意以下几点：

1. 分析必须在同一范围内进行，不可以把不同范围的内容混在一起。左栏内的分析有错误，请你改正后填在右栏里。

误	正
激光的特点	激光的特点
（1）可以用于医疗，也可以作为杀人的武器	
（2）亮度高	
（3）方向性好	
（4）激光器的构造	
（5）颜色纯	

2. 分析必须按照同一标准，不可以忽而这个标准，忽而那个标准。左栏内的分析有错误，改正前要认真考虑题目的要求，然后把你的分析填在右栏里。

误	正
我国书籍的变迁	我国书籍的变迁
（1）竹简、木牍	
（2）帛书	
（3）手写的书	
（4）纸做的书	
（5）卷起来的书	
（6）装订起来的书	
（7）木板雕刻印刷的书	
（8）活字印刷的书	
（9）铅字印刷的书	
（10）石印的书	
（11）显微缩影胶卷	
（12）未来的书	

由于分析的标准不同，所分出的各项在内容上就会出现重复或交叉，例如"手写的书"和"帛书"，"纸做的书"和"手写的书"等等，这是不允许的。

3. 分析应力求全面,不可以遗漏重要的内容。例如:

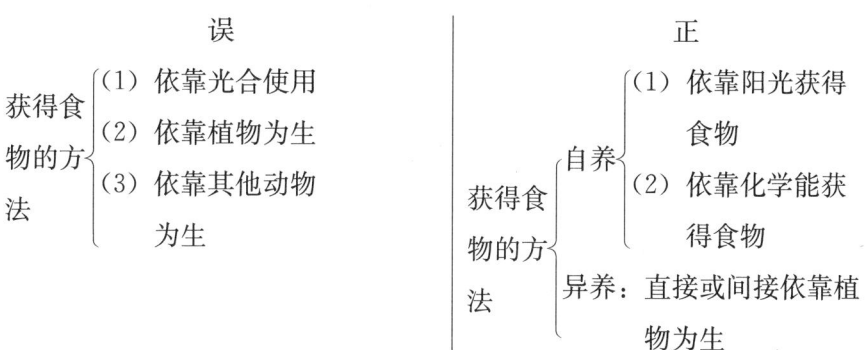

按照左栏内的分析,请你想想:除了某些细菌以外,还有哪些生物无法归类?

进行分析的时候,要注意使所分各项成为或大体上相当于并列关系。例如"自养"和"异养"是并列的两个概念,"自养"和"吃其他动物"二者范围的大小很不平衡,就不能并列。

练习:

下边是两位同学的写作提纲,都有毛病,请你任选一个帮他改正(注意项目的划分,可以小组讨论)。

题目:今天的学校

1. 小学
2. 中学
3. 农村中学
4. 职业中学
5. 城市中学
6. 技工学校
7. 业余体校
8. 大学
9. 夜大学
10. 民办学校
11. 文化补习班
12. 其他

题目:日益丰富的文化生活

1. 名目繁多的期刊杂志
2. 题材多样的电影电视
3. 英国芭蕾舞团的演出
4. 我最喜爱的马戏团

（四）拓展性练习

（1985 年）

[例] 细节描写练习设计

说明：这个练习设计可以与上一部分《写作教学专题设计示例（描写性训练系列）》对照阅读，是对那几个专题的补充。当年它在高中使用，我觉得初中也不妨试一试，当然，情景条件要变一变。

[题] 请你分别按照下面规定的三种不同情景条件描写同一事物。

甲

被描写的事物：蜡烛

情景条件：

　　A. 高三毕业"话别烛光晚会"

　　B. 明天考数学和物理，今晚突然停电，只好在烛光下复习

　　C. 你正在写一篇题为《我的妈妈》（或《我的爸爸》）的作文，文中有这样一个情节：节假日远离家人的妈妈（爸爸）点燃蜡烛，给家里亲人写信。

乙

被描写的事物：太阳（或阳光）

情景条件：

　　A. 你考上了最理想的大学，当你拿着录取通知书走进美丽而陌生的校园时，东方，正是一轮朝阳……

　　B. 看完一部揭露过去人们艰难、悲惨经历的影片，影院的窗帘徐徐打开，窗外阳光灿烂……

　　C. 你计划暑假每天早上 6：00 起床锻炼，今天是实行计划的第一天。一睁眼，却是太阳高照……

说明：

①只描写特定情景中的事物，不进行直接的心理描写；

②题目中的话只是对特定情景的说明，描写完全不必考虑与这段话在语言上的联系；

③两小题任选一题。

[学生习作示例]

甲（描述对象——蜡烛）

Aa 五颜六色的蜡烛上跳动着同样的橘黄色的火苗，映照着每一个人的脸，闪烁在每一个人的眼里。

　b 小小的蜡烛是一块磁石，把大家紧紧地连在一起。烛光明亮、清晰，照亮了四周每一小块空间，像一块柔韧的保护膜把大家包围在中间。

Ba 蜡烛的火焰原来是这样的弱！在黑暗的压迫下惶惶地摇摆着，晃得人眼酸；一团燥燥的热气扑过来，烤得人心焦。

　b 终于燃亮的蜡烛亭亭地站在铅笔盒上，一片昏黄，但却带来了一点光明，照见了桌上混乱、拥挤的书籍。烛火燃烧着，撕碎了这该死的黑暗。这是多么宝贵的一点光明呀！

Ca 窗外狂风肆虐，却撼不动屋里那支小小的短短的蜡烛。在这黑沉沉的夜里，这蜡烛是那么明亮，亮得像一盏灯；是那么温暖，暖得像一团火；是那么勇敢，勇敢地把黑暗刺穿。

　b 烛光清冷吝啬，像一轮冷月高照在一旁。青灰色的烛光中只隐隐显出亲人的背影。

乙（描述对象——太阳或阳光）

Aa 太阳刚掠过模糊的地平线，升起在瞬间前还模糊的绿树上方。于是，天是红的，太阳是红的，朦胧的远方是红的，而近处，一切的一切，都含笑来接受这赠品了。

　b 一切都变得陌生——每寸土地，每缕阳光。那阳光本是我平日所爱的，今日格外温暖，柔和地洒在身上，不再像往日那样火烫。它从树叶缝隙中穿过，闪着五彩。天上是晴朗的，但云又渐渐地多了。

Ba 一缕刺眼的阳光从窗外射进来。出于本能，我闭上眼睛。再睁开时，已是一片阳光，没有任何遮盖，极耀眼地射过来。周围亮极了，什么都在阳光下闪耀。

　b 刹那，一道奇异的光划破了死一样的黑暗；又一刹那，万道金光贯穿于是满眼辉煌了，一切都普照在同一太阳下。
C a 软绵绵的阳光照得人不想睁眼。太阳高照，慵懒地眨着眼，没有一点愧
　　色，厚着脸挂在天上。
　b 阳光静静地射到桌头，射到墙上那张暑期计划上，又颇为嘲弄地晃着我
　　的眼。
后记：这个练习的设计和学生习作的采样都是在我的学生胡蕾的帮助下完成
的，因为当时我已经离开了教学第一线。谢谢她。

写作教学专题设计示例
——描写性训练系列

（一）说明性描写

[练习设计示例]

1. 任选一种，写一段文字说明：

    a. 中华人民共和国国徽

    b. 共青团团徽

    c. 体育锻炼合格证

    d. 某次大会的舞台布置

    e. 内燃机模型构造说明

    f. 一本书的封面设计

    ……

2. 参照下列题目，自选内容，自拟标题，写成一篇短文：

    a. 爸爸的工具箱

    b. 爷爷的书架

    c. 我的舰艇模型

    ……

通过前面几项训练，学生已经进入了描写的领域。本专题和后面几个专题都是描写性练习。

进行描写性练习,首先从"说明性描写"开始。

说明性描写和艺术性描写

广义地说,描写也是一种说明——通过细节来对事物的性质、状态等进行描述的一种说明。"说明性描写"是与"艺术性描写"相对而言的,它指的是那种旨在准确地反映事物的客观状态而不是力求通过艺术感染来影响读者的描写性文字。

试读下面两段描写。一段取自某旅游杂志,带有广告性质,一段取自我们都熟悉的鲁迅的《从百草园到三味书屋》。

A

福 建 红 茶

福建地处我国东南沿海,境内山峦群布,土质肥沃,雨量充沛,空气湿润,有悠久的产茶历史。解放后,在党和人民政府的领导下,福建茶区种植面积不断扩大,产量逐年提高,质量也有很大改进。

福建茶叶以制法分,有全发酵的红茶,有半发酵的乌龙茶,不发酵的绿茶、白茶和鲜花窨制的花茶五大类,每类中又有许多各具特色的品种,并各分为若干等级。现将中国土产畜产进出口公司福建分公司经营的几种名茶简介如下。

茉莉花茶,系选用优质绿茶加含苞待放的鲜茉莉花窨制而成。它除具有绿茶固有的醇香外,并有鲜茉莉花的清香,茶汤明净,气味馥郁。福建茉莉花茶以"银毫""春风"为极品,还有从特级至六级的各级花茶的装潢美观的小包装花茶。

乌龙茶,制茶技术独特,既有别于红绿茶,又兼有两者的某些特点,向为福建特产。其名贵的品种有"武夷水仙""奇种""火红岩""铁观音"等。香气清高,茶味醇厚,多次冲泡余香犹存。其他品种也深为广大饮茶者所喜爱。

福建红茶,有"坦洋功夫"和"飞山小种"等品种。"坦洋功夫"红茶产于闽东北的白云山脉,茶条紧实,锋苗挺秀,色泽乌黑柔润,香气清鲜持久,茶味隽厚,是我国出品的红茶中历史最久的品种之一;"飞山小种"主要产于闽北武夷山星村一带,茶味浓厚,稍带烟香。

福建绿茶以"石亭绿"最享盛名,叶质细嫩,汤色碧绿,香浓味甘。

白茶,也是福建特产,以"银针白毫"和"高级白牡丹"为上品,系选摘大叶种茶树的嫩芽、嫩叶精制成的特种茶。茶香清新,汤色淡黄,茶味甜醇可口,含茶单宁和维生素较多,向为清凉解暑的佳饮。

B

……不必说碧绿的菜畦,光滑的石井栏,高大的皂荚树,紫红的桑葚;也不必说鸣蝉在树叶里长吟,肥胖的黄蜂伏在菜花上,轻快的叫天子(云雀)忽然从草间直窜向云霄去了。单是周围短短的泥墙根一带,就有无限趣味。油蛉在这里低唱,蟋蟀们在这里弹琴。翻开断砖来,有时会遇见蜈蚣;还有斑蝥,倘若用手指按住它的脊梁,便会拍的一声,从后窍喷出一阵烟雾。何首乌藤和木莲藤缠络着,木莲有莲房一般的果实,何首乌有臃肿的根。有人说,何首乌的根是有像人形的,吃了便可以成仙,我于是常常拔它起来,牵连不断地拔起来,也曾因此弄坏了泥墙,却从来没有见过有一块根像人样。如果不怕刺,还可以摘到覆盆子,像小珊瑚攒成的小球,又酸又甜,色味都比桑葚要好得远。

(鲁迅《从百草园到三味书屋》)

这两段描写的区别是很明显的。

两相比较,人们会觉得鲁迅先生对百草园的描写既准确,又形象生动。但是我们闭目想一想,百草园的情景是不是就一目了然了呢?它坐落在什么地方?面积有多大?园内各种植物的分布状况是怎样的?石井栏又在哪里?……恐怕就某种意义来说,它的"准确性"还比不上一张照片。然而它又是准确的,因为它准确地表现了主人公当时的感觉,因此它给予我们的艺术感受远远超过了一张照片。它的一切描写都带有作者的主观色彩——儿童的天真乐趣以及一个中年人回忆童年时的那种亲切的心情。于是,鸣蝉便在树叶里"长吟",黄蜂又显得如此"肥胖",各种景物便在我们面前活动了起来。

《福建名茶》有截然不同的特色。它也有一些比较形象的语言,但这些语言的作用在于让读者更好地了解被介绍的事物,而不在于渲染作者的主观感受。

"艺术性描写"介绍的是事物的典型特征,"说明性描写"介绍的是事物的本质特征。

典型特征属于艺术创作的范畴,它所提供的细节应该具有代表性、普遍性和概括性,同时又具有自己鲜明的个性。在艺术创造和加工的过程中,艺术性描写的作者也需要对事物的本来面目进行一定的提炼和升华,使之比普通的实际生活更高,更强烈,更有集中性,更典型,更带有普遍性。艺术性描写着眼于感觉和感情的真实,所以常常带有很大程度的作者的主观色彩,甚至往往有强烈的感情色彩。

本质特征属于逻辑范畴,它要求作者描述的,是能够说明事物区别于其他事物的本质属性的细节,要求按照事物的本来面貌进行说明。这些细节当然应该是具体的,有时也是形象的,但这些具体的形象的描写都是为了更好地表述客观事物,形成正确的概念。

由此可见,说明性描写更具有基本训练的性质,更有利于思维清晰性和语言准确性的培养。这本书并不排斥艺术性描写,甚至允许虚构(参阅《扩展性描写》),但对一个中学生来说,说明性描写是艺术性描写的基础。

不过,教师指导的时候,也不要严格地在"说明性描写"和"艺术性描写"之间划清界限。事实上,只有当学生描写自己熟悉和喜爱的事物时,他们的思想才活跃,语言也才活泼而有生气。这时,在他们的描写中便会很自然地涂上一层他们自己的主观感情色彩。这里,我们从说明性描写入手,而且阐述了说明性描写与艺术性描写的区别,是为了使教师有更明确的指导方向,着重于指引学生去观察和筛选事物的本质特征,把要求的重点放在准确和清晰方面,先不忙要求形象与生动。事实上,〔练习设计示例〕1是典型的说明性描写,〔练习设计示例〕2就超过了说明性描写的范围,已经带有艺术性描写的因素。

本质特征的选择与排列

说明性描写首先要求对事物的特征进行筛选,然后把这些特征加以排列组合,进行表述。前面的练习,如《程序说明》,也要求学生对写作材料加以筛选,但由于事件发展的过程比较具体,程序说明的难度一般不大。说明性描写中特征的筛选抽象程度较高，所以难度较大。

先介绍一篇失败的学生习作（初稿）：

中华人民共和国国徽说明

谷穗分麦穗和稻穗两部分，最外层是麦穗，从最高处向两边分开，每边都有首尾相接的四穗。八棵麦穗围成大半圆。紧贴着麦穗的是由两棵麦穗围成的圆环。环内是在红色衬托下的五颗金星和金色的天安门。五颗金星是按照星的大小排列的。一颗大星被四颗围成半圆形的小星托起。下面是金星照耀下的天安门。国徽的最下方是与谷穗相连的齿轮。

这篇介绍写得烦琐而杂乱无章。学生初学说明性描写时常出现这种现象。

描写离不开细节，也可以说，描写的过程就是观察、捕捉、排列和描述细节的过程。但是，当你仔细观察任何一个物体，哪怕是很小一个物体的时候，你就会发现这样的细节太多了，多到使你无从着手的地步。假定你面前放着一个茶缸，它除了形体、花纹、色泽外，还会有数不清的细微特征（你观察得越细，所发现的特征也越多）。例如，它由于洗涤不慎而碰出了一个小小的缺口，它由于长期使用而染上了一层棕色的茶碱，它的某处有一个黑点，还有一处有一条隐约可见的细纹，等等。我们对事物的观察是无止境的，由观察而得的事物特征也是无穷无尽的。要准确地反映客观事物，我们绝不是表现它的一切特征，而是，也只能是描述它的本质特征。

作为一个逻辑概念，特征是此事物（或这一类事物）所有而为其他事物（或其他类事物）所无的属性或标志。然而，并不是一切特征都能够反映事物的本质。事物的本质特征是指那些能反映事物的内在联系，决定事物的存在与发展，对事物的性质起决定意义的属性与标志。例如，人区别于其他动物的特点是非常多的，会笑就是其中之一。但是在诠释什么是"人"的时候，我们总是把"思维""制造生产工具"等作为最显著的标志，而不把"会笑"罗列在内。在说明性描写的观察与写作过程中，随着认识的不断深化，就会出现两种情况：1. 经过筛选，那些偶然的、次要的细节不断芟除，事物的本质逐渐显露；2. 逐渐发现这些细节的内在联系，改变了头脑中原先的散乱印象。以上面的习作而论,由于国徽的构造比较简单,所以在改写的过程中,汰除冗余细节这一点还不太明显;但是谷穗和齿轮之间、五颗金星之间、金星与天安门之间都是有内在联系的,经过改写,原先那种互不统属的散乱状态就发生了变化。

经过筛选的细节,在表述的时候,还有个如何组织与排列的问题。这时,我们会面临两种情况:1.事物的主要细节是经过人为的设计而组合在一起的,它们之间体现了某种逻辑联系;2.这些细节(或各组细节)之间并不存在着必然的逻辑联系,甚至完全是偶然碰到一起的。遇到第一种情况,细节之间的逻辑联系就会很自然地成为组织这些细节的线索。遇到第二种情况,我们就需要根据自己的"中心印象"再加以安排(参阅本专题下一节)。

这样,前面的习作经过原作者自己修改,就面目一新,清楚多了:

中华人民共和国国徽说明

国徽是由五星、天安门、谷穗和齿轮组成的。在红色天空的衬托下,金光灿烂的五星和五星照耀下的天安门处于国徽的中央。五星是由一颗大星和四颗围绕在它周围的小星组成的,它象征着全国人民紧密地团结在共产党的周围。雄伟壮丽的天安门则象征着我们伟大的祖国。

国徽的周围是谷穗和齿轮,它体现了我国工农联盟的性质。

那么,对同一事物的说明性描写会不会千篇一律呢?

不会的。第一,观察的角度会有所不同。以"人"为例,在一个社会学者眼里,和一个生物学家眼里,就会大不一样。再如同一个物品,当学生动员家长购买时,他的描述也会和"寻物启事"中的大不一样。第二,认识有深浅。当我们刚刚接触某一事物时,我们对其本质特征的认识会和我们熟悉了它、理解了它时大不一样。第三,个人的性格不同,表述习惯不同。所以尽管是对同一事物的说明性描写,也是不会彼此雷同的。

中心印象

特征的选择与排列应该受中心印象的制约,在中心印象的指导下完成。

试比较下面两篇关于书籍封面的介绍:

《世界历史》教科书封面说明

《世界历史》这本教科书封面的颜色以绿色为主。在封面上下两边，有两条较宽的乍看像花边的图画，而当我们仔细看时，则是两幅反映人类历史活动过程的浮雕画。上面一幅是人们正在劳动，下面一幅是人们在进行战争。在两条图案中间，是用隶书写着的"世界历史"几个字，再上面是"全日制十年制中学高中课本"。"世界历史"下面写着拼音文字 SHIJIELISHI，再下面是"上册"，最底下写着"人民教育出版社"。两头的两幅画衬托着中间的字，表现了"世界历史"这本书的内容。封面长约 18.5 cm，宽约 13 cm。这个封面给人以古雅的感觉。

《趣味物理学》封面说明

手捧《趣味物理学》，里面引人入胜的故事暂且不提，只看那封面就是多么诱人呀！

一个套着一个的、大大小小的肥皂泡在光的照射下闪耀着彩虹一样的光彩，轻悠悠的，仿佛马上就会飘然升起。肥皂泡的薄膜依靠它的内聚力量支持着，呈现光润的圆形。在一个扣着的大肥皂泡里罩着一个小石膏人像，更奇妙的是这小人像头上还顶着一个小肥皂泡。小石膏像安详、端庄地站着，静静地顶着那小肥皂泡。

亲爱的读者，这精心构思的设计，会激起你多少对科学的神往啊！那深蓝的底色象征着知识的海洋，让我们一起在这浩瀚无垠的海洋上畅游吧，去猎取无穷无尽的知识的宝藏！

可以明显地看到，第一篇的作者是很想把这个封面介绍写好的。他观察得也很仔细，仔细到连封面的尺寸都要量一量的地步，但是却没有收到预期的效果。原因就在于作者写作时并没有捕捉住"中心印象"。

每当我们遇到某件事或者观察某个事物时，我们会得到数不清的印象或感觉，可是我们写作的时候，实际上只能写出其中极少的一部分。如果我们把自己的一切感受都写出来，那么，读者所能得到的只是一幅杂乱无章的，甚至令人目眩头胀的画面。不妨做一个实验——把你观察某一对象感觉到的一切都详尽记下来，列出一个清单，这时候，你就会发现：这样一个清单是毫无意义的，它不可能形成一个明确而清晰的思路。只有当我们捕捉住这一客观事物所给予我们的主要印象时，我们的思路才能清晰起来。这时候，某些印象隐退了，另外一些印象才具有意义；某些细节消失了，另外一些细节则得到了强化和扩展。

印象，属于感觉的范畴，它指的是具体的、直观的认识，而不是抽象的、理性的思维。"中心印象"和"本质特征"是相辅相成的。进行说明性描写，学生既要进行理性的、逻辑的思考，又要能够具体地、形象地表达出自己的感受。我们提出"中心印象"这一观念，目的正在于引导学生去留心那些给自己印象最深的、最突出的具体感受，而不是用干巴巴的抽象的概念去表述自己的认识。"中心印象"是写作者把他所得到的各种感受加以综合、分析和判断的结果，是思维的产物；但是作为描写，它的任务是"再现"事物的特征，让读者自己去得出相同的或类似的感觉，而不是直接"讲"出自己的看法来代替读者的形象思维。烦琐和抽象都是学生习作中容易出现的毛病，"中心印象"则让第二篇的顶着肥皂泡的小人像在读者的头脑中活动起来。

学生往往怕删除一些枝节的印象后会没有材料可写，这种担心是不必要的。注意力集中了，焦点对准了，他们就会发现更多的、原来没有注意到的材料。在提炼中心印象的过程中，某一些感受的删节会伴随着另一些感受的深化和扩展，删节和扩展往往是同时进行的。像那位《世界历史教科书》封面介绍的作者，当他意识到自己的中心印象以后，多半会发现那两幅浮雕画还是大有文章可做的。

说明性描写中的说理因素

我们强调描写应该是感性的、具体的，并不是说它排斥一切说理因素。相反，有了具体的、形象的细节描述作为基础，适当的说理因素会加强思维的连贯性，有助于描写的深化，使作者的思路更加活跃。各种描写都是如此，说明性描写更是这样。

仍以学生的习作为例：

介绍《自然的启示》一书的封面设计

《自然的启示》这本书的封面设计比较新颖,封面安排了七个长方块,其中六个长方块每个都是一个小小的插图,另一个是安排题目的。

第一排左边一个长方块以紫红色为衬底,上面有一条活灵活现的翘尾巴的大鲸喷着水柱,它的旁边有一个模样和它非常相像的——唔,不是鱼,是条船。它也有鲸那样的体形和微微上翘的尾巴……。从这幅图上,大概有人就能看出这本书要讲的是"仿生学"方面的问题,而这条船则是条"鲸形船"了。在灰色的衬托下,右边的长方块更加引人注目。方块内有一架飞机,有趣的是紧扒着飞机右翼的还有一只蜻蜓。它那向外伸展的两对翅膀和飞机的两翼恰好对立,使人很容易联想到:飞机的两翼不就是根据蜻蜓及鸟类的翅膀发展而来的吗?

第二排左边一个长方块,在绿色的衬托下,一只青蛙鼓起双眼紧盯着一只飞蝇,这启示着人们去研究如何模仿蛙眼,用"电子蛙眼"去跟踪飞机。右边一幅以灰色为底,画面上有一条张着大嘴、露着锯齿的大鱼,它的头顶上有一个发光物,在这发光物的诱引下,五条小鱼正朝它游来,这是要说明怎样利用生物"冷光"的问题。

再下面,大约处于封面长度2/3的地方,一行刚劲有力的"自然的启示(新一版)"几个字,黑白分明,非常醒目,横贯整个封面。

最下面一排,左边的图也是绿色衬底,上面画有一条巨大的梁龙,它的躯体上面像拱桥,下面像吊桥。谁想到这动物对于工程技术还有很大启发呢?封面右下角最后一张图特别有趣,紫红的衬底上,有一只奔跑着的袋鼠,和它比赛的是一种长着四只脚的汽车——"跳跃机"。然而从图上看来,"跳跃机"要比袋鼠跳得高,跳得远。

这六幅色彩调和的插图,以不同的尺寸排列在版面上,生动有趣。看到这些插图后,你一定很想知道神秘的自然界到底给了我们一些什么启示,你不禁要问几个"为什么"。在你的好奇心驱使下,你会迫不及待地翻开这本书的第一页。

这是说明性描写中一种常见的模式。如果把这篇习作中的说理成分全部排除，它就很难成篇了。

说明性描写中的说理因素（说明、解释、分析、议论）一般可以起到两方面的作用：1. 阐发这些细节的意义，使这些特征性细节的介绍深化；2. 把分散的材料组合起来，点明作者的思路，成为全文的组织环节。

先谈第一点。上文已经讲过，中心印象的形成是思维判断的结果，所以在具体地、形象地描述我们的印象时，往往还需要为我们的印象加上必要的说明和解释。事实上，我们每一天遇到各种事情，观察各种现象，都会很自然地作出我们自己的判断，形成一定的看法，赋予它某种意义，作出某种解释。不过这种意识活动有时是潜在的，有时把它说出来了而已。说明性描写是通过细节特征的描述来表明我们的理性认识，这就使说理因素常常成为说明性描写中不可缺少的组成部分。在说明性描写的写作过程中，这种说理成分常常是伴随着细节介绍而自然地出现的，对于一个比较熟练的作者来说，并不需要专门精心地作出安排。

再说第二点。说理成分常常成为细节材料的组织者，这种作用，往往还反映在篇章的结构方面。

说明的基本方式是分析和综合。分析是对综合而言的，而且必须以综合为对象，但是在思维的过程中，分析又是前提，是先导，没有分析就没有综合。因此，决定一篇说明性描写是否清晰，关键就在于作者怎样把整体分解为各个局部，怎么样把各个局部转化为特征性细节，还在于他如何理解各局部、各特征性细节间的联系。分解得好，相互间的联系交代得清楚，条理也就清楚；分解得不好，相互间的联系没交代清楚，就显得杂乱无章。这种从整体到局部的分解就是分析。第一篇国徽说明和《世界历史教科书》封面介绍之所以失败，就是分析不当的结果。另一方面，分析而没有综合就是没有意义的。综合总要进行必要的抽象和概括，这样，篇章中综合部分的说理性质也就更为显著。所以，不管说明性描写的行文如何多变，分说、总说及其关系的灵活处理总是说明的基本格式，在这样的格式中，说理的因素往往起着反映作者的思路以及"画龙点睛"、前后串联的作用。它好像一个人的眼睛以及躯体各部分的韧带和关节，我们读到这些地方，就可以更清晰地看到全篇的思想脉络和各层次间的联系。

无论进行哪一项训练，都不要忘记我们的对象是中学生。中学生的思想清新、活泼，他们不善于深思熟虑，又常发大胆、新鲜的奇想。对于这样的特点，我们应该善于因势利导，既要把他们导向成熟，又要让他们保持这种可爱的青春活力，不应该过于限制他们，更不要束缚他们。所以，这本书的每一个项目既是一个专项，又不是一个严格意义的专项。说明性描写更是如此。说明性描写中学生有时会出现非常奇特的联想，这种联想妙趣横生，如下面［学生习作示例］中的《介绍五分钱硬币》。从教学设计来说，教师在经过一定训练之后，还可以有意地突破说明性描写的范围，导入记叙、抒情等因素，如［练习设计示例］2。有了这样的基础，再向前发展，就是"扩展性描写"和"感觉印象描写"。

［学生习作示例］

1 《基督山伯爵》的封面

小说《基督山伯爵》（又名《基督山恩仇记》）是法国著名作家大仲马的巨著之一。小说封面描绘的是主人公——爱德蒙·邓蒂斯逃出监狱之后追忆往事的情景。

一拿到书，蓦然映入你眼帘的是一个高大、魁梧、墨黑色的男子背影，他头戴高高的黑色礼帽，身穿笔挺、精制的黑色礼服，戴着一副雪白手套的手上拿着一根黑色的文明杖——这是当时社会上等人所特有的标志。他，就是小说的主人公——正直善良、忠于爱情、富有正义感的年轻海员邓蒂斯。然而从他现在这身打扮可以知道，这时他已经成为基督山伯爵了。你看他，背着手向远处眺望着，心情显得极为不平静。远处，是一片茫茫无边的灰蓝色大海，在夜色中，它的颜色越发深了。天边挂着洁白的明月，月光在海面上泛起惨淡的白光。在这苍白的月光下，隐隐可见一座青黑色的古堡耸立在深灰蓝色的大海上。那就是伊夫堡——囚禁了邓蒂斯长达十九年之久的阴森可怕的黑牢。这一切又勾起了邓蒂斯对往事的追忆。他想起了那天夜里自己蒙冤被打入黑牢的情景；想起了夺走他未婚妻的贵族费尔南，贪图钱财、手段卑鄙的银行家邓格拉司，阴险狡诈的检察官维尔福。一颗颗善良的心被囚禁在黑牢里,而他们这些真正的罪人却逍遥法外。社会太不公平了!"我要复仇,我要复仇。"一只黑色的海燕从海面掠起,怒吼着冲向天空,正像伯爵心中不可遏制的愤怒。

在封面的最下面是小说的书名,"基督山伯爵"五个白色的大字,发出了耀眼的白光,它和整个封面黑、蓝两色相互呼应着,更加衬托出主人公复杂的内心世界,使人感到十分的沉郁,感到了那个社会是那么黑暗——正像被夜笼罩的大海一样,到处都是深灰深灰的蓝色。

2 介绍五分钱硬币

中华人民共和国发行的国家货币,共有十种价值不等的等级。这里我们介绍一下第八等级的五分硬币。

五分硬币是直径 2.3 mm 的小型金属片。正面的图案是两棵弧形麦穗,环绕着标志币面价值的两个字——伍分。底下是铸造年代。这类硬币的铸造年代,迄今为止,我只发现有 1956、1957、1958、1960、1966、1972、1975、1976、1977 几种,大概不是年年都铸造的。但我也发现有些年是专造 1 分或 2 分硬币的。

背面,是一个中华人民共和国的国徽,上方是黑体正楷字"中华人民共和国"。有些硬币的纹路已模糊不清,我想虽没有人砸它,但经亿万人之手,或年代久远而被磨损、氧化,也是可以想象的。

五分硬币用途广泛。虽然早已在市场上流通,人们暂时还看不出它的优越性,但在广泛采用"无人售饮料机"时,它的优越性就显而易见了。因为这小小的金属片居然会变成一杯炎夏人们所渴望的冰凉饮料。

当然,这是由五分硬币所代表的价值决定的。

3 我的立体画

记得在我刚上小学的时候,妈妈送给我一幅立体画。你可知道,这幅奇妙的画对那时的我有着多么大的吸引力呀!

这是一幅有半个书本那么大的画。把它立放在桌上,定睛看去:只见那山峰重叠、云雾缭绕的幽境中,神话小说《西游记》中的"齐天大圣"孙悟空，穿着黄色衣裳，腰围一张虎皮，虎皮上系着一条大红腰条，一条腿正蹬在一块岩石上，手搭凉棚，翘首远望。你不必看他手中提着的"如意金箍棒"，就能感到那"美猴王"真是威风凛凛，英姿勃勃！

倘若你拿着这画，换几个角度看，那才叫奇中有妙，妙中有奇呢！啊，蓝天忽明忽暗，浮云环山而动，山峰时现时没。再看那大圣更是神气活现，他眨着眼睛，注视前方，面部表情时而兴奋喜悦，时而阴沉紧张，有时他好像看见了仙桃，有时又像是发现了妖怪。噢，他是在为师父开道哪！一座座耸立的山峰和白色的云海正在向后移动。呀！孙悟空腰间的虎皮裙正在随风飘摆，他快要飞出来了……多神奇的画！我对它可以说是爱不释手了。

从那以后我就经常跟孙悟空对着眨眼，当然我也经常带着大圣与别的小朋友对着眨眼、说话。有一段时间，我甚至晚上把它放在床头，躺在被窝里还看着它。我觉得这五彩变幻的画比各式各样的烟盒可好看多了。烟盒上的一张张图画多简单哪，哪有这幅画那么奥妙、神奇，蕴藏着无穷的变化呢？

时间在流逝，环境在变化。我逐渐长大了，于是这幅画就被一本本的书代替了。

一次偶然的机会，我在我的箱子里又找到了它——那幅立体画。它已经有些旧了，没有原来那样鲜艳夺目了，但是我却觉得孙大圣和我离得更近了。不是吗？我暗暗地对"大圣"说："我已经从光学知识中知道这画里的秘密了，知道你在那里面搞的神通了。"原来这幅立体画是在一幅普通画上加一个偏振滤光片，于是随着观察角度的不同，就出现了许多不同的画面，还会给人以"活动"的感觉。"大圣"似乎也高兴了，好像找到了一个了解他的人。于是他随着我手的转动，在天空中游荡，云在他脚下飘着，蓝色的天幕上"金箍棒"放着金光。瞧！他又在做鬼脸，在笑，在向我亲密地眨眼呢！

（二）扩展性描写和感觉印象描写

[练习设计示例]

甲、扩展性描写

1. 在下面两个"情节梗概"中任选一个，扩展成一千到一千五百字的作文。

① 题目：一颗核桃

　　下课后，张雷到校园西北角的树林里复习功课。他坐在一块大石头上，忽然发现草丛里有一颗核桃。

　　他抬头一看，果树上的核桃、柿子都熟了。

　　他想起了中学生守则。

　　他捡起了这颗核桃，把它交给了总务处。

　　第二天，学校的墙报上表扬了他。

② 题目：一杯水

　　周老师患了感冒。昨天在二班上物理课，声音有些嘶哑，还不停地咳嗽。

　　今天，他又到二班去上课，发现讲台上有一杯开水。他心里明白：这是同学们准备的。

　　这节课他讲得特别好，同学们听得特别专心。

2. 下面这篇作品的主要部分删去了，请你发挥想象把它补上。

妈妈放心了

王小琳来到新学校以后，对一切都感到新鲜、有意思。妈妈见她那么高兴，自己也很高兴。可就有件事让她不放心：为什么每到星期四下午小琳回家就比较晚呢？

这个星期四下午五点钟，妈妈抽空骑车来到学校想看个明白。一进教室她就明白了。原来——

　　…………

妈妈会心地笑了。她没出声音，扭头下了楼梯，走出校门，骑上车子走了。骑了一段，她还禁不住回过头来朝着学校微笑呢。

乙、感觉印象描写

3. 选择一个场景，分别写出它在不同时间的变化。例如学校的早晨、上课、放学、雨天，等等。

4. 选择一处比较热闹的地方，描写两次：先写一次，然后设想自己是盲人，再写一次。

描写就是一种扩展。在"说明性描写"中我们曾谈到，写作过程中认识的深化，常常表现为某些细节（枝节性的、非本质的）消失，另一些细节则得到扩展。

1. 扩展性描写

叙述一个事件或描述一个事物时，确定若干"扩展点"，借助描写加以扩展，这是记叙文最基本的写作方法。

确定扩展点

进行扩展性描写，第一件事就是确定"扩展点"。扩展性描写练习一般是给学生提供梗概式的原始写作材料，要求学生分析，作出判断，然后加以展开。下面是一篇示范性教材。

原始材料：

9月13日，北大附中举行了新长征火炬接力赛。

下午三点半，全校师生集合在东操场。当几十名青少年高举着从长征路上传来的火炬，列队进入跑道时，全场热烈鼓掌。火炬队绕场一周，来到主席台前。一位男同学上台，把火炬递给孟校长。孟校长接过火炬，走下主席台，跑进足球场，点着了立在操场中央的一支大火炬。这时，全场又一次响起了热烈的掌声。①接着，各年级的接力赛开始。同学们你追我赶，把一支支鲜红的火炬传下去。②比赛在同学们的欢呼声中结束。

画线部分就是准备加以扩展的内容，①和②就是两个扩展点。这两处的扩展示例如下：

扩展描写①：

一位身穿红色运动衣的男运动员跑上台去，把熊熊燃烧着的火炬递到孟校长手里。孟校长年已过半百，鬓发有些灰白，但还精力充沛。他庄严地接过火炬，把它高高举起，稳步走下主席台，向矗立在足球场中央的大火炬跑去。大火炬有两米多高，米黄色的主柱上顶着铁青色的巨大托盘。在一片寂静中突然爆发出一阵欢呼："点着了！"大火炬的托盘里红色的火焰腾空而起，随着人们的掌声，它越烧越旺，通红透亮的火苗有三尺多高，在晴空中翻动着，真像是随风招展的红旗。

扩展描写②：

操场的西南角上，飘出了一缕青烟，紧接着"砰"的一声枪响，一群女同学就像离弦的箭一样冲出了起跑线。在九月明媚的阳光下，各色球衣发出了绚丽的色彩。运动员们簇拥着，就像一朵彩云，被风刮着沿跑道飘去。

一开始就争得难解难分。千百双眼睛紧紧地盯着她们，千百颗心也随着她们前进。

就像一切事物都存在着差异一样，征途上也总会有先后之分。当运动员们跑到第二个弯道时，一个穿红色运动衣的姑娘脱颖而出，从同伴中间冲了出来。观众们一眼就能认出，她就是我校的中长跑名将，校纪录的保持者，今年春季全区运动会上的400米冠军。现在，她似乎跑得更快了，好像是一杆红旗，又像是一团火。你看，她的胳膊甩得干净利落，两腿跨得轻捷舒展，步子很大，脚掌落地却又十分轻盈，只有看到钉鞋下飞起的烟尘，才会想到她的脚是沾了地的。的确，望着她的身影，人们会感到似乎自己也在前进，身轻腿健，两耳生风。

一马当先的形象刚刚闪过，你追我赶的镜头又到了眼前。最惹人注意的是一位穿绿衣的姑娘，她接过火炬时本来跑在第六位，居然急起直追，超越了两个人，现在准备"开"第三名。她们俩一步步接近，现在，肩膀快挨着肩膀了。再向前两寸，她们就并驾齐驱，再……。可是，前面那位姑娘也不是弱者，正当大家屏气凝神等待那激动人心的一瞬时，她却一咬牙，一个大步，又甩开了穿绿色的姑娘。后者没有料到这突然的一手，一时竟被拉下了一米多。但是，她也并没因此示弱，还是紧紧咬住，猛追不放。到了第三个弯道时，她们俩又几乎齐头并进了。这一激烈的争夺把全场观众的情绪推向了高潮。"追，追啊！"欢呼的声浪此起彼伏，响彻晴空，连运动场外的一行行树木也似乎憋不住心头的兴奋，撒下了一把把金色的叶子，作为给运动员的献礼。

还像往常的习惯一样，经久不息的掌声又给予了跑在最后的同学。这是一位穿黄色运动衣的小个儿姑娘。当她绕过第四个弯道的时候，跑在最前面的同学已经接近终点,即使是追赶离她最近的一位,她也望尘莫及。可是,她一点也没有泄气,身子微微内倾,咬紧嘴唇,明亮的眼睛直视着正前方,尽最大的努力迈着步子。一步,一步,终点的距离在逐步缩短;"加油!加油!"全场喊成了一个声音,一个节奏,一浪高过一浪。接近终点了,她作了最后的冲刺。她的脚步突然加快,她像已经忘记了疲劳,挺起胸,伸出手,把鲜红的火炬高高地举在头上。

观众们站了起来,海洋沸腾了。在翻腾的人的海洋中,一支巨大的火炬显得那么鲜明、触目——它在操场的中央,仍然熊熊地燃烧着。

扩展性描写并不意味着除扩展点外,其他地方的原文一概不动。在扩写的过程中,随着扩展点的变化,其他地方的原文也势必要有所变化。不过有了上面的两处扩展作基础,再经过对别处原文进行一些整理、改动和修润,一篇文章就大功告成了。

"扩展点"的确定,是学生对原始素材进行分析、判断的结果。

扩展性描写带有某种创作的性质,在一定程度上,学生在进行着类似于作家的思考:这样一个素材具有什么样的意义?它可以给予人们怎样的启示?经过了这样的思考,他为这一素材找到了思想核心,然后再从自己的生活经验中寻求与此相关联的材料来丰富它、发展它。这就是扩展性描写的一般写作过程。

然而,扩展性描写练习又不同于一般创作,因为这种原始素材并不是从作者自己的生活经验中产生的,而是在练习中加以规定的,这就把写作者的思路限定在一定范围之内,为学生的思维规定了限制的条件。所以,这种练习又具有与自由创作不同的性质。学生必须按照这些限制条件进行思考,他必须认真、仔细地对规定的素材加以分析。

在分析这些素材的时候,要注意到素材的不同情况。就〔练习设计示例〕所提供的素材而言,可以分为两类:1. 这种素材已经明确地指出了它的思想意义,并且大体上规定了扩写者的思维方向;2. 这种素材只暗示了某种思想倾向,但是无论就它所表现的思想意义来说,还是就写作者如何安排自己的思路来说,都具有更大的灵活性。《一颗核桃》和《一杯水》属于第1种,《妈妈放心了》则属于第2种。

当素材已经规定了思想意义，并且为扩写者指出了思维方向的时候，学生的思考相对地说比较简单，可以分解如下（分解是为了便于指导）：

第一步，确定"中心情景"。

"中心情景"就是根据思想意义的要求，在情节的发展中所形成的焦点，也就是描写的重点。只要练习设计得明确，学生确定这一点不是很难的。以练习1的两题为例，学生的思绪一般会比较自然地集中到同样的地方。

a.《一颗核桃》——张雷看见核桃后的心理活动。

b.《一杯水》——周老师看见这杯水时的心情。

基础比较差的学生，他们或者是不了解描写的要求，或者是没掌握描写的要领，也可能产生判断失误。对此，教师要加以指导。

第二步，确定与"中心情景"有关联的各扩展点。

这时候，可扩展的地方是很多的，例如学校果木园的情景、表扬张雷的墙报、周老师前一次上课的情景、周老师此刻上课的情景……这类扩展点的选择将因学生而异，但教师要告诫学生：扩展点不能选得太多。

当素材只暗示了某种思想倾向，而给扩写者留有较大余地的时候，学生的思考过程就要复杂一些：

①先要确定文章的思想核心，为此，还往往要设计一些情节。以《妈妈放心了》为例，先要设想为什么妈妈会感到放心？王小琳究竟在做一件什么事情？为什么不肯让妈妈知道？这件事对青少年的成长究竟有什么普遍意义？等等。对这些问题的解答将会是各种各样的。

②确定中心情景。

③确定相应的其他扩展点。

当然，扩展性练习也可以设计得更为灵活，限制性更小，学生自由发挥的余地更大。例如我们也可以把练习2的题目改为《她在干什么？》，再把结尾部分"妈妈会心地笑了"和"骑了一段，她还禁不住回过头来……微笑呢"这两个句子取消。但是这样一来，学生的注意力会更多地转到情节方面，和一般的扩写练习没有什么两样。因此，还是限制性大一点，把学生的注意力集中到场景描写上为宜。

扩展点的处理

指导扩展性描写练习，教师可以适当地向学生规定两点：1. 扩展点可以有若干个，但只能有一个重点，那就是"中心情景"；2. 中心情景出现以后的描写应当适当简化，不可喧宾夺主。

从理论上说，原始素材上的每一点几乎都是可以借助描写来扩展的。学生的思维如果不进行适当的控制，容易出现不必要的和过于零碎的描写。第一点规定的目的，在于强化学生的剪裁意识，防止轻重失当的现象。

描写的详、略、轻、重是受文章思想内容制约的，也是受表达的规律制约的。处处强调，等于没有强调；处处细写，等于没有细写。一出戏里，处处都是高潮，观众反而感觉不到高潮；同样的，一个篇幅不长的作品里，描写泛滥，读者对重点描写的心理反应反而会减弱。教师可以引导学生分析：在前面用以示范的材料中，倘若扩展点①和扩展点②占同样的篇幅，会有什么样的效果？

一般地说，在学生的头脑中，扩展点是在分析原始素材时自然浮现的，而且根据他们的写作经验，也能够大体上对描写的轻、重、详、略作出安排。可是，也可能出现这样两种情况：1. 原始材料的某一部分触发了一些新颖、有趣的联想，浮出了一些生动、形象的语句，使他们情不自禁地要去利用它，不忍割爱；2. 在应该进行重点描写的部分却思路枯竭，感到难以展开。这时候，教师可以教给他们一种灵活应变的技巧，那就是"惜力"和"移植"。

"惜力"就是一开始不要用出全部力量，有些好的写作材料、联想和语句不妨暂时储存起来，以备重点描写的时候使用；"移植"就是善于把这些材料改头换面地纳入重点描写的范围。以《一颗核桃》为例，学校果树园的描写是比较容易展开的，相反，张雷的心理活动描写的难度就比较大。那么，我们能不能使前面的果树描写适当淡化，把一些生动、形象的语句暂作保留，等到张雷捡起核桃以后再加以利用呢？当然，在不同的情境条件下，描写也应该是有所不同的。比如说，我们可以让张雷手里托着捡来的核桃，再抬头看果实累累的小树林，这时，果木园的描写就可以起到对心理活动的烘托作用，成为中心情景的一个有机组成部分。一个好的舞蹈演员在完成每一个动作的时候，绝不把全部力气都用尽，这样才能游刃有余，显得轻松自如；一个好的歌唱演员也不会一开始就充分显示自己的全部特色，他要把它保留到最后，来获得听众的掌声。他们善于留有余力，以备关键时刻使用。"留有余力"也是有经验作者谋篇的技巧。

　　第二点规定的目的也在于强化学生的谋篇意识。一篇之中各部分的描写应该保持适当的比重，各扩展点所占篇幅的大小除受内容的制约外，还要受到文章结构形式的制约。文章的结构有其自身的规律性，其作用就是能给读者留下更深的印象，收到更好的表达效果。一篇作品的结构，不仅反映了作者的认识与思路，也体现着这种表达上的需要。戏剧——悬念、发展、高潮、结局，诗歌——整齐的格律形式，某种有条件的回复，说明——综合与分解的处理，议论——论点的提出、论证与反驳……以至我国传统的"起、承、转、合"，各种文学形式、各种文章模式在结构方面无不服从于这种表达效果的要求。

　　关于如何处理重点情景，学生会遇到两种情况。一种是原始素材本身已经含有高潮的因素，如《一杯水》。在这种情况下，学生对描写重点的处理会感到比较自然。另一种情况是原始素材中并没有含有高潮的因素，这时就更需要利用我们上面说过的办法来有意识地强化重点情景的描写。无论是哪一种情况，在完成重点描写之后，都可能有一些细节吸引了学生，使他们收不住笔。他们的习作中常出现"尾大不掉"的毛病。这时候，教师要告诉他们：适可而止。

　　以上两点规定也可能过于机械。但正如各种基本训练一样，常常需要某些特殊的规定和练习来强化基本技巧。篮球训练要求运动员学会两只手同时运球，乒乓球训练要求运动员能够同时用两只球对打……某些有经验的作者可能指责这本书，说有时候"暗线处理"更含蓄，更能够表现人物的内心感情。但是要知道，这种炉火纯青的技巧不是一个中学生所能掌握的，甚至不是他们能够体会的。学生往往不善于在描写的过程中控制篇幅，适当的控制可以促使他们作更深入的思考。

　　当然，这种控制要适当。谋篇的水平不是旦夕就可以提高的，关于这方面，教师应该对学生明确提出控制篇幅的要求，但是在讲评的时候对"篇幅"方面则不要苛求。

这样，扩展性描写练习就可以帮助学生体会描写在整篇文章中的作用，而且在选择和判断"扩展点"的时候，他们必须对全部写作材料进行分析，根据原始素材所提供的可能性，赋予它一定的意义，据此确定中心，并且在几个扩展点之间进行比较，决定轻、重、详、略的处理。它不仅仅是一次描写练习，也是一次篇章练习。学生要阅读、分析、想象、联想……这方面的经验和体会对他们都是极为有益的。

关于虚构

"虚构"是中学写作教学中一个有争议的问题。不少教师反对学生虚构，主张学生写"本色文字"，认为这是端正学生文风的一个重要方面。这是有一定道理的。但也有不少教师主张允许孩子们虚构，认为虚构可以发展想象力，而想象力正是创造思维的重要因素。

事实上，几乎没有一个学生在中学阶段的作文中没有虚构出来的内容。从国外的写作教学来看，虚构是列为一个专项加以提倡的。那么，究竟应该怎样看待这种现象呢？

虚构离不开想象。在这里，关键是区别"无意想象"和"有意想象"。

想象就是人对头脑中已有的表象进行加工改造创造出新形象的过程。根据想象的目的性，可以分为无意想象和有意想象两种。

在无意想象的过程中，思维基本上是不起作用的。正因为如此，无意想象是以没有预定目的、不自觉产生为特点的。所想象的情景往往是离奇古怪、东拉西扯，有时简直是毫无意义的形象或表象的组合。

有意想象是在言语的参与和调节下进行的想象，因此，在有意想象过程中，思维总在起着一定的作用。正因为如此，有意想象才具有预定的目的性、自觉性和组织性的特点。所以我们说"思维过程中有想象，想象过程中有思维"时，指的就是这种有意想象。

从这一点来说，想象渗透入思维，才能有完整的创造性思维，想象的发展，有助于创造思维的发展。因此，在中学生的写作中，我们不仅不应该排斥想象，而且要提倡和引导有意想象。

再从青少年心理发展过程来看，高年级小学生的作文中，已经逐渐出现了创造想象的因素。他们的想象力的发展，最初都只是一些复制和模仿，年级越高，概括性、逻辑性的因素越显著。到了中学阶段，有意想象逐渐居主导地位，到了高中阶段，他们的想象趋于现实化，而且有着创造想象的欲望。这是一种可贵的，值得珍惜的心理品质。

也应当看到，在中学生，尤其是初中学生的作文中，"瞎编"的情况是确实存在的。这种现象之所以发生，有学生方面的原因，恐怕也有教学方面的原因。当教师所拟的题目脱离了学生生活实际的时候，学生感到实在无话可说，只好"瞎编"，此其一；当教师对"思想深度"和"时代精神"作了不适当要求的时候，学生为了迎合这种要求，不得不生硬地编造出一些内容，此其二。所以，中学写作教学一方面要除去学生的无意想象成分，同时要注意使教学切合学生的实际，在这样的前提下，应该有意识地提倡和引导"合理想象"。

"合理想象"就是有意想象，是把心理学概念换成一个通俗的说法。所谓"合理"，就是要以自己的直接和间接经验为基础，而且以理性的思考为指导。以《一杯水》为例，师生的情感交流，是他们所熟悉的，但教师的职业性劳动，就不是他们所能体验到的，假如去写教师的备课（这是学生习作中出现过的现象），就免不了产生主观臆测，就要"瞎编"。这是教师在进行指导时要加以强调的。

扩展性描写练习以一定的原始素材为基础，要求学生思考、分析，并根据篇章的要求筛选、裁夺，它是在言语的调节下进行，又以言语表述为目的，正是培养有意想象的一种方法。

扩展性描写练习不一定要用学生的习作为引导材料。下面一篇供教师备用和参考。

一 颗 核 桃

校园的西北角有一片小果树林，林间飘漾着淡淡的清香。每当秋天到来，那累累的果实总是吸引得过路的同学禁不住要向那里多瞧几眼。你瞧，现在一些已经熟透的核桃就要脱离它的母枝，而那黄澄澄的柿子都已经向人点头了。

一颗完全熟透的核桃高兴地悬在树梢上晃来晃去。一阵风吹过，它在树梢上弹了一下，就掉进了草丛。现在，这颗核桃感到孤零零了。这样一来，什么时候才能让人把自己捡起来呢？一连几天过去了，核桃仍然在草丛里躺着，动弹不得。几只顽皮的蛐蛐在它身上蹦来蹦去，还叫个没完，那么吵人。核桃伤心极了。

　　这天下午，太阳暖烘烘的，阳光洒在草丛里，核桃还是安静又无奈地躺着。忽然传来了一阵脚步声，是一个拿着书本的男孩子。男孩子脖子上系着块红绸子，托着红润润的脸蛋儿，怪漂亮的。他，是初一的少先队员，名叫张雷，因为明天要考外语，所以打算找个安静的地方背背单词。张雷在大石头上坐了下来，嘴里叽哩咕噜地背着。核桃太高兴了，因为张雷刚巧坐在它的旁边；可核桃又担心，因为张雷根本没有看见它。

　　张雷全神贯注地背着书，核桃实在着急了。又是那么巧，大石头底下的蛐蛐开始叫起来了。张雷厌烦地用小指头塞住耳朵，两条眉毛碰到了一起，拼成了个"一"字。可是，"啪"的一声，一只蛐蛐竟然蹦到书上。张雷生气了，用手一捂，机灵的蛐蛐后腿一弹跳进了草丛。张雷心里说：我非逮住你这个捣蛋鬼不可。蹲下身去，用力又一捂。"哎哟！"张雷叫了一声，抬起手一看，原来自己正捂在一颗核桃上。张雷惊喜地把核桃拿了起来，忘掉了蛐蛐。这是一颗多好的核桃啊，又圆又大，光滑极了，托在掌心，煞是好看。而大核桃呢？也笑眯眯地瞧着张雷，笑得脸上都泛起了棕黄色。

　　你们知道吗？张雷可爱吃核桃啦！爸爸从外地出差回来，曾经带回一大提包。妈妈神经衰弱，大夫说要吃核桃滋补，张雷还偷吃过好几次呢。可是，全都没有现在这颗核桃那么大，那么好看，那么诱人。张雷的心有点痒了，他真想吃了这颗大核桃。他环顾了一下，想找一块石头。但是，他的目光却触到了果树笔直的树干，又顺着树干向上一看。奇怪呀，他觉得果林里所有的核桃、柿子都在奇怪地瞧着自己。他又看看核桃，核桃也似乎不高兴地瞧着他。慢慢地，张雷觉得核桃变了，变成了一行小字：

　　热爱集体，爱护公物，不做对集体和别人有害的事。

　　"这是中学生守则第九条！"张雷差点叫出声来，脸也红了，一直红到耳根。幸亏同学没在旁边，要是在的话，那张雷可就难为情了。"哼！还是少先队员呢，真不害羞！"张雷觉得有人在笑他。是谁呢？是核桃？是柿子？还是他自己心跳的声音？他可说不清楚。张雷抓紧核桃，燕子似的飞出果林，向学校总务处跑去。他跑得气喘吁吁，那脸蛋红扑扑的，倒真像胸前飘的红绸子了。

后来怎样了呢？后来，老师表扬了张雷。你没见黑板报上有他的名字吗？你去学校总务处看看，现在那颗核桃还在桌子上呢，还是那么高兴，高兴得脸上闪着棕黄色。

2. 感觉印象描写

如果说扩展性描写是记叙文写作的基本方法之一，那么，感觉印象描写可以看作是扩展性描写的一种特殊形式。

感觉的综合运用

描写需要感性的细节，这些细节是通过我们的各种感觉器官来感受的。另一方面，描写的作用是运用语言来再现事物，使读者（或听众）能够在头脑中唤起相应的印象。因此，描写对写作者来说，是各种感觉的综合表述，他应该使自己的各种感觉器官处于敏感状态；同时，他还应该找到恰当的方法，使读者在感觉上引起共鸣，使他们的感觉也活跃起来。

让我们在说明性描写和艺术性描写中各举一例来研究一下。

荔枝生巴峡间，树形团团如帷盖。叶如桂，冬青；华如橘，春荣；实如丹，夏熟。朵如葡萄，核如枇杷，壳如红缯，膜如紫绡，瓤肉莹白如冰雪；浆液甘酸如醴酪。大略如彼，其实过之。若离本枝，一日而色变，二日而香变，三日而味变，四五日外，色香味尽去矣。

元和十五年夏，南宾守乐天命工吏图而书之，盖为不识者与识而不及一、二、三日者云。

（白居易《荔枝图序》）

一出来，才晓得自己错了。天上那层灰气已经散开，不很憋闷了，可是阳光也更厉害了：没人敢抬头看太阳在哪里，只觉得到处都闪眼，空中，屋顶上，墙壁上，地上，都白亮亮的，白里透着点红，从上至下整个地像一面极大的火镜，每一条光都像火镜的焦点，晒得东西要发火。在这个白光里，每一个颜色都刺目，每一个声响都难听，每一种气味都掺和着地上蒸发出来的腥臭。街上仿佛没了人，道路好像忽然加宽了许多，空旷而没有一点凉气，白花花的令人害怕。祥子不知怎么是好了，低着头，拉着车，慢腾腾地往前走，没有主意，没有目的，昏昏沉沉的，身上挂着一层黏汗，发着馊臭的味儿。走了会儿，脚心跟鞋袜粘在一块，好像踩着块湿泥，非常难过。本来不想再喝水，可是见了井不由得又过去灌了一气，不为解渴，似乎专为享受井水那点凉气。从口腔到胃里，忽然凉了一下，身上的毛孔猛地一收缩，打个冷战，非常舒服。喝完，他连连地打嗝，水要往上漾。

(老舍《在烈日和暴雨下》)

  人对于客观世界的感受是通过眼、耳、鼻、舌、身各种感觉器官，借助于视觉、听觉、嗅觉、味觉、触觉各种感觉来完成的。因此，要了解并介绍一种事物，应该尽可能地利用各种感觉，应该使我们的各种感官活跃起来。另一方面，我们的描写是通过语言这一载体来实现的。语言只是一个抽象的符号，它之所以有意义，靠的是每个人在长期的实践中，形成的固定的神经联系，即所谓的第二信号系统。当我们读到"熊猫"这个词语时，我们头脑中就会再现那可爱的形象；当我们听到"梅子"的时候，嘴里就禁不住流口水。这样，语言作为一种交流手段，它的表达功能，它的效率，是和对这种神经联系的刺激反应程度成正比的。越能够经济而有效地给读者（或听众）以鲜明的印象，效率就越高；反之，则越小。然而，语言毕竟有其抽象、模糊的一面，要想使读者（或听众）体验到作者的感受是很难的事。正因为如此，我们在描写的过程中，就要努力寻找能加强对读者神经刺激的手段和途径。直接诉诸感觉的描写，就是这种方法之一。

  根据心理学的调查，人的各种感觉器官并不是平衡发展的。从各种描写中统计的结果，借助视觉的描写要占到70%以上，因此，感觉印象描写的重点，在于发展学生借助视觉以外的感觉器官来进行描写的能力。[练习设计示例] 4 正体现了这样的指导思想。

  《在烈日和暴雨下》中，作者写光——"没有敢抬头看太阳在哪里，只觉得到处都闪眼，空中，屋顶上，墙壁上，地上，都白亮亮的，白里透着点红"（视觉）；写气味——"每一种气味都掺和着地上蒸发出来的腥臭"，"发着馊臭的味儿"（嗅觉）；写湿、黏——"身上挂着一层黏汗"，"脚心跟鞋袜粘在一块，好像踩着块湿泥"（触觉）；写翻胃的感觉——"他连连地打嗝，水要往上漾"（味觉）。这是对感觉的直接描写。

　　感觉也可以通过间接的方法来反映，这就是比较和比喻。从《荔枝图序》中可以看出，要描写一个事物，对"识者"来说，是"已知"的事物；对"不识者"来说，却是"未知"的东西。要帮助读者利用他们自己"已知"的东西来了解他们"未知"的事物，我们常常借助于比较——类比和对比。荔枝的色、香、味是通过与红缯、紫绡、冰雪、醴酪这些类似的事物比较而为读者提供了帮助他们理解的感性材料的。间接的感觉描写终觉"隔了一层"，所以还是应该以直接的感觉描写为主。不过语言的模糊性虽然使描写受到局限，但另一方面，又给读者以发挥联想与想象的余地，所以好的间接描写有时也可以收到直接描写所不容易收到的效果。《在烈日和暴雨下》除直接描写外，还用了几个比喻——"从上至下整个地像一面极大的火镜，每一条光都像火镜的焦点"，"好像踩着块湿泥"，这些比喻都对读者的感官起到了刺激的作用。

感觉的相互配合

　　表现一种感觉，有时可以借助其他感觉来反映。修辞学中有一种叫"移觉"的现象，就是人们在描述某一事物时，用形象的语言使感觉转移，把人们某种感官上的感觉移植到另一种感官上，凭借感受相通，相互映照，以启发读者联想。例如"歌声"是只能用听觉来感知的，我们却可以让读者借助视觉来感受它：

　　　　有时歌声细得像一丝头发，似有似无，袅袅不断。

（姚雪垠《李自成》）

　　以上虽然只是一种修辞现象，但心理科学的最新研究成果表明，人类除了能通过五官分别把感知传递到神经中枢，引起兴奋外，五官或五官中的一部分感觉，能在大脑中交叉、融合。因此在感觉印象描写中，除分别表现各种感官的不同感受外，我们还应该注意到不同感觉之间的相互配合现象。

　　一种叫"相补"，就是某一种感觉可以通过其他感觉的描写而得到强化。例如《在烈日和暴雨下》节选部分的中心是写"热"，"热"属于触觉，但老舍先生却善于从视觉、嗅觉、听觉等方面来加深读者对于"热"的印象。白光的刺眼、气味的蒸发、身上的黏汗……这种描写的效果在大脑中综合，读者的感觉是可想而知的。

另一种叫"相衬"，就是在直接描写所要表现的感觉之外，再借助与这种感觉不直接相关、甚至相反的感觉，来使所要描述的感觉更为突出。还是以《在烈日和暴雨下》为例，值得注意的是作者除了描写"热"，还描写了"凉"和"冷"——"从口腔到胃里，忽然凉了一下，身上的毛孔猛地一收缩，打个冷战，非常舒服。"联系上文以及下文的"水要往上漾"，读者所产生的感觉，恐怕不是和祥子一样的"舒服"，而是对这种天气的畏惧。"凉""冷"与"热"刚好是相反的感觉，以"凉""冷"来衬"热"，使人更感到热得厉害。蝉声更显出夏日的幽静，丁丁的伐木声更显出深山空旷——这种经验我们的古人早已指出过了。

"感觉印象描写"的难度比较大，对学生不可要求过高。但做一下这种练习，是很有好处的。

在进行这种练习的时候，学生的习作中有时会出现细碎、烦琐的现象。在这种时候，教师应再一次强调"中心印象"的观念。

正因为这种练习难度比较大，下面多附几篇学生习作以资启发。

[学生习作示例]

1 春游的时候

春天来了，爱好春游的人们成群结队地来到公园。星期天，我随父母去游览重新开放的潭柘寺。

我们被人流卷进了公园的大门。殿内，人们摩肩接踵，一层盖过一层，争观佛像；殿外，人流缓缓，漫赏园景。到了中午，当我们气喘吁吁地登上龙潭时，已经快筋疲力尽了。我半仰在平坦的山石上，任暖融融的太阳沐浴着全身，闭上了眼睛，刺目的阳光在我的眼前溶成了一片白亮亮的跳跃的繁星。我想起了刚才到山下取冰时那万头攒动的壮观景象，现在我的胳膊下正垫着那块从龙潭山下取来的大冰块。溶化了的滴滴冰水潜入我的袖管，使人在显得已经有些灼热的日晒下感到了清新的湿润，舒畅极了。

正待我要朦胧地睡去时，一阵清脆的故意卖弄似的"咯哒""咯哒"的皮鞋声由轻渐重地在我的耳边响起来，随即便由远及近地飘来了一股夹带着汗臭的令人生厌的香水的气息。"这叔叔的衣服比我的玩具娃娃还漂亮呢！哎哟，他的胡子，头发，还有眉毛，怎么都长到一块去了？"一个小女孩的甜嫩的声音传入了我的耳朵。我暗自好笑，这位"叔叔"的"美态"，我是闭着眼睛也能想象得出来的。"小孩，瞎了眼啦！挡道！"一个粗暴的斥骂声盖过了周围游人的喧闹声，伴随着小女孩"哇哇"的哭叫，皮鞋由近及远地响了过去。待我惊讶地跳起来，想看个究竟时，呜咽着的小女孩已经被人抱走了。"抱小孩的是谁？""可能是公园打扫卫生的吧！"听着周围人的话，一位身穿蓝色工作服，头戴白色的工作帽，手里拿着清洁工具的慈祥的老妈妈的形象出现在我的脑海里。我本来十分舒畅的心情被这意外的一幕搅乱了。

古老的寺院应该重新修复，以美化环境，人们的道德风尚更应大大树立，以纯洁心灵。外在的美和内在的美应该和谐统一，否则，像今天这样，是多么大煞风景！

2　噪音的世界

一走进工地，烦躁的心情便悍然不顾地冒了出来。噪音包围着工地，热浪席卷着工地。这边运料的卡车、翻斗车数目繁多，发出忽大忽小的马达声；阵阵的汽油味，柴油味，夹杂着烫人的烟尘，飞沙走石般劈头盖脸地扑来；渐远的马达声刚带走了一片令人窒息的尘土，另一股令人发呛的飞沙又接踵而来。我来回躲闪着，不住地眯起眼睛，好容易跳出了泥土的包围圈。眼前，一座正在施工的大楼出现了。楼旁一架高大的蓝色吊车发出"嗡嗡"的声响，随即吊起一块巨大的灰色的预制板，转动着长臂，以排山倒海之势将预制板移过人们的头顶，送向施工的工人。"嘟嘟"的哨声，和工人们"叮叮当当"的敲砖声，此起彼伏。随着预制板的铺架，阵阵有刺激性气味的沥青气从黑色的熬锅里冒出，那热气使人老远就能感到唇焦口燥。几个工人穿着灰色工作服，不断地往锅里添料，忍受着炉火的烘烤。这边，离大楼几十米远处，传来了柴油机那吓人的轰鸣声——推土机正在"开"出块块平地，有的地方，工人们已经画出了白色格子，而且挖好了地基，其中，一起一落的"蛤蟆夯"发出单调的、震人的打夯声。马达的轰鸣,"吐吐"地打夯,两种声音交织在一起,只觉得天翻地覆。心脏与这可怕的震动声形成强烈的共振,震得人心直发慌,全身的肌肉不禁缩紧,使人连头皮都能感到心脏那猛烈的跳动……忽然,一阵"吱吱啦啦"的尖锐叫声盖过了闷闷的打夯声。好家伙,电锯撕开了坚硬的树干,"开"出了条条门窗用料。尖锐的叫声,吓人的轰鸣声交响在一起,震耳欲聋。——啊!置身于这噪音的世界里,怎能不令人烦躁呢?怎能不令人联想到那幽静的山林呢?

3 如此马路

我每天骑车上学都要经过北大校园和332路公共汽车从海淀到黄庄这一段路线。如果这些马路有知,想必对我已经很熟悉了,因为我在这马路上骑车经过不下三千次了。不知它对我印象如何,我对它却实在是好感甚少。

先说北大内吧。那马路虽说只有四五米宽,但还是够自行车走的,再加上校园内美丽如画的风景和建筑,按理说骑车应该是件很舒服的事。可惜,事与愿违,马路上堆放着很多东西,有时甚至占了半条马路;再赶上大学生们去上课,那可就太拥挤了。假如你这时也骑车上学,可真够瞧的:一手打铃,一手捏闸,身体还要保持平衡,使车子既不倒在堆积物上,又不撞在一些眼神不好的学生身上。要是大学生正在开饭,马路上就更热闹了。或许由于饭厅太小吧,他们成群地蹲在马路沿上吃,有的还把饭碗放在地上。我就碰上过好几次这种情景:路边,一排学生正在吃饭;前面一群学生在过马路(他们有的捧着书,有的似乎在谈问题,总听不到铃声);后边,骑车人使劲打着铃,"叮铃铃,叮铃铃……"真急死人了!

出了北大校门,则是另一番景象:大小汽车穿梭不断,自行车长河滚滚不息,眼前,绿、红、蓝、黑,各色汽车,无数车轮,令人眼花;耳边,大汽车的喇叭声,小汽车的"嘀嘀"声,拖拉机的马达声,自行车的铃声,声声震耳。噪音如此之大,以至于人们的耳膜都要震裂了。虽然这条马路比北大内的要宽得多,但那份热闹劲儿却是比北大内有过之而无不及的:机动车车身擦着车身,自行车车把碰着车把,行人肩膀并着肩膀,就连公共汽车内,也是人头挤着人头。这时,马路显得太窄了,根本容纳不下这滚滚的人流、浩荡的车队。许多骑车者不得不远离开慢行道，加入机动车的行列。在这里骑车，须有相当高超的技术和坚强的神经，一定得目力高度集中，精神非常专注，否则是很危险的。有时候，"嗖"的一声，一个小伙子擦着你的车把飞速驶过，吓你一大跳；有时，一辆大汽车神不知鬼不觉地突然出现在你的身旁，好大的车轮在你脚边飞速转动，令你大吃一惊，心提到了嗓子眼……唉，在这条路上骑车，心里真是好像有一只小猫在抓，忽紧忽松，高度紧张，直到了学校，才可大松一口气。

我希望数年后，这些热闹非凡、拥挤不堪的马路的面貌，能够大大改观。

4　在小酒馆里

近年来，北京出现了一个个小小的酒馆。

一天，我正在路上走着，忽然下起雨来，路边没有什么地方可以躲雨。我见前面不远的地方有一座砖房，看样子是刚盖不久，蓝色的铁门上还散发着油漆味儿。走近一看，窗户的玻璃上有"知青酒馆"四个大字，好像是用红漆随便写上去的。眼下无处避雨，暂且到这里躲一躲吧！

这里虽然不算热闹，但是还有一些顾客。

刚一进门，便有一股油味直扑鼻孔。饼铛上正煎着年糕，发出"吱吱"的响声，飘散着一股香喷喷的又带点焦糊的气味儿。再靠近一点，便觉得炉火有些烤人了。这里只有三个女青年。

"来二两白酒。"

"不要点儿菜吗？"

"这儿还有包花生米呢！嗯！要不就拿一盘煎年糕吧！"

"看您还有几颗牙，也不怕粘掉了！"

"嘿嘿嘿嘿……"

大声笑着的是一个老头。我一看，果然没有几颗牙齿了。他是刚进来的，门外的马还打着喷鼻，用蹄子刨着地呢。

这时，一阵风吹进来，把外面湿润的空气和马车上稻草的芳香带了进来，炉火跳了几跳，我不禁打了个寒噤。

"来两瓶葡萄酒,再要两盘香肠,您再给拿盒烟吧!"又是一个顾客进来了。

"妈,我想喝汽水!"一个嫩嫩的声音从门口那儿传过来。"大冷天,喝什么汽水!咱们就躲会儿雨,等雨停了,妈还有事呢!哎,真是好孩子!"

人们一个个进来,有的要点吃的,有的就站着——那都是进来躲雨的。雨越下越大,我就索性在里屋的一个角落里坐下来。对面有几个青年人穿着脏脏的工作服,正在那里行酒令:"哥儿俩好哇,八匹马呀,全来了哇!喝!""喝!"也有几个坐在那里,两眼直瞪瞪地望着窗外,一口一口的烟雾从嘴里吐出来,夹着酒味儿。我用手撑着桌子站起来,想到窗子那儿去,手上感到滑腻腻的。低头一看,手上蹭了许多黏糊糊的不知什么东西,而桌子上留下一个大手掌印。

"这儿有人吗?"

"噢,没人。"

"嘿!老杜头儿,咱就坐在这儿吧!"

"行啊!哎,怎么样?今儿赚了多少?少不了他妈的百十来块吧!"

"嗨,别提了。有俩小伙子要用一对儿换我两对儿,我是傻子?跟这儿骗起老子来了!还他妈的说那鸽子是从美国进口的,我看他倒不知道是哪儿进口的呢!哎哎哎,咱别说这事儿了!干!"

酒盅相碰,发出清脆、悦耳的声音。之后,又发出一阵"咝咝"的咂吧嘴的声音。接着是筷子碰碟子、筷子碰筷子的声音。

那三个女青年没有表情地应酬着这些人,虽然有时也说上一句俏皮话。看着,听着,我有一种异样的感觉,我感到虽然是在屋子里,但是这里好像也在下着雨,散发着各种味儿……

雨终于小了。马路上的行人多起来了,门口的那辆马车也不见了。我想:那赶车的老头儿也许嘴里正在吃力地嚼着花生米,也许用一根稻草往下扒粘在牙上的年糕,真希望他的牙能多长几年。那个孩子和他的妈妈也许正在家里,妈妈拿东西哄着他,想必他是个听话的孩子。那几个青工也许正扛着铁管,在兴建着的楼房周围架起一排排的脚手架;也许正拿着托板,在灰槽里机械地挖着。那个老杜头儿也许正跟那个一起喝酒的人在鸽子市上大声叫着、吹着，或默默地看着行情，等待买主；也许那个人把老杜头儿撇开，自己在家里清点着钞票呢。

他们都走了。我似乎意识到了，但是似乎又没意识到。我陷入久久的沉思之中……

在我走出这小小酒馆的时候，雨还在下，只是细细的。屋里的三个青年在说："要是像这样老下点儿雨多好啊！"接着，又像是有一枚钢镚儿掉到了地上，发出了清脆的声响……

（三）空间描写

[练习设计示例]

1. 北京的天安门广场上有五座建筑物——天安门、人民英雄纪念碑、人民大会堂、历史博物馆、毛主席纪念堂。写一段话说明这五大建筑的位置关系。（本题应根据各地情况调整。）

2. 下面是几件家具（如图）：

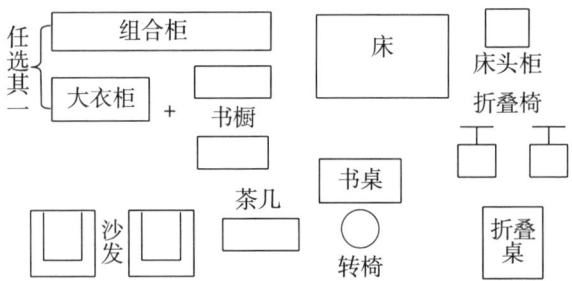

请你利用这些家具布置房间（房间的大小和门窗的位置由教师设计），然后把你所"布置"的房间描述出来。

描述时，要求就以下三点进行想象：

a. 房间主人的职业、性格

b. 各种小用具和装饰品（如台灯、墙上挂的画之类）

c. 室内色彩搭配

说明：

a. 如果选大衣柜和书橱，就不要组合柜；反之亦然。

b. 先画出平面图，画图的目的在于让别人评判时便于检查；文字的表达要求不借助图，别人也能看明白。
3. 设计一座雕塑或纪念碑，主题不限，经过头脑中的充分酝酿，用语言把你所想的描述出来。
4. 选择一处你熟悉的地方，写成一篇作文，例如《我家附近一条街》。
要求：既包括空间线索，也包括时间线索。

假定你乘坐直升飞机，俯瞰一座小小的城镇（也许它正是你的家乡），那房屋、广场、小河、桥梁……一览无余，尽收眼底。可是，当你向旅游者介绍这你相当熟悉的地方时，却会觉得它历历在目，却又那么难以表述清楚。这是因为在视觉形象中，分布于二维甚至三维空间的事物是同时呈现的，你不但要清晰地表明不同事物之间的位置关系，还要处理好表述的先后次序。空间位置要转化成语言，而我们的语言又要在读者的头脑中重现这种位置关系，这的确不是那么容易的事。

凡表明事物（或事物各部分）之间位置关系的描述，都属于空间描写。

表明空间位置的关键——参照点

空间的一切位置都是相对的，例如北京在天津的西北，但它又在张家口的东南。由于空间关系的这种相对性，我们必须有一个与之对照的事物才能表明它的方位。例如：

墙上写着几行粗大的字："屋后边有干柴，梁上竹筒里有米，有盐巴，有辣子。"

（《驿路梨花》）

在这一段话里，"墙""屋""梁"就是表明下文中"字""干柴""竹筒"所在位置的对照事物，"上""后边"则表明了后者与对照事物的位置关系。没有了对照物，这些表示方位的词语就没有任何意义；只有把对照物交代清楚，空间的位置关系才能明确。在研究这些语言现象的时候，我们还会发现：所有的复合处所词或词组中，总是对照的事物在前，方位词在后（例如"梁上"）。这种表明事物位置关系的对照物相当于数学坐标中的基准点，它实质上是一种参照系，所以称作"参照点"。写作的时候，除非上文已有说明或者不言自明（例如以作者的眼睛为基准），作为参照点的对照物是不能省略的。

要表明一组事物空间位置的相互关系，有两种基本的方法：

①使所描述的事物共有一个参照点。例如：

　　天上闪烁的星星好像黑色幕上缀着的宝石，它跟我们这样地接近哪！黑的山峰像巨人一样矗立在面前。四周的山把这山谷包围得像一口井。上边和下边有几堆火没有熄；冻醒了的同志围着火堆小声地谈着话。

（《老山界》）

在这段描写里，参照点是"我"。

②让先写（说）的物体依次成为后写（说）物体的参照点。

　　走上一段阴暗仄仄的楼梯，进到一间有一张方桌和几张竹凳、墙上装着一架电话机的屋子，再进去就是我的朋友的房间，和外间只隔着一幅布帘。

（《小橘灯》）

在这段描写里，"楼梯""一间……屋子"依次成为"进到""再进去"的参照点。

"参照点"的确定和处理是保证空间描述清晰性的先决条件，但是要想让所描述的事物像图画一样重现在读者的面前，还需要我们作进一步的研究。

定 点 描 写

让我们先读一段空间描写的文字——老舍先生剧本《龙须沟》第一幕的布景介绍：

　　龙须沟的一个典型小杂院。院子不大，只有四间东倒西歪的破土房。门窗全是东拼西凑的，一块是古老的花格窗，一块又是洋式，再有一块也许是日本式，上边有的糊着破碎不堪的发了黄的窗纸，有的干脆用破木板或碎席子掩住，即或偶然有一两块小小的玻璃，也已经被尘埃、烟和风沙等等熏得不透明了。

　　台右，北屋是王家，门口摆着水缸和几个破木箱，一张半方桌放在从云缝里射出来的阳光下，上边晒着一个大包袱，半方桌旁边是一个焊活和做饭菜用的小煤球炉子。

　　台上，东房，右边一间是丁家，屋顶上因为漏雨盖着半条破苇席，用破砖压着,绳子拴着,檐下挂着一条废旧的车胎;门口挂着一条破红布门帘;门前除了一个大火炉和几件破碎的三轮车零件外,几乎是一无所有。左边一家是程家,门上挂着一条下半截已经脱落的破旧门帘;窗子上糊着许多香烟片;门前有一棵发育不全的小枣树,借着枣树搭起一个小小的喇叭花架子;架子底下,靠左上角,是用泥砌成的一座柴灶。

台左,上,柴灶的后边,是塌倒了半截的院墙墙角;从这里望出去,可以看见远处的房子,稀稀落落的电线杆子和一片密云弥漫的天空。中间,是这个小杂院的大门楼,又低又窄,出进的人都得低头。大门外是一条狭窄的小巷,对面有一座古老破旧的但是很高大的房子,它的阴森的黑剪影,像个魔掌一般沉重地压在这小杂院的头顶上;大房子的角落上高高悬着一块金字招牌——"當"。下,又是一段破墙。再下,是赵老头子所住的一间屋子,门关着,门前放着泥瓦匠所用的较大的工具,一条长凳,一口倒放着的破缸,缸后堆着垃圾和破砖头。程娘子的香烟摊子,出卖的茶叶和零星物品,就暂借这些地方晒着。

满院子横七竖八的绳子上,晒着各家的破衣服破被子。脚下全是湿泥,有的地方垫着炉灰、砖头或者破木板。房子的墙根墙角全部发了霉,生了绿苔。天上的乌云并没有散开,在缓缓地移动着,所以太阳一阵射出来,一阵又收回去。

幕开时,门外买菜的和卖菜的讨价还价声,卖烧饼麻花儿的叫卖声逐渐远去。当铺的无线电收音机正放送着《三轮车上的小姐》。附近传来打铁声和风箱声。丁家的屋后,是铁作坊的天窗,红光一亮一亮地闪着。左方,传来打铁皮做洋铁壶和洋铁盆的声音,和大锯匠锯木头的声音。这些工作声一直在继续着,有时轻有时重。

这是段值得反复咀嚼和体味的文字。仔细地分析它,我们可以得到什么启示呢?

①要选定一个恰当的参照点——"观察点"。

空间描写的任务是把我们所见到的告诉读者,使他们的头脑中能够重现清晰的画面,而且在动笔的时候,我们还必须先假定读者对此是一无所知的。为此,我们就要努力使他的眼睛固定在一个位置上,以他的眼睛为基准，所描述的场景中各种事物的空间关系才容易井然有序。否则，如果基准点随意跳动，读者的眼睛也就只好随着移动，可以想到，要不了多久他们大概就得头晕目眩，在他们的头脑中呈现的只能是乱七八糟的被歪曲了的景象。经过分析，我们可以看到，老舍先生把观察点放在舞台的前面，也就是观众席前座的中央，这显然是最合理的位置。

读者的观察位置和作者描述时的观察角度实际是一致的（有时假借第三者的眼睛）。它就是我们上面所说的参照点，不过这种参照点一般都用以表述更为复杂的空间关系，而且以读者（作者）的眼睛——观察角度为转移的，所以习惯上称为"观察点"。

②设计好描述的线索——顺序。

有了明确的观察点，作者还要把所要描写的一切事物排列出先后的顺序，按照一定的方向移动，否则，即使观察点明确，如果描写中跳动性太大，读者也是无法接受的。从《龙须沟》第一幕的布景介绍中，我们还可以看到，作者的介绍是从舞台的右侧顺次向左移动的。假如没有这样的顺序，舞台设计人员就会不知所措。当然，我们所遇到的情况是各种各样的，所以空间描写的顺序也是各种各样的。有时，我们可以由右到左；有时则由左到右；有时可以由近及远；有时则由远到近；可以由中心而扩及东、西、南、北；也可以由外而内或由内而外，等等。总之，明确清晰的描写顺序是保证读者理解的基本条件。

以上是就空间描写的整体而言的，倘若要处理的是一个比较复杂的场景，那么，在每一个局部还需要细心地另行安排顺序。在这方面，《龙须沟》的场景介绍中也有生动的例子，限于篇幅，不一一分析。

③添加典型细节。

那发育不全的小枣树、阴森地压在小杂院头顶上的当铺，会让你思考其中的象征意义；东拼西凑的门窗、发了霉生了绿苔的墙角、横七竖八的绳子上晒着的破衣服破被子，那变幻不定的阳光和嘈杂的声音……构成了氛围，使你感到沉重。没有这些细节，就无法反映色调丰富的社会生活。典型细节是空间描写的最富于生命力的成分。如何选择细节，学生在"说明性描写""扩展性描写和感觉印象描写"中已经得到一定的锻炼。

动点描写和描写中的跳跃

上面谈的，是空间描写的基本要领。事实上，在写作实践中我们会遇到各种各样的情况，而这些情况往往不是仅用一个观察点就能解决的。例如参观一次展览，我们的观察点势必要随着我们的脚步移动。再如我们描写主体的事物，由于所描写的细节并不在一个平面上，我们更无法用一个固定的观察点来纵观全局。就以介绍一个城市而论，我们固然可以设想自己乘坐一架直升飞机，鸟瞰全市，但也不妨设想自己正在一辆车上，沿着设计好的路线向读者描述。

凡此种种，在描写中观察点不断移动的，称为"动点描写"。然而，就整体来说，观察点虽然可以移动，就每一个局部来说，如果我们有意识地仔细刻画其中几个部分，而每一部分又都在作者的同一视野范围之内（这在游记中是屡见不鲜的），那么，我们仍然需要分别在这些部分确定一个固定的观察点。观察点有点像数学坐标中的 0 点，它可以移轴，但如果没有了这点，各种数据就失去了意义。就这个意义上说，动点描写是若干定点描写的经过精心编排的组合，定点描写是动点描写的基础。

此外，当我们安排描写顺序时，是不是一定要保持描写的连续性呢？从道理上说，是的。描写的连续性有助于使读者获得完整的印象。但在实践中并不一定如此。这是因为有时我们为了突出某些典型细节，需要剔除一些非典型细节以免文字冗长庞杂。在这种时候，描写的线索就会出现某些间断，对此，我们称之为空间描写中的"跳跃"。描写中的跳跃可以理解为定点描写中或定点描写间的某些删节。

观察点的移动和描写线索的跳跃其道理似乎很复杂，其实并不神秘。空间描写和电影镜头的处理十分类似。电影拍摄时的"推""拉""摇""移"——镜头由远而近，或由近而远的位移，镜头顺着一定方向的摇动以及跳跃、转换，这些我们早已熟悉的现象可以成为我们掌握空间描写技能的生动的感性材料。

把视觉形象中同时并列的空间关系转化成语言，是空间描写困难之所在。假如你在介绍一座城市时手中有一幅地图，面对旅游者你就会感到轻松得多。无论是口头表达还是书面表达，各种图——插图、挂图……都是空间描述的得力辅助手段。

和其他描写一样,空间描写可以独立成章,但在多数情况下,它只是一篇文章的有机组成部分。虽然如此,在写作的各种训练中,空间描写的练习有着特殊的意义。因为时间、空间、心理、逻辑是组织思路和语句的四种基本线索,正如"程序说明"练习可以帮助我们把握时间线索一样,"空间描写"练习所获得的经验对于其他形式的写作也有着普遍意义。

既然空间描写往往是文章整体的一个有机组成部分,"空间描写"的练习也就需要逐渐增加其综合程度。[练习设计示例]1是最基本的技巧练习,[练习设计示例]2增添了想象和联想因素,[练习设计示例]3和[练习设计示例]4则不仅要求进行准确的描写,还可以比较自由地发挥,可以抒情,可以议论。从[学生习作示例]中,我们不仅可以看到他们生活中生动而亲切的回忆,还可以感受到青年所特有的炽热的感情和想象。

[学生习作示例]

1 攀 登 者

这是一座小型雕塑,周身青灰色,高不过一尺,底座宽六七寸左右。主体是一座巍峨的山峰,山上没有葱郁的树林,也没有幽静清雅的寺院、亭阁,有的只是光秃秃的巨石和杂生在岩石间的一些草木。山顶是一块巨大的怪石,它像一把利剑刺向天空。伴在它左右的是一块块堡垒似的岩石。山的背面是陡峭的山崖,就像一面石壁,被人用锋利的刀斧劈了几下,几条笔直的裂缝从崖顶一直贯穿到山脚。正面虽不那么陡峭,但大块岩石一块块直摞起来,使人望而生畏。

雕塑上最引人注目的,是奇迹般坐在"利剑"下正在合影的一群青年。他们不过十五六岁,面带稚气,女孩子的"小刷子"、男孩子直愣愣的头发都透出一股倔强。他们聚集在一个比较方正的"堡垒"上,前面几个女孩子坐在岩石凸出来的地方,双脚自然伸出,甜笑着,偎依在一起,衣领解开,几缕头发被汗水粘在额前。后面的几个坐在又高一点的地方。一个女孩子略带羞涩地微笑着,胸前别着一朵野花;一个男孩子端端正正坐着,满脸庄重。最后面是两个男孩子，他们毫无顾忌地靠着那把威风凛凛的"剑"，还把脚蹬在"剑"柄上。山风吹动他们的上衣，好像要飘上白云。他们笑得那样开心，那种开怀的神情不由得也感染了你。

一块崖石从旁边伸了过来，好像是一只手。石上又坐着两个男孩，双脚悬空，调皮而自信。一个耸起鼻子，似乎在嗅着山风，另一个视线向下，俯视着一块石头。这块石头就像是谁把它的一半塞进了岩缝。就在悬空的另一半上，蹲着一个拿着照相机的男孩子。大概怕山风太大，他只穿着背心，头发向上飞起。他半蹲着专心地对着镜头，好像丝毫没有想到处境的危险。

在这群不过半寸大小的"登山英雄"和他们的"摄影师"脚下，是那座险峻的山峰，仍旧是巨石压着巨石。可是在这里，你可以发现攀登者留下的足迹：这儿，一丛小草踏倒了；那儿，一棵小树折断了。他们就是这样登上了这座荒山的。

底座是红木的，有着美丽的桃花李花浮雕图案，正面刻着一行字：攀登者。

2 心　声

在我的脑海里，常常浮现着一个剪影。开始，它模模糊糊；渐渐地，它变得清晰起来，形成一座完整的白玉雕塑。

那是在海边。大海奔腾着，喧哗着；浪漫上沙滩，撞向礁石。这是一块奇异的礁石，基部在岸边，顶部向海中伸去，似一只振翅欲飞的海燕。"海燕"头顶站着一位少女，面向大海。颀长，微瘦，两脚叉开，身体微向左倾，正在拉小提琴。合身的连衣裙，圆领，短袖，下摆刚到膝盖，底部有一圈美丽的花边。随着海风，她的短发和裙子都朝右方摆去。那头发似乎有几丝飘起，那裙子似乎在波动。

在她那浓密的睫毛下，大大的眼睛微闭着，挺直的鼻梁，鼻孔张大，上牙微微咬着下嘴唇。她的头稍向左偏，下巴垫在小提琴的腮托里；左臂伸长，撑着琴身。左手那纤长的手指垂直，有力地按在琴弦上；右手持弓，好似用尽全力地拉着琴，弓与琴身交叉垂直，弓正拉在中央。

海在她脚下汹涌澎湃，她泰然自若；海的怒吼她好像没听见，一朵浪花溅到她身上，她好像没有感觉。她在练琴吗？可能。她在同海交谈吗？也许。她正在用琴声，不，心声在倾诉自己的感情，她对海诉说着自己的痛苦、欢乐、志趣、理想，这从她那微闭的眼、张大的鼻孔和咬唇的嘴可以看出来。从她的背影看，显得更加亭亭玉立，更加庄严，甚至神秘。

我想，如果让她面朝着朝阳放置，那整座雕塑就会更加洁白，透明。她一点也不会显得恬静，她心里一定在想着和海燕一起去经受暴风雨的考验。

3　我要为张志新烈士塑像

我要为张志新烈士塑像。我要为我们党培养出来的，人民培养出来的好党员张志新烈士塑像。我要塑造这样一座雕像，要它像闪电一般，用它所特有的强光，使美的更美，丑的更丑，白的更白，黑的更黑。我也要使看到这座雕像的人明白，她，张志新，我们民族的英雄，阶级的先锋，忧国忧民的志士，是被人用党的名义残酷屠杀的……

我要为烈士的塑像寻找一个理想的场所，它应该背靠崇山，面临大河，因为张志新是属于祖国的大好河山的。河水翻腾，高山幽静，让浓绿的松林和鸟声伴随着烈士安眠。雕像周围的环境布置是朴素的，不需要任何陈设和装饰，就像烈士本人。但塑像应该建立在山腰上，因为烈士远远站在我们之上。拾级而上，不多不少四十级，代表着烈士在世界上活过的四十个年头。让我们一步一步沿着烈士生命的历程上升吧。

像的基座，是一块浑然天成的岩石，除了正面削平一块，以便铭刻上烈士的名字以外，不施任何雕凿。沿着岩石环绕一圈，你会处处感到岩石逼人的棱角和坚硬的本色。岩石上面，用一块一米见方的大理石托着的，就是张志新烈士的塑像。

我要用最白最白的汉白玉来塑造她。胸部以下是粗糙的，但是头部要精细。衣服领子微微敞开，脖子上明显地露出那沾着烈士鲜血的纱布。头略有些上抬，头发要向后有些掠起，眼睛盯视着我，嘴是张着的，真正体现出烈士英勇无畏、挺胸抬头的革命气概。从那张着的嘴，可以看出她好像是要说些什么，但从脖子上的纱布，又可以看出她什么也没说出来。然而张志新烈士要说些什么呢？绝不是要和那些刽子手们辩明真理，因为她深知：在他们的手中，真理已经颠倒——黑白颠倒，美丑颠倒。从烈士的目光和表情，我们应该看得出，烈士是在对我们发问。她在问："同志们，亲人们，你们现在谈我，哭我，夸我，唱我，画我，纪念我，学习我，但你们为什么没有救我？为什么没有救我呀！在我被割断喉管，被枪毙的时候，你们在哪里？"

同志们，让我们仰视着烈士的眼睛，正视着烈士那纯洁而深情的目光，作出自己的回答吧！

4 小小天井

我小时候住在姨妈家里，屋子前面有一个不大的天井。姨妈不大让我出去玩。因此，这个小小的天井就给了我莫大的乐趣。

天井的西边有个小小的花坛，花坛中间种着一棵石榴树。那石榴，红彤彤的，十分逗人喜爱。树的周围，种着很多花草，有玫瑰、月季、吊钟等等。每到花开时节，在色彩鲜艳的繁花中间，就会看到一群群的小蜜蜂，嗡嗡嗡，好像风笛那样动听。记得有一回，我想去捉一只，不想非但没逮着，脑袋上反而被蜇了个包。直到现在，我只要一见到蜜蜂，就会想起那件有趣的事情和那个小小的花坛。花坛里的花散发着浓郁的芬芳气味，只要一走出屋子，那沁人心脾的花香就会迎面扑来，香得人的心都醉了。

花坛紧靠着院墙。墙外有一棵大柳树，那时我常常爬上去。它虽然已经度过好几十个春秋了，可是一到春天，它仍然吐出翠绿的嫩叶，长长的枝条一直垂到花坛上，和花草轻轻挽着手，充满了生机。

天井的东边，有一眼水井。光滑的井栏长满了青苔，远远望去，毛茸茸的，就像绿色的地毯一样。可摸上去滑溜溜的，给人一种清凉的感觉。

天井南边，紧挨着前排房屋的后墙，在那儿立了一排竹竿，种了些扁豆之类的蔬菜。到了夏天，便可以看到各种各样的蜻蜓，有一身黄的，有黑白相间的，还有红的，漂亮极了。不过，它们和那美丽的蝴蝶比起来，还是要逊色一些的。

天井里常常有许多可爱的小生灵。夏天的夜晚，在天井里乘凉的时候，往往会看到尾巴上闪着亮光的萤火虫。一看到它，我就会跳起来，拿着扇子去追打。有一首唐诗："银烛秋光冷画屏，轻罗小扇扑流萤。天阶夜色凉如水,卧看牵牛织水星。"便是姨父在这样一个晚上教给我的。

到了秋天,早上起来,花草上撒满了晶莹透亮的露珠。等到太阳一出来,水珠上又泛起了五光十色的光圈,宛如璀璨的珠玉一样。这时候,蜜蜂早已不见了,可有时还能看到懒洋洋的马蜂趴在树枝上。

冬天的一场雪后,整个天井就被涂上了一层银白色。那棵石榴树,这时就像一位素装的少女,亭亭玉立在这花坛的中央,等待着另一个春天的到来……

我虽然已经离开姨妈家许多年了,可仍然时时记起那曾经给过我无限乐趣的小小的天井。

[布置房间练习学生习作示例]

这间小屋的主人是一对刚毕业的大学生。门的右首靠墙角是一对黑色的沙发,配以阿拉伯国家出产的圆形椅垫,色彩斑斓,线条粗犷,以金色为底色,有一种深沉的美感。沙发的上面挂有一幅油画,天蓝色的海边一位白衣少女的背影,飘逸传神,略有伤感的韵味。沙发前面是装有大块茶色玻璃的茶几,有几枝玫瑰作点缀。

门的右侧靠墙是米黄色的组合柜,分门别类地排列着各种杂志书籍,装缀了各种卡通娃娃,最靠边的小酒柜里放着各种大大小小高高低低的酒杯以及擦得雪亮的匙子和刀叉。组合柜过去,贴着迎门的墙的是双人床,铺着粉红色的有许多小天使的床罩,床的上面斜挂了一把米黄色的大吉他。

窗户开在组合柜对面的墙上,明亮的窗下有一盆优雅的茉莉。写字台在窗下,上面很整齐地放置着书稿和一支插满笔的白瓷笔筒。一把黑色的转椅紧靠着写字台。学习的地方总是收拾得这样整洁有序。

圆桌是可以折叠的,和两只折叠椅一起放在墙角。

整个小房间充满了诗情和温馨。

试谈语文教师的业务修养*
（1982 年）

明知力不胜任而又敢于尝试的精神也许是可嘉的。我们怀着这种心情提起了笔。

全国有八十三万中学语文教师，我们又有着几千年语文教学的丰富经验，然而迄今为止，我们还没有形成自己的富于民族特色的语文教学理论，甚至我们的教学现状也远远不能令人满意。面对着如此庞大的队伍，如果能研究语文教学人才成长的规律和特点，如果我们能据此进行人才发展的自我规划和自我设计，则必将大大有利于语文教师的提高和优秀人才的成长。这就是我们想提出的问题和企图探索的内容。

在长期的教学实践中，我们看到，培养一名成熟的语文教师往往比培养其他学科的教师困难，它所需要的周期更长，而且在逐渐熟悉本科教学工作并达到一定水平之后就停滞不前的现象也更为严重。分析这些现象，这就是我们进行探讨的出发点。

一、培养语文教师工作的复杂性

语文课是一门综合性极强的多科性边缘学科。

语文课的重要功能之一是指导学生正确地认识社会生活，因此举凡社会生活各个主要侧面几乎都可囊括在语文教科书之内。这就要求语文教师在理

---

* 原载于《北京师范大学学报》1982 年第 5 期。作者自注：这是我和王世堪讨论后所写，共有两个版本，一个是王世堪写的，一个是我写的。这篇是我写的。

论思想、社会历史、文化艺术甚至自然界的常识等诸多方面都要具备相当的知识。这些知识在人类的发展过程中都已形成各自不同的学科，成为专门工作者的研究对象。然而对一个中学生来说，这些知识只是帮助他认识世界的手段，并不要求这些知识的系统性和深刻性。从这个意义上说，语文教师在知识上应当是个"杂家"。"杂"是语文教学的一个特色。一本课本，从古到今，由中到外，通过不同文体，从不同角度，用各种方式反映丰富多彩的社会生活，表现广泛而深刻的人类思想，包罗万象，"杂"然并陈。在这样的课本面前教师也就容易目迷十色，眼花缭乱。这是语文课知识结构复杂性的表现形式之一。

语文课另一个重要功能是指导学生更有效地学习自己的母语。关于这方面的知识也是包罗万象的。就对语言和思维的认识来说，有语音、语法、修辞、逻辑（而且还有现代汉语与古汉语之分）；就一篇文章来说，有文体学、辞章学；就指导学生更广泛地阅读和吸收来说，还涉及文艺理论和必要的史的知识……。需要注意的是，学生学习的是自己的母语，而且生活在自己母语的社会语言环境之中，这就使得这些知识的传授具有两个特点：一、由于学习的是自己的母语，学生头脑中已经储存了大量感性的语言材料和表现形式，不需要从"零"开始喋喋不休地系统地讲授语言知识，而且实践证明，烦琐地讲授语言等各种知识，收效不大；二、各种有关知识又是以综合形态出现的，一篇文章，麻雀虽小，五脏俱全，各方面的知识都要涉及，在语言的运用中，语法现象、逻辑现象、修辞现象也往往交错在一起。这些特点，使语文课中语文知识结构呈现一种错综复杂的状态。它不能按各分支学科的知识体系呈纵向排列，而必须加以打乱进行新的组合。过去汉语、文学分科教学的实践，有许多宝贵的经验值得我们认真分析，但也证明了按文学史的系统和汉语知识系统组成语文知识的排列体系并不是理想的方法。有的同志设想语文课能不能像数学课那样分支明确、结构严密、循序渐进，根据我们对语文教学特点的认识，我们感到这是难以办到的。这样，在语文教师的成长过程中，在掌握语文课的知识结构方面，又缺乏像其他学科那样阶段明确、自成体系、结构完整、相对独立的可供遵循的阶梯。这是语文课知识结构复杂性的表现形式之二。

由于语文课是多科性的边缘学科，是综合性很强的学科，又是与社会生活紧密联系的学科，因此无论它所涉及的哪一方面出现了实质性的变化，都会引起语文教学内容及其相互组合关系的改变。回顾多年来语文教学的历史，它似乎总是处于发展变化之中。可以说，在中学各门课程中，语文教学是最不稳定的。这种不稳定，有的是可以而且应该避免的，例如新中国成立以来多次政治运动对语文教学的影响；有的又是难以避免的。语文教学既然与社会生活联系得如此密切，那么，社会生活和思想潮流的重大变动就势必要在语文教材中得到反映。再者，语文教学各基础学科的重要发展也会给语文教学带来变化，学科的涉及面越广，带来变化的因素也越多。例如60年代以来语言学领域中社会语言学、应用语言学等各新分支学科的形成和发展，已经为语言教学提供了新的观点和思路，正在促使语文教学面貌出现又一次更新。语文教学的这种不断发展变化，要求语文教师具有更大的适应性。他应该十分敏感——对学科生长点的敏感，对社会生活的敏感，对学生发展变化的敏感，并把这一切组织和反映到教学中去。

　　语文教学的一个重要特点是它的实践性。中学其他学科都是以讲授知识、论述原理为主的，教师讲清楚，学生听明白，叫作学会了，语文教学则不然。语文课不是不要讲知识、概念、原理，但教师无论讲得多么透彻、明白，并不等于学生已经学会了。在语文教学中，指导学生实践往往比讲清知识概念更为重要，而且要把能力的增长作为自己的主要目标和归宿。从这个意义上说，语文课也可以称之为语文能力培养课，语文教师应该成为学生读写听说能力的教练员。能力的培养是艰苦而复杂的，读、写、听、说各有一套而又相互紧密联系，这就要求教师除了本身具备相应的语文修养之外，还要熟悉形成各种语文能力的规律，还要掌握不同年龄不同类型学生的特点。教师要善于发现学生在形成能力过程中的各种具体困难和问题，要善于创设运用各种语文能力的条件，要谙熟培养学生种种能力的机窍，善于指导，还要能够用自己较为过硬的能力作出示范。这些能力和经验，在目前，即使是一个受过正规师范教育的教师也是难以全面具备的。

　　语文课这些丰富而复杂的内容，这些与其他学科不同的特点，使语文课内部充满着矛盾，出现了许多"关系"问题：文与道、读与写、讲与练、教与学、知识与能力、语言和思维、课内和课外……它像一座迷宫，充满着歧途然而又有途径可寻。这就是语文教学的世界，是我们愿意毕生从事探索的世界，也是年轻的语文教师们刚刚迈入的世界。

二、语文教师业务发展的过程

如果回顾、总结一下许多有成就的语文教师的发展道路，追寻一下他们前进的轨迹，就会发现很多值得我们思索的地方，并且可以依稀辨出语文教师业务发展过程中的几个不同的阶段。

（一）全面打好教学业务基础阶段

在这个阶段，教师的业务视野还比较窄，仅限于也只能限于教材本身。而且就教材而论，他所看到的也只是一篇篇独立的课文。处理好每篇课文的教学，就成为每一个勤恳而努力的青年教师的注意焦点。与此同时，他还应该注意全面打好教学业务的基础。

近年，有的同志提倡语文教师在教学上要"扬长避短"，对此，我们有些不同的看法，尤其在第一阶段。

语文教学的丰富性、复杂性使语文教学具有其他学科所不能比拟的灵活性，因此也容易带来主观随意性。对于年轻教师来说，过早地提出"扬长避短"很可能造成业务能力的畸形发展。有一些同志，教学多年，是在"扬长避短"中度过的，结果出现了教学能力中的不平衡状态，例如：

讲读文章还有办法，写作的指导、评改却束手无策；

讲文言文颇有味道，讲白话文却清淡如水；

专擅某一文体，如小说、记叙文，遇见论说文则味如嚼蜡，不得其门而入，等等。

我们之所以提出"全面打好业务基础"这一观念，是基于以下两点认识：1. 语文教学内容的丰富与复杂，需要教师能适应语文教学多方面的要求，这是教师进一步发展自己，攀登语文教学研究高峰的需要；2. 对于每一个受过正规高等教育，即使是高等师范教育的毕业生来说，当他踏上语文教学岗位之后，也面临着一个业务知识改造的问题。

如前所述，语文课是一门综合性极强的多科性边缘学科。在高等院校，各专业学科名目繁多、分门别类，各自构成完整的知识体系。这些学科都是在以"分类"为特征的方法论指导下形成的。但在中学语文教学中，一是综合性极强，需要教师把所学过的知识消化吸收、融会贯通，灵活运用；二是对象不同，要根据学生的年龄特征和认识规律把有用的知识重新组合，自成系统。经过这样改造的知识，与高等院校的学科知识比较，应该如蜜蜂酿蜜，花香自在，面目全非。语文课当然有文学因素，但不能照搬大学的文学课程；语文课当然要进行语言教学，但不能把大学的汉语课程直接移植到中学课堂里来。这个道理是显而易见的，然而又是值得注意的。应该说我们目前的教学中存在着这种照搬的倾向。

把高等学校的学科内容改造成适合中学生吸收的知识营养，往往需要教师在实践中逐渐弥补自己能力的不足，特别是适应中学语文需要的阅读能力和写作能力。

语文教师的阅读能力，绝不是简单地背诵一些文体知识，更不是程式化地划分段落和归纳主题，而是一种文章的揣摩，即综合运用所学的知识来进行辞章的探讨（近来有人提出"文章学"这一概念，我们觉得是比较确切的）。这方面的内容，前人有极丰富但不够系统的论述，在今天的高等教育中却是一段空白。它要求对于作品具有相应的背景知识，进而辨析作品内容、思路、结构、辞采之间的辩证关系，高屋建瓴，撷取精华，不仅有所得于心，并且能够清晰地表述。只有这样，教师在课堂上才能或以强有力的逻辑"俘虏"学生，或以生动的形象感染学生，有力地培养他们的观察、记忆、想象、思维能力，而且从各方面培养他们的美感——对于思想美和语言美的追求。

语文教师应该具备拿起一篇素未接触过的材料就能大声朗读的能力（专门性学术论文除外）。因为这种方式可以检验教师的语感以及视觉扫描中准确地捕捉语言信息的反应速度。具有一定阅读能力的人绝不是一个字一个字地阅读的，他的阅读带有相当的跳跃性，即在视觉扫描中敏捷地获取必要信息，并且在大脑中重现出语言的全部内容和形式。这种能力对于语文教师来说尤有必要，因为只有如此，才能使口头表达和思维活动同时进行。换句话说，有了这种能力（加上有关的知识），教师就能一边讲话一边思索，能够雄辩，能够感人。

语文教师还应该掌握多种阅读技巧。在社会实践中，我们阅读的方式是多种多样的，有精读，有略读，有跳读，有浏览，等等。应该说，单一的阅读方式已不适应现代生活的需要，而我们的语文教学是与此脱节的。由于历史原因，关于各种阅读方式的研究在国内尚未得到开展，因此需要语文教师不仅具有这方面的能力，而且还要通过自己的实践经验总结出要领，以便指导学生，使他们能更有效率地阅读，开阔视界，广泛吸收。

对语文教师来说，阅读能力和写作能力不可偏废。教师应该能够动笔，才能体味写作的甘苦，指导时才能切中要害，点拨得当。述而不作，是不足取的。然而中学语文教师不是作家，中学语文教师的写作能力也不同于作家的写作能力。首先，教师所熟悉的，应该是中学生所常用的几种文体样式，其他文体样式可以不作要求；其次，教师除了能进行示范性写作之外，还应该具备修改学生文章的文字能力。这种修改，不是另起炉灶，即兴发挥，而是按照学生水平，依着学生思路，顺理成章。从这个意义上说，教师的文字工作有点近似于编辑，但又不同于编辑。在这样的写作实践中，语文教师将培养出一种职业的"眼光"——不是简单地评判一篇习作的优劣，而是根据不同对象看出学生的弱点和发展趋势，看出根据学生的特点和水平，文章可以加工到什么程度，并且能够把文章改写好。这种境界不是青年教师在第一阶段所能达到的，但这样的写作实践将成为他走向成熟的起点。这是一座丰富的矿藏，它反映着一个人写作能力由幼稚到成熟的主要过程，教师可以从这里得到写作的锻炼，领悟出许多书本上没有阐述过的写作法则，发现许多新的课题。假如他是一个勤恳而善于搜集资料的人，他很可能由此走上教学研究的道路。

在第一阶段，教师还应该注意逐渐掌握讲话的技巧。假如我们把口头表达的语体分为"日常谈话语体"和"讲演语体"两大类的话，那么，教师应掌握并能熟练运用的是"讲演语体"。它需要讲话者注意语言的条理性，还要注意吐字清楚，音量适当，并且根据不同的感情掌握声音的变化、轻重、快慢、节奏。语文教师的语言应该准确、耐嚼、含蓄、风趣而不俗气，还要有亲切感。作为教师的语言，既要注意语言的艺术，又要注意学生听课的心理过程。在一堂课的时间内,如果教师的语言非常简洁,每一句话都有一定分量,学生会很快就感到疲劳,影响听的效果。因此,教师的语言应该有适当的重复,而且能够适当地展开,有张有弛,有起有伏,并且有俏皮风趣的穿插。这种能力对每一个教师都是需要的,对语文教师尤其重要,因为语文教师的讲话既是听的训练,又是说的示范。

阅读能力、写作能力和口头表达能力,是语文教师进一步发展自己的三大支柱。在这三种能力的基础上,教师还要进一步探索和掌握基本的教学方法。

语文教学流派很多,教学方法各有千秋,最基本的方法是什么?我们认为仍然是我国语文教学史中的传统方法,即"文章讲析",或者称为"串讲"。

"串讲",一般指按文章顺序进行的比较精细的讲读法。这种方法近年来颇受非议。我们并不主张让这种方法统治语文课讲坛,并且认为这是一种比较陈旧落后的教学形式,但我们认为这种方法对青年教师具有基本训练的价值。换言之,青年教师应该具有会"串讲"的能力,这是因为"串讲"体现了以下几点基本要求:

1. 词句篇章的综合分析能力。"串讲"绝不是念一遍,把大意说一说,归纳一下段意,也不是烦琐零碎地逢字便讲,或无目的无重点地抠词句,搞训诂。通过辞章,理解思想;站在一定思想的高度上,回过头来领会辞章之所以然。这是阅读的螺旋式发展过程。教师应该把这一过程重新组合成教学过程,这是"讲"的精髓。

2. 根据对象突出重点的能力。讲课最忌平均使用力量,重点的段、句、词要充分展开,精雕细刻。重点又不是孤立的,这就要处理好略讲。何处该略,略到什么程度,怎样略,详讲与略讲如何"接榫",这些都要讲究。通过详略的处理,教师会对教材和教学有许多新的体会,这是进一步变化教法的基础。

3. 思想内容和语言表达统一的能力。语文教学必须既能"意会",又能"言传",这是教师走上讲坛并且成为优秀教师必过的一"关"。教学过程与效果常因学生而异,即使是一个有经验的教师,也很难预测学生在学习过程中可能出现的全部情况。因此教师应该具备这样一种能力，即不管出现什么情况，教师都能够依靠自己的讲解，把预定的内容传授给学生。或进行理性的探讨，使思想得到深化；或通过形象的感染，使学生有会于心。进而应对课堂上各种变化，控制课堂中心，都从这里开始。

我们认为"串讲"具有教师基本训练的价值，当然不是说初上讲坛的教师都千篇一律地从"串讲"入手，而是说教师要能够"串讲"，具备"串讲"所要求的各项能力，并且据此检验自己的薄弱环节。

课堂谈话，是另一个基本的教学方法，它其实也是一种古老的传统的教学方法，在中国，在西方，都早已盛行。"谈话"要求充分地了解教材和学生，根据学生水平，恰当地提出问题，培养学生敏捷地思考和口头表达的能力。

"讲"与"谈"，是语文各种教学法的基础。倘若打好这两方面的基础，则其他教法哪怕千变万化，都是好驾驭的。在学习、运用、掌握基本教法的过程中，学生的形象就会在教师头脑中逐渐成形，使他进入教学上的成熟阶段。

（二）以启发式为核心，探索和掌握教学规律，提高自己的教学能力和研究能力阶段

在这个时期，教师的视野中心逐渐地由钻研教材转移到研究学生上面来，并且把培养学生能力作为自己的主要课题。在教学的钻研中，"启发式"将占据突出的地位。

学生的学习过程是一个充满着矛盾的认识运动，"启发式"的灵魂在于教师能主动领导这一运动，掌握关键，把矛盾引入教室，促使学生积极思考。倘若没有对学生学习过程一般规律的了解，没有对本班学生特点的具体认识，是谈不上启发式教学的。在这个时期，教师备课的兴奋中心是研究教学要求与学生实际的"交叉点"，并且反复推敲和琢磨诱发矛盾的方法。纵观所有优秀语文教师的教学，都可以看到一个共同的特色：善于利用教材的少数诱发点使整个课堂活跃起来，一子下定，全盘皆活。这些诱发点是长期教学经验的结晶；判断、选择这些诱发点，不同的教师又有不同的习惯和方法。也正是在这样的过程中，教师逐渐形成自己的风格和特色。

启发式是教学原则，不是某一种教学方法。课堂谈话可以启发，教师讲解可以启发，指导自学可以启发，组织讨论可以启发，设计练习领导学生实践也可以启发……。启发式的实质在于掌握学生的认识规律，让学生在积极的思维和活动中生动活泼主动地得到发展。这样，教师的眼睛就不再是只盯着一篇篇教材，而是注视着学生能力的成长。在这个阶段，就像教练员为运动员安排训练计划一样，教师会对课本进行"再加工"，根据学生情况修订、设计训练方案。语文教材有自己的特点，它是一篇篇课文的组合，课文之间并没有必然的联系。一个成熟的教师总是利用教材，使用教材，来为自己的整体方案服务。这种方案是全局的规划，而不是局部的设计。他着眼于全书，兼及与上下学期的联系，课文只不过是为这种训练程序服务的一个个具体的例子。对于一篇教材，他可以有意识地突出某一点，略去某一点，到这时，他将掌握使用教材的主动权，而不是一篇篇课文的奴隶。

"读""写""讲""评"是语文教师的四项基本功。"评"是教师业务水平、教学能力以及教学意识的综合运用，是难度较大的能力，这种能力只有在教师积累了相当的经验以后才能得到发展。"评"不光是评作业，还要评学生，这就要体现因材施教，注意学生特点。"评"的实质是帮助学生总结经验教训，要正面引导，又要切中要害。评习作相对地说还是比较容易的，课堂上及时又恰当地对学生朗读、发言等活动进行评定就要困难得多。这种"评"应该是调动学生积极性的一种手段，同时又要把"这一个"与全班的学习联系起来考虑，使学生之间发生相互平行影响。"评"的能力的增长，是教师走向成熟的一个重要标志。

这个阶段，也是教师研究能力日臻成熟的阶段，他开始能够从实践中发现和提出课题，搜集、积累资料，总结经验，并且在经验的基础上形成一个个专题。这时，教师会关心语文教学研究的动态和趋向，并且能够辨析，作出自己的判断。这个时期往往是语文教师在自己一生事业中的关键时期。是继续发展？还是停滞不前？常常取决于能不能坚持不懈而又从实际出发地进行教学研究。语文教学由于它的社会性而经常处于变动状态，种种口号的提出都反映着社会中的不同要求。语文教师一方面要善于及时吸收别人的好的经验和研究成果，另一方面又要扎根于自己的实践，防止盲目照搬，更不要赶时髦。只有这样，才能不断进步。

教学研究也是对教师毅力的考验。由于中学语文教师工作量负荷较重，再加上人到中年，生活水平也受到目前经济条件的限制，坚持资料的积累和整理并不是那么容易的事。除了讲求工作方法和效率之外，教师还要善于掌握工作的节奏。从积累到消化是认识上的一次飞跃，而学校的工作如开学、期中、期末、假期等又是有一定节奏的。把平素的资料积累和总结工作与学校工作的各种间歇结合起来，是保证教学研究工作顺利进行的一个重要条件。

资料和经验积累的一个重要方面是及时整理出一批"保留节目"。所谓"保留节目"是指某些教学内容的处理，经过反复实践，经验已臻成熟，可以相对稳定下来。"保留"当然并不意味着一成不变，但是它意味着教师不但大体掌握了这部分内容的教学规律，而且找到了适合自己特点的教学方法。适当地定型，并且反复揣摩，教师就可以找到自己的道路。"保留节目"的出现表明教师已经有驾驭教学的能力，并且正在向形成自己特色的方向发展。

（三）形成教学上的风格特色，甚至形成教学流派的阶段

这是我们没有能力探讨的问题，我们衷心地期望我们所景仰的教师们来总结自己的经验。同时，我们也怀着"高山仰止"的心情来谈一些不成熟的看法。

教学上的风格特色不同于教师的一般特长，而是指教师在处理教学过程中的独特途径和方式。它是一定教学思想的具体体现。

语文教学思想首先表现为对培养目标的认识。这种认识应该具有预见性，因为中学培养的学生将在二十年甚至更长的时间以后才能成为社会的骨干，并且决定着社会的面貌。教育是"未来"的科学，教师的眼睛应该盯视着明天。语文教师应该能够从社会的需要和趋势中勾画自己学生的模式，并且据此来进行人才的培养和塑造工作。他将带有极大的紧迫感，为自己所发现的目前学生的弱点而不安。因此，他不会为社会的潮流所影响（如高考风向），坚持不渝地以全部身心、全部热忱投入这项工作。

一个人不可能全面地认识明天，每一位教师都只能依据自己的条件对未

来进行推测，他们头脑中未来学生的模式图不尽相同，因此对于语文教学改革的探讨方向便会有所不同。这是好事。不同的探讨会从各个不同的方面促进我们的认识，并且造成语文教学的活跃局面。

教学思想还来源于对学生的深刻了解。有不少同志，教学多年，也热爱学生，但并不一定了解学生。真正优秀的教师对学生学习中的心理特点、素质与某些特长的萌芽，创造性思维的萌芽等，都有深刻的了解。我们在许多教师身上看到了这种可贵的教学品质。

作为一种教学思想，这种对学生的认识还必须"类型化"，即教师能够把自己的感性积累提高到理性阶段。构成学生特点的社会因素是在不断变化的，因此一年年过去，教师所教的学生也总在变化之中，教师对学生的认识也应该随之变化，切忌思想僵化而使这种认识定型。但是学生之间虽然千差万别，面目各异，作为教学规律的探讨，教师又必须能够把自己对于不同学生的认识加以归纳、分类。类型化是自觉地运用教学规律的一种表现，教师对学生的特点加以抽象、概括，从个别中看到一般，再由一般中加深对个别的认识，如此循环往复，教师的教学思想也日益深化。这样，教师对学生的启发诱导就不是基于"灵感"，而是立足于科学的认识。对于不同类型的学生有不同的指导方法，这才能做到因材施教。

因材施教与因势利导是不同的概念。善于启发的教师都善于因势利导，但不是所有优秀的教师都能做到因材施教。在中学教学中，优秀的语文教师往往对学生影响最大，学生很容易从文笔、谈吐到作风都模仿自己心爱的教师，从学生作文中更容易看到教师的影子。这是教学成功的表现。但是优秀的教师又应该使学生既"像"自己，又"不像"自己，让学生能够判断、吸收教师身上一切好的东西，又能够在教师的指导下根据自己的特点，找到不同的发展道路。这才是教学的理想境界。

教学思想还表现为对语文教学目的、任务、性质、特点、规律的全面认识，并且形成自己独到的见解。这种见解体现于教师的全部活动中，表现为处理教学的独特的富于个性的方式和途径。假如说，在第二阶段教师应注意积累和整理出一批"保留节目"的话，那么，到了第三阶段，教师会很自然地有自己的"代表节目"。

语文教学是科学，也是艺术。作为科学，它应该有规律可循；作为艺术，它应该充分个性化，从而形成各种不同的风格。"代表节目"深深地打着教师个人的印记，有着极其鲜明的个人特色。这样的教学处理，另辟蹊径，使人拍案叫绝，往往貌似平易，却又不易模仿，仔细揣摩，可以给人以很多的启示。它们对语文教学艺术的发展起着重要的推动作用。

教师个人教学风格、特色的形成，是充分发扬了个人特长的结果。我们不赞成"扬长避短"的提法，一是不赞成过早地提出"扬长"，二是不赞成教师"避短"，这不是反对发挥教师的特长。在全面打好业务能力的基础上，教师应该充分发挥自己的长处，及时熔炼出自己的特长。与此同时，每一位有成就的教师还应该清醒地意识到，随着自己的特长得到发挥，必然会暴露出自己相对的短处。只有防止故步自封，紧紧地盯视着自己的短处，才能继续前进。各级教育领导又应该懂得兼收并蓄，鼓励并扶植教学中的不同风格与特色。这样，语文教学界就会真正出现百花齐放的春天！

*　　*　　*　　*

由于历史因素，全国教师情况相差悬殊，就这篇文章来说，很难面向各种情况。为了便于阐述，我们只能以受过正规师范教育（或相当于高等教育）的毕业生为出发点。这免不了给文章蒙上一层理想主义的色彩。但我们想，有一点理想还是好的，它是火花，能给人带来希望。

知识建构

词语诠释练习*

（1979 年）

在写作实践中，我们需要下定义的机会并不是很多的，但是在表述一个思想时，需要采取类似定义的判断形式的机会是不少的。词语诠释练习是培养学生逻辑思维，掌握基本判断形式，提高语言准确性的手段。词语是多种多样的，作为一种基本练习，被诠释的词语应该选择一个名词。

最常见的词语诠释就是为某一概念下定义——尽可能准确地（绝对准确是不可能的）指出概念的内涵与外延。一说到"定义"，我们会很自然地想到字典中的词条，想到那种简短精确的解释。字典中的词语诠释一般包括三个部分：1. 事物的名称（种概念）；2. 它属于哪一类事物（属概念）；3. 它和同类事物有什么不同（种差）。① 在逻辑学中，下定义的公式是：

种概念＝属概念＋种差

例如：

<u>钢笔</u> 是用墨水书写的带有金属笔尖的一种 <u>文具</u>。
种概念　　　　　种　差　　　　　　属概念

为了避免学生把表述格式定型化，还可以举属概念在前、种差在后的例子，如：

<u>锤子</u>　是一种　<u>工具</u>。　它有一个固定在柄上的重物　（它与其他工具在外形
种概念　　　　　属概念　　　　　种　差

---

* 原载于《中学语文教学》1979 年第 5 期。

① 作者自注：种概念（species）、属概念（genus）、种差（differentia）现在有两种不同释法，正好相反。这里从众。

和构造上有什么不同），<u>用来敲打钉子一类的东西</u>(有什么用途)。
　　　　　　　　　　种　　　　　差

　　作为语言练习的词语诠释，它和一般字典、词典的词条解释还有所不同。因为字典、词典的任务是解答疑难，最常见的概念往往解释得比较简略，像"锤子"这样的概念释作"敲打东西的器具"就够了（《新华字典》）。应该说这种诠释是不周密的，但是读者不会发生误解。学生练习则不同，教师出题必须限于学生熟悉的常见事物，它不是解答疑难而是一种语言与思维的训练，所以不妨要求学生尽量写得周密些。

　　此外，我们进行各种练习都应该以实用为主，应当尽量避免生僻的术语概念。提出过多的逻辑术语是有害的，它只能给学生增加学习上的障碍。因此，我们最好不要提"属概念""种概念""种差"这些容易使学生头昏的名词。如有必要，可以采用"大""小"概念等比较通俗的提法。

　　指导学生进行词语诠释练习，还要注意以下几点：

　　1. 要指导学生把"属概念"（大概念）尽量缩小到最小限度。例如"钢笔"是"文具"，"锤子"是"工具"，它们都是某种"用具""东西"，当然也是一种"物质"，等等。但使用这样的概念，就大而无当了。这是学生很容易出毛病的地方，这一类毛病正好反映了学生思维不够严密的缺点。教师在布置作业以前，要专就"选择最小的大概念"这一点进行适当的练习（在学生熟悉的概念中，它有点像"最小公倍数"）。

　　2. 事物的特点总是不胜列举的，例如钢笔一般都是柱状物、前面呈尖端状，等等。选择"种差"（差别）要注意事物的本质特征，即区别于其他同类事物的主要特点。例如对"钢笔"这一概念的诠解中，"用墨水书写"使钢笔区别于铅笔、圆珠笔、刻蜡板用的铁笔、小孩绘画用的蜡笔……，而"带金属笔尖"，又使钢笔和毛笔区别开来（如果在欧洲，就没有这种必要了）。"选择最重要的小概念"这一点，也需要在学生独立作业前指导他们进行适当的练习（在学生熟悉的概念中，它有点像"最大公约数"）。

　　3. 在语言表述方面，要提醒学生注意以下几点：

　　（1）不能出现概念反复，即使用原概念的名称来诠释自己；

　　（2）用以解释、说明的语言应该比被诠释的词语更通俗，至少不能更生僻；

(3) 在表达清楚的前提下注意语言简洁。

需要说明的是，字典式的那种简单扼要的说明只是词语诠释的一种形式。在日常阅读和写作中，我们遇到的或运用的诠释性说明可以是各种各样的。例如：

片面性就是思想上的绝对化，就是形而上学地看问题。

（毛泽东《在中国共产党全国宣传工作会议上的讲话》）

［勤俭办社的］勤，就是要发动社员勤劳生产，在可能和必要条件下积极地扩大生产范围，发展多种经济，进行细致工作。

（《全国农业发展纲要》）

有时候，在某些著作或杂志中，对一个概念或观点进行诠释往往需要好几页篇幅，甚至写成整篇文章。这样的概念就绝不是三言两语所能说得清的。这种诠释性文字也就不能像字典里的词条那样简短，而且不能机械地划分为三个部分。为了说明这类比较复杂的概念，常常需要借助于举例和比较，有时还要辅之以图解等。在语言运用方面，它允许（也需要）作者表明自己鲜明的态度而带有感情色彩，有时可以写得比较幽默甚至进行讽刺。这在字典里的词条解释中是不允许的。

作为一种基本练习，词语诠释应以定义的形式为主，同时又可以逐步开展，由简单而复杂，使学生的思维活跃起来，并且力求语言生动活泼。在教学实践中，我把它分解为三个步骤（见后面的练习设计）：

第一步，为某些概念下简单明了的定义。

第二步，解释某一概念。写成一个段落，可以举例，可以描写，要求尽量写得生动活泼。这一类概念应该比第一种练习的概念稍复杂些。例如"颐和园的游船"。

第三步，提出两个相类似而又有区别的概念要学生辨析。可以写成一段话，也可以写两三个段落而成为一篇短文。方法不限，可以举例，可以下定义，也可以用其他方法。

在进行第二、第三种练习时，学生的思想是很活跃的，写法也是多种多样的。下面举几个例子：

（一）颐和园的游船

［甲］要说颐和园的游船，那才有意思呢。你猜有几种？我数数看：小到只坐四到六个人的双桨木船；现代化点的有玻璃钢船；大到像教室一样宽的大船，有的还让汽船拖着跑；还有一种呢，是专门接待外宾游览的，样子和大船相似，能坐二十来个人。要是爬到万寿山顶看那游船，更是壮观。那小小的一叶小舟随波飘动，大船机声轰鸣，满载着游客，"突突"地朝对岸驶去，小船在茫茫的湖面上自由自在地移动着。这里的游船吸引着许多游客，到了春游的季节，排队租船的人简直是人山人海。你要是晚到了一会儿呀，游船准没你的份了。

（胡　奇）

［乙］颐和园的游船是供游人在昆明湖上观赏风光乘坐的船只，分机动大船和人划的小船两种。春夏，颐和园里昆明湖上碧波荡漾，湖边杨柳依依，湖中游船点点。

（张　光）

［丙］美丽的颐和园坐落在北京的西郊，它里面有古色古香的大宫殿，有几百米的长廊，又宽又长的十七孔桥，还有高大的万寿山。最吸引人的是那碧波荡漾的昆明湖，轻风吹过，湖面上泛起层层涟漪，阳光照射在宽广的湖面上，反射出点点金光。夏秋两季，还可看到无数只游船在湖面上缓缓移动。游船大体分为两种：一种是宽二米多，长五六米，有顶棚的大木船，它的模样像个小亭子，它是由小汽艇率着走的，有固定的航线——从石舫到十七孔桥来回反复，接往两岸的游客。游客只要花五分钱就可以乘它从此岸到彼岸。另一种是宽二尺多，长六尺左右的小船，有用木头做的，也有用玻璃钢做的，船上有两只固定的桨。游客可随意租这些船，划着船在湖面上欣赏四周的美丽景色。租一条木船需押金三元，一条玻璃钢船需押金五元，划一小时的船交二角钱即可。

（任雪松）

（二）勇敢和鲁莽

勇敢，就是不怕死！鲁莽，也不怕死。

一个战士为了中国的解放，英勇战斗，不怕危险，不怕困难，善于作战，勇猛杀敌，这叫勇敢。而一个战士只为了报仇，杀敌人，杀敌人，报仇，在战场上猛冲猛打，却不注意保存自己，这不叫勇敢，而是鲁莽。这样的人做事不经过周密的考虑，很容易冲动，而且往往由于轻率的决定而失败。因此我们看到，勇敢和鲁莽是有区别的。然而鲁莽的汉子，只要有党的正确领导，明确了冲和打的目的，再经过实践的锻炼，是能够成为一名勇敢的战士的。《洪湖赤卫队》的队长刘闯就是这样一个莽撞、敢闯的人，通过事实的教育，在党的领导下，他终于成为一名勇敢善战的指挥员。

（刘丽敏）

用学生自己的例子去启发他们，可以使他们的思想大大活跃起来。特别是《颐和园的游船》的几个例子，写法不同，各具特色，用以引导学生，更能调动他们的积极性和创造性。

练习一

诠释下列词语（任选两个，不用字典）。

正三角形　学生　向日葵　窗帘

练习二

假定有人对下面的名词不理解，需要你作简单的解释，试写一段话来说明它（任选一个，尽量写得生动、有趣）。

纪念馆　实验室　颐和园的游船

练习三

写一两段话说明下列概念的区别（可以下定义，可以举例，也可以用其他方法，任选一组）。

机器和发动机　勇敢和鲁莽　自信和固执　器具和工具　有主见和抱成见

谈代词的表达功能 *

(1978 年)

善于运用代词是语言成熟的一个标志。无论是从古汉语到现代汉语的发展过程，还是一个人由幼年到成年，语言由幼稚到纯熟的发展过程，我们都可以看到代词的出现和完备化是比较晚的。在早期的古汉语中，人称代词没有单复数的区别，而第三人称代词更是没有得到充分的发展。"之"和"其"都不作主语，"彼"偶尔作主语（"而彼且奚适也"，《庄子》），但本质是作指示代词（"彼美人兮，西方之人兮"，《诗经》）。由于基本上没有当主语的第三人称代词，在古代汉语中就出现了两种现象：

1. 重复前面的名词，例如：

丁巳，王省夒京（京），王易（赐）小臣俞夒贝，隹（唯）王来正（征）人方，隹（唯）王十祀又五彡（肜）日。　　　　（小臣俞犀尊铭文）

2. 主语省略，例如：

（　）射其左，（　）越于车下；（　）射其右，（　）毙于车中。

（《左传》）

---

* 作者自注：这篇稿子原文约 8000 字，后来发表于《中学语文教学》1980 年第 1 期。发表时因受版面限制，由志公先生、寿康先生逐句斟酌，整理成现在这个样子。深情可感，附记于此，以识永念。

这两种现象，都有害于语言的连贯性和严密性。

如果我们观察幼儿牙牙学语，我们也可以看到代词的出现是比较晚的。等他们长大一点，上了小学，开始掌握书面语言的时候，语言不连贯的表现特征之一也是不善于运用代词。例如下面一位小学生的"看图写话"：

> 大母鸡带着小鸡出去找食吃。小黑鸡走到大树下，小黑鸡想找虫子吃。一只小猫藏在大树后头，小猫想把小鸡吃了。大母鸡看见了赶紧跑过来把小猫给赶走了。小黑鸡特别害怕。小黑鸡再不离开鸡群。大母鸡带着小鸡找食吃去了。（元萌，女，七岁，小学一年级）

这时候，如果让他们复述一个情节比较复杂或人物比较多的故事，语言上的毛病也往往出现在代词上。这种现象，甚至在高年级学生的作文里也屡见不鲜。例如一位高一学生（而且是重点班学生）在介绍国画《太行浩气传千古》时就写出了这样的句子：

> 面带微笑，活泼、机警的警卫员站在他的身后，一边背着枪，另一边挎着文件包，正看着他的身经百战的老首长。他右手挂着件军大衣，左手牵着一匹啸啸嘶鸣的战马。

这里描写的是几个人？是两个还是三个？又是谁在牵着战马？原文都模糊不清。事实上，按照作者的原意是应该这样写的：

> 面带微笑，活泼、机警的警卫员站在朱总的身后，一边背着枪，另一边挎着文件包，右手挂着件军大衣，左手牵着一匹啸啸嘶鸣的战马，正看着自己身经百战的老首长。

由此可见，为了指导学生正确而熟练地运用语言，代词是一个值得我们重视并进一步探讨的课题。

代词介于实词和虚词之间，有的专家称之为半虚词。说它是实词，是因为它所称代的人和物是实的。说它是虚词，是因为：1. 它不像名词那样能有固定的意义，比如一个"他"字，可以指张三，也可以指李四，不能常指某一固定的人；2. 它时常起着关联词的作用。① 这样，在语言的运用中，代词就有着自己特有的功能，它是保证语言的连贯性和清晰性的一个重要的因素。

代词的作用是称代，当我们运用代词或读到代词的时候，就会很自然地和前面它所称代的人或物相呼应——上下文呼应，上下句呼应，上下段呼应，这就加强了语言的连贯感。这是我们使语言连贯的最简单的方法，也是不可缺少的方法。例如前面引用的元萌小朋友的"看图写话"就可以改写成下面的样子：

一只小黑鸡离开正在找食吃的鸡群，走到一棵大树下找虫子。一只小猫藏在大树后想把它吃掉。大母鸡看见了，赶紧跑过来把小猫赶走。小黑鸡又跟大家一起找食吃去了，它吓得再也不敢离开鸡群了。

这样的叙述，语言是清晰、通畅而且连贯的。和原作相比，原作的语言显然是幼稚的。这种幼稚表现为每句都是一个独立单位，句与句之间的关系是松散的。它的句式单调，而且主次不分，叙述的主体忽而是大母鸡，忽而是小黑鸡，使我们读起来很难保持思维上的连贯性，不清楚作者要强调的是哪一点。就语言来说，各句之间也缺乏我们现代书面语的那种语言联系，表现形式之一就是句子的主语多次重复出现，不懂得省略，也不懂得用代词来替补。

代词能够加强语言连贯感的原因在于它的称代作用，由于称代，可以使语言前后呼应，语气紧凑。但因此也产生了一个问题，那就是代词与所称代的人或物的关系必须明确，不可混淆。第一、二人称代词是不需要先行词的，因此也不大会发生混淆问题（除了"我们"和"咱们"之类），容易混淆的，往往是第三人称代词和先行词的关系。弄得不好，就会出这样的

---

① 如果以中国语源为证，"其""尔"都可用为语气词，"之"可用为助词和语气词，可见代词与虚词之间没有截然划分的界限。

笑话：

> 张三和李四在路上遇见了。他告诉他，他昨天在新华书店买了本《第二次握手》，问他想不想看。

在学生的作文中，类似这样的笑话是不少的，前面举过的就是一例。写作时，为了避免这种混淆，有时是让我们颇费斟酌的。一个语言运用得十分熟练的人可以巧妙地进行处理，避开这一矛盾而又使我们不易发觉。遇到需要称代的概念比较多的时候，为了行文方便，也为了语言的清晰、严密，我们现在已经把第三人称的"他"衍生为"他""她""它"三个字①；此外，当需要第三身称代的人不止一个的时候，我们还可以用"自己"与"他（她）"交错以示区别。习惯的用法是，在这一句中第一个被提到的人用"自己"，第二个用"他"：

> 那黛玉听见贾政叫了宝玉去了一日不回来，心中也替他忧虑。至晚饭后，闻得宝玉来了，心里要找他问问是怎么样了。一步步行来，见宝钗进宝玉的园内去了，自己也随后走了进来。

前面的例子中，如果是张三买到了《第二次握手》，我们只要写成下面的样子就行了：

> 张三在路上遇见了李四，就告诉他自己昨天在新华书店买了本《第二次握手》，问他想不想看。

虚词的一个重要的语法功能是使语言衔接，代词的半虚词性质表现为有时候它实际上只是一个关联词。试比较下面两句中"那"字的用法：

---

① 第三人称分性，是由翻译西洋作品产生的。但外因通过内因起作用，它之所以能为我们接受，并且可以流行，应该看成是社会的需要。

1. 世界到了全人类都自觉地改造自己和改造世界的时候，那就是世界的共产主义时代。

2. 如果你能应用马克思列宁主义的观点，说明一个两个实际问题，那就要受到称赞，就算有了几分成绩。

这两个"那"字的关联词语的作用都是很明显的。细品起来，例1的"那"字还有着清楚的指代作用，同时又承接上文，表示着强调的语气。例2"那"字的指代作用就微乎其微，它的作用只是承接上文的假设或前提，引出下文的判断或结果，基本上只扮演着关联词的角色了。

正因为这个缘故，有的语法著作中把它们归入一词多类：具有明显指代作用时算代词，起着关联词语作用的时候就算连词。其实这是不必要的。像上面的两个"那"字都起着关联词语的作用，一个指代的作用强些，一个指代的作用弱些，但我们已经很难在它们之间划清界限。不妨认为，代词本身就具有一定的关联词的功能。例如"无论什么时候到达，都有人热情接待"和"什么时候到达都有人热情接待"意思是一样的。可见，这里的代词"什么"本身就包含了"无论"所具有的排除任何条件的意义。一身而二任，既是无定指的指示代词，又起着关联词语的作用。

认识代词的关联功能，是为了在语言训练中对代词给予应有的重视。恰当地运用关联词可以使语言连贯而流畅，而指示代词起关联词语的作用，还可以使语言更接近口语，语气舒展而活泼。例如下面一句话：

如果认为认识可以停留在低级的感性阶段，以为只有感性认识可靠，而理性认识是靠不住的，便是犯了历史上"经验论"的错误。

如果在"便是"前加上一个"这"（《实践论》原文），读起来就不一样了。

中学生由低年级而高年级，他们在语言的运用上往往出现一种趋势，就是越来越多地运用长而复杂的严密句式。正如同他们的思维日益严密，他们要表达的内容日益复杂一样，他们的语言结构也日益严密化、复杂化。这是因为他们开始用成年人的眼光来观察世界，并且力求用成年人的语言来表述自己的思想。所谓成年人的语言，指的就是那种比较严密的书面语。这是一种正常的、几乎是不可避免的趋势。首先，从他们一进入中学起，理科教材的语言就和他们所熟悉并日常运用的语言有着很大的差异。这种准确、严密而结构复杂的句式是他们阅读时的难点，也将他们对语言的理解和运用引入了一个新的领域。稍大一点，他们阅读一些理论著作，尤其是读一些翻译作品，这种句式又是不可避免的。阅读范围的这种扩大，必然给他们的语言带来影响。其次，他们要表述的内容更复杂了，随着他们对事物认识的不断深入，他们还要力求表现事物内部的各种复杂联系。这样的内容，就不是质朴而接近口语的句式所能容纳的了。这是长而复杂的严密句出现的根本原因。（当然，有时也还有猎奇心理和文风不正的影响。）

然而，他们还是不成熟的，无论是思想还是语言都还不够成熟。这时候，在他们的作文中便常出现长而臃肿、纠缠不清的句子。例如：

> 他们可以把座谈时看见的一些外国人在友好的外表下他们彼此会意的掩饰不住的轻视眼神统统忘掉。

十分明显，造成语言这种纠缠费解状态的原因，是这个学生要表达的内容太多了。许多层意思，多种概念交错在一起，一涌而出，结果互相干扰。我们分析作者的原意，如果善于运用代词，就可以把意思表述得清楚一些：

> 座谈时，在友好的外表下，一些外国人掩饰不住彼此会意的，轻视的眼神。然而，我们的同志却可以把这一切统统忘掉。

语言严密化的表现特征之一就是化零为整，使许多零星的小句结合成一个大句，使口语形式的那种藕断丝连的句子变为一个有机联系的整体。最常见的办法是附加语的延长，把一些意思用附加语的形式依附在作为句子主干的中心词上。这样做，如果处理得当，句子虽然长了，但语言不是变为拖沓而是更简练了。不过任何事物都是有一定限度的。附加语如果过长，就会造成语言费解、纠缠不清的状态，甚至出现病句。这正是一些同学容易犯的毛病：

啥时候欢蹦乱跳的只要不是在上课大老远就知道她在哪儿的路健变了呢？

这一类句子之所以费解，是因为附加语太长，枝叶旁逸斜出，遮蔽了主干。修改这一类句子（包括指导学生自己修改），主要有两种方法。一是使长句化短，化整为零，就是将附加语的一部分内容移出句子主干之外，另成一句。这时在原句子的内部，常常需要填进一个代词使之前后呼应。像上面的句子就可以改成：

路健整天欢蹦乱跳，只要不是在上课，大老远就知道她在哪儿。啥时候她变了呢？

还有一种方法是利用"复指"的办法，把附加语的一部分内容化为外位成分，利用代词衔接。

由此可见，善于运用代词，是保证语言清晰性的一个重要条件。

空间位置与"参考点"*

（1980年）

对于中学生来说，空间位置的表述是有一定难度的，因此空间描写在语文教学中是一项重要的内容。

空间位置总是相对的，这就是难度之所在。中国在日本的"西边"，但是又在阿富汗的"东边"，如果笼统地说"东"和"西"，是无法明确地说明中国的位置的。正像数学坐标轴上的0点一样，表述一切事物的空间位置都必须有一个基准点，这个基准点叫"参考点"。例如《驿路梨花》里有这样一句话：

> ……墙上写着几行粗大的字："屋后边有干柴，梁上竹筒里有米，有盐巴，有辣子。"

这里，"屋"和"梁"就是表明干柴和竹筒位置的"参考点"，而"竹筒"又是米、盐巴、辣子空间位置的"参考点"。如果没有一定的语言环境（例如上文提供的条件或者口头表达时有所暗示等），光说"后面有柴火""上面的竹筒""里面有米""盐巴、辣子"，读者或听者就不明白了。

东、南、西、北、上、下、左、右、里、外、周围……凡要确定一个事物的位置，都必须有参考点。有时候，为了明确地表述位置，我们甚至需要

---

* 原载于《中学语文教学》1980年第1期。作者自注：写作时参考了廖秋忠《现代汉语时空场的语义结构》一文。

用几个参考点来定位。例如：

燕山山脉在华北大平原东北面，内蒙古高原东南面。

用参考点表述空间位置要遵守几条原则：

1. 所选择的参考点应该是读者或听者已知的，或者看得见的，或者想象得到的事物或地方，否则对方就会莫明其妙。儿童说话，在表明事物位置的时候常常使人摸不着头脑，就是不懂得选择参考点或参考点选择不当的原故。成年人说话写文章，如果不注意对象，也会出这样的毛病。

2. 在空间描写中，所描述的事物和参考点之间可以有一定篇幅的间隔。（例如"爬到半山腰，极目四望，……。再往上走，……。"）但是所描述事物的位置，只要不属于参考点的一部分，那么它与参考点的位置必然是"毗邻"的，不可以有明显突出的第三者横亘在当中。

在复合处所词或方位词组中，总是先出现的名词是后出现的方位词的参考点，如室外、胸前、山顶、天上、长城以北等。这是符合人们阅读和听话的心理过程的。这种先后关系在空间描写中成为空间顺序中的一种基本顺序，后面还要谈到。

在幼儿和小学生的语言教育中，应该教会他们准确地表述事物的空间位置。到了中学，他们表述的事物复杂了，训练的难度也应该增加。他们开始练习空间描写，所描述的往往是若干事物或事物的若干部分，这些事物或事物各部分之间都有位置关系问题，这时就必须熟练地掌握空间顺序的要领。

"空间顺序"和"参考点"的关系是怎样的呢？

当我们连续描写几个位置不同的物体的时候，有两种基本的格式：

1. 让先写的物体依次成为后写物体的参考点。例如：

走上一段阴暗的仄仄的楼梯，进到一间有一张方桌和几张竹凳、墙上装着一架电话的屋子，再进去就是我的朋友的房间，和外间只隔着一幅布帘。

（《小桔灯》）

这种参考点不断位移的空间描述，我们称之为"动点描写"。参考点不断移动时，它们的先后关系和顺序，是动点描写的基本程序。

2. 使所描述的事物共有一个参考点。例如：

> 天上闪烁的星星好像黑色幕上缀着的宝石，黑的山峰像巨人一样矗立在面前。四周的山把这山谷围得像一口井。上边和下边有几堆火没有熄，冻醒了的同志们围着火堆小声地谈着话。

（《老山界》）

这种以一个参考点为基准的空间描述，我们称之"定点描写"。在定点描写中，如果以说话人、作者（或作品中人物）为参考点，有时参考点在语句中可以不出现。

以上是空间顺序的两种基本格式。假如我们描述的对象相当复杂，则常常需要两种格式综合运用。有时，可以以一种格式为主，在细节部分参用另一种格式；有时可以两种格式交互使用，实际上是两种格式的组合。但尽管情况千变万化，以上两种格式练熟了，遇到各种复杂情况也就容易得心应手了。

在语文教学中，我们习惯使用"观察点"的概念。这个术语生动好懂，特别是在空间描写中，学生总是通过自己的视觉观察来确定物体方位的，因此"观察点"这一术语更容易为学生理解和接受。但"观察点"这个术语有着较大的局限性。第一，它只适用于用眼睛观察的空间描写，像"月球离地球约三十八万四千公里"和"××位于东经××度，北纬××度"这样的描述是有参考点的，但却很难说有"观察点"。第二，"观察点"适用于定点描写，在参考点不断移动的情况下，"观察点"便显得没有意义。在大量日常语言实践中，我们更多的是确定物体的方位，而不是空间描写，从这些方面看，"观察点"只适用于空间描述的局部情况，"参考点"却适用于全部情况，两个术语并用，又会出现不必要的知识重叠。为了更科学地表述规律，减少知识的并列层次，便于说明描述空间位置的规则，我们不如统一使用"参考点"为好。

空间顺序、时间顺序和逻辑顺序是思想材料组合的三种基本顺序，学生在未来的工作中，特别是在科技工作中，需要在阅读文字材料的时候能够迅速地在头脑中反映出事物的空间位置，有敏锐的空间感觉，而且能够用语言准确地表述各种复杂的空间关系。如何有效地培养学生的这种能力，需要我们不断地探讨。

关于复述*

（1983年）

复述是语文基本练习形式之一，它兼具培养理解能力和表达能力两方面的作用。这种练习的特点在于它以一定的口头或书面材料为根据，在充分理解材料内容的基础上，按照不同的目的和需要对这些材料进行再加工，然后组织语言进行表述。转述是复述的一种形式。本册除结合课文安排了一定数量的复述练习外，还在单元练习中设计了三次体现不同要求的转述练习。这些练习都是以书面材料为依据的，为此，就需要先了解阅读理解的一般过程和要求（这方面的道理也适用对口头材料的理解）。

一、阅读理解的一般过程和要求

阅读是通过视线扫描，筛选出关键性的语言信息，联系阅读者头脑中所储存的思想材料，引起连锁性思考的这样一个复杂的思维过程。在这样一个过程中，包含着以下几个环节。

1. 把握关键性的词语和句子。这实际上是读者通过自己的大脑对语言材料进行的筛选工作。有一定文化的人在阅读的时候并不是逐字、逐句地进行的，他的视线扫描一般呈跳跃状态。这是因为有些词语仅仅起着语法的填充作用，并没有实质性的意义，而且有实质性意义的词语在传递信息方面又有重要与次要之分。人的大脑有着一定的推导能力，因此文化水平越高，或

---

* 作者自注：这是为人民教育出版社初中《阅读》第二册教学参考书撰写的知识短文。

者相关的背景知识越多,就越能跳过某些词语和句子而并不妨碍阅读者获得正确而完整的印象。这样,阅读的第一个要求就是能够迅速而准确地判断、挑选、理解关键性的词语和句子;进一步,还要能够撷取篇章的重点或者根据特定的需要而撷取相应的材料(例如查阅参考书)。

要达到以上的要求,阅读者应该具有以下几种能力:(1)良好的语感,(2)能够判断全篇的主旨,(3)能够按照一定的标准对阅读材料所包含的内容进行分析、辨别、比较等。这些,我们将在以后的教学指导书中陆续地阐述。

2. 所获得的材料在头脑中重新组合与灵活调整。理解、消化所阅读的内容,除了进行必要的筛选以外,还要把它转化为读者自己的认识。这种转化,一方面是将这些材料加以整理,使之系统化,另一方面则是使这些新的内容与读者固有的思想和知识融合,成为其中的一个有机成分。为了实现这种转化,阅读者需要将所获得的材料(信息)进行分解和分类,归纳和综合,重新排列,而且往往还需要读者利用自身的经验或知识作参考,在材料之间形成新的逻辑关系或线索,将其纳入自己原有的思想知识结构。这种材料间重新排列组合的现象在复述特别是转述时是经常看到的。可见,阅读理解不是思想材料的简单"移植",而是一种信息的"编码",而这种重新组合与灵活调整能力的高低,则直接反映着阅读水平的高低。

3. 原作语言的改制。阅读者常常需要把作者的言语变成自己的言语,才能把作品的思想内容变成自己的认识。这种语言的转化可以分为"意译"和"阐释"两种。意译,指的是读者用自己的话来再现原作的内容;阐释,指的是读者按照自己的理解对原作内容(包括明示信息和隐含信息)作出的解释。阐释又包括两个方面,一是对具体的材料作出恰当的抽象和概括(例如关于中心思想的表述等),一是利用具体的材料(一般是读者固有的经验或知识)对原作中抽象的内容进行阐发或解释(例如对某些警句的分析与发挥之类)。在阅读教学中,这两个方面都是应该注意的。

4. 原作内容的扩展与深化。在把握内容的基础上,读者还要进行联系、类推,以至鉴赏、评价。这种思维的特点是以作品为出发点,又越出作品内容的范围,向着不同的方向延伸。在阅读的过程中,读者会通过回忆联想、比较对照、抽象想象，努力调动自己原有的经验和思想材料，与原作内容之间建立起种种对应关系，进行发散性思考。读者的经历、知识、思想、心理状态不同，就会产生不同的阅读角度，有不同的心得体会；换句话说，不同的读者和同一作品之间会架起不同的通道和桥梁。从这个意义上讲，阅读理解不仅是对原作内容的吸收，其中也包含有创造的因素。

复述练习一般反映了阅读的前三个环节，有时候，它也部分地反映着第四个环节中的体会。

二、复述的种类

语文教学中常常用复述作为检查阅读效果的手段。复述又可以分为重复性复述和改造性复述两大类。

重复性复述又称重述，其特点是尽量完整地保存原作的观点、情节或内容，并且不改变原作中材料的顺序。重述又分详细复述和摘要复述两种。详细复述和原作最为接近，它是最简单、最基本的复述形式。这种复述可以检查学生对阅读内容的熟悉程度。摘要复述是根据复述的要求撷取主要观点、主要情节或内容的复述。这种复述可以检查学生是否能够在阅读中区分主次，判断要点，此外，还可以考查学生的概括能力和语言过渡能力。就阅读理解的水平而言，摘要复述要高于详细复述。重述允许（有时也提倡）复述者直接引用原作的语言，但无论是详细复述还是摘要复述都不可避免地要对原作语言进行必要的调整和不同程度的改制。

改造性复述就是转述。所谓改造，包括内容和语言形式两个方面，视不同的目的和要求而定。转述对原作的改动比较大，思维加工和语言加工的程度比较高，难度也比重述大。从本文前面对阅读过程的分析可以看出，转述对阅读理解的覆盖面更广，完成这种练习时的思维强度也更高。无论从培养阅读理解的能力来看，还是从培养表达能力来看，转述都是一种很好的形式。

三、转述的不同要求

转述可以改换原作的人称，可以改变原作材料的顺序，可以改变原作的表现方法，可以改变原作的结构甚至体裁，灵活性很大。

　　转述也可以分为不同的类型。一种叫概括性转述，它不仅要求转述者能够准确地删去次要的、解释性的和修饰性的内容，还要求转述者能够对内容进行必要的抽象，并且用转述者自己的语言加以组织和概括（例如第四单元练习中的转述练习二）。这种转述是引用材料时经常要用到的基本技能之一。在概括程度较高的转述中，学生的难点在于他们能不能在语言十分简练的情况下准确地把握中心，突出重点。另一种叫改编性转述。这种转述对原作的改动相当大，它可以涉及表现形式的一切方面，甚至改动原作的体裁和标题（例如剧本改成故事）。这种改编，实质上是对原作从表现形式到语言的全面改造，它常常需要在内容方面作较大的删节和调整，例如本册第八单元练习中的转述练习三，第一册中把《渔夫的故事》改编成连环画说明也是其中的一种形式。

　　以上两种转述主要着眼于表达方式。阅读的目的、方法不同，内容的选择也不同，按照不同的目的要求，转述对阅读内容也有不同的处理方式。就内容删取的情况来看，调整幅度比较大的有选择性转述和综合性转述。选择性转述指的是在原作内容中只抽取某一方面内容，加以组合、连贯而进行的转述。这种转述所选择的材料，不一定是原作的主要内容，甚至不一定是重要的内容，它反映转述时的特定需要，意味着转述者和原作在处理材料方面有着不同的角度（例如评论作品中的某一个问题，或者为某一论题而从参考书中撷取有关的材料，等等）。在这种情况下，转述者需要对原作的材料仔细地加以分辨、比较，才能取其所要。综合性转述指的是把不同的材料加以归纳、合并进行的转述，通常叫作综述。综合性转述需要在不同的材料中找出相关点，进行归纳，予以概括，舍去无关的内容，再按照主次轻重的逻辑关系对所概括各点加以排列，使之条理化，然后组织语言进行表达。在我们日常的读写活动中，选择性转述和综合性转述可以独立进行，也可以结合起来进行。从不同的材料中分别撷取有关的内容，然后综合概述，这是常有的事，写论文、编简报、写报道，等等，都经常要运用这种手段。

　　总的说来，选择性转述和综合性转述更能反映阅读时的思考过程，思维训练的作用更大一点；概括性转述和改编性转述在表达方面的要求更高一些，语言训练的作用更强一些。

四、复述的训练价值

中学语文教学的复述大都是在阅读的基础上进行的，它在促使阅读深化、检查阅读效果方面的作用前面已经谈过。在培养表达能力方面，这种练习的特点是使训练的目标简化，学生不需要另行收集素材，也不需要另行立意，减少了思考的层次，可以把注意力集中在材料的选择和编排方面。复述有不同的种类，不同种类的复述对技能技巧方面的要求比较明确，学生也比较容易把握。重述以撷取和组织原作的语言为主，以此为基础进行调整；转述需要对原作语言进行较大的变动，但原作的语言对转述者显然有启发的作用。这种调整与改造对于学生理解语言的运用也有积极的意义。

实用性写作经常需要复述。故事梗概、内容提要、简化读物、摘要汇编，等等，都以复述为基础；在更多的场合，复述构成写作的一个中间环节。复述练习可以为材料的引用铺平道路。

复述与中学许多样式的写作练习是沟通的。它可以是口头的，也可以是书面的，如果复述练习是书面作业，就可以衍化为缩写和改写。但是任何练习都有一定的范围，复述练习应该以再现原作内容为其主要特征。正如阅读时读者往往要把自己的一些经验、感受糅进对作品的理解一样，复述（特别是转述）时复述者也往往会掺进一些自身的主观因素。这些主观因素或表现为合理的想象，或表现为适当的评论，中学生更会这样。像这种情况都是允许的，但要有一定限度。前面已经谈过，阅读中包含着创造，具有一定的发散思维成分，阅读者可以越出原作内容的范围沿着不同的方向作纵深思考。阅读中的各种扩展成分，我们可以通过中学语文作业中的其他样式，如扩写、续写、读后感、作品评论等来反映；复述练习应注重其限制性，不宜延伸过远。各类练习各司其职，目标、要求明确，才更有训练价值。

不同类型的复述有不同的要求，有难易之分。比较起来，转述的难度较重述大，因此，本册中的转述都编入单元练习，利用所提供的阅读材料来控制其难度。三次转述练习按由易到难编成序列。第一个练习的目的在于掌握人称转换的基本技巧；第二个练习着眼于表现方法的变化，同时要求学生按规定的分类方法对材料加以整理和归纳，但基本上不改变原来的材料排列顺序；第三个练习要求学生改变观察角度，由此引出人称以及材料的选择和组织方面的较大变化，难度比较高。每次练习的注意事项，见相应的单元练习说明。

关于比较[*]

（1984 年）

比较是我们认识事物的一种重要方法，也是语言表达的一种重要方法。

取事物的相同点相比称"类比"，取事物的相异点相比叫"对比"。在认识事物的过程中，类比和对比是辩证地结合的；作为表达方法，比较既是一种说明的方法，又是一种修辞手段，还是一种谋篇的手段。这篇文章主要介绍它在表达中的应用和注意事项。

直接比较是表达中最显露的形式，它的应用范围很广。最常见的如"这是中国自古以来最高的一座纪念碑，从地面到碑顶高达三十七点九四米，有十层楼那么高，比对面的天安门还高四点二四米"。（周定舫《人民英雄永垂不朽》）用人们所熟悉的事物来和不熟悉的事物作比较，可以收到通俗生动的效果，这是大家都熟悉的。

上述的比较只是直接比较的一种方式。在这种方式中，作者的用意只在于说明某一件（或一种）事物，而借和其他事物相比来使读者获得更具体的印象，相互比较的事物中有主、衬之分。像这种情况，我们把前者称为"主体"，后者称为"衬体"。还有一种情况是，在作者的比较中无主、衬之分，所比较的各方都是主体。例如《八只小猫》第二段：

……一只猫一个姿态：有的静坐，有的打滚；有的招手，有的拍

---

[*] 作者自注：这是为人民教育出版社初中《阅读》课本第三册教学参考书撰写的知识短文。

球;有的傻站着,有的跷起一条小腿;有的匍匐不前,有的待人去抱。它们毛色不一,颈中都有朵作为领结的小花。这样的描叙何其平庸。应该说它们的一切都是活的,简直就是八个孩子,都有一双带长睫毛的调皮而聪明的眼睛,连那天真稚拙的姿态也像。(相同点:天真、调皮、稚拙的神态,颈中小花。相异点:毛色不一,姿态各异。)

在这段文字里,作者既用小猫和孩子比较,又用八只小猫相互比较。和孩子比较时,小猫是主体,孩子是衬体;相互比较时,则八只小猫都是主体。它们之间既有相同点,又有相异点。正是通过这种相互比较,这些小猫的特点才交相映衬而相得益彰。《看云识天气》中不同云、晕、华、霞的特点也是通过它们之间的比较而得出的。

直接比较有时也采取不太显露的形式。例如《阅读》课本第二册第四单元曾指导学生给事物下定义,并提供了下定义的最基本的公式:

种概念＝属概念＋种差
(高积云是成群的扁球状的云块)

在这样的定义里,种差(画线的词语)是与同类事物比较的结果,但是在文字表述中,却泯去了比较的痕迹。同样的,在《看云识天气》中,无论是各种云还是晕、华、虹、霞,它们的文字描述都着眼于与同类事物的差异,通篇看,全文贯串着比较,但是分别地看,字面上却不着比较的痕迹。可见在表述方式上,比较是具有相当的灵活性的。

学生掌握比较这种方法时,要注意两个问题:一是"相比点"的确定,二是"相比点"的组合模式。

相同点和相异点统称"相比点"。无论是直接比较还是间接比较,都必须有明确的相比点。有的相比点是比较具体的(如《八只小猫》中小猫的姿态),有的则比较抽象(如《图画》里中西画的差异)。只有相比点明确,思路才能清楚,而模糊、笼统或相比点暗中转换正是中学生容易犯的毛病。

有了明确的相比点,还要注意有条理地把它们表达出来。相互比较的事物至少有两个，如果不同事物在比较中有若干相比点，而又不注意它们之间的排列组合，则表述极易出现紊乱。相比点的组合模式最基本的有两种，分别称为"平列式"和"交错式"。

一、平列式

平列式就是把不同事物之间有比较意义的特征按照相比点的顺序同时并列，一一阐述（甲事物的特征用 A、B、C 表示，乙事物的相对应特征用 A′、B′、C′表示）：

甲乙两事物的比较

1. 第一相比点——AA′

2. 第二相比点——BB′

3. 第三相比点——CC′

……

课文中的例子如《图画》的最后一部分——中西画的比较。作者分别从创作方法、创作风格、历史渊源三个方面同时举中西画的特点加以比较。

二、交错式

交错式就是先总说甲事物的各种有比较意义的特征，再总说乙事物与之相比的特征。

1. 甲事物的特征

    A——

    B——

    C——

    ……

2. 乙事物的特征

    A′——

    B′——

    C′——

    ……

课文中的例子如《看云识天气》最后一段中关于晕和华的表述。作者按照形状和色彩、产生的位置、预示的天气依次分别描述晕和华的特征。

按照这种格式表述，要注意各相比点的对应顺序，起到前后呼应的作用。例如《食物从何处来》一课中关于"自养"和"异养"的表述：

1. 一种叫自养。绿色植物都属于这一类。它们自己把无机物制成有机的食物，满足生长的需要。

2. 另一种叫异养。所有的动物和大部分微生物都是这一类。它们自己不能制造食物，靠植物来生活。

注意各相比点相互之间的对应顺序，可以防止表述时的疏漏和错乱，增强思维的条理性，而且可以使文章前后衔接，眉目清楚。像上面这两句话，在文中相隔四段，但由于表述时的前后呼应，就使篇章结构显得更为严谨。

以上两种格式是比较的最基本的模式，好像球类运动中的基本动作一样，初学者应从这里入手。基本模式掌握得娴熟了，才能灵活地综合运用，最后从心所欲，泯去痕迹。

比较还可以采取比较隐蔽的形式，通过折射的方式反映出来，这种比较称间接比较。间接比较中最常见的一种就是比喻。比喻取事物之间的相似点，实质上是类比的引申和扩展。（有人认为：类比是"同类、同理"，比喻是"异类、同理"。这种看法可供老师们参考。）其他的还有映衬、反衬、对比等。这一类比较的作用主要在修辞方面，《阅读》课本（试用本）中曾把它称之为"比照"关系。例如：

1. 我们曾经说过，房子是应该经常打扫的，不打扫就会积满了灰尘；脸是应该经常洗的，不洗也就会灰尘满面。我们同志的思想，我们党的工作，也会沾染灰尘的，也应该打扫和洗涤。（比喻）

（毛泽东《批评和自我批评》）

2. 那是四十年前了，我从风陵渡口眺望黄河，滚滚狂涛冲着巨大冰排，万雷轰鸣，天崩地裂，一泻而下，那是何等惊心动魄的气概呀！兰州的黄河未免太安逸平静了。（对比）

（刘白羽《黄河之水天上来》）

这种间接方式的比较有两点值得注意：

1. 相比点常常是隐含的。没有相比点就无法比较，但是这一类比较注重的往往是心理上的联系，是感觉、感受、感情方面的相通或相反，这种心理上的联系，需要读者在特定语境中加以体味。例如《黄河之水天上来》的例句，作者没有从细节方面把风陵渡口的黄河景象与兰州的黄河一一对照，而是用"滚滚狂涛冲着巨大的冰排，万雷轰鸣，天崩地裂，一泻而下"这样一个"惊心动魄"的整体性情景与兰州黄河的"安逸平静"相对比。至于兰州黄河究竟是一种什么样的情景，为什么说它"安逸平静"，它与风陵渡口黄河相比有哪些具体的差别，作者则没有述说。相比点的隐含程度与文体和表现方法有关。一般地说，抒情、描写成分多的散文，相比点常常隐而不露，以收到比较含蓄的效果；论说性文字则往往比较明显，使思想观点表达得更为清晰。例如《批评和自我批评》中的例句，虽然运用了比喻的形式，但洗脸、扫地与清除错误思想之间的相关性（类似之处）是一目了然的。

2. 要特别注意作者语言描述中心理上的侧重点。前面说过，相比较的各方有时都是主体，有时有主、衬之分。在这种比较隐蔽的比较中，作者着眼于它的修辞功能，往往都以一方为主，其他的与之相比较的事物只起烘托、衬托的作用。比喻中，本体和喻体的关系是十分明昂的。在对比、映衬等其他方式里，这种主、衬的关系有时不那么明显，需要读者仔细体味，才能了解作者想要强调的究竟是哪一方面，才能把握作者用意之所在。对照性的描述中，心理上的侧重点并不一定是写得最多的部分。例如上面《黄河之水天上来》的例子里，作者描述风陵渡口黄河的情景一共用了三十五个字，而写兰州黄河时却只有"太安逸平静了"六个字，但宾主关系却和字数的多寡相反。（这只是就文章的局部而言，如果从全文来看，则兰州黄河的安逸平静又只是一种铺垫，用以反衬刘家峡和由乌鲁木齐飞回北京时俯瞰黄河时的壮观景象）特别是在文艺性散文中，这种主、衬的关系有时是相当曲折、微妙的。仔细揣测，才能把握文章的脉络。

直接比较和间接比较都可以成为谋篇的手段。直接比较既可以用于说明，也可以用于议论和记叙；以间接比较作为全文贯串线索的，就是借物喻理和借物抒情。我国文学写作的传统手法中有"比"和"兴"，"比"（朱熹解释为"以彼物比此物")就是我们上文所讲的间接比较;"兴"的说法不一,一般解释为触景生情,或者由具体事物引起、诱发某种联想,它与间接比较也有内在联系。《阅读》课本第一册的许多咏物诗,就是借物喻理和借物抒情的诗歌形式。

借物喻理和借物抒情的特点在于把比较抽象的思想、情感寄托于具体、形象的事物之中。这类文章既有对所寄托事物的具体描述,又有对所寓之理和情的充分阐发。这样,作者就必须合理地处理好以下几种关系:1. 所借之"物"和理、情之间的内在联系;2."物"和理、情之间的阐发点的选择;3. 对于阐发点的文字处理。

借物喻理和借物抒情文字的写作过程,有时候是某一具体、形象的事物(或情景)触动了作者潜伏的思想、情感,诱发了写作动机,但也有不少是作者先有了某种意念(理性的、感性的),然后设法捕捉一个形象的外壳和表达的线索。无论是"因物生意",还是"意在物先",作者所要表达的思想感情在自己的头脑中都是酝酿已久、呼之欲出的,而所借之"物"只是这种思想感情流露的出口,是它的形象外衣和翅膀,是使它通向读者心灵的桥梁。思想感情之难于表达,在于它的抽象性;具体事物之所以能够成为抽象的思想感情的凭借,在于它的直观性,在于它便于为读者所理解,所接受,便于感染、打动读者。所以,不是任何事物都能起到这种桥梁作用的。除了"物"和理、情之间必须存在着合理的、自然的内在联系这个条件外,还必须考虑到读者的可接受性。因此,写这一类文字大体上遵循以下原则:

1. 用以相比的事物应该是读者所熟悉的。当然,某些偶发的、不常见的事物有时可以给读者留下更深刻的印象,但它必须经过适当的铺垫与描述使之便于读者理解。过于复杂的事物和读者感到陌生而难以理解的事物不宜作为相比对象。此外,用以相比的事物还应该具有一定的含蓄性,能够容得下作者想阐发的思想,从而具有某种象征意义,成为比较抽象的思想感情的形象躯壳,相比形象选择的好坏,这种含蓄性常常决定了全文的成败。

2. 注意对相比事物的具体描述。这种类比事物起着比喻的作用,但它和一般的比喻又有所不同。就仅仅作为修辞手法的一般比喻来说,语言的形象性本身就是目的,也是表达的终结。它可以引起读者的联想甚至深思,但作者不需要再说什么，不需要再作什么解释和说明，更不需要再作进一步的阐发。借物喻理和借物抒情则不然，用以相比的事物只是一种催化剂，是一个触发点，从这里出发，作者将进一步阐发他的思想感情。因此，对于相比的事物要有足够的描述作为铺垫。

3. 在对相比事物具体描述的基础上进一步引申、发挥。上面已经说过，借物喻理和借物抒情的文字中，对于作者思想感情的表达来说，形象只是一种辅助手段，是一种凭借物，因此，对相比事物的描述只是进一步阐发的起点，而作者的阐发才是文章的主体部分。这种阐发必须与文中描述部分紧密结合、呼应。

基于借物喻理和借物抒情有上述特点，它的构思要领就在于作者要善于捕捉"物"与"理""情"之间的交叉点，具体地说，就是确定二者之间相同、相似、相通、相关的内容，由此入手，展开思路。所谓相同、相似、相通、相关的内容，有的是交叉概念外延的重合部分，即事理之间本身固有的联系，有的则是作者人为地赋予的心理联系（这种心理联系必须合理、自然）。确定了二者之间的联系，也就有了明确的写作范围，但仅仅划定了写作范围还不够，作者还必须在这特定的范围内选取若干具体的相比点，才能顺利地展开思路。例如松树和白杨，作为两种植物，它们的生态特征是有许多方面可供描述的。《松树的风格》和《白杨礼赞》分别歌颂了共产主义风格和抗日战争中我党领导下抗日军民的精神，这就使作品中对松树、白杨的描述限制在特定范围之内。然而，仅有这样的限定性还不足以成篇，《松树的风格》取顽强的生命力、献身精神、乐观精神这三个方面作为相比点，《白杨礼赞》从力争上游、挺立不屈和伟岸、正直、质朴、严肃这两个方面在白杨和"北方农民"之间进行类比，才使这两篇作品不仅有着抽象的目标，而且有了具体的框架。可见，相比点的确定是任何形式的比较中所不可缺少的重要因素。一般的中学生在写这一类文章时，往往只注意比喻的形象性以及词语的藻饰与铺陈，对于相比点在类比中的关键作用认识不足，其结果是思路不容易向纵深展开，有时甚至造成类比失当。

"任何比喻都是跛脚的"，两物相比，总有其不一致的地方。借物喻理和借物抒情也是如此，所借之"物"和作者要阐发的"情""理"之间，总有一些不相吻合的地方。在这种情况下，有经验的作者就会回避矛盾，或者设法予以补救，而没有经验的写作者则往往在行文中出现疏漏或谬误。回避矛盾，就是宁可舍弃一些内容，决不牵强附会；补救的办法，有时是在类比之外作必要的补充，有时是作语言的调整。调整语言，就是设法在描述和词语的选择方面使"物"和"情""理"相互接近，尽量寻求、捕捉那些能够兼顾二者的特色、能够兼容或沟通二者的语汇，例如茅盾写白杨树"枝枝叶叶靠紧团结，力求上进"，既符合了白杨树的形态，又切合作者所要歌颂的北方抗日军民的精神。再如郭沫若写石榴"有梅树的枝干，有杨柳的叶片，奇崛而不枯瘠，清新而不柔媚，这风度实兼备了梅柳之长，而舍去了梅柳之短"，貌似写树，实则写人。这些语言描述都具有双关的特点，是把物和人联系起来的重要环节。在读者能够接受的前提下，经过一定的铺垫，作者有时也可以使用适合"理"或"情"的词语来直接状物，例如于谦《咏石灰》的尾句"留得清白在人间"，作者直接用"清白"代替"洁白"，由于有了前三句作基础，最后一句就显得响亮而有力。由此可见，借物喻理和借物抒情既需要有缜密的思维，也需要有一定的语言锤炼能力，对于中学生，它有着特定的训练价值。

类比的失误经常可见，报刊上也在所难免。下面举一篇为例：

雷锋同志说："当一名无名英雄最光荣。"在茫茫的夜空中，流星拖着闪光的尾巴，横贯天际。虽然偶露"峥嵘"，却是顷刻消失，<u>除了天文学家，谁会注意它呢？</u>

而水井，尽管位置低下，占地面积窄小，却有深深的根底。它不露声色，默默地供给人们取之不竭的泉源。

雷锋一不为名，二不为利，把"自己辛苦点，多帮人民做点好事"当作自己"最大的快乐和幸福"。

他多像一口井啊，<u>向人民要的最少，给人民的贡献最大……</u>

要学水井长流水，默默无闻做贡献；

莫学流星闪即失，为显自己变顽铁！

用"水井"和"流星"来类比是完全可以的,但要注意类比事物本身的特点。说水井"向人民要的最少,给人民的贡献最大",未免不合逻辑;流星在人们的眼中"顷刻消失"是不错的,但当流星划过天际的时候,注意到它的决不仅是天文学家(此外,"为显自己变顽铁"也使人感到牵强)。究其原因,大约是作者先形成了观念,再寻找类比事物,为了表达已有的思想,就不顾二者是否吻合,生硬比附。这种"牵物就理"的破绽,在学生的作品中是屡见不鲜的。

《阅读》课本中,关于直接比较的知识,初一年级打基础,初二年级正式讲授(第三册安排练习,第四册有知识短文),借物喻理和借物抒情放在初三去讲(第四册选入少量课文)。

附:课本中相关部分的表述与练习

Ⅰ 预备性练习(人民教育出版社初中《阅读》课本第三册)

一、比较是认识事物的一种常用方法。通过比较,我们可以从不同的事物中看到相同点(异中求同),也可以从同类的事物中看到不同点(同中求异)。认识相同点,就可以归类;认识不同点,就可以把事物加以区别。阅读《宇宙里有些什么》的有关部分,看看作者是怎样说明恒星的特征以及各类恒星的区别的,然后填写下面的表:

		相 同 点	不 同 点
恒星	大(红巨星)		
	中(普通恒星)		
	小(白矮星)		

二、比较除了帮助我们认识事物外,还可以帮助我们表达。利用我们熟悉的事物来和不熟悉的事物比较,就能把事物述说得通俗易懂,饶有趣味。在本单元的课文中找三个这样的例子。

Ⅱ 语文知识短文与练习(人民教育出版社初中《阅读》课本第四册)

比 较

上学期曾经讲过,比较是认识事物的一种方法,也是表达的一种手段。

通过比较，会发现不同事物之间的相同点和相异点。利用事物的相同点进行比较的，叫"类比"；利用事物的相异点进行比较的，叫"对比"。

用相反的事物比较，可以更好地表现事物的特征和本质，给人以强烈的印象。例如《山海关的面貌》中，通过作者所描述的截然相反的情景，鲜明地表现了"换了人间"这一思想。

用人们熟悉的事物来和不熟悉的事物比较，可以使说明通俗易懂。例如《雄伟的人民大会堂》中，作者分别用长安街路面、足球场来和万人大会堂的顶部以及宴会厅相比，读者就感到比较具体。

用人们熟悉的事物相比，例如《石榴》一文中，作者分别把石榴的干、叶和梅、柳相比，可以加深读者的印象。

用具体的事物来和抽象的道理相比，可以收到生动、形象的效果。例如后面所附的《吃辣酱的启示》一文，如果没有作者所叙述的故事，文章所说明的道理就会显得抽象而索然无味。

有一类文章，作者借助某种具体的形象来表现抽象的概念，例如《红花草》和《荷叶咏》，这一类写法叫借物抒情或借物喻理，是比较的一种特殊形式。通过这种类比，抽象的思想感情获得了鲜明的形象。

相同点和相异点统称"相比点"。客观事物是复杂的，不可能在一切方面都加以比较，只能有少数几个相比点。小至一个比喻，大至借物喻理的文章，相比点都必须明确，它是比较的基础。

练习：

1. 仔细阅读《红花草》，找出其中的相比点：

相比点	红花草	人类的高尚品格

2. 阅读《吃辣酱的启示》，说说作者所叙的事和所讲的道理之间有哪几个相比点。

吃辣酱的启示

儿时家里经常烧辣酱，有时还在酱里加些肉、虾等荤腥。因为怕辣，起初不敢尝，后来大概被肉、虾之类引诱，竟也大胆尝了，虽然感到辣，却回味无穷。于是日后，见辣必吃，久而久之，现在不独不怕，反而爱吃辣酱了。我弟弟却不是这样，一见到辣酱便皱眉摇头，始终不敢碰一下，直到现在还不知"辣"究竟是什么味道。

从吃辣酱的"家史"中不禁想到，我们学习中不是也有类似情形吗？

比如学数学。有些人怕难，怕做难题。一见到难题就躲躲闪闪，避而不做。越不做就越不敢做。结果见难就退，自然学不好数学。有些人却不是这样，他们不怕难，对于难题敢于大胆"尝"。有些题，一小时做不出，做它两小时，一天想不出，想它两天。越做越有劲，越难越有味。所以他们不但不怕难题，反而喜爱难题，于是兴趣也就随日而增。

又如学外语，众所周知，学外语要读。有些人却觉得读外语没劲，兴味索然。于是因怕读而不愿读，最后索性不读。那末，所学的外语也就可想而知了。其实读外语真的枯燥无味吗？不！如果首先不怕读，每日抽出一刻钟至半小时来读外语，多读能熟，熟能生巧，日久，自然流利而动听，兴趣盎然。

吃辣酱，只要不怕辣，大胆尝，经常尝，久而久之，不但会不怕辣，反而会喜爱辣。反之，如果怕辣，不敢尝，结果，望而生畏，永远尝不到"辣"的美味。吃辣酱如此，学习何尝不是如此。

图表的知识*
（1984 年）

图表是一种实用性很强的表述手段，然而它一直为传统语文教学所忽视。图表作为文章的有机组成部分，多见于自然科学论著，由于语文课文的选材特点，中学语文课本各册正文部分含有图表的只有《统筹方法》一篇。然而这并不妨碍教师把图表作为一种练习形式。事实上，教师常常把列表作为归纳作品结构的一种手段，加以平时所见到的各种图表，学生对这种形式并不是完全陌生的。

一、图表传递信息的功能和原理

语言和图像都是传递信息的手段，二者相较，语言总是抽象的，图像则具有直观性，这是大家都知道的。

图表利用一定的图形符号来代替或部分代替文字符号，它一般是语言和图形的结合体。当然，不同类型的图表，其图形成分和语言成分的比重是不同的。一般地说，图的直观性更强，语言成分较少，表则以语言作为传递信息的主要媒介。但不管是哪一种图表，它们都由于这种结合可以在信息传递方面具有更高的效率。现在我们就来研究它的作用原理。

首先，语言表述受语法规则的限制，也就是说，它要求每个句子都是相对完整的。为此，就不得不有许多在传递信息方面没有什么实质作用的填充

---

* 作者自注：这是为人民教育出版社《阅读》初中课本第四册教学参考书撰写的知识短文。

成分。图表的语言运用就不受这种限制——既不用考虑句子是否完整，也不必考虑上下文之间是否连贯、呼应。此外，靠语言来反映事物内部的各种关系往往是很复杂的，但在图表中却常常可以用简单的线条、图形而使之简化。因此，图表的表述可以有更大的清晰性，同样的内容如果改用语言来表述，篇幅一定扩大不少。其次，语言总要像链条一样一句接一句，组成语流，才能完整地表达一个意思；图表则可以把相关的各项内容同时呈现在读者面前，一目了然。如果语言的表述可以比喻作一条线，图表的表述则可以比喻作一个平面。线形排列意味着过程，看一段文字也好，听别人讲话也好，总要从头到尾，等别人把话写完、讲完，才能明白意思，图表则可以使你很快地掌握所表述内容的全貌。换言之，语言传递信息需要一定的时间，不经过一定的时间，人们就无法理解它的意义，图表则在一瞬间进入人的眼睛。当然，要识别图表并且认识其内容，也还是需要时间，不过时间要短暂得多。所以从速度这个角度来看，图表的效率优于语言。

前面说过，语言总是抽象的，图表则具有直观的特点（准确地说，它兼有抽象和直观两个方面），这样的优点，在口头报告或讲演时表现得尤为突出。因为在这种情况下，听者可以同时运用视觉和听觉来加深印象。语词对于客观世界来说，是抽象、概括的结果，读也好，听也好，人们接受语言信息时，总需要在大脑中使它和自身固有的经验结合起来，才能使所接受的语言信息具体化，才能理解。阅读的时候可以反复翻阅，从容思考，听话时声音瞬息即逝，特别是听内容比较复杂的讲话，那是既紧张又吃力的。借助图表则可以大大缓和这一过程。一方面，讲话者可以利用出示图表作为缓冲，调整讲演的节奏，引起注意；另一方面，听者可以同时利用眼睛和耳朵这两种接收器官来强化印象。有数据表明，同时利用视觉和听觉，比仅仅诉诸视觉，其效率的提高不是两倍而是大约十倍。下面介绍实验。

［实验 1］

两个房间 P 和 Q，在房间 P 中不使用视听设备，只凭口讲，在房间 Q 中则使用视听设备。两者在相同的时间里传递等量的信息。其结果如下：

视 听 设 备	不使用（P）	使用（Q）
A 理 解 度	6	94
B 所需时间	12	1

表中的 A 表示考核时接受对象的理解度，可以看出，使用视听设备比不使用视听设备，其理解度要高 15 倍。B 表示使接受者完全掌握传递信息所需要的时间，数据表明，使用视听设备只相当于不使用设备的十二分之一。

[实验2]

这是对不同方式下记忆保持率的实验，调查对象是美国士兵。

检验表达效果的一项很重要的指标是看其记忆保持率。十分自然，我们用心费力地讲给别人听，总希望对方能充分理解，并且牢牢地把它记住。然而记忆递减是一条客观规律，递减的速度则因人而异。视觉、听觉兼用，则可以大大降低遗忘的速度。下面是调查的结果：

传 达 方 式	记 忆 保 持 率	
	三小时后	三天后
只 凭 口 述	70％	10％
只 给 看	72％	20％
边给看边口述	85％	65％

由此可见，口头报告或讲演，尤其要善于利用图表这种手段。

综上所述，图表的长处可以归纳为以下几点：

1. 直观地传递信息，明了易懂，产生效果快；
2. 关键信息突出，而且由于图表化的要求而促使表述注重准确性；
3. 能提高记忆。

但是，一切事物都具有两面性，我们也不应过于强调图表的优点而不自觉地贬低语言表述的作用，否则也会导致片面性。一篇文章，如果从头至尾充斥着图表，读者阅读的时候就会感到吃力。这是因为图表是一种简缩的形式，在一定条件下虽然明了易懂，但过多地使用会增加思维的强度。书面表达也好，口头表达也好，为了收到更好的表达效果，需要掌握表达的节奏，做到有张有弛。我国传统的文章模式——起、承、转、合，就是总结了阅读经验，充分考虑到阅读的心理要求，尽量为读者提供心理准备的一种文章结构方法。如果一味追求简要、概括，夸大了图表的作用，过多地使用它，其长处就会朝着相反的方向转化。此外，在长期的听、说、读、写的实验中，我们已经习惯了以一句话为单位的表达程式，大量地把语言换成图表，除某些专业工作者外，一般人也是不习惯的。

还有一个原因。语言是抽象化的结果，它总带有一定的模糊性。论形象具体，它不如绘画、雕塑；论精确性，它不如数学、仪表。但正因为如此，语言的模糊性如果巧妙地加以利用，又可以收到种种修辞效果，使之具有丰富的内涵和意蕴，成为一门艺术，在表情达意方面具有其他艺术手段很难具备的功能。而这些，是无法用图表来反映的。

这就是图表一般都只用作表达的辅助手段，并且多见于自然科学著作的原因。

二、常见图表的种类

图表可以分为"图"和"表"两大类，下面分别介绍几种常见的图和表。

1. 图

常见的插图有全图、示意图、坐标图。

全图又称全息图，它反映着所显示事物的全部细节，例如照片和根据照片临摹的图片等。全图也有凭想象虚构的，例如文艺作品的插图，但它的作用是渲染而不是说明，与本文着重谈的图、表不属于同一品种。

全图反映所显示事物的各种细节十分具体，给人以真实感，不足之处是这种图的内容往往比较复杂，往往包含了许多非必要信息，不够简要、明确。此外，作者想用图表显示的内容，有的在现实世界中并不存在（如设计图），有的是对事物加以抽象的结果（如流程图），有的不在同一视野范围之内（如平面图），很难用全图来显示。这样，示意图就应需要而产生了。

示意图较之全图，其特点是简化和抽象化。简化指的是减少内容含量，根据不同的目的汰除了大量与之无关的细节；抽象化指的是尽量用各种图形手段来显示事物的内在联系。根据其图形特点，示意图又可分为三种。

第一种是以图像为主，它尽量使要表达的内容形象化。这类图的制作，有的是写实的，它筛选出所描摹事物的部分细节，用轮廓线构成图像，例如图示内燃机器冲程的运转过程，它既给读者以直观的感受，又使所要显示的内容突出，醒目；有的是写意的，它甚至可以给一个抽象的观念披上形象的外衣，这类示意图在国外的书籍中是屡见不鲜的，它可以增强阅读的趣味性，所以常常采用漫画手法。

第二种是以抽象的几何图形为主，像直线、虚线、矩形、圆、弧线等等。这类示意图到处可见，例如一家工厂的逐月产量、优质品率、次品率、废品率、出勤率等，就可以用不同颜色、长短的矩形块在一张示意图上综合显示。这种示意图的特点是简要、明确。

第三种是把二者结合起来，一般地说，在这类示意图中，凡是实体事物都尽量用图像表示，事物内部的关系或数量比较等则用几何图形表示。这样做，既可以加强形象性、生动性，又可以做到简明、扼要、好懂。下面举一个为例：

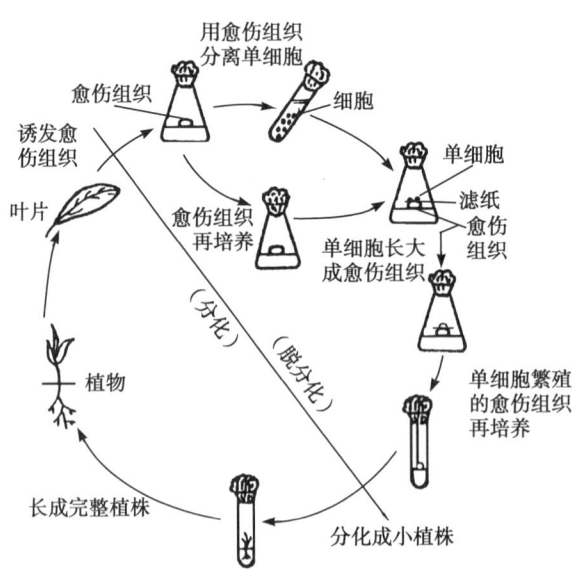

看护培养法使单细胞长成植株

坐标图用于处理各种数量关系，它提供数据以及数值之间的变量关系。坐标图是数学课的教学内容，这里不多讲了。

2. 表

常见的表有系列表和分项表两种。

系列表反映同一范畴的事物或事物内部的系统关系。系统论告诉我们，这种关系并不是在一个平面上并列的，而是可以而且需要分为不同等级的。系列表制作，最重要的就是要理清这种等级关系。等级又称"级"，根据事物的性质和表述时的需要，系列表可以划分为若干级，上一级对它所隶属的下一级称为"母项"，下一级对所从属的上一级称为"子项"。母项和子项之间用直线或"{"等符号表示，使用什么符号由习惯而定，不同的符号在意义上没有区别。

辨析系统关系是我们认识事物的一个重要方面。作为一门哲学，它相当深奥，但在我们的教学和社会生活中又随处可见。文章中段与段之间的大小层次关系就是一种系统关系。系列表是我们用来分析作品结构、归纳提纲时常用的手段。

这里要附带谈谈"系统树"这一概念。"系统树"指的是仿一棵树的干、枝、杈的排列形式来表示同类事物各分项之间内部关系的一种方法，这种方法最容易显示事物内部的从属和衍变关系，所以常为各种科学表达所采用。中学生物课本上就曾采用系统树表示生物进化，教师可以参考。

系统树介乎图和表之间，画法也各有不同。简单的可以用短线表示，和提纲差不多；形象一点的可以画成一棵大树，就成了示意图。课文的结构层次都可以用系统树表示，和我们习惯的画法相比，只是上下颠倒而已。示意如下：

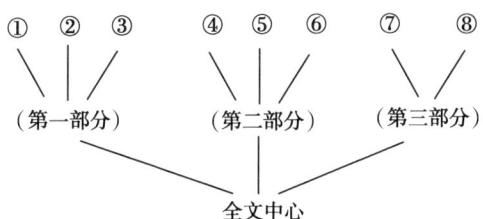

分项表的要领在于项目的划分，这种划分视说明的需要而定，不一定考虑其间的系统关系。如有需要，也可以在大项下面再划分小项，形成母项和子项的关系。分项表可分单项、双项两种。

单项表比较简单，它可以画成表格，也可以逐项开列。在后面一种情况下，它的形式和提纲非常类似。如果项下再有小项，画成表格时，要注意它们之间的从属关系，如图：

母项 1	子 项		
母项 2			

如果采取提纲排列形式，要注意序号间的等级关系和逐级空格：

（一）

  1.

    ①

      ……

双项表一般都采取表格形式，一组分项系列在表格的左侧，另一组在表格的上方，这两组分项系列类似于坐标图的横轴和纵轴，只是横轴的位置作了不同安排。这是因为人的视线扫描习惯于自左而右，自上而下，如此排列，更为醒目，便于提高阅读效率。画成表格，各项之间用直线隔开，是为了视觉印象清晰，防止竖行横行之间相互干扰，发生混淆。双项表的前提是横、竖项之间必须具有相关性，因此最适合用作比较。本文第一部分有两个双项表可供参考。双项表在生活中也是常见的，学生每天都要接触的课程表就是一种。

编制双项表的关键在于判断、确定有相关关系的两组项目。双项表中横项或竖项再包含子项目时，参照单项表处理。

我国传统形式中还有年表、年谱之类，它渊源于古代历史著作，以文字表述为主，实质上相当于我们现在所熟悉的提纲和提要，和本文所谈的图表有某些联系，又有所不同。

三、图表的训练价值

语文课可以利用图表的形式设计各种练习：可以由教师设计出图表让学生填写，也可以让学生自行设计图表，当然，这种练习设计要遵循量力性原则。

图表式练习可以用来检验学生的学习情况，推动学生能动地整理、巩固所学的知识，等等。从长期目标来看，图表练习希望达到三个目的：①使学生熟悉并初步掌握这种实用性很强的表达方式，这对他们将来的学习和工作有很大的好处；②进行有益的思维锻炼；③进行有益的语言教育。

就图表练习这种形式来说，它的思维训练价值更大于语言训练价值。它更多地出现于阅读教学——学生按照特定要求和规定来整理自己的理解和认识。图表练习在思维方法上的特点主要是归纳，而要进行这种归纳，还需要一些与之相关的思维活动，例如对阅读材料进行筛选、分类等。分类涉及概念的划分和逻辑等级观念等多方面的问题，对于中学生，只要具有这种意识即可，不必涉及术语概念。

自行设计图表，思维强度更大。它要求学生首先明确题目的要求，根据要求确定内容或项目，还要按照内容、项目的相互关系设计出最佳组合方式。这不仅是归纳，也是创造。正因为此，它的训练价值也更高。

图表的语言不要求句法完整和语言衔接，但要求注意以下三个问题：

①图表的标题和图表内的语词都要求准确、简单、明了；

②要处理好正文和图表之间的语言联系，使读者能自然地把视线转向图表，并且对图表所展示的内容有一定心理准备，这就需要有恰当的导入语；

③要处理好图表后面的补充说明，这类说明，有时候要引导读者注意材料的某些方面或包含的问题，有时要补充一些图表以外的材料，有时是引出结论。

以上几方面处理好了，图表和正文就能够吻合无间，成为一个有机的整体。对初中学生来说，后两点不作要求。

附：课本中知识短文与练习

二 图表的使用

图表可以把复杂的内容表达得简单、明确，一目了然，是我们阅读和写作的得力工具。

我们阅读时经常遇到的图表有两种情形：一种是作品的辅助成分，例如文艺作品中的插图、学术论文的附图、附表等；还有一种是正文的组成部分，像《统筹方法》就是一例。文艺作品的插图可以帮助我们更形象地理解作品；文章的附图、附表可以弥补文字表达的不足，而且可以突出全文内容的某些重点；正文中的图表不仅可以表达重要内容，而且由于它的直观的特点，可以给读者留下深刻的印象，起到更好地交流思想的作用。

"图"和"表"是两个不同的概念。图包括图画、照相和示意图。图画和照相可以形象地显示出物体及其结构的细节，具有真实感和立体感。示意图又称为图解，它可以说是简化了的图画或直观的表格。示意图可以用来表达物体的形象、部位、结构、各部位的机能、联系以及事物发展的过程、阶段、步骤等，也可以用来进行数量的比较。示意图可以是简单图像，也可以是几何图形，如圆、立柱、曲线等。在说明文中，示意图是应用得最广泛的一种。

表又称为表格，多数采取方格的形式把有关内容加以概括，并且根据这些内容的关系进行排列、对照。列表时必须根据不同的目的确定表的内容和项目，还要根据项目之间的关系选择最简便且醒目的排列形式。列表常用方格形式，此外还可以运用短线"—"、大括号"｛"等形式把有关内容组合成像树干与树枝那样的系列表。像文体分类、文章的结构层次等等，都可以用系列表来表示。

图表有时还附以必要的文字说明，这种说明有的是对图表的内容加以解释，有的是对重要的项目加以强调，也有的是说明图表内容的结论。图表的文字说明必须简洁。

我们读书时如果善于利用图表来总结所学的内容，可以加深认识，而且可以提高效率。

练习：

设计一个表格，说明《庄稼的朋友和敌人》中各种化学元素对庄稼的作用。（单元练习）

另：

细读课文，想想书的发展可以划分为几个阶段，各阶段有什么特点，然后设计简要图表，把书籍演变过程表示出来。（《从甲骨文到口袋图书馆》课后练习）

句子的整齐与变化*
（写于 80 年代，1999 年重写）

王力先生在《中国语法理论》里说："西洋语的结构好像连环，虽则环与环都连贯起来，毕竟有联络的痕迹；中国语的结构好像无缝天衣，只是一块块地硬凑，凑起来还不让它有痕迹。西洋语法是硬的，没有弹性的；中国语法是软的，富于弹性的。唯其是硬的，所以西洋语法有许多呆板的要求；唯其是软的，所以中国语法只以达意为主。"（上册，197 页）在"无缝天衣"上找出裁剪和缀连的痕迹，当然非常困难，然而要探究汉语的语言艺术，这又是不容回避的现实。句子的整齐与变化就是其中一个很有意思的课题。

一

有些句子，粗读也许不容易引起注意，仔细想一想，却很有意思。比如曾在报纸上看到这样一句话：

两年不见，这里的一切都变了样，真是新人、新事、新思想，新地、新村、新产量。

一般地说，新的人和事是新观念的产物，而"新村"的出现是生产发展

---

* 原载于《语文教学通讯》2000 年第 4 期。

的结果。可是如果我们写成:"新思想、新人、新事,新地、新产量、新村",逻辑上似乎更顺了,句子的和谐却被破坏了。

我们首先想到的大概是对称。为了对称,不但可以暂时不考虑逻辑,甚至可以不惜语句残缺:

> 天下名山僧占多,还须留一二奇峰,赠吾道友;
> 世间好话佛说尽,又谁知五千道德[经],出我尊师。(李渔为庐山"简寂观"题联)

"五千道德"是什么意思?有文化的人似乎并没有提出疑问。

对偶的灵魂就是对称,或者说对称的极致是对偶。讲求对称似乎是不同民族的语言艺术中共同的审美意识。拿英语来说,脍炙人口的"Of the people, by the people, for the people"("民有、民治、民享",林肯《葛底斯堡演说》)就是一例。不过在英语中,固然有音节也一致的例子,如"Sink or swim, live or die, survive or perish"("游泳或者沉溺,生存或者死亡,幸免或者毁灭",杰弗逊《美国独立宣言》),更多的还是不那么讲究音节数相对应的,比如"Liberty and Union, now and forever, one and inseparable"("自由与联邦,现在与永久,完整而不可分割",丹尼尔·韦伯斯特《对罗伯特·海恩的第二次答复》),等等。讲求音节是汉语语言艺术的一大特色,至于讲求平仄,那更是汉语语言艺术所独有的。

在汉语中,声调是音节最有意义的部分。声调是条锁链,是个框箍,对音节起着锁固的作用。在古代汉语中,单音节语素基本上就是词。语句从一个角度看是由语素或词组成的,而从另一个角度看则受到音节的某种程度的控制。这可以表现在短语的音节组配上。由于每个音节几乎都有意义,发音时必须将音调较充分地表达出来,因此音节的音程整体说来比起其他语言来(例如英语)要长一些,整齐一些。在韵律上一个音节几乎就等于或成为一个音步,一个音步的最佳区间是1到3个音节,而两个音节尤佳,于是两字一顿就成为汉语最基本的节拍单位;1-1,2-2,2-1或1-2也就成为基本的节拍框架。例如"秋水时至,百川灌河。泾流之大,两涘渚崖之间,不辩牛马。"(《庄子·秋水》2-2和2-2-2节奏)而在口语中，这种节奏便逐渐成为词汇的双音节化趋向（包括简称），同时也表现为现代汉语中四音节几乎独霸成语天下的景象，其中2-2节拍又几乎占80%左右。平仄更是探讨汉语语言艺术时不能不认真研究的。平仄是汉语声调在节拍影响下必然选择的排列组合。平声和仄声必须有规律地交替出现，这才使人在生理上协调松快，也才能避免听觉上单调乏味。例如我国的对联讲究仄起平收，旧体诗词关于平仄的严格规定，等等。生理上和心理上的统一是平仄格律的基本原则，而这一原则也正是建立在声调基础上的。

前面说过，在汉语语言艺术中，为了对称，逻辑、语法都可以迁就，如果再加上格律，句子的变形程度还可以进一步扩大。例如：

聚叶泼成千点墨，攒花染出几痕霜。（曹雪芹《画菊》）

就意思来说，应该是"千点墨泼成聚叶，几痕霜染出攒花"；但如果这样，音节就成了2-2-3，倒装的结果是3-2-2，符合格律诗的要求。古人说"削足适履"，这里是"为'律'变'形'"。虽然好像"不通"了，可是人们看惯了，却觉得美。

一个句子对称化，面貌就发生变化。试比较下面两个句子：

A. 为了搭滑道，他们翻越了许多陡峭的悬崖绝壁；他们还在曲折的幽谷荒滩中到处寻找水路。

B. 为了<u>搭起</u>滑道，他们翻越了<u>多少</u>陡峭的悬崖绝壁；<u>为了寻找水路</u>，他们<u>踏遍了多少</u>曲折的幽谷荒滩。（袁鹰《井冈翠竹》）

两句相较，意思一样，但是读起来大不一样。B句两个分句结构相同，关键词语相对。"多少"比"许多"更富于抒情意味，而"陡峭""悬崖绝壁"和"曲折""幽谷荒滩"这样的关键性词语，每个双音词的尾部，平仄也是相对的（以普通话为准，下同），上仄下平，声调上挑，琅琅上口，读起来抑扬顿挫。这就是声调的作用，这就是对称的效果。

我国历史上出现过骈文，骈文的典型格式是"仄顶仄，平顶平"，如下例所示：

> 襟三江而带五湖，控蛮荆而引瓯越。物华天宝，龙光射牛斗之墟；人杰地灵，徐孺下陈蕃之榻。……嗟乎！时运不齐，命途多舛！冯唐易老，李广难封。屈贾谊于长沙，非无圣主；窜梁鸿于海曲，岂乏明时？所赖君子见机，达人知命。老当益壮，宁移白首之心？穷且益坚，不坠青云之志。……
> （王勃《滕王阁序》）

汉语的声调艺术中，除了对称、音节、平仄外，还有押韵。骈文中就有押韵的：

> 《诗》缘情而绮靡，《赋》体物而浏亮。《碑》披文以相质，《诔》缠绵而凄怆。《铭》博约而温润，《箴》顿挫而清壮。《颂》优游以彬蔚，《论》精微而朗畅。《奏》平彻以闲雅，《说》炜晔而谲诳。虽区分之在兹，亦禁邪而制放。要辞达而理举，故无取乎冗长。
> （陆机《文赋》）

散文中也有押韵的。《进学解》《岳阳楼记》《赤壁赋》……到处可见。下面随便举一个例子：

> ……言未既，有笑于列者曰："先生欺余哉！弟子事先生，于兹有年矣。先生口不绝吟于六艺之文，手不停披于百家之编。记事者必提其要，纂言者必钩其玄。贪多务得，细大不捐。焚膏油以继晷，恒兀兀以穷年。先生之业，可谓勤矣。……
> （韩愈《进学解》）

押韵使语言富于音乐美，这是人所共知的。上面举的都是古代作品中的例子，现代汉语中除了诗歌以外，民间谚语里押韵的就不少。双句谚语如"早晚烟铺地，苍天有雨意"，"一块砖头砌不成墙，一根甘蔗榨不成糖"；多句谚语如"风不动，树不摇，虱不咬，人不挠"，"好汉田，好汉地，没有好汉不成器"等，不胜枚举。这类押韵谚语在日常交际的语流中出现，会取得轻快、活泼以至幽默的效果：

> 柳月说："大姐话说到这里，我也就说了，我这是哪里沉不住气了？如果我不是保姆，是城里一般家庭的姑娘，你是不是也这样说话？我现在只是穿得好了些，化了些妆，这与城里的姑娘有什么不一样的呢？你眼里老觉得我是乡下来的，是个保姆，我和一般城里姑娘平等了，就看不过眼去！我当然感激你们，愿意一辈子呆在你们家，我去跟那个残疾人，<u>坐下了孙猴啃梨，睡下了两腿不齐，立起了金鸡独立，走路了老牛绊蹄</u>，我是攀了高枝儿了吗？！我只是要过得让人不要看我是乡下来的保姆的生活！"
> （贾平凹《废都》）

散文里如果出现一段韵语，也会取得特殊的效果：

> <u>那百粤之地毒蛇作羹，老猫炖盅，斑鱼似鼠，巨虾称龙，肥蚝炒响螺，龙虱蒸禾虫，烤小猪而皮脆，煨果狸而肉红，洪七公如登天界，其乐无穷。</u>偶尔见到不平之事，便暗中扶危济困，杀恶诛奸，以他此时本领，自是无人得知他来踪去迹。
> （金庸《神雕侠侣》）

对称、音节、平仄、韵脚诸多因素的组合，就会产生出综合的修辞效应。下面再举一个"粗读未必引起注意"的例子：

> 鸡不啼了，狗不叫了，孩子不哭了，女人不笑了，人人都像塌了架，丢了魂，一声长叹连着一声长叹。
> （浩然《艳阳天》）

在这个句子中，"鸡不啼了""狗不叫了""孩子不哭了""女人不笑了"完全是并列关系，似乎不管怎么排列都行，但是只要改变了现在的顺序，读起来就都很拐扭。这是因为这四个分句字数不同，"了"是轻声，可以不计，其余的，作者按3—3—4—4排列，短的在前，长的在后，读起来就上口，此其一;"叫"和"笑"同韵,分别排在第二和第四的位置上,从全句看似韵非韵,读起来就好听,此其二。

"塌了架"和"丢了魂"也是并列关系,从意思看,也没有先后之分。但"架"是仄声,"魂"是平声,前面四个小分句中"啼"和"叫""哭"和"笑"都是先平后仄,声调下压(与所渲染的灾后气氛相合),现在反过来,先仄后平,声调上挑,读起来就非常流畅。

文艺作品当然是登"大雅之堂"的,至于"俗流",前面说到的"新人、新事、新思想,新地、新村、新产量"除了对称外,也含有押韵因素。下面再顺手拈一个例子:

他吃饭捡剩的,穿衣要旧的,擦油要不香的,看电影要不洋的。(1982年9月7日《北京晚报》)

"吃饭""穿衣""擦油""看电影"也是并列关系,按照数学全排列公式,它们之间可以有24种排列方案,可是这四个分句之间顺序的任何调整,读起来都会不协调。原因首先在于字数(音节数)。作者采取了5—5—6—7的格式,字数逐渐增加,读起来给人以一气呵成的感觉。破坏了这个顺序,就破坏了语气的连贯。

第一和第二分句的顺序是由用词决定的。第一分句用了"捡"字,第二分句用了"要"字。为了和三、四分句的"要"呼应,"穿衣要旧的"就只能排在"吃饭捡剩的"后面。"擦油要不香的""看电影要不洋的"句尾押韵,排在最后,正合适。

在第四分句中,我们还可以看到为了呼应而引起的词面的变化。"不洋的"不是习惯说法,习惯说法是"看电影要国产的"或者"看电影不看洋的",采取现在的说法,与前面的"要不"一致,形式上对称,语流也顺畅了。

二

汉语的声调艺术有三大支柱:1. 对称;2. 音节和平仄;3. 押韵。不过前面所举金庸《神雕侠侣》的例子毕竟是一段游戏文字,散文中局部押韵的不是没有，但不多，处理不当还会给人以刻意雕琢的感觉。音节和平仄的知识目前还没有普及，有点曲高和寡。用得最多、最有实用价值的还是对称。下面就集中研究一下对称这种语言艺术的要领。

语言的对称艺术就是对偶和排比。对偶要求结构相同、词语对应、字数相等，排比要求三句以上。然而"名"与"实"之间、概念与物质世界之间的矛盾是一个古老的哲学命题。费尔巴哈说："我们在现象学的开始中，只不过见到永远是普遍的词和永远是个别的物之间的矛盾。"列宁也说："如果不把不间断的东西割断，不使活生生的东西简单化、粗糙化，不加以割碎，不使之僵化，那我们就不能想象、表达、测量、描述运动。思维对运动的描述，总是粗糙化、僵化。不仅思维是这样，而且感觉也是这样；不仅对运动是这样，而且对任何概念也都是这样。"修辞学者孜孜不倦地下定义，现实却不断地提出反证。试看下面两句：

①生活的逻辑，抗议书本上、文件上的某些逻辑；实践的检验，冲击着错误的过时的结论。

②故女无美恶，入宫见妒；士无贤不肖，入朝见嫉。昔司马喜膑脚于宋，卒相中山；范雎拉胁折齿于魏，卒为应侯。

(邹阳《狱中上梁王书》)

这两个句子对称感很强，但都只有两句，字数又不等。事实上，无论是个体还是社会，句子形式的变化和发展都是一个心理和言语操作的流程，这个流程是不能截然割断的。"对偶"和"排比"之间存在着过渡状态，因此，我们不必胶柱鼓瑟，不妨把对偶、排比以及处于中间状态的句式统称"对称句"。

对称的第一个因素是结构相同，这是大家都注意到的。例如：

他前面这两位骨干，两名有造就的眼科医生，<u>一个已经倒下去了，能不能再站起来，尚不可知；一个即将离去，能不能再回来，亦不可料。</u>

(谌容《人到中年》)

从作家的手稿中我们不断可以看到这种追求的痕迹:

原文:后来自己寿终林下,儿子已不妨应试去了,而且各有一个好父亲。至于默默抗战的烈士,却很少能有<u>遗孤一个</u>。

改文:后来自己寿终林下,儿子已不妨应试去了,而且各有一个好父亲。至于默默抗战的烈士,却很少能有<u>一个遗孤</u>。

(鲁迅《半夏小集》之四)

对称的第二个因素是重复,这是虽被注意但还没有得到深究的领域。试看下面的句子:

只有彻底地消灭了中国反动派,驱逐了美国帝国主义的侵略势力出中国,中国<u>才能有独立,才能有民主,才能有和平</u>,这个真理难道还不明白吗?

(毛泽东《将革命进行到底》)

在这个句子里,"消灭了中国反动派"和"驱逐了美国帝国主义的侵略势力出中国"是先决条件,"独立""民主""和平"是结果,三者之间是并列关系:

(只有彻底地)   (中国才能有)
1. 消灭了中国反动派   ⎰ 1. 独立
2. 驱逐了美国帝国主义的   ⎨ 2. 民主
  侵略势力出中国   ⎱ 3. 和平

现在的问题是,怎么样才能用话语把后面的三点与前面的两点缀连成一句?就这三点的每一点而论,我们都不难找到与上文衔接的表述方法,例如:

只有彻底地——   中国——
1. 消灭了中国反动派   ⎰ 1. <u>才能有独立</u>
2. 驱逐了美国帝国主义的   ⎨ 2. <u>民主才能获得</u>
  侵略势力出中国   ⎱ 3. <u>才有和平可言</u>

"才能有""才能获得""才有……可言",这三种说法中的每一种都可以让上文和下文衔接,而且语气连贯。可是如果我们按照上面的表述方法连起来读一遍,句子仍旧通顺,语势却大大减弱了。原文重复使用三个"才能有"把"独立""民主""和平"这三个并列成分组成排比格式,读起来就很有力量。

然而这种重复是有条件的,如果重复不当,语势不仅不能增强,反而会有所减弱。仍以上面的句子为例,假如我们不是重复"才能有"而是重复"中国才能有",效果又将如何呢?试读一读下面这段话:

只有彻底地消灭了中国反动派,驱逐了美国帝国主义的侵略势力出中国,<u>中国才能有独立,中国才能有民主,中国才能有和平</u>,这个真理难道还不明白吗?

这样一来,句子立刻显得啰嗦而拖沓。"才能有"重复三次而语势加强,"中国"重复三次则语势减弱,这说明**排比格式中重复的词语不是可以任意增多或减少的,它是强调的一种方法**。"重复"作为一种修辞方法,它的作用是通过反复刺激来加深对方的印象,因此,排比所重复的都是语气上要强化的地方,口头表达的时候,它们一般也是逻辑重音之所在。重复不限于排比格式,而排比格式常常需要重复。**恰到好处的重复是排比格式之所以能够加强语势的重要原因。**不妨再比较下面的句子:

1. 你记着,是你才欺骗了我的弟弟、我和你的父亲。
2. 你记着,是你才**欺骗**了我的弟弟,**欺骗**了我,**欺骗**了你的父亲。
3. 你记着,**是你**才欺骗了我的弟弟,**是你**欺骗了我,**是你**才欺骗了你的父亲。

(曹禺《雷雨》)

第 3 句是曹禺为《雷雨》所写的一句台词。一个有经验的演员可能会就这类语言现象谈出许多感受。

利用重复，可以使有着联合成分的长句变为对称格式。例如：

　　a. 人造海的每一滴水都映现了我们这个丰富多彩的时代和我们创业的激情！

　　b. 人造海的每一滴水**都映现了**我们这个丰富多彩的时代，**都映现了**我们创业的激情！

b 句比 a 句还要多 4 个字。这样处理，从整体看，句子更长了，可是读起来并不吃力。这是因为虽然增添了词语，也增加了换气的时间，从局部看，每一个单位却是更短了；此外，关键词语由于重复得到了强调，语势加强，本来连绵不断的内容由于分列也眉目清楚，句子的清晰度反而提高了。从某种意义上说，这实质上是"长话短说"的一种特殊形式。

恰当地利用重复，可以传递更多的信息，特别是潜信息。例如：

　　①a 他**慢慢地**拿起烟袋，**慢慢地**装上烟，**慢慢地**点上火，**慢慢地**喷出青烟。

　　②a 早晨，来到地头，我看着黄澄澄的阳光里，水嫩水嫩的白菜似乎长高了许多，我禁不住心里**痒痒的**，手里**痒痒的**，嗓子里**痒痒的**。

（林斤澜《学生的家信》）

比较：

　　①b 他慢慢地拿起烟袋，装上烟，点上火，喷出青烟。

　　②b 早晨，来到地头，我看着黄澄澄的阳光里，水嫩水嫩的白菜似乎长高了许多，我禁不住心里、手里、嗓子里痒痒的。

例①a 的重复是为了逼真地描摹"慢"的神态，例②a 的重复是为了写出"我"跃跃欲试的心情。如果两句都改成 b 的样子，正如吕叔湘先生所说："简是简了，却平淡到了乏味的程度了。"（参阅《语文杂记·重复得好》）

巧妙的重复，可以容纳丰富的感情内涵。例如：

吾年未四十，**而**视茫茫，**而**发苍苍，**而**齿牙动摇。

(韩愈《祭十二郎文》)

这句话里如果只用一个"而"，说成"吾年未四十，而视茫茫，发苍苍，齿牙动摇"是完全通顺的，可是韩愈多用了两个"而"，并没有让人感到用语啰嗦，句法拖沓，相反地，它给人一种感觉：韩愈在表达他为自己早衰而伤感的情绪。张志公先生说："用一个'而'，这个句子念起来会很流畅，节奏很快。多用了两个'而'，节奏就慢下来了，从而情调也就低沉下来了。可见用一个'而'，或多用两个'而'，并没有引起语法上的很大差异，反而产生了不同的表达效果。"(参阅张志公《汉语语法与语言运用》)

借助于重复和结构相同，对称还可以成为篇章因素。马丁·路德·金的著名演说《林肯纪念堂演讲词》(又名《我有一个梦》)就是一个典型的例子。在这篇演说中，主题句"我有一个梦"(I have a dream)和"我梦想有一天"(I have a dream that one day)一再**重复**，如同贯串一部乐曲的强劲有力的主旋律，而另一句"让自由之声从……响起来"(Let freedom ring from……)则好像和声与之配合，使全篇浑然一体。

这些句式虽然只是一种修辞手法，只具备形态特征，可以起粘连作用，和篇章结构并不一定有着直接联系，但也可以用作一种篇章的组织手段。我国散文中不乏其例，在这些语例中，有的成为全篇的贯串线索，有的成为篇章的层次标志，有的则起着提示的作用，引导读者去注意某些关键性的话语，例如已经收入中学语文课本的朱德《回忆我的母亲》中最后一部分：

我应该感谢母亲，她教给我与困难作斗争的经验。……
我应该感谢母亲，她教给我生产的知识和革命的意识，鼓励我以后走上革命的道路。……

(朱德《回忆我的母亲》)

一句也好，一篇也好，一篇中的一个局部也好，对称都能使上下连缀，前后呼应，尽管所表达的内容、所蕴含的情感可以各不相同，作为语言艺术，它有着共同的效果——强化节奏，形式整齐。

三

重复的作用是强调，因此常常是激情的一种表现形式：

>　　但是**我**，**我**没有眼泪。**宇宙**，**宇宙**也没有眼泪呀！眼泪有什么用啊？我们<u>只有雷霆</u>、<u>只有闪电</u>、<u>只有风暴</u>，我们没有拖泥带水的雨！这是我的意志，宇宙的意志。**鼓动吧，风**！**咆哮吧，雷**！**闪耀吧，电**！把一切沉睡在黑暗怀里的东西**毁灭**、**毁灭**、**毁灭**呀！　　（郭沫若《屈原》）

在这段话里，"我""宇宙""毁灭"连续反复出现。"雷霆""闪电""风暴"表现的是同一意念，加上"只有"，已经具有排比的格式，再由此生发，配上三个不同的动词，组成了"鼓动吧，风""咆哮吧，雷""闪耀吧，电"，又成了一组新的排比系列。语势一浪高过一浪，好像大海的波涛，诗人的情感也借此倾泻，震撼着读者的心灵。

不过简单的重复是有一定限度的。心理学的研究证明：过多的简单而机械的重复会使人的感觉灵敏度递减，而话语的变化能够给人们以新鲜感，从而使受话人的注意力强化。所以言语操作在发挥重复的功能的同时，还要注意变化。试看下面的例子：

>　　不管刮风下雨，
>　　村里村外转一圈。
>　　<u>看看</u>草垛，<u>瞧瞧</u>果园，
>　　<u>瞅瞅</u>苇塘，<u>望望</u>场院。　　（李瑛《枣林村集》）

"看看""瞧瞧""瞅瞅""望望"都是同义词语，如果只反复使用其中的一个，单调、乏味是可想而知的。

一般地说，结构的重复不像词语重复那样给人以冗赘的感觉，例如"温柔而不软弱，成熟而不世故，谨慎而不拘泥，忍让而不怯懦，刚强而不粗暴"（李浚平《谈刘吉的演讲语言艺术》），同样的结构连续出现五次，听者并没有感到厌倦。话语的隔离重复可以起到前后呼应的作用，所以排比格式中常含有这样的重复；隔离重复也不像连续重复那样容易使人絮烦，例如"解放后，黄桥人民继续唱《黄桥烧饼歌》。唱起它，老战士不减当年勇，发扬革命传统，争取更大光荣；唱起它，新一代饮水不忘挖井人，斗志倍增；唱起它，人们更加怀念陈毅同志和老一辈无产阶级革命家的不朽功勋。"（顾寄南《黄桥烧饼》）但即便这样，这种重复也不宜过多。至于连续出现的重复词语，除有特殊用意外，更是要注意分寸：

街道是崎岖不平，听说特种任务的机关林立，仿佛在空气里面四处都闪耀着狼犬那样的眼睛，眼睛，眼睛。　　（郭沫若《梅园新村之行》）

"眼睛"一词连续出现三次以后戛然而止，"唱起它"也只出现三次，这大概是作者经验和语感所形成的潜在意识。证诸许多有经验作家的作品，似乎这是一条原则。创作经验好像告诉我们，简单的重复以不超过三次为宜（例如相声的"三翻四抖"）。

重复的修辞功能是强调，因此排比格式的排列会很自然地尽可能采取渐强（递进）序列。这种序列可以冲淡重复的感觉：

一切内外黑暗势力的猖獗，造成了民族的灾难；但是这种猖獗，不但表示了这些黑暗势力的还有力量，而且表示了它们的最后挣扎，表示了人民大众逐渐接近了胜利。这**在中国**是如此，**在整个东方**也是如此，**在世界**也是如此。　　（毛泽东《新民主主义论》）

递进序列一般是由其内部逻辑关系决定的。但有的时候，逻辑上的递进关系不那么明显，语气上是渐强的：

工作需要你们，**人民**需要你们，**新的中国**需要你们，**新的时代**需要你们。　　　　　　　　　　（巴金《一封未寄的信》）

　　这个句子的排列容或还有音节、平仄方面的因素，但语气上渐强是无疑的。语气上的渐强有时反映的是作者心理上的感觉，所以同样内容不同的人在处理上可以不尽相同。

　　从简单反复生发而来的是铺陈。铺陈有的是异语反复，有的是由母项衍化成若干子项。它们能够在很大程度上减弱重复产生的单调感，可以说是重复的变体：

　　①有席卷天下，包容宇内，囊括四海之意，并吞八荒之心。
　　　　　　　　　　　　　　　　　　　　　　　（贾谊《过秦论》）
　　②"坐着**死**站起来**死**，穷**死**饿**死**造反**死**，左右都是**死**，干起来也许就是他**死**我不**死**！"
　　　　　　　　　　　　　　　　　　　　　（二月河《乾隆皇帝》）

　　《古文观止》的编者对句①有一段评语："四句只一意，而必迭写之也，盖极言秦虎狼之心，非一词而足也。"句②实际上只是说"左右都是死，不如干一场"，不过将这个意思加以铺展，语势大大加强，31个字的句子里"死"字出现了8次，读者也不觉得重复了。

　　铺陈已经蕴含了用语的变化，在遣词造句的过程中，一个有经验的写作者会把用语变化上升为自觉的意识：

　　读书人家的<u>子弟</u>**熟悉**笔墨，木匠的<u>孩子</u>**会玩**斧凿，兵家儿**早识**刀枪……　　　　　　　　　　　　　（鲁迅《不应该那么写》）
　　他们要**杀**我，他们要**害**我，我逃出<u>虎口</u>，我逃出<u>狼窝</u>。（《白毛女》）

　　以上两例都含有铺陈，组成了对称格式（也可以说是为了对称而铺陈）。在这种对称中利用同义词语使词面错综，是追求语言变化的典型表现。对称格式尚且如此，非对称格式中更要避免用语的重复。不必要的用语重复古人

称为"重出","重出"是写作的大忌之一,防止"重出"也就成为炼字和文字修改的一项重要内容。例如:

①所以我的没有搬家,也并不是因为怀着天下太平的确信,说到底,也(改为"仍")不过为了无论在那里都一样危险的缘故。

(鲁迅《我要骗人》)

②但他的浅,却如一条清溪,澄澈见底,纵有多少沉渣和烂草(改为"腐草"),也不掩其大体的清。倘若装的是烂泥,一时竟看不出它的深浅来了。

(鲁迅《忆刘半农君》)

例①回避"也"字的重出,例②则连不在一个句子里的"烂草"和"烂泥"中的"烂"字也要改掉。由此可见前人"炼字"的用心。

"炼字"注意词面错综,同样的,"炼句"也注意句式变化。

谈到句式,我们首先要看到:对称句在篇章中出现本身就是一种变化。对称可以加强语势,其作用在于强调;然而处处加强语势,就没有了语势的强化,处处都在强调,也就没有强调可言。因此,对称的句式一般都在篇章的或情感的高潮时才出现,这就是古人所说的"句随文转":

冼星海同志指挥得那样有气派,姿势优美,大方;动作有节奏,有感情。随着指挥棒的移动,<u>上百人,不,上千人,还不,仿佛全部到会的,上万人</u>,都一齐歌唱。歌声悠扬,淳朴,<u>像谆谆的教诲,又像娓娓的谈话</u>,一直唱到人们的心里,又从心里唱出来,弥漫整个广场。<u>声浪碰到群山,群山发出回响;声浪越过延河,河水演出伴奏</u>;几番回荡往复,一直辐散到遥远的地方。抗日战争的前线后方,有谁没有听过,没有唱过那种从延安唱出来的歌呢?

(吴伯箫《歌声》)

画线的部分有步步升级的层递,有工整的对称,不同句式的组合,已经显示着变化,而这段文字出现在全文的关键部位,把上文的描述推向了高潮,又使这个语段和其他语段之间存在着变化。不妨设想一下:倘若全篇都采用这种表述方式,效果又将会怎么样呢?

除了篇章中的句式变化外,我们还要谋求对称中自身的变化。对称句式有着粘连的功能,在篇章中起到缀合的作用。在这种情况下,作家们也常常注意避免用语的雷同:

那就是白杨树,西北极普通的一种树,然而**实在是不平凡的一种**树。(前段起句)

这就是白杨树,西北极普通的一种树,然而**决不是平凡的**树。(后段起句)

(茅盾《白杨礼赞》)

上述用语变化出现在不同的语段,如果发生于对称格式的内部,"炼句"就进入了一个更高的层次:

①**如果没有各式各样的菊花,而仅有几盆名菊的话**,"菊花之海"就不能出现了。……金鱼也是一样,**如果仅仅有**"珍珠鳞""鹤顶红"之类的品种,**而没有**"朝天眼""水泡眼"之类充满了丑角情趣的金鱼,也许小孩子们,甚至包括一部分成年人,看来就不感到那么够味了。

②<u>在美国</u>,橙子**被认为是最好的果子**。<u>在日本</u>,桃子**被认为是最好的果子**。<u>在欧洲</u>,**有认为**葡萄是最好的果子,**也有认为**樱桃是最好的果子。<u>在印度、菲律宾等国</u>,**被目为**"果王"**的却是**芒果了。

(以上两例均取自秦牧《艺海拾贝》)

③他的上面,**罩着一片装饰着辉煌的月和闪烁的星的深远无限的天空**;他的下面,在幽静透明的池塘里,也**展开着一片深远无限的天空,装饰着闪烁的星和辉煌的月**。

(《爱罗先珂童话集·春夜的梦》)

在例①里,作者没有采取"不仅要有……而且要有……才能……"的正面阐述方式,而采取肯定与否定交错的办法,使话语曲折而有情致。后一句中,作者用婉转的、不那么肯定的语气("也许……甚至……"),却能使读者得出更为肯定的结论。值得注意的是，第一句用"如果没有……而仅有……"，先否定，后肯定，第二句却用"如果仅仅有……而没有……"，先肯定，后否定，这就使人感到语言跌宕起伏。

例②的句式变化比较复杂。第一、二两句是句与句之间对称，第三句采取句内对称的格式。一、二、三、四句都是用"在××"开头，使语气一贯，但四句之间却是主动句和被动句交错使用——一、二句是被动句式，三句变为主动句式，四句又转成被动，却用被动句式组成"的"字结构当主语，显得与一、二句不同。总之，同中有异，异中有同，再加上"认为""目为"等同义词换用，更显得变化多姿。

例③尤其巧妙。作者所描述的景物里天上、水中交相辉映，作者的语言中上半句和下半句也相互对称。分号以后的"深远无限的天空""装饰着闪烁的星和辉煌的月"与分号以前的同样词语相对，恰似那迷人景色的水中倒影。然而，正像水中倒影的微微变幻一样，下半句的句式与上半句也有微妙的差异：作者把修饰语"装饰着闪烁的星和辉煌的月"移后，使分句的结构从单句形式变为复句形式，而且将"闪烁的星"和"辉煌的月"两个并列的偏正结构的顺序对调。关键词语的顺序倒转恰似那水中景色的颠倒，使读者增加了身历其境的感觉，增添了情趣。

多种句式、语体的巧妙配合，又使用语变化的活动领域进一步扩大了：

> 这两种人都凭主观，忽视客观事物的存在。或作讲演，则甲乙丙丁、一二三四的一大串；或作文章，则夸夸其谈地一大篇。无实事求是之意，有哗众取宠之心。华而不实，脆而不坚。自以为是，老子天下第一，"钦差大臣"满天飞。这就是我们队伍中若干同志的作风。
>
> （毛泽东《改造我们的学习》）

从句式看，它长短交错，长的达17个字（"或作讲演，则甲乙丙丁、一二三四的一大串"），短的只有4个字（"华而不实"和"脆而不坚"）。长短之间富于变化却又寓于整齐，这是因为句式大多是两两相对的。在三组对称的句子之后，又突然改变句式（"自以为是，老子天下第一，'钦差大臣'

满天飞"），使之在整齐中又显出变化。在用语方面，典雅的古语和通俗的群众口语交织在一起，"无实事求是之意，有哗众取宠之心"，对仗工整，后面却突然跳出"老子天下第一"，把不同时代、不同阶层的习用语言巧妙地组合在一起，形成了作者独特的幽默风格，而这种风格又是和讽刺有机地结合在一起的。"演""串""章""篇"自有韵意，又是仄仄平平，"意""心"也是上仄下平，声调上挑，增加了语言的音乐美。整段话亦庄亦谐，语句长短错落，声调起伏，琅琅上口。

什么是语言的节奏？没有重复形不成节奏，没有变化也形不成节奏；除此以外，就汉语而言，还有音节问题、平仄问题、韵脚问题、语音延长问题，等等。充分利用这些条件，我们就可以做到重复而又灵动，整齐而有变化，这实在是语言的艺术中值得进一步探索的天地！

语言的运用与语境*
（1989年）

《阅读》课本第二册第四单元练习和第六单元练习中都提到"根据对象说话"，该书的配套教学参考书第290页中指出"语言的运用要受到内容、目的、对象、手段等多因素的制约"。本文将全面阐述语言的运用和这些因素的关系。文中所谈到的原则，既适用于口头表达，也适用于书面表达。

"语境"这一概念可以有两种理解。《辞海》增补本中是这样解释的：

> [语境] 即"语言环境"。①说话的现实情境，即运用语言进行交际的一定的具体场合，一般包括社会坏境，自然环境，时间地点，听读对象，作者心境，语句的上下文等项因素。为人们进行修辞活动的依据。②专指一个语言音素出现的"上下文"。（着重号是本文作者加的。）

这篇知识综述中的"语境"，用的是第一种涵义。

在正式阐述制约语言运用的基本因素之前，有必要再一次澄清关于"修辞"的概念。就目前语文教学的现状来说，"修辞"知识和"修辞格"实际上成了同义语。在许多老师的心目中，给学生讲"修辞"，就是介绍"比喻""拟人""夸张""排比""对偶"等概念，讲这些概念有什么区别，要求学生加以辨认，等等。殊不知这只是修辞学的一个组成部分。这些知识当然是有

---

* 作者自注：这是为人民教育出版社初中《阅读》课本第六册教学参考书撰写的知识短文。

意义的，但是如果只注意概念的本身，而不把它放在一定的语境中加以观察、分析，这些知识就是静态的、僵化的，修辞的教学就只剩下躯壳而没有灵魂。这层意思我们在教学参考书第五册知识综述二《语言的模糊性和它的修辞作用》里谈过。那篇文章强调了这样一个思想：修辞学的任务，不是区别概念，以指出"这是什么"为满足，而是要总结善于运用语言的人的经验，研究"它为什么是这样"。

如果探究"修辞"的本义，"修"就是"调整"，"辞"就是"语言"，"修辞"，就是调整我们的语言，使之恰到好处地表达我们的思想和感情。叶圣陶先生曾经把这个意思概括成精辟的一句话，那就是："在需要的时候说恰当的话。"研究什么是"需要"，怎么样才能"恰当"，是修辞学真正的精髓。

这篇文章将讨论四个问题：一、什么是语体；二、制约语言运用的四个要素；三、什么是"必要语言信息"；四、怎样提高语言的使用效率。

一、什么是语体？

我们使用"文学语言"这个概念，有时候指文学作品的语言，有时候指一个民族语言发展到一定水平所形成的规范的"标准语"。作为语言的艺术，它要受到文化的、历史的、社会的以及个人审美情趣的影响，这些都是制约着语言运用的重要因素；作为社会交际工具的标准语，语言的运用要受到各种语境条件的制约，从而形成不同的语体。就中学语文教学目标来说，特别是对初中学生而言，培养对语言艺术的欣赏能力当然是需要的（《语言的模糊性和它的修辞作用》一文谈的就是这方面的问题），但这种欣赏能力只能是初步的。培养学生的言语交际能力是中学语文教学的主要目标，要有效地完成这一任务，就要涉及语体问题。语体学是语言学理论的一个组成部分，虽然在教学中我们不一定提出这个概念，避免过多地使用术语，但作为一个教师，则应当具备这方面的知识，而且是比较系统的知识。

"语体"指的是在不同的社会活动中，由于不同的交际目的和环境，所形成的语言运用的特点。对于这些特点加以分类，就是语体学的任务。这是一个广大国内语文教师还不太熟悉的概念，但又是对语言进行动态研究的重要内容，也是语言教学应有的重要内容。我们常说的"看菜吃饭，量体裁衣",在语言运用方面,就是要根据需要选择恰当的语体。

"语体"和"文体"是有联系而又不同的两个概念。"文体"指的是作品的形式及其特征,它是从作品的整体着眼的,而且是专就写作而言的;它所研究的对象,既包括语言风格,也包括结构、表现手法等其他方面的特征。"语体"指语言运用的风格,它既包括口头表达,也包括书面表达。语文教学中常说的"记叙文""说明文""议论文"都是就文体而言的,要分析语言的运用是否得当,就要了解语体。

不同的角度有不同的分类标准,语体学也是如此。简单地说,现代各民族语言都可以划分为"谈话语体"和"书卷语体"两大类。

"谈话语体"就是口语。它的词汇包含量很大,既包括全民通用词,也包括常用的谚语、俗语、歇后语和口头成语等,在日常交谈中,还常夹带使用方言词、不同程度的粗俗词和俚语;它容纳一定数量的书面语汇,但用词比较平易,一般不使用古语和专门术语。在句式方面,为了加强语言感情的需要,感叹句、疑问句、倒装句的出现频率很高,但多使用短句而尽量不使用长句;排比、对偶句式则比较少见。在语言的连贯性方面,句子的省略现象多,意合的成分浓,关联词语使用频率低,允许而且有时还需要一定程度的重复。谈话语体的特点是通俗、易懂、活泼、亲切。

按规范化的程度来划分,"谈话语体"又可分为"日常谈话"和"讲演"两个亚种。"日常谈话"反映着口语的一切特色;"讲演"则较多地吸收了书面语的成分,不过也必须以上口、易懂为原则,它仍属于口语的范畴。当前许多讲演比赛实际上只是书面语的朗诵,失去了口语的特色,从而也失去了口语给人的亲切感,这是不对的。

"书卷语体"就是书面语,它是一种比较复杂的现象,各类之间在语言风格上可以有很大的差异,大体上可以分为"科学语体""文艺语体""杂文语体""公文(事务)语体"几类。

"科学语体"用以准确而系统地表述自然、社会和思维的现象,它以精确、严密为其主要特征。无论是自然科学还是人文科学,由于论述逻辑性的要求,常常需要结构复杂的长句,即利用扩展的句子成分和从属句网(多重复句)来组织复杂的思想,表现事物的复杂关系。句与句之间、句群与句群之间的逻辑要求也比较严格。下文还要举例，这里不多介绍。

"文艺语体"以形象性为特征。社会生活是五光十色的，文学体裁也有散文、诗歌、小说、戏剧等多种形式，因此文艺语体的语言材料也是包罗万象的。从粗俗的俚语到典雅的古语，从对仗工整格律严格的诗句到日常生活的对话，可以说是无所不包。然而这广泛的语言材料被文艺语体吸收，又是有一定条件的，那就是必须在功能上经过改造，使之适应形象化、个性化以及各种不同文艺体裁的要求。散文、诗歌、对话的语言表现形式有较大的差异，可以算作文艺语体的三个亚种。

"杂文语体"介乎"科学语体"和"文艺语体"之间，是一个比较广阔的中间地带。为了阐述各种问题，它需要使用一定的科学术语（依不同的内容为转移），同时，它也要求以透辟的分析、严谨的论证，诉诸读者的理智，竭力从逻辑上使人们信服某种观点的正确性，这就使杂文语体和科学语体有一定程度的接近。另一方面，为了思想感情表达的需要，为了达到特定的宣传效果，它也要求语言生动、活泼，常常使用各种描绘手段和表情手段，力求打动和感染读者，这就使杂文语体和文艺语体有一定程度的接近。

杂文语体向科学语体和文艺语体的倾向程度视内容和需要而异。以报刊的评论为例，它的写法就是不拘一格的。有时，它以理论阐述为主，更多地注重语言的准确性和严密性；有时，它又可以吸收文艺笔调，写得形象、生动，甚至带有抒情色彩。值得注意的是，从国际文坛的写作发展状况来看，各种文体之间相互渗透、融合的趋势十分明显，即使是学术性报告也常夹用形象的描述，因此，这一类语体值得我们作深一步的研究。

"公文语体"又称"事务语体"。严格地说，这两个概念的内涵还有些差别。"公文"指在机关、团体的行政事务中起联系、传达、周知作用的特定文字模式。"事务语体"的涵义要广一些，它还包含私人活动的一些定型化的书面文字（如请柬、协议书等）。为了信息传递的清晰性和效率，这一类语体具有两个特点：一是按照应用场合形成了若干固定的格式，使之程式化；二是有不少惯用语和句式，其中还保留了不少古汉语的成分，如"欣逢""值此……之际""为……由""……为要（为荷）""此致""兹""查""据""责成""鉴于""希即""予以""特此通知""查照办理"等等。应该说，由于社会的发展和变化，这一类语体在我国还没有完全成熟。

我们常说"语言要得体"，这个"体"，主要就是指语体（除此以外，还有交际双方的身份、关系、态度等因素）。我们不能用相声的语言形式写社论，不能用排比押韵、声调铿锵的诗句写公文或调查报告，法院的公告不能写成快板——"×××，真正坏，拦路抢劫把人害……"否则就成了笑话，就是不伦不类，就是"不得体"。

语体教学在我国中学语文课中还是一片空白，然而，它又是极其重要的内容。只有将语体的内容引入教学，我们的语言知识内容才能摆脱目前静态分析的停滞状态，才能具有活力，才能真正培养学生在不同领域、不同场合灵活地使用语言进行交际的能力。引进了语体的内容，还可以帮助我们改进教学方法。不同语体既然反映了使用语言的不同特点，我们在教学时就要有区别地对待。千篇一律的、以语法为核心的语言分析是不能充分地解释并且使学生领会到各种语体在使用语言方面的特色的。

二、制约语言运用的四个要素。

语体只是宏观的分类，它着眼于语言各类型的主要特征。事实上，各种语体之间还存在着互相渗透和互相排斥的现象。在使用语言的具体过程中，又要受到语境中各种变化因素的制约。这些制约着语言运用的不断变化的因素是：1. 内容；2. 目的；3. 对象；4. 手段。

下面分别加以说明。

1. 内容对语言运用的制约作用

我们首先观察内容对语体的选择。下面举一个例子：

> 在全国一切大城市和中等城市中，依靠工人阶级，团结守法的资产阶级和其他市民，向着违法的资产阶级开展一个大规模的坚决的彻底的反对行贿，反对偷税漏税，反对盗骗国家财产，反对偷工减料和反对盗窃经济情报的斗争，以配合党政军民内部的反对贪污、反对浪费、反对官僚主义的斗争，现在是极为必要和极为适时的。
>
> （毛泽东《关于"三反"、"五反"的斗争》）

这个句子很长，共有133个字。这么多的字却只是一个单句。谓语部分很短，只有13个字（"现在是极为必要和极为适时的"），主语部分竟长达120个字。主语部分包含的内容很多，它分别指出了"三反"和"五反"的内容，指出了它们分别在什么范围内开展，指出了二者之间的关系，还特别指出了在"五反"运动中的依靠力量、团结对象和打击对象。这么多的内容组织得清清楚楚、有条不紊，每一处都经得住反复分析和推敲。读这样的句子当然不轻松，但这是科学表述的需要。经历过50年代的人都知道，这是当年中央文件中的一个句子，政策性很强，对运动有着重要的指导意义，所以语言必须严密、准确，一点都不能含混，而内容的复杂也就影响到结构的复杂化。反之，如果要反映社会生活的某个特定横断面，就必须采用能表现这种生活情态的惯用词语和构句方式。我们只要拿邓友梅《鼻烟壶》中旗人说话的口吻和上面的句子比较，就可以看到二者有多么大的不同。

应该指出，决定语体选择的因素是多方面的，除了内容以外，语言环境的各种条件，使用语言的人所处的时代、社会阶层、个人的修养、性格、习惯都有着重大的影响。同样的内容，从一个知识分子口里说出，和由一个农民说出，会大不一样。时代的影响更为强烈，"十年浩劫"期间，"最、最、最"的叠用，夸张而造作的排比，成为滥调的套语……这几乎成为一种特定的语体（当然也是一个时代的悲剧）。

语体是历史发展的现象，它对于一定历史时期的人来说，具有一定的稳定性。因此国外语体学研究，也有按历史时期分类的。这是因为适应于一定领域的语体，在交际过程中反复出现，就会成为约定俗成的习惯，它的一系列用词造句的特点和行文模式不但为人们所认识，而且对人们有约束力，具有相对的稳定性。

这样，我们就可以看到内容制约着语言运用的另一个方面，或者说潜在的方面，这就是人们的习惯。习惯使一定的内容和相应的语言形式之间产生稳定的联系，所以用相声的语言写报刊社论，用诗句写公文和报告，用快板语言写政府公告，人们都会觉得不伦不类。"内容决定形式"这一哲学观点无疑是正确的，但在各种社会现象中，内容和形式的联系有时是可以直接观察到的，有时则是间接、曲折地反映出来的。内容对语言形式的制约作用也是如此。

内容制约着语言运用的另一个重要方面是词语和句式的选择。

词义是表示概念的,但由于习惯和语源,它往往除了表示概念之外,还同时具有某种感情色彩。例如"罄竹难书",字面上的意思是事端繁多,写不胜写,最早见于《吕氏春秋·明理》"此皆乱国之所生也,不能胜数,尽荆越之竹,犹不能尽"。到了《旧唐书·李密传》则有"罄南山之竹,书罪未穷,决东海之波,流恶难尽",从此,这个固定词组就和"罪恶"连在了一起,具有了贬义。再如"死"和"逝世"本来是同义词,但感情色彩不同,后者具有严肃、庄重的意味,因此追悼会上我们只说"不幸逝世"而不说"死了"。同样的,报道外事活动,我们也只用"进行了亲切友好的谈话",而不用"聊天儿"。这种现象,我们在语文教学中已经予以充分的注意。

长句和短句、整句(对称句)和散句(不对称句)在表达功能上各有所长,应该适应不同的内容灵活变化。这方面的知识我们在前几册《阅读》课本和教学参考书中已经作过介绍。下面再举一个句式因内容而调整的例子:

临日,贾母带着蓉妻坐一乘驮轿,王夫人在后亦坐一乘驮轿,贾珍骑马率了众家丁护卫。<u>又有几辆大车与婆子丫鬟等坐</u>,并放些随换的衣包等件。

(《红楼梦》第 59 回)

写贾母、王夫人、贾珍时使用"主动宾"句式,写婆子、丫鬟时换成以"有"字打头的无主句,这样的句式变化可以产生心理上的对比效应,使"大车"和"驮轿""骑马"区别得比较明显,它一方面表现了贾府对下人们的"恩典",另一方面又从侧面反映了封建社会里主子和奴才不能平起平坐的森然现实。句式的这种细腻、自然、貌似平易的处理,当然反映了作者的语言运用已经达到了非常高的境界。

2. 目的对语言运用的制约作用

我们在上文两次强调:不能用相声的语言写社论,不能用诗句写公文、报告,不能用快板写政府公告。这似乎是一般的常识。但是在特定的情况下,为了特殊的目的,这些藩篱都可以突破。普希金受沙皇宫廷的排挤,被迫去高加索视察蝗灾。气愤之下,他故意写一首打油诗"蝗虫飞来了/蝗虫飞去了/……"作为调查报告,以发泄自己的牢骚和不满。这是一个由于特殊的目的而突破习惯表达方式的例子。因为译文不容易传达原作的语言风格,下面再举一封别致的国书为例。明王朝替代了元王朝以后,元顺帝退出大都,逃到开平。明太祖朱元璋招降,元顺帝回答的是七律一首,题为《答"明主"》:

> 金陵使者渡江来,
> 漠漠风烟一道开。
> 王气有时还自息,
> 皇恩何处不昭回。
> 信知海内归明主,
> 且喜江南有俊才。
> 归去诚心丁宁说,
> 春风先到凤凰台。

这首诗措辞不卑不亢,不自认亡国,而是显示出禅让的意思。真要是这样的话,则双方处于平等地位,然而这又是明太祖所无法接受的。既要保持自己的尊严,又要不触犯对方,甚至希冀得到同情和谅解,在这种微妙的情况下,庄严的国书就采取了一种不平常的形式——七言律诗。

特定的目的可以突破习惯的语言模式,反之,具有普遍性的目的又对语言模式的形成和稳定起着重要的作用。例如为了语言的清晰性和准确性,处理重要的文件(像联合国的一些文件、条约),我们不仅使之条目化,而且可以不考虑语言的过渡和呼应,哪怕给人以一种不连贯的感觉;与此相对照的是外交辞令,正是由于外交场合的特殊目的,我们才舍弃了语言的精确性而采用模糊语言。再比如科普读物,为了通俗性和趣味性,我们在表述科学内容的时候,却采取了形象的描述,而且往往还需要配以有趣的插曲。这种写法逐渐稳定下来，就成为科普读物的特定笔调。

目的对词语的选择作用也是显而易见的，这一点在文艺作品中更为明显。照理说，使用汉语应该以规范的普通话为准，方言、土语、俚语、外语（包括兄弟民族语言）、已经不为人们所熟悉的古语等，如果和普通话夹杂使用，不利于社会交际，应该看作是语言中的杂质予以排除。可是，不用方言有时候很难表现地方风貌，《闪闪的红星》中"伢子"的称呼，不仅反映了事件发生的地区，而且由此而渲染了作品的历史色彩（发生在老苏区的故事）。同样的，没有"阿妈妮""阿爸吉"，似乎不足以显示出抗美援朝这一重大事件；"金珠玛米""雅古都"使我们一望而知描写的是藏族同胞的生活；而《李自成》中也少不得使用一些人们已经不太习惯的古语来刻画书中角色所处的时代和身份。严格地说，没有作家不能使用的语汇，一切要视作者的目的而定。鲁迅在《孔乙己》里使用了"君子固穷""多乎哉？不多也！"等古语词，在《理水》里用了"古貌林"（Good morning）、"好杜有图"（How do you do）、"O·K！"等外语或独创的谐音词，在《离婚》里使用了"逃生子""娘杀"等方言粗俗词，在《阿Q正传》里又使用了"柿油党"（指自由党）这样的在发音和意义上都歪曲了的"词"，等等，这些词语的使用，无不是为了适应特定的艺术目的。这些语词都是不属于日常语言交际范围之内的，都是不规范的。使用规范语言而又采取特殊表达方式的，请看下面几句：

> 不过这只是讲笑话，事实是决不会弄到这地步的。即使弄到这地步，也没有什么难解决：外洋弄病，背脊生疮，名山上拜佛，小便里有糖，这就完结了。
>
> （鲁迅《天上地下》）

最后这几个分句似韵非韵。从整段话看，是散文，但是冒号以下的前四个分句，却二、四押韵，句式呈四、四、五、五排列，而且对仗工整，吸收了我国旧体诗的格律因素；最妙的是最后一个分句"这就完结了"，有意不押韵，使之和前面不协调。在这一连串整散交错，韵与非韵并存的句式中，对仗工整而押韵的句子自然会引起读者的注意（这种注意可以是潜意识的），而作者要强调的，也恰在于此——语句的内容由于押韵而更显得可笑。最后一个短分句冷然收尾，故意造成一种不协调的感觉，充分显示了作者"横眉冷对"的做人态度和与之相联系的个人的独特语言风格。而上述的语言运用，又显然服务于作者的目的——讽刺。

3. 对象对语言运用的制约作用

上一节谈到科普读物和学术论文的不同写法，这种写法的区别虽然从属于不同的写作目的，但这不同的目的又显然是由于对象不同而形成的。对象的差异可以影响到写作的目的，也可以直接作用于语言形式。我们在前面故意提到政府的公告不能采取快板的形式，否则便不严肃，这似乎是不言而喻的，但是也未必尽然。当年红军二万五千里长征，沿途的许多公告就编成快板体或者类似于快板的押韵短句，这正是充分考虑对象的结果。因为对贫苦大众来说，这种形式生动易懂，而且好记。他们记住了文告的语句，也就在心灵上播下了日后行动的种子。于是，在特定的对象面前，一些被认为不宜使用的语言形式却成了很好的宣传工具。这就是语言运用的辩证法。

"心中要有读者"是极其重要的写作经验，语言的运用要随着对象的变化而变化，这是十分重要的表达原则，然而，它又往往为一般人所忽视。对象影响、制约于语言运用，表现在两个方面：一个方面是词语和句式的选择，另一个方面是内容的增删。即以作学术报告和科普报告而论，同样的科学内容，听众不同，报告就大不一样。假如听众都是本专业的同行，那么，专门的技术用语就显得简单、明确，便于理解；反之，如果是向一些不熟悉本专业的听众讲话，就必须努力避免那些生僻的技术用语。如果实在无法避免，就必须设法给予通俗的解释，有时还要补充适当的事例。这个道理似乎是很明白的，但由于这一类语言推敲往往缺乏表面效果，所以不容易被读者觉察。下面举一份说明书作例子：

合成洗衣粉使用说明

1. 本品是用化学原料制成的洗涤剂，具有同肥皂一样的去污作用。
2. 本品适用于洗涤棉织品。

3. 用干粉两汤匙，溶于约半脸盆温水中（约为千分之三的浓度）。

4. 洗涤时先将衣物用清水浸透，挤干，然后放入溶液内，约浸二十至三十分钟后再洗（不要浸得过久，以免衣物受到损坏）。

5. 如遇衣领、衣袖等污垢较重处，可撒干粉少许搓洗。如一次未能洗净，可用新的溶液洗第二次。

6. 每次洗涤时，先洗白的衣物，再洗有色的或易褪色的衣物。

7. 衣物在溶液里洗过后，最好用温水洗一次，再用冷水洗涤。

8. 本品容易受潮，宜放在干燥处，或装在瓶内。但受潮后效力不变。

××洗涤剂厂出品

这份说明书可分析之处很多，下面仅就语言运用中与对象有关的地方说明几点。

说明书中的某些用语似乎是不科学、不周密的。"两汤匙"究竟是多少？汤匙不仅有大小的差异，还有堆尖和平平的区别。"半脸盆"更不明确，因为脸盆也有大小之分，而且小号与大号脸盆之间容积差别是非常大的。"温水"又是一个含混的模糊概念——究竟达到多少度才算"温"水？这些用语好像不准确，但对于一般群众来说，它又是便于理解、便于接受的。像这类实用文字要考虑到广大对象的不同文化水平、不同的习惯和一般家庭的设备条件。如果把上述语词统统换成术语，不但有些使用者感到费解，而且一般家庭也不会为了洗衣服而专门购置量杯、天平和温度计。当然，含混不清也是应该避免的，所以第3条后面，作者又利用括号作了补充——"约为千分之三的浓度"，供达到一定文化层次的读者参考。洗涤剂溶液浓度的精确性要求不高，在灵活幅度允许的范围内，这份说明书的语言应该说还是清楚、明白的。这是根据对象选择用语的一个例子。

在考察对象对语言运用的影响时，对象变化和材料增删的关系值得我们注意。为了进一步分析这种关系，我们有必要把语言表达分为"定向表述"和"无定向表述"两大类。对象有限而且范围明确的，属"定向表述"，对象广泛而范围模糊的，称"无定向表述"。书信、讲演、事务性文字等大多属于定向表述，文学作品大多属于无定向表述。但"定向"与"无定向"也是相对而言的。虽然都是定向表述，私人书信对象范围很窄，企业内部通知的对象范围就要大一些；反之，虽然文学作品的读者对象是相当广泛的，但它也往往要受到民族、国家、地域的限制。这个民族、这个地域所熟悉的事物和欣赏习惯，未必为另一个民族、另一个地域的人所熟悉、所习惯（参阅教学参考书第五册知识综述二《语言的模糊性及其修辞作用》），而且不同的作品还可以把不同的社会阶层作为自己的特定目标，这样，在无定向的表述中也就可以寓有某种定向的因素。定向表述有一条规则：当语言交际的双方对所表述的内容有着共同的背景知识时，有关这方面的内容就应该省略或简化。这种省略或简化有时候可以达到双方都能会意而第三者则无从理解的地步。例如，书信中常常可以见到"所托之事已经办妥"一类的话，"所托之事"究竟是什么，双方已经明白，如果把"事"再叙述一遍，反而啰唆累赘。反之，例如"春节"这一为广大中国人所熟悉的概念，对于外国的旅游者来说，却往往需要详加解释和说明。这样一个道理，叶圣陶先生曾经通俗而又简要地概括为"对方知道的事要少说或不说，对方不明白的事要讲清楚"。一般地说，对象的范围越窄，越明确，交际双方所具有的共同的背景知识就可能越多。对象的变化与内容增删的关系，我们将在下一章作进一步阐述。

根据对象灵活地运用语言，还需要很好地了解并且针对对象心理。关于这个问题，我们将在本文第四部分"怎样提高语言的使用效率"中进行阐述。

4. 手段对语言运用的制约作用

古人传递语言信息只凭一张嘴、一支笔以及鼓声、烽火等简陋的手段，功能十分有限；现代语言信息的媒介手段日益丰富，电讯技术、音像设备……使语言信息的传递可以跨越时间和空间，而且可以利用音乐、色彩、图像等大大强化传递的效果。这一切变化，当然也促进了语言表达方式的变化。

媒介手段影响、制约着语言运用，最典型的例子是电报。我们先以电报作例子，观察手段对语言表达方式的作用。

拍发电报的时候，同一线路或频率在同一时间只能播送一个符号，目前每发出一个汉字，报务员需要按键四下（这还是指先进的电传机直接按数码键而言，如果利用长短音发码的索尔斯法，一个汉字的按键数最多可以达到二十多次），这样的传递手段就要特别注重语言的经济性。为了尽量使语言简化，电报的语言就逐渐形成了以下特点：

①只要意思表达清楚，不考虑主语、谓语等成分是否齐备，也不考虑词语的语法搭配关系。换言之，电报的语言不是我们通常所理解的"句子"。例如：

15 日到 22 次 8 厢盼接父

这里的意思如果写成完整的句子，大致是这样的：

我已经买好 22 次火车票，将在 15 日到达，所乘坐的车厢是 8 号，盼望你能够来车站接我。你的父亲。

以上共用符号 44 个（包括标点），简化的结果是 44：10，节约语言符号约 77.27%。

②尽量利用简称，例如上海简称为"沪"，广州简称为"穗"，姓名也尽量只用一个字，等等。

③在不妨碍理解的前提下，尽量用一些人们习惯的古汉语替代现代汉语。例如：

母病危速归父

用"母"代替"母亲"，用"父"代替"父亲"，用"速"代替"尽快"，用"归"代替"回来"，等等，这样，就可以尽量用单音词来替代多音词。

由于手段的特殊性，电报语言和常见语言模式的差别是十分明显的。广告语言介乎二者之间。它和电报语言都具有简约的特色，可以不考虑句子的完整性，同时，由于常常有图像的配合，可以具有更大的意合成分和联想因素；另一方面，考虑到宣传的效果，它又必须注意语词的通俗性，必须使用群众容易理解的现代通用词语。电报和广告在语言的运用上都有不同于我们日常言语交际的独特的方面，即从我们常见的而且应该纳入中学语文教学目标的黑板报稿和广播稿而论，这二者也由于手段的差别而各有自己的特色。黑板报稿由于黑板这样一种工具的制约，要求文字必须短小精悍，篇幅上受到严格的限制；广播稿因为是利用话筒和其他广播设备直接把声音传到听众的耳朵里，所以字数的限制性不强，但应该有较浓的口语色彩，至少必须容易上口。广播稿用于黑板报，或者黑板报稿移之于广播，都必须加以改造，否则就会格格不入。

我们不仅要看到手段对语言运用的限制的一面，还要看到它丰富和发展了表达方式的一面。媒介手段的多样化不仅向语言的使用提出了不同的要求，也为思想感情的传递提供了辅助的手段。即以黑板报为例，上面虽然分析了它在篇幅上的局限性（这种局限不仅影响到语言的使用，还影响到写作内容的选择），但我们又可以利用不同颜色的粉笔来唤起注意，强调某些内容，加深人们的印象，此外，还可以利用图像（题花、尾花、漫画之类）以及变换字体等等来强化效果。这些，广播稿是无法与之相比的。再如电视广告，它除了可以利用图像以外，还可以配上音乐来渲染气氛，烘托主题，甚至可以直接成为信息的传递者。总之，随着媒介手段的日益丰富，除了语言符号以外，我们还可以充分利用色彩、图像、音乐等视觉、听觉因素来帮助我们表情达意，而这诸多手段的综合应用和有机配合，也就成为现代实用语言研究的一个新的课题。

语文教学的实用性是语文教学改革的一个重要问题。加强语文教学的实用性，绝不仅仅意味着在教材编写中增加一些应用文的格式，更不能把语言的实用性仅仅理解为一些"格式"问题。从根本上说，是要使学生了解语言的运用和语境的关系，其中也包括使学生知道并初步掌握上面提到的这些多样化的表现手段。

三、什么是"必要语言信息"？

为了研究语言的使用效率，我们有必要引入"信息"这个概念。

信息是可以计量的。信息论按照数学和技术科学的要求提供了信息量的公式。但是要注意的是，在社会的语言交际活动中，不能机械地套用数学方法，因为语言的运用涉及许多社会因素和人的心理因素。例如在外交活动中，有许多看来是多余的话却又是不可少的；再如我们讲课时，有时多余的话起着调节和引路的作用，如果一句多余的话也不说，讲话就十分干巴巴，甚至连感情也无法表达。语言的表达要考虑社会效能，而社会效能并不是都能量化的。

信息的传递总有发出信息的一方和接受信息的一方，因此必须考虑到对象的情况。如果一方发出一条消息，另一方完全知道对方讲的是什么，那么，这个消息的信息量等于零。在这种情况下，这些话完全是多余的，可以不说。一切陈词滥调、套话、废话之所以不受欢迎，就是因为这些话没有一点点信息量，不能起一点点社会效能。这样的话多了，会淹没主要的内容，甚至引起反感，产生相反的效应。

按照这样的理解，我们可以把信息分为"必要信息""次要信息"和"冗余信息"三种。

"冗余信息"又称"多余信息"，但在汉语里，"多余"和"冗余"语义略有不同。"冗余"指完全不需要的，"多余"则还没有达到完全不需要的程度。前面讲过，多余的话有时也是需要的，因此本文采用了"冗余"这一概念。这样做，有利于教学。多余而又有一定表达功能的话往往是很微妙的，一般中学生不容易辨别；完全不必要的话是比较容易分辨的，而啰唆、重复、"车轱辘话"又是学生说话或作文中常见的现象。教师指出哪些是"冗余"部分，并加以分析，可以有效地培养学生的语感。

"次要信息"指的是那些补充、阐释（描写也是一种阐释）和旁及的内容，它们虽然不是要表达的主要内容，但往往也是不可少的。因为除了要表达的意思有主要、次要之分以外，在信息的传递过程中，还会发生"失真"或"损耗"现象，也就是说，提供信息的一方也许把意思表述得准确、清楚，接受的一方却可能并没有完全理解或者只是部分地理解。这是由于听话也好，阅读也好，都是一个复杂的心理过程，听或读的理解，都要以听者或读者具备相应的生活经验、背景知识和心理状态为前提，所以"说得清楚"，未必都能够"听得明白"。为了强化印象，使对方获得比较完全的理解，我们在表达的时候，往往需要在主要意思的基础上加以展开，如解释、论证、描述等。例如我们所熟悉的"起、承、转、合"，就是古人根据一般阅读心理过程总结出来的写作模式。"起"就是提出问题或论点，"承"是加以展开，"转"可以产生比较强烈的心理对比效应，"合"是进行总结，使读者的印象深化。经过这样的过程，作者要表达的意思就可以给读者留下更深的印象，更全面的理解。就这样的文章来说，主要信息在"合"的部分中已经能得到明确的表述，而文章其他部分的内容，都属于次要信息。

"必要信息"也称"主要信息"。同样地，在汉语里，"必要"和"主要"的语义也有所不同。"必要"指绝对不可缺少的，"主要"则还可以包含一些非绝对不可缺少的成分。本文采用了"必要"这一概念，其原因和采用"冗余"这一概念大致相同。为了培养学生思维的精确性和语言的准确性，"必要信息"是本文重点分析的对象。在指导学生概括段意和中心意思的时候，我们力求文字简要，实质上正是着眼于文章（或部分）的必要信息。

语言只是一种符号（或者叫信号），它只是传递信息的一种手段。传递信息的手段是多种多样的，例如古代的烽火和现代城市的交通指示牌，等等。作为语文教学，我们着眼的是听、说、读、写活动中的各种语言现象，因此，本文下面所讨论的不是泛泛的"必要信息"，而是"必要语言信息"。

在"必要语言信息"中，删减了任何一个信息，意思就不能得到正确的表达。在这方面，最典型的现象仍是电报。现在就用电报作例子，对什么是"必要语言信息"进行探讨。

为了便于分析，需要先设计一定的语境条件。假定：

①有一座工厂，坐落在甲地；

②厂方派采购员张×去乙地购置设备；

③张×购得牛头刨床一台，价××元；

④张×已购好船票，将于7日启程返厂；

⑤船次为6次，航程约一天，预计8日下午4时到达甲地；

⑥牛头刨床已装箱托运，与张×同时到达；

⑦刨床笨重，需要厂方派车来接；

⑧船将停泊在 2 号码头。

将以上情况加以综合，拟成的电报稿可以是这样的：

已购得牛头刨一台价××元于 7 日乘 6 次船离乙地返甲地望 8 日下午 4 时来 2 号码头接张×

在这段文字里，哪些是非必要的语言信息，可以删除呢？

第一，7 日启程是不必要的，因为拍电报的目的是通知厂方准时来接，而不是告诉厂方何时启程。

第二，"离乙地返甲地"是完全多余的废话。

第三，刨床的价格没有说的必要，因为这属于返厂后汇报的内容。

第四，"乘"字可以省略。

以上四项共涉及 14 个字，删节后成为：

已购得牛头刨一台望 8 日下午 4 时来 2 号码头接 6 次船张×

但这显然不是最佳方案，还大有简化的余地。要进一步辨明哪些是必要语言信息，就需要了解什么是"客观语言环境"和什么是"人为语言环境"。

"客观语言环境"指表达一方和接受一方之间客观存在的环境条件，例如上述电报中甲、乙两地之间的交通情况。根据不同的情况，电报稿的语言还可以作不同的简化或调整：

①如果甲、乙两地之间交通十分发达，铁路、航运都可以承担托运牛头刨床的任务，水路又有若干班次，而且抵达乙地的时间和停泊的码头又经常变动，那么，上述电报稿的话都是必要语言信息，无论省略了哪一项，意思都表达不清楚。

②倘若甲、乙两地间只有水路可通，有若干航次，而到达时间和停泊的码头经常变动，则"船"字可省。

③倘若轮船只有一个班次，"6 次"也可以省去。

④一般地说，轮船启航时间和到达时间都是相对稳定的，如果是这样的

话,"下午 4 时"又成了冗余信息。

⑤轮船停泊的码头也常常是固定的,在这种情况下,"来 2 号码头"又可以删去。

此外,电报署名一般不需要署全姓名,只有在比较庄重的场合才连名带姓一起署,以示郑重(如致大会贺电之类)。像上面所设计的情况,如果外出采购人员只有一个人,或只有一个人姓张,最后只署一个"张"字就可以了;如果不止一人姓张,则可以只署名。署名的时候,如果是双名,也可以只取一个字,总之,只要便于收报人识别而不致误解即可(私人电报一般署名而不署姓,表示礼貌)。

这样,上述电报稿就只剩下这样几个字:

已购得牛头刨一台 8 日到望接×

以上的电报稿还能不能简化呢?为了研究这个问题,我们就还要分析"人为语言环境"。

"人为语言环境"指的是语言信息传递的双方事先约定或有所默契的因素。最典型的现象是间谍活动所使用的暗语。就上述的电报稿而论,具体分析如下:

①如果采购任务很多,不只牛头刨一种,而且每种的采购量不定,那么,"已购得牛头刨一台"都是必要语言信息,因为它涉及厂方为了接货需要准备什么样的运输力量问题。

②如果采购任务只是牛头刨床,而采购数量不限一台,则"牛头刨"三个字可省。

③如果原来就只准备购买一台牛头刨床,那么,连"一台"两个字也可以不要。

④即使甲、乙两地的交通路线比较复杂,如果事先已经约定路线和班次,有关这方面的内容都可以省略。(不过这类情况比较少见。)

⑤假如事先已商妥由厂方派车接货,则只要通知厂方设备已经购妥,届时自会有人来接,则连"望接"两个字也可以不用。

把这些情况综合起来，整篇电报稿就可以简化到只剩下这样几个字：

已购妥 8 日到 ×

我们还可以设想这样一种情况：双方约定，倘若采购员只身返厂，就不发电报；如果发电报，就意味着牛头刨一台已经购妥，厂方要准时前来接货，那么，四个字就足以传递全部信息：

8 日到 ×

前面讲过，在定向表述中，当双方具有共同的背景知识时，有关这部分的内容就可以简化或省略。以上对语言环境的分析，就是判断双方共同具备的背景知识，从而确定哪些内容可以略去。

当然，在日常使用语言的时候（包括口头的和书面的），我们不可能只保留必要语言信息，而把一切非必要语言信息都加以排斥。那样的话，除少数情况外，言语的交际活动是几乎无法进行的。例如"您好"这一类用语，它虽然没有传递什么实质性的信息，但却是出于社会交际中礼貌的需要。我们写一封信，也不能像拟电报稿那样简略。一次讲话，一段文字，除必要语言信息外，大体上总有相当数量的非必要成分。这些成分除了彻头彻尾的废话以外，多少总还有一些表意的功能。我们斟酌、推敲字句，选择表达的最佳方案，说得简单一点，就是力求用最少的语言符号来传递尽可能多的信息。如果我们树立了"必要语言信息"观念，注意汰涂"冗余信息"，就能逐渐做到文字干净，"要言不烦"。

四、怎样提高语言的使用效率？

"信息"这一概念，既包含具体的、实质性的内容，例如事实、观点等等，也包含虽然没有用语词表达出来但受信息者能够感受到的潜信息。前者我们称之为"明示信息"，后者称为"隐含信息"。在这里，特别要指出感情也是社会交际的一种极为有效的信息，有时是连语言也无法表达的信息（即所谓"此时无声胜有声"的境界)。感情因素在潜信息传递中起着特别重要的作用,语言的使用要想得到最佳效能和反应,必须注意感情这个因素。上一节所谈"力求用最少的语言符号来传递尽可能多的信息",是我们使用语言的原则,是修辞时的全部目标,也是我们研究语言使用效率的出发点。

人类社会的语言交际,正如我们前面讲过的,好像无线广播一样,一方发出信息,另一方接收,如此循环往复,而在发出信息和接受信息之间,会发生一定的"失真"问题。这种"失真",在广播中往往来源于电磁波的干扰和接收设备的灵敏度;在言语交际中,这种"失真"来源于语言中的杂质和接受者的理解能力。所谓语言的"杂质",指的是不规范的语言,容易引起歧义的含混不清的语言,啰嗦、重复、缺乏条理的语言,等等;接受者的理解能力,涉及文化水平、背景知识、思维习惯、社会准则、心理状态等诸多因素。所以,要提高语言的使用效率,应该兼顾表达和接受两个方面,具体地说,就是要注意1. 语言的清晰性,2. 语言的针对性。

1. 语言的清晰性

语言的清晰性是对语言的使用者而言的。要保持语言的清晰性,首先是防止歧义问题,而歧义的产生,又往往是和语境条件相联系的。

口头表达和书面表达语境条件不同,前者可以借助语音、语调、停顿、表情、手势、姿态等手段来表意,后者则无此条件。例如同样的语词,停顿不同,意思也不同:

① 三(停顿)乘四加二(=18)
② 三乘四(停顿)加二(=14)

再如"他喜欢你不喜欢"加以不同的停顿和语调,意思可以大不一样:

他喜欢你不喜欢?
他喜欢,你不喜欢!
"他喜欢你不?""喜欢。"
"他喜欢你?""不喜欢!"

他喜欢你？不喜欢？

……

在书面表达中，我们借助标点符号来弥补上述缺陷，但标点符号不是万能的，特别是口语可以容纳的停顿比书面语多，因此像下面的句子口头表达可以不出现歧义，书面表达就产生了歧义：

学术委员会采纳了两个青年科学家的建议。

是"两个→科学家"，还是"两个→建议"，就字面来看，是不清楚的。如果是口头表达，我们可以借助句中停顿的办法加以区别（"两个/青年科学家的建议"和"两个青年科学家/的建议"），在书面表达的时候，我们必须把"个"换成"位"，或者把"两个"后移到"建议"之前（把"个"换成"项"也可），意思才清楚。

书面文字的歧义主要是两个原因造成的，一个是语义方面的，一个是层次方面的。

同一个词，在不同的语言环境中，语义会有变化。例如"过了十分钟，电灯才亮"和"你没有见那电灯，才亮呢！"两个"才"字意思不同，第一个"才"表示时间，第二个"才"表示程度。这是同一个词在表意方面的变化。有时候，一个字可以代表根本不同的意思，实际上是不同的词，只是利用同一个字形符号而已。在这种情况下，更容易产生歧义现象。例如：

房产权事已告徐××

这里的"告"可以作"告诉"解，也可以作"控告"解，二者的意思差别很大。如果具备相应的语境条件，读者或是从上下文中，或是已经了解有关情况（背景知识），还不致产生误解；如果不具备这样的语境条件，就必须把"告"换成双音词，否则就会造成歧义。

语言层次方面的问题可以发生在句子内部（如"两个青年科学家的建

议"），也可以发生在句子（分句）之间。例如：

……你要来参加大会，我们很欢迎。只要你们单位同意你来，报销食宿费和路费，安排住处，领取出席证的问题，我们可以解决。……

上面这段文字可以有不同的理解：

①报销食宿费和路费、安排住处、领取出席证等问题全部由大会解决，收信人只要征得单位同意，就可以出席大会（"只要……"为一层，其他为一层）。

②本单位还要负责报销食宿费和路费，其他可以由大会解决（"只要……报销食宿费和路费"为一层，"安排"以后为一层）。

③本单位不但要负责报销食宿费和路费，还要负责安排住处，否则就不能参加大会（"领取"以后为一层，以前为一层）。

如果语词模糊和层次不清同时出现，歧义现象就更为严重。试读下面这封电报：

船已行二日即到

短短7个字可以有三种解释：

①船已启程，二号就到。

②船已开了两天，很快就到。

③船已启程，再过两天就到。

只有在特定语境条件下（例如发报时间是三号，两地间航程不需要一个月，等等），某些歧义才能排除。

汉字是方块字，汉语没有形态变化，词类规则不严格，各级语法单位的界限也不严格，语法的独立性弱，语义的相关性很强，大量靠"意合"来连缀，这些特点，给汉语带来了灵活、简洁、"不搞形式主义"（吕叔湘先生语）等许多优点，但另一方面，也增加了产生歧义的因素。

避免歧义只是保证语言清晰性的前提。要提高语言的清晰度，还需要注意两点：

①语词准确，不仅要注意语义，还要注意词语的感情色彩；

②思路通畅，既要保持话题的统一，防止滋蔓，又要注意合理地展开层次。

以上两点，许多著作中都有详细的阐述，这里从略。

2. 语言的针对性

语言的针对性要求语言的使用者充分考虑接受者的各种情况，特别是心理状况。在这方面，广告又是典型现象。

广告必须充分了解顾客的心理，如果不理解顾客的心理，不仅收不到预期的社会效果，有时甚至会起反作用。有的广告大肆宣传，群众反而会怀疑这种产品是否滞销，而好的广告总是能够一下子就抓住顾客心理。例如法国利士牌花生油的广告就很巧妙，瓶上只有两句话："不含胆固醇，绝无黄霉素"。寥寥两句针对顾客害怕冠心病和癌症的心理，这比什么"质地优良""交货迅速"等等不知高明多少倍。

社会心理是一个不断变化的因素，语言的运用也就要因时、因地制宜。仍以广告为例，同一产品在不同时期，其宣传方式就应该有所不同。当某一新产品刚刚投入市场时，广告语言应该突出该产品的主要特征，引起注意，如"钻石牌电扇连续工作一年，机体保持恒温"就是佳例。当产品已经在市场站稳脚跟，闯出了名牌称号，广告的任务就是不断加深印象，巩固记忆，例如"长城电扇，电扇长城"（长城牌电扇），"小小金鱼，游遍大江南北！"（金鱼牌洗衣机）"车到山前必有路，有路必有丰田车"（日本丰田汽车），等等，构思、用语都很巧妙。即使是名牌产品的广告，也要不断更新。以上面介绍的长城牌电扇的广告为例，在用了一个时期的"长城电扇，电扇长城"之后，又添上了一句"世界——我们的市场！"语言含蓄，有许多潜信息。广告语言这种针对社会心理、注意社会效果、常换常新的做法值得其他各类文字参考。

语言的运用必须注重效果——促使对方产生较强的心理效应。心理效应的强弱是与语言的新颖程度成正比的。语言的新颖性程度越高，心理效应也越强；反之，陈词滥调引不起心理效应，所以它所传递的信息量几乎等于零。特别需要重视语言新颖性的,一是诗歌,二是广告和宣传画。诗歌涉及意境问题,对诗歌的语言分析需要较多的篇幅,下面举广告和宣传画各一则为例:

①某打字机广告的主体语只有五个字——"不打不相识"。这是群众熟悉的固定词组,但用在这样一个特定的语言环境中却表达了另外的意思,语意双关,新颖而又别致。

②某宣传画谈包装的重要性,画面用一个珍贵的青花双耳瓷瓶的跌落、破碎作背景,标题是《价值的瞬间》。包装的重要性是个屡见不鲜的题材,而这幅画利用背景与标题配合,既富于独创性,又含有哲理性。

其他文体的语言运用当然不能以诗歌、广告、宣传画为准。一般地说,其共同要求是"唯陈言之务去",而在标题和关键句段,则要尽可能地注意用语和表述方式的新颖性。

"用尽可能少的语言符号传递尽可能大的信息量"这一要求往往是与语言的新颖性密切联系的。这是因为尽量减少词语的用量而又努力增加信息的潜在含量,这种有异于日常交际常规模式的做法会很自然地给人们以新鲜感,而表达者为了做到"以少胜多",取得更好的社会效果,也往往要探求新颖的表现方式。例如1968年4月,美国《明星晚报》就约翰逊竞选总统失败发表社论,标题是《约翰逊认输》,全文只有一个字——"妙"。再如奥地利的《快报》发表了一位评论家为美国影片《戴斯蒙医生的十三个牺牲品》写的影评,全文只有一句话:"我是第十四个。"这些文字写得都很巧妙,妙就妙在一个"少"字。少而新颖,自然容易给读者留下强烈的印象。

据统计,国外每则消息的平均字数,20世纪60年代是22个字多一点,到了20世纪70年代,降到19个字左右。为了减少语言符号,在拟新闻稿的时候,如果有两个词可以选用而字母数不等,就选用字母较少的一个。一个典型的例子是关于邓小平访美的消息。当天美国一家报纸的头版头条设计如下:报纸上方是通栏汉字标语"热烈欢迎中华人民共和国总理邓小平阁下访问美国"(以汉字编通栏只是出于礼节,并不供美国人阅读),新闻主体是以淡化的中美两国国旗为背景,叠印邓小平与美国总统握手的照片。文字标题是《历史的转变——中美握手》,正文只有一句话:

邓已于×时×分到达。

在这段新闻稿里，什么"记叙六要素""导语""主体"等已经完全消失，但如果我们仔细分析一下，就可以发现它已经提供了全部必要信息，而这些信息并不是全靠语言传递的：首先，中、美两国国旗和照片已经显示了所报道历史事件的主要内容；其次，由于这是一件世界瞩目、举国关心的大事，美国民众对此已经有了相当的了解和思想准备。充分利用了图像和读者的背景知识，这则新闻的语言才能简缩到如此程度。

当然，不是任何新闻报道都具有这样的语境条件和辅助手段可资利用，因此，也不是任何新闻稿都能像这样简缩的。下面举同一事件的两份不同报道作比较：

A［新华社 82 年 7 月 9 日 1 时 30 分电］

马德里消息：参加第十二届世界杯足球赛半决赛的意大利队同波兰队的角逐已结束，刚才收到的结果，意大利队以 2：0（上半时 1：0）战胜波兰队。

8 日半决赛的另一场比赛将由西德队同法国队对阵，谁能进入决赛，取决于它们于北京时间 9 日凌晨 3 时角逐结果。

（1982 年 7 月 9 日《人民日报》，排印面积：12×3＝36 平方厘米）

B［新华社转发路透社巴赛隆那电］

星期四此间举行世界杯半决赛中，意大利以 2：0 胜波兰队。意大利队上半时以 1：0 领先。进球手——罗西（21 分钟，72 分钟各进一球）。

星期日在马德里决赛中，意大利将与西德或法国对阵，波兰将于星期六在阿里康特角逐第三名。

（1982 年 7 月 9 日《中国日报》，原电系英文，排印面积：4.6×5.7＝26.22 平方厘米）

两则新闻比较，可以看出 B 稿的版面经济程度（占面积小，用字少）

优于 A 稿。

从所传递的信息量来看，总的说来，B 稿也优于 A 稿：

①1982 年 6 月至 7 月，十二届世界杯足球赛是世界亿万人所关心的大事情。"十二届""世界杯""足球赛"这些词语每天都在报刊、广播中不断重复，已经早为读者、听众所熟悉。B 稿只点出"世界杯"就足以传递必要信息，A 稿中的"十二届""足球赛"此刻已无信息量可言，纯属冗余信息。

②B 稿中提供了两条许多人所关心的信息：谁踢进的？什么时候踢进的？A 稿没有。所以 A 稿用字量虽然比 B 稿多，信息量却没有 B 稿大。

第二段的表述，A 稿和 B 稿所含信息略有不同，这可能反映了欧洲读者与中国读者所关心内容的差异，很难据此判断其优劣。

提高语言的使用效率，是社会现代化的需要，也是生活节奏加快的必然结果。尽量以更少的语词来传递更多的信息，是世界性的趋势。相信随着我国改革的步伐，这一趋势必将日益引起我们的重视。

《提高写作技能》译者的话*
（1984 年）

感谢北京大学西语系齐声乔教授的大力协助，《提高写作技能》终于译完了。

这是一本美国中学生使用的写作教材，我们依据的是作者修订后的第二版，1973 年由美国 Prentice Hall 出版公司发行。

中国语文教学正进入一个转折时期，旧有的经验需要总结、归纳，新的途径正在探索、检验。许多同志的注意焦点，目前正集中在"训练体系"的研究上面。就这本书而论，全书共分十三章，从题目看，它们是一个个写作专题，似乎互不统属，实际上在知识内容方面有着相当严密的联系。除了在写作要求上有着由简单到复杂、由易到难的序列以外，写作技巧的知识、修辞与逻辑的知识都有适当的分工，编排在不同的章节内。这些内容的排列，打破了过去知识体系的系统性，力求按照学生的认知规律，重新组合成便于学生实践的训练步骤。这反映了现在国外许多教材的普遍趋势。

通观全书，有以下几个特点值得注意：

一、范文的编选。在写作教材中，范文的编选是非常重要的。这本书所选范文，一是时文的节录，二是学生的作文。作者不选历代名家名篇，认为时代的差异造成了文风的差异，也形成了写作中的不同要求和技巧，因此过去的名作并不适于指导学生今天的写作。拿描写作例子，作者这样写道：

---

* 选自［美］威廉·W. 韦斯特著《提高写作技能》，章熊、章淳译，福建教育出版社 1984 年版。

>   一百年以前，美国生活节奏比今天进行得要慢得多。为了消遣而阅读的人们——那时候懂得怎样阅读的人不像今天这么多，他们也有着充裕的时间——不会为电视以及今天很容易得到的其他娱乐所分心。时间多，分散精力的事又少，这少数看书的人乐于读得慢一点，而且花更多的时间来欣赏描写。
>
> ……………
>
>   描写性文字的读者和一百年前已经不一样了。今天有更多的人阅读，可是更少把闲暇时间消耗在欣赏描写方面。许多人宁可看电视，读杂志、报纸，或者只是听听录音和无线电广播。总之，今日读者的口味已经受到与阅读竞争的其他活动的影响。所有这些活动都影响到现代写作，也改变了描写的性质。

注意到写作的时代性，注意到生活节奏的加速对语言和文风的影响，这是不无道理的。那么，随着四个现代化的进展，十年以后，我国的报刊文章，我们的学生作文，又该是什么样子呢？这倒是值得考虑的。

时文只是节录，作为写作指导教材，本书中占篇幅最大的还是学生自己的作文。每章三篇左右，详加评注。入选作文当然一般都是优秀的，但也保留一些缺点（有时甚至还选进了一些有明显缺点的文章），通过文章的旁批引起学生的注意。旁批相当详尽而又留有余地，常常采取只提出问题而不宣布答案的形式，让学生自己去思考。从学生作文中衍生出一个个课题，编成各种练习，组成训练单元。这种编排体例，也值得我们参考。

二、专题单元的组合及知识内容的编排。每一章是一个训练单元，包括各种练习若干次（书中称为"预备活动"）和正式作文一次，体现了分解与综合相结合的原则。每一次练习都包括一定的写作知识和要领。值得注意的是，某一方面的知识并不一次讲完，而是分成若干次，分别穿插在几章之内，构成由浅入深、螺旋式上升的编排序列。就以段落为例，美国的学生在三四年级已经学过段落的基本模式，并且进行过这方面的练习。在本书中，作者先在《自述》一章中指导学生怎样在一系列相关的材料中概括中心句，以及怎样利用一个中心句发展成一个段落。进一步，又在《说明》一章中讲解段落衔接与过渡的技巧。到了《分析》一章，作者以"再看一看段落"为题目，从理论上总结了段落的知识。语法、逻辑、修辞等方面的知识也是这样安排的。这些地方，不独反映了作者的匠心，也反映着国外近年来在语文教学研究中的思路和方法。这些年来国外的语文教材与第二次世界大战前相比，有着显著的变化，此中经验值得我们研究。

三、文章的基本"模式"和灵活运用的关系。文章有没有基本"模式"？应该说是有的。张志公先生曾谈到八股文的始作俑者是王安石，后来他又为自己的"创作俑"表示忏悔。那么，八股的产生最初也是对文章结构基本"模式"的探讨，只不过后来走上了僵化的道路罢了。我们看少年宫培养棋类选手，也是从探棋谱、研究"定式"开始，打好基本功，再融会贯通，灵活变化。写文章的训练可不可也有一些"定式"？从这本书看，他们有这样的想法。在每一种类型的写作后面，作者常常列出一定的结构格式供学生模仿或参考，但又并不限制他们。仍以段落作例子。在低年级，美国的语文教师要求按照下面的顺序写说明文的段落：

1. 中心句；
2. 作为证据的细节、例子以及类比、对比等等；
3. 结论性句子。

作者指出：

> 按照这种模式练习写段落是一种很好的实践形式，它促使你思维清楚，组织得好，写得精确。

但同时又指出：

> 大多数段落并不是按照你所学到的这种精确的格式安排的。经过研究，甚至在说明文中，这种应该是最普通的典型格式也只在全部段落中占到23%左右。

"定"而不"死",这倒是反映了它们之间的辩证关系的。

此外,行文生动活泼,没有一般教材中常见的教条式和八股气,读起来能引起学生兴趣,便于自学。这也是我们应该学习的。

当然,他们也有自己的弱点。文章本来是客观现实的反映,写文章,就应该强调一种尊重现实、研究现实的唯物主义态度。这一点,在本书中是看不到的。本书以《自述》开始,固然有由近及远、由简而繁的意思,但是在国外的写作训练中也有一个口号,叫作"写你自己",理由是"除了你以外,没有人能比你更了解你自己"。在《提高写作技能》中,作者是这样写的:

> 思考、记忆、感觉,回到自我体验感觉的宝库中去,挖掘一些半遗忘事情的细节和感情。当别人似乎有什么理由忘却你的时候,也许你能记起那过去一刹那的痛苦。也许你还能感觉到一些遥远经历中的孤单、恐惧、痛苦或喜悦。从这些回忆中,你就可以开始写自己的体验。

60年代,美国经历了一场精神危机,导致了"嬉皮士"的泛滥。越南战争的失败和其他一些因素,使美国人的一贯信念发生了动摇,进入了一个怀疑、彷徨和探索的时期。但是在唯心主义世界观的指引下,他们只强调自我内省,自我探索,自我解剖,仍然陷在"自我中心"的泥淖之内。这样的思潮在文艺创作方法和技巧的发展上有着明显的影响。自我挣扎是找不到出路的,书中所引文章处处可以看出他们的苦闷:他们反对种族主义,鼓吹妇女解放,对商品社会的畸形发展不满,为生态的破坏和人类的未来感到忧虑……文章是真挚的,又是痛苦的,这是一种看不到前途的痛苦的呼喊。

此外,全书共有"准备活动"七十七次,"正式作文"十三次(包括开头的摸底性质作文和最后一次的修改,实际上是十一次),作文与练习的比例大体保持在一比六左右。有时一次正式作文要配上十一种练习。从练习的内容看,有的似乎可以放到较低年级中去进行。练习的数量大,涉及的面也广,每一项内容只安排练习一次,能不能保证学生把知识化为自己的熟练技能?就能力的培养来看,主要项目占的比重似乎不够突出,练习的难易之间，轻重之间，主次之间，似乎有一些不够均衡的感觉。或许，这部教材带有最后一学年全面总结的性质？由于不了解本书的使用过程，这个问题还有待于进一步研究。

关于"修辞格"与修辞的反思

(2000年)

> 一切存在的都是合理的。——黑格尔
> "从来如此,便对吗?"——鲁迅《狂人日记》

西学东渐,Rhetoric 翻译成"修辞学"是顺理成章的事(虽然也曾有过不同提法),因为我国自古就有"修辞立其诚"的说法。但是 Figure of Speech① 为什么会翻译成"修辞格"呢?这与我国的文化传统又有什么历史渊源呢?

* * *

"格"的盛行,有典籍可查的,大约是在唐代,例如王昌龄的《诗格》。当时谈"诗格"的著作不少,像崔融的《唐朝新定诗格》、李峤的《评诗格》等等,不一而足;不用"诗格"而采取类似说法的就更多了,如皎然的《诗式》之类。在"格"以前的还有"品",最突出的是六朝锺嵘的《诗品》,继之的还有唐代司空图的《二十四诗品》。魏晋六朝直到盛唐,正是我国修辞学的繁荣时期,也是我国修辞学理论的奠基时期。在我们的语库里,"品"和"格"是常常连在一起的。"品"起源于对人的品评,"九品中正"制度由

---

* 原载于《中学语文教学》2000年第1期。

① "修辞格"在英语里又称 figure of rhetoric 或 rhetorical devices,不过 figure of speech 是最早和最通用的说法。我国接受西方修辞学时,也是据此定名的(唐钺《修辞格》,1923年)。

来已久，逐渐从人而推及艺术。锺嵘的《诗品》分上、中、下，在格调方面区别高低；到了司空图《二十四诗品》则无所谓优劣，只是对不同风格的描述。"格"出现的初期，与"品"是没有明显界限的。王昌龄在《诗中密旨》里说："诗有二格，诗意高谓格高，意下谓格下。"齐己《风骚旨格》则分为三格："一曰上格用意……，二曰中格用气，……三曰下格用事。"可见这时的"格"也还有品评高下的意思，而上官仪的《诗苑类格》则是按格式分类，崔融《唐朝新诗定格》的"诗有十体"，已经与今天的"辞格"接近了。和这时候的"品"和"格"差不多，这里的"体"也是个比较模糊的概念。《文心雕龙》里有"赋体""颂体""传体""议体"之称，这"体"指的是体制、体裁；又有"体性"，指的就是风格。王睿的《炙毂子诗格》论及"背律体""计调体""句内叠韵体"，这"体"显然是指诗的格式；皎然《诗式》的"十九体"又是对各种风格的概括。（直到后来，"建安体""黄初体""选体""柏梁体""陶体""徐庾体"……，"体"仍然是一个把时代风格、个人风格、诗体集合在一起的混合观念。）

随着历史的发展，"品"与"格"渐渐分工。"品"专司品评，有"神品""仙品""逸品""能品"之分（也有别的说法，如"神""妙""能""具"等）。这种"品"相当于格调，既含高下，也含风格；既适用于修辞，也适用于书、画、篆刻等语言以外的艺术。"格"在初、盛唐成为研究的热点，自然与诗的格律有关。关于"格律"，清代姚鼐解释为"格者导之如此，律者戒之不得如彼"，认为"格"是正面讲法，表示应该如何如何，"律"是反面讲法，说明不应该如何如何。不过这是他的看法，当时好像不全是这样。王昌龄提出"犯病八格"，这说明"格"也含有"不应该那么做"的意思。至于"律"，它是规则，古代又曾作为在音乐方面审音的标准。"律诗"的出现，使格式定型化，"换头""护腰""相承"种种规则都是从格式着眼，违背了这种规则，就是"背律"，由此看来，"律"还有教人"应该怎么做"的意思。修辞的研究一进入"格式"，问题就越来越复杂了，概念也越来越多了。除了"先问后答格"、"句中叠语格"、"束丽常格"（反语）、"象外句格"、"镶嵌格"……等一系列"格"之外，还有"势"，例如王昌龄《诗格》中，单是起句的方式就有六势（"直把入作势""都商量入作势""直树一句，第二句入作势""直树两句,第三句入作势""直树三句,第四句入作势""比兴入作势");落句的方式又有两势("含思落句势""心期落句势")。更多的是"法"。陈绎曾的《文说》有"养气法""抱题法""明体法""分间法""立意法""用事法""造句法""下字法"。"法"下面还有"法",光是"用事法",他就分了九类(正用、反用、借用、暗用、对用、扳用、比用、倒用、泛用)。有的"法"只可意会,例如《黄山谷诗话》的"夺胎法""换骨法";有的不太好理解,例如惠洪《冷斋夜话》里的"错综句法""影略句法"和四种"琢句法"……"格""法"越来越多,一发而不可收拾。直到现在,打开语文教学刊物,"新'辞格'的探讨""'××法'的总结"不绝于眼,也许是"余韵"吧?

* * *

"风格""格调""格律""格式"这四个与格相关的词反映着修辞学从语言艺术的美学鉴赏到技法研究的不同层次。我们的先人在《文赋》《文心雕龙》等这些我国修辞理论萌芽时期经典著作的基础上,逐渐将视野扩展到上述四个层面,并且形成了许多具体的主张,这是成绩。然而分析得越细,人们越是眼花缭乱。就拿对偶来说,王昌龄说有五种:势对、疏对、意对、句对、偏对;元兢《诗髓脑》说有六种:平对、奇对、同对、字对、声对、侧对;崔融《唐朝新定诗格》说有三种:切侧对、双声侧对、叠韵侧对;皎然又说有八种:邻近对、交络对、当句对、含境对、背体对、偏对、双虚实对、假对……名称这么多,当然有名不同而实同的,《文镜秘府论》加以归纳,还有29种。到了宋朝,又添了"俚语对"。再以比喻而论,宋代陈骙《文则》归纳了十种:直喻、隐喻、类喻、诘喻、对喻、博喻、简喻、详喻、引喻、虚喻。分得这样细,难道只是古人如此吗?不然,看来这是古今通病。例如今天的《汉语修辞格大辞典》中,"比喻"一项达24种之多,有人归纳比喻的格式竟然达到了45个!

至于"法",也是使人目不暇接。陈绎曾《文说》里光是"起"法就有八种(问答、颂圣、叙事、原本、冒头、破题、设事、抒情,或含下文、或引下文、或唤下文),"结"法又有九种(问答、张大、收敛、会理、叙事、设事、摅情、要终、歌颂)。王昌龄关于"起首入兴"的方法又有十四种

（感兴入兴、引古入兴、犯事入兴、先衣带后叙事入兴、先叙事后衣带入兴、叙事入兴、直比入兴、直入兴、托兴入兴、把情入兴、把声入兴、景物入兴、景物兼意入兴、怨调入兴），真是琳琅满目，使人目眩神迷。

《四库备要》评陈骙《文则》说："其所标举，神而明之，存乎其人，固不必以定法泥此书，亦不必以定法病此书。"但接着又说："不使人根据训典，熔情理以立言，而徒较量于文字之增减，未免逐末而遗本；又分门别类，颇嫌太琐太拘，亦未免舍大而求细。"这话确有卓见，施之于陈氏可谓公允，施之于其他人和其他方面，施之于昨天和今天，好像也都差不多。

对一个学习写作的人来说，如果要他动笔之前先想好自己要选用上述的哪一种"格"、哪一种"法"，恐怕无论是谁都会觉得可笑。然而作这种分类的人并不是"年迈犹复事雕虫"的学究先生们，他们都是写作的行家里手，其中还不乏著名诗人作家。那么，这又该如何解释呢？

第一，它们是在某种体裁发展时期①对一些语言现象的思索、探究和经验的归纳。这些思索、探究和归纳是属于较高层次的，多少带着锦上添花的性质，而不是雪里送炭，或者说，不是为初学写作者准备的。

第二，这些归纳，也反映了我国学术习惯与方法的特点。我国古代学术方法，由于历史方面的原因②，以精深见长（如同小学、训诂等所反映的），然而也有局限，那就是不容易形成严密的理论架构。

第三，在概念的确定和解释方面，和上面谈到的缺乏系统的理论架构有一定关系，也和汉语的特点以及我们的表述习惯有关系，常常采取意合与具象化的方式。这种表述方式，蕴涵丰富，但往往不容易理解和把握。

于是这些总结，对总结者来说，是了然于胸的，但对缺乏相应体验和水平的人来说，却未必了。这也正如目前的许多"××法"一样，就其创始人来说，因为有经验和体会在心里，其中含有可贵的经验，所以是有效的；但是施之于别人，变成了僵化的模式，也就失去了生命力。

上面所说的"理论架构"，并不是靠形式逻辑来叠床架屋。形而上学地

---

① 发其端的是诗，继之的是文，后来推展到词、曲、小说。
② 这可能正如张岱年先生所说的，与董仲舒"罢黜百家，独尊儒术"有关，其结果，是逻辑学走向衰微，也影响了我国科学技术的发展。

划分，结果是辞格越来越多。划分过细则不切实用，这一点大概人们都会同意。然而划分过细的状况，好像不但是古今通病，也是中外的通病，而且愈演愈烈。根据一些资料，国外的修辞格分类，最多的达到 250 多个，我国的只有 156 个，相比之下，似乎我们还"略逊一筹"。

真理总是简单的，而"修辞格"却越分越多，成了大杂烩，成了许多彼此缺乏联系的概念的堆积，招来了人们的反感和抨击，以致 17 世纪英国诗人沙缪尔·巴特勒讽刺说："修辞学家的全部条规章程/不过是叫人给手中的工具命名。"比利时列日学派在《普通修辞学》的《导论》中更是尖锐地说："显而易见，即使这些无穷无尽的列举不是旧修辞学衰败所自的最根本原因，无论如何，也是它们没落的证明。"

*　　　　*　　　　*

不过，"修辞格"毕竟是一个在历史过程中逐渐形成的客观存在的事实；古今通病，中外通病，更说明它存在的普遍性。我们不能因为它烦琐不切实用就轻易将它否定，而应该在承认它存在的合理性的同时，力求改变它的烦琐、零散状况。

我们首先想到的会是分类。分类是对层次化的一种努力。把零散的"格"加以归纳，较低的层次归纳为较高的层次，纷繁的头绪就会趋于简单。比如说，对偶可以归纳为"正对""反对""流水对"三种；再比如说，各种各样的比喻我们可以归纳为两种：明示的、隐含的——公开申明是在打比方，或者明明是比喻，却故意不说出来。然而，这种归纳在较低层次上比较容易，在最高层次上却并不那么简单。在这个问题上，我们的前辈们已经迈出了脚步。像唐钺先生就曾将辞格分成五类："比较""联想""想象""曲折""重复"；黎锦熙先生则分为四类："理解""想象""情趣""声色"；陈望道先生虽然也分成四类，但和黎先生很不一样："材料""意境""词语""章句"。新中国建立以来，这种探索仍在继续。50 年代，有周振甫先生的六分法："具体""强调""含蓄""趣味化""精练""变化"；60 年代，张弓先生只分了三类："描绘""布置""表达"。分类的角度、方法不同，大抵上是从功能、结构、方法三个方面着眼的。"文革"以后，特别是 20 世纪 80 年代以来，修辞学者们又进行了新的努力。有的初沿旧绪，有的偏重于结构分析，王希杰则从美学角度，分为"均衡美""变化美""侧重美""联系美"四类。与众不同的是吴士文，他分成"描绘体描绘对象体""换代体换代本事体""引导体引导随从体""变形体变形原形体"四大类。此外，还有企求从逻辑角度进行多重划分的，如王佐，他按"有形式特征"和"无形式特征"进行划分，再按"能照辞直解"和"不能照辞直解"进行第二次划分，提出了"二次二分法"。

方法论是学科发展的灵魂，辞格分类如此意见纷纭，表明这种分类还没有找到恰当的切入角度和分析手段。按功能、结构和方法分类，会使标准多元化；仅仅从结构特征入手，或者纯逻辑划分，或者完全按照美质原理归纳，似乎都没有把握修辞作为语言艺术的实质。看来还需要另辟蹊径。

辞格系统化的关键在于把握辞格之间的内部联系，探求其变化的内部机制。这种探求，应该使辞格的研究从静态分析转为动态的观察与描述。修辞所凭借的物质材料是语言，它必须遵循语言运用的法则；同时，它又是一种目的在于提高表达效果的运用语言的艺术，又要遵循艺术创造的一般规律。因此，二者究竟怎样结合就应该成为我们思考的焦点。还是一位美国语言学家罗曼·雅各布森说得好，他在《语言学与诗学》一文里说："诗学主要探索这样一个问题：言语信息是怎样成为一件艺术品的？"

我们首先感觉到的，是艺术创造法则的作用。王朝闻说过："绘画中的形与神的关系，诗文中的分合、明暗、正反、夷险、繁简、巧拙……这些对立对于语言艺术和造型艺术是共同的，有不受具体内容局限的普遍要求。艺术形式的特殊性具备着普遍性法则。"我国的艺术传统一直重视"形"与"神"的关系。形似就是力求准确，神似就是变形。变形（transfigure）[①] 是艺术创造的普遍法则。无锡的泥阿福憨态可掬，其躯体的比例远远异于常人；民间的虎头鞋，与真正的老虎相去甚远，我们却又觉得它那么可爱。比喻就是一种变形。"物虽吴越，合则肝胆"（刘勰《文心雕龙》）是谈比喻，也是谈神似，我们的古人实在是比西方修辞学者更能把握艺术创造的精髓。

[①] 这里的"变形"与吴士文先生的"变形"不是一回事。他提出的"变形"是指通过增减等手段，对原有的语句结构给以结构形式的变化，例如"析字""倒装"都归于这一类。我们这里所说的"变形"是指艺术创造的法则。

神似诉诸感觉上的真实。"芙蓉如面柳如眉",倘若一位时髦女郎的躯体上长着一朵荷花,花上还长着一动一动的柳叶,人们恐怕要骇然而走;然而人们并不会产生错觉,正如我们读到"宝玉听说,便猴向凤姐身上立刻要牌",绝不会联想到宝玉身上长着毛一样。从准确到变形,我们借助比较、联想、想象等心理活动进入了语言的艺术境界。于是摹状、拟声、移觉、映衬、夸张、比喻、比拟、借代、象征……排列有序,各自找到了归宿。

接着,我们会感到语音、句法在语言艺术中的作用。语音和句法是语言中的两个不同的因素,然而作为汉语的语言艺术,我们好像很难把它们分开。中国实在是一个讲求对偶和普及对偶的国家。年年过春节有春联,走到每一处都有楹联。刘知几在《史通·叙事》里说:"其为文也,大抵编字不只,锤句皆上,修短取均,奇偶相配。故应以一言蔽之者辄足为二言,应以三句成文者必分为四句。"正是对偶句推动了声律的研究,成为我国修辞学发展的重要催化剂。从汉语的构造来看,声调恰恰是音节最有意义的部分。声调是条锁链,是个框箍,对音节起着锁固的作用。冰心老人生前对中学生说"不懂得音节、平仄就不会写文章",可见语音在汉语语言艺术中的作用是何等的重要!句式结合了声律,演变出许多"格式"和要求,于是,对偶、排比、反复、错综、层递、回环、顶针……又组成了一个系列。

语言的组成因素还有语义,语义的变化也是人们修辞活动的一个方面。由于语言的模糊属性以及语词的多义性,产生了辞里有可能与辞面不一致的效果——意在言外。"意在言外"就是言语传递的信息不同于或大于它的载体。钱锺书说,"句法以两解为更入三昧""诗以虚函两意为妙"。这是修辞活动所追求的一个极高的境界。不仅言语修辞如此,绘画亦然。"八大山人画一条生动的鱼在纸上,别无一物,令人感到满幅是水。"(宗白华《美学漫步》)蕴涵丰富、意味深远,是我国各种艺术共同的审美标准,也是汉语语言艺术的特色之一,自然也就成为我国修辞研究的一个极为重要的领域。

语义变化的途径还有语气。语气不同,所传递的信息可以有所差异甚至相反。"君恩深似海,臣节重如山"据说是洪承畴变节前自拟的对联,降清后有人于上下联各添一字:"君恩深似海矣!臣节重如山乎?"仅仅两个语气词,述志变成了讽刺。语气的变化,常见的是强化和弱化。在现有的修辞格式中，同语和撇语可以说起着强化的作用，委婉则通常是弱化的一种方式。

沿着这条思路，委婉、含蓄、双关、反语、同语、撇语……也自成了系列。

此外还有词汇和文字。词汇方面的修辞手法，有"藏词"之类；至于文字，由于汉字构造的特点，又有了"连边""析字"等等。不过这些大多接近语言文字游戏，也不是初学写作者所能涉猎的，不想多作深究①。

辞格可以兼容、复合，特别是不同的系统可以共存。一个语言单位常常可以同时利用不同的修辞手段，例如"山舞银蛇，原驰蜡象"，它既是对偶，又是比喻。同一系统内部还可以分成更小的系列，小系列各辞格之间有时却有点像连续光谱，典型现象显示出它们的存在，但彼此之间却没有截然的界限。例如"借代"和"借喻"如何划分就是个修辞学家们争论不已而且使他们头痛的问题。

这样，我们的面前就出现了几个子系统，几个子系统之间相互渗透，相互影响，互相组合，为修辞活动提供了广阔的空间；于是，我们就看到了语言的这种艺术是如何形成和运作的，言语的常规模式又是如何转化成超常模式的。珍珠成了项链，池塘变成河流，人类的修辞行为就在我们眼里"活"了起来。

*　　　　*　　　　*

修辞属于语言世界，语言世界之外还有世界。外部世界发生变化，它所统属的小世界也发生变化。我们还可以进一步扩大我们的视野，在一个更广阔的背景下来观察修辞观念的演变过程。

人类对外部世界认识的深化，促进了对自身的认识，其中自然包括对语言的认识。由于进化论的提出，出现了历史比较语言学。由于物质结构的发现和研究，出现了结构主义语言学。伴随着信息论、控制论和系统论这三大理论问世，转换生成语言学又应运而生。

我们的思考应该从语言和言语的区分开始。20世纪初期，索绪尔科学

---

① 上述几个方面的排序，多少有点发生学的因素。有了民族就有了比喻，比喻是各民族最先使用的修辞形式；一个民族的语言发展过程与个体的发展过程近似，从一个小孩来看，也是先学会比喻和夸张，含蓄、委婉这些表述方式总是以后才能学会的。

地区分了语言和言语，确定了语言研究存在着语言和言语两个领域，从而将语言学的发展导向一个新的阶段，被称为"现代语言学之父"。这种区分也好像在我们面前打开了一扇窗户，可惜的是，这扇窗户中与我们关系最密切的半扇刚被打开就又被关上了，因为他又说："语言学的唯一的、真正的对象是就语言和为语言而研究的语言。"自此以后，语言学虽然取得了一系列辉煌的成果，但都限于对语言体系的研究，忽视了对语言运用的研究和言语教学。

生活的逻辑修正着书本的逻辑，实践的发展推动着理论的发展。大约在60年代左右，语言学的探索大致向两个方面开拓。一是与其他学科横向结合产生了一系列交叉学科，像社会语言学、心理语言学、数理语言学、病理语言学、模糊语言学……特别是语言学和社会学交叉产生的社会语言学，克服了孤立地研究语言的内部结构与形式的缺点，被称为语言学的"第三次解放"。二是在其他学科和上述这些交叉学科的影响下向内部纵深发展，像音系研究、语义研究，等等。这些发展和变化，研究动力之一就是语言与言语的矛盾。

当人们发现已有的语言学研究不适用于自然语言，进而研究言语的运用时，语用学出现了。

当人们发现对句法的解释不能解释句以上单位的语言现象时，古老的篇章学复苏了，而且在现代理论的指导下重新架构，建立了篇章语言学（语篇分析）。

当人们探讨语言学如何用于语言教学时，语言学开始与教育学、心理学、统计学等学科结合。于是，应用语言学诞生了。

现在再让我们看看修辞观念的演变历程。其实，修辞学远比语言学古老，如果从体大论宏、自成体系的《文心雕龙》算起，修辞学在我国已经有一千数百年，如果从"修辞学"这个概念的发源地来看，则可以推溯到古希腊；而语言学发展至今还只有二百年。

我国接受了西方"修辞学"这个概念的同时，也引进了西方的修辞观念。首先出现的，是当时占统治地位的"修饰文辞"说。

从西方修辞学的发展过程看，古希腊的"修辞学"实际上就是"雄辩术"、"演讲术",它既反映当时社会政治、文化特点,也很注重实用。这时候的修辞学是生气勃勃充满活力的。马克思曾经把古希腊神话比作发育健壮的孩子——虽然幼稚,却很可爱;这个比喻也适用于当时的修辞学。随着古罗马帝国的灭亡,修辞学也渐趋式微。殆至文艺复兴以后,才重新活跃,然而其内容已发生变化。到了16世纪,法国学者拉姆斯(1516—1572)主张修辞学不再涉及思想内容,只研究遣词造句和文体风格,逐渐定型于修辞格和文体划分。加上中世纪的烦琐哲学,划分越来越琐细,给后来留下了长远的不良影响。

西方观念与我国传统结合时,我国传统修辞学中的消极部分,即只注重书面语辞以及对形式美的过细分析与分类,容易与"修饰文辞说"合流,而其积极部分,即"修辞立其诚"的思想以及从整体着眼,注重内容与形式统一的观念,则与之抵触;至于风格学、篇章学,则我们遥遥领先于当时的理论水平。在我国传统的基础上,接受了科学的方法,代修饰说而起的,是"调整语辞"说。

倡导调整语辞说的首推陈望道先生。他在《修辞学发凡》里开宗明义地说:"修辞原是达情传意的手段。主要为着意和情。修辞不过是调整语词使达意传情能够适切的一种努力。既不一定是修饰,更一定不是离了意和情的修饰。以修饰为修辞,原因是在(1)专着眼在文辞,因为文辞有修饰的余裕;(2)又专着眼在华巧的文辞,因为华巧的文辞较有修饰的必要。而实际,无论作文或说话,又无论华巧或质拙,总以'意与言会,言随意遣'为极致。在'言随意遣'的时候,有的就是用语辞。使同所欲传达的情意充分切当一件事,与其说是语辞的修饰,毋宁说是语辞的调整或适用。"这个宣言旗帜鲜明地批判了"修饰"的观点,指出"修辞"说的要害一是专着眼于书面语辞,二是只注意华巧的藻饰。陈望老的观点,领导了我国修辞学研究的整整一个时期。

然而,"调整语辞"说还存在着不足。这就是:1. 修辞不全是语辞的调整,许多出口成章、落笔成文的写作活动并不存在调整问题;2. 调整语辞的活动,如果只能靠"言随旨遣""随情应境"的随机应变,就很难把握,也很难条理化。

继之而起的是"同义手段选择"说。吕叔湘先生率先提出了"选择"的观念，他说："修辞学，照我的看法，应该是'在各种可供选择的语言手段之间——各个（多少是同义的）词语之间，各种句式之间，各种篇章结构之间，各种风格（或叫作'文体''语体'）之间——进行选择，选择那最适合需要的，用以达到当前特定的目的'。"王希杰则进一步将"同义手段选择"观念定义化："修辞活动是一种语言手段的选择活动，这一选择主要是在各种各样的丰富多彩的同义手段中间进行的。"同义手段选择学说可以说是80年代中国修辞观念发展的主流，张志公先生也大力倡导这一思想，以致有人认为，这个时期的许多修辞学论著都是在张志公和王希杰两位先生的影响下写成的。这种研究，已经突破了辞格和选词、炼句的范围，扩展到口语和书面语交际各个领域不同语体的修辞现象。

不过同义手段也有不足之处，这就是：1."选择说"比较适用于句以下的语言单位，难以进入句以上的区域；2."选择说"也难以条理化，难以概括出几条便于把握的规律和规则。

不过无妨，因为人们的探究永远不会停止。但是当我们环顾周围，特别是中学修辞教学的时候，却发现：一方面是观念不断更新，另一方面又囿于习惯的传统观念，积重难返。

传统修辞观念的第一个缺陷是只注意特殊修辞而不注意一般修辞。一般修辞是常规修辞，而特殊修辞是超常修辞。只注意特殊修辞，就使修辞学失去了实用性。关于实用性问题，后面还要进一步讨论。

传统修辞学的第二个缺陷是只注意静态描述而不注意动态分析。要进行动态分析，就涉及语境。

在一定语境中，粗俗可以艺术化：

"若真个是宋公明，我便下拜。若是闲人，我却拜甚鸟！"

（施耐庵《水浒传》）

金圣叹对此大加赞赏，批道："妙语，看他下语真有铁牛之意。'拜鸟'二字未经人说，为之绝倒。"

语境可以使不通的变"通":

　　我顶悲剧、顶痛苦、顶没法子办。　　　　　　　　（曹禺《日出》）

"悲剧"是名词,不能用副词"顶"来修饰。然而用"顶悲剧"来刻画俗不可耐而又附庸风雅的顾八奶奶,却是入木三分。

语境可以使不合事理的变为合理,而且取得艺术效果。例如:

　　问五河县有什么山川风景,是有个彭乡绅;问五河县有什么出产希奇之物,是有个彭乡绅;问五河县那个有品望,是奉承彭乡绅;问那个有德行,是奉承彭乡绅;问那个有才情,是专会奉承彭乡绅。

　　　　　　　　　　　　　　　　　　　　　　　　（吴敬梓《儒林外史》）

画线的相对应的词语之间,不仅逻辑上是不合理的,有的甚至是矛盾的。然而我们不能不感到"无理而妙",感到这种"无理"中的特殊意义和情味。

还要注意的是,在语境之中,语义可以发生截然相反的变化,例如下面的语段:

　　①他敏感、机灵,脑子反应很快。②无论遇到什么事情,都能随机应变,化被动为主动。③在政治运动中,他表现得更为突出,每次都能当上积极分子。④人们称他一贯正确。

上面这段话一共有四个句子。孤立地看,似乎都是褒义,特别是①②两句;但是在特定社会背景中,四个句子一组合,褒义变成了讽刺。

进行语境分析,必然涉及上下文和情境(还有社会文化环境),就势必要进入篇章修辞领域。事实上,词语的修辞与篇章的表现方法在许多方面是相通的①;于是,张志公先生提出了"辞章学"的主张。为了弥补"选择

---

① 例如许多"修辞格"扩大了,就是写作方法。

说"的不足，刘焕辉先生又提出了"组合"的观点。……凡此种种，包括此前的"调整说"的研究，现代语言学的成果已经并且正在成为修辞学者思维的手段和武器，揭示着修辞学研究的前景。

*　　　　*　　　　*

让我们再把目光转向修辞学的内部世界，探索其中的一个区域——修辞教学。

正如我们的大千世界一样，每一个子系统都围绕着它的母系统运转，自身也在运转；即便是最底层的子系统，也自有其天地，自成一个小小的世界。修辞教学也需要有自己的大纲、自己的教材、自己的教法。为此，我们就要求助于应用语言学，从应用语言学那里求取思路和方法。

第一、我们需要调查统计。既要调查学生言语技能的进展状况，又要统计学生中常见和多发语病的频率和分布。在这方面，我们需要应用教育测量的统计技术。

对于学生中出现的语病，应用语言学的经验告诉我们：应该区分系统形成前的错误、系统错误和系统形成后的错误，从而分别采取不同的对应策略。对于发展期中的错误，不必大惊小怪，当学生发展到更高层次的时候，有些问题会自行得到解决，就如同学了代数，许多算术应用问题迎刃而解一样。

第二、正如同理论语法不同于教学语法一样，修辞学理论也不同于修辞教学。因为修辞学理论是一个科学系统，这个系统不考虑教学的特点，也难以施教。修辞学的内容，有些是非学不可的，有的则可以排除在外。这样，我们就要在调查、统计、分析的基础上对修辞学的全部内容进行筛选，不仅要选择项目，还要确定份量，并且重新排列。

第三、教学内容的排列需要按照学生的认知和学习的规律，组成螺旋式状态。因为我们不能指望认识能够一次完成。知识必须分阶段传授，能力只能一步步获得，螺旋式排列更接近语言学习的自然过程。在这方面，学习心理学又是我们必不可少的基础知识。

创业维艰，然而我们的艰难历程好像到此还没有结束。因为我们还要把修辞的知识系统改造成操作系统。

前面谈到实用性问题。修辞学最重要的功能当然是表达功能,因为它本来就是因表达的需要而产生的。所以有助于提高表达效果就是修辞学的生命,不能够提高表达效果的就不是修辞学。对学习和运用修辞知识的人来说,修辞教学不应当把他们的精力和时间都引导到对修辞格的无穷无尽的辨认方面去。这就会使他们忘记修辞学的生命全在于运用,会使得他们最终对修辞知识失去兴趣。夸美纽斯说过:"好的教学必须能够促使学生学得快些,学得愉快些,学得透彻些。"在这种无穷无尽的辞格辨认中,还有"愉快"可言么?

什么是修辞教学的操作系统?修辞是一种言语行为,因此修辞教学就应该是对修辞行为的指导。修辞教学的操作系统就是这种指导的系统性的知识性概括。语文和其他学科不同,母语是可以自然习得的,在学习母语的过程中,知识并不能自动转化为能力,这是语文学科的特点。夸美纽斯早就说过:"一切语文从实践去学习比用规则学习来得容易。"同时他又指出:"但是规则可以帮助,并且强化从实践中得来的知识。"可见他并不是一概否定知识对学习语文的作用。笛卡儿也说:"最有价值的知识是具有方法性的知识。"现代教育理论将知识分为两类,一类称概念性知识(又称描述性或叙述性知识),另一类称程序性知识(又称操作性或技能性知识)。笛卡儿所说的"方法性的知识"指的就是程序性知识。当前语文教学中"学而不能用"的现象主要是由于偏重于概念性知识,教学又不得法造成的。只有把修辞教学中的概念性知识变为程序性知识,转到操作指导的轨道上来,才能摆脱现在的陷于烦琐概念辨析的局面。

从操作的角度看,修辞行为可以归纳为四种方式:扩展、删减、转换、变化①。

扩展

从理论上说,一个句子可以无限扩展(当然,实际上要受到短期记忆容量的限制),而扩展正是学生比较容易理解和把握的运作形式。

---

① 从有的修辞学论著中,看到比利时列日学派也有类似的提法。可惜找不到这方面的书,不知其具体内容。前面谈到"中外通病",现在也许可以说是"人同此心"吧。

［例］原文：这一天晴了，傍晌，我从海边散步回来……

改文：这一天晴了，后半晌，我披着一片火红的霞光，从海边散步回来……

(杨朔《雪浪花》)

删减

删减要比增添困难，而冗余语词在学生作文里是不断可以看到的。

［例］当然，跟坏人在一起也有成为坏人的。但一个人之所以成为坏人的原因，除了受到坏人的影响外，更重要的是他自己没有能把握自己，不求上进，禁不住坏人的诱惑才成其为坏人的，相反，如果这个人能把握自己，从多方面抵制坏人的影响，那么，他会成为坏人吗？

(高考作文)

上面的语例中，画线的词语都是可以删去的（当然也不是非全都删去不可），斜体字则可有可无。

转换

转换就是用一种语序或结构形式替换另一种语序或结构形式，或者用同义的词语替换另一些词语。

［例1］原文：短发的女郎随即回答，用教师抚慰学生那样的温和的调子。

改文：短发的女郎随即用教师抚慰学生那样的温和的调子回答。

(叶圣陶《在民间》)

［例2］他到那个阔别十九年的小山寨里去……为一个戴着镣铐的鬼魂去掉镣铐了（原意：为一个蒙冤受屈含冤而死的同志平反）。

(张一弓《犯人李铜钟的故事》)

转换性练习含有较多的言语技巧，对中学生有着较高的训练价值。

变化

同样的内容可以有不同的表达方式，不同的表达方式常常有不同的语言风格和表达效果。

　　［例］命题——"人受环境影响"
　　　　1. 跟着好人学好人，跟着坏人学坏人。（质朴、通俗）
　　　　2. 跟着老虎学吃人，跟着巫婆学跳神。（幽默、形象）
　　　　3. 木匠子弟早识斧锯，兵家儿早识刀枪。（庄重、文雅）
　　　　4. 近朱者赤，近墨者黑。（简洁、含蓄）

　　这种变化属于语言艺术的较高层次，掌握这种技能，对中学生来说，恐非易事，但对培养他们的语感和分析、鉴赏能力，是有好处的。

　　上面所说的四种操作样式可以容纳各种"修辞格"的灵活运用；它既包含超常模式，也包含常规模式；一个论点可以扩展成一篇论文，一种修辞方式可以成为统率全文的谋篇手段，因此它既适用于语句，也适用于篇章，而学生也就可以从一粒沙里看到一个世界。

　　"调整语辞"也好，"同义手段选择"也好，都是学生在话语符合规范基础之上的一种修辞行为。然而青少年言语能力的发展是一个不断变化的过程，一些言语错误消失了，另一些言语错误又会发生；在这个阶段，对于某些思想内容、某些语言样式，言语错误消失了，在另一个阶段，对于另一些思想内容、另一些语言样式，言语错误又会发生。统计和经验都证明了这一点。所以我们不忙于"有错必纠"，主张多从积极方面进行引导，让学生能够随着言语技能水平的提高，自动地消灭自身的一部分言语错误。

　　我们的历程好像还不能到此结束。为了提高训练的效率，为了编出一部教程，我们还要求助于学习心理学，还要模拟语言习得的历程，那就是模仿——类推——创造。模仿、类推、创造兼顾口头和书面，既用于局部，也用于整体，数者互相结合，就会如张志公先生所说，"可以产生多种多样的训练方式"。

　　也许这只是一个目前还没有发现其缺陷的理想，也许这是一个切实可行的方案，也许这个"挺身而出"的方案会引发出各种不同的构思，从而出现多种方案并存的百花齐放的局面。但是，总要有人"献身甘作万矢的"。写到这里，我想起了将近20年前我在《语言和思维的训练》的"前言"结束部分的一段话："理想总带有某种幻想的成分，实践将会把幻想带回到现实中来。即使幻想显得幼稚可笑，理想的光芒永远是值得珍惜的，它给你以希望，在困难中给你以勇气，在疲倦时给你以力量，在有所前进时教导你谦虚。虽然眼前还蒙着许多未知的迷雾，但我坚信：道路是存在的。"

语言的模糊性和它的修辞作用[*]

（1985年初稿，1988年修订）

模糊语言和语言的模糊性是两个不同的概念。

模糊语言指的是语义外延不清晰、不确定的词语，例如"几个""许多""很少""基本上"等。许多名词的语义也是模糊的，例如"早晨"，《现代汉语词典》的释义是："从天将亮到八、九点钟的一段时间。有时从午夜十二点以后到中午十二点以前都算是早晨。""将""八、九点钟""有时"都表明了这个概念在语义方面的不确定性。中国人习惯把天亮到早饭前的这段时间称为早晨，西方则往往包括整个上午，即使是十一点钟相遇，也可以说"早上好（good morning）"。可见，"早晨"的外延是宽泛的，不确定的。反映这样模糊概念的词就是模糊语言。

语言的模糊性是指语言的一种属性。词义是抽象概括的结果。客观事物本身是相当复杂的，同类事物之间千差万别，本身又总是在发展变化之中，而语词却只能概括其最普遍的、一般的特征。譬如"人"，有男人、女人、老人、小孩……之分，张三、李四，面目各异，把数不胜数的个体抽象成一个"人"的概念，它就只能反映事物的一般的、本质的、区别性的特征，体现一个大致的范围，就不可避免地带有不同程度的模糊性。所以黑格尔说："语言实质上只表达普遍的东西；但人们所想的却是特殊的东西，个别的东西。因此，不能用语言来表达人们所想的东西。"列宁也说："感觉表明实

---

* 作者自注：这是为人民教育出版社初中《阅读》课本第五册教学参考书撰写的知识短文。

在，思想和词表明一般的东西。"又说："如果不把不间断的东西间断，不使活生生的东西简单化、粗糙化，不加以割碎，不使之僵化，那么我们就不能想象、表达、测量、描述运动。"

不同的艺术有着不同的媒介手段，例如音乐靠音响来诉诸听众的听觉，美术、雕塑借助色彩、造型诉诸观众的视觉，语言的艺术则是依靠语言文字来引起对方的思维活动。正因为如此，语言的模糊性就使语言的艺术有着和其他艺术不同的特点。和其他艺术形式相比，特别是和造型艺术相比，语言在可感受性方面总是要逊色的。它不可能把形象直观地呈现给读者和听众，只能借助于概念和它的载体——语言材料，因此给人的感觉必然是轮廓不清的、蒙眬的、含混的。比如说，到了什么程度一座山才称得上"陡峭"？"熙熙攘攘"究竟是什么样的情景？"春意阑珊"谁又能解释得清楚？……语言对现实反映的模糊性也正是语言艺术的相对局限性。

然而局限性如果巧妙地加以利用，又可以转化为特长，语言的这种模糊性又可以为艺术感受的思维活动提供更广阔的余地。各种艺术都激发着欣赏者的感觉与思维，然而语言艺术所能激发出来的想象、联想以及由此诱发的各种思维活动却往往是其他艺术形式所无法做到的。试看下面的描写：

> 当乞乞科夫横眼一瞥梭巴开维支的时候，他这回觉得他好像一匹中等大小的熊。而且仿佛为了完全相像，连他身上的便服也是熊皮色；袖子和裤子都很长，脚上穿着毡靴，所以他的脚步很莽撞，常要踏别人的脚。他的脸色是通红的，像一个五戈贝的铜钱。谁都知道，这样的脸，在世界上是很多的。对于这特殊工作，造化不必多费心机，也用不着精细的工具，如凿子，锯子之类，只要简单地劈几斧就成。一下——瞧这里吧，鼻子有了——两下——嘴唇已经在适当之处了，再用大锥子在眼睛地方钻两个洞，这家伙就完全成功。也无须再把它刨平、磨光，说一声"他活着哩"，就送到世上去了。……
>
> （果戈理《死魂灵》）

在这段描写里，作者除了在服饰方面稍稍进行了一些具体的刻画外，全都是借乞乞科夫的眼睛给读者提供了一种比较含混的感觉和印象。无论哪一个读者都无法从这段文字中知道梭巴开维支的面容究竟是什么样子,但谁都会承认:这是一段生动的描写。

词汇是语言的建筑材料,但钢筋、水泥、砖瓦并不等于房屋。正如同绘画一样,画师们运用的都是颜料和画笔,拙劣的生手也好,高明的里手也好,全都一样,然而颜料绝不是绘画。在不同的手里,运用的结果会有多大差别!在能手的笔下,彩色化为形象,有了生命,焕发出光彩;同样的,在语言大师的手下,腐朽可以化为神奇,好像魔术师的表演一样,一些极其平常的词语却可以把我们带进一个奇妙的天地。这个变化的过程是怎么产生的呢?

这就是我们要进一步研究的问题。

一、语言艺术是怎样感染读者的?

我们举鲁迅《药》的结尾作例子:

> 微风早经停息了;枯草支支直立,有如铜丝。一丝发抖的声音,在空中愈颤愈细,细到没有,周围便都是死一般静。两人站在枯草丛里,仰面看那乌鸦;那乌鸦也在笔直的树枝间,缩着头,铁铸一般站着。
>
> ……
>
> 他们走不上二三十步远,忽听到背后"哑——"的一声大叫;两个人都悚然的回过头,只见那乌鸦张开双翅,一挫身,直向远处的天空,箭也似的飞去了。

《药》的结尾造成了很浓的悲剧气氛。有谁不受这种"安特莱夫式的阴冷"所感染呢?然而,在这段文字里,鲁迅并没有使用什么"特殊"的词语。那么,这种"铁屋"里使人窒息的感觉又是从何产生的呢?

首先,鲁迅先生为读者安排了一个特定的环境:在乱葬岗的中间出现了两座新坟——两个封建制度下的牺牲者。接着,两座坟前出现了两个老女人:两个母亲。衰老、悲哀、孤苦、不幸,她们同样的痛苦,然而又同样的麻木。这两个母亲素昧平生,互不相识,她们生存于两个不同的世界,她们之间没有任何交往、联系，但是又有着一种极其特殊的关系：一个母亲的儿子吃了另一个母亲的儿子的血——这是何等惊心动魄的现实！

然后，鲁迅又为这个场景添上了某些形象。请注意，鲁迅在这里，不是利用这些词语本身的涵义，而是利用它在我们生活经验中所唤起的感觉和引起的联想。"乌鸦在笔直的树枝上站着"，在一个生物学者的眼里，这完全没有什么特殊的意义。你翻开《新华字典》，"乌鸦"一词的注释是："鸟名，俗名叫'老鸹'或'老鸦'。"也许生物学者还可以补充说，这是一种杂食禽类，甚至还可以告诉我们它的交配期在什么时间，还有哪些生活习性，等等。但是这一切与我们又有什么关系呢？乌鸦与乱坟丛构成了一定的气氛，这是与它在我们生活经验中所引起的憎恶感觉相联系的。大约是因为乌鸦丑陋，叫声刺耳，再加上它残暴和爱吃腐败尸体的习性，人们便在自己的生活中赋予它一些与它本身无关的特性，使它和喜鹊、灯花成了对照的形象。枯草和乌鸦，使读者感到萧瑟和阴沉。如果我们换成嫩绿的树枝上啼啭的黄莺，那么，请读者闭上眼睛想一想吧。

同样的，"枯草支支直立，有如铜丝"和乌鸦"铁铸一般站着"，这里的"铜"和"铁"也显然不是化学教科书上的 Cu 和 Fe。金属具有导热系数高的特性，而鲁迅先生在这里正是利用人们生活中的感性经验来加强"冷"的感觉。毫无疑问，用"铜丝"来比喻"枯草"又是和下文"一丝发抖的声音，在空中愈颤愈细，细到没有，周围便都是死一般静"相联系着的。枯草在寒风中会瑟瑟作响，而"铜丝"则增添了声音中"颤抖"的感觉。鲁迅先生进一步用声音来渲染气氛，用细微的颤抖的声音来反衬环境的寂静。在"死一般静"中突然爆发了"哑——"的一声怪叫，谁也不能不感到毛骨悚然。

词语构成了形象，形象只是作者思想感情的媒介物。读《药》，尤其是它的结尾，我们之所以感到"冷"，是因为我们感受到鲁迅当年的痛苦和悲哀：烈士牺牲了，勇敢而悲壮，但并不为人们所理解，在这个社会上没有引起任何反响。辛亥革命先驱者脱离群众的历史教训，构成了夏瑜的悲剧，而人们的不觉悟，又使鲁迅感到痛苦和焦虑、悲凉和寂寞。"故里寒云恶，炎天凛夜长"（《哀范君三章》之二）正是鲁迅先生此时心境的写照，也是

《药》的语言之所以能感染我们的根本原因。

研究语言运用的艺术,我们还可以发现,词语不仅可以与我们生活中的某些经验相呼应,引起共鸣,从而得到了具体的内容,发展了它本身的含义,而且还可以由于用在不同的场合,通过作者的不同语言风格而获得不同的意义和色彩。一组词语在这里可以是这种意思,换了一个地方可以变成相反的意思(例如反语)。在某种场合下,它会显得滑稽可笑;在另一种场合里,它又可以具有特殊的讽刺意味,甚至使我们感到沉痛。例如"呜咽"和"笑"表现了截然相反的感情,把它们连在一起,似乎不伦不类,不合逻辑。那么,请看《狂人日记》中的一段文字:

> 我晓得他们的方法,直捷杀了,是不肯的,而且也不敢,怕有祸祟,所以他们大家连络,布满了罗网,逼我自戕。试看前两天街上男女的样子,和这几天我大哥的作为,便是可悟出八九分了。最好是解下腰带,挂在梁上,自己紧紧勒死;他们没有杀人的罪名,又偿了心愿,自然都欢天喜地的发出一阵呜呜咽咽的笑声。否则惊吓忧愁死了,虽然略瘦,也还可以首肯几下。

荒诞可以变为合理,可笑可以转化为深刻。在这里,"呜咽"不再意味悲哀,"笑声"饱含作者的泪水。诗人兴高采烈的时候,逻辑学只能沉默不语。严格地说,对于一个作家,没有不能选用的词语,只是看你如何运用罢了。在语言的运用中,词的含义和色彩并没有固定不变的范围。如果说,概念的内涵外延的相对稳定性是逻辑学的基础,那么,正是在词语意义和色彩的不断变化中,才有语言的艺术。

词汇组成了语言,可以显示出神奇的魅力,它既可以增添意义、感情和色彩,也可以带来旋律和节奏(如诗歌)。然而,语言运用的变化又是有一定限度的。这一切变化还必须有一个前提,那就是它必须能够在读者头脑里引起共鸣。换句话说,在读者的经验中,必须有能够引起共鸣的感性或理性的思想材料,语言才能施展它的魅力。"乌鸦"在我们的头脑中意味着"不祥",但是在缅甸,它却是神鸟。读到《药》的结尾时,又怎么能想象缅甸的读者能够产生和我们同样的感受呢？再如上文谈到的"安特莱夫式的阴冷"，只有读者头脑中储存了有关辛亥革命和当年鲁迅心境的背景知识时，才能体会深刻。这方面的背景知识越丰富，感受也就越强烈。作者的表达和读者的理解是一对矛盾。表达是客观世界通过作者的世界观和语言的曲折的再现，理解则是读者认识的不断深化。语言的艺术，直接诉诸读者的感觉、思维，从而引起他们的想象、联想和推理。不同的读者有着不同的经验和经历，因此也就会从不同的角度和深度来进行联想和思考。这种思维有一致性、共性（这是由作品所反映的客观现象决定的，人们读《白毛女》时大约想到的不是激光发射器），又无不带有特殊性、个性。每个读者由于经历不同，对作品的理解就无不打上自己的烙印。试拿一部作品如《阿Q正传》为例，请不同的画家作插图，阿Q的头上都会带有清王朝的标志——辫子，没有辫子怎么成其为阿Q呢？但是谁都可以想象到阿Q"们"的面貌会有多大的差异！如果说作者的写作是创造，那么，读者的理解从某种意义上说便是再创造，通过他世界观的三棱镜折射的再创造。创造需要素质和气质，心理素质和气质是心心相通的因素，因此，好的作者心中永远有自己的读者，不同的读者也会有自己心爱的不同的作者。

语言艺术所激发出来的思维有广袤的延展余地，它可以跨越时间和空间，甚至可以远远超出作者的意图和意识。"离离原上草，一岁一枯荣；野火烧不尽，春风吹又生。远芳侵古道，晴翠接荒城；又送王孙去，萋萋满别情。"这是人所共知的名篇，其中"野火烧不尽，春风吹又生"已经成为传诵的警句。平心而论，当年只有十五六岁的白居易未必有如许的生活经历，尤其是遭遇困难和挫折的经历，他更不见得有意在这里总结自己的生活体验。作为应制的拟作，通观全诗，这两句也不是全篇的主旨。可是由于诗人把自然现象加以提炼和升华，就使它显示了一定的哲理意味，使之具有更高的普遍性，这样，不同的人就可以用自己的经验、体会、感情、思想来充实它，发展它。在白色恐怖的日子里，在监狱的镣铐声中，我们的同志用它来激勉自己，表达对敌人的蔑视，表达对革命的坚定信念（如《红岩》中所描写的那样），这大概是白居易当年所无从料到的吧。

总之，语言的艺术和其他艺术一样，是有规律可循的，是受艺术创造的基本规律制约的。一个孤立的词只是某一概念的符号，它只是一个普遍而又抽象的概念。语言的全部力量只有在它们组成句子，靠句子与句子在段中的相互作用（而段又是作品中更大单位——篇、章、节、幕、场中的一个有机体）才能充分表现出来。在一定的语言环境中，通过词的组合，注入了作者的思想和情感，唤醒了读者的经验，于是就赋予语言以它本来所没有的思想、情感、意义和色彩。

二、变形——语言的模糊性和常用修辞手段

当人们有着强烈感受的时候，就要寻求异乎常规的表达方式。其中，最简捷的方式就是"直呼"。呼天唤地，这是人们表达极端悲愤心情时常常采用的方式：

> 有日月，朝暮显，有山河，今古传。天吓！却不把清浊来分辨！可知道错看了盗跖颜渊？有德的，受贫穷，更命短；造恶的，享富贵，又寿延。天吓！你做得怕硬欺软！不想道天地也会顺水推船！啊呀，地吓！你不分好歹难为地！啊呀，天吓！不辨贤愚枉做了天！
>
> （关汉卿《感天动地窦娥冤》）

天地可以成为诉说的对象，物体也可以成为呼唤、倾诉的对象：

> 斗啊斗，你在刘文采的手，你是地主的嘴，你是豺狼的口，你喝尽了我们穷人的血，你刮尽了我们穷人的肉！可你，你装不完地主的罪，你量不尽我们穷人的愁！
>
> （《收租院》解说词）

解说员此刻已经改变了通常的表达方式，他不是向观众说明，而是直接和斗说话（当然，内心还是面向观众的）。呼天唤地也好，直接和一只斗说话也好，人们都是凭借着某种媒介物来抒发自己的情感，并且采取直接向之呼喊、诉说的形式。在这种情况下，中介物便常常由于生命化而成为传导人

们强烈感情的形象的翅膀,成为作者(讲话者)和读者(听者)感情交流的桥梁。人和天地、雷电、高山、花木甚至一只斗说话,这是不可思议的,然而对读者或听众来说,又觉得这种感情是真实的。

可是,"直呼"的应用范围也还是有限的。我们不能永远处在这种激动的状态之中,况且,我们要表达的感情也是各种各样的。直呼只适于强烈、奔放的情感,对于其他情感,它已经无能为力,更不用说细腻而逼真地反映我们的感受了。所以,我们还要寻求其他的表现方法,比如说,用事物的局部特征来代替整体,这就是"借代":

"阿义可怜——疯话,简直是发了疯了。"花白胡子恍然大悟似的说。

(鲁迅《药》)

我们把失业叫"打破了饭碗",形容金钱的作用是"钱包的力量"。由于借代突出了事物的典型特征(更确切地说,是只剩下了那最富于典型意义的细节),因此能收到生动、鲜明、更富于暗示性的效果。试比较下面两句话:

1. 原始资本积累是靠战争和掠夺进行的。
2. 资本的发家史是用血和火写成的。

后面一句显然要鲜明得多,生动得多,它可以使我们联想到当年的海盗行径以及诸如非洲大陆的苦难。在殖民者铁蹄的踩躏下,枪声呼啸,浓烟滚滚,奴隶戴上了镣铐,母亲倒在血泊中,儿童在放声哭泣……战争和掠夺留下的不仅是血和火,但在这种野蛮的屠杀中,血和火却是有典型意义的特征。马克思选择这样两个词不是偶然的。

形体的特征可以用来借代,如"花白胡子",服装和其他特征也可以用来借代,如鲁迅《示众》中"胖孩子却看见那白背心正研究发亮的秃头"。一般地说,用以借代的形象总是具体的,但有时也可以利用一些抽象的概念。例如:

组织千千万万的民众,调动浩浩荡荡的革命军,是今天革命向反革命进攻的需要。……关门主义……把"千千万万"和"浩浩荡荡"都赶到敌人那一边去，只博得敌人的喝采。

（毛泽东《论反对日本帝国主义的策略》）

用"千千万万"替代"民众"，用"浩浩荡荡"替代"革命军"，用形容性词语来代替实质性概念，似乎由实而虚，但读者却会感到生动、别致，而且增强了"多"的感觉。

直呼和借代都已寓有"变形"的因素。变形——改变事物原来的形状，却使读者得到更形象、更鲜明，甚至更逼真的印象——是艺术创造带有普遍性的规律之一，并非为文学所独有。一座雕塑，栩栩如生，但是如果量一下所塑人物的手脚和身体的比例，就会发现它与现实生活中人体构造的常模参数并不完全一致。艺术创造的变形程度各不相同，而浪漫的想象和变形，正是我国艺术的优秀传统之一——不求"形似"而求"神似"。商代的青铜器精美绝伦，两个对称的夔纹组成了饕餮纹。在现实世界中，你是绝对无法找到一条腿的夔或者张着血盆大口的饕餮的，然而它却反映了古代人们天真的自然崇拜和丰富的想象。如果再到民间艺术领域中走一走，那更是琳琅满目，美不胜收！江南无锡的泥塑，北方农村孩子鞋上的虎头……特别是欢庆节日的传统节目——舞狮，那金碧辉煌的狮子的造型和动物园里真正的狮子相差又是何等的大！变形，是艺术思维的重要手段，而由于我们前面谈过的语言的模糊性，在文学中，它又给作者的想象提供了更多的驰骋余地，一个更广阔的天地。

准确和变形是辩证的统一，它们是并行不悖，而且相辅相成的。我们说一个小女孩长得很可爱，脸红彤彤的"活像个苹果"，读者决不会误解为她头上长着果柄；我们说某个小男孩淘气得"像个猴子"，读者也决不会想象他身上长满了毛。这种描写使我们感到生动、形象，并不构成错觉。这是因为描写的准确性是以典型细节特征为基础的，而艺术描写的典型特征又是被描写的客观事物经过作者主观筛选和提炼的结果。作者进行描写，是为了表现他的生动感受，并且努力去反映事物的本质。变形，是为了更好地表现感觉的真实，通过作者主观的折射更好地反映艺术的真实，更好地反映事物的本质。

"直呼"把言语的对象视为有生命的客体,"借代"把事物的局部特征加以扩大,直至覆盖整体,它们都具有变形的成分。利用语言的模糊性来收到变形效果的常用修辞方法,是比喻、夸张、比拟。

比喻是人们最常用的修辞手法。让我们先看看它和语言模糊性的关系:

①在太阳下,几块白云在雪峰间投下云影,就像白缎上绣上了几朵银灰的暗花。那融化的雪水从峭壁断崖上飞泻下来,像千百条闪耀的银链。

(碧野《天山景物记》)

②问君能有几多愁,恰似一江春水向东流。

(李煜《虞美人》)

从结构上看,比喻是由本体、喻体和喻词三部分构成的(暗喻和借喻没有明示的喻词,但它们都可以还原为明喻,所以仍有潜在的喻词)。本体和喻体是两类不同的事物(①云影——花、雪水——银链,②愁——春水),借助喻词把它们结合成一体,喻词"像""似的""恰似"都是模糊语言。此外,大部分比喻句除喻词之外都还要使用一些修饰、限制性词语。没有这些词语来形容、修饰,整个比喻句就容易显得干瘪、枯燥,而这些词语也是模糊语言。模糊语言的使用,是语义内容不确定的表现,语义的不确定性,则造成了本体和喻体融为一体的效果。可以说,"比喻是建立在模糊事物界限的基础上","通过比喻,使本体和喻体之间界限模糊"。(伍铁平《模糊语言学》,北京师范大学油印本)

语法、逻辑是科学,语言的运用是艺术。对于同一修辞现象,语言学者着眼的是分析和界说,鉴赏者着眼的是感受与体味。作为语文教学,重要的不是概念的区分,而是引导学生鉴别优劣,培养语感。

比喻是通过想象来进行类比。有趣的是,科学和艺术往往是分道扬镳的。科学家孜孜不倦地研究事物之间的差异,在他们看来,概念的内涵和外延必须尽可能地精确,而且稳定不变;可是一个诗人却善于发现我们这个世界上万物的相似点，他更关心的是感觉和感情的真实。一个新颖的比喻能够像闪电一样把某种思想、意念深深地印在读者的头脑里。试想一下，一条鱼，不是在水中遨游自如的活鱼，而是躺在案板上的、被刮掉鳞的死鱼，和一个活生生的人有什么共同之处呢？请看下面的一段文字：

> 我也有记忆的，但是，零落得很。我自己觉得我的记忆好像被刀刮过了的鱼鳞，有些还留在身体上，有些是掉在水里了，将水一搅，有几片还会翻腾、闪烁，然而中间混着血丝，连我自己也怕因此污了赏鉴家的耳目。
>
> （鲁迅《忆韦素园君》）

这个比喻奇特而深刻。我们说它深刻，是因为它有很强的概括性。"记忆"和"鱼鳞"之间，在时而"闪烁"这一点上是相通的。除此以外，这个比喻还给我们一些什么样的启示呢？鲁迅为什么感觉到自己是一条被宰割的鱼？有些"还留在身上"有些已"掉在水里"又是什么意思？"血丝"意味着什么？……只有充分掌握了相关资料，并且认真思考，才能得到答案。

按照变形的不同程度（抽象地、一般地说），比喻又可以分为三个不同的阶梯：明喻、暗喻、借喻。

沿着这个阶梯再上一步，就是夸张。

比喻中包含着夸张的因素，没有夸张就不能构成比喻。但人们还不满足于事物之间的类似，而是直接把某些典型特征予以放大，放大到不合理的程度，然而这种不合理，却可以收到奇妙的效果：

> ①飞流直下三千尺，疑是银河落九天。
>
> （李白《望庐山瀑布》）
>
> ②轮台九月风怒吼，一川碎石大如斗，随风满地石乱走。
>
> （岑参《走马川行奉送封大夫出师西征》）

前面讲过，比喻本身是模糊了两种不同事物的界限，夸张也是以模糊事物界限为基础的。值得注意的是，一些语义并不模糊的词语，像"三千尺"

在这里只是极言其长和高,也要按模糊语言看待。宋人沈括认为"霜皮溜雨四十围,黛色参天两千尺"有语病,他之所以犯这个错误,恰恰是照字面直解,把夸张的语言当成了精确语言。可见离开了语言的模糊性,夸张也就不能存在。

"夸张重在主观感情的畅发,不在客观实际的记录。"(陈望道《修辞学发凡》)夸张离不开情感,而且是激情的产物。夸张的真实性不是由事物的通常状态来衡量,而是以作者感情的真实为标准。我们分析夸张的艺术时,实际上是在分析作者的思想感情,透过作者的心灵来看客观世界。夸张和激情,就如鱼和水,没有激情的夸张不过是装腔作势,令人作呕。"十年浩劫"期间泛滥一时的"蓝天为纸,大海为墨",可能许多人记忆犹新。分析作者的感情,进而评定其表达效果,这是我们对夸张进行艺术判断的尺度和标准。

在变形的阶梯上再进一步,就是比拟——把客观世界人格化,或生命化:

> 夜死了。电灯光也死了。黑暗统治着这所大公馆。电灯光死去时发出的凄惨的叫声还在空中荡漾,虽然声音很低,却是无所不在,连屋角里也似乎有极其低微的哭泣。欢乐的时期已经过去,现在是悲泣的时候了。
>
> (巴金《家》)
>
> 歌声突然停止了。接着就是一阵哄然的大笑声。笑声在空气中互相撞击,有的碎了,碎成一丝一丝的,再也聚不拢来,就让新的起来,追着未碎的那一个,又马上把它撞碎了。楼房里的人仿佛觉得笑声在黑暗的空中撞击,逃跑,追赶。
>
> (同上)

写悲哀,电灯光可以凄惨地哭泣,夜晚可以死亡;写欢乐,笑声可以在空中撞击,逃跑,追赶。真是匪夷所思!艺术上的所谓"拟人",不过是人的物化的一种形式。人类按照自己的形象创造了上帝、神明,创造了并不存在的天上世界；同样，人类也按照自己的思想和感情，赋予世界以生命。在拟人化的描写中，人类所描写的不过是他们自己。当然，这里的"自己"不一定就是作者本身，但它必然包含着作者的生活经验和感受，他的喜怒哀乐：

> 所以我坦白地说《家》里面没有我自己，但要是有人坚持说《家》里面处处有我自己，我也无法否认。你知道，没有我自己，那一本小说就不会存在。
>
> 我从没有把自己写进我的作品里面，虽然我的作品中也浸透了我自己的血和泪，爱和恨，悲哀和欢乐。
>
> （巴金《关于"家"》）

然而，我们所习惯说的"拟人"并不是一个准确的概念。在这样的变形过程中，万物固然可以幻化为人，人也可以幻化为物：

> 凡走狗，虽或为一个资本家所豢养，其实是属于所有资本家的，所以它遇见所有的阔人都驯良，遇见所有的穷人都狂吠。
>
> （鲁迅《"丧家的""资本家的乏走狗"》）

这种人、物间的转化真是变幻无穷，莫可名状。有时候，我们实在无法指出转化后的形象究竟是什么。"笑声"相互"撞击，逃跑，追赶"，这还是许多动物共有的特色，然而它竟然会"碎成一丝一丝的"，这又是什么物体呢？读者在这里感受到的只是欢乐，无须去推敲笑声究竟变成了一个什么东西。再如下面的例子：

> 资本来到世间，就是从头到脚，每个毛孔都滴着血和肮脏的东西。
>
> （马克思《资本论》）

勉强给这个形象起个名字，我们也许可以称之为"鬼"吧？"画鬼容易画犬难"，魔鬼是可以由我们任意赋予它任何形状的。可是我们都感到马克思的名言生动而形象，因为它揭示了原始资本积累的狰狞面目和本质。

拟"人"也好，拟"狗"也好，拟"鬼"也好，看来语言艺术的变形似乎是无限的。但正如世上的事物都有一定界限一样，变形也有一定的限制条件，并且受一定原则的制约，那就是：1. 内在联系的合理性；2. 读者的可接受性。按我国曲艺界习惯的说法，就是"出乎意料之外，又在情理之中"。

和一切艺术一样，语言的艺术也贵在创造，拾人唾余只表示才能的贫乏。形象只有新颖、独到才能引人注意，打动读者。用带血丝的鱼鳞比喻记忆，读过之后大约就难以忘怀。但是这种新颖和独到只能是认识深化的外在表现。诗人的想象应该是丰富的、无限的，但它又必须是深刻的。这里面有技巧，更有思想。思想的苍白无力不能靠华丽的外衣来遮掩。亚里士多德说过，隐喻"是天才的标志，因为好的隐喻需要善于观察相似点的眼睛"，那就是说，奇特大胆的形象只能是更好地反映了形象与事物之间的内在联系。只有这样，形象才有启示作用，才能激发思维。

"在情理之中"一方面表明了事物之间的客观的、内在的联系，同时又包含着读者的主观因素。"心有灵犀一点通"，上文谈过，语言艺术的感染力，在于作者和读者和谐的统一。日本人看我国的皮影戏《龟与鹤》，其感受恐怕就和我们不同。因为龟在日本是受喜爱的动物，在我国却是骂人的用语。至于下面的句子，则恐怕无论哪一个民族的成员都无法理解：

　　从青龙桥下火车，顺着柏油路往西走，周围是群峰壁列。在山脚下仰望，蓝天夹在群峰之间，好像一朵梅花悬在头上。

借代、比喻、夸张、比拟……是每一本修辞书籍必谈的内容，本章的目的，是努力使分散的概念系列化，并且为分析语言现象提供一个新的角度。语言现象是一个多维的多面体，这种多维性，使我们可以从不同的角度进行观察，有着不同的认识；同时，这些众多的概念之间又存在着内在的联系，找出这些联系，才能形成一个科学的系统。只有这样，修辞学的研究才能从形而上学、烦琐哲学中解脱出来，从静态的分析转入动态的研究。作为艺术手段的一种，语言艺术也要受艺术创造的一般规律所制约，变形只是艺术规律的一个方面，当然，是一个重要的方面。

"修"就是"调整"，"辞"就是"言语"，"修辞"就其本义来说，就是调整我们的言语，使之恰到好处地表达我们的思想感情。因此，修辞学的任务，是总结善于运用语言的人的经验，分析它为什么是这样，而不是仅仅指出"这是什么"，以分门别类为满足。

况且，语言理论的研究和语言的习得过程是两回事。语言学者想详细地解释语言，但语言学者所遇到的难题，对母语的使用者来说，却往往是容易"意会"的。比喻和夸张之间，比喻和比拟之间，其界限并不是那么泾渭分明，即便能辨别各种修辞格，也不一定能写出一个好的比喻句；反之，能运用生动比喻的人，并不一定要学过修辞学。这样说，当然不是要否定修辞知识的作用——有理论指导和没有理论指导，在实践效果上是不同的。讲上面这些话的意思，是希望我们的修辞教学摆脱目前的局面，把注意焦点转移到语感培养这方面来。

如果教师们同意上述观点，请带着这样的认识进入下一章的讨论。

三、意在言外——语言的模糊性与含蓄性

任何一种艺术都会诱发欣赏者的连锁性思考，没有这样的思维，艺术的社会功能便无从发挥。任何艺术创造都要经历典型化的提炼过程，都留下一定的空白让欣赏者去扩展和补充。

让我们以霍去病墓前的汉石雕为例。无论是"马踏匈奴"，还是"勇士与熊"，它们都引起我们的沉思和想象。尤其是"勇士与熊"，那艺术构思又是何等的惊心动魄！那残暴地噬咬着力士嘴唇在垂死挣扎的拙笨的熊与那忍受着极大痛苦而又怀着必胜信心坚毅地和熊搏斗的勇士之间，构成了多么尖锐的矛盾冲突！我们无法了解雕塑者的原始构思，但它无疑地反映了汉王朝兴盛时期汉武帝内外经营、抗击匈奴、开拓疆土的时代风貌，同时又反映了劳动人民在现实生活中的苦难感。"古拙的微笑"是汉代雕塑的风格特色。在这里，"微笑"不见了（当熊用它的利齿深深地咬进你嘴唇的时候，你是无法笑的），而"古拙"——那朴素、粗犷，又带有几分原始性的轮廓和线条有力地增添了石雕的感染力。我们在这里不是在进行什么美术欣赏，而是

在探讨艺术的一般规律。"马踏匈奴"也好,"勇士与熊"也好,它都能引起你一系列的联想。雕塑不是很难带有情节性么?好的艺术造型却往往能构成某种情节,"勇士与熊"就是如此。它表现了一个特定事件的特定环节,在瞬间印象中连系着事件的过程与结果。勇士是怎样和熊相遇的?结局又将是一种什么样的景象?这"一瞬间"包含着过去和未来,使观众从有限的形体中"看见"更广阔的世界,使观众联想到没有直接表现出来的现实。从少见多,由小见大,这是艺术的共同要求。

正因为如此,含蓄就成为艺术追求的目标之一。画"十里蛙声出山泉",让青蛙留在画面之外,画"踏花归去马蹄香",画面上只出现蝴蝶飞绕马腿,这都是众所周知的例子。不是和盘托出,而是提供足够的暗示让对方思考,这就是含蓄。

同样,含蓄也是语言艺术的追求目标之一。而且,一切其他艺术形式所引起的想象、联想和思索,它所能提示的潜在信息量,都不如语言艺术。这一方面是因为语言较之其他艺术手段,对生活的接触面要大得多,从而可以有更大的概括性;另一方面,则在于语言的模糊性。"白日依山尽,黄河入海流。欲穷千里目,更上一层楼。"后两句把生活中的哲理融于眼前情景之中,耐人寻味。这时的"目"已经不仅限于视觉,"楼"也不再是建筑物实体。正是语义的这种极大的延展余地,使语言艺术对思维有更大的启发性和灵活性,从而收到"言有尽而意无穷"的效果。

含蓄必须以提供暗示为前提。含混和含蓄只隔着一张纸。为了不至于变成猜谜游戏,这种暗示应该是充分的。"踏花归去马蹄香",花在画面上出现不如留在画外更耐人寻味,而蝴蝶就是用以暗示的材料。即便如此,如果没有画面上的题字,观赏者可能仍然无法揣摩作者的用意。文章的标题和画面的题字一样,都是作品的不可分割组成部分,"画龙点睛"在文学艺术中也往往是和暗示性分不开的。而在一些内涵丰富的作品里,作者则要为引导读者的思路作更多的铺垫和准备。

有时候,作者对自己要表达的思想感情竟然完全不着一笔,读者却可以充分理解。"故人西辞黄鹤楼,烟花三月下扬州。孤帆远影碧空尽,唯见长江天际流。"在这首诗里,作者惜别的情绪在字面上毫不流露,只用景物烘托，让读者去从容体味。但假如我们对这首绝句仔细分析一下，就可以看出诗人对"尽在不言中"的主旨实在是作了充分暗示的。"故人西辞"固然是点题，同时也对读者的思维起着引路的作用。"烟花三月"点染了环境，烘托了惜别的气氛。更重要的是后两句，诗人把客观景物和主观感受有机地化合成一体，把惜别的情绪渗透到风景之中，从而，自然景色也就成了惜别情绪的艺术再现。这就使我们能够通过诗人的眼睛来看自然景物，又透过自然景物注视着诗人的眼睛，看到了他的内心世界。唐代的长江，又地处黄鹤楼前，江面上即使不是帆樯如林，恐怕也不会太冷清萧索吧？"孤帆远影碧空尽"暗示着一个时间的进程，它只是，也只能是诗人心境的文字注释。"唯见长江天际流"更为我们提供了无穷的思考的空间——小舟飘然远去，渐渐地消失在碧空的尽头，诗人伫立在江边，仍然留恋不肯离去，诗人在留恋什么呢？恐怕他自己也说不清楚，只有浩渺的江水充塞着这空旷的天野。纵观全诗，第一、二句是铺垫和叙述，第三句暗示了从"西辞"到"碧空尽"的目送过程，暗示了时间的进程，也暗示了诗人的心境，第四句是对第三句的补充和深化，丰富、扩展了暗示的内容。这连贯性极强的四句诗紧紧联系着，步步深入，逐渐把我们的视线引向焦点。好像一首乐曲，最后一句是最强音，它好像是一个窗口，把我们导入思维的世界。前三句是为最后的"点睛"之笔铺平道路的，没有前三句，最后一句便成为无源之水，无本之木；最后一句是前三句的升华，没有最后一句，全诗也就失去了光彩。然而这个结句也是暗示性的，它没有提供答案，而是留给读者去思索；读者又不会想入非非，误入歧途，因为前面的诗句和标题已经为读者的思考规定了具体的方向，起着制约的作用。

"话里有话，话外有音"，语言所表达的意思常常可以分为"语表"和"语里"两个层次。要收到"意在言外"的效果，需要一定的条件：除了语言技巧之外，还需要社会心理因素——读者的欣赏习惯和相应的背景知识。以含蓄为特征的常用修辞手段有双关、婉言、影射、反语，既是修辞手段又是构思和表现方法的，有象征。

双关有的通过谐音，有的通过词语字面意义的谐用，有的通过在特定语言环境中引申语义来形成。下面分别各举一个例子：

①高山打鼓远闻声，三姐唱歌久闻名，二十七钱摆三注，九文九文又九文。

(《刘三姐》)

②我失骄杨君失柳，杨柳轻飏直上重霄九。

(毛泽东《蝶恋花·答李淑一》)

③现在眼看她被抓走了，我能眼看着让别人替我去牺牲？我得去！凭我这身板，赤手空拳也干个够本！我刚打算往下跳，只见她扭回头来，两眼直盯着被惊呆了的孩子，拉长了声音说："孩子，好好地听妈妈的话啊！"这是我听到她最后的一句话。

(王愿坚《党费》)

双关手法，或用以表达弦外之音，言外之意，或者借题发挥，有的幽默，有的讽刺，有的抒情，可以有不同的语言色彩。

婉言和双关有点相像，也不是直述本意。婉言有表里两层意思，字面上的意义和真正的含义是不一致的，而重点在深层含义。这种闪烁其词、迂回曲折、用与本意相类或相关的词语来代替的修辞方法有时是由于忌讳，有时是为了避免刺激对方，有时是为了掩饰难言之隐或因某种原因不愿意说出来，有的是出于政治、外交场合的需要。下面也各举一个例子：

①她教给我道理很多，例如说人死了，不该说死掉，必须说"老掉了"……

(鲁迅《阿长与〈山海经〉》)

②后期年，齐王谓孟尝君曰："寡人不敢以先王之臣为臣。"

(《战国策·齐策》)

③"祥子！"她往近凑了凑："我有啦！""有了什么？"他一时蒙住了。"这个！"她指了指肚子。"你打主意吧！"

(老舍《骆驼祥子》)

④由于大家都知道的原因，两国人民之间的往来中断了二十多年，现在经过中美双方的努力，友好往来的大门终于打开了。

(《人民日报》社论)

婉言是"不直白本意，只用委婉含蓄的话来烘托暗示"（陈望道《修辞学发凡》），因此，在文学作品中有时还用婉言和描述相对比的手法来取得特殊的效果：

  这个人的相貌不大好看，脸像个葫芦瓢子，说一句话眨十来次眼皮。

（赵树理《李有才板话》）

婉言的修辞方法，一般是用模糊程度大的词语来代替模糊程度小的词语或精确词。例如"老了"比"死"的模糊程度大，"有了"比"怀孕"的模糊程度大得多。

影射是暗指某人某事。例如鲁迅的《战士与苍蝇》：

  战士死的时候，苍蝇们所首先发现的是他的缺点和伤痕，嘬着，营营地叫着，以为得意，以为比死了的战士更英雄。但是战士已经死了，不再来挥去它们。于是乎苍蝇们即更其营营地叫，自以为倒是不朽的声音，因为它的完全，远在战士之上。……

其中寓意，作者在《这是这么个意思》一文中有所解释：

  所谓战士者，是指中山先生和民国元年前后殉国而反受奴才们糟蹋的先烈，苍蝇则当然指奴才们。

其实，文中的"奴才"当时也是有所指的，只不过事过境迁，现在已经不为一般人所知罢了。由此可见，影射要受到时间、地点、场合的限制，要以读者或听者了解内情为前提，在使用范围方面有相当的局限性。但是如果具备了相应的条件，巧妙的影射又可以引起人们会心的微笑。例如粉碎"四人帮"以后，相声《帽子工厂》中的一段：

甲（为难地）　我爸爸——嗯——是叛徒。

乙（模拟江青）　没有。

甲（欲语还休）　我的历史也——

乙　清白。

甲（谄媚地）　您可真是文化革命的旗手哇。

乙　你可以做一个副部长。

甲（紧接着，仿京剧《红灯记》腔调）　谢谢妈！

讲到这里，听众在哄笑中报以热烈的掌声。如果演员此刻明白指出，点了名，反倒没有意思。

反语的表里两层意思正好相反，是使用得较多的一种修辞手段。例如：

①中国军人屠戮妇婴的伟绩，八国联军惩创学生的武功，不幸全被这几缕血痕抹杀了。

（鲁迅《记念刘和珍君》）

②有几个"慈祥"的老板到菜场去收集一些菜叶，用盐一浸，这就是她们难得的佳肴。

（夏衍《包身工》）

反语的修辞作用在于加强心理上的对比效应。"爱"和"恨"，"伟大"和"卑鄙"，"慈祥"和"狠心"，矛盾的双方是互相依存的。反语在字面上并不同时表现相反的双方，只表现与本意相反的另一面，可是只要读者领会了真正的意图，它就会由于得到相反方面的映衬而更加鲜明。为了强化印象，防止误解，口语时反语常常重读或改用弯曲调，书面表达时则有时加上引号或虚词（"所谓""似乎""好像"等）。

反语经常用于讽刺和嘲笑，但有时也用来表示喜爱和亲昵，像"冤家""死丫头"之类。例如：

他瞟着孟蓓那俊俏的微翘的眼角。"我说你是丹凤眼啊……要不，要不怎么看着我那么……顺眼呢。""鬼！谁看着你顺眼！鹰鼻鹞眼，长脖鹿的个头儿……"孟蓓好像不把难听的话全发泄出来不足以平"吊眼儿"之恨。

（陈建功《丹凤眼》）

在以含蓄为特征的诸多修辞手法中，最值得我们注意和研究的是象征。

象征是借助具体形象来表现某种抽象的概念，它善于从个别中概括一般，并且赋之以感性的形体。《白杨礼赞》中的白杨、《海燕》里的海燕……都是利用感性形象的某些属性和特征来唤起读者对某种概念的联想。象征需要联想，但这种联想不是引导读者去进行发散性的思考，而是使思维的抽象性与形象的可感受性相统一，使观点、概念具有形象的外壳，从而获得感染的力量。

相对地说，象征更需要尊重欣赏者的习惯和要求，因为一些人们所熟悉的象征形象已经具有一定稳定性，在读者的心目中，它与所体现的概念已经产生了固定的联系，如和平与鸽子，光明之于火炬，高风亮节和青松，等等。正如我国传统戏曲中的程式化动作一样，它们在欣赏者头脑中已经形成了习惯性的反应。戏曲演出时，三五步"跨越"了万水千山，四个龙套代表着千军万马，开门只是两手虚拟，如果过于追求逼真而努力写实，不但某些情节无法表现，观众还会觉得不自然。这就是习惯的力量。乌鸦意味着不祥，这是汉族的观念，在缅甸它却是"神鸟"，有着神圣的色彩；龟在我国是一种侮辱性称呼，日本民族却不惮以此作为自己孩子的名字。历史、时代、民族、社会制约着欣赏者的兴趣、要求和习惯，象征只有在这规定的天地里施展自己的才能。但如果运用得法，这种限定的范围不但不是束缚，它反而成为可以充分利用的条件，因为它可以节省不少笔墨而在读者头脑中引起强烈的共鸣。在举国沉痛哀悼周总理逝世的日子里，天安门松柏墙上白花似雪，人们的泪水凝成了冰花。画家亚明在南京含涕作画，画面上只是一株挺拔的松树，赵朴初为之题诗一首：

落笔泪耶还是墨？

> 画松痛哭老柯折。
> 老柯曾庇天下人，
> 不比寻常伤离别。
> 松干犹标雄杰姿，
> 画师深意吾能知。
> 灰飞百岁形骸尽，
> 日永千秋志业垂。

"画师深意吾能知"正说明了这种寓深意于表面上不相干形象的作用。象征形象可以成为一种催化剂，勾起人们各种不同的经验与记忆。读者头脑中的感性材料和感情被这一凝练的形象所触动，产生共鸣。

象征的感染力在于单纯。单纯不是简单，而是艺术提炼的结果。艺术形象的典型化离不开扬弃过程，生活素材与艺术形象，有如矿石与冶炼出来的金属，艺术家汰除一切"杂质"，其结果愈是单纯，形象也愈光辉动人。这种单纯是艺术高于生活，艺术形象较之生活更集中、更强烈、更理想、也更有普遍性的原因。这是艺术的一般规律。然而象征又和其他艺术手法不同。小说、戏剧等作品中的形象总力求具有鲜明的个性，即黑格尔所说的"这一个"，象征所要表现的却是这一类，它所感兴趣的是事物的共性。象征在概括生活现象的过程中，排除了对象的具体、个别的特征，只保留其最基本的属性，并且纳入某种形象外壳之中。象征形象的高度是与其概括的深度成正比的。概括得越深，形象愈单纯，内容也愈丰富。《海燕》概括了1905年以前俄国革命风云，表现了诗人敏锐感到的革命高潮前夕的形势，同时又概括出革命者英勇无畏的形象。我们能够说这样的内容简单吗？不能。但它又是高度"提纯"的结果。它不同于《母亲》，作者没有描写个别的人或事件，而是表现他从许许多多人和事件中所获得的总的印象。他只保存了革命者的基本特征而排除了属于不同革命者各自的个性特点，是一个高度概括的、带有综合性和整体性的观念。我们无法指出这小小而又勇敢无畏的鸟儿身上究竟反映着哪一个革命者或某个具体事件的影子，更不应该像索隐一样考据海鸥、海鸭、企鹅分别代表着什么政治派别，因为象征不是影射。

从这个意义上说，象征对于现实生活是大大简化了的。它是高度概括的，但又不是概念化的。概念的形成在于感觉的深化，在于科学的抽象，而概念化的产生是由于认识的肤浅，在于对复杂事物的阉割与僵化。象征寓意的深刻性是与形象的丰富性相统一的。我们都会记得高尔基如何以丰富的想象用极浓的色调勾绘着大海、雷电、狂风和波涛：

雷声轰响。波浪在愤怒的飞沫中吼叫，跟狂风争鸣。看吧，狂风紧紧抱起一层层巨浪，恶狠狠地扔到峭崖上，把这大块的翡翠摔成尘雾和水沫。……

一堆堆的乌云，像青色的火焰，在无底的大海上燃烧。大海抓住金箭似的闪电，把它们在自己的深渊里熄灭掉。闪电的影子，像一条条的火蛇，在大海里蜿蜒浮动，一晃就消失了。

作者把斗争高潮中那种风起云涌的图景描写得何等动人！象征对于生活的简化，无碍于它的内容和形象的丰富，相反，它需要强调和夸张，需要细节的艺术描写。简化是删繁汰芜，排除了各种可能干扰读者注意力的枝节，而诗人的想象越丰富，细节描写越生动，给读者的印象也越鲜明，就越具有感染力。

象征和其他修辞手段不同，作为一种整体形象，它往往超越一般的语句修饰范围而进入艺术构思领域。和其他造型艺术相比，它更接近于雕塑。但语言艺术对生活的接触面要大于其他艺术手段，因此象征对于现实生活的容量可以大大超过雕塑，可以表现一般雕塑所无法表现的题材。（郭沫若的早期作品《炉中煤》如果要用雕塑来表现，那简直是不可思议的事）可是作为语言艺术的象征也有自己的局限性，它所表现的毕竟只是一种抽象的观念，又缺乏雕塑那种直接诉诸视觉的实感，因此除了诗歌和抒情散文外，它往往只成为作品中一个有机组成的部分，一个有特殊意义但并非主体的成分。象征可以起烘托作用，特别是可以使作品的主题思想具有耐人寻味的形象外壳。它有时可以成为作品中的一个贯串线索（如《红灯记》中的红灯），有时可以在作品的适当部位出现，起到画龙点睛的作用。例如一篇题为《雪莲花》的作品，作者在描述了一位在高原牧区与自然搏斗的上海姑娘的种种事迹以后，在作品的结尾写道：

　　就在这时，我无意间发现她前头的雪堆旁，有一株全身密披绒毛，梢上的嫩叶雪白而花朵暗红的花，傲寒而立，绚丽夺目。一下子，我被这雪山上的奇迹惊呆了。
　　她快乐地跑过去，摘下花朵，高兴地叫起来："呀，雪莲！这就是敢同风雪挑战的雪莲！"
　　……

"画师深意吾能知"，作者的用意是十分明白的。

"简明·连贯·得体"教学指要[*]

（1993年）

一、怎样理解《大纲》中语言知识的调整

这次《大纲》的修订，除了取消分年级目标外，最醒目的变化是比较详细、具体地制订了读、写、听、说能力训练的目标；其次就是对语言知识的内容作了调整。语言知识内容的调整有两个方面，一方面是对现行的语法教学内容作了较大幅度的删减，另一方面是修辞知识增添了"简明、连贯、得体"一条。

以上的变化反映了当前语文教学改革的三个重要趋向：一是教学目标从传统的以写作为中心向读、写、听、说全面扩展；二是教学观念从注重传授知识转向注重培养能力；三是语言教育由静态描述向动态分析延伸。语言知识的调整是上述第三项的反映，同时与前两项也存在着内部的有机联系。

首先谈语法内容的删减。

语法作为一门科学，导源于欧洲，在欧洲教育发展史上曾经作为一门独立学科，但对它的作用也长期存在着争论。20世纪下半叶，特别是近二三十年来，国际上已经形成了一种共识，那就是：语言学所研究的问题和学习母语所遇到的问题不是一回事。例如"中国地大物博，人口众多"究竟是单句还是复句，语言学界迄无定论，然而中小学生运用这样的句式并不会出现

---

[*] 选自《思索·探索：章熊语文教育论集》（人民教育出版社2002年版）。

障碍；再如"我请你到外边小摊上替我买瓶饮料"，即使是小孩子也能明白，进行语法分析却非常复杂。因此，纵观国外语文课本，语法的内容都大大简化。可是我国的现行语文教学，语法的内容却越来越庞杂、烦琐，成为教师和学生的沉重负担，所以非大力删减不可。

当然，删减语法内容并不等于否定它在教学中的作用，语法教学的作用概括地说有三点：

1. 便于分析一些语言现象。概念是思维的工具，懂得一些语法知识，容易把某些语言现象说明白。

2. 有助于比较自觉地纠正语病。这种作用，成年人比较明显，青少年则不太明显。

3. 可以促进逻辑思维能力的发展。中学语文课的各项内容中，语法知识是抽象程度最高、逻辑性最强的，适当地学点语法，对发展他们的抽象思维能力有益。

讲授语法知识，关键在于适当，讲得过多，就变益为害。还要明确的是，语法知识只是学习语言的一种手段，不是目的，不能倒因为果，本末倒置。

语法是各种语言现象抽象化的结果，是一种静态描述；使用语言，判断语言的运用是否得当，评估其优劣，需要进行动态分析。

所谓"动态分析"就是结合语言环境对语言的运用进行判断。语言的意义在不同的语言环境中起着变化，也只有结合特定的语言环境，才能判断语言的使用是否恰当。语言环境简称"语境"，具体地说，它包含以下三个方面：

1. 上下文

又称"外部语境"，指一定的言语片段和它前后的词语之间的关系、各句之间的关系以及段落篇章的关系。例如：

例①

他（张富）的笑话说不完。

"笑话"可以有不同的理解，放在不同的上下文之间，意思可以很不一样。

例①a

张富很能讲笑话,他的笑话说不完。

例①b

张富刚来时老是闹笑话,他的笑话说不完。

例①a 的"笑话"指令人发笑的小故事,例①b 的"笑语"指的则是让人取笑的资料。

2. 情境

又称"内部语境",指时间、地点、场合、对象、话题等客观因素和使用语言者的身份、职业、修养、思想感情等主观因素所构成的交际环境。在不同的情境条件中,一句话的意思也可以大不相同。例如:

例②

(妻子对丈夫说)"今天星期天。"

同是"今天星期天",所传递的信息可以很不相同。倘若丈夫是个不喜欢干家务的人,又许诺妻子星期天予以"补偿",那么,妻子的话可能是一种提醒甚至警告;如果丈夫是位废寝忘食,事业心很强的人,妻子的话可能是想让丈夫再安心地睡一会儿,表现了体贴与关怀。

3. 社会因素

包括文化传统,风俗习惯等,这些社会因素也是外部语境的一个方面。例如我国古代有所谓"避讳",不注意这一习俗,言语交际就会不欢而散。在进行跨文化区域的言语交际时,特别要注意这方面的语境条件。例如:

例③

美国教授:"你的字写得很漂亮。"

中国留学生:"不,不,您在开玩笑。"

(美国教授愤然,中国留学生莫名其妙。)

在美国教授看来,中国留学生不坦诚,很虚伪;对中国留学生来说,他觉得中国是礼仪之邦,自己的回答符合谦虚、礼貌的原则。在这种情况下,言语交际就很难进行。

对中学生来说,要引导他们注意的,是"上下文"和"情境"这两项语境条件;对于第三项,限于他们的背景知识和生活经验,还难以要求。

语义随着语境而变化,语言的运用要与语境保持和谐一致。"简明、连贯、得体"是对语言运用提出的要求,也反映了语言环境对言语行为的制约作用。是不是简明、连贯、得体,要视语境而定。这些,下文还要作具体解释。

最后,要谈一谈中学语言教育中语言知识的作用问题。语法、修辞都是理性认识,它必须以大量的感性积累为基础,因此任何语言知识都只能起到"点拨"的作用,关键在于使学生接触大量的语言现象,储存丰富的语言材料,培养良好的语感。这些,仅凭有限的"知识"是无济于事的,主要的途径还是组织学生学好课文。《大纲》强调课文的"凭借"作用,原因就在于此,学习语言知识的目的在于指导学生的实践,如果不能用于指导实践,这些术语、概念是毫无意义的。所以教师研究的重点,应该是如何利用这些知识来有效地发展学生读、写、听、说的能力。

据调查,全世界任何一个民族的儿童都大致在三四岁或五六岁时就基本上掌握了本民族的口头语言和大部分语法规则。中小学语文教学正是在这样的基础上起步的。语言的变化是无穷的,有人统计过,英语由 20 个以下的词构成的句子数是 10^{30},至于一篇篇作品,由于内容、体裁、作者风格、写作时的情境等等,在表达方式上的差异更是难以计算。然而语言运用的基本材料又是有限的,科学研究又表明:三岁儿童所掌握的词汇已达 1000 个左右,到七岁时,增加到大约 4000 个,而一个成年人经常使用的词,也不过几千个而已[①]。其间的差别,在于对这些词把握的深度。由此可见,学生语

[①] 据苏联研究最低限度词汇量的专家统计,阅读中等难度的外国文献只需掌握 3000 个词(共 4500 个义项),其中只有 1000 个词(1400 个义项)是需要积极掌握的。

言能力的高低关键在于对语言现象的理解,在于理解的深度和广度。在这方面,"简明、连贯、得体"可以给学生有益的启示。

二、什么是"简明"

笼统地讲,"简"就是"简要",它反映了量的要求,就是用尽可能少的话语来传递尽可能多的信息;"明"就是"明白",它含有效果方面的要求,就是意思要表述得清晰,使对方能够明白无误地理解。

具体地说,"简要"的要求包含两个方面:一是**注意内容的取舍**,二是**注意语言的处理**。"明白"的要求也包含两个方面:首先是**避免误解**,进一步则是**便于理解**。下面分别加以解说。

1. "简"——注意内容的取舍

"简要"意味着只说或努力突出非说不可的话,不说或尽量少说多余的话。非说不可的话也称必要信息,多余的话就是多余信息。

哪些是多余信息,哪些不是,要看语境条件。例如教师问:"树上有十只鸟,飞走两只,还有几只?"学生的回答可以有以下几种:

  a. 树上有八只鸟。
  b. 还有八只鸟。
  c. 八只鸟。
  d. 八只。
  e. 八。

五种说法中,e 可以说是最简洁的(当然不是非如此回答不可),但它之所以简洁,是以特定语境条件为前提的。倘若前面没有教师的问题,只有一个"八"字就会使人莫名其妙。为了进一步分析这个问题,我们不妨设计一个比较复杂的情境,而且选择电报这种形式,因为电报语言的特点在于只保留必要信息。假定:

  a. 有一座工厂,坐落在甲地。

b. 厂方派采购员张×去乙地购置设备。

c. 张×已购得牛头刨一台,价××元。

d. 张×已购好船票,将于7日启程返厂。

e. 船次为6次,航程约一天,预计8日下午4时抵达。

f. 牛头刨床已装箱托运,与张×同时到达。

g. 刨床笨重,需要厂方安排好车辆来接。

h. 船将停泊在2号码头。

上面这些内容中,a、d 这两项是无须也不应该拟入电报稿的,"价××元"也没有说的必要,因为这属于返厂后汇报的内容。倘若电报稿中写进上述内容,就是废话。此外,电报署名除在比较隆重的场合表示礼貌外,一般可不署全姓名,只要便于收报人识别即可。如果外出的采购人员当时只有一个人,或只有一人姓张,可以只署一个"张"字,如果不止一个人姓张,可以只署名或双名中的一个字。经过这样的筛选、淘汰,电报稿可以拟成:

已购得牛头刨一台望8日下午4时2号码头6次船接货×

以上共25字,显然还不是最简洁的方式。要确定还有哪些话语可以汰除,就要分析语境条件:

①如果甲、乙两地之间交通十分发达,铁路、水路都可以承运牛头刨床,水路又有若干班次,而且抵达乙地的时间和停泊的码头又经常变动(这是很少见的),那么,上述电报稿的话都是必要语言信息,无论省略了哪一项,意思的表达都会出现疏漏。

②倘若两地间交通不那么发达,只有水路可办托运,而航班又只有一次,则"6次船"可省。

③一般地说,各航班所停泊的码头是固定的,这样"2号码头"也可以省去。

④如果轮船启航和抵达的时间相对稳定,那么"下午4时"又可以删去。

经过简化，电报稿只要 14 个字就可以传递全部信息：

已购得牛头刨一台望 8 日接货×

以上的简化取决于语言环境中的客观因素，是不是还可以进一步简化，则要看语言环境中的主观因素。如果发报人和厂方之间存在着事先约定或有所默契的因素，电报稿还可以简化：

⑤倘若采购任务很多，不只牛头刨一种，而且每种的采购数量不定，则"已购得牛头刨一台"都是必要信息，因为它涉及厂方需准备什么样的运输力量问题。

⑥如果采购任务只是牛头刨床，而采购数量不限，则"牛头刨"三个字可省。

⑦如果采购任务只有一台，那么，连"一台"也可删去。

⑧假如事先已商妥由厂方派车接货，则只要通知厂方设备已购妥，届时自会有车来接，这样"望接货"三个字也可不用。

⑨还可以设想：双方约定，倘若采购员只身返厂，就不发电报；如果发电报，就意味着牛头刨一台已经购妥，厂方要准时前来接货，那么，4 个字就足以传递全部信息：

8 日到×

上面举电报稿为例，是因为这种形式最能够反映内容的取舍和简化的过程，当然不是说语言的表述都应该像电报稿那样的简约（事实上，如果简约到如此程度，人际间思想感情的交流反而会出现障碍）。但是从上面的例子中可以看到言语交际有一条准则，就是：**交际的双方具有共同的背景知识时，这部分内容就应该简化或者省略**。假若说得通俗一点，就是：对方已经知道的事要少讲或者不讲，对方不清楚的事要讲够，讲明白。

由此可见，内容的取舍与表达对象有着密切的关系。同样的内容，面向不同的对象，应该有不同的处理。一项科技成果，如果是作学术报告，由于听者都是本行专家，就可以讲得很简要，只阐述关键性部分，而且可以使用大量的专门术语。在这种情况下，学术色彩很浓的语词却能使对方感到简明扼要。反之，如果是举办通俗讲座，那就不但要增添大量解释，而且有时还要借助于对方所熟悉的事物来类比，甚至打比方，等等。再如导游，面对本国的游客，自然不必喋喋不休地解释什么是我国的"春节"，但是对于不了解我国风俗习惯的国外游客，就需要详尽地加以解说。凡此种种，都反映了语言运用中内容选择与对象之间的辩证关系。

2."简"——汰除冗辞

多余信息又称"羡余信息"，指超过最少需要量的信息量。上文说过，无论是口头交际还是书面交际，都不可能统统使语言简约到电报那样的程度。从这个意义上说，多余语言信息是不可避免的。而且，多余语言信息在表达上也并不是毫无用处。

例①

本月 23 日（星期二）上午八时召开班组长会议，请准时出席。

例②

我们工人有力量，每天每日工作忙。（歌词）

例③

你总算来了？我足足等了你一年三百六十五天！

例①的"星期二"是多余信息，但这种重复在一定程度上可以减少信息传递中的误差，对增强语言的清晰性有作用。例②的"每天"和"每日"意思是完全一样的，之所以要这样写，是因为受到句子音节数的制约（也有强调的因素）。例③的"一年"和"三百六十五天"在字面上意思是一样的，但是合起来说，所表达的感情强度就不一样了。

尽管如此，多余信息太多就会成为一种干扰，产生以下的消极作用：

a. 表达者的主要意思被多余的话所掩盖，影响表达的清晰度。

b. 受话人（听、读者）需要仔细辨别、筛选，增加思维负担，容易疲劳。

c. 信息传递时枝杈过多，容易造成误解。

多余信息的产生，有内容取舍方面的原因，也有语言处理方面的原因。上文谈了内容的选择原则，在内容选择大体得当的基础上，还要注意语言的处理，也就是要汰除冗辞。

冗辞指在内容的表达方面丝毫不起作用的多余、累赘的话语。汰除冗辞就是我们常说的要"文字简洁"。例如：

例④

科学院举行超对称性和超引力学术讨论会

为加强基础理论工作和准备参加1980年将在广州召开的国际性粒子物理会议，中国科学院最近在郑州举行全国超对称性和超引力问题学术讨论会，对超对称性和超引力的问题进行研究和探讨。

"超对称性"和"超引力"是七十年代在国际上才引入物理学的新概念。在这次会议上，介绍了当前国内外对于超对称性和超引力问题研究的情况，本着百家争鸣的精神展开了热烈的、自由的学术讨论，在某些问题上提出了一些新见解。　　　　　　　（《光明日报》1979年11月17日）

这段文字中加线的词句都可以删去，加波浪线的短语可以用"这两个"替代，以上话语对内容的表达不但不起作用，而且是阅读的一种干扰。删改以后，文字才简洁。

冗辞是中学生写作的常见现象，其中有一种是说"车轱辘话"，它是一种"综合症"：

例⑤

……凡是作文上取得成绩的同学，他们都非常善于思考。

……（举例，略）

从这两个例子我就可以看到观察事物是非常重要的。同学们生活在大千世界之中，要养成善于观察和思考的习惯，这样在写作文时就不会感到无话可说。

这两个例子告诉我们，观察和思考是多么的重要。平时注意了观察和思考，写作时就可以滔滔不绝了。

（两段意思完全重复）

其次说一说应当吸取的经验教训。有的同学作文交给老师，老师辛苦批完发下后，同学们只注意分数，而往往忽视了老师对自己作文指出的错误和老师的评语，这也是作文不能提高的一个原因。

有的同学作文发下之后，只看自己打了多少分，其他一概不问。这样自己错在什么地方，<u>什么地方应该吸取，什么地方不应该吸取，自己都不知道</u>。影响了作文的提高。（整段话与上文重复）正确的态度应该是在老师发下作文后，先检查一下自己什么地方错了，为什么错的，应该怎样改正。然后再看老师的评语，看老师对自己提出了什么要求。这样才能吸取教训<u>克服错误</u>扬长避短，作文才能提高。（说了半天车轱辘话，在论证上并未前进一步）

（高考作文）

"说车轱辘话"是语言幼稚的表现，也是思维不清的表现。对于这样的学生，除了指导他们作文字上的删减以外，还要进行思维条理化的训练。

3."明"——防止误解

防止误解就是语言的运用要避免歧义。要说明的是，语法学者所谈的"歧义"不一定是事实上的歧义。例如：

例①

这饭不热了。

"热"既可以表示温度高，与"冷"相对；也可以表示加热，与动词"煺""蒸"相当。所以这句话既可以理解为饭凉了，也可以理解为这饭不煺了。但是如果前面有"等了你半天"，后面有"菜也凉了"一类的话，就不会引起误解。语言学所探讨的歧义指可能出现的不同解释，中学语文教学所要注意的是<u>事实上的多种解释</u>。

还要注意的是，口语歧义和书面语歧义有所不同，口语中要防止同音词所产生的误解，另一方面，它又有语音（包括停顿）和语调作为区别语义的手段，因此口语中不存在歧义的，如果搬到书面上来就可能出现歧义。例如常见的一幅宣传画，画了一个健康可爱的胖娃娃，画幅下面是五个大字：

例②

最好生一个。

口语中，重音放在"一个"上和放在"生"上，所表达的意思正好相反，前者的意思是"不要多生"，后者的意思是鼓励"生"。书面语没有区别，就产生了歧义。中学阶段学生的语言风格正从口语向书面语转化，容易出现这类语病。

下面着重谈书面语中的歧义现象。书面语中的歧义可以分为两大类：(1) 词汇歧义；(2) 组合歧义。

(1) 词汇歧义

词汇歧义指因词语的词汇意义不同而产生的不同解释。例如：

例③

他借我一本书。

《现代汉语词典》中对"借"的注释有：a. 暂时使用别人的物品或金钱；b. 把物品或金钱暂时供别人使用。因此这句话可以表达"他向我借"和"他借给我"两种不同的意思，容易引起误解。

(2) 组合歧义

组合歧义指因词语的组合关系不同而产生的不同解释，它有几种不同情况，下面分别举例说明：

例④
巴勒斯坦游击队对以色列的进攻是早有准备的。

例⑤

不适当地管教孩子对孩子成长不利。

例⑥

只要你单位同意,报销差旅费,安排住处,领取大会出席证的问题可由我们解决。……

例⑦

清华西路断道
施工车辆绕行

例⑧

我们是怎样发挥顾问作用的。

例⑨

里根、舒尔茨分别同费萨尔、萨达姆会谈。

以上的例子都是在现实生活中发现的,而且除例⑥、例⑦外全部取自报刊,可见问题的普遍性。这些语例产生歧义的原因不完全相同。例④可以从句子成分方面作出解释:如果"巴勒斯坦"是主语,意思是说以色列先向巴勒斯坦进攻,而巴勒斯坦对此是早有准备的;如果"巴勒斯坦游击队对以色列的进攻"是主语部分,意思是说巴勒斯坦发动了对以色列的进攻,而且早有准备。例⑤则无法从句子成分方面进行分析,因为无论怎样分析,"不"和"适当地"都只能是状语,歧义产生于语言结构层次方面;"不/适当地管教孩子"和"不适当地/管教孩子"意思不同,前者强调要"管教",后者的强调点则在于"不要乱管教"。例⑥和例⑦也是层次方面的问题。例⑥见于某学术会议秘书组的来函,是一个复句,"只要"管到第一个逗号、第二个逗号、第三个逗号,意思都不一样;这种情况常发生于多重复句。例⑦见于路口的一块牌子,是一种特殊情况,原因是这类文字没有标点,移行有时起标点的作用，它的本意是"清华西路断道施工，车辆绕行"，由于移行不当可能引起误解；这种情况，拟电报稿时要特别注意。例⑧和例⑨则连层次分析也难以作出解释，歧义产生的原因在于语义联系方面。例⑧是一篇文章的标题，它可能使人以为作者是一些顾问，"顾问"是限定"作用"的，其实那篇文章是某单位领导人写的，"顾问"对"作用"是领属关系。例⑨是一则新闻的标题，究竟谁和谁会谈，有许多种可能性，这是由于分合联系不同而产生的歧义。由于组合歧义有不同的情况，因此有些语言学者又把组合歧义分为"句法关系歧义""层次关系歧义"和"语义关系歧义"。

介绍以上这些，是为了帮助教师分析各种不同的歧义现象，因为有的歧义是难以用现成的语法概念加以解释的。这里要强调的是：千万不要对歧义再进行分类，重蹈覆辙。教师应该就事论事，只要指出它可能有哪几种解释，会引起什么样的误解，如何修改，就够了。

词汇歧义和组合歧义也可能同时发生，例如：

例⑩

船已行二日即到

"二日"可以有"二号"和"两天"两种解释，这份电报稿又有"船已行/二日即到"和"船已行二日/即到"两种读断方法。这样，它就有了三种解释：

  a. 船已启航，两天后到。
  b. 船已启航，二号到。
  c. 船已开了两天，就到。

4. "明"——便于理解

便于理解就是努力加强语言的清晰性，是语言运用的较高要求，需要比较娴熟的语言技巧，不是一般初中学生能做到的。但是语言常识还不等于能力要求，如果结合学生常见的语言现象，让学生明白道理，是有好处的。事实上，下面所谈的内容，特别是句式选择，目前各种课本都已经涉及，学生并不完全陌生。

加强语言清晰性的方法，常见的有两种，一是句子的组织，二是句式的选择。

（1）句子的组织

一个句子的容量有限，如果一句中容纳了太多的内容，语言的清晰性就要受到影响。例如：

例①

办公桌正中的大抽屉里，锁着<u>他听了不少报社同志的意见，经过认真思考，然后才精心写出的</u>改进报纸工作的建议和设想。

这种现象具有一定的典型性。据调查，中学阶段，学生的句长明显增加，语句纠缠不清的现象也明显增加（女生的高峰期约在初三，男生约在高一）。这是因为他们要表达的内容日益复杂，句子的结构也日益复杂。句子长度增加的主要方法是扩大句子成分，即把一层层意思作为附加语叠加在作为主干的中心词上。这样做的结果，即使不出现语法错误，也容易让枝叶遮蔽主干，影响语言的清晰性。处理的办法，最简单的一种就是把过长的附加语分离出来，独立成句：

【改】办公桌正中的大抽屉里，锁着他改进报纸工作的建议和设想。<u>这是他听了不少报社同志的意见，经过认真思考，然后才精心写出来的。</u>

还有一种办法，即是附加语不独立成句，而是移到句子主干之外，这种方法又称"移位"，例如：

例②

<u>在哀牢山中某兵团三营营部，在赵蒙生的办公室里</u>，我和他相识了。

（李存葆《高山下的花环》）

【比较】我和他在哀牢山中某兵团三营营部赵蒙生的办公室里相识了。

例③

在她料理这些事情的时候，常常撩一撩自己的头发，正像那些能干而漂亮的女同志们一样。（王蒙《组织部新来的年轻人》）

【比较】在她料理这些事情的时候，常常像那些能干而漂亮的女同志们一样撩一撩自己的头发。

这种移位，可以是定语，也可以是状语；其位置，可以移前，也可以移后。此外，"把"字句和被动句也可以起到梳理句子突出主干的作用，下文还要谈到。

(2) 句式的选择

句式的选择是为表情达意服务的，其中也包含有加强语言清晰性的一面。句式变化很多，目前各种课本都提到"把"字句、被动句和设问句，下面就谈这几种。教师讲这些句式时可以适当地提到它们在加强语言清晰性方面的作用。

a. "把"字句

"把"字句使受事宾语移到动词前面状语的位置，这样，动词及其连带成分就比较突出了。例如：

例④

中国人民已经把压在自己头上的帝国主义、封建主义、官僚资本主义三座大山推翻了。

【比较】中国人民已经推翻了压在自己头上的帝国主义、封建主义、官僚资本主义三座大山。

两相比较，可以看出受事宾语提前的结果，是将过于集中的内容分散到各自相应的位置，整个句子显得匀称得当，受事宾语得到了强调，突出了动词的行动结果，语言的表达也显得清晰松快了。

b. 被动句

被动句将施事主语移到动词前面的状语位置，而让原来的受事宾语变为主语，从而使原来处于宾语位置的受事位置突出，得到强调。例如：

例⑤

天黑定之后，打谷场上正对银幕摆着的大大小小的椅子和凳子，已被来看电影的男女老少抢占完了。

【比较】天黑定之后，来看电影的男女老少抢占完了打谷场上正对银幕摆着的大大小小的椅子和凳子。

不用被动句，读起来会感到十分吃力，"被"字把较长的受事宾语作为陈述对象提到主语前面，同谓语隔开，整个句子就显得疏朗。

c. 设问句

设问句是无疑而问，能够吸引读者注意，激发读者思索。例如：

例⑥

他是个因"改革"而出名的硬汉子，向来以思想深沉、意志坚强而出名，但是这次却感到了从未有过的悲伤。他是因为事业遭受挫折而悲伤吗？不，这类挫折他少说也经受过五次以上。他是为了上级领导的严肃批评而悲伤吗？不，因为工作而受到领导的批评他已经觉得习惯了，而他从来也没有因领导的批评而影响过自己的情绪。他自己心中很明白：那是因为广大群众，甚至亲密的战友、自己的家人都不理解自己，所以感到悲伤。

这段话中设问句对加强语言清晰性的作用是一目了然的，无须比较。

三、什么是"连贯"

语法研究的最大单位是句子，然而一个完整的意思往往需要若干句子组成"句链"才能表述清楚。正因为如此，20世纪以来，语言学界开展了超句法分析，开辟了一个新的领域，这就是语篇学。语篇学研究的是句子在什么条件下才能组合成语篇的问题，连贯就是语篇的基本特征。

这里要补充说明的是，"语篇"作为语言学的一个概念，它和我们所习惯的"篇"有所不同。它可以指一篇首尾完整的文章，也可以指自成首尾的一段话，在这种情况下，它比"篇"要小得多。

1. 连贯的第一个条件——共同的话题

上面用了"句链"这样一个概念，一提到"链"，人们会联想到"环环相扣"，从而理解为必须句句紧密衔接。其实，"链"只是一个比喻，而任何比喻都是蹩脚的。一篇文章中固然难以做到句句都相连，一段话也是如此。试看下面一段：

例①

（a）四周的景色秀丽异常。（b）盈盈的湖水一直荡漾到脚边，却又缓缓地退回去了。（c）像慈母拍着将睡未睡的婴儿似的，它轻轻地拍着石岸。（d）水里小小的鱼儿，还有顽健的小虾儿，在眼前游来游去。

这一段话共有四句，可以分为三层——四周景色是一层，湖水一层，鱼和虾又一层。四句当中，b和c有直接联系，三层之间并没有直接的语言联系。然而我们读起来却觉得连贯而顺畅，其原因就在于这三层意思都围绕着同一个内容——某一特定环境的优美景色。分析一段话也好，分析一篇文章也好，我们都会发现：一篇之中的各段，一段之中的各句或句群，并不一定都保持着直线联系，但它们要能组织成篇成段，能保持语言的连贯，必须有一个能将它们相互联系起来的核心，这就是共同的话题。

共同的话题，这是保持语言连贯的第一个条件。一篇之中、一段之中，如果没有一个形成表述中心的共同话题，而是随意粘连，话题转移，语言的连贯性就要遭到破坏。例如下面一段话：

例②

在我们中间，朋友和朋友之间充满真挚的友谊和情爱。正义是他们结合的锁链。在为着共同的理想和艰难困苦的奋斗中铸造起来的生死友情。他们之间对于错误的指正不是朋友隔阂而是友谊升级，真正的人才就是这样，他们不是依靠父母爱惜长大，而是<u>在残酷的现实下锻炼成长的</u>。他们具有坚强意志和无畏的精神。正像森林中坚韧不拔的一棵棵树木。不经烈日暴晒，就会依缠在他人的干上或者躲在路旁。永远接受不了阳光。

（高考作文）

撇开各种语病不说，在这段话里，作者先谈"朋友和朋友之间"的"真挚的友谊和情爱"，后面忽然转到"在残酷的现实下（中）锻炼成长"，话题转了，实际上反映了作者对自己要谈的话题并不明确。正因为如此，全段才东一句西一句，彼此之间缺乏有机的联系。此外，文中的标点毛病很多，有的虽打了句号，其实不成句子，句号前面的内容也经常脱节。这些句号从另一个侧面反映了作者思维的跳跃和摇摆。

人们把东一下、西一下、话题不断转移的文字生动地称为"东拉西扯"。这个批评指向了语篇中关于话题方面的问题。

2. 连贯的第二个条件——合理的句序

仅仅有共同的话题还不能保证语言的连贯。如果就例①作进一步分析，我们就会发现 a—b—c—d 四句之间的顺序也是相对稳定的，不能任意作直接调整。这是因为"四周景色"是远望而得的印象，"湖水"就在脚边，而"小小的鱼儿""顽健的小虾儿"只有逼近而细致地观察才能看清楚。这样，四周之间就组合成"由远而近"的序列：

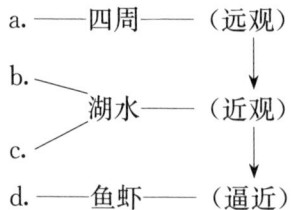

我们说 abcd 之间的顺序不能直接调换，并不是说这四句的内容只有这样一种排列方式。例如我们也可以把 a 句的内容排到段尾：

例①a

> 盈盈的湖水一直荡漾到脚边,却又缓缓地退回去了。像慈母拍着将睡未睡的婴儿似的,它轻轻地拍着石岸。水里小小的鱼儿,还有顽健的小虾儿,在眼前游来游去。<u>抬起头来,四周的景色真是秀丽极了!</u>

段中原来的首句变成了尾句,读起来仍然很"顺"。但是原来 a 句的内容移到段尾,一定要加上"抬起头来"一类的话,而且还要辅之以语气的变化,否则和上句是接不上的。这种变化,意味着组织语句的线索有了变化。原来是按照"由远而近"的线索安排句序,现在改为以"视线的扫描"为组织句子的线索。由此可见,尽管句序有一定的灵活性,但无论怎样灵活,都必须以思路的合理性为前提。

合理的句序是保持语言连贯的第二个条件。句序反映着句子与句子在结构和意思上的联系,也反映着作者表述时的思路。如果句子的序列不能合理地反映句子之间在结构和意思上的联系,如果作者的思路违反了一般人所能接受的思维方式,一般人就会感到句子的排列违反逻辑,感到不连贯。

句子的排列有时间、空间、逻辑、心理四种顺序,前三种顺序都有比较清楚的线索和组合原则,只有心理顺序最为灵活,它的组合有时存在着较大的随意性。例如:

例③

> 辫子呢辫子?丈八蛇矛。一代不如一代!皇帝坐龙庭。破的碗须得上城去钉好。谁能抵挡他?书上一条一条一条写着。入娘的!……
>
> (鲁迅《风波》)

相比之下,时间顺序比较容易为人们掌握,空间顺序技巧性较强,逻辑顺序则要求比较严格。但无论哪一种顺序,倘若组合时不注意,都会出现毛病:

例④

> 太清宫,又名下清或下宫,是宋太祖为华盖真人刘若拙建的道场。明万历年间,太清宫近于荒废,南京报恩寺的和尚憨山买下宫前的一块

空地，建了一座海印寺，后海印寺被毁，又重建了太清宫。元太祖成吉思汗的国师邱长春曾在此宫修道。（某导游说明词）

例⑤

　　太平宫地处崂山东部上范山麓仰口湾畔，由于它背山面海，风光秀丽，名胜古迹荟萃，是崂山著名的风景区，自古就有"海上宫殿"之称。由"双石长松"前行不远，有一座掩映于松荫竹影之中的庙宇，即太平宫。太平宫坐落在上范山的东侧山腰处，建于宋朝初年，距今已有一千多年的历史。　　　　　　　　　　　　　　　（同上）

例⑥

　　有的人脑子天生聪明，可这并不是成才的保证。荀子说过："骐骥一跃，不能十步；驽马十驾，功在不舍。"只有踏踏实实地学习知识，才能打下坚实的基础。方仲永不正是由于不好学而从一个天才成为一个让人遗憾的庸才吗？知识的海洋是无边的，一个人的生命却有限。人不好学，要想成才又从何说起呢？　　　　　　　　（高考作文）

　　例④的毛病是时序紊乱。从字面上看，好像元朝在明朝之后，实际上正好相反，只有将最后一句提到第二句，语脉才能贯通。例⑤是空间顺序表述错乱。"由'双石长松'前行不远……"一句应该在最前面，才能和上文相接，并且引出后面的话。其他两句的顺序也值得斟酌，一般总是先交代它的历史渊源，再介绍它的旅游价值，读起来才顺。例⑥"方仲永……"一句和上句脱节，调到第一句后面，全段在逻辑上才一贯而下。

　　人们常把句子排列错乱的现象称为"颠三倒四"。这个批评生动地指向了语篇中句序方面的问题。

　　3. 连贯的第三个条件——语言的衔接
　　在例①中，b和c句都谈湖水，构成了一个句群。这个句群与a句、d

句之间都没有直接的语言联系。看来，bc两句关系最为密切，这两句之间的顺序也最为稳定。其实不然，例如我们也可以写成：

例①b

……像慈母拍着将睡未睡的婴儿似的，<u>盈盈</u>的湖水轻轻地拍着石岸。<u>它</u>一直荡漾到脚边，却又缓缓地退回去了。……

从这里可以看出：两句的顺序实际上是受代词"它"制约的。先行词在前，代词在后，代称关系不变，则句序不能变；变动称代关系，句序随之变化，而意思不变。

如果再和原文比较，原文的第三句成了第二句，第二句成了第三句，全段的思路没有变，表述的顺序仍然是由远及近、视野由大而小，读起来仍然连贯。但是如果没有用语方面的变化，句序就不能变动，否则就不连贯。由此可见，句序的排列，还要受到语言这个因素的制约。

语言的衔接是保持语言连贯的第三个条件。处理好语言的衔接，连贯感就加强；不注意语言的衔接或者处理不当，语言的连贯感就减弱，甚至上下文之间格格不入。

一个语篇之中，语言衔接的方式是多种多样的。最直接的形式就是利用衔接性词语连接。衔接性词语最常见的是由连接词和部分副词组成的关联词语。这些词语在使语言衔接方面所起的作用是人们熟悉的。表示时间、处所、方位的词语也可以起到使语言衔接的作用。例如：

例⑦

<u>十点</u>，江面渐趋开阔，"江津号"急流稳渡，穿过了巫峡。<u>十点十五分</u>到巴东，进入湖北境内。<u>十点半</u>到牛口，江浪汹涌，船在浪头上摇摆着前进。

(刘白羽《长江三日》)

例⑧

建筑师站在这里，指着四周向我们介绍了整个建筑的布局：朝西直入万人大礼堂；往北通宴会厅；向南穿过长长的廊道，是全国人民代表大会常务委员会的办公大楼。
（孙世恺《雄伟的人民大会堂》）

除此以外，使语言衔接的办法还有词语的呼应和过渡等。

呼应的方式很多，有词汇手段，有语法手段，下面略作说明：

例⑨

延安唱歌，成为一种风气。部队里唱歌，学校里唱歌，工厂、农村、机关里也唱歌。每逢开会，各路队伍都是踏着歌走来，踏着歌走回去。往往开会以前唱歌，休息的时候还是唱歌。没有歌声的集会几乎是没有的。
（吴伯箫《歌声》）

例⑩

有时我常想：他的对于我的热心的希望，不倦的教诲，小而言之，是为了中国，就是希望中国有新的医学；大而言之，是为了学术，就是希望新的医学传到中国去。
（鲁迅《藤野先生》）

例⑪

我们的语文老师也不错，我就是喜欢跟他写作文。他出的题目好，总让人人有自己的话说，而且说起来没有完。他在卷本上批改的并不多，但是他和每个学生谈话的时候，却能谈几个钟头。现在我才知道写作文也可以是一件很快乐的事。
（冰心《感谢我的语文老师》）

例⑫

司徒雷登是一个在中国出生的美国人。＿＿＿＿＿在中国有相当广泛的社会联系，_____在中国办过多年的教会学校，_____在抗日时期坐过日本人的监狱，_____平素装着爱美国也爱中国，_____颇能迷惑一部分中国人，因此_____被马歇尔看中，_____做了驻华大使，_____成为马歇尔系统中的风云人物之一。　　　　（毛泽东《别了，司徒雷登》）

例⑨中"唱歌""踏着歌"的重复把整段话连成一体。相同的词语反复出现，互相呼应，显示了句子间的语义联系，起到了衔接的作用。为了修辞的需要，重复还可以采用同义形式来替换，"唱歌""踏着歌""歌声"属于同义形式，它和重复的作用是一样的。词语的呼应关系是多种多样的，可以相同，可以相反，可以相似，可以相异，可以相对，等等，用成对或成系列的词语表示这种关系，也可以使句子彼此呼应，例⑩中的"小而言之"和"大而言之"起的就是这种作用。替代和省略是语法手段，读者必须从上下文中寻找被替代、省略的词语，这样，就把上下文联结在一起了。例⑪共用了四个"他"，语气一贯而下，如果统统换成"我们的语文老师"，连贯感就要被破坏。省略都是可以复原的，但复原之后语感很不相同。例⑫共省略了八处主语，如果这八处都添上"他"字，文字就显得幼稚可笑，省略了这八处主语，全段就有如一气呵成。

使语言呼应的办法还有一些，例如排比段可以显示几个相应部分之间的逻辑关系，递进格式可以加强语势，等等，这里就不谈了。

过渡的作用是承上启下，它可以是词语，例如"总而言之""换言之""由此可见""一句话"……也可以是分句或独立成句，甚至独立成段，这是人们所熟悉的。例如：

例⑬

……（上文谈老教师的事迹）。

<u>老教师是这样，年轻教师也是这样。</u>（下文谈年轻教师的事迹）……

语言的衔接需要比较娴熟的技巧，中学生在这方面的失误是很多的。例如：

例⑭

　　生活是丰富多彩同时又充满了艰难险阻的。人生不可能一帆风顺，(a) 顺水、逆水都要行船，(b) 只要掌好舵，就不会触礁、翻船。(c) 我们要经得起磨练，(d) 面对各种复杂的环境，(e) 不是束手无策，(f) 而应该积极地摆脱逆境，找到适合自己的道路。　　　　（高考作文）

这段话由于缺少语言的衔接，所以看起来很乱。需要添补的地方有五处，需要改动的地方有一处，分别说明如下：

a. 加"无论是"。

b. 加"但"。

c. 加"因此"，为了语气舒展，还可以再加一个逗号。

d. 加"能够"。

e. 加"在遇到困难、挫折的时候"，没有诸如此类的过渡，上下文便不衔接。

f. 这两个分句在因果关系上有倒错现象，可以改为"应该积极地寻找适合自己的道路，摆脱困境"。

人们常把语言不衔接的现象称为"前言不搭后语"，这个批评生动地指向了语篇中语言不衔接的问题。

4. 中学生中常见的语言不连贯问题

"连贯"是语篇学研究的中心问题之一，因此著述很多，条分缕析，分门别类。教师为了充实自己，不妨找来阅读，但千万不要照搬到课堂上来，更要避免繁多的术语概念。上面特别引用了"东拉西扯""颠三倒四""前言不搭后语"这样一些虽然不甚严密但却通俗、生动的说法，就是为了便于学生理解。学生懂得这些说法所体现的基本要求就可以了，教学应该把自己的精力更多地用来研究学生在使用语言时常常出现的问题，寻找解决这些问题的方法。

中学生写作中语言不连贯现象常见的有以下这些：

a. 由于认识不清而出现的话题转移

例①

　　这幅漫画讽刺了一些人的<u>作风不深入</u>、<u>做事不坚持</u>的现象。例如我们许多学生学习不深入，到处搞参考书，找复习资料，东看一点，西看一点，就是<u>不抓课本</u>。有的干部也是这样，作风不深入，整天坐办公室，做事虎头蛇尾，<u>使工厂亏损</u>，<u>生产无效果</u>，与这个挖井一样，毫无实效。所以当前<u>要进行改革</u>，改革工厂各项制度。而要进行改革，就<u>要有赵武灵王那样的精神</u>，实行胡服骑射那样的气派，要做一件事，就一做到底，取得改革的良好效果。

（高考作文）

"作风不深入""做事不坚持""不抓课本"不是同一概念，这位学生概念不清，因而忽此忽彼，各层意思都不接茬，还自以为在谈同一件事。正因为如此，所以后面又扯到"改革"上来，扯出"赵武灵王"，实际上是另立一个中心意思。

像这种情况，主要不是语言问题，也不是靠语言练习就能解决的。

b. 横生枝节，旁逸斜出，致使表述线索中断

这种现象是很多的，它反映了即兴思维中随意思粘连的毛病。例如：

例②

　　在学校念高中时，因为自己念的是文科，所以一个星期的语文课特别多，几乎每个星期都要写一篇作文。上语文课，我最感头疼的就是写作文，每次写作文，我都感到厌恶。这也并不是说自己作文写得都不好，最主要的是老师出的作文题目，自己没有亲身体验过，一点生活基础都没有，那这篇作文写得如何，就可想而知了。所以就造成"每逢写作文，总感到无话可说，只好东拼西凑，说一些空话套话，甚至编一些材料"的局面。<u>不过，话又得说回来，也有一些聪明人虽然没有经历过，又没有生活基础，也写出了一些好作品，这只能说是偶然的。还拿我自己来说</u>，每回作文本发下来后，急于想看的也是分数，看完分数后，就把本子丢在一边，不再去看它了，所以自己的作文水平

提高得不快。　　　　　　　　　　　　　　（高考作文）

作者说着说着，忽然扯上与话题不相干甚至相反的内容，如果扯开又收不拢，就是"跑题"。即使能把话收回来，说话也绕了个大圈子，表述线索出现了多余的曲折和干扰，前后的话语之间自然也就不连贯了。

c. 缺乏必要的过渡，呈现"跳跃"

心理学中有"内部言语"和"外部言语"之分。"内部言语"指思考时的言语活动。由于思维的速度大大超过语言表述的速度，内部言语是大大简约化了的，它往往只是一些零乱的言语片段。要把内部言语转化为外部言语，不仅要使之条理化，而且还需要进行大量的扩展、调整、补充。如果不懂得或者不善于转化，言语表述中就会出现"跳跃"。例如：

例③

综上所述，"玫瑰"还是人人爱的，有刺，我就剪下来闻，根本摘不到，十分地怕刺，于是，在手上画一枝，便聊以自慰。　　（高考作文）

这段话的跳跃性太强，可以说是前言不搭后语。按照作者的原意，要添上不少的话（包括必要的改动）才能通顺：

【改】综上所述，玫瑰还是人人爱的。（既然玫瑰）有刺，（容易扎人），我就剪下来闻。（要是玫瑰实在）摘不到，（我又）十分怕刺，（就只好）在手上画一枝，聊以自慰。

小学阶段，儿童的内部言语和外部言语逐渐分离，这是智力发展的重要条件；到了中学，这种分离更为明显，学生的抽象思维能力也随之得到发展。但也正是在这个时期，如果学生的语言运用还不够熟练，语感不强，就容易出现"跳跃"现象。这是教师应该注意的。

d. 由于语言运用不熟练而出现的不衔接问题

上一节的例⑭足以说明这个问题，需要补充的是，欠缺会形成语言不连贯，冗余也会使语言不连贯。例如：

例④

理论是来源于实践，因而是对客观事物的反映。这种反映有可能是正确的，也有可能是错误的。这还有待于实践的检验。 （高考作文）

这段话里，"是"和"因而"是多余的，把这两个词删掉，语气就会贯通得多。此外，"这"的含义不明确，改为"究竟正确与否"，过渡一下，读起来就顺畅了。

四、什么是"得体"

"得体"一直是我国传统语言教育中的重要内容。这次《大纲》的修订中，又分别把"根据目的、对象、场合选择比较恰当的语句"和"说话注意对象和场合，用语文明、得体"列入写作训练目标和说话训练目标。就"得体"这个概念来说，我国的传统意识和西方语言学的观念还有些不同。在我国，"得体"比较注重应对进退中尊卑长幼的关系，而西方"tact"这个词还兼有"机智""圆滑""老练"的意思，比较注重言语交际的机敏性和灵活性。在既要尊重我国文化的优良传统又要适应开放搞活经济形势的今天，对一个中学生来说，"得体"究竟讲哪些、讲多少、要求到什么程度，还是需要研究的。

不过，"得体"又大致有一定的范围。对语言运用的要求可以划分为三个层次：第一个层次是正确，就是要合乎语法规则，表述得清楚、明白，不要有语病；第二个层次是恰当，就是要适应语境条件，用语合适，分寸得当；第三个层次是艺术性，就是在正确、恰当的基础上选择最恰切的同义形式，施展各种修辞技巧，以求言语富于魅力。"得体"是指第二个层次而言的。

1. 制约语言运用的语境因素

语言环境可分为客观因素和主观因素。客观因素指交际活动的时间、地点和情景（自然情景和社会情景），话题和话语内容，交际双方的社会情况和相互关系，言语交际所使用的方式等；主观因素指发话者的文化修养和知识，说或写的目的，当时的心境等。其中有一些是中学语文教学涉及不到的，例如发话人的修养和知识。下面只谈影响和制约语言运用的几个主要方面：

(1) 内容

话语内容对语言使用的影响明显表现在词语的选择上，一定的话语内容要求在相应的范围内选择语言材料，而且要注意情感色彩。根据话语的内容性质和情感色彩，轻松、严肃、喜庆、哀伤……用语应该不同，否则就会引起交际冲突。例如法庭用语有其严肃性，"传证人××到庭"就不宜说成："把罪犯王××的老婆带上来，作证！"再如表示"死亡"的同义词语不下二百个，下面的语例用得就很恰当：

例①

  a. 贾夫人<u>仙逝</u>扬州城。(《红楼梦》)
  b. 著名演员赵丹<u>辞世</u>后，主演中日合拍的《一盘没有下完的棋》的任务，落到孙道临肩上来了。(报)

不仅要根据内容斟酌用语，一篇之中，用语也可能随内容而变化。例如《纪念白求恩》，作者称白求恩为"同志"，但有两处发生了变化：

例②

  a. 从前线回来的人<u>说到白求恩</u>，没有一个不佩服，没有一个不为他的精神所感动。
  b. 晋察冀边区的军民，凡亲身受过<u>白求恩医生</u>的治疗和亲眼看过<u>白求恩医生</u>的工作的，无不为之感动。

"同志"是党内和革命队伍内部的正式称呼，作为悼念性文字，称"同志"是当然的事。"说到"比较随便，后面直写名字，不仅自然，也使人感到亲切。"医生"是对"亲身受过……治疗"和"亲眼看过……工作"的人而言的,对于这些人来说,白求恩为晋察冀边区人民看病,他留下的业绩,他给当事人的最深印象,是和他的职务——医生分不开的。称呼的这种变化,和内容紧密结合,使用得非常妥帖。

(2) 对象

在谈什么是"简明"的时候,我们分析了对象与内容选择的关系,语境中的对象因素不仅关系到内容的取舍,也关系到用语。语言的使用如果不适应对象的情况,交际就会出现障碍。例如:

例③

> 她一见秀梅就说:"秀梅同志,你那发言稿哪?"
> "啥?啥镐?"
> "讲话的稿。"
> "讲话还带镐?"
> "不用稿也得有个提纲吧?"
> "啥缸?"
> "拿张纸把你要说的内容大概写下来,提防忘了,说漏了。"
>
> (黄宗英《小丫扛大旗》)

由于文化层次和生活经验的差别,听话者把"讲稿"和"提纲"理解成"镐"和"缸",产生了曲解和误解,也就是"讲(写)得明白,未必听(读)得明白",这种现象是常常可以见到的。

言语交际是双方的共同活动,因此除了表达一方要考虑到对方的情况外,还有双方之间的关系问题。双方之间关系不同(平等、上下、亲密、疏远……),用语也就不同。在我国传统家庭里,父亲对儿子说:"给我老实待着,不准出去!"这可能被认为是得体的,但是如果儿子也对父亲说这样的话,就要受到指责。下面的例子也反映了这个问题:

例④

> 孙浩面色不悦地瞪了潘群一眼:"《平明日报》是'剿总'办的。你

这个记者怎么对党国大事这么冷嘲热讽？要当心啊，别让共产党利用！"
"谢谢姑父的教诲！"潘群说着，掏出随身携带的采访簿，"请问孙司令，今天总统的面谕有哪些主要内容？"孙浩警惕地站起来："对不起，无可奉告！"

（霍辰、北达《鞘中之剑》）

角色关系改变，不但称呼变了，与之相匹配的语言风格也变了。口称"姑父"时的话语带有家庭谈话色彩，随着"孙司令"的称呼，问和答也成了公务谈话。

(3) 场合

曾经有一本谈论修辞的书籍举出两个语例加以比较：

例⑤

　　a. 鸭绿江中的流水，长流不尽；长白山上的松树，万古长青，这是中朝友谊的象征。

（郭沫若《志愿军赞歌·序幕诗》）

　　b. 中朝人民永远是好朋友。

这本书的作者认为：a 句优于 b 句。其实这两句话的优劣，要看用在什么场合——用于文艺作品，特别是写志愿军赞歌，a 句当然是合适的，但如果是在家里和一位朝鲜朋友交谈，恐怕还是后一句相宜；如果用 a 句的方式说话，则是不伦不类，很不得体。

根据在社会交际中的正式程度，场合可以分为四种类型，它对语言使用各有不同的要求：正式场合要求说话庄重、规范，一般用典范的书面语；工作场合要求说话准确、简要，经常要使用某些专门的术语和行话；日常场合要求说话自然、灵活，一般多用口语；娱乐场合要求说话有趣、生动。

(4) 手段

传递话语的手段对用语也有很大影响，这方面最典型的是电报语言。拍发电报的技术手段要求电报语言十分经济，这就形成了它的独特组合方式：①不要求句子成分完备，也不考虑词语的语法搭配关系；②没有标点；③在不妨碍理解的前提下，尽量使用一些人们习惯的古汉语词；④尽量利用简称。

视、听是两种不同的心理过程，因此靠文字传递信息和靠声波传递信息在语言处理方面就有所不同。下面举一例新华社新闻稿改成广播稿的例子：

例⑥

原文：蒋介石因徐州告急，被迫将驻郑兵团孙元良部三个军（按：国民党军队从十月起整编师均改称为军，整编旅均改称为师）东调，郑州守兵薄弱，我军一到，拼命奔逃。　　　　（1948年10月22日电讯稿）

改文：蒋介石因为徐州告急，被迫把驻在郑州的孙元良兵团三个军向东调动，郑州的敌军非常薄弱，解放军一到，敌军就拼命逃跑。

（同日广播稿）

括号中的插入语在改成广播稿时必须重新处理，如果是非说不可的话，就要改成正文，否则只有删掉。书卷色彩太重特别是半文半白的词语要改成口语，而且要注意顺口上耳。这些变化，在两稿比较中是一目了然的。

现代社会中，视、听手段日益丰富、多样，图像、音乐也成了传递信息的翅膀，这种情况势必也影响到语言的处理。例如电视广告，除了具有直观的形象，还可以配上乐曲来强化效果。今天，使用语言文字，应该注意充分利用诸如色彩、图像、声音等辅助手段来帮助我们表情达意。以黑板报这种中学常见的形式而论，就要使学生懂得利用不同颜色的粉笔来引起人们的注意，加深人们的印象，还可以借助插图，变换字体等来强调某些内容。这些，都应该进入语文教学的视野。

（5）目的

任何言语交际都是以达到目的为最终归宿，衡量语言运用的优劣、成败，也以是否达到预期目的为标准。为了特定的目的，语言的运用可以突破常规模式，甚至可以不合语法规则，不合逻辑。例如：

例⑦

我顶悲剧、顶痛苦、顶热烈、顶没法子办。　　　　（曹禺《日出》）

例⑧

"……不和我说别的还可，若再说别的，咱们红刀子进去白刀子出来！"
(《红楼梦》)

"悲剧"是名词，不能用"顶"来修饰，然而"顶悲剧"这种超常组合用来刻画俗不可耐而又附庸风雅的顾八奶奶，却是入木三分。"红刀子进去白刀子出来"是不合逻辑的，作者故意这样写，是为了刻画焦大的醉态。

调查报告和诗歌似乎是风马牛不相及。当年普希金在奥德萨总督府供职，总督伏隆卓夫把他当作一个小官员，派他去调查蝗灾。普希金气愤异常，故意写了一首打油诗作为报告：

例⑨

蝗虫飞呀飞

蝗虫飞呀飞，
飞来就落定；
落定一切都吃光，
从此飞走无音信。
(1824年)

特定的目的可以突破习惯的语言模式，反之，具有普遍性的目的又对语言模式的形成和稳定起着重要的作用。例如重要的文件、条约，为了语言的清晰性和精确性，不仅条目化，而且可以不考虑语言的衔接与过渡，哪怕给人以不连贯的感觉；与此相对应的是外交辞令，由于特殊目的，又宁可舍弃语言的精确性而采用模糊语言。这就是目的和语言使用之间的辩证关系。

2. 语体和语体教学

严格地说，没有完全相同的语境，但是有的语境彼此相近，所以可以把具体的语境归纳为不同的类别。同类语境对话语有相同的适应要求，这种对不同类型语境相对应的适应要求逐渐固定下来，就形成了各种**语体**。语体学所研究的，是不同言语交际领域（语域）中语言运用的特点。

语体学的出现和发展是社会的必然，但是中学语文教学中如何吸取这门学科的研究成果是另一个问题。给初中学生讲解语体学的全部知识，这肯定是不合适也不现实的，看来，初中语文教学中语体学的作用应该有三点：①语文教材的编写应该力求兼顾各种语体的特点，使学生比较全面地接触各种语言现象；②教师具备有关知识，以便能够恰当而有效地指点学生；③学生能注意到口语语体和书面语体的区别，能够比较恰当地适应这两大类语体的不同需要，而且知道事务语体的常见用语（学习应用文的难点并不是表面格式）。

我国语体学的研究起步较晚，目前学术界对诸如分类这样的问题还存在着不同的意见。下面取多数人的说法结合中学语文教学的实践说明几个问题。

（1）口语语体和书面语体

把语体首先分为"口语语体"和"书面语体"两大类，这是大多数人所采取的分类法。

这里首先要说明的，是"口语语体""书面语体"和"口头语""书面语"不是同一概念。"口头语""书面语"指的是言语表达形式，"口语语体""书面语体"指的是语言风格特征。口述的语言，不一定是口语语体，例如学术讲演就基本上属于书面语体范畴；反过来说，用文字写出来的文艺作品中的对话和叙述性语言却很多用的是口语语体，例如：

例①

张二有三个小孩，大的捡煤核，二的滚车辙，三的满院爬。

（老舍《柳家大院》）

换句话说，口语语体有时可以通过书面语形式来体现，书面语体有时也可以通过口述形式来表现。

"口语语体"又称"谈话语体"等，它的根本特征在于：用于日常生活场合、无拘束性、非正式性。口语语体在用词和造句方面的特点，已有许多论著加以分析，这里只结合中学语文教学谈两点：

a. 应该让学生了解广播稿、演讲、辩论等和口头表述相联系的形式在语体方面的特点，他们应该知道如何做到通俗、上口，避免因语音引起的歧义，并且在措辞方面注意与听众交流，发挥口语自然、亲切的优势。

b. 由于各方面的原因，中学生的语言风格正处于由口语向书面语转化的过渡时期，这时，应注意引导他们尽量保持自己前一阶段用语造句比较朴实的优点，避免随意把一些书卷色彩的词语和过多的连接词塞进口语语体中，不伦不类：

例②

我一个夏天阅读了三册新小说。

至于文白夹杂，那更是应该避免的。

关于书面语体的问题，将在下文加以说明。

（2）书面语体的分类

书面语体如何分类，还有些问题没有解决。

文艺语体和科学语体是书面语体中反差最大、区别最明显的两个分支语体。"文艺语体"也称"艺术语体"，它最明显的特征是生动、形象，富于感染力。例如：

例③

走出楼外，雨又在淅淅沥沥地下个不住。五颜六色的灯光与似烟似雾的春雨交织在一起，闪闪烁烁，朦朦胧胧。（束沛德《新结识的匈牙利朋友》）

文艺语体是书面语体中最自由灵活的，根据不同的需要，它可以包含各种表达方式。戏剧和小说中的对白和口语语体没有什么两样，诗歌（尤其是旧体诗）则和口语相去甚远。事实上，戏剧、散文、诗歌在语言运用上有着很大差别，应该是文艺语体中的三个小类。但不管它们之间有多大的差别，它们都有着共同的追求目标——形象性。

"科学语体"又称"科技语体",但它也适用于社会科学领域,因此还是称"科学语体"为宜。这种语体以精确和严密为自己的主要特征。例如:

例④

  一种元素形成几种单质的现象叫作同素异形现象。这些单质互称该元素的同素异形体。   (初中《化学》)

在"书面语体"这个领域的两端,耸立着两座高峰,一座以"形象"为自己的标志,一座以"严密"为自己的特点,是比较容易识别的;难以处理的,是二者之间存在着广阔的中间地带。对于这个中间地带,有的定名为"政论语体",有的取名为"杂文语体",也有的称为"宣传语体"。无论哪一种提法都不能完全覆盖各种复杂现象,都还不能令人满意;但即使如此,这介乎二者中间的语体是客观存在的,在这个中间地带,概念的精确性和概括性、论述的逻辑性和严密性、语言的生动性和形象性可以同时并存,熔于一炉,视内容和需要各有侧重:

例⑤

  春分刚刚过去,清明即将到来。"日出江花红胜火,春来江水绿如蓝",这是革命的春天,这是科学的春天,让我们张开双臂,热烈地拥抱这个春天吧!   (郭沫若《科学的春天》)

事务语体是基于社会需要而形成的一种特定语体,下文还要专门解说。

不同语体在遣词造句方面的不同特点可以参阅有关论著。在中学语文教学中,教师要做的,是帮助学生树立"量体裁衣"的观念,使他们言语能力的发展少走一些弯路:

例⑥

  啥时候欢蹦乱跳的只要不是在上课大老远就知道她在哪儿的路健变

了呢?

例⑦

更令人气愤的是校方多次交涉，工厂借口生产任务重，经济有困难而不听取学校的意见，不治理污染。编辑同志，你听听厂长与校长的对话吧：

校长说：我们已经多次派人与你厂交涉，要求治理污染问题，为什么至今不予治理？

厂长说：校长同志，你看工厂生产任务压得这么重，这月又完成不了任务。而且我厂技术人员又缺少，几次打报告，上级还是不派工程师，加上厂里也没有钱买环境保护的设备，实在没办法啊。

校长说：这些话我们已经听了几遍了。这是客观理由，关键是你们主观上对社会主义企业生产的目的到底是为了什么，是为了赚钱，不顾居民身体健康？……

校长还没说完，厂长就笑起来，又说……（略）你看厂长的态度多生硬，厂长的作风多么不敬（近）人情。（高考作文）

例⑥的作者过多地受到理科教材的影响，把科学语体的组句方法搬到叙述性语言里来，在主语"路健"前面加上了又长又繁的附加语，说了绕脖子话。1985年高考作文题目是就工业污染问题以校学生会的名义给《光明日报》写一封投诉书，例⑦的作者却臆造了大段对话，非驴非马，很不得体。

(3) 事务语体的特点

"事务语体"又称"公文语体"，但"公文"一般只适用于政府机关之间，随着我国经济形势的变化，"事务"这一概念具有更大的适应性，因此为多数学者所采用。作为一种特殊语体，它有以下特点：

a. 明确、简要、平实

事务语体所涉及的内容一般并不复杂，但要求表述得十分明确，防止任何疏漏或歧义，因此用词务求准确，而且，要求精练扼要，除去陈言赘语，以免干扰必要信息的传递。在事务语体中，不使用感叹句，也不使用比喻、夸张、拟人等修辞手段，可以说感情因素在事务语体中一般是没有位置的。例如：

例⑧

  凡在飞行中的航空器内的任何人：
 （一）用暴力或用暴力威胁，或用任何其他恐吓方式，非法劫持或控制该航空器，或企图从事任何这种行为，或
 （二）是从事或企图从事任何这种行为的人的同犯，即是犯有罪行。

（《关于制止非法劫持航空器的公约》第一条）

b. 程式化

为了信息传递明确，提高传递的效率，事务语体根据不同的需要形成了相对稳定的程式。例如介绍信：

例⑨

  兹介绍×××等×位同志，前往贵处联系（洽谈）××事宜，请接洽。
  此致
 敬礼

（单位、时间）

程式化是事务语体的显著特点，这也是人们误以为应用文只是"格式"问题的原因。

c. 习惯用语

为了简要，也为了程式化的需要，事务语体有着习惯用语和句式，其中保留了不少古语成分。例如：

  欣逢、值此……之际、……为要（荷）、此致、此令、此布、

兹……查……、责成……、鉴于、予以、特此通知、查照办理

这些用语是学生不熟悉更不善于使用的。

3. 初中学生"得体"教育的主要目标

"得体"意味着和语境和谐一致,这当然不是初中学生所能做到的,"得体"所涉及的内容,也不是他们所能完全理解的。上文说过,关于"得体",教什么和教多少的问题还需要研究,下面提供一些看法供教材编写和教学参考。

(1)初步培养起"得体"意识

就是让学生懂得说话、写文章要"看菜吃饭(内容),量体裁衣(表现方式)","到什么山唱什么歌(场合),见什么人说什么话(对象)"。

(2)注意场合、对象

学生应该注意到场合、用语之间的适应性要求,知道场合不同,语言的使用也要有所不同。例如在正规的盛宴上宣读庄重的祝酒辞可能是得体的,但和老朋友吃便饭的场合也照此办理,就会显得滑稽可笑。学生还应该注意某些场合对某些用语的排斥性,例如宣传计划生育的标语"把生产搞上去,把人口降下来"本来是没有错的,但是如果竖立在殡仪馆,就十分的不妥当。

"心中要有对象"是十分重要的原则,但这又是目前教学中的薄弱环节,因此只要涉及到对象这个因素,就常常笑话百出。下面举一个例子:

【题】

今年二月,来自河北省农村的厦门大学外语系女学生许淑燕突患肾脏衰竭症,造血功能丧失,必须进行肾脏移植手术。可是手术费用需七万多元,她家里无法承担。这消息从厦门大学传到社会上后,人们竞相为许淑燕募捐。不久,募捐活动又迅速扩展到全省各主要城市。到现在,已有数万人向这位素不相识的异乡大学生伸出了友爱的双手,捐款总额近10万元。在社会各界人士的关怀和帮助下,22岁的许淑燕现在在北京721医院接受精心治疗。

A. 以校学生会的名义，为给许淑燕治病向社会募捐，写一份"呼吁书"。

B. 以挚友的身份给在医院治疗的许淑燕写一封慰问信。

C. 以班委会名义给许淑燕的父母写一封慰问信。

例①

呼吁书

……她需要手术，可手术费需要 7 万元。7 万元啊！这对一个农村家庭来说，是多么沉重的负担。请付出××元。救救孩子！救救同龄人！救救大姐姐！……

例②

给许淑燕父母的信

……感谢你们为祖国培养了一个人才，一个外语专业的人才。祖国的各项事业都是由这些年轻人来担负，可是谁会想到这些年轻人的培养者，想到他们为国家作出的贡献！<u>你们默默无闻，却作出了更大的贡献。感谢你们——人才的培育者，让我们对二老真诚地说上声"谢谢"</u>！我们想：你们也会因为有这样一个天之骄子感到自豪，要为我们都是<u>"龙的传人"感到自豪</u>。

呼吁捐款而规定别人必须付的款额，即使加上"请"字，也会招致反感。此外，例①这《呼吁书》是以学生会的名义发出的，是以学生的身份向社会讲话，"孩子""同龄人""大姐姐"的称呼却使说话的角色转换成不同年龄的人，很不妥当。例②的最大问题是溢美、滥用词语，不注意分寸。从口气上看，倒像是地方政府给烈士家属写的慰问信，而不是安慰长辈——同学家长。况且，对象又是两位老农民，他们一定会觉得丈二和尚摸不着头脑。

(3) 懂得礼貌

"对象"已经包含了交际双方的关系和用语的问题，"礼貌"则还含有文化习俗的因素。

礼貌首先表现为对于对方的尊重。下面的例子可以看出一个称呼会如何伤害一个人的感情：

例③

你在文章中用的"残废"一词刺痛了我。我是个失去左臂左腿的人，但我不是个"废人"。我还开着书店，并且在卖着你的书。我有残疾是事实，可我是否就"废"了呢？去年三月，中国成立了残疾人福利基金会，难道你没有看报？　　　　（萧乾《这个词用错了》所引读者来信）

礼貌不仅表现在称呼上，也表现在语气、态度、口吻上，后者更为重要，而这方面的毛病几乎俯拾皆是：

例④

××先生：

感谢您在百忙中抽出时间为我作报告，您的报告深入浅出、联系实际，有一定水平，大家还是比较满意的。希望以后还能继续得到您的支持。此致

敬礼　　　　　　　　　　　　　　　　　　　　　　　×月×日

接到这封感谢信的人恐怕是不甚愉快的。

五、语言练习的作用和设计

学生语言能力的发展需要有雄厚的基础，因此课文是学习语文的主要凭借；除此以外，课堂教学还必须有一个广阔的渠道，通向学生课外读、写、听、说的汪洋大海。从这一点来说，单凭语言练习不能真正有效地提高学生运用语言的水平。

另一方面，学习母语固然可以通过耳濡目染自然习得（我国传统经验的"多读多写"反映了这种规律性），但这种方法并不能保证学习的效果，更不

能保证学习的效率。从这个意义上说，科学地训练也有其必要性。精心设计的语言练习是训练的方式之一，是语文教学的一种有效的辅助手段。

语言练习的设计应该注意训练的针对性，处理好分解与综合的关系，并且适应学生的水平。

1. 针对性

学生学习语言所遇到的问题是多方面的，读一遍文章写一次作文，出现的矛盾也是各种各样的。"针对性"就是把目标简化，便于学生把握，符合他们的认知规律。"针对性"从另一个意义上说，实际上也就是"典型性"，它需要教师或教材设计者研究学生中的典型现象，而且对练习中的材料进行加工，泯去其与特定训练的特定目标无关的干扰因素，突出需要学生注意的问题，使之典型化。例如语言的连贯性涉及多方面的因素，如果要学生注意的是句序方面的问题，就可以专门进行语句组合训练：

【题】

把下面的句子组成一段话：

a. 亚马孙河全长6400公里。

b. 下游宽20~80公里，水深100多米；浩浩荡荡注入大西洋。

c. 流域面积700多万平方公里。

d. 中游宽5公里以上，水深70米，在宽阔低平的亚马孙平原上奔流。

e. 每年注入大西洋的水量有3800立方公里。

f. 上游宽700米，流经崇山峻岭，多急流瀑布。

g. 它的河口形如喇叭，大西洋的海潮可上溯1000公里左右。

h. 亚马孙河发源于安第斯山脉东坡。

i. 是世界上流程最长、流域面积最广、流量最大的河流。

（顺序：h f d b e g a c i）

2. 分解和综合的关系

分解意味着分散矛盾，逐个解决。但是语言能力是多种因素综合作用的结果，因此它总带着不同程度的综合性。语言练习也是这样，各种能力的训练都带着综合性，只是综合程度的高低不同而已。练习的设计可逐步提高其综合程度。一般地说，有多种答案的，其综合程度要高于唯一答案的；有多种目标的，其综合程度要高于单一目标的。例如语句组合练习，在上面这类练习的基础上，可以选择有多种组合方式的语句，要求学生在不同组合的基础上再配上不同的关联词语。这样，就可以编排出由简单到复杂的训练系列。再如下面的练习：

【题】
　　下面两段话语气接不上，添一个句子使它们衔接起来（可以加在第一段结尾，可以加在第二段开头，也可以独立成段，但两段的顺序不能改变）。

　　"我们所依靠的不过是小米加步枪……这小米加步枪比蒋介石的飞机加坦克还要强些"，"我们是用小米加步枪打败了日本帝国主义和蒋介石的。"

　　回忆童年时代，距我家门口半里远的小河边上，有一块砂石地。这块地除了谷子以外，其他作物是不长的。
　　……

这样的练习，其综合程度显然比较高，但它仍不失为分解性练习。

3. 量力性原则

量力性原则指练习设计要适应学生水平。掌握这一分寸应注意两点：a. 以中上水平的学生为准，使多数学生经过一定努力可以回答，差的学生经解答后也可以理解；b. 以学生熟悉的内容为语例材料。例如下面练习中的语例和《简明》第二节例④《科学院举行超对称性和超引力学术讨论会》相比，就更适应中学生的实际：

【题】
　　下面的话很累赘，请把多余的话删去。

你<u>是</u>知道<u>的</u>，我在中学时对英语就不怎么感兴趣，<u>英语</u>基础比较差，<u>又</u>加上将近一年没有接触<u>英语</u>，大多数<u>英语</u>单词都忘了。现在的课程又以英语为主，逼得我非加紧努力<u>学习英语</u>不可。

所有画线的词语都可以删去。对于初三以下的学生来说，要他们找出全部冗词是比较困难的，但如果课堂讨论，相互补充，则略低年级的学生也会感到有趣。

作文创新与创新作文*

（2000年）

创新是当前的热门话题，作文是学生心灵的天地。那么，什么是创新的作文呢？

＊　　　　＊　　　　＊

头一个问题是：什么是中学生的创新？

创新就是去探求世界上还没有出现过的观念、事物。可是如果拿这个标准来要求一个中学生，恐怕除极个别的同学外，绝大多数的中学生都只能望而却步了。这是不现实，也是不合理的。

有一位叫米勒的心理学家说："一个20世纪的儿童发现，在直角三角形里，勾股边的平方之和等于弦边的平方，那么，他就完成了跟毕达哥拉斯一样的创造性劳动。尽管这个发现对于文化传统来说等于零。"

这段话说得非常好。如果一个中学生能够在自己的探索中发现勾股弦定理，他对我们的世界作出了什么贡献呢？没有，因为勾股弦定理早就被毕达哥拉斯证明了——"这个发现对于文化传统来说等于零"。然而，你能不为这位同学热烈鼓掌吗？对这位同学来说，这不仅是一个伟大的发现，而且预示着他辉煌的未来！

"创造"可以分为"真创造"和"类创造"。具有首创意义的发现、发明是"真创造"，科学家、艺术家的活动产生新的有社会价值的成品，是真创

---

* 原载于《语文教学通讯》2000年第21—22期。

造。发现、发明自己个体世界中前所未有的东西，就个人而言，这也是创造；尽管谈不上"首创"，但是他也同样经历了类似于一切伟大创造者所经历的过程，因此叫作"类创造"。教学活动中学生的创造就是一种类创造。所以我国教育界老前辈刘佛年说："只要有点新意思、新思想、新设计、新做法、新方法，就称得上创造。"

这样来看待创新，创新并不神秘，它是人人都能具有的品质。但是，它又往往和人们擦肩而过，与我们失之交臂。如果不有意识地浇灌、培育，它就可能枯萎于萌芽状态。《伤仲永》所揭示的悲剧也许就在这里。

学习的本质就在于：在这个过程中，我们获得了对我们个体而言是新颖的知识和经验。中学是人的一生中发展变化最迅速的时期，是一个人充满好奇地探寻世界的时期，学习的特点又为创新意识的培养提供了肥沃的土壤。创造性学习就是指教育成为培养创造精神、激发创造力的源泉——在整个教学活动中，学生在已有的基础上，在教师的指导下，积极探索自身的未知领域，根据自己的经验、用自己的思维方式来学习。机不可失，时不再来，培养自己的创新精神，就在现在！

* * *

作文的创新来源于观察、分析能力和求新意识。前者是基础，后者是动力。

观察和分析能力来源于对现实生活的思考。不久前，我应邀为一本初中作文选作序，它的栏目名称深深地吸引了我："青春的脚步""浓浓亲情""生活记趣""心灵呼唤""课堂内外""论坛纵横""生活见闻""我与网络""名人风采"……这些栏目的名称和一篇篇习作反映了一个对我来说既陌生又亲切的世界。它使我不由得想到：这个世界变化得是多么的快！

现在，我面前的一百多篇作文又向我展示了一个更广阔、更深邃的世界。这些习作者们不再是初中学生，他们更成熟了，所以他们的视野更"宽"，他们的世界也更"大"了。

的确，社会的不断发展，使我们的世界不断更新，我们观察与思考的内容也不断地发生着变化，这是一个方面；另一方面，随着年龄的增长，文化水平的提高，一个人，特别是青少年，题材范围的开拓，是和认识水平的提高息息相关的。许多作文题目,初一可以写,高三也可以写,比如这本集子里有一篇叫《我的一家》的,甚至小学生也可以写,但是谁都可以想到,这些作文的内容会有多么大的不同——即便内容范围差不多,思索的深度和具体感受也会很不一样。从中学生的习作里,我们可以清晰地看到青少年心理发展的轨迹。这种轨迹大致是:从取材范围看,一般是从个人身边现象转向社会现象;从材料来源看,是从直接经验扩展到间接经验;从所反映的思想来看,是道德评价和理想的色彩日益浓厚。然而发展的趋向虽然大致一致,步伐的快慢却可以相差甚远。不是吗?在同一起跑线上,同时起步,却不会同时到终点。产生这些差异的原因很多,(比如说社会、家庭等等),但影响最大的还在于内在因素,在于不断超越自我的努力。而创新,就是超越自我的催化剂。

创新就要不断超越自我,它意味着青春和活力。哪一个年轻人不为之神往呢?

老年人喜欢回忆过去,年轻人喜欢瞻望未来,我喜欢的是杰克·伦敦的一句名言:"年龄随着岁月而老大,青年永远是青年。"是的,青年是人生的春天,春天是生机勃勃的,青春是充满生气的。现代的年轻人都在努力地寻求自我,都在力求显示出自己的个性,喜欢标新立异。这是非常好的,它是走上创新道路的起点。"标新立异"是好事,没有日新月异,社会永远不能进步。但是希望你们注意:"新"和"异"不是"怪",不是哗众取宠,它们是思想方法日趋成熟的结果。

根据心理学的研究,青少年思想方法的发展有着一定的规律性。概括地说,可以分为三个阶段。第一个阶段可以称为"二重性"阶段,即以"对"和"错"来看待每一件事;第二阶段可以称为"多重性"阶段,这时他们开始明白世界是复杂的,分析事物要注意多角度和多因素,看待一件事可以有多种方法;第三个阶段可以称为"相对性"阶段,在这个阶段,人们懂得要考虑各种不同情况,对待具体事物和问题要作具体分析。

观察、分析能力来源于日益丰富的社会实践和成熟的思考。相信你们都已经有了一种"成人感",的确,你们正在日趋成熟。那么,努力使自己想得更深沉一点儿,更全面一点儿,使自己成熟得更快一点儿,不好吗?

这就是一个老年人对你们的期待。

＊　　　　＊　　　　＊

有一个广阔的思维空间容易激发创新思维。思维空间越广阔，越自由，创新意识就会越活跃。中学生的写作中，随笔往往写得比命题作文好，就是这个道理。

高考作文是热点，我们不妨就从高考作文说起吧。

两年来高考作文题目有些什么变化呢？主要有两点：一点是试题（给题目也好，不规定题目也好）的核心是一个话题，另一点是不限制文体。既然是一个话题，就有比较大的自由发挥余地；不限制文体，就更容易适应不同学生的个性特点，容易发挥各自的所长。总之，这两年的题目都力求给考生以更广阔的思维空间。

题目的开放性提供了广阔的空间，思维空间开阔会带来一个麻烦，那是切入点太多不好取舍。在这种情况下如何选择切入点，就要尽量发挥自己的优势。现在让我们再拿去年（1999年）的题目作例子。那一年的题目是《假如记忆可以移植》，这是一个比较宽泛的话题，是一个比较便于自由畅想的题目，它可以写成科幻作品，也可以写成议论文，绝大多数考生选择了这两种文体。可是有一位名叫叶冰的考生就善于发挥自己所长，发挥自己擅长人生感悟的特点，写得别具一格：

倾听自己的心跳

叶　冰

"我在世上走着，记忆是唯一的行李。"——西谚

一个走完自己漫漫一生的人，一个经历过无数大是大非大起大落的人，一个可以用白须白发托起智慧的人，可能早已学会用淡漠悠远的目光看喧嚣的尘世——我们称其为老人。记忆是老人守了一生的财富，所以越老越单纯的人，他们的平静恬然都来自这笔别人无法掠夺的财富。在与暮色相伴的时候，数曾经的日子，听自己的心跳，是一种幸福。

一个初入尘世的人，一个未经风雨的人，一个用懵懂目光看一切的人——我们称其为孩子。记忆是他们即将用一生开掘的财富。在晨光中

眺望未知的岁月，想象应有的心跳，亦是一种幸福。

那么，倘若一生的记忆是可以移植的呢？倘若把老人的幸福送给孩子，让他们毋须经风雨就能知晓山是如何站成一种尊严，水是怎样淌成一种智慧；让他们毋须见霜雪就明了是与非、善与恶、欢乐与艰辛、美丽与苦难自成怎样一种天壤之别，那幸福还能称其为幸福吗？

山说：不，不用你自己的脚掌试一试，你不会知道什么是真正的尊严，尊严亦可以是跌倒跌伤后继续屹立，不自己试一试，会洞悉到如此深刻吗？水说：不，不用你自己的手试一试，你不会知道什么是真正的智慧，智慧亦可以是之若拙若钝的，不亲身看一看，会理解得如此理性吗？

重要的是自己。一生的宝藏属于自己，一生的开拓属于自己，开拓的艰辛属于自己，艰辛中的美丽属于自己——只能属于自己。人从一个未知来到一个美丽的星球，再归到另一个未知，属于自己的是自己的心跳。倾听中，孩子才可能成熟，才可能知道风雨后彩虹的真正颜色。生命是古老的，初生的记忆却很年轻；土地是古老的，每天的风却很珍贵，年轻很珍贵。

倾听着自己的心跳，充实着自己的记忆，用自己的左手温暖右手，穿过西风凋碧树的季节，穿过为伊憔悴的隘口，待一生走完，待孩子们的幸福转为老人的幸福，你会于蓦然回首之间发现，原来，人生是这样变完整的，人类是这样走向文明的。

试着努力倾听着自己的心跳，听它如何在不同的山水中的不同声音——因为，即使记忆可以移植，一个完整的属于自己的人生却不能。

（本文是高考满分作文）

发挥自己的优势，就容易找到自我，就容易形成自己的个性。请你们记住这一点。

* * *

发挥优势首先必须具有"优势"。

空间广阔只提供了条件，有了广阔的思维空间，并不意味着一定会有创新作文出现；反之，没有广阔的空间也并不一定没有创新作文出现。

现在，让我们再看一个十多年前一次高考的作文题目，这是1989年的试题：

你的好朋友××是某重点中学高三年级里中上水平的学生。他对历史特别感兴趣，从高一开始，就立志报考某重点大学历史系。现在毕业在即，班主任李老师动员他报考一般院校，认为这样录取的把握比较大。他父母认为学历史"出路"窄，由于他外语成绩很好，所以坚决主张他去报考外经、外贸专业，将来容易找到工作，待遇也比较优厚。

他为此感到困惑和苦恼，给你写了一封信，想听听你的意见。请给他写一封回信。

实事求是地说，这的确不是一个好的作文题——它平淡得很，平淡得像一杯白开水。像这样的题目，似乎只能就事论事，发表一通议论而已，没有多少创新的余地。可是当年却出现了这样一篇与众不同的试卷：

××：你好！

来信已经收到，详情悉知。

你很想听听我对你选择报考志愿问题的意见是吗？对不起，我不想正面回答。

最近，我听来一则寓言，觉得很有意思，讲给你，也许对你有启发。

从前有一头驴子，它最喜欢吃芦草，不过这芦草不太好找，只在干涸的溪沟或小河边才有。这天，它又饿了，于是出去找芦草吃。刚巧，在山坡上遇到一只山羊。

"干什么去呀，驴先生？"山羊问。

"去找芦草吃。"驴子回答。

"哦，你这个瞎子！"山羊奇怪道："满山坡长的都是青草，随处吃吃就饱了，干嘛非要找芦草吃！我知道你是能吃青草的。"山羊说着顺嘴啃了几口草,边嚼边说,"其实我最爱吃榆树叶,可那得跑多远去找?还不如随地吃个饱。"

"可我爱吃的是芦草,不是青草。"驴子答完,径直走了。

不久,驴子又碰到一头公牛。公牛正在树下乘凉,见到驴子,问道:"驴老弟,去干啥?"

驴子说:"去找芦草吃。"

"我的老弟,"公牛慢条斯理地说,"你会拉磨。干那差事不得了!工作有了保证,就餐的问题也解决了。这么好的事打着灯笼也难找,你还干什么非要去找芦草吃呢?"说着,公牛摇摇尾巴又道,"你看我,每天耕地,吃喝不愁,多好呀!"

驴子道:"牛兄说得不尽对,我喜欢吃芦草,为了吃到它,卖些力气也值得。至于拉磨,我虽会,但却没有兴趣,那么,拉起磨来也大概没有多大出息。再说,我现在还有选择余地,并非只能走拉磨一条路呀!"说罢又去找它的芦草了。

寓言讲完了,你看这头驴子多傻。不是吗,你说呢?

好了,不多说了,你自己去想吧。问

好 ××

×月×日

请你发表意见,你却写了一个寓言故事,真是有点儿匪夷所思!可是仔细一想,寓言故事这种形式却使作文的内涵摆脱了就事论事的束缚,产生了某种哲理的意蕴。

作文的创新既包括内容方面,也包括形式方面。古人韩愈说过一句很有名的话:"惟陈言之务去"。写东西是给别人看的,言语表达的效果是和表达形式的新颖程度成正比的。陈词滥调,内容即使正确,在对方的心里也不容易激起什么反应,它的表达效果等于或者接近于零。因此,"惟陈言之务去"是一切写作者努力追求的境界。

前面说到作文要想发挥优势,就必须具备优势,这个"优势"首先指言语表达能力。倘若你连自己的意思都无法流畅地表达出来,倘若你苦于辞不达意，还谈得上什么作文的"创新"！

立意、构思、表达，这是一个相互联系，互相作用的过程，是一个连续不断的流程。在这个流程中，语言对思维起着梳理和激活作用。有时候，当你不满足于现成而陈旧的套路，苦苦地探求一个比较新颖的切入口，探求一种比较新颖的言语形式的时候，你也许会惊讶地发现，一旦你捕捉到让你满意的构思，这时，你的大脑会兴奋起来，你的话语会源源不断地、流畅地从你的笔下直泻而出，而这些动笔之前并没有成形的语句又会反作用于你的头脑，刺激你的头脑，使你的思维更加灵活，一些新的设想、新的认识又在向你招手。不知道你有没有这样的机会？

这也正是创新的乐趣。

* * *

上面的两篇作文告诉我们：思维空间广阔，很好；即使是一个不太宽裕的空间，经过开拓，也能为自己找到一块相对自由的天地。下面我还要进一步说：你们还要善于在种种限制中寻求广阔的空间。

创新并不仅仅属于作文，它存在于各个领域，但事物虽然不同，道理往往相通。同样的，限制也是人生的常态，在人的一生的有限岁月里，"海阔凭鱼跃，天高任鸟飞"的机遇是很少的。作文创新的远期效应，会作用于其他方面，作用于人的整体。

限制——训练思维的途径，磨砺思想的手段。年轻人似乎都不太喜欢受到限制，但它又是接受教育的过程中必修的一课。

限制——类似于"戴着手铐脚镣跳舞"（闻一多）。君不见，我国古典诗词有着严格的格律，真好像给诗人戴上了手铐脚镣，但又有多少不朽篇章遗留后世！

现在，让我们再拿1990年的高考作文试题作例子，进行一些分析。

那年的题目取材于德国一位作家写的寓言式散文，全文是这样的：

一对孪生的小姑娘走进玫瑰园，不多久，其中一个小姑娘跑来对母亲说：

"妈妈，这里是个坏地方！"

"为什么呢，我的孩子？"

"因为这里的每朵花下面都有刺。"

不一会儿，另一个小姑娘跑来对母亲说：

"妈妈，这里是个好地方！"

"为什么呢，我的孩子？"

"因为这里的每丛刺上面都有花。"

听了两个孩子的话，望着那个被刺破指头的孩子，母亲陷入了深思。

命题老师利用它出的题目是：

根据所提供的材料，请你就第一个小姑娘的说法，联系生活实际，自选角度，自拟题目，展开议论，不少于600字。

说实在的，这个题目的限制性还不算是非常大的，然而它毕竟还是有一定的限制。

首先，议论的对象是"玫瑰园"。人的感觉、记忆是一个相对稳定的网络系统，当我们听到、读到"熊猫"这个语词，头脑中就会浮现那可爱动物的形象。同样的，"玫瑰""玫瑰园"也会引起我们类似的联想。玫瑰开花的时候，玫瑰园洋溢着香气。我们的构思必须以这种联想所产生的社会共识为基础，这就形成了限制。比如说，把玫瑰比喻成"扮成美女的魔鬼"，固然新颖、奇特，但那是万万不行的。

其次，我们议论的是"说法"而不是行为本身。小姑娘摘花，违背了花园里的行为准则，这不在我们议论范围之内。

第三，我们围绕"说法"展开的议论仅限于"第一个小姑娘"，这又使我们议论的天地缩小了一半。

最后，题目要求我们"联系生活实际"，它提示我们，必须从这里寻求切入口。

"花"与"刺"的关系启发着我们。于是，当年多数考生谈的是思想方法的问题——要全面地看问题，不能以偏概全，分析问题要看主流，等等。一部分善于思考的同学当然不满足于泛泛而谈，于是纷纷寻找不同的突破口。有的引申到社会生活,谈文化继承、谈民主与法制……有的加以抽象化,谈人生的态度(理想与挫折)、谈人格的体现(锋芒与傲骨)、谈人生的经验(忠言逆耳)……这都是很好的,使他们的议论超过了一般水平。

有一位考生选择了人才问题。在上述超越一般水平的同学中虽然还算不上别具创见,但这位同学却把自己的构思归纳成一个貌似不合理的数学不等式,给自己的作文披上了一件醒目的外衣,这就使得它在一般试卷中显得十分突出:

$$0+0>7+(-3)$$ 吗?

一个美丽的玫瑰园,小姑娘偏要说是个坏地方,这奇怪吗?不奇怪,因为她只看见了花下的刺。

现实生活中也不乏这样的人。明明是一个人才,到了他们眼里,因为有了一些缺点,他们就毫不犹豫地把人才弃置一旁。奇怪吗?不奇怪,因为他们只看到了人才的缺点。

春秋时期,有一位了不起的人才,叫管仲,他的优点,不妨算作"7",他的缺点也是有的,不妨算作"-3"。鲍叔正是看中了管仲的"7",让他在齐国争霸的大业中一显身手,才使得齐国得以九合诸侯,雄极一时。

这里,鲍叔正是由于懂得任用人才的道理,才得以成功。

当代的中国,正处在改革开放的时代,需要大量的人才。但在人才任用的问题上,还存在一些弊病。有本领的人,因为这样那样的缺点而往往不能被重用;而无显著长处和显著缺点的人,却容易得以高升。像管仲这样的奇才,也许不一定被某些领导者重用,用公式表示就是:

$$0+0>7+(-3)$$

所以,我们要革除用人问题上的弊病,要打破人才观方面的偏见,要能让更多的人才为社会主义建设服务。

有些人才不能得到重用的原因,往往在于某些人思想方法的片面性(其实是思想僵化,甚至掺杂着一己的私利)。这些同志,一面被鱼馋得口水直往下滴,一面又把头摇得像拨浪鼓:"被刺卡住,可不是闹着玩的!"于是情愿把鲜美无比的"鱼"扔掉,而去喝那索然无味的"白开水"。

我们应该知道,"鱼"不仅鲜美,而且营养丰富,"白开水"渗透到血管里,人是要得贫血病的。长此以往,一个企业,一个单位,将会萎靡不振;此风不除,一个国家就会毫无生气!

朋友们,为了我们国家的兴旺,广开贤路,用好人才,我们应当学一点鲍叔公式:

$7+(-3)>0+0$!

*　　　　*　　　　*

创新是一种经历,是一个过程。你不断地创新,逐渐地,你就会从限制中找到自由。这时,你的每一篇作文都将是创新作文。